**Die Bonus-Seite**

Ihr Vorteil als Käufer dieses Buches

Auf der Bonus-Webseite zu diesem Buch finden Sie zusätzliche Informationen und Services. Dazu gehört auch ein kostenloser **Testzugang** zur Online-Fassung Ihres Buches. Und der besondere Vorteil: Wenn Sie Ihr **Online-Buch** auch weiterhin nutzen wollen, erhalten Sie den vollen Zugang zum **Vorzugspreis**.

So nutzen Sie Ihren Vorteil

Halten Sie den unten abgedruckten Zugangscode bereit und gehen Sie auf **www.galileocomputing.de**. Dort finden Sie den Kasten **Die Bonus-Seite für Buchkäufer**. Klicken Sie auf **Zur Bonus-Seite/Buch registrieren**, und geben Sie Ihren **Zugangscode** ein. Schon stehen Ihnen die Bonus-Angebote zur Verfügung.

Ihr persönlicher Zugangscode: 8d32-bncq-vi45-fh67

Liebe Leserin, lieber Leser

SIE HABEN SICH EINE MENGE VORGENOMMEN:

HTML, CSS und JavaScript.

Drei Sprachen.

Wissen Sie was? Wir können das **gut verstehen**. Das ist schließlich nicht irgendein IT-Zeugs, das sind **Weltsprachen**. Da sind wir dabei.

Und zum Glück sind wir **bestens vernetzt**, so wie es sich im **WWW** gehört.

Gut, dass Ihr das gleich klarstellt.

Wir haben einen **hervorragenden Autor** engagiert, der sich für Sie ins Zeug legt. Der gründlich erklärt und alles sinnvoll verknüpft. Er hat alle Sprachen und Browser für Sie im Blick und warnt Sie, falls einer eine Extrawurst braucht.

Wir bringen Sie mit **Schrödinger** zusammen. Nein, auch der nimmt Ihnen das Lernen nicht ab. Ehrlich gesagt, denkt er nicht einmal daran. Er **tippt auch** nichts für Sie ab und liest nicht vor. Aber Spaß haben Sie mit ihm bestimmt, und ein paar **schlaue Fragen** hat er auch parat.

Wir haben ein **Expertenteam** herbeigeholt, das den Code einfärbt, Pfeile und Wegweiser einrichtet, Spuren legt, die Lösungen auf den Kopf stellt (damit Sie nicht zu früh spinxen) und sich Belohnungen für Sie einfallen lässt.

Können wir jetzt loslegen? Sonst bin ich schon mal in der Werkstatt und probiere den Webserver aus.

Na dann: Viel Erfolg!

Büro

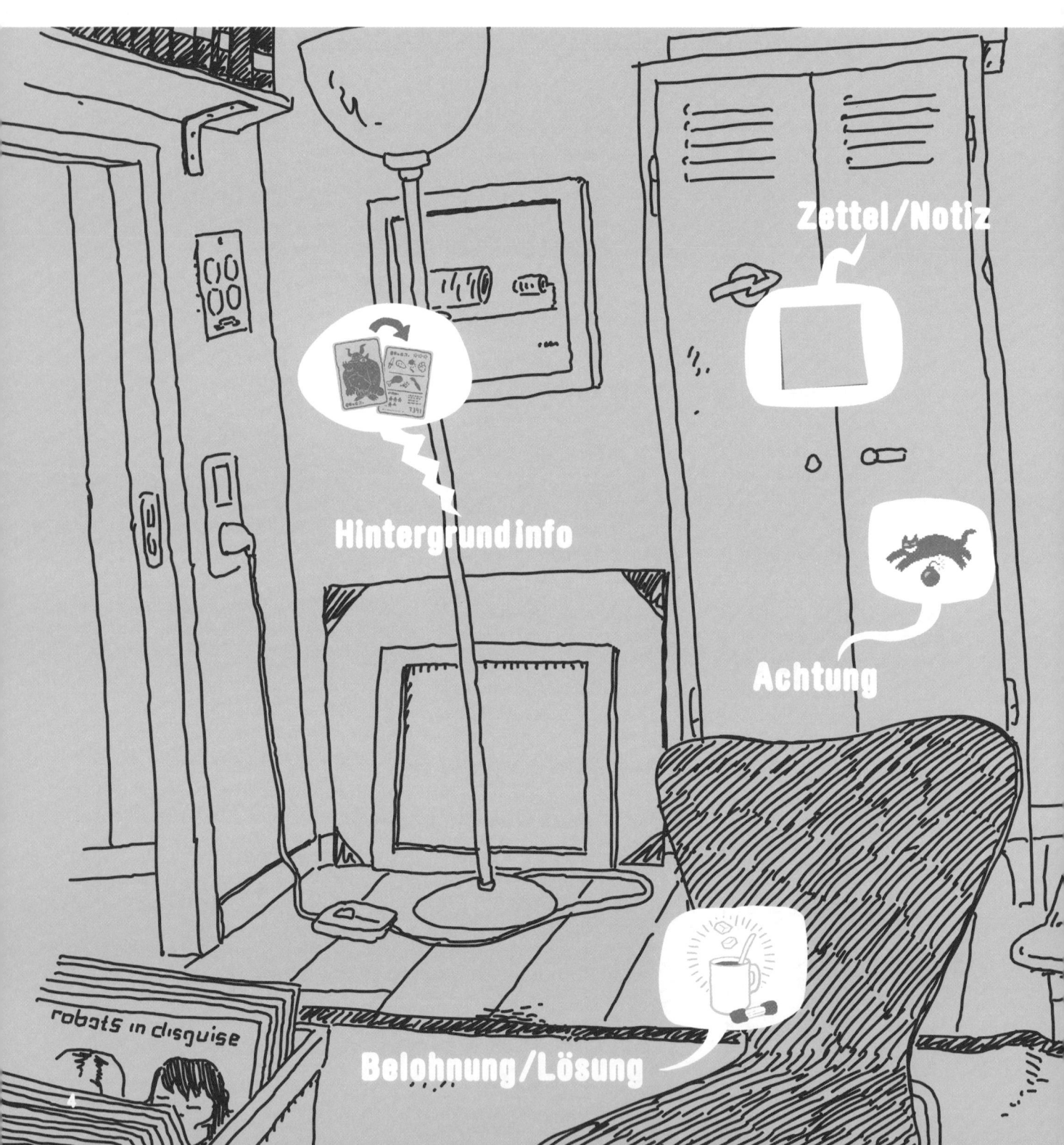

die nötige Theorie, viele Hinweise und Tipps

Werkstatt

Unmengen von Code, der

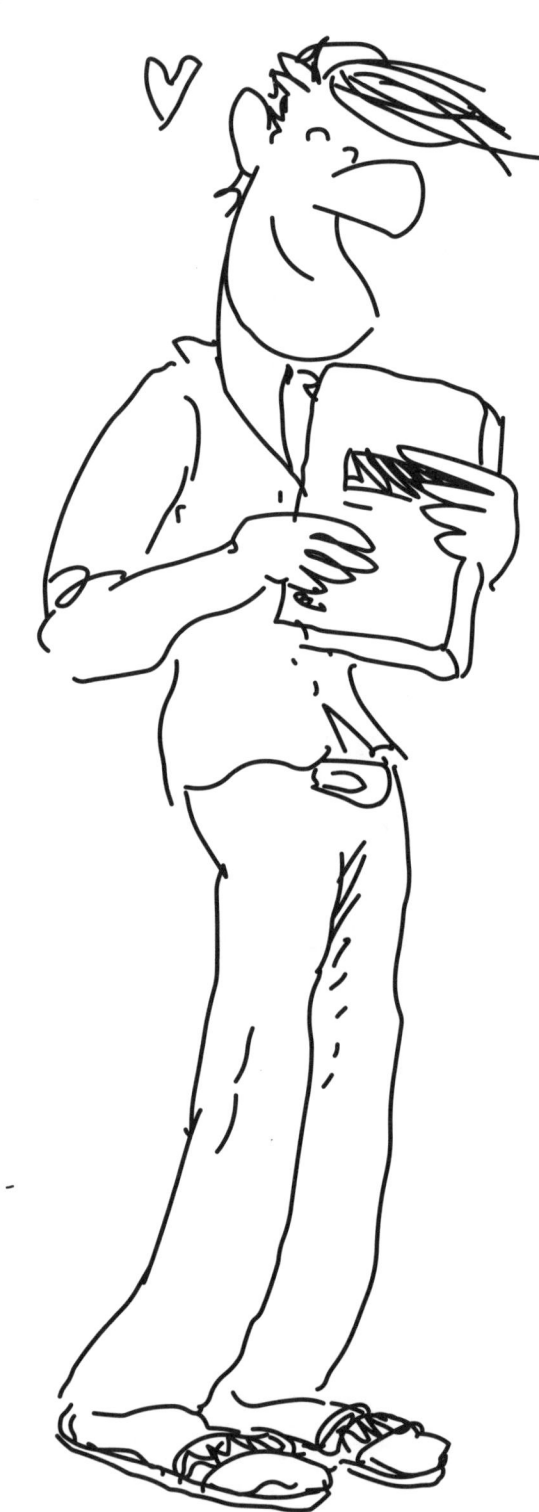

MIT TALENT, KATZEN-
PHOBIE UND LÄSSIGEM
SCHUHWERK BESTACH
SCHRÖDINGER DIE GALILEO-
JURY. FÜR IHN GEHT
JETZT EIN TRAUM IN
ERFÜLLUNG.

ergänzt, verbessert und repariert werden will

Wohnzimmer

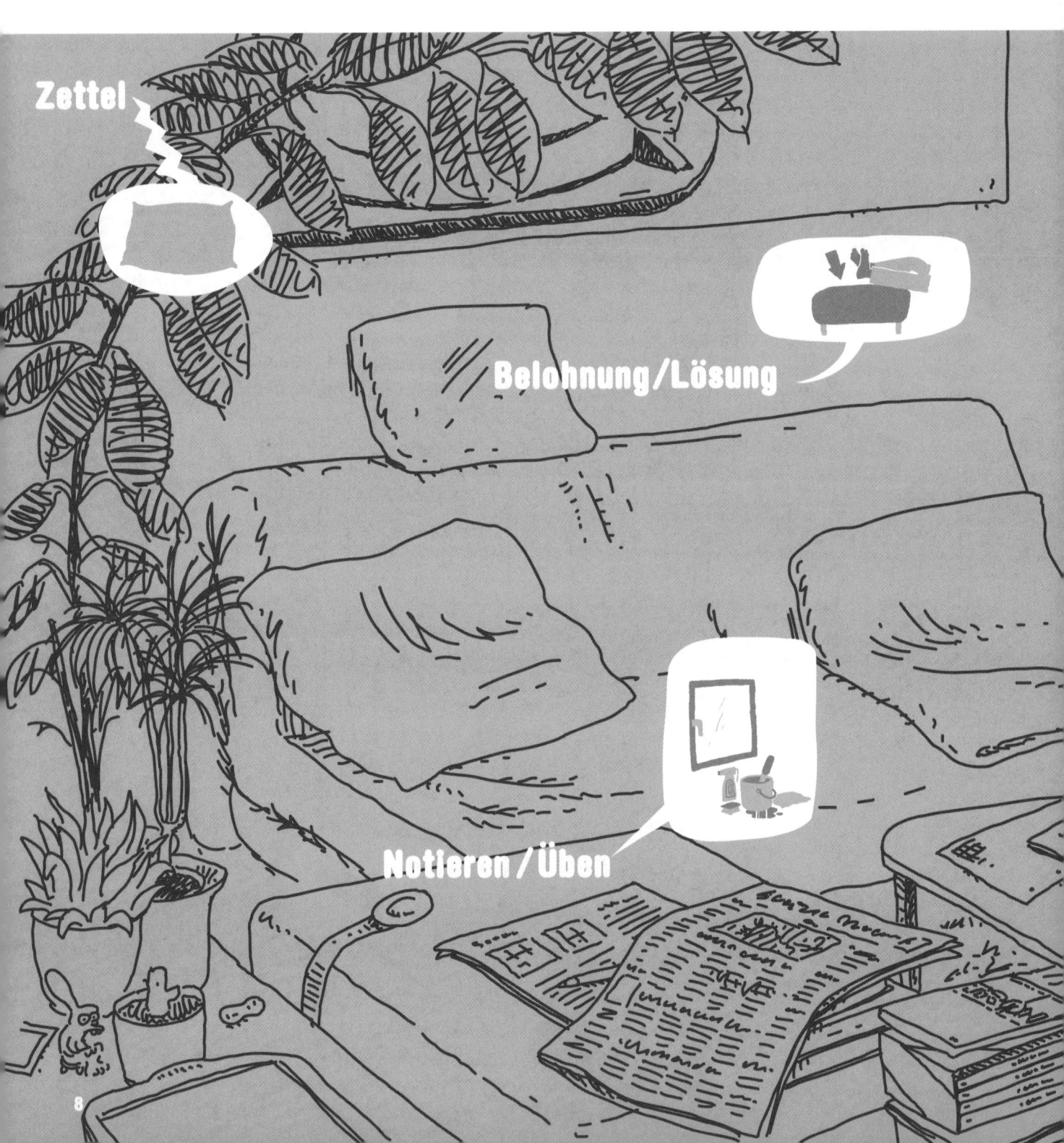

viel Kaffee, Übungen und die verdienten Pausen

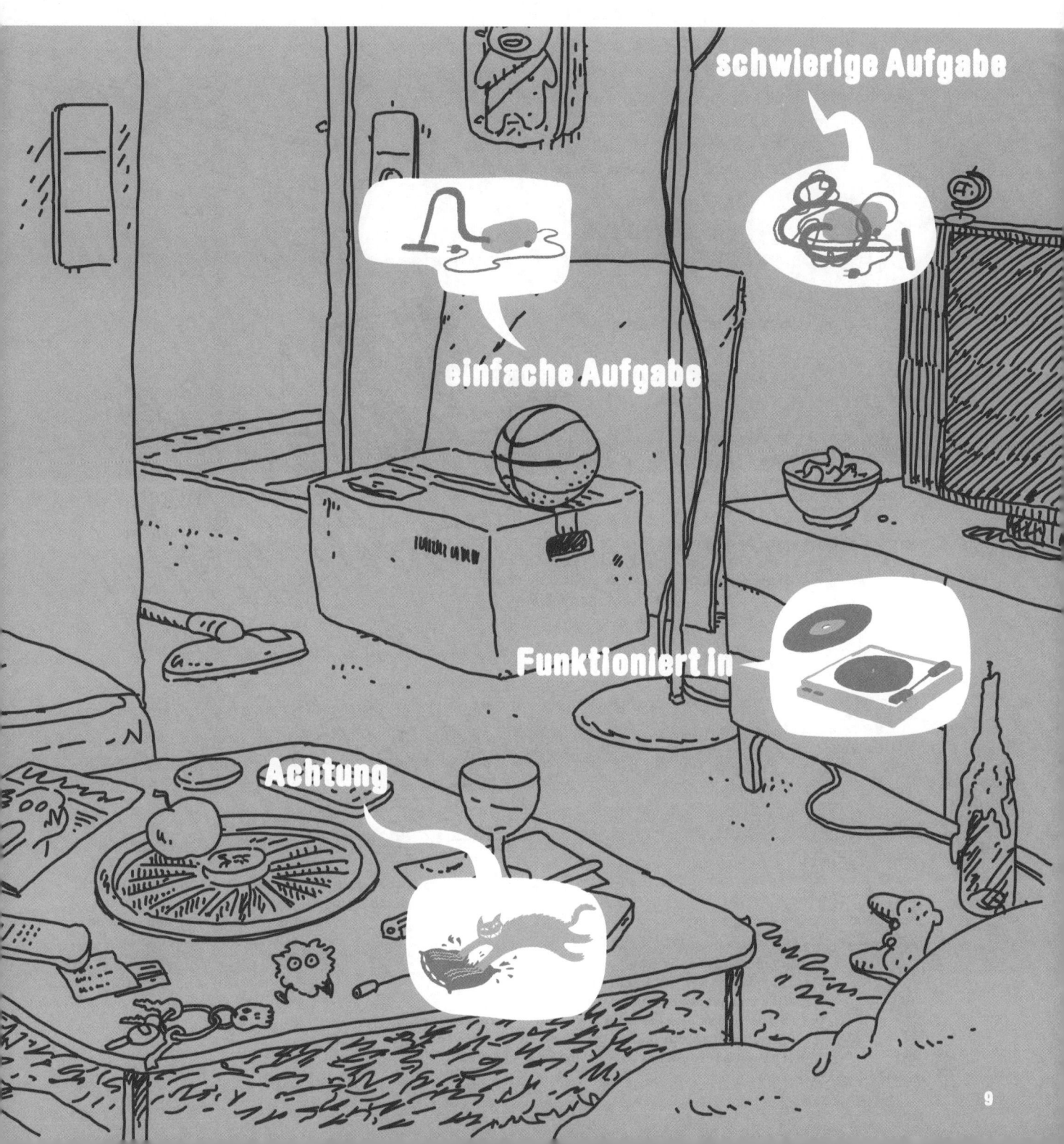

IMPRESSUM

Schrödinger lernt HTML, CSS und JavaScript

Als Kanutin umschifft Almut Stromschnellen mit notfalls nur einem Paddel. Eine Fähigkeit, die sie zur Fachbuchlektorin prädestiniert.

Almut Poll, LEKTORAT

Janina "Sherlock" Brönner. Bei der Buchherstellung sind detektivische Kombinationsgabe und Finesse gefragt. Die Kollegen haben sich allerdings das Pfeiferauchen verbeten.

Janina Brönner, HERSTELLUNG

Okay, die Baumstämme hatten wir schon hingelegt, bevor Markus den Satz des Buches übernahm. Und der Rest war, wie man sieht, ein Kinderspiel, gell?

Markus Miller lebt und arbeitet in München als selbstständiger Setzer, Bildbearbeiter und Reinzeichner und mag auch in seiner Freizeit noch Bücher.

Schon zu Schulzeiten zeichnete Leo am liebsten die Bücher voll, von denen er am wenigsten kapierte.

Seit er weiß, daß man das auch gegen Bezahlung machen kann, kapiert er gar nichts mehr.

Leo Leowald lebt und arbeitet in Köln als freiberuflicher Illustrator. Er veröffentlicht unter anderem in *titanic*, *jungle world* und bei *reprodukt* und zeichnet seit 2004 den Webcomic www.zwarwald.de.

Andreas' zweite Leidenschaft neben der Buchgestaltung ist kochen. Wie auch immer: Hauptsache rare — VERY RARE!

Andreas Tetzlaff ist selbstständiger Buchgestalter in Köln. Er arbeitet normalerweise für Kunstbuchverlage — dass ausgerechnet ein IT-Fachbuch ihn vor künstlerische Herausforderungen stellt, hätte er sich vorher nicht träumen lassen …

Annette ist von Haus aus Archäologin,
da ist es nur ein kleiner Schritt bis zum Lektorat, und
der Vorteil ist: Bei Schrödinger und Co. findet sie immer was.

Annette Lennartz ist freiberufliche Lektorin in Bonn.
Für Schrödinger hat sie immer eine offene Tür. Privat schätzt
sie augenzwinkernde und gruselige Geschichten oder bastelt
an filigranen Schiffsmodellen.

Ausgleichssport für Philip sind
seine Inlineskates und seine Vinyl-
plattensammlung. Je nachdem, wie gut es bei
Schrödinger gerade läuft, rotiert er mit 33, 45
oder 78 Umdrehungen pro Minute.

Als Software-Entwickler am Fraunhofer-Institut für
Angewandte Informationstechnologie FIT stellt *Philip Ackermann*
Web 2.0- und mobile Anwendungen auf den Prüfstand.

BEGUTACHTET VON: *Philip Ackermann*

Im Gegensatz zu Schrödinger liebt Kai
seine Katze Pixie. Außerdem liebt er Brettspiele
und schreibt darüber im *Meople's Magazine*.
Also online über Offline-Spiele
und offline über Webentwicklung,
während sich Pixie ganz aufs Spielen
konzentrieren kann.

Kai Günster, AUTOR

Einbandgestaltung: Andreas Tetzlaff und Leo Leowald
(u.a. unter Verwendung des Fonts WIMBY von
Evert Ypma: Danke, Evert!)
Korrektorat: Annette Lennartz
Druck und Bindung: Himmer, Augsburg
Initiales Design: Andreas Tetzlaff

FÜR DIE, DIE ES GENAU WISSEN WOLLEN

Dieses Buch wurde gesetzt aus unzähligen Schriften, Illustrationen und anderen komischen Zeichen, wie man schwerlich sieht.

Bibliografische Information der Deutschen Nationalbibliothek Die Deutsche Nationalbibliothek ver-
zeichnet diese Publikation in der Deutschen Natio-
nalbibliografie; detaillierte bibliografische Daten
sind im Internet über http://dnb.d-nb.de abrufbar.

ISBN 978-3-8362-2020-0
© Galileo Press, Bonn 2013
1. Auflage 2013

Das vorliegende Werk ist in all seinen Teilen urheberrechtlich geschützt. Alle Rechte vorbehalten, insbesondere das Recht der Übersetzung, des Vortrags, der Reproduktion, der Vervielfältigung auf fotomechanischem oder anderen Wegen und der Speicherung in elektronischen Medien. Ungeachtet der Sorgfalt, die auf die Erstellung von Text, Abbildungen und Programmen verwendet wurde, können weder Verlag noch Autor, Herausgeber oder Übersetzer für mögliche Fehler und deren Folgen eine juristische Verantwortung oder irgendeine Haftung übernehmen. Die in diesem Werk wiedergegebenen Gebrauchsnamen, Handelsnamen, Warenbezeichnungen usw. können auch ohne besondere Kennzeichnung Marken sein und als solche den gesetzlichen Bestimmungen unterliegen.

INHALTSVERZEICHNIS

Vorwort **21**

Kapitel 1: Fangen wir mit einem Gerüst an
Aufbau einer Seite und die wichtigsten Elemente

Seite 23

Die drei ??? – HTML, CSS und JavaScript **24**	Das Ziel im Auge – das Attribut target **43**
Der Werkzeugkasten **26**	Tinks und Largels **45**
Webbrowser **27**	Text war gestern – Bilder **47**
Editor **28**	Bevor das Bild geladen wurde … **49**
Das erste Dokument **29**	… und hinterher **49**
Markup und Tags **31**	Das sollte man im Kopf haben –
Struktur einer HTML-Seite **33**	mehr vom <head> **52**
Attribute, leere Tags und Links **35**	Andere Länder, andere Zeichen:
Links zwischen zwei Seiten –	Character Encoding **54**
über den Gartenzaun **40**	Denk noch mal drüber nach: Übungen **58**

Kapitel 2: Das World Wide Web, unendliche Weiten
Serverkommunikation, Adressen, Standards

Seite 61

Wo finde ich denn nun meine Seite:	… rühre etwas Hypertext unter … **82**
Von Webservern und DNS **62**	… und köchle alles, bis es bunt wird **84**
URLs – alles an der richtigen Adresse **65**	Das Ende von Mosaic und der erste
Ferngespräch für Herrn Web Server – HTTP **69**	Browserkrieg **85**
Jetzt wird es ernst – unser eigener Webserver **73**	Microsofts Monopol und der zweite
Das obligatorische Geschichtskapitel –	Browserkrieg – der Rote Panda schlägt zurück **88**
die Geschichte des World Wide Web **81**	HTML ist nicht gleich HTML – eine Sprache,
Man nehme ein ARPANET und lasse es reifen … **81**	verschiedene Dialekte **90**

Kapitel 3: Jetzt kommt Farbe ins Spiel

Einführung in CSS

Seite 93

Webseiten mit Stil – Inline Styles und Farben 94	Wohin damit? background-repeat, background-position und background-attachment 120
Welches Element hätten's denn gerne: Selektoren nach Tags, IDs und Klassen 100	Hier war ich doch schon mal – Pseudoklassen für Links 127
Übungen mit dem Regenbogen 108	Farben und Selektoren: Übungen zum Abschluss 129
Drei Farben reichen völlig aus – das RGB-Modell 112	
Durchschaut: rgba() und opacity 116	
Wir halten uns im Hintergrund – background-image 118	

Kapitel 4: Kaskaden für Bossingen

CSS-Selektoren und Typografie

Seite 131

Was heißt jetzt eigentlich Cascading? 132	Seichte Kost: nur die direkten Kinder selektieren ... 151
CSS – den Tätern auf der Spur 136	Von Schriftgrößen und Selektoren: Übungen 152
Größe zeigen – mit font-size 140	Es muss nicht immer Times New Roman sein – Schriftarten 158
Ahnenforschung für Anfänger – Selektoren für Kinder und Nachfahren 145	Gutenbergs Erben – mehr von Schriften und Typografie 164
Für Fortgeschrittene: Nachfahren-Selektoren mit mehreren Ebenen 150	Die Schriftliche Prüfung: Übungen 168

Kapitel 5: Ordnung in die Plattensammlung

Listen und Tabellen

Seite 171

Besser als Zeilenumbruch: Listen 172	Was steckt noch drin? Tabellen im Detail 191
Wer braucht da noch PowerPoint: CSS-Styles für Listen 178	Auch Tabellen brauchen CSS-Liebe 197
Definitionssache – Definition Lists mit <dl> 181	Gefängnisreform für größere Zellen – rowspan und colspan 204
Eine Liste von Übungen zu Listen 184	Tabellarische Übungen 206
Die Liste ist nicht genug – Tabellen 187	

Kapitel 6: Von der Wiege bis zur Bahre – Formulare

Formulare

Seite 211

Mehr als nur anfragen: endlich mitreden.	212
Daten eingeben und zum Server schicken – einfaches Formular	215
Request ist nicht gleich Request – post und get	223
Aber tippen ist anstrengend! Checkboxen und Radiobuttons	226
Wer ist denn nun der Auserwählte? Select-Boxen	230
Jetzt kommt endlich die Suche!	236
Das muss ja nicht jeder sehen – versteckte Felder	239
Jetzt kannst du doch noch Opern quatschen – Textarea	240
Formulare 2.0 – viel Neues in HTML5	243
Formulare müssen nicht nach Behörde aussehen – CSS für Forms	246
Übungen! Neue Felder, neue Stile	251
Alle Dateien laden hooooooch – File Upload	254

Kapitel 7: Von Rändern und Schuhkartons

Seitenlayout in HTML und CSS

Seite 257

Die Grundlagen für alles – Block- und Inline-Elemente	258
Das Box-Model – stapelbares HTML	260
Relativ und absolut	264
Fünf kleine <div>-Container ...	266
Das Gesetz des Kompasses	269
Und weiter geht's mit den fünf <div>s	271
Abstände aus der Nähe betrachtet	272
10 Liter HTML in einem 5-Liter-<div>: Overflow	274
Schrödinger in seinem Element – Container schubsen	276
Genau dort – absolute Positionierung	278
Der Stapelfix™-Stapelplan	280
Mehr zu Positionierung	285
Elemente im Fluss – float und clear	287
Floatende Layouts	291
Floatende Layouts	291
Von Boxen und Stapeln	292
Und so sieht der Stylesheet am Ende aus:	297
Semantik statt <div> – was gibt's Neues in HTML5?	298
Die CSS-Eigenschaft display – warum?	300
Wer verdeckt wen? z-index	303
Das Fenster im Fenster	306

Kapitel 8: ENTlich, eine Website! Schrödinger setzt das Gelernte zusammen

Eine Website von Anfang an

Seite 309

Eine Website von Anfang an 310	Für die Kunst – die Entengalerie 320
Die Seitenstruktur 313	Entengalerie plus – es geht noch cooler 326
Die Organisation des Stylesheets 318	

Kapitel 9: Schöner wohnen mit CSS3

CSS3

Seite 329

Zum Schutz vor blauen Flecken – runde Ecken ... 330	Die Farbe des Kaffees 362
Rahmenbilder für Bilderrahmen 334	Gerade war gestern – CSS-Transformationen 364
Urlaubsfotos aus den 80ern 338	Jetzt bist du dran mit Drehen und Schieben 367
Licht und Schatten 341	Auf in die dritte Dimension! 370
Die Kiste im Licht – box-shadow 347	Gemeinsam sehen sie stark aus –
Schlüsselmomente 350	Effekte mit CSS3 372
Und es bewegt sich doch 355	

Kapitel 10: Jetzt muss es sich aber endlich bewegen

JavaScript

Seite 379

JavaScript, was ist das eigentlich? 380	Zeichen, Zeichen, Zeichenkette 407
Und wie geht es jetzt? 383	Daten rein, Daten raus II: Eingabe 410
Zählen nach Zahlen 385	Übungen zu Strings und Ausgabe 414
Merk's dir für später – Variablen 389	Wenn ... dann 418
Übungen zu Variablen 394	Formulare – bitte geben Sie Ihre Adresse an 424
Zahlentheorie 397	Wenn die Praxis funktioniert, dann fehlt noch
Daten rein, Daten raus I: Ausgabe 400	die Theorie 429
Woher weiß ich, wenn ein Fehler auftritt? 405	Was? Wie? Wenn? Dann? 432

Kapitel 11: Programmieren mit Bausteinen

Funktionen

Seite 435

So funktioniert's mit Funktionen **443**	Wie funktionieren meine Funktionen? **464**
Mehr Werte als man zählen kann – Arrays **447**	Manchmal geht alles schief – Fehler **466**
Ein Übung für zwischendurch **453**	Funktionen, Bürger erster Klasse **471**
Von vorne bis hinten mit for **455**	Funktionen in Funktionen in Funktionen **476**
Von Dingen und Zeigern **461**	

Kapitel 12: Augen auf, du hast User!

Eventhandler

Seite 481

Reaktionsfreudiges JavaScript – Eventhandler **482**	JavaScript im Schaumbad – blubbernde Events ... **502**
Die Events mit der Maus **489**	Keyboardevents **505**
Mehr von der Maus **492**	Timeout, Formevents und andere **508**
Das Ziel im Auge – event.target **495**	Übungen! **510**
Gezieltes Mausen **499**	

Kapitel 13: Gerade stand das da noch nicht

DOM-Manipulation

Seite 513

Ein DOM für die HTML-Seite **514**	Von einem Element zum anderen – navigieren im DOM **532**
Gärtnern für Webentwickler – das DOM als Baum **518**	Rein, rauf, runter, raus – Elemente erzeugen, einfügen, entfernen und verschieben **536**
Des Zauberlehrlings Hausaufgabe **521**	Attribute und Styles **542**
Mal wieder Wiederholungen – while-Schleifen ... **530**	Die Meisterprüfung des DOM-Zauberlehrlings ... **544**

Kapitel 14: Schrödingers Welt der Programmierung

Objekte und JSON

Seite 549

Objektorientierung – was und warum? **550**	Was steckt drin? for … in **567**
Objekte für Einsteiger **553**	Übungen mit Objekten **571**
Ran an die Eigenschaften **556**	Konstruktoren und Prototypen **573**
Und jetzt mit Methoden **561**	Vererbung – und niemand muss dafür sterben ... **576**
Das Schlüsselwort this und Function Binding **563**	Übungen zu Prototypen und Vererbung **582**

Kapitel 15: Halt, hiergeblieben! Cookies, WebStorage und File-API

Cookies, WebStorage und File-API

Seite 587

Der Griff in die Keksdose **588**	Heute das Dateisystem, morgen die Welt **611**
Cookies ganz korrekt **590**	Was du schon immer über eine Datei wissen wolltest **612**
Cookies selbst gebacken **593**	Dateien lesen - der FileReader **613**
Jetzt wird gebacken **594**	Dateien in der Praxis **618**
Daten, so weit das Auge reicht – Web Storage ... **599**	Das switch-Statement **623**
Iterieren über Web Storage **601**	Dateien und Bäckereien **627**
Das Beispiel am Stück – und mit Objekt! **604**	Dateiauswahl – wir können auch anders **632**
Mehr zu Local Storage – Events und Limits **607**	Und wir können auch noch anders – noch mal Dateiauswahl **634**
Von Sandbox zu Sandbox **608**	
Die große Datenhalde **610**	

Kapitel 16: Alles kann ein Radio sein, oder ein Fernseher, oder sogar eine Leinwand

Multimedia

Seite 639

Bild und Ton im Browser **640**	Die Fernbedienung für alles – <audio> und <video> mit JavaScript **646**
Die MIME-Types **644**	
Die Details **644**	Was alles gehen und schiefgehen kann **651**

Inhalt **17**

Das ist nur ein Teil der möglichen Events:	652	Werkzeug zur Hand, das Diagramm wird transformiert	668
Was war und was kommt mit Multimedia	653	Und jetzt mit Tabellen-Daten	669
Schrödingers Terassenradio	656	Koordinatenballett	672
Picasso, Monet, Schrödinger – zeichnen auf dem <canvas>	659	Kunst und Text	674
Das JavaScript für die Grundausstattung	661	Auf dem rechten Pfad	680
Ein Beispiel macht alles klar – das erste Rechteck	662	Bild im Bild	684
Transformationen – die Leinwand drehen und strecken	666	Farbähnliche Dingsdas	688
		Übungen mit interessanter Überschrift	693
		Leinwand für Fortgeschrittene	697

Kapitel 17: Schrödinger will's wissen

Ajax

Seite 699

Was ist Ajax?	700	Der Rest ist wieder Geschichte – History-API	722
Hallo Server, bitte kommen	704	Die Sache mit dem Fragment	726
Hol dir die Antwort	707	Ich darf aber nicht mit Fremden sprechen – die Same Origin Policy	729
Die königliche POST ist da	710		
Wie Majestät wünschen	713	Ja wo verbinden sie denn hin?	734
XmlHttpRequest Level 2 – jetzt mit Nutzlast	719	Jenseits von AJAX – Web Sockets	736

Kapitel 18: Jedem das Seine

Responsive Webdesign und Mobile Devices

Seite 739

Was ist Responsive Design, und wozu ist es gut?	740	Das Kreuz mit den Bildern	758
Jedem seine Styles – Media Types in CSS2	743	Sture Bilder	762
Media Features – CSS3 schafft neue Möglichkeiten	746	Größer ... größer ... größer ... zu groß!	765
		Sparsamer laden mit data-Attributen	768
Stapelfix Responsive	747	Was kann so ein Mobildings sonst noch?	772
Schritt 1: Zuerst wird die Sidebar umpositioniert	750	Fingergetatsche	772
Schritt 2: Jetzt mit handytauglicher Navigation	752	Wo zum Teufel bin ich?	775
All die vielen Bildschirme!	756	Schrödinger unterwegs	782
		Der Verfolger	785

Kapitel 19: Der Blick nach vorn – was geht noch?

Was geht noch?

Seite 787

CSS Bibliotheken und Frameworks **789**	Programmieren geht nicht nur im Browser **797**
JavaScript-Bibliotheken und neue APIs **793**	Reine Handarbeit macht auch nicht glücklich **801**
Aber es gibt auch noch andere Ansätze **795**	Aber das Wichtigste **802**

Anhang A: Zeichencodes

Zeichencodes **804**	Tabelle 2: Tastencodes für keyup und keydown **806**
Tabelle 1: ASCII – Codes für keypress **805**	

Anhang B: Reguläre Ausdrücke

Muster für Zeichenketten **808**	Die wichtigsten Elemente von regulären
Reguläre Ausdrücke in JavaScript **812**	Ausdrücken, kurz zusammengefasst **817**

Index **819**

Widmung

Mit Dank an meine Freunde, meine Familie und ganz besonders an Sizinha, die alle noch mit mir sprechen, obwohl ich nicht die Zeit für sie hatte, die sie verdient haben. Und mit Dank an das Web als Ganzes, denn ohne die Arbeit, die viele Andere dort geleistet haben, wäre auch dieses Buch nicht möglich gewesen.

Das Vorwort: seriös und ohne Schnickschnack

Ich habe keine Angst zu übertreiben, wenn ich sage, dass das World Wide Web eine der großen, transformativen Erfindungen der Menschheit ist. So wie die Dampfmaschine oder die Druckerpresse. Es hat sogar sehr viel gemeinsam mit der Druckerpresse, denn genau wie diese hat das World Wide Web unseren Umgang mit Informationen grundlegend verändert. Durch die Druckerpresse wurden Bücher zur Massenware: Jeder, der Lesen konnte, konnte sich günstig Bücher beschaffen, sie lesen und sich weiterbilden. Dass die Welt ohne diese Erfindung heute anders aussähe, siehst du bestimmt genauso.

Das World Wide Web geht noch weiter. Es macht mehr Informationen schneller und einfacher zugänglich als jemals zuvor in der Geschichte. Noch wichtiger ist aber: Jeder Benutzer kann jederzeit seine Meinung zu etwas sagen, kann eigene Informationen verbreiten und mit Menschen in der ganzen Welt kommunizieren, als säßen sie im nächsten Raum. Menschen aus aller Welt bilden Gemeinschaften, diskutieren, tauschen sich aus und arbeiten zusammen, um Neues zu erschaffen.

Und das hört nicht bei technischer Information auf; der freie Meinungsaustausch durch das Web hat längst auch die Politik erreicht. Das WWW hat jetzt schon, mit seinen gerade 20 Jahren, Revolutionen ausgelöst. Auch bei uns in Deutschland wurden schon politische Vorhaben gestoppt und in Gang gesetzt, weil sich Menschen über das Internet gefunden und zusammengearbeitet haben. Und all das geht unabhängig von Geschlecht, Hautfarbe, Nationalität und Reichtum der Eltern. Das ist die Änderung, die das Web bringt. Und ich bin mir sicher, es geht noch weiter.

Aber was hat das alles mit dir zu tun? Du hast dieses Buch in der Hand, weil du die drei Sprachen des Webs lernen möchtest: HTML, CSS und JavaScript. Das ist dein Werkzeugkasten, um selbst etwas im Web zu erschaffen. Ob du „nur" deine eigene, kleine Homepage haben möchtest, wichtige Informationen darstellen und verbreiten oder ganz neue Wege entwickeln, zu kommunizieren – diese Werkzeuge geben dir die Möglichkeiten dazu. Oder auch, wenn du das nächste große Browserspiel entwickeln willst, das Millionen Menschen zusammenbringt, um Spaß zu haben.

Und vielleicht möchtest du auch dabei mitmachen, wenn die nächste große Idee das Web – und damit die Welt – verändert. Das aktuelle Modell Social Media ist noch nicht das Ende der Fahnenstange; wir werden noch andere Wege finden, uns durch das Web auszutauschen, zusammenzukommen, Neues zu erschaffen. Und mit dem Inhalt dieses Buches hast du alles, was du brauchst, um dabei mitzumachen. Das Web ist die erste Erfindung, an der wirklich jeder mitarbeiten kann, und du wirst sehen, dass die Einstiegshürde dafür gar nicht so hoch ist, wie du jetzt noch glaubst. Also los, und ich hoffe, du hast Spaß dabei!

Kai

P.S.: Die Geschwindigkeit, mit der sich Dinge im Web entwickeln, hat auch uns ein wenig überholt. Wir zählen den Browser Google Chrome noch zu den WebKit-Browsern, also zu denen, die zur Umsetzung des HTML-Codes in die angezeigte Webseite die WebKit-Engine benutzen. Das ist inzwischen nicht mehr richtig, kurz bevor ich dieses Vorwort verfasst habe – also am Ende des Buches – wurde bei Chrome WebKit gegen die neue Blink-Engine ausgetauscht. Dabei handelt es sich aber um eine Weiterentwicklung von WebKit und alles, was ich dir erkläre, stimmt deshalb nach wie vor, vor allem an den Codebeispielen ändert sich dadurch nichts.

— EINS —

> Aufbau einer Seite und die wichtigsten Elemente

Fangen wir mit einem Gerüst an

Schrödinger fühlt sich ziemlich verloren mit seiner neuen Aufgabe. Klar, er hat schon Tausende von Webseiten besucht, aber wie man sie selbst erstellt, da hat er nie drüber nachgedacht. Er weiß ja nicht einmal, mit welchem Werkzeug er eine Seite erstellen soll. Und so tut Schrödinger, was jeder in seiner Situation tun würde: Er geht nach Hause. Natürlich nicht alleine, davon würde seine Unwissenheit auch nicht besser. Aber Schrödinger kennt zum Glück jemanden, der ihm weiterhelfen kann.

Die drei ??? – HTML, CSS und JavaScript

*... ich hab ihm immer mit seinem Office und seinem E-Mail-Programm geholfen, und heute kommt der alte Bossingen zu mir und sagt: „Unsere Webseite muss dringend überarbeitet werden, Schrödinger, Sie sind doch Computerspezialist."
Ich hab doch keine Ahnung von Webseiten, ich surfe doch nur.*

Mach dir mal keine Sorgen, Schrödinger. Webseiten zu bauen, ist viel einfacher, als du denkst. Fast, wie Texte zu schreiben in Word, nur dass du nicht im Menü auswählst, wie dein Text aussehen soll, sondern mit Tags Bereiche markierst und dann im Stylesheet beschreibst, wie sie aussehen sollen.

Und da geht's schon wieder los mit dem Fach-Chinesisch. Täcks? Steilschiets? Ich versteh ja nicht mal, wovon du redest.

Okay, okay, fangen wir doch einfach am Anfang an. Es gibt drei wichtige Elemente für Webseiten, drei Sprachen, um genau zu sein. Zuerst gibt es **HTML.** In HTML schreibst du die Struktur und den Inhalt deiner Seite. Du schreibst deinen Text und markierst Überschriften, Absätze und so weiter, und der Webbrowser macht dann daraus den formatierten Text, der angezeigt wird.

[Zettel]
Der Browser ist das Programm, mit dem man Webseiten anschaut und im World Wide Web surft. Die bekanntesten sind Internet Explorer, Firefox, Safari und Chrome.

Eine Sprache, und der Webbrowser macht was draus? So wie beim Programmieren? Man schreibt seitenweise unverständlichen Kram, dann lässt man dieses Programm laufen ...

Du meinst den **Compiler**?

Genau, den Compiler. Man schreibt kryptischen Code, lässt den Compiler laufen, und Hokus Pokus hat man ein Computerprogramm, zum Beispiel World of Warcraft.

Nein, so schlimm ist es wirklich nicht. **HTML ist nicht kryptisch, das meiste ist einfach Text**. Und zwischendrin stehen **Markierungen**, die erklären, was der Text bedeutet, zum Beispiel „hier ist der Seitentitel".
Die zweite wichtige Sprache ist **CSS**, für Cascading Style Sheets. HTML für sich funktioniert, aber es sieht aus wie **dein Referat aus der fünften Klasse**. CSS sorgt dafür, dass alles gut aussieht, oder zumindest so aussieht, wie du es haben möchtest. Ob es dann auch wirklich gut aussieht, ist deine Sache.

Sehr, sehr witzig.

Und dann gibt es noch JavaScript. **JavaScript** ist für alles da, was nicht nur einfach auf dem Bildschirm stehen soll, sondern auch etwas tun soll. **Rechnen, sich bewegen, die Lottozahlen vorhersagen**, das ist alles JavaScript.

Du kennst dich ja ziemlich gut damit aus. Kannst du mir nicht vielleicht ein paar Sachen beibringen? Zumindest genug, dass Bossingen mit der neuen Webseite zufrieden ist?

Na klar, dafür hat man ja Freunde. Wenn ich mal was über deine Arbeit wissen möchte, würdest du mir ja auch weiterhelfen, oder? Warum machst du nicht schnell einen Kaffee, und dann erklär ich dir HTML? Zu CSS und JavaScript kommen wir dann später, die haben ohne HTML sowieso keinen Sinn.

[Zettel]
Wenn man Webentwickler um Hilfe bittet, ist eine Tasse Kaffee fast immer das geeignete Mittel zur Bestechung.

Der Werkzeugkasten

So, dann los. Das Wichtigste für den Anfang als Webentwickler, genau wie für jeden anderen Beruf, ist **das richtige Werkzeug**. Ohne Computer geht natürlich gar nichts. Webseiten auf Papier zu schreiben, macht keinen richtigen Spaß, und einen Papierbrowser, um deine Zettel darzustellen, gibt es auch nicht.

Welches System du benutzt, ist egal; das Tolle an Webseiten ist ja gerade, dass sie überall funktionieren. Windows, Mac OS oder Linux sind alle okay. Wenn du ein anderes Betriebssystem benutzt, bist du an manchen Stellen auf dich allein gestellt, weil ich dann keine Ahnung habe. Aber wenn du wirklich ein anderes System benutzt, kennst du dich wahrscheinlich gut genug aus, dass das kein Problem ist.

Webbrowser

Als Nächstes brauchst du **Webbrowser** – Plural, also mehr als einen. Ein Browser ist heute bei jedem Betriebssystem dabei, aber um Webseiten zu schreiben, sollte es mindestens noch ein weiterer sein.

Hast du nicht gerade noch gesagt, dass Webseiten überall funktionieren?

Du hast Talent dafür, Salz in offene Wunden zu streuen, weißt du das, Schrödi? Theoretisch funktionieren Webseiten überall, aber leider sehen sie nicht immer überall so aus, wie du es möchtest. Das ist der ewige Fluch der Webentwickler. Deswegen ist es immer besser, mehr als einen Browser zum Testen zu haben. Firefox und Chrome kannst du auf jedem System installieren (und herunterladen unter http://www.firefox.com bzw. http://www.google.com/chrome). Safari ist auf jedem Mac schon installiert, für alle anderen Systeme gibt es ihn hier: http://www.apple.com/safari/. Und der Internet Explorer ist schon auf deinem Computer installiert, falls du Windows benutzt, sonst gibt es ihn für dein System sowieso nicht.

Editor

Und damit haben wir auch schon fast alles, was wir brauchen, es fehlt nur noch ein **Texteditor**. Man kann HTML – und auch CSS und JavaScript – in jedem Editor schreiben, der einfache Textdateien ohne Formatierung erzeugt. Alles, was **TXT-Dateien** erzeugt, funktioniert, also zum Beispiel nicht Word. Aber trotzdem sind manche Editoren besser als andere. Ein guter Editor für HTML zeigt an, wenn das Dokument korrekt ist, hebt die Struktur hervor und erleichtert die Fehlersuche. Für Windows ist Notepad++ (http://notepad-plus-plus.org/) sehr geeignet, unter Linux funktioniert Geany gut (http://www.geany.org oder mit dem Package Manager deiner Linux-Distribution), Bluefish (http://bluefish.openoffice.nl oder wieder mit dem Package Manager) ist auch nicht schlecht. Bluefish gibt es auch für den Mac, TextWrangler ist eine Alternative.

Genug Vorbereitung. Es ist Zeit, ins kalte Wasser zu springen und die erste Seite zu schreiben.

> Warte mal! Das sind ja alles Programme, um Text zu bearbeiten. Es gibt doch für HTML bestimmt was Einfacheres, so mit Maus hin- und herschieben und so.

Klar, da gibt es vieles. Aber zum Lernen sind WYSIWIG-Tools keine gute Idee, du sollst ja erst mal wissen, was du tust. Später kannst du dann zum Beispiel Dreamweaver benutzen oder einen der vielen kostenlosen Editoren. Wenn du das dann noch möchtest – Webentwickler streiten sich gerne, ob es sich mit einem WYSIWIG-Editor besser arbeiten lässt als mit einem guten Texteditor. Das musst du nach ein paar hundert Seiten selbst entscheiden.

[Zettel]
WYSIWIG steht kurz für „What you see is what you get", also „Was du siehst ist auch das, was rauskommt", und beschreibt alle Programme, bei denen das Dokument beim Bearbeiten genauso aussieht wie später für den Leser.

Kapitel EINS

Das erste Dokument

Fertig, Schrödinger? Genieße deine **letzten Sekunden** als jemand, der noch nie eine Webseite geschrieben hat. Es geht jetzt schneller, als du denkst.

[Einfache Aufgabe]
Starte den Editor deiner Wahl. Erstelle eine neue Datei, und speichere sie mit der Endung `.htm` oder `.html`.

[Zettel]
Die meisten Editoren erkennen an der Dateiendung, dass es sich zum Beispiel um eine HTML-Datei handelt und sie damit beim Bearbeiten unterstützen sollen. Deshalb ist es besser, die Datei mit der richtigen Endung zu speichern, bevor man anfängt, damit zu arbeiten.

[Einfache Aufgabe]
Jetzt tippe diesen HTML-Code ein, und speichere die Datei.

```
<!DOCTYPE html>
<html>
<!--Das ist wirklich meine erste Webseite -->
  <head>
    <title>Meine erste Webseite</title>
  </head>
  <body>
    <p>Hallo Webwelt!</p>
  </body>
</html>
```

[Zettel]
Den HTML-Code einzurücken, wie gezeigt, ist für die Funktion der Seite nicht wichtig. Du könntest alles in eine Zeile schreiben, und es sähe im Browser gleich aus. Aber die Einrückung macht es viel angenehmer, die Datei zu bearbeiten.

Wenn alles korrekt abgetippt ist, dann sollte die Datei im Editor jetzt zum Beispiel so aussehen:

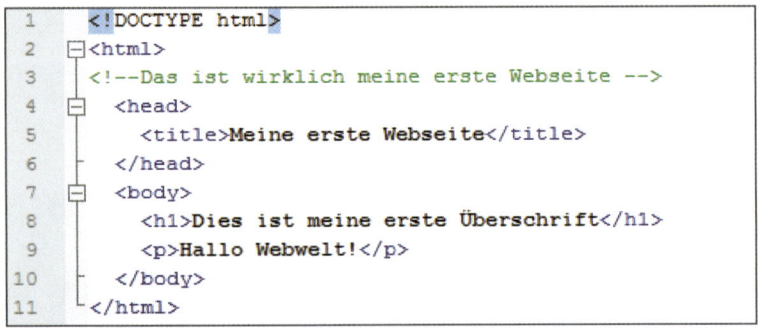

HTML-Datei im Editor: Quelltext mit Farbcodierung

[Achtung]
Achte besonders darauf, alle **<**, **>** und **/** zu setzen, wie im Beispiel.

Und jetzt kommt der spannende Moment: ein Doppelklick auf das Datei-Icon im Verzeichnis, und die Datei sollte sich im Browser öffnen und etwa so aussehen:

HTML-Datei im Browser: Webseite mit Titel

Ich gratuliere, deine erste Webseite! Sieht doch schon toll aus, oder?
Damit sind wir auch fertig und ...

Was? Fertig? Das sieht aber noch nicht so aus wie die Webseiten, die ich jeden Tag sehe!

... fertig und können ins Büro gehen, wo ich dir erkläre, was genau du gerade getan hast. Dachtest du, ich lasse dich mit so einer oberflächlichen Einführung sitzen?

Markup und Tags

Was haben wir jetzt gerade getan? Unsere erste HTML-Seite erstellt, klar, aber warum funktioniert sie und sieht so aus, wie sie aussieht? Und was bedeuten diese vielen **Größer- und Kleiner-als-Zeichen**?

Diese Zeichen sind das A und O von HTML, ohne sie wäre es einfach nur Text. Alles, was zwischen einem **<** und einem **>** steht, ist ein **Tag**. `<html>`, `<body>`, `<p>` sind Tags, öffnende Tags, um genau zu sein. Kommt noch ein Slash **/** dazu, wird aus dem öffnenden ein **schließendes Tag**: `</html>`, `</body>`, `</p>`.

[Zettel]
Tag ist ein englisches Wort und hat nichts mit dem deutschen Zeitraum zwischen Sonnenauf- und Sonnenuntergang zu tun. Gesprochen wird es deshalb Täg, und bedeutet unter anderem „Markierung". Ein Tag markiert Text.

[Hintergrundinfo]
HTML steht für Hypertext Markup Language. Es gibt viele Markupsprachen; ihnen allen ist gemein, dass sie Bereiche mit Tags markieren. Die bekannteste Markupsprache neben HTML ist XML, aber das wird erst viel später interessant für uns.

Alles zwischen einem öffnenden und dem dazu passenden schließenden Tag ist der **Tag-Body**, der Inhalt des Tags.

`<title>`*1*Dies ist der Seitentitel*2*`</title>`*3*

*1 öffnendes Tag
*2 Tag-Body
*3 schließendes Tag

Seitenaufbau und wichtigste Elemente

Tags können und müssen ineinander **verschachtelt** werden: In der Beispielseite sind `<head>` und `<body>` Teil des Tag-Bodys von `<html>`, `<title>` steht im Tag-Body von `<head>`.

[Achtung]
Tags dürfen zwar beliebig tief ineinander verschachtelt werden, aber nicht jedes Tag darf an jeder Stelle stehen. `<head>` innerhalb von `<body>` geht zum Beispiel nicht, deswegen hätte Dalí kein Webentwickler werden können.

Eins ist beim Verschachteln von Tags sehr wichtig: Wenn das öffnende Tag innerhalb eines anderen Tags verschachtelt ist, dann muss das passende schließende Tag in dem gleichen Tag verschachtelt sein.

```
<p>
   Hier steht Text
   <span>Mehr Text</span>
</p>
```

```
<p>
   Hier steht Text
   <span>Mehr Text</p>
</span>       X
```

[Achtung]
Falsch verschachtelte Tags verursachen im Browser keine Fehlermeldung, aber die Seite kann falsch dargestellt werden. Wenn später CSS und JavaScript dazu kommen, führen falsche Verschachtelungen zu Fehlern, die nur schwer zu finden sind.

[Begriffsdefinition]
Ein HTML-Dokument, in dem alle Tags korrekt geschlossen und verschachtelt sind, heißt wohlgeformt (well-formed).

Also wie Schachteln ineinander packen. Entweder die Schachtel ist in der anderen oder nicht, halb geht nicht. Das ist aber genug Tag-Theorie für einen Tag, was bedeuten diese Dinger nun?

Das ist am einfachsten an einem Beispiel zu erklären.

Struktur einer HTML-Seite

Nummer 1 ist doch gar kein ordentliches Tag! Was soll dieses Ausrufezeichen?

```
<!DOCTYPE html> *1
<html> *2
<!--Das ist wirklich meine erste Webseite --> *3
  <head> *4
    <title>Meine erste Webseite</title> *5
  </head>
  <body> *6
    <p>Hallo Webwelt!</p> *7
  </body>
</html> *8
```

*1 Schön, dass du noch aufpasst, Schrödinger. Und du hast vollkommen Recht, das ist kein echtes Tag, sondern die **Doctype-Deklaration**. Damit teilst du dem Browser mit, dass jetzt wirklich ein HTML-Dokument beginnt – falls er der Dateiendung nicht vertraut. Außer DOCTYPE gibt es aber keine Deklarationen, diese Zeile bleibt immer allein.

*2 Das Root-Tag `<html>`. Das muss bei jedem HTML-Dokument vorhanden sein, vor dem öffnenden `<html>` darf nur der Doctype stehen.

*3 Du brauchst nichts zu sagen, Schrödinger, ich gebe es zu. Auch das ist kein Tag. Alles zwischen `<!--` und `-->` ist ein Kommentar und wird vom Browser komplett ignoriert. Aber wenn sich jemand den Quelltext der Seite anschaut, sind die Kommentare zu sehen, also kein guter Ort, um dein Passwort fürs Online-Banking zu speichern.

*4 In den Head-Bereich der Seite gehört alles, was zwar mit der Seite zu tun hat, was aber nicht zum Inhalt der Seite gehört, zum Beispiel, aber nicht nur, …

*5 … der Seitentitel. Der Titel wird nicht in der Seite angezeigt, sondern zum Beispiel in der Titelzeile des Browserfensters.

Meine erste Webseite - Windows Internet Explorer

So zeigt der Internet Explorer den Titel an.

*6 Im `<body>` steht dann wirklich der Inhalt der Seite, alles, was hier steht, wird im Browserfenster angezeigt.

*7 `<p>` steht für Paragraph, also Absatz – Textabsatz, nicht Schuhabsatz. Man muss seinen Text nicht in `<p>`-Tags einpacken. Aber wenn man Fließtext schreibt, bietet es sich an, denn dann funktionieren Dinge wie das Einrücken der ersten Zeile per CSS.

*8 Das Ende des HTML-Dokuments. Nach `</html>` darf nichts mehr kommen, hier ist Schluss. **Finito.**

Seitenaufbau und wichtigste Elemente

```
<html>
  <head>
  </head>
  <body>
  </body>
<html>
```

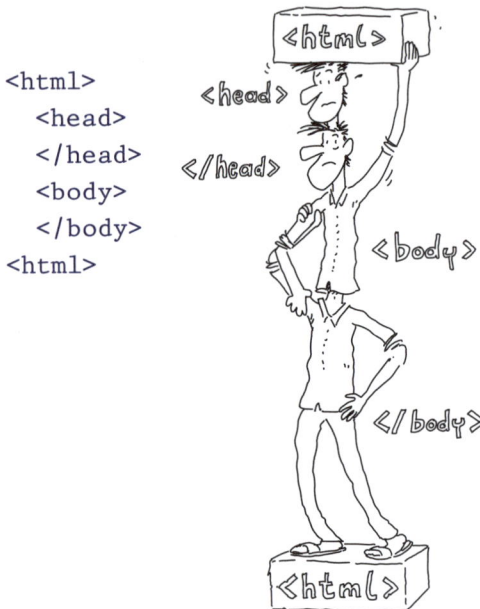

Was noch fehlt, um einen gut strukturierten Text zu schreiben, sind **Überschriften**. HTML unterstützt **sechs Ebenen von Überschriften**, die Tags dafür heißen **<h1>** bis **<h6>**. Der Text der Überschrift steht natürlich im Tag-Body.

[Einfache Aufgabe]
Füge über dem Textabsatz eine Überschrift der Ebene 1 (**<h1>**) ein, und gib ihr den Text „Dies ist meine erste Überschrift".

Schau dir die Seite im Browser an, die Überschrift sollte groß und fett oben auf der Seite stehen. Falls sie nicht zu sehen ist oder falsch aussieht, lautet das korrekte HTML so:

```
…
<body>
  <h1>Dies ist meine erste Überschrift</h1> *1
  <p>Hallo
…
```

*1 Überschrift Ebene 1

Wow, das ist so … so …

Cool? Einfach? Brillant erklärt?

Hässlich. Es ist hässlich.

Ja, hässlich ist es wohl auch. Das Standardaussehen von **<h1>** wird in den meisten Browsern von der **Hausnummernindustrie** gesponsert. Man kann es problemlos von der Straße aus lesen. Aber die gute Nachricht ist: Wenn wir später über CSS reden, kannst du alles Hässliche abstellen.

[Zettel]
Bitte mach die Überschrift nicht kleiner, indem du **<h4>**, **<h5>** usw. anstelle von **<h1>** benutzt. Es funktioniert zwar, dem Browser ist es egal; aber zum Beispiel Leseprogramme für Blinde müssen sich auf die richtige Abfolge der Überschriften verlassen können, um ihre Leser durch die Webseite zu navigieren.

Du kennst jetzt schon fast alles, was für die Sprache HTML wichtig ist. Klar, es gibt noch viel, viel mehr Tags – von denen ich dir die meisten später noch zeige – aber die funktionieren genauso wie die aus diesem Abschnitt. Aber über die Syntax von HTML gibt es nur noch zwei Dinge zu lernen, und zu denen kommen wir jetzt.

Attribute, leere Tags und Links

Das **World Wide Web** wäre nie so groß und populär geworden, wie es ist, wenn man immer nur einzelne Seiten betrachten könnte. Die große, tolle Neuheit waren die **Links**: Textmarken, die man anklicken kann, um zu einer anderen Webseite oder einer anderen Stelle auf derselben Seite zu gelangen.

[Zettel]
Links werden manchmal auch Hyperlinks genannt, daher stammt das „Hypertext" in HTML.

[Zettel]
Bisher war HTML viel zu einfach, deshalb hier ein bisschen Extraverwirrung: Es gibt auch ein `<link>`-Tag, das hat aber nichts mit diesen Links zu tun. Wir werden es später noch häufig brauchen, aber falls du schon jetzt neugierig bist, gibt es im World Wide Web einige sehr gute HTML-Referenzen, zum Beispiel http://reference.sitepoint.com (auf Englisch).

Aber auf der Seite herumzuspringen, macht keinen wirklichen Spaß, wenn die Seite zu kurz ist. Zuerst pumpen wir unsere Beispielseite mal ein wenig auf. Das Mittel der Wahl, wenn man schnell und ohne nachzudenken viel Text braucht, heißt schon seit dem späten Mittelalter **Lorem Ipsum**, ein langer, sinnloser Text, nur um den Platz auf der Seite zu füllen. Wir haben es heute natürlich einfacher als ein spätmittelalterlicher Drucker, angefangen damit, dass wir nicht mehrere Seiten Kauderwelsch aus Bleilettern setzen müssen. Heute gibt es im Internet Lorem-Ipsum-Generatoren (zum Beispiel bei http://www.lipsum.com/), aus denen wir nur noch ca. 30 Absätze Text kopieren und um jeden Absatz `<p>`-Tags setzen müssen. Oder du startest einfach mit der Datei `Beispiel_1_3.html` aus den Beispielen.

[Hintergrundinfo]
Lorem Ipsum wird heute noch von Webdesignern gerne genutzt. Da der Text vollkommen sinnlos ist, versucht das Gehirn nicht, den Inhalt zu verstehen. So kann man sich besser auf das Layout konzentrieren.

Jetzt, wo wir unseren langen Text haben, können wir Links setzen, um innerhalb der Seite hin und her zu springen. Das Tag, um einen Link zu setzen, heißt **<a>**. Das Tag, um ein Sprungziel zu setzen, heißt ... auch **<a>**.

Weil das Alphabet nicht genug Buchstaben hatte, um den beiden Funktionen jeweils ihr eigenes Tag zu geben? Zwei Funktionen, ein Tag – das kann nicht gutgehen. Der Browser muss doch unterscheiden können, was ich will.

Und genau dazu brauchen wir eines der zwei Dinge, die es in der HTML-Syntax noch gibt: **Attribute**. Attribute werden in ein **öffnendes Tag** geschrieben und haben einen **Namen** und meistens einen **Wert**. Ein Link-Tag mit Attribut sieht so aus:

`<a`*1 `href`*2`="#unten"`*3 `id="meinLink"`*4`>Link nach unten</a>`

*1 Name des Tags

*2 Attribute: Das Attribut **href** legt fest, wo der Klick auf einen Link hinspringt.

*3 der Attributwert, in Anführungszeichen

*4 Ein Tag kann beliebig viele Attribute haben. **id** ist ein Attribut, das in fast jedem HTML-Tag erlaubt ist. Es weist dem Tag einen eindeutigen Bezeichner zu, und wir werden gleich viel Spaß damit haben.

[Zettel]
Es kann natürlich nicht jedes Attribut in jedem Tag stehen. Für jedes Tag gibt es eine Liste von gültigen Attributen. Die Referenzseiten helfen auch da weiter, wenn du's genau wissen willst.

Und damit haben wir schon eine Hälfte unseres Problems gelöst. **<a>**-Tags, die das Attribut **href** haben, sind Links. Wenn man darauf klickt, gelangt man zu dem Ziel, das im Attribut **href** angegeben ist.

Das will ich ausprobieren.

Du kannst es gerne versuchen: Wenn du das Beispiel in die lange Beispieldatei vor dem ersten **<p>** einfügst und die Datei im Browser öffnest, dann wird der Text „Link nach unten" von deinem Browser schon als Link dargestellt. Nur wird noch nichts passieren, wenn du darauf klickst.

[Zettel]
In den meisten Browsern werden Links blau und unterstrichen angezeigt.

Warum wird noch ... oh, klar, es gibt noch kein Sprungziel für den Link.

Genau so ist es. Aber auch das haben wir schnell behoben. Das Attribut dafür heißt **id**, und weil ein **Sprungziel** nur eine Marke im HTML ist und keinen Text enthält, nutzen wir hier das letzte bisschen Syntax von HTML aus, das wir noch nicht gesehen haben: **leere Tags**.

```
<a id*1="unten"/*2>
```

*1 **id** ist das Attribut, das einen Link zum Sprungziel macht. Es kann später noch viel mehr ...

*2 Es muss immer einen **/** geben, um ein Tag zu schließen. Bei leeren Tags wandert der Slash nur an eine andere Stelle.

[Hintergrundinfo]
Früher wurde zur Definition von Sprungmarken **name** benutzt, nicht **id**. Das funktioniert auch heute noch, aber das **name**-Attribut ist in der neuesten Version von HTML eigentlich nicht mehr gültig.

Wenn es sowieso keinen Tag-Body gibt, dann brauchen wir auch kein schließendes Tag, wir packen den Slash einfach ans Ende des öffnenden Tags, damit weiß der Browser, dass es keinen Tag-Body gibt. Es spart zwar gegenüber

```
<a id="unten"></a>
```

nur drei Zeichen ein, aber wie alle Programmierer und Entwickler neigen auch Webentwickler zu **Schreibfaulheit**. Und bei einem **<a>** mögen es nur drei Zeichen sein, die man spart, aber bei einem **<div>** sind es schon fünf. Leere Tags können einem Webentwickler Jahre seines Lebens sparen!

[Achtung]
Achte genau auf den Unterschied zwischen den Werten für **href** im Link und **id** im Sprungziel. Das **href** beginnt mit einem Hash (**#**), die **id** nicht.

Seitenaufbau und wichtigste Elemente

Das Beispiel oben hat schon gezeigt, wie man das Sprungziel definiert.
Jetzt kannst du es ausprobieren.
Wir haben ja unsere lange Datei schon vorbereitet, es wird Zeit, dass wir damit auch etwas tun.

[Einfache Aufgabe]
Öffne die Datei im Editor, und füge oberhalb des ersten **<p>** einen Link ein:

```
...
<body>
  <a href="#unten">Nach unten springen</a>
  <p>Hallo Webwelt!...
```

Jetzt füge unterhalb des letzten **<p>** noch ein Sprungziel ein:

```
...</p>
  <a id="unten"/>
</body>
```

Wenn du die Seite jetzt im Browser öffnest, siehst du vor allem anderen den Link „Nach unten springen". Klickst du darauf, landest du am Ende der Seite. Scroll ruhig noch mal ganz nach oben, und klick noch mal drauf, nur um sicher zu sein. Und um ganz sicher zu sein, mach es gleich noch mal.

[Zettel]
Achte nebenbei mal auf die Adresszeile des Browsers: Wenn du zum ersten Mal auf den Link klickst, wird **#unten** an die Adresse angehängt.

Das Scrollen ist ganz schön nervig, du hättest die Beispielseite ruhig was kürzer machen können.

Ja, vielleicht. Aber, Schrödinger, du willst Webentwickler werden. Und ein Webentwickler, der zu faul zum Scrollen ist, der tut was dagegen.

[Einfache Aufgabe]
Wenn du zu faul zum Scrollen bist, dann bau dir einen Link, um von ganz unten wieder nach oben zu springen. Du weißt doch jetzt, wie es geht.

Wenn du unten einen Link und oben eine Sprungmarke eingefügt hast, dann kannst du jetzt von oben nach unten und wieder zurück springen, ganz ohne zu scrollen. **Faulheit ist eine Tugend**.

38 Kapitel EINS

Falls es nicht auf Anhieb funktioniert, vergleich mal, ob dein HTML diesem hier ähnlich sieht:

```
...
  <body>
    <a href="#unten">Nach unten springen</a> *1
    <a id="oben"/> *2
    <p>
      Lorem ipsum ... *3
    </p>
    <a href="#oben">Nach oben springen</a> *4
    <a id="unten"/> *5
  </body>
...
```

*1 Link nach unten

*2 Sprungziel oben

*3 seitenweise Text, an dem du wirklich nicht entlangscrollen möchtest

*4 Link nach oben

*5 Sprungziel unten

[Achtung]
Du hast es dir bestimmt schon gedacht, aber ich sag es trotzdem noch mal: Mehrere Sprungziele mit derselben **id** sind keine gute Idee, das kann nur schiefgehen. Mehrere Links mit demselben **href** sind dagegen kein Problem.

Jetzt musst du nicht mehr nach oben und nach unten scrollen, aber es stehen zwei **<a>**-Tags mit verschiedenen Attributen direkt übereinander. Ich weiß nicht, wie es dir geht, aber mich als schreibfaulen Webentwickler stört das schon wieder ein bisschen. Das geht bestimmt kürzer.

[Einfache Aufgabe]
Fasse jeweils die beiden Tags oben und die beiden Tags unten auf der Seite zusammen, so dass sie so aussehen:

`<a href="#unten"`*1` id="oben"`*2`>Nach unten springen</a>`

*1 Attribut für **<a>** als Link

*2 Attribute für **<a>** als Sprungziel

Es wird dich jetzt wahrscheinlich nicht überraschen, dass auch das funktioniert. Und es ist wieder weniger zu tippen. Du machst dir ja gar keine Vorstellung, wie viele Einzelheiten in der Webentwicklung durch reine Faulheit motiviert sind.

[Achtung]
In der Theorie können auch andere Tags als Sprungziele benutzt werden, solange sie eine **id** haben. In der Praxis gibt es damit aber Probleme im Internet Explorer. So ist es zumindest für den Moment sicherer, nur zu **<a>**-Tags zu springen.

Seitenaufbau und wichtigste Elemente

Links zwischen zwei Seiten – über den Gartenzaun

Auf einer Seite von oben nach unten zu scrollen, ist ein guter Anfang, aber auch damit wäre das World Wide Web nie zu einem Erfolg geworden, der Nutzen ist doch sehr eingeschränkt. Aber **<a>** kann noch mehr, viel mehr.

Stell bitte sicher, dass **die beiden Testseiten, die wir anlegen werden, im gleichen Verzeichnis liegen**; sonst funktioniert das, was wir tun wollen, nicht so, wie es soll, und wir sind beide unglücklich.

Für unseren nächsten Trick werden wir jetzt eine Webseite aus dem Browser verschwinden lassen und durch eine andere ersetzen. Ist vielleicht nicht Copperfields Niveau, aber sein HTML ist auch ziemlich mies.

[Einfache Aufgabe]
Erzeuge zwei HTML-Seiten mit den Namen `links_eins.html` und `links_zwei.html` im gleichen Verzeichnis.
Füge in beiden Seiten einen Link zur jeweils anderen ein, und probier es aus.

Es ist dir vielleicht in der Eile entgangen, aber du hast noch nicht erklärt, wie ich das mache ...

Kleinigkeit, wirklich. Stell dir den einfachsten Weg vor, wie der Link von einer Seite zur anderen aussehen könnte. Vergiss die ganzen komplizierten Adressen, die du im Browser eintippen musst, dazu kommen wir noch früh genug. Was ist die einfachste Methode?

*Ich schreibe den Namen der Datei, auf die ich verlinken möchte, ins **href** des Links.*

So ist es. Probier es aus. Und **vergiss die Dateiendung nicht**, ohne `.html` am Ende geht's nicht.

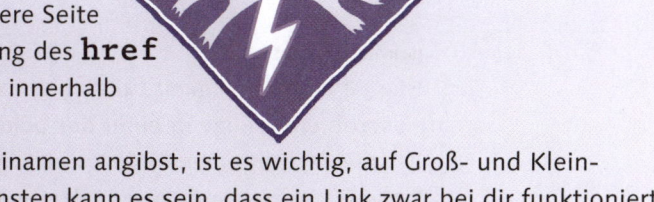

[Achtung]
Bei einem Link auf eine andere Seite wird kein Hash an den Anfang des `href` gestellt, die ist nur für Links innerhalb der Seite da.
Immer, wenn du einen Dateinamen angibst, ist es wichtig, auf Groß- und Kleinschreibung zu achten. Ansonsten kann es sein, dass ein Link zwar bei dir funktioniert (wenn du Windows benutzt), aber später auf dem Server nicht mehr.

So sollte ein Link aussehen:
```
<a href="links_zwei.html"*1>Zu Seite zwei</a>
```

*1 einfach nur der Dateiname mit Endung

Damit kannst du jetzt von einer Seite zur anderen springen, das ist endlich das, womit das World Wide Web populär geworden ist.

[Zettel]
Diese Art von Link nennt man einen relativen Link, weil er Dateien relativ zu der Datei sucht, in der sich der Link befindet. Die Zieldatei muss nicht im selben Verzeichnis liegen.
In ein Unterverzeichnis kannst du mit `href="verzeichnis/datei.html"` verlinken, in ein Verzeichnis weiter oben mit `href="../datei.html"`. Warnung für Windows-Benutzer: Benutzt `/`, nicht `\`!

Zumindest fast. Nur auf die Seite neben unserer zu verlinken, ist immer noch nicht alles. Es hilft dir zum Beispiel nicht, wenn du neue Bücher kaufen willst. Es sei denn, du würdest Buchhändler, dann vielleicht, aber sonst nicht. Die meisten von uns brauchen dafür einen Link, der zu einer weiter entfernten Webseite führt. Versuch mal den hier:
```
<a href="http://www.galileo-press.de/">Galileo</a>
```
Füg ihn in eine der Beispieldateien ein, und probier ihn aus. Zurück musst du allerdings mit dem Zurück-Knopf des Browsers; Galileo hat zwar viele nette Leute, aber ich konnte sie nicht dazu überreden, einen Link zu unserer Beispielseite auf ihre Webseite zu setzen.

[Achtung]
Damit dieser Link funktioniert, musst du mit dem Internet verbunden sein.

Seitenaufbau und wichtigste Elemente

Dieser Wert von `href` heißt im Alltag **Webadresse**, technisch nennt man es eine **absolute URL**, und wir werden in Kapitel 2 sehen, was drin steckt. Für den Moment reicht es, wenn du weißt, dass du jede Adresse aus dem Browser kopieren und als `href` einfügen kannst, und der Link wird funktionieren.

[Schwierige Aufgabe]
Hier ist eine Kleinigkeit für dich zum Ausprobieren: Füge in einer der beiden Beispieldateien einen Link ein, der in die lange Datei aus dem vorigen Abschnitt führt, ans untere Ende der Datei.

Die beiden Arten von Linkzielen zu kombinieren, war nicht schwierig, oder? Du packst das Sprungziel innerhalb der Seite hinten an den Dateinamen, und schon funktioniert es.

```
<a href="langeseite_mit_links.html*1#*2unten*3">Andere Seite unten</a>
```

*1 Name der Zieldatei

*2 das wichtige und mächtige Hash-Zeichen

*3 Sprungmarke innerhalb der Datei

Was ist eigentlich aus dem Kaffee geworden, von dem wir vorhin gesprochen haben? Inzwischen ist der bestimmt durch?

Das Ziel im Auge – das Attribut target

Jetzt habe ich noch einen letzten Trick mit dem <a>-Tag auf Lager. Ich komme mir inzwischen schon vor wie einer von diesen Fernsehwerbeansagern.

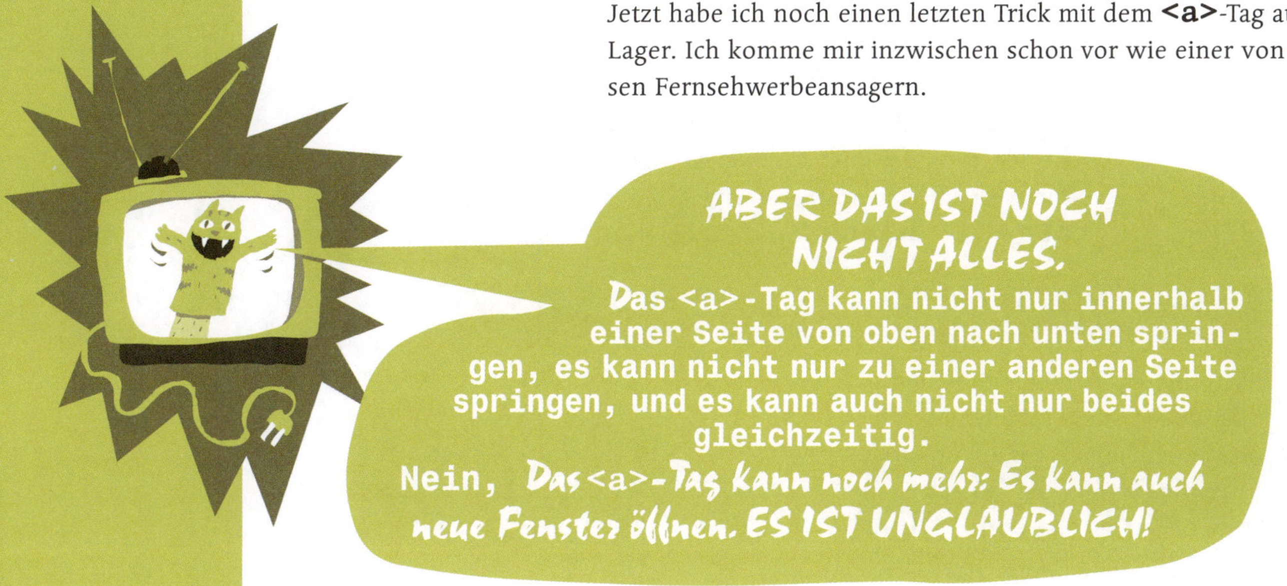

> ABER DAS IST NOCH NICHT ALLES. Das <a>-Tag kann nicht nur innerhalb einer Seite von oben nach unten springen, es kann nicht nur zu einer anderen Seite springen, und es kann auch nicht nur beides gleichzeitig. Nein, Das <a>-Tag kann noch mehr: Es kann auch neue Fenster öffnen. ES IST UNGLAUBLICH!

Danach habe ich aber auch wirklich nichts mehr mit dem <a>-Tag. Es gibt zwar noch mehr Attribute, die tun aber nichts Interessantes. Wenn du die Liste mit allen Attributen sehen willst oder wenn du sonst etwas nachschlagen willst, was nicht ins Buch gepasst hat, dann helfen auch da wieder die Referenzseiten. Was uns jetzt noch interessiert, ist das Attribut **target**. Bei **target** geht es nicht darum, zu welcher Seite der Link führt, sondern darum, in welchem Fenster es aufgeht.

[Zettel]
Benutze **target** sparsam. In jedem modernen Browser kann der Leser einen Link im neuen Fenster öffnen, wenn er möchte. Ihm ein neues Fenster aufzuzwingen ist aber meistens eher nervig.

Seitenaufbau und wichtigste Elemente

Es gibt zwei Arten, `target` zu verwenden, die an dieser Stelle wichtig sind. Die erste ist, den Wert mit `_blank` anzugeben:

*1 Der Unterstrich ist wichtig, sonst versteht der Browser es als Namen eines neuen Fensters, wie unten beschrieben.

```
<a href="..." target="_blank*1">Ein Link</a>
```

Mit `_blank` wird der Link **in einem neuen Fenster** geöffnet. Wird der Link ein zweites Mal geklickt, öffnet sich ein weiteres Fenster, wird ein anderer Link mit `target="_blank"` geklickt ebenso.

[Zettel]
Neues Fenster heißt heute immer neues Fenster oder neuer Tab. Als Webentwickler hast du keinen Einfluss darauf, ob ein neues Fenster oder ein neuer Tab aufgeht, das liegt allein am Browser.

In der zweiten Variante gibst du den Namen eines Fensters an – eigentlich eines Frames, aber über Frames, die keine Fenster sind, reden wir ein anderes Mal. Ist noch kein Fenster mit dem angegebenen Namen geöffnet, öffnet sich ein neues Fenster, genau wie mit `target="_blank"`. Ein zweiter Klick auf denselben Link oder einen weiteren Link mit demselben `target` öffnet die Zielseite aber im selben Fenster wie vorher.

Kapitel EINS

Tinks und Largels

Manche Leute behaupten, Tinks und Largels könne man nicht verwechseln. Zur Sicherheil üben wir das tieber nochmat:

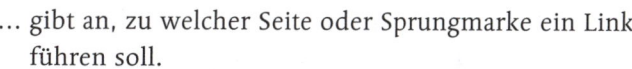

[Einfache Aufgabe]
Nimm einen Bleistift, und verbinde die Halbsätze.

Das **target**-Attribut ...   ... gibt an, zu welcher Seite oder Sprungmarke ein Link führen soll.
Das **<link>**-Tag ...   ... öffnet einen Link in einem anderen Fenster.
Das **<a>**-Tag ...   ... definiert sowohl Links als auch Sprungmarken.
Das **href**-Attribut ...   ... kann eine absolute oder relative URL enthalten.
      ... sollte sparsam genutzt werden.
      ... wird durch ein gesetztes **id**-Attribut zur Sprungmarke.
      ... ist zwingend notwendig, damit ein **<a>**-Tag korrekt ist.

Das **href**-Attribut gibt an, zu welcher Seite oder Sprungmarke ein Link führen soll.
Das **target**-Attribut öffnet einen Link in einem anderen Fenster.
Das **<a>**-Tag definiert sowohl Links als auch Sprungmarken.
Das **href**-Attribut kann eine absolute oder relative URL enthalten.
Das **target**-Attribut sollte sparsam genutzt werden.
Das **<a>**-Tag wird durch ein gesetztes **id**-Attribut zur Sprungmarke.
Nichts ist zwingend notwendig, damit ein **<a>**-Tag korrekt ist.

Seitenaufbau und wichtigste Elemente

[Einfache Aufgabe]

Jemand fängt auf der Seite http://www.stapelfix.de (`index.html`) an, zu lesen.
Er klickt auf jeden Link, der ihm unterkommt. Folge ihm beim Lesen. Leg den Bleistift nicht weg, und verbinde die Links mit ihrem Ziel.

index.html

```
…
<body>
    <p>Willkommen auf der Homepage von
Stapelfix, dem weltgrößten Hersteller
von Stapelwaren aller Art. Kisten,
Fässer, Mikadostäbchen, wenn man
mehreres davon stapeln kann, dann
stellen wir es her!</p>
<p><a href="produkte.html">Kommen
Sie rein und sehen Sie selbst, dass
wir nicht hochstapeln, sondern hoch
stapeln.</a></p>
</body>
…
```

geschichteundgeschichten.html:

```
…
<body>
  <p><a id="firmengeschichte"/>Stapelfix,
gegründet von Burkhard Bossingen im Jahr
1981 bla bla bla liest das eigentlich
jemand?</p>
    <p><a id="stapelrekord">Beim Schützen-
fest in Hintermöhrenhausen 1986 bewies
Burkhard Bossingen, dass alles stapelbar
ist. Hier sieht man ihn, wie er seinen
Rekord im Bierflaschenstapeln aufstellt.
Durch Zufall haben wir herausgefunden,
dass der Knirps im Hintergrund niemand
anderes ist als unser <a href="dieleute.
html#schroedinger">Schroedinger</a><img
src="…" alt="Stapelrekord"></p>
</body>
…
```

produkte.html:

```
<body>
   <p><a href="dieleute.
html">Unser Team</a> <a
href="geschichteundgeschichten.html">Die
Firma</a> <a href="kisten.html">Kisten
und Schachteln</a> <a href="anderes.
html">Sonstige Stapelware</a></p>
</body>
…
```

dieleute.html:

```
…
<body>
    <p><a id="bossingen"/>Der
Firmengründer und Geschäftsführer,
Burkhard Bossingen. Geboren in grauer
Vorzeit, hält er bis heute das Ruder
seine Firma fest in der Hand. Und
deshalb geht es Stapelfix auch heute
noch gut. Aber auch Bossingen ist
nicht immer <a href="http://www.
stapelfix.de/geschichteundgeschichten.
html#stapelrekord">bierernst</a></p>
    <p><a id="heisenberg"/>Helena
Heisenberg, zweite Geschäftsführerin und
Prokuristin, lässt keine Unschärfe in
die Firmenbücher kommen</p>
    <p><a id="schroedinger"/>Das Mädchen
für alles im Büro und außerdem unser
IT-Experte. Wenn sich Schrödinger am
Telefon meldet, dann sind Sie in guten
Händen.</p>
</body>
…
```

index.html ⇔ produkte.html ⇔ dieleute.html ⇔ geschichteundgeschichten.html#stapelrekord ⇔ dieleute.html#schroedinger ⇔ Ende

Text war gestern – Bilder

Bilder in ein HTML-Dokument einzufügen, birgt jetzt keine großen Geheimnisse mehr. Ein neues Tag, ein paar Attribute, fertig. Und ein Bild brauchst du natürlich auch. Falls du gerade keins zur Hand hast, nimm einfach das Beispielbild aus dem Download zum Buch.

Wenn man Entwickler malen lässt …

Das Tag, das du dazu brauchst, heißt `<img>`, und die URL des Bildes, relativ oder absolut, steht im Attribut `src`.

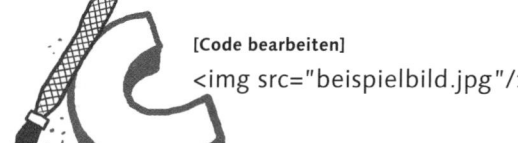

[Code bearbeiten]
```
<img src="beispielbild.jpg"/>
```

Seitenaufbau und wichtigste Elemente

[Zettel]
`<img>` ist ein sogenanntes Void-Element, ein HTML-Tag, das niemals einen Tag-Body haben kann. Es ist deshalb falsch, `<img ...></img>` zu schreiben. Außerdem darfst du bei Void-Elements den schließenden Schrägstrich weglassen. Wieder ein Zeichen gespart =)

Im Prinzip ja, aber es gibt eine Kleinigkeit, die fehlt. `<img>` **muss** immer die Attribute `src` und `alt` haben, um valide zu sein. In `alt` steht **eine kurze Beschreibung des Bildes**, die zum Beispiel von Lesegeräten für Blinde verwendet wird.

[Begriffsdefinition]
Ein HTML-Dokument ist valide, wenn es allen Regeln für HTML entspricht: Es verwendet nur offizielle Tags und Attribute an Stellen, an denen sie erlaubt sind, es schließt alle Tags korrekt und enthält alle verpflichtenden Tags und Attribute. Valide ist für den Webentwickler koscher, halal und zuckerfrei in einem.

`<img src="beispielbild.jpg"`[*1] `alt="Krakelige Katze"`[*2]`/>`

[*1] Das `src`-Attribut enthält eine URL zu einer Bilddatei. Es gelten dieselben Regeln wie für `href` im `<a>`-Tag, nur dass wirklich ein Bild am anderen Ende der Adresse stehen muss.

[*2] `alt` enthält eine kurze, aber aussagekräftige Beschreibung des Bildes.

[Zettel]
Manche Bilder stellen nicht wirklich Inhalt dar, sondern dienen nur als Dekoration. Auch diese Bilder müssen ein `alt`-Attribut haben, aber der Wert darf leer sein: `alt=""`.

[Einfache Aufgabe]
Spätestens jetzt solltest du das `<img>`-Tag in einem der Beispiele ausprobieren.

Es gibt noch zwei weitere Attribute, die für `<img>` gerne und häufig verwendet werden: `height` und `width`. Die beiden Attribute geben **Höhe und Breite des Bildes** an; und auch wenn sie nicht verpflichtend sind, ist es eine gute Idee, sie anzugeben. Sind die Attribute gesetzt, reserviert der Browser an der Stelle des Bildes ausreichend Platz, um das Bild darzustellen, sogar wenn es noch nicht geladen wurde. Der Rest der Seite sieht so aus, als sei das Bild schon geladen. Sind `height` und `width` nicht gesetzt, wird auch kein Platz für das Bild reserviert; es wird erst eingefügt, wenn es vollständig geladen wurde. Der Rest der Seite wird dann entsprechend angepasst, und das Layout „springt".

Bevor das Bild geladen wurde ...

Lorem ipsum dolor sit amet, consectetur adipiscing elit. Curabitur vel erat at felis venenatis tempor pulvinar vulputate nisl. Nam eget mollis metus. Integer malesuada auctor feugiat. Donec vitae scelerisque arcu. Ut varius, risus venenatis rutrum tempor, tellus lacus blandit orci, ut dapibus nisl ipsum sit amet sapien. Vestibulum quis metus at metus tempor rutrum. Cras cursus interdum sem, ut viverra velit convallis ac. Donec convallis ornare vehicula. Aliquam accumsan convallis tellus in laoreet. Fusce massa sem, ullamcorper eu auctor in, viverra in ipsum. Nulla rhoncus semper varius. Nunc eget felis ut justo viverra fringilla vel sed sapien. Sed dictum, purus sit amet convallis fringilla, sem nibh egestas justo, eu porta leo risus eget lectus. Fusce lacinia mauris sed urna dignissim congue.

... und hinterher

Lorem ipsum dolor sit amet, consectetur adipiscing elit. Curabitur vel erat at felis venenatis tempor pulvinar vulputate nisl. Nam eget mollis metus. Integer malesuada auctor feugiat. Donec vitae scelerisque arcu. Ut varius, risus venenatis rutrum tempor, tellus lacus blandit orci, ut dapibus nisl

Siehst Du, wie sich der ganze Text verschiebt, wenn das Bild dazukommt? Ziemlich nervig, wenn man diesen Absatz gerade liest.

[Zettel]
Deine Bilder werden noch nicht so schön im Absatz stehen, sondern nur fies in der ersten Zeile. Dagegen können wir bald mit CSS etwas tun.

Und was, wenn ich eine falsche Breite und Höhe angebe?

Dann **vertraut der Browser dir**, dass du schon weißt, was du tust.
Und wenn du es mal nicht weißt, dann vertraut dir der Browser trotzdem: Er staucht und streckt das Bild so, dass es die angegebene Größe hat.

Entweder dieses Bild wurde schlecht gestreckt, oder der Vogel hat mindestens Warp 5 drauf. Vielleicht ist es auch die »Millenium-Drossel«?

[Einfache Aufgabe]
Spiel ein bisschen mit den `height`- und `width`-Werten im `<img>`-Tag, um zu sehen, was ich meine. Wenn du das Beispiel aus dem Download benutzt, versuch zum Beispiel mal `height="50"` und `width="200"`.

[Achtung]
Es ist keine gute Idee, ein Bild mit `height` und `width` auf eine andere Größe zu zwingen. Vergrößerst du das Bild zu sehr, wird es pixelig, verkleinerst du es, werden unnötig viele Daten übertragen.

Ein paar Worte zu Bildformaten im World Wide Web: Du solltest immer nur **komprimierte Formate** verwenden, um keine unnötigen Daten zu übertragen. Auch im Zeitalter von DSL und UMTS sind riesige Bilddateien ein großes DON'T. Gerade viele mobile Benutzer bezahlen nach Datenvolumen, und die werden dir nicht dankbar sein für das 120 MB große Foto auf deiner Seite. Außerdem könnte auch dein

Webhoster nach Datenvolumen kassieren, und dann möchtest **du** dieses Foto nicht auf deiner Seite haben.

Die aktuellen Geschmacksrichtungen für komprimierte Bilder:

- JPEG erzeugt **die kleinsten Dateien**, benutzt aber eine **verlustbehaftete Kompression**; das heißt, JPEG-Bilddateien können Fehler enthalten, sogenannte Artefakte, die in anderen Formaten nicht auftreten. Je kleiner die Bilddatei sein soll, desto schlimmer die Artefakte.
- PNG hat für Fotos eine weniger gute Kompression als JPEG, ist aber dafür **verlustfrei**. Bei anderen Arten von Bildern, vor allem wenn sie wenige verschiedene Farben enthalten, kann die Kompression von PNG sogar besser sein als die von JPEG. Außerdem unterstützt PNG **Transparenz**, JPEG nicht.
- GIF war als Vorgänger von PNG populär, konnte aber nicht mehr als **256 Farben** benutzen. Heute fristet es eher ein Nischendasein mit kurzen **Animationen**: Animierte GIFs sind wesentlich einfacher herzustellen als „echte" Videos.

Pixie, die Artefaktkatze

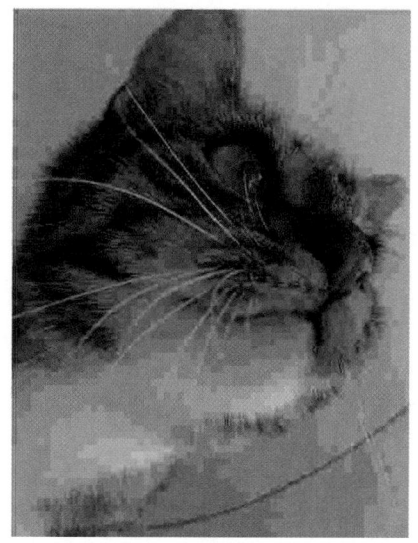

JPEG mit starken Artefakten, dafür nur 8 kB groß

JPEG mit sehr wenigen Artefakten, aber schon 142 kB groß

PNG – keine Artefakte, aber stolze 570 kB groß, zu groß fürs Web!

Das sollte man im Kopf haben – mehr vom <head>

Wir haben die letzten ca. 20 Seiten über Dinge gesprochen, die in den **<body>** gehören. Dabei haben wir den anderen Teil des HTML-Dokuments komplett ignoriert – aber Parallelen zu anderen Arten von Lektüre sind rein zufällig.

Alles, was bunt und eindrucksvoll aussieht, steht zwar im **<body>**, aber der **<head>** ist deshalb noch lange nicht unwichtig oder langweilig. Okay, doch. Das meiste, was im **<head>** steht, ist eher langweilig, aber es ist deswegen nicht weniger wichtig. **<title>** kennen wir ja nun schon: Es ist nichts Besonderes, aber eine Seite ohne Titel ist auch doof. Aber was können wir sonst noch im Kopf haben?

Zunächst haben wir da **<base>**. Das **<base>**-Tag bestimmt eine URL, zu der alle relativen Links relativ aufgelöst werden. Klingt sehr abstrakt, aber hier ist ein Beispiel: Nimm an, du hast die abgebildeten Ordner und Dokumente.

*1 Eine relative URL: Welche **seite2.html** ist gemeint?

So wie es da steht, führt der Link zu `root/content/seite2.html`, zu dem Dokument, das neben `seite1` steht.
Wenn du jetzt im `<head>` folgende Zeile einfügst

`<base` *1 `href`*2`="../alternate/"`*3`>`

*1 das `<base>`-Tag ..

*2 ... mit dem Attribut `href` ...

*3 ... und einem Wert, der auf das Verzeichnis `alternate`, neben `content`, verweist

werden alle relativen URLs, egal, ob von `<img>`, `<a>` oder einem anderen Tag, so behandelt, als läge `seite1` im Verzeichnis `alternate`. Der Link öffnet jetzt `root/alternate/seite2.html`.

Und wozu ist das Ganze jetzt gut?
Ich hätte auch einfach den Link auf die `alternate`-Seite setzen können, wenn ich dahin verlinken will.

In dem kleinen Beispiel hier hast du vollkommen Recht, aber stell dir vor, du hast **Hunderte von HTML-Seiten** in verschiedenen Verzeichnissen, und alle verlinken aufeinander. Und jetzt verschiebst du ein Verzeichnis in ein anderes Verzeichnis. Wenn du auf allen Seiten `<base>` auf das oberste Verzeichnis oder auf deine Domäne gesetzt hast, musst du zwar alle Links ändern, die in das verschobene Verzeichnis führen, aber alle Links aus dem Verzeichnis bleiben gleich.

So weltbewegend klingt das jetzt nicht ...

Ich gebe zu, `<base>` braucht man nicht so oft. Aber es schadet auch nicht, es zu kennen.
Das nächste Tag im `<head>` ist `<meta>`. `<meta>` gibt **Informationen über das Dokument** an, eben sogenannte **Metadaten**. Dazu gehören zum Beispiel der Name des Autors – das wird im Moment meistens deiner sein –, die Kurzbeschreibung des Inhalts und einige mehr.

`<meta name="author`*1`" content="Schroedinger`*2`"/>`

*1 Der Name des Meta-Wertes: Hier geben wir an, wer Autor des Dokuments ist.

*2 der dazugehörige Wert

Bevor du dich beschwerst: Sogar ich finde `<meta>` ein unglaublich trockenes Thema, aber der alte Bossingen wird dir jedes `<meta>`-Tag danken.

Warum? Soll ich ihm erklären, wofür es gut ist, damit es mir dann danken kann?

Seitenaufbau und wichtigste Elemente

Er wird's dir danken, weil **<meta>**-Tags **von Suchmaschinen wie Google ausgewertet werden**. Wenn du nach etwas suchst, und beim Suchergebnis steht eine Zusammenfassung der Seite, dann ist das der Inhalt von **<meta name="description".../>**. Mit diesen beiden Tags im **<head>** soll es aber hier erst einmal genug sein, sonst brauchen wir gleich beide noch mehr Kaffee. Über **<link>** und **<script>** sprechen wir sowieso noch ausführlich, wenn wir zu CSS und JavaScript kommen. Für das **<meta>**-Tag gibt es aber noch eine wichtige Funktion.

Andere Länder, andere Zeichen: Character Encoding

Computer können bekanntlich nur mit **Zahlen** umgehen. Trotzdem sehen wir täglich mehr Buchstaben als Zahlen auf dem Bildschirm. Wie kommt also der Computer von der Zahl zum **Buchstaben**? Dafür ist das **Character Encoding** da, eine Tabelle, die zum Beispiel sagt, dass 41 = A ist oder 4D = M. Wäre schön, wenn es wirklich so einfach wäre, oder? Ist es aber leider nicht, es gibt nämlich nicht ein Character Encoding, es gibt Hunderte von den Dingern, wenn nicht sogar noch mehr. Für jedes Schriftsystem, das auf der Welt verwendet wird, gibt es mindestens eins, aber eher fünf oder sechs. Ein altes, ein neues, eins von Microsoft, eins von Apple, eins, um Unterhosen zu beschriften ... Du verstehst schon, was ich meine. Zum Glück gibt es seit einigen Jahren Unicode, eine Sammlung von Character Encodings, deren Ziel es ist, alle Zeichen, die irgendwo auf der Welt verwendet werden, in eine Tabelle zu packen.

[Hintergrundinfo]
Zeichencodes werden meistens hexadezimal angegeben, also in einem Zahlensystem, das auf der 16 basiert statt auf der 10. Zum Beispiel ist 4D hexadezimal = 77 dezimal, aber du musst die Umrechnung nicht im Kopf beherrschen.

[Hintergrundinfo]
Jedes der Unicode-Encodings enthält dieselbe Sammlung von Zeichen, sie werden nur anders in Zahlen übersetzt. Wirklich kennen muss man nur UTF-8 und UTF-16, die sich darin unterscheiden, wie viele Zahlen für einen Buchstaben verwendet werden.

[Zettel]

Ein Character Encoding, sie zu knechten, alle Zeichen zu finden, zusammenzutreiben und an Zahlen zu binden.

Unicode wird von allen Systemen und Browsern unterstützt, du musst nur für zwei Dinge sorgen: Dein Dokument muss **in einem Unicode Encoding gespeichert sein**, und der Browser muss das auch **wissen**.

Teil eins erledigst du in deinem Texteditor. In Notepad++, Geany und Bluefish ist es jeweils sehr einfach, das Encoding einzustellen:

- Notepad++ : Menü „Encoding", hier wählst du „Encode in UTF-8" aus.
- Geany: Menü „Document" • „Set Encoding" • „Unicode" • „UTF-8"
- Bluefish: Menü „Document" • „Character Encoding" • „UTF-8"

Das Encoding kann man im Menü einstellen.

[Zettel]

Was passiert, wenn der Browser das falsche Encoding zur Anzeige verwendet, hängt davon ab, wie falsch das Encoding ist. Im schlimmsten Fall werden nur wilde Sonderzeichen angezeigt. Oft ist das Encoding aber nur ein wenig daneben, dann ist der Text noch lesbar aber mit Rechtecken oder Fragezeichen gespickt.

Damit ist im Dokument alles klar, jetzt muss der Browser es nur noch richtig lesen. Dafür muss wieder das `<meta>`-Tag ran:

`<meta charset`[*1]`="utf-8`[*2]`">`

[*1] Extra zu diesem Zweck hat `<meta>` das Attribut `charset`.

[*2] UTF-8 ist das verbreitetste der Unicode-Encodings. `"utf-8"` klein zu schreiben ist hier richtig. Das ist auch eigentlich immer die richtige Wahl für Encodings im Web.

[Zettel]

Webbrowser sind gut im Raten des verwendeten Encodings, falls das `<meta>`-Tag fehlt. Aber warum sollte man sich darauf verlassen, wenn man es auch angeben kann?
Und damit funktioniert das Dokument so korrekt, wie wir es machen können.

Was meinst du damit? Es funktioniert trotzdem nicht überall?

Zumindest nicht sicher. Es kann zum Beispiel sein, dass der Browser die Zeichen zwar richtig dekodiert, sie aber nicht darstellen kann.

Leider nicht, es gibt noch einen Spieler, der beteiligt ist: der verwendete **Font**. Wenn der Computer eine 41 findet, weiß er durch das Character Encoding, dass du ein A meinst. Aber er weiß noch nicht, wie ein A aussieht. Der Font ist eine weitere Tabelle, und mit der Information „dies ist ein A" findet der Computer dort so etwas wie „zeichne einen Schrägstrich nach oben, einen Schrägstrich nach unten und einen waagerechten Strich zwischen den beiden".

Wie kann das passieren? Wenn der Computer weiß, welches Zeichen das richtige ist, dann muss es es doch auch anzeigen können.

[Hintergrundinfo]
Font ist Englisch für Schriftart. Times New Roman, Arial, Comic Sans sind Beispiele für Fonts.

Wenn der Computer die Zahl 16A0 findet (mit Encoding UTF-8) weiß er zwar, dass der Buchstabe Fehu aus dem Germanischen Runenalphabet gemeint ist, aber wenn er keinen Font für Runen kennt, hat er keinen Plan, dass damit dieses Symbol gemeint ist:

Du kannst in HTML auch Zeichen verwenden, die du auf deiner Tastatur nicht findest, indem du **Character Entities** verwendest. Character Entities fangen mit der Zeichenfolge `&#x` an und hören mit einem `;` auf.

`&#x`***1**`03A3`***2**`;`***3**

*1 Anfang der Character Entity
*2 der Zeichencode (hexadezimal)
*3 Ende der Character Entity

56   Kapitel EINS

[Zettel]
Du kannst Character Entities auch im Dezimalsystem angeben, dann schreibst du statt **&#x** nur ein **&#** an den Anfang.

Versuch es ruhig mit dem Beispiel, dieses Zeichen sollte auf jedem Computer zu finden sein.
Jetzt hast du mit **<meta>**-Tags und Character Encodings den trockensten Teil von allem hinter dir, versprochen. Neben den Character Entities mit Zeichencode gibt es auch noch einige **benannte Character Entities**, für diese bleibt **&** am Anfang und **;** am Ende gleich, aber dazwischen kommt der Name. Zum Beispiel codiert **©** das Copyrightsymbol. Es gibt recht viele von diesen benannten Entities, aber in Zeiten des Unicode sind sie immer seltener notwendig. Heute kann man eigentlich alle Zeichen direkt ins Dokument schreiben.

[Achtung]
Es gibt allerdings drei Zeichen, die immer als Character Entity eingegeben werden müssen, sonst kann der Browser die Seite nicht darstellen: **<**, **>** und **&** müssen als **<**, **>** und **&** codiert werden, sonst interpretiert sie der Browser als Teil eines Tags oder einer Entity – mit katastrophalen Folgen.

Seitenaufbau und wichtigste Elemente

Denk noch mal drüber nach: Übungen

Und ich hab jetzt die ganze Zeit geredet und geredet, aber Kaffee hab ich immer noch keinen. Lass dir noch mal in Ruhe alles durch den Kopf gehen, worüber wir gesprochen haben, ich verwüste inzwischen deine Küche auf der Suche nach Espresso.
Lass uns mit ein paar einfachen Dingen anfangen, die du immer und immer und immer wieder brauchen wirst. Versuch zuerst, die Aufgaben zu lösen, ohne nachzuschlagen, wie es geht. Aber mach dir keine Sorgen, falls du doch mal zurückblättern musst. Mit etwas Übung geht das alles, ohne zu spicken.

[Einfache Aufgabe]
Erstelle zwei neue HTML-Dokumente, die jeweils zueinander verlinken.

Soweit kein Problem, oder? Wo ist denn dein Kaffeepulver?

Ich hab nur ganze Bohnen, du wirst mahlen müssen. Aber schau bitte vorher mal auf mein HTML: Es funktioniert zwar, aber ich will sicher sein, dass ich nichts vergessen habe.

```
<!DOCTYPE html>*1
<html>*2
  <head>*3
    <meta charset="utf-8"/>*4
    <title>Beispiel</title>*5
  </head>
  <body>*3
    <p>*6
      <a href="andereseite.html">Zur anderen Seite</a>*6
    </p>
  </body>
</html>
```

*1 **DOCTYPE** sollte immer gesetzt sein.
*2 Der gesamte Seiteninhalt wird von `<html>` umschlossen.
*3 `<head>` und `<body>`, die beiden großen Blöcke einer Seite
*4 Das Character Encoding zu setzen, ist nicht zwingend nötig, aber empfohlen.
*5 Den Seitentitel zu vergessen, macht auch keinen guten Eindruck.
*6 und endlich der Link zur anderen Seite

Wenn du diese Elemente alle hast, dann ist deine Seite okay.
Ist die Kaffeemühle im Regal nur Show oder funktioniert die?
Sieht alt aus.

Das ist die richtige. Was mach ich weiter, während du Kaffee kurbelst?

[Einfache Aufgabe]
Nimm eine der beiden Seiten, und füge über dem Link drei Überschriften ein, eine <h1>, eine <h2> und eine <h3>.
Dann füge unter dem Link noch ein Bild ein, nimm ruhig wieder das Beispielbild von vorhin, wenn du kein anderes hast.

Das ist ja einfach. So muss es aussehen.

```
...
  <body>
    <h1>Oberüberschrift</h1>*1
    <h2>Mittelüberschrift</h2>*1
    <h3>Unterüberschrift</h3>*1
    <p>
      <a href="andereseite.html">Zur anderen Seite</a>
      <img src="beispielbild.png" alt="Beispielbild"*2
    </p>
  </body>
</html>
```

*1 Drei Überschriften. Überschriften gehören nicht zu einem Absatz, deshalb stehen sie außerhalb des <p>.

*2 Vergiss bei <img> nicht das alt-Attribut.

So, der Kaffee brüht. Aber bis er fertig ist, hab ich jetzt noch eine interessantere Aufgabe für dich.

[Schwierige Aufgabe]
Im folgenden HTML sind einige Fehler versteckt. Viel Spaß beim Suchen.

```
<Doctyp...>
<html>
  <head>
    <meta charset="utf-23"/>
    <title>Beispiel<title>
  </head>
  <body>
    <h1>Überschrift
    <p>
      <a href="andereseite.html">Zur anderen Seite</a target="_blank">
  </body>
    </p>
</html>
```

Wie viele Fehler findest du? Wenn es sechs sind, dann hast du alle gefunden. Wenn nicht, dann schau noch mal genau hin, bevor du in der Lösung nachsiehst.

```
*1
<html>
  <head>
    <meta charset="utf-23"/> *2
    <title>Beispiel</title> *3
  </head>
  <body>
    <h1>Überschrift *4
    <p>
      <a href="andereseite.html">Zur anderen Seite</a target="_blank"> *5
    </p> *6
  </body>
</html>
```

*1 Der DOCTYPE fehlt.

*2 Es gibt zwar mehrere Unicode-Encodings, aber UTF-23 gehört nicht dazu.

*3 Dem schließenden **`<title>`** fehlt der Schrägstrich.

*4 Das schließende **`<h1>`**-Tag fehlt komplett.

*5 Attribute können nur im öffnenden Tag stehen.

*6 **`<body>`** und **`<p>`** werden in der falschen Reihenfolge geschlossen.

[Belohnung]

Und jetzt ist endlich der Kaffee fertig. Den haben wir uns ehrlich verdient!

—ZWEI—

Serverkommunikation, Adressen, Standards

Das World Wide Web, unendliche Weiten

Schrödinger erfährt, dass Webseiten auf Servern liegen, die Anfragen aus der ganzen Welt entgegennehmen und als Antwort HTML-Seiten verschicken, und staunt über das weltweite Adressensystem. Am liebsten würde er gleich seine eigene Website ins Netz stellen, aber das übernimmt besser ein Provider. Schrödinger bekommt trotzdem einen eigenen Server, um seine Seiten besser testen zu können. Das Frage-Antwort-Spiel gehört einfach dazu. Danach hört er sich die Geschichte von den Browserkriegen an.

Wo finde ich denn nun meine Seite? Von Webservern und DNS

Okay, ich verstehe jetzt zumindest in groben Zügen, wie ich eine Webseite erstelle. Nicht weiter schwierig. Aber die kann doch bisher nur ich sehen, oder?

So ist es, was du auf deinem Computer schreibst, kannst nur du sehen.

Aber das bringt mir doch gar nichts. Ich mache die Seiten doch, damit die ganze Welt sie sehen kann. Es heißt doch World Wide Web, nicht My Computer Web.

Deswegen sollen die Seiten auch **nicht auf deinem Computer bleiben**. Also, die Beispielseiten vielleicht schon, aber die echten Webseiten, die du schreibst, eher nicht. Damit der Rest der Welt sie sehen kann, musst du sie auf einem **Webserver** zugänglich machen. Die meisten Leute, sogar Webentwickler, haben den Server nicht zu Hause im Wohnzimmer stehen. Es gibt da natürlich Ausnahmen, aber in dem Fall sind die schon sehr selten. Man geht eher zu einem **Webhoster** und bezahlt dafür, dass der den Server betreibt.

Das klingt teuer ...

Nicht so sehr, um eine normale Website hosten zu lassen, **bezahlst du im Monat weniger als fürs Rauchen oder Kaffeetrinken**. Wenn du mehrere Millionen Besucher im Monat hast, dann wird es natürlich etwas teurer, aber dann kannst du mit deiner Website auch Geld verdienen, und es passt wieder.

Und wenn ich jemanden dafür bezahle, meine Site zu hosten? Dann kann jeder meine Seiten sehen, indem er `beispiell.html` in seinen Browser eintippt? So einfach kann es doch nicht sein, ich bin ja nicht der einzige mit derart kreativen Namen, wie findet jemand mein `beispiell.html`?

Du hast Recht, ganz so einfach ist es nicht. Wenn deine Website gehostet wird, brauchst du noch eine **Domäne**, damit sie gefunden werden kann. So was wie „schroedingersseite.de". Wenn du bei einem Hoster eine Site anmietest, gibt es eigentlich immer ein Paket, in dem eine Domäne mit drin ist. Die wird dann für dich registriert und so eingerichtet, dass sie auf deine Website zeigt. Und dann kann jeder in seinem Browser die URL http://schroedingersseite.de/beispiel1.html eingeben, um genau deine Beispielseite zu sehen. Der Domänennamen (schroedingersseite.de) gibt an, auf welchem Server deine Seite liegt. Die gesamte URL oder **Webadresse** besteht aus dem Domänennamen sowie weiteren Angaben darüber, was du von diesem Server haben willst, in diesem Fall die Seite `beispiel1.html`.

> [Zettel]
> Die Domäne schroedingersseite.de ist nur ein Beispiel. Im Moment ist sie nicht registriert, aber selbst wenn sie es eines Tages sein sollte, hat sie nichts mit uns zu tun.

Okay ... wie? Er gibt diese URL ein, und sein Browser weiß, wo er diese Seite findet? Ist das im Browser mit drin? Was passiert dann, wenn der Browser älter ist und meine Seite nicht kennt?

Der Browser muss deine Domäne nicht kennen, keine Sorge. Er muss nur einen **DNS-Server kennen**, und bei dem fragt er dann nach, wie er deine Website finden kann.

> [Begriffsdefinition]
> DNS steht für Domain Name System und ist ein System von Servern, deren Aufgabe es ist, Domänennamen in sogenannte IP-Adressen zu übersetzen. Mit dieser IP-Adresse kann dann der richtige Server erreicht werden.

Und der DNS-Server? Woher kennt der meine Website?

Bei dem hat dein Hoster sie eingestellt. Das genau bedeutet „**eine Domäne registrieren**": einem DNS-Server bekannt machen, dass es zum Beispiel www.schroedingersseite.de überhaupt gibt und wo der Server dazu zu finden ist. Und es ist auch wirklich nur *ein* DNS-Server, dem der Hoster das mitteilt. Alle anderen DNS-Server müssen erst bei diesem einen anfragen.

Aber damit ist doch niemandem geholfen. Jetzt müssen alle DNS-Server wissen, welcher DNS-Server meine Domäne kennt. Dann könnten sie auch gleich meine Domäne selbst kennen.

Serverkommunikation, Adressen, Standards

Zum Glück nicht, DNS ist da nämlich ziemlich **clever**. Es ist **hierarchisch** aufgebaut, also in mehreren Ebenen, und jeder DNS-Server weiß, bei welchem Server der nächsten Ebene mehr Infos zu bekommen sind.

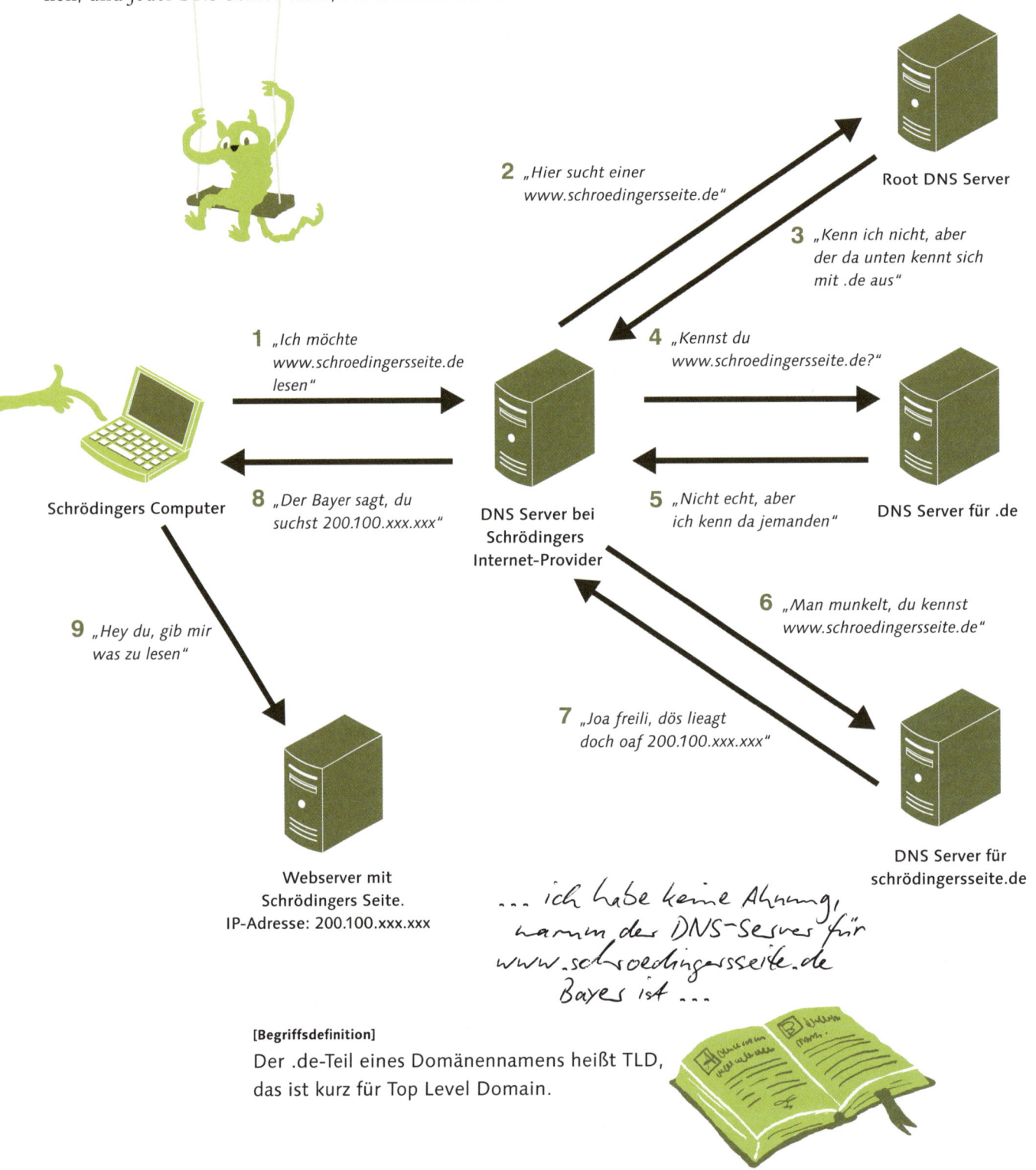

[Begriffsdefinition]
Der .de-Teil eines Domänennamens heißt TLD, das ist kurz für Top Level Domain.

Am Ende kommst du dann endlich bei deinem Webserver an, und der gibt dir die Seite, die du lesen möchtest.

Das sind aber 'ne Menge Schritte, nur um meine Beispielseite zu finden.

Meistens nicht, der DNS-Server mit dem du sprichst, merkt sich alle Ergebnisse, die er schon mal bekommen hat, damit er nicht beim nächsten Mal wieder suchen muss. Ich sag doch: DNS ist clever.

Das ist also der mittlere Teil von diesen „absoluten URLs", von denen du vorhin gesprochen hast. Und was bedeutet der ganze andere Kram drumherum? Ich hoffe, das ist nicht auch so kompliziert wie DNS?

URLs – alles an der richtigen Adresse

URL steht für **Uniform Resource Locator**, also ein einheitliches Format, das angibt, wo eine Ressource gefunden werden kann. In etwa so wie eine Straßenadresse, die angibt, wo ein Gebäude steht.

Fangen wir mal vorne an, beim Protokoll. **HTTP** ist mit Sicherheit das Protokoll, mit dem du am meisten zu tun haben wirst. Es ist das Standardprotokoll für alles, was im World Wide Web getan wird.

[Begriffsdefinition]
HTTP steht für Hypertext Transfer Protocol. Im Namen steckt schon drin, dass damit Dokumente in der Hypertext Markup Language übertragen werden. Aber auch alles andere im Web – Bilder, Videos, Stylesheets, Skripte – wird mit HTTP übertragen.

Ein verwandtes Protokoll ist **HTTPS. Das „S" steht für Secure**. Mit HTTPS werden die übertragenen Daten verschlüsselt, aber sonst bleibt gegenüber HTTP alles beim Alten.

Bisher haben wir in allen Beispielen ein anderes Protokoll verwendet, ohne es anzugeben. Es ist aber in der Adresszeile des Browsers zu sehen: file://. Das File-Protokoll greift auf das lokale Dateisystem zu.

Dann der Domänenname. Den kennst du schon. Und schließlich Pfad und Dateiname. Dieser Teil, `/seiten/beispiel.html` aus dem Beispiel, wird an den Webserver übermittelt, damit der weiß, was du überhaupt von ihm willst.

[Zettel]
Es muss auf dem Server nicht unbedingt eine Datei mit dem angegebenen Namen existieren. Es könnte dort auch ein Programm geben, das aufgerufen wird und die Seite, die du lesen möchtest, erzeugt.

[Hintergrundinfo]
Egal, was du eingibst, der Computer arbeitet nur mit absoluten URLs. Aus einer relativen URL macht der Browser zunächst eine absolute. Fängt die relative URL mit einem Slash an, ersetzt sie Pfad und Dateinamen der aktuellen URL. Ohne den Slash wird die relative URL an den Pfad angehängt.

Aber meistens sag ich ihm das gar nicht. Wenn ich im Browser eine Adresse eingebe, dann hör ich doch nach der Domäne auf.

Dann bekommst du die Eingangsseite des Servers. Die heißt meistens `index.html`, aber ansonsten ist nichts Besonderes daran, eben eine HTML-Seite wie jede andere auch.

Und wenn ich eine Datei anfrage, die es gar nicht gibt?

Dann bekommst du den wahrscheinlichen häufigsten Fehler im World Wide Web:

404 File Not Found

[Hintergrundinfo]
404 ist ein Fehlercode des HTTP-Protokolls. Gleich kommt mehr dazu.

Es gibt noch ein paar wichtige Elemente in der URL. Die bekommst du häufig nicht zu sehen, sie sind aber trotzdem wichtig. Eins davon kennst du schon vom `<a>`-Tag: das Fragment. Mit einem `#`, am Ende einer URL angehängt, gibt das Fragment an, zu welcher Sprungmarke des Dokuments gesprungen werden soll.

[Zettel]
Falls es die genannte Sprungmarke nicht gibt, wird das Fragment ignoriert. Es gibt in diesem Fall keinen Fehler.

Und dann gibt es noch ein Element: den **Query String**. Vor dem Fragment, aber nach dem Pfad kann es den **Query String** geben, mit dem du Parameter an den Server übergibst. Für HTML-Dokumente, wie wir sie im Moment erstellen, ist der Query String uninteressant. Aber wenn die URL auf einen dynamischen Inhalt zeigt – sagen wir zum Beispiel die Google-Suche –, dann gibt er an, mit welchen Werten der Server seine Arbeit machen soll.

[Achtung]
Nur Protokoll und Domäne müssen in einer absoluten URL zwingend vorhanden sein, alle anderen Teile sind optional. http://www.schoedingersseite.de?suche=katze#suchergebnis hat zum Beispiel Query String und Fragment, aber keinen Pfad. Trotzdem ist die URL gültig.

Serverkommunikation, Adressen, Standards

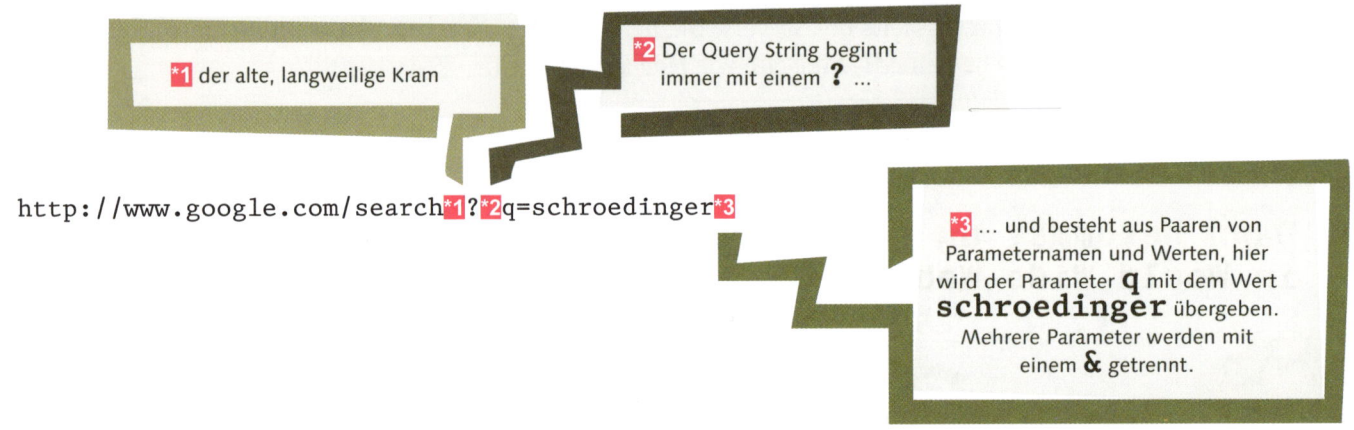

```
http://www.google.com/search*1?*2q=schroedinger*3
```

*1 der alte, langweilige Kram

*2 Der Query String beginnt immer mit einem **?** ...

*3 ... und besteht aus Paaren von Parameternamen und Werten, hier wird der Parameter **q** mit dem Wert **schroedinger** übergeben. Mehrere Parameter werden mit einem **&** getrennt.

Diese URL findet übrigens deinen berühmten Namensvetter bei Google. Du weißt schon, den mit der Katze.

> Bleib mir bloß weg mit dem! Dieses Schrödinger hat mir meine gesamte Schul- und Unizeit zur Hölle gemacht, der und seine Katze.

Sorry, ich wusste nicht, dass er dir so auf die Nerven geht.

Ach, und noch ein URL-Bestandteil: der **Port**. Der wird gleich wichtig, wenn du deinen ersten Server installierst. Bisher haben wir so getan, als würde jeder Server genau einen Dienst ausführen und genau eine Aufgabe erfüllen. Ein Webserver ist ein Webserver und nichts anderes. Aber das ist so nicht richtig. Ein Server kann fast beliebig viele Aufgaben erfüllen. Der Port ist eine Zahl zwischen 0 und 65535, durch die der Server weiß, mit welchem Dienst du dich verbinden möchtest.

[Zettel]
Um bei unserer Adressanalogie zu bleiben, ist der Port die Türklingel an einem Haus mit 65535 Wohnungen.

Man muss den Port fast nie in einer URL angeben, weil es für die meisten Protokolle einen **Standardport** gibt. HTTP liegt zum Beispiel fast immer auf Port 80. Wenn HTTP auf einem anderen Port liegt, gibt es eigentlich nur zwei Möglichkeiten, warum: Entweder der Server wird nur zur Entwicklung benutzt und soll vom Internet aus nicht erreichbar sein, oder der Besitzer wollte den HTTP-Dienst verstecken, weil er zweifelhafte Dinge tut.
Um einen vom Standard abweichenden Port in der URL anzugeben, schreibst du ihn **mit einem Doppelpunkt hinter die Domäne**.

http://www.schroedingersseite.de:80*1/beispiel.html

*1 Die Portangabe. In diesem Fall kann sie auch wegfallen, 80 ist der Standardport für HTTP.

[Hintergrundinfo]
Der andere wichtige Standardport für Webentwickler ist 443 für HTTPS. Das File-Protokoll hat keinen Standardport, weil der Zugriff nicht über ein Netzwerk erfolgt.

Ferngespräch für Herrn Web Server – HTTP

Jetzt weißt du, wie die URL zu der Webseite führt, die wir sehen wollen, und wie der Server zu finden ist, der diese Seite hat. Ein letztes Stück im Puzzle fehlt noch: **Wie spricht der Browser mit dem Server**? Ein „Hey, wie geht's?" hilft bei Computern ja meistens nicht weiter.

Zum Glück ist das HTTP-Protokoll dennoch freundlich: Es ist ein Textprotokoll, das heißt, wir können mitlesen, was passiert. Und der Grundaufbau ist sehr einfach. Es gibt keine dauerhafte Kommunikation zwischen Client und Server. Der **Client**, für uns fast immer der Webbrowser, schickt eine **Anfrage** (Request) an den Server und erhält eine **Antwort** (Response) zurück. Transaktion abgeschlossen. Der Request enthält einige Informationen über den Client, auf welche Ressource er zugreifen möchte und was er damit tun will.

[Zettel]
Eine Ausnahme ist das SMTP-Protokoll zum Versenden von E-Mails. Da wird ein freundliches HELO zum Login verwendet.

Dabei ist HTTP **zustandslos (stateless)**. Mit jedem Request müssen wieder alle deine Informationen mitgegeben werden. Ungefähr so, als würdest du im Call Center deiner Versicherung anrufen: Bei jedem Weitervermitteln des Anrufs darfst du wieder deine gesamte Lebensgeschichte erzählen, deine Versicherungsnummer, den Mädchennamen deiner Mutter, die Vorgangsnummer, die dir der andere freundliche Mitarbeiter gegeben hat, … Und dann bekommst du eine einzige Antwort und ein „dafür muss ich Sie weitervermitteln, einen Moment bitte", und alles geht von vorne los. Das ist zustandslos.

Ein einfacher HTTP-Request

***1** Das HTTP-Verb. Was wollen wir mit der Ressource tun? **GET**, „holen", lädt die Ressource einfach. Fast alles, was wir tun, funktioniert mit **GET**, die anderen Request-Arten brauchen wir erst, wenn wir über Formulare und später über AJAX sprechen.

***2** Der relative Anteil der zu ladenden URL – der Server weiß ja schon, wer er ist, also brauchen wir den Hostname nicht.

***3** Die Protokollversion – es gibt nur 1.0 und 1.1, und ganz ehrlich ist es uns egal, der Browser macht das schon.

```
GET*1 /index.html*2 HTTP/1.1*3
User-Agent: Mozilla/5.0 (Windows NT 5.2; WOW64; rv:15.0)↩
Gecko/20100101 Firefox/15.0.1*4
```

***4** Ein HTTP-Header. Header enthalten zusätzliche Informationen über den Client, darüber, welche Antwort wir gerne hätten, und vieles mehr. Der **User-Agent**-Header teilt dem Server mit, welcher Webbrowser und welches Betriebssystem die Anfrage stellen. Ein Request kann beliebig viele Header enthalten.

Und die Antwort des Servers dazu:

***1** wieder die Protokollversion, falls wir sie inzwischen vergessen haben

***2** Der Statuscode. Hieran erkennt der Browser, ob alles funktioniert hat und, falls nicht, was der Fehler war.

***3** Statusmeldung: dieselbe Information wie der Statuscode, aber für uns Nicht-Computer nett aufbereitet

```
HTTP/1.1*1 200*2 OK*3
Content-Length: 17438*4
Content-Type: text/html; charset=UTF-8

<!DOCTYPE html>*5
<html>
…
```

***4** Und auch die HTTP-Response kann Header enthalten. **Content-Length** sagt uns, wie viele Byte die Antwort enthält (ausgenommen Header und Statuszeile). **Content-Type** gibt an, dass in diesem Fall ein HTML-Dokument mit Encoding UTF-8 geliefert wird.

***5** das Dokument, das wir sehen wollen

Statuscode 200, wie im Beispiel, ist für uns immer positiv. **200 bedeutet, dass alles funktioniert hat** und die Ressource, die wir sehen wollen, geliefert wird.

Statuscode	Statusmeldung	Bedeutet
200	OK	Alles super, Inhalt kommt.
302	Found	Es gibt den Inhalt zwar, aber nicht hier. Der Header Location enthält die Information, wo das Dokument jetzt zu finden ist – aber normalerweise erledigt der Browser das schon für uns. Status 302 ist der richtigste Weg, den Leser auf eine andere Seite weiterzuleiten (Redirect).
304	Not Modified	Der Inhalt wurde gefunden, aber wir haben die aktuelle Version des Inhalts schon im Cache (welche Version des Inhalts wir kennen, weiß der Server aus anderen Headern, die wir senden).
400	Bad Request	An unserem Request war etwas faul. Das kann ein Header oder Parameter sein, den wir nicht oder falsch gesetzt haben, oder ziemlich alles andere, das dem Server nicht passt.
401	Unauthorized	Nur angemeldete User dürfen diesen Inhalt sehen, und wir sind nicht angemeldet.
403	Forbidden	Jetzt sind wir zwar angemeldet, aber dieser Inhalt ist für uns nicht freigegeben.
404	Not Found	Diesen Inhalt gibt es nicht.
500	Internal Server Error	Der Server ist beim Versuch, den Request zu verarbeiten, vor eine Wand gelaufen. Status 500 wird dir häufiger begegnen, wenn du eigene Server-Anwendungen schreibst, zum Beispiel in PHP oder Java.

[Achtung]
Status **304** solltest du immer im Hinterkopf behalten, wenn du Änderungen an deiner Webseite vornimmst, aber die Seite im Browser sich nicht so verändert, wie du erwartest. Sie könnte einfach noch im Browsercache liegen. In dem Fall hilft es fast immer, mit [Strg] + [F5] neu zu laden.

Aber mit dem Ende der Response ist die Unterhaltung mit dem Server noch nicht abgeschlossen. Es gibt heute kaum noch eine Webseite, die nur aus dem HTML-Dokument besteht. **Dazu kommen Bilder, Stylesheets, JavaScripts und einiges andere**. Das alles sind eigenständige Ressourcen, die mit einem eigenen Request geladen werden müssen. 20 oder mehr Requests für eine Seite sind keine Seltenheit:

„Hallo, ich hatte gerade schon mal angerufen wegen **seite.html**. Gerade fällt mir auf, dass ich dazu **stylesheet.css** brauche."

„Kein Problem, hier ist es, auf Wiederhören." *click*

„Hi, ich schon wieder, mir fehlt noch **hintergrund.png**."

„Alles klar, hier ist es, Wiederhören." *click*

„Ja, ich schon wieder, jetzt brauche ich noch …"

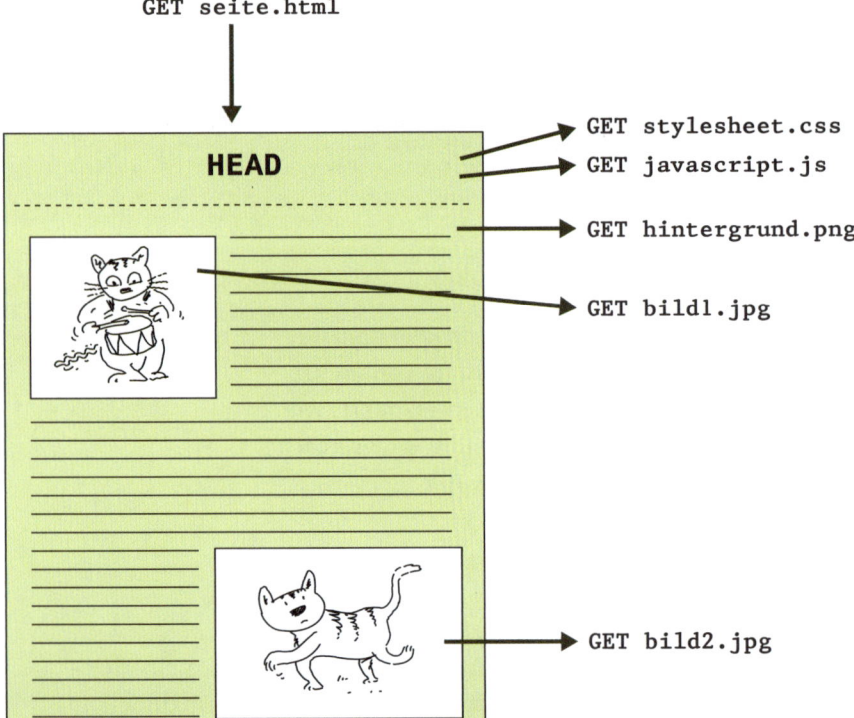

Konversation mit dem Server

[Hintergrundinfo]
Aktuelle Browser können nur begrenzt viele Requests parallel ausführen, sehr begrenzt viele, zum Beispiel drei. Müssen viele Ressourcen geladen werden, wirkt die Seite dadurch insgesamt sehr träge. Es gibt einige Tricks, um das zu vermeiden, die wir später sehen werden.

Und damit jetzt erst mal genug Theorie.

Jetzt wird es ernst – unser eigener Webserver

Bisher hat mit `file://` alles blendend funktioniert. Aber um wirklich Webentwicklung zu betreiben, ist es **einfach nicht dasselbe** wie `http://` mit einem echten Webserver. Und nicht nur ein emotionales „es ist einfach nicht dasselbe". Es funktioniert zwar fast alles auch mit dem File-Protokoll, aber eben nicht alles: Formulare und AJAX brauchen unbedingt einen Server, bei beiden Themen geht es nämlich genau um Kommunikation mit dem Server.

Und auch bei anderen Themen fühlt es sich einfach echter an.

Ich will aber nicht eine eigene Domäne registrieren und für Hosting bezahlen, nur um HTML zu lernen.

Musst du auch nicht, wir können einen Server auf deinem Computer installieren, der zum Lernen alles kann, was wir brauchen. Es ist auch gar nicht schwierig, andere haben sich schon die Arbeit gemacht, das für uns Webentwickler vorzubereiten.

[Notiz]
Wenn der Server bei dir nicht funktioniert oder du ihn nicht installieren willst, kannst du den Rest des Buches auch problemlos ohne benutzen. Nur in den Kapiteln zu Formularen und AJAX kannst du die Beispiele dann nicht ausprobieren.

Na, dann mal los.

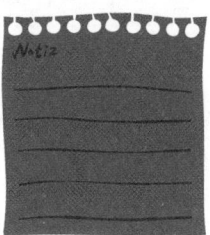

Wir benutzen für unsere Beispiele einen **Apache-Server**, sehr einfach zu installieren mit einem Paket, genannt XAMPP, kurz für Cross(**X**)-Platform **A**pache, **M**ySQL, **P**HP and **P**erl.

[Notiz]
XAMPP ist ein Paket, dass die verbreitetste Softwaresammlung für Webseiten enthält: den Apache-Webserver, PHP für serverseitige Programmierung und die MySQL-Datenbank. Genau diese drei Komponenten kannst du bei jedem Webhoster bekommen.

Serverkommunikation, Adressen, Standards

Für den Moment interessiert uns nur der Apache-Server, aber das Gesamtpaket ist schön einfach zu installieren und zu bedienen. Nur wie es installiert wird, hängt von deinem Betriebssystem ab.

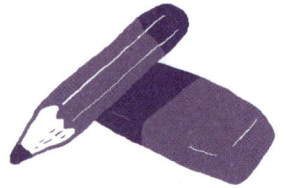

[Notiz]
XAMPP für Windows, Linux und Mac OS findest du beim Download zum Buch oder unter http://www.apachefriends.org/en/xampp.html.

Windows

Unter Windows ist die Installation einfach und komfortabel, wie man es von guten Windows-Programmen gewohnt ist: Der **Installations-Wizard** macht die gesamte Arbeit. Als Zielort kannst du auswählen, was du möchtest. Wichtig ist, dass du anschließend keine der Komponenten als Dienst installierst, denn dann werden sie bei jedem Start deines Systems mitgestartet, auch wenn du sie gar nicht brauchst. Dadurch wird erstens dein System langsamer, zweitens ist jeder unnötig gestartete Dienst, egal, wie gut er programmiert ist, ein Sicherheitsrisiko.

Am Ende der Installation bietet der Wizard an, das **XAMPP Control Panel** zu starten. Du kannst es aber auch jederzeit aus dem Startmenü heraus aufrufen.

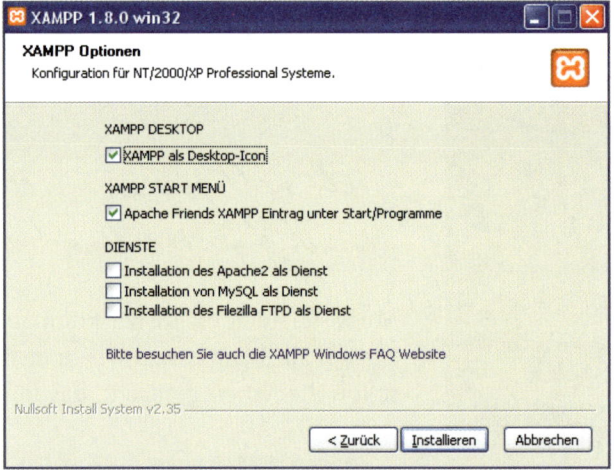

XAMPP für Windows: Installationsdialog

XAMPP für Windows starten

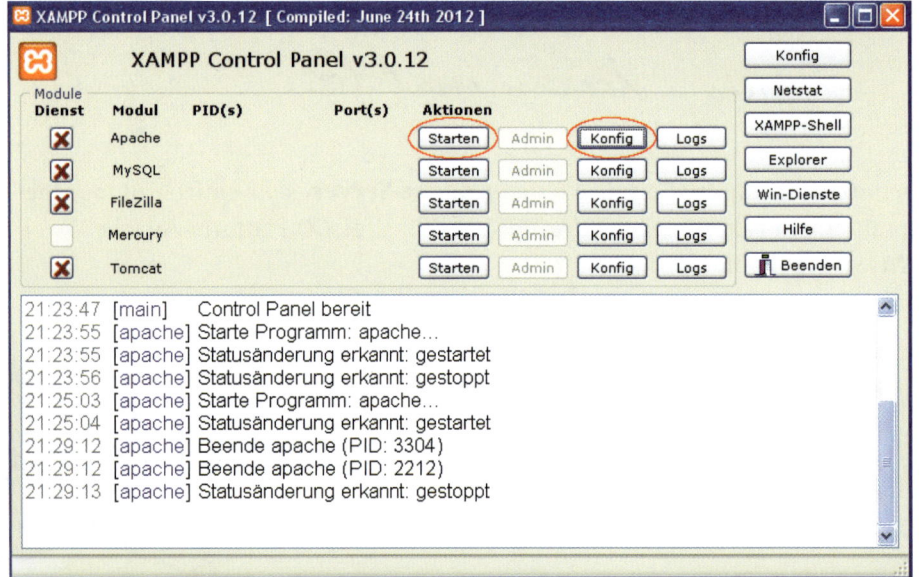

Das XAMPP Control Panel

74 Kapitel ZWEI

Im Control Panel müssen wir eine Einstellung ändern: den Port, auf dem der Apache auf Verbindungen wartet. Das hat nichts damit zu tun, dass wir den Server verstecken wollen oder mit Sicherheit – dafür solltest du einen Virenscanner und eine Firewall einsetzen –, sondern hat einen pragmatischeren Grund: **Einige verbreitete Programme, zum Beispiel Skype, belegen Port 80**. Auf einem Server ist das kein Problem, da läuft – hoffentlich – kein Skype, aber auf einem Computer, an dem du arbeitest, könnte eines dieser Programme installiert sein. Apache könnte diesen Port dann nicht belegen und deshalb auch nicht starten.

Also stellen wir den Port gleich um, das spart uns die Probleme. Klicke dazu im Control Panel auf den Konfig-Button für Apache, und wähle aus den angebotenen Optionen „Apache (httpd.conf)" aus. Die Konfigurationsdatei öffnet sich im Texteditor. Es gibt hier zwei Stellen zu ändern. Finde zuerst die Zeile

```
Listen 80
```
und ändere sie in
```
Listen 8080
```

Anschließend such die Zeile
```
ServerName localhost:80
```
und ändere auch hier den Port:
```
ServerName localhost:8080
```

Speichere die Datei, und beende den Texteditor. Jetzt ist nur noch dasselbe für HTTPS zu tun. Klicke nochmal den Konfig-Button, aber wähle diesmal „Apache (httpd-ssl.conf)". Hier sind drei Zeilen zu ändern:

```
Listen 443
```
nach
```
Listen 8083,
```

```
<VirtualHost _default_:443>
```
nach
```
<VirtualHost _default_:8083>
```

und
```
ServerName localhost:443
```
nach
```
ServerName localhost:8083
```

[Achtung]
Ändere sonst nichts an der Konfiguration, sonst kann es sein, dass Apache nicht startet.

Wieder speichern und beenden.

Und dann ist es Zeit, den Server zu **testen**. Klicke den Start-Knopf für Apache. Im unteren Teil des Fensters sollte jetzt die Meldung „Statusänderung erkannt: gestartet" erscheinen.

```
21:47:08  [apache]  Starte Programm: apache...
21:47:08  [apache]  Statusänderung erkannt: gestartet
```

So sieht es nun hoffentlich aus ...

[Fehler/Müll]

Falls sofort anschließend die Meldung „Statusänderung erkannt: gestoppt" erscheint, sind die gewählten Ports belegt. Versuche in dem Fall, in den beiden Konfigurationsdateien andere Ports einzutragen. Alles oberhalb von 8000 hat eine gute Chance, frei zu sein. Dann musst du in allen Beispiel-URLs statt 8080 und 8083 deine Ports verwenden, sonst ändert sich nix.

Wenn du jetzt im Browser die URL http://localhost:8080 aufrufst, solltest du eine Seite sehen, die ungefähr so aussieht:

English / Deutsch / Francais / Nederlands / Polski / Italiano / Norwegian / Español / ▢▢ / Português (Brasil) / ▢▢▢

XAMPP erfolgreich installiert

Gratuliere, du hast deinen ersten eigenen Webserver installiert! **Damit hast du den schwierigsten Teil des Buches hinter dir.**

Linux

Bei aller Liebe zu Linux, einer der Nachteile des Systems ist, dass man nur selten einen schicken Installations-Wizard bekommt. Und auch kein tolles Control Panel. Deshalb müssen wir jetzt ein wenig im **Terminal** arbeiten. Aber keine Sorge, auch das ist nicht schwierig.

Als Erstes brauchst du ein Terminalfenster. In den meisten Distributionen findest du es im Launcher als Terminal, Terminalemulation oder Xterm.

Für die Installation – und auch zum Ausführen – von XAMPP brauchst du
Root-Rechte, deshalb lautet der erste Befehl:

```
sudo su
```

[Achtung]
In den Anweisungen gehen wir davon aus, dass du Linux auf
deinem eigenen Computer zu Hause benutzt. Wenn du auf
einem Mehrbenutzersystem arbeitest, zum Beispiel an der
Universität, kannst du die Installation nicht wie beschrieben
ausführen. Frag in dem Fall deinen Administrator, wo du deine
Beispiele in einen Webserver legen kannst: Viele Systeme
haben ein Verzeichnis für User, um Webinhalte abzulegen.

Dann musst du das XAMPP-Paket entpacken. Der Pfad ist unter Linux festgelegt,
es muss nach **/opt/lampp** entpackt werden.

```
tar -xvzf xampp-linux-1.8.0.tar.gz -C /opt
```

Jetzt müssen wir auch hier die Ports für den Apache ändern, im Gegensatz zu den Windows-Benutzern aber
ohne Control Panel. Doch als Linux-User fürchtet man sich ja nicht vor ein paar Konfigurationsdateien. Außerdem haben wir eine Datei weniger zu ändern als die Windows-Leute. Editiere **/opt/lampp/etc/httpd.conf**:

```
geany /opt/lampp/etc/httpd.conf
```

Es gibt hier zwei Stellen zu ändern. Finde zuerst die Zeile

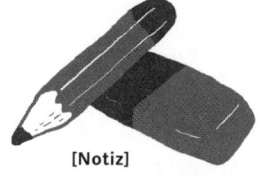

```
Listen 80
```
und ändere sie in
```
Listen 8080
```

[Notiz]
Du musst natürlich nicht geany
benutzen: gedit, vi oder jeder
andere Editor funktioniert auch.

Anschließend such die Zeile
```
ServerName localhost
```
und füge den Port hinzu
```
ServerName localhost:8080
```

Speichere die Datei, und schließe sie. Jetzt kannst du Apache
starten mit dem Kommando
```
/opt/lampp/lampp startapache
```

Serverkommunikation, Adressen, Standards

Und das war's auch schon, du kannst den Server jetzt testen. Öffne im Browser die URL http://localhost:8080/, und du solltest in etwa dieses Bild sehen:

XAMPP erfolgreich installiert

Gratuliere, du hast gerade deinen ersten eigenen Webserver installiert! Und gleichzeitig hast du auch den schwierigsten Teil des Buches überstanden,
der Rest ist ein Zuckerschlecken.

Mac OS

Ich bin ja selbst kein Mac-Benutzer, aber ich muss neidlos anerkennen, die Installation ist einfach. Man braucht nicht mal die Tastatur. Öffne die DMG-Datei, und zieh den XAMPP-Ordner nach **Applications**. Fertig installiert.

Für den nächsten Schritt, die Konfiguration, brauchen wir aber dann doch die Tastatur. **Es tut mir auch wirklich ein wenig leid**. Wir müssen die Datei `/Applications/XAMPP/etc/httpd.conf` editieren und zwei Stellen ändern: zunächst die Zeile

XAMPP installieren für den Mac

```
Listen 80
in
Listen 8080
```

```
Und anschließend die Zeile
ServerName localhost
in
ServerName localhost:8080
```

Speichern, und das war's. Den Server zu starten, ist wieder wunderbar einfach und mit der Maus möglich. Starte XAMPP Control aus dem XAMPP-Ordner, und starte Apache per Knopfdruck:

XAMPP Control

Jetzt kannst du den Server testen, indem du im Browser zu http://localhost:8080 gehst. Du solltest diese Seite sehen:

XAMPP erfolgreich installiert

Gratuliere, dein erster eigener Webserver!
Das war wirklich nicht schwierig, oder?

Hier geht's weiter für alle Systeme

Jetzt sind wir, egal mit welchem System, soweit, dass der Server funktioniert. Eine letzte Sache ist aber noch zu tun: Wir wollen auch unsere **eigenen Seiten** sehen, nicht nur die XAMPP Startseite.

Das ist jetzt leichter getan als gesagt: Im XAMPP-Verzeichnis gibt es, egal auf welchem System, den Ordner **htdocs**. Alles, was in diesem Ordner liegt, ist durch den Apache zugänglich. Du kannst Dateien direkt in htdocs ablegen und dann unter http://localhost:8080/<dateiname> darauf zugreifen. Oder du erstellst einen Ordner und legst die Dateien dort ab, dann musst du den Ordner auch in der URL angeben.

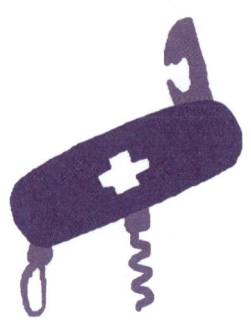

[Einfache Aufgabe]
Versuch mal, in htdocs einen Ordner anzulegen und dann auf den Ordner zuzugreifen, also ohne Dateinamen: http://localhost:8080/ordner/. Du solltest eine praktische Verzeichnisübersicht sehen, mit der du zwischen den Seiten im Ordner navigieren kannst.

Coole Sache! Jetzt fühle ich mich wie ein richtiger Webentwickler. Meine erste Internetseite, von einem echten Webserver serviert.

Webseite.

Sag ich doch.

Nein, du hast Internetseite gesagt. Im Alltag wird Internet und World Wide Web heute zwar synonym genutzt, aber als Webentwickler solltest du dir über den Unterschied im Klaren sein.

[Belohnung]
Aber darüber können wir auch auf der Terrasse reden. Nachdem wir in Schwerstarbeit einen Webserver installiert haben, sollten wir ein wenig relaxen. Es ist jetzt ein guter Zeitpunkt für …

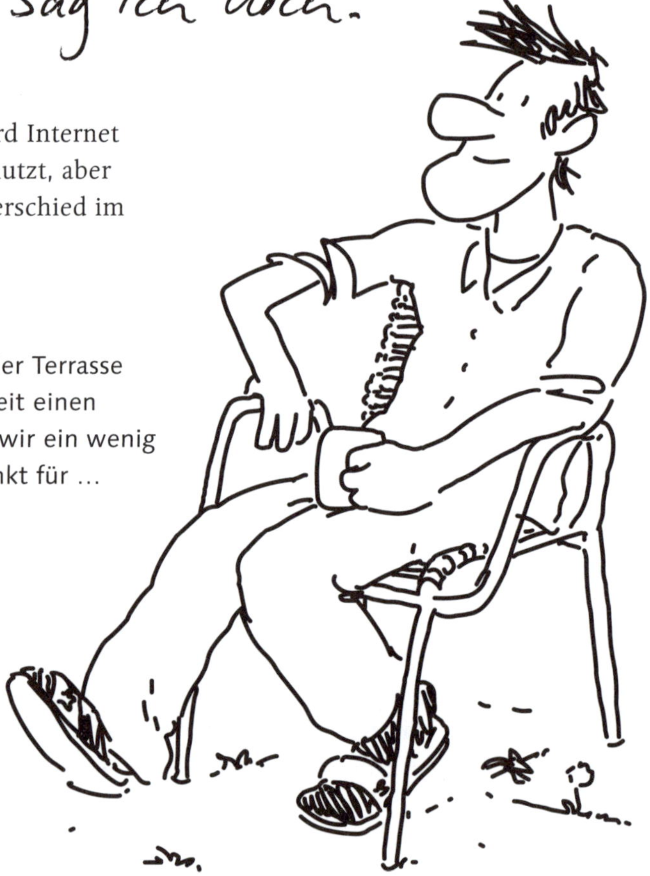

Das obligatorische Geschichtskapitel – die Geschichte des World Wide Web

[Zettel]
Wenn du dich für die Geschichte des World Wide Web nicht interessierst, kannst du diesen Abschnitt ruhig überspringen. Den Abschnitt „HTML ist nicht gleich HTML – eine Sprache, verschiedene Dialekte" solltest du dann wieder lesen.

Man nehme ein ARPANET und lasse es reifen ...

Am Anfang, lange bevor es Webseiten gab oder jemand seinen Computer zu Hause an ein Telefon angeschlossen hat, gab es das **ARPANET**. Das ARPANET wurde von der Advanced Research Projects Agency (ARPA) des US Verteidigungsministeriums entwickelt, und es war damals ein revolutionärer Schritt: Es war das erste **paketbasierte** (packet switched) Computernetzwerk. Es war auch vorher möglich, Computer miteinander zu verbinden, aber die Verbindungen waren leitungsbasiert (circuit switched): Es wurde eine durchgehende elektrische Leitung von einem Computer zum anderen hergestellt. Es funktionierte, aber die Leitung war belegt und stand für andere Computer nicht zur Verfügung.

[Zettel]
Die Datenverbindungen wurden über das Telefonnetz aufgebaut. Heute werden sämtliche Telefonverbindungen über ein Datennetz aufgebaut.

Serverkommunikation, Adressen, Standards

Die revolutionäre Idee des ARPANET war es, die zu übertragenen Daten in Pakete zu zerlegen und jedes Paket mit einer Empfängeradresse zu versehen, **genau wie ein Postpaket**. Dadurch war es plötzlich nicht mehr nötig, eine Leitung zwischen genau zwei Computern zu haben: Eine Leitung konnte jetzt Pakete für verschiedene Computer transportieren, und anhand der Empfängeradresse konnte es zum richtigen geleitet werden. So wurden große Computernetzwerke überhaupt erst realisierbar. Das ist zwar nur die ganz grobe Erklärung eines paketbasierten Netzwerks, aber für unsere Zwecke reicht es. Es gibt ganze Bücher nur zu diesem Thema.

[Zettel]
Die erste Nachricht im ARPANET wurde am 29.10.1969 um 10:30 von einem UCLA Studenten gesendet. Die Nachricht lautete „lo". Es hätte eigentlich „login" werden sollen, aber nach dem zweiten Zeichen brach die Verbindung ab. Ich werde mich nicht mehr über Verbindungsabbrüche beschweren.

Nachdem anfangs nur vier Institutionen an das ARPANET angeschlossen waren, wurden es schnell mehr, vor allem Universitäten und Forschungsinstitute. Mit dem Wissen, das aus und mit ARPANET gewonnen wurde, wurde 1982 eine Sammlung von Protokollen mit dem Namen Internet Protocol Suite standardisiert. Diese Protokolle sind bis heute im Einsatz und halten das weltweite Computernetz *Internet* zusammen.

... rühre etwas Hypertext unter ...

Aber es sollte immer noch einige Zeit dauern, bis das World Wide Web dazukam. Während der 1980er Jahre wurde das Internet weiter ausgebaut und wurde schnell seinem Anspruch gerecht, Computer und Menschen in aller Welt zu verbinden. Dienste wie E-Mail und Newsgroups gab es schon, auch Datentransfer von einem Computer zum anderen war natürlich möglich, aber Informationen waren noch immer unabhängig voneinander, genau wie einfache Textdateien im Dateisystem. Das Internet war zweifellos schon alleine eine erfolgreiche Erfindung, aber es hatte nicht den explosiven Erfolg, den das World Wide Web kurze Zeit später haben würde. Wie so oft musste eine zweite Idee dazukommen: **Hypertext**. Die Idee, Dokumente durch Links miteinander zu verknüpfen, war schon lange vor dem World Wide Web aufgekommen. Das Wort

Hypertext wurde dafür zum ersten Mal 1963 vom amerikanischen Soziologen und Philosophen Ted Nelson verwendet. Der hatte das Konzept für sein Projekt Xanadu entworfen, ein Projekt, das nie wirklich vom Boden abhob und vom World Wide Web verdrängt wurde, noch bevor es vollständig umgesetzt war. Unter anderem sah Xanadu vor, dass alle Links bidirektional sein sollten, also Seiten immer in beide Richtungen verbinden – man hätte für jeden Link bei der Gegenseite anfragen müssen.

[Zettel]
Obwohl das WWW vieles von dem umsetzt, was das Projekt Xanadu schaffen wollte, sprach sich Ted Nelson des Öfteren gegen das WWW aus. Er sieht es als übermäßige Vereinfachung seiner Idee.

Zusammen brachte die beiden Ideen Tim Berners-Lee. Tim war zu der Zeit am Forschungszentrum **CERN** beschäftigt, dem damals größten Internetnode Europas.

Das CERN macht also mehr, als nur unschuldige Teilchen gegeneinanderzuschleudern.

Er schrieb den ersten Projektvorschlag für das World Wide Web 1989 und überarbeitete ihn 1990 zusammen mit Robert Cailliau bis zu einem Stand, der von seinem Chef, Mike Sendall, akzeptiert wurde. Bis August 1991 entwickelte Tim den ersten Webserver (CERN HTTPd), den ersten Webbrowser (der gleichzeitig auch der erste Editor für Webseiten war), die Sprache HTML, das Protokoll HTTP und die URL. Die Sommerabende in der Schweiz müssen ziemlich langweilig gewesen sein ... Am 6. August 1991 ging die erste Website des World Wide Web online. Es ist nicht überliefert, wie er diese Neuigkeit verbreitete. Twitter gab es ja noch nicht.

„Hey zusammen, habe grade die erste Website der Welt online gestellt. URL ist zu lang. #WWW"

[Zettel]
Tim Berners-Lee ist noch heute Direktor des World Wide Web Consortium (W3C), der Organisation, die Standards für das WWW definiert. Er wurde auch von Queen Elizabeth II. zum Ritter geschlagen.

Serverkommunikation, Adressen, Standards

> # World Wide Web
>
> The WorldWideWeb (W3) is a wide-area _hypermedia_ information retrieval initiative aiming to give universal access to a large universe of documents. Everything there is online about W3 is linked directly or indirectly to this document, including an _executive summary_ of the project, _Mailing lists_ , _Policy_ , November's _W3 news_ , _Frequently Asked Questions_ .
>
> _What's out there?_
>   Pointers to the world's online information, _subjects_ , _W3 servers_, etc.
> _Help_
>   on the browser you are using
> _Software Products_
>   A list of W3 project components and their current state. (e.g. _Line Mode_ , X11 _Viola_ , _NeXTStep_ , _Servers_ , _Tools_ , _Mail robot_ , _Library_)
> _Technical_
>   Details of protocols, formats, program internals etc
> _Bibliography_
>   Paper documentation on W3 and references.
> _People_
>   A list of some people involved in the project.
> _History_
>   A summary of the history of the project.
> _How can I help_ ?
>   If you would like to support the web..
> _Getting code_
>   Getting the code by _anonymous FTP_ , etc.

Die erste Webseite, in einer Version von 1992. Die erste Version ist wohl für immer verloren.

… und köchle alles, bis es bunt wird

Damit war das World Wide Web erfunden. Zwei weitere große Schritte sollten noch folgen, bevor es zur Webexplosion kam. Am 30. April 1993 erklärte das CERN, dass die Nutzung der WWW-Dienste jedem offenstehen soll, ohne eine Gebühr zu erheben.

Damit ist zwar nur die Nutzung der Technologie gemeint, nicht der Zugang, aber trotzdem war dies ein großer und wichtiger Schritt für das Web.

Ebenfalls 1993 wurde an der University of Illinois der erste grafische Webbrowser entwickelt: **Mosaic**. Mosaic war der letzte Schritt zum World Wide Web, wie wir es heute kennen. Dinge wie eingebettete Bilder und anklickbare Links, die heute selbstverständlich sind, wurden in Mosaic zum ersten Mal umgesetzt.

Aber bunte Bilder und klickbare Links waren nicht der Hauptgrund, warum Mosaic das Inter-

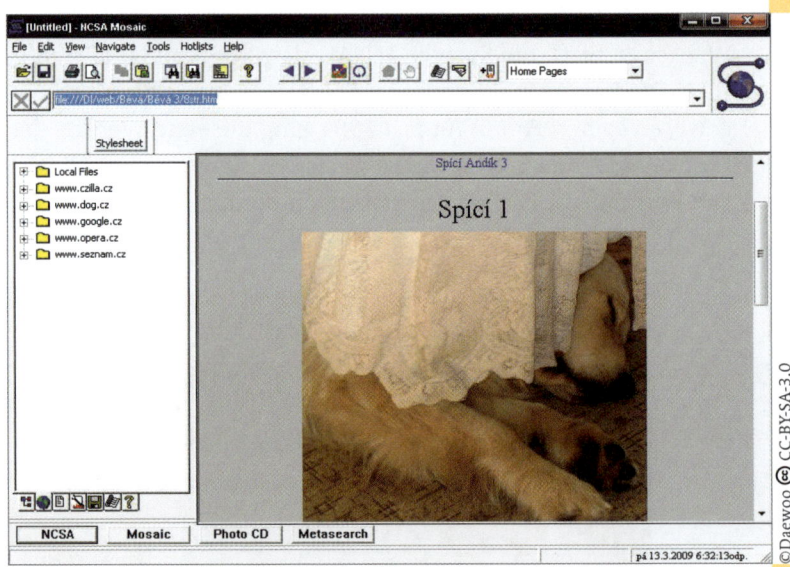

net voranbrachte. Mosaic war auch der erste verbreitete Browser für Windows. Frühere Browser waren nur für Unix-Systeme geschrieben, die zu der Zeit allein in Universitäten und großen Firmen existierten. Das einzige verbreitete Betriebssystem für Heimcomputer war Windows, damals in Version 3.1. Erst durch Mosaic wurde das World Wide Web für Windows-Computer zugänglich. Und erst durch das World Wide Web wurde das Internet für viele Benutzer zu Hause interessant. Das World Wide Web und Mosaic waren treibende Kräfte hinter dem Boom des Internets, dank dem wir heute in fast jedem Haushalt einen Internetanschluss haben.

> [Zettel]
> Mosaic war nicht der erste Browser für Windows, die Ehre gebührt Cello, der aber nicht dieselbe Verbreitung fand wie Mosaic.

Das Ende von Mosaic und der erste Browserkrieg

Mosaics Erfolg war nur von kurzer Dauer – oder er dauert bis heute an, je nachdem, wie man es sieht. Noch 1994 gründeten Marc Andreessen und Eric Bina, die Entwickler von Mosaic, die Mosaic Communications Corporation, die einen neuen Browser vorstellte: Mosaic Netscape. Nur einen Monat, nachdem Mosaic Netscape verfügbar war, änderten sie den Namen der Firma und des Browsers, um Konflikten um die Rechte am Namen Mosaic aus dem Weg zu gehen. Vom 14. November 1994 an produzierte die Netscape Communication Corporation den **Netscape Navigator**. Eine Seite des Browserkriegs war angetreten, auch wenn noch keiner ahnte, dass der Krieg kommen würde. Aber zu einem Krieg gehört mehr als ein Teilnehmer. Zumindest meistens, Fehler kommen vor.

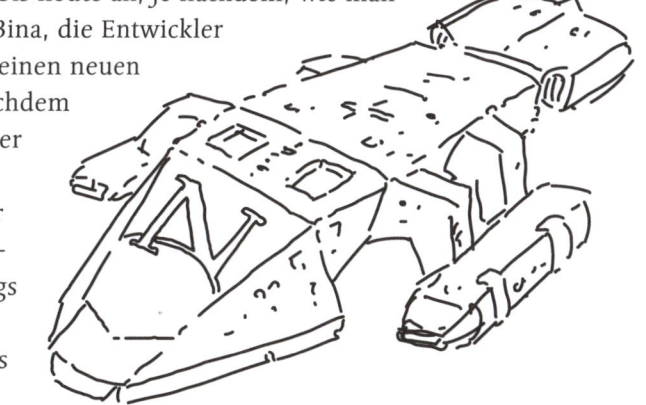

Es gab zu der Zeit eine Flut von neuen Webbrowsern, aber die meisten waren nie verbreitet genug, um wichtig zu sein. Nur ein Browser wurde einflussreich genug, um auf den Schlachtfeldern des ersten Browserkriegs gegen Netscape Navigator anzutreten: **Microsoft Internet Explorer**. Die erste Version erschien 1995 als Teil des Windows 95-Plus!-Pakets.

> [Zettel]
> Ich fühle mich richtig alt, dass ich mich daran noch selbst erinnern kann ...

Es folgte eine Zeit, in der beide Seiten durch neue Features in ihren Browsern versuchten, den Konkurrenten auszustechen. Einige dieser Neuerungen kann man heute nur noch als **Blödsinn** betrachten. Nein, eigentlich konnte man das auch damals schon. Es gab zum Beispiel die Tags `<blink>` und `<marquee>`, die Text blinken oder von links nach rechts durchlaufen ließen. So nützlich wie ein Lochstecher für Frischkäse.

Andererseits wurde in dieser Zeit auch JavaScript entwickelt, zunächst von Netscape, aber wenig später auch von Microsoft (unter dem Namen JScript). Andersherum war Internet Explorer der erste Browser, der 1996 CSS unterstütze. So ein bisschen. Nicht viel. Aber CSS.

[Zettel]
Die beiden großen Browser waren nur selten kompatibel zueinander und häufig auch nicht zum vom W3C gesetzten Standard. Tags wurden nicht unterstützt oder anders interpretiert, und Skripte, die in beiden Browsern funktionierten, waren so gut wie unmöglich. Fast jede Website hatte zu dieser Zeit eine Angabe, mit welchem Browser sie am besten betrachtet wird.

Dieses Buch wird am besten mit offenen Augen gelesen.

Es ist heute schwer zu glauben, aber während der Browserkriege war lange Zeit Microsoft die **Rebellentruppe**, die gegen Netscapes Übermacht kämpfte. Microsoft war zwar auch damals schon ein riesiger Konzern, während Netscape zu seinen größten Zeiten nur ca. 2.500 Mitarbeiter hatte, aber lange Zeit hatte der Netscape Navigator einen Marktanteil von mehr als 80 %. Also tat Microsoft das, was die Unterlegenen schon immer taten: suchen, wo sie einen Vorteil hatten, und diesen ausnutzen, so gut es nur geht.

Und Microsoft hatte einen riesigen Vorteil: **die Kontrolle über mehr als 90 % aller Heimcomputer**. Ab 1997 wurde mit dem Internet Explorer 4 dieser Vorteil ausgenutzt. Der Internet Explorer 4 wurde mit jeder Windows-Installation mitgeliefert. Niemand musste mehr die Entscheidung treffen, welchen Browser er benutzen wollte, es war schon einer da.

Für Netscape war das der Todesstoß. Microsoft hatte riesige Einnahmen aus anderen Quellen – Windows, Office usw. – und hatte keine Probleme damit, den Internet Explorer zu verschenken. Netscapes einzige Geldquelle war dagegen der Verkauf von Browsern an Firmenkunden – für Privatnutzer war auch Netscape immer kostenlos –, und diese Einnahmen versiegten nun schnell.

Na, das sind ja Geschäftspraktiken ...

Die Unterschiede zwischen den Browsern waren nicht so groß, dass Firmen bereit waren, für den Netscape-Browser zu bezahlen, anstatt den Internet Explorer kostenlos zu benutzen. Microsofts Strategie war erfolgreich, die Firma Netscape wurde 1998 von AOL aufgekauft. Die einzige neue Netscape-Version unter AOL erschien im Jahr 2000, nach zwei Jahren Entwicklungszeit, aber trotzdem bevor sie reif war. Netscape 6 war von Abstürzen und Fehlern geplagt, und selbst eingefleischte Netscape-Benutzer wendeten sich ab.

[Zettel]
Ein mehr als drei Jahre dauernder Prozess in den USA sollte zwischen 1998 und 2001 klären, ob es legal war, dass Microsoft seinen Browser mit dem Betriebssystem bündelte. Es kam nie zu einem Urteil. Man einigte sich darauf, dass alle von Internet Explorer genutzten Schnittstellen auch für andere Browser geöffnet würden, aber es gab keine Entscheidung, ob die Bündelung legal war oder nicht.

Microsofts Monopol und der zweite Browserkrieg – der Rote Panda schlägt zurück

Die Firma Netscape war tot, der Browser Netscape hatte fast alle Nutzer verloren. Microsoft hatte den ersten Browserkrieg gewonnen. Es gab zwar einige kleinere Browser, aber keiner hatte der Macht von Internet Explorer etwas entgegenzusetzen. **2002 hatte Internet Explorer 6 einen Marktanteil von 96%**. Für die Benutzer des World Wide Web war es eine düstere Zeit, denn ohne ernstzunehmende Konkurrenz hatte Microsoft keinen Grund, den Internet Explorer weiterzuentwickeln. Nach Internet Explorer 6, veröffentlicht 2001, dauerte es bis 2006, bevor eine neue Version des Browsers erschien. **Die technische Entwicklung stand still**.

[Zettel]
IE 6 wird von den meisten Webentwicklern als schlimmster Fluch aller Zeiten angesehen: Obwohl er sämtliche Standards gekonnt ignorierte, war er bis vor Kurzem ein verbreiteter Browser. Wollte oder musste man ihn unterstützen, musste man mindestens den JavaScript-Code komplett zweimal schreiben, und alles andere war auch nur selten kompatibel.

[Zettel zum Zettel]
Frustrierte Webentwickler weltweit haben zu Kampagnen wie „IE6 muss sterben" aufgerufen. Selbst Microsoft wollte den alten Browser inzwischen loswerden und stattdessen neuere Versionen verbreiten.

Dass Microsofts Monopol nicht ewig bestehen konnte, ist keine Überraschung. Woher der Monopolbrecher kam, schon eher. Der Gegenschlag, der Auftakt zum zweiten Browserkrieg, erfolgte durch Netscape **von jenseits des Grabes**. Nachdem Microsoft den Sieg im ersten Browserkrieg errungen hatte, hatte Netscape den Programmcode des Browsers als Open-Source-Projekt veröffentlicht und die Pflege der eigens gegründeten Mozilla Foundation übertragen. Nach einigen Jahren Arbeit in fast vollkommener Unbekanntheit schlug Netscape 2004 zurück, auch wenn der Name Netscape verschwunden war: die Mozilla Foundation veröffentlichte die erste Version von ~~Phoenix~~ ~~Firebird~~ Firefox.

[Zettel]
Firefox hatte anfangs Identitätsprobleme und wechselte immer wieder den Namen.

[Zettel]
Die anfänglichen Identitätsirrungen könnten da herrühren, dass das Feuerfuchs-Maskottchen gar kein Fuchs ist, sondern ein Roter Panda.

Von seinem Debüt an bis 2010 hat Firefox stetig Marktanteile gewonnen, seit 2010 ist sein Anteil in etwa stabil. Der Aufstieg von Firefox hat auch Microsoft dazu gezwungen, den Internet Explorer wieder weiterzuentwickeln, wollten sie nicht komplett aus dem Markt gedrängt werden. Mit steigender Versionsnummer gelang es dem IE sogar, seinen Ruf als Folterinstrument für Webentwickler wieder abzulegen, den er sich mit dem IE6 hart erarbeitet hatte. Die neueren Versionen 9 und 10 werden von den meisten Webentwicklern **ohne Gummihandschuhe** benutzt.

Aber der zweite Browserkrieg wurde nicht mehr allein von zwei Parteien geführt. Es kamen weitere Browser hinzu, die Benutzer für sich gewinnen konnten. Safari hat seine Anhänger natürlich vor allem auf MacOS-Systemen, aber seit 2007 ist er auch für Windows verfügbar. Seit 2008 gibt es Google Chrome, inzwischen ein weiterer „Big Player" im World Wide Web.

[Zettel]
Ein sehr schönes Beispiel, warum Monopole nicht gut sind

Und auch der norwegische Opera-Browser konnte sich eine kleine, aber treue Fangemeinde sichern.
Die Zeit seit 2004 wird zwar oft als zweiter Browserkrieg bezeichnet, aber wirklich treffend ist das nicht. Im Gegensatz zum ersten Browserkrieg versucht keiner, den anderen komplett auszulöschen, die aktuelle Situation ist eher ein gesunder Konkurrenzkampf – nur gelegentlich wird mit unschönen Mitteln gekämpft, zum Beispiel bei Audio- und Videocodecs, aber dazu mehr im Multimediakapitel.

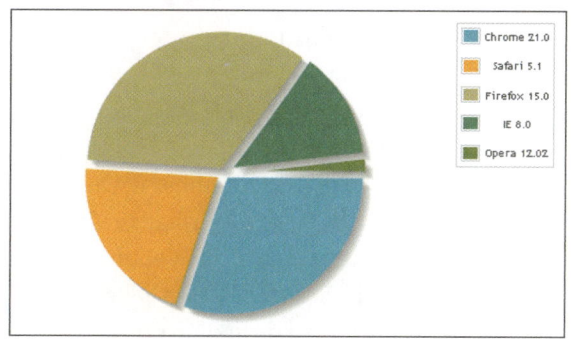

Die Browserstatistik sieht für jede Seite etwas anders aus, diese hier hat weniger Internet Explorer als der Durchschnitt.

Serverkommunikation, Adressen, Standards

HTML ist nicht gleich HTML – eine Sprache, verschiedene Dialekte

Während der Browserkriege entwickelte sich die Sprache HTML sehr schnell und in verschiedene Richtungen. Würde dieser Wildwuchs nicht zumindest etwas eingeschränkt, wäre wahrscheinlich keine Seite, die für einen Browser entwickelt wurde, in einem anderen funktionsfähig.

Dem totalen Wildwuchs hat zum Glück das World Wide Web Consortium (W3C) einen Riegel vorgeschoben. Das W3C legt die Standards fürs Web fest: HTML, CSS, JavaScript und viele andere.

[Hintergrundinfo]
Kein Browser erfüllt die Standards zu 100 %, vor allem bei CSS gibt es in jedem Browser einige Lücken. Aber zumindest bemühen sich inzwischen alle, den Standards zu entsprechen.

Sämtliche Browserhersteller sind Mitglieder des Konsortiums. Es ist vielleicht der einzige Ort, an dem sie mehr oder weniger friedlich an einem Tisch sitzen. Aber sie sind bei Weitem nicht die einzigen Mitglieder: Gerade im Moment (September 2012) hat das W3C 377 Mitglieder. Firmen, Universitäten, Ministerien, alles was WWW buchstabieren und die Mitgliedsbeiträge zahlen kann, kann Mitglied werden. Entsprechend lange dauert es, bis ein neuer Standard verabschiedet wird. Und entsprechend unvorhersehbar ist es manchmal, was ein Standard am Ende wirklich enthält.

Was zwei für uns wichtige Standards angeht – HTML und CSS –, sind wir gerade in einem großen **Umbruch**. HTML 4.01 war seit Dezember 1999 der empfohlene HTML-Standard. Er hat sich gut gehalten, aber heute passiert im Webbrowser viel mehr, als am Ende des letzten Jahrtausends absehbar war. Und deshalb ist das neue, große Thema unter Webentwicklern **HTML5**.

[Hintergrundinfo]
HTML5 ist bisher eigentlich nur ein Vorschlag zu einem neuen Standard und noch nicht endgültig. Der kommt voraussichtlich 2014. Trotzdem unterstützen die Browser schon weite Teile des kommenden Standards.

Die Unterschiede zwischen HTML 4 und HTML5 sind riesig. In der Markup-Sprache sieht man davon nicht allzu viel, es gibt einige neue Tags zur **semantischen Auszeichnung**, also zur Markierung, welche **Bedeutung** ein Teil des Dokuments hat, dafür fallen ein paar andere Tags weg. Aber es gibt wirklich große Neuerungen in den JavaScript-APIs. Von denen gibt es einige, und über die meisten reden wir später beim Thema JavaScript. Der neue Standard für CSS – CSS3 – ist zwar kein Teil von HTML5, aber wir werfen das gerne zusammen, wenn wir von HTML5 sprechen.

[Hintergrundinfo]
Neben HTML gibt es noch einen weiteren Satz von Dialekten: XHTML. XHTML kennt dieselben Tags wie HTML, aber unterscheidet sich in einigen Syntax-Details. Wir werden XHTML ignorieren, soweit wir können. Damit befinden wir uns in guter Gesellschaft.

Alle Beispiele bisher waren HTML5. Und HTML 4 irgendwie auch. In den Elementen, die wir bisher gesehen haben, gibt es keinen Unterschied zwischen den beiden Standards, nur der **Doctype** ist ein anderer:

```
<!DOCTYPE HTML PUBLIC "-//W3C//DTD HTML 4.01//EN"
"http://www.w3.org/TR/html4/strict.dtd">
```

Das ist ja mal hässlicher als der Doctype von HTML5.

Der alte Doctype enthält einige Informationen mehr: eine genaue Angabe der HTML-Version und die URL der DTD.

[Begriffsdefinition]
DTD steht für **Document Type Definition**, hier wird definiert, welche Tags und Attribute wo auftauchen dürfen. Nicht mit dem Insektizid verwechseln, das heißt DDT!

Diese zusätzlichen Angaben sind mit HTML5 nicht mehr notwendig: Der Standard verlangt, dass der Browser schon weiß, was gemeint ist, wenn er `<!DOCTYPE html>` sieht.

Auch alle folgenden Beispiele werden HTML5 benutzen, soweit nicht anders angegeben. Aber wo die Unterschiede wichtig sind, reden wir natürlich darüber. Dasselbe gilt für CSS: Die Beispiele werden CSS3 benutzen, aber da die Browserunterstützung für CSS3 noch nicht so weit fortgeschritten ist, wird markiert, was nicht immer funktioniert.

[Belohnung/Lösung]
Und damit auch genug Theorie, nach so viel zur Geschichte und der Installation deines ersten, eigenen Webservers haben wir es uns verdient, den Grill anzuwerfen und ein Bier aus dem Kühlschrank zu holen.

Aber auf jeden Fall, ich hab einen Bärenhunger. Und beim Essen kannst du mir noch schnell CSS erklären, das versteh ich noch gar nicht.

—DREI—

Einführung in CSS

Jetzt kommt Farbe ins Spiel

Schrödingers Webseiten sind schon echt informativ, mit viel Text und Bildern, wo es passt. Aber irgendwie sieht alles noch sehr langweilig aus. Nur schwarz auf weiß, da kann man auch gleich Zeitung lesen, Webseiten sind höchstens praktischer zu falten. Um Farbe reinzubringen, lernt Schrödinger schon in Kapitel 3 die zweite Sprache: CSS.

Webseiten mit Stil – Inline Styles und Farben

Jetzt haben wir lange genug Webseiten in Schwarz und Weiß geschrieben, es wird Zeit für etwas Farbe. Und Farbe ins Web bringen Cascading Style Sheets (CSS). CSS bringt natürlich noch viel mehr ins Web, aber Farbe ist ein guter Punkt, um anzufangen.

[Funktioniert in]
Das **`<span>`**-Tag funktioniert in allen Browsern.

Aber vorher brauchen wir noch ein neues HTML-Tag: **`<span>`**. Ein **`<span>`** ist eigentlich nichts. Gar nichts. **Überhaupt nichts**. Es hat keine Funktion im Browser wie ein **`<a>`**-Tag, es hat keine Auswirkung auf die Textformatierung wie ein **`<p>`**, es verändert nicht einmal das Aussehen des Textes, der damit markiert ist – nicht ohne weitere Einstellungen.

[Einfache Aufgabe]
Probier es aus, lege ein HTML-Dokument an und schreibe **`Dies ist ein <span>Span-Test</span>`**.

Wie du siehst, siehst du nichts.

Das **`<span>`** hat nichts, aber auch gar nichts an der Ausgabe im Browser geändert. Und das ist auch okay so, **`<span>`** hat **keine semantische Bedeutung**, woher soll der Browser also wissen, was er damit tun soll?

Und warum soll ich es benutzen, wenn es nichts tut?

[Funktioniert in]
Das **`style`**-Attribut funktioniert in allen Browsern.

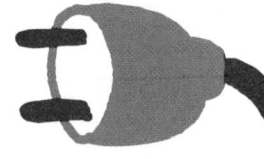

Das heißt nicht, dass `<span>` einfach nichts tut. **Es markiert eben den enthaltenen Text.** Was der Browser damit tun soll, müssen wir ihm noch sagen. Und genau das tun wir **mit CSS.**

Die schnellste und einfachste Methode, **CSS in unser HTML zu bringen**, ist leider auch die unpraktischste, wie du in Kürze sehen wirst.

Aber für den Anfang geht einfach vor praktisch,

und einfach einzubinden ist CSS mit dem `style`-Attribut.

`style` ist eines der Attribute, die an fast jedem HTML-Tag erlaubt sind, und enthält von einer bis zu beliebig vielen Style-Eigenschaften:

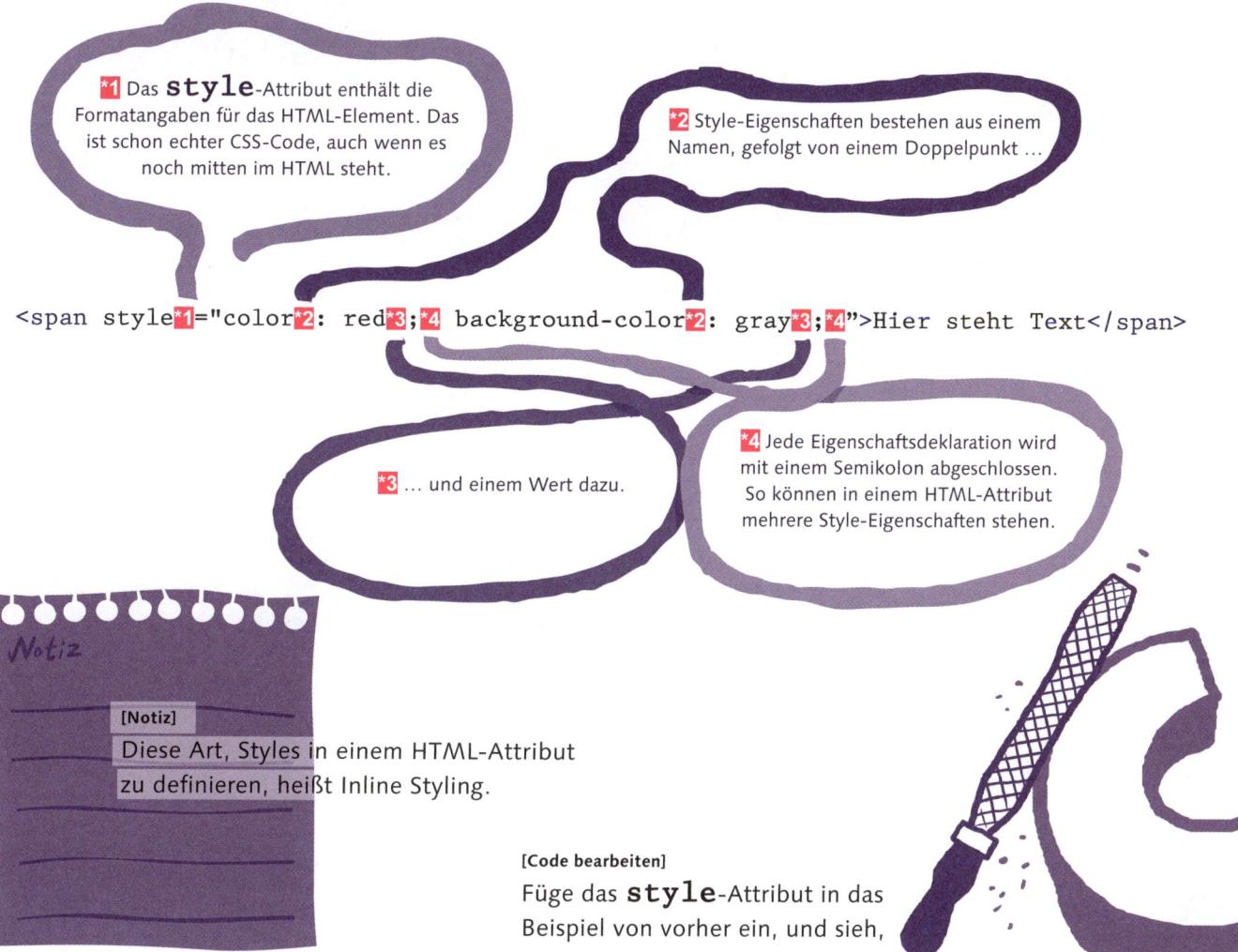

*1 Das `style`-Attribut enthält die Formatangaben für das HTML-Element. Das ist schon echter CSS-Code, auch wenn es noch mitten im HTML steht.

*2 Style-Eigenschaften bestehen aus einem Namen, gefolgt von einem Doppelpunkt …

```
<span style*1="color*2: red*3;*4 background-color*2: gray*3;*4">Hier steht Text</span>
```

*3 … und einem Wert dazu.

*4 Jede Eigenschaftsdeklaration wird mit einem Semikolon abgeschlossen. So können in einem HTML-Attribut mehrere Style-Eigenschaften stehen.

[Notiz]
Diese Art, Styles in einem HTML-Attribut zu definieren, heißt Inline Styling.

[Code bearbeiten]
Füge das `style`-Attribut in das Beispiel von vorher ein, und sieh, was passiert.

Einführung in CSS

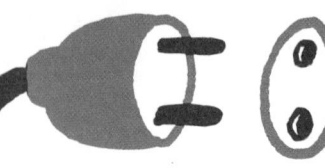

[Funktioniert in]

color und **background-color**

funktionieren in allen Browsern.

color und **background-color** sind auch schon **zwei wichtige Style-Eigenschaften**, die man immer wieder braucht. **color** legt die Farbe der Schrift fest, **background-color** die Farbe des Hintergrunds.

[Notiz]

Es gibt natürlich nicht nur Rot und Grau, sondern auch andere Farben mit ihren englischen Namen. Und noch viel mehr namenlose Farben, die du nur als Zahlencode angibst, dazu erzähl ich dir noch in diesem Kapitel mehr.

> *Aber warum soll dieses „Inline Styling"
> jetzt unpraktisch sein?
> Sieht doch einfach aus.*

Klar, wenn du nur ein **<span>** hast, ist **Inline Styling** vollkommen in Ordnung. Aber jetzt stell dir vor, du hast auf der ganzen Website deiner Firma den Firmennamen rot eingefärbt, immer mit einem **<span style="color: red;">**. Und jetzt kommt der alte Bossingen auf die Idee, dass Rot viel zu sehr nach Feuerwehr aussieht und die Firmenfarbe ab heute Grün ist. Sieht ja auch umweltfreundlicher aus. Viel Spaß dabei, die Farbe überall zu ändern. Bis morgen früh.

> *Ja, das klingt nach Bossingen.
> Was mach ich dann stattdessen,
> um mir Arbeit zu sparen?*

Kapitel DREI

Inline ist out – Stylesheets

Style-Eigenschaften an jedem `<span>` wieder zu definieren, obwohl alle den gleichen Style haben, ist natürlich weniger praktisch. Dafür gibt es bessere Möglichkeiten, nämlich Style-Eigenschaften global zu definieren. Dann änderst du alles **nur einmal** und kannst früh nach Hause gehen. Außerdem gehört es heute im World Wide Web auch zum guten Stil, die Dokumentstruktur und den Inhalt – HTML – von den Angaben zum Aussehen – dem CSS – zu trennen. Dieses Vorgehen hat viele Vorteile. So wird beides einfacher zu bearbeiten und besser wiederverwendbar. Außerdem werden deine Seiten barrierefreier, also besser lesbar für Menschen mit Behinderungen, denn wenn die Seite nur Struktur enthält, können zum Beispiel Bildschirmleser das viel besser umsetzen, als wenn Style-Informationen dazwischenstehen.

[Hintergrundinfo]
Wenn Struktur und Style sauber getrennt sind, werden Stylesheets sogar austauschbar: Indem du nur einen anderen Stylesheet einbindest, sieht die Seite komplett anders aus. http://www.csszengarden.com/ hat viele wunderschöne Beispiele, was aus einer Seite HTML mit verschiedenen Stylesheets alles werden kann.

Dafür gibt es **zwei Möglichkeiten**: im `<head>`-Bereich des HTML-Dokuments oder in einer eigenen Datei.

[Zettel]
Stylesheet-Dateien enden typischerweise auf `.css`. Texteditoren mit Unterstützung für HTML helfen auch mit CSS gerne weiter.

Für beide Möglichkeiten, Styles global zu definieren, brauchen wir neue Tags. Das Tag, um Styles direkt im `<head>` des HTML-Dokuments zu definieren, heißt `<style>`.

Einführung in CSS

[Funktioniert in]
<style> funtkioniert in allen Browsern.

Unglaublich, es gibt also auch HTML-Tags, an deren Namen man die Funktion erkennt.

Die Style-Eigenschaften stehen im Tag-Body von <style>, aber sie sehen dort etwas anders aus als im style-Attribut. Wir kommen sofort dazu.

[Achtung]
In HTML 4 muss für <style> das Attribut type mit dem Wert text/css gesetzt werden. Es gibt nur diesen einen Wert, das Attribut ist vollkommen überflüssig, aber es ist Pflicht. In HTML5 darf es gesetzt werden, muss aber nicht.

[Funktioniert in]
<link> funktioniert in allen Browsern (zumindest für Stylesheets).

Um eine CSS-Datei einzubinden, haben wir ein anderes Tag; frag nicht nach Sinn und Unsinn der zwei verschiedenen Tags, es ist halt so. Dieses Tag ist das <link>-Tag, das **kein Hyperlink** ist. Auch <link> muss im <head> der Seite stehen, und im Gegensatz zu <style> braucht es auch heute noch mindestens zwei Attribute. href ist das offensichtliche der beiden, irgendwo muss die Datei mit den Styles ja gefunden werden. Weniger offensichtlich ist rel, kurz für **relationship**, das angibt, in welcher Beziehung das verlinkte Dokument zu diesem steht. Der Wert von rel ist für unsere Zwecke auf stylesheet festgelegt.

`<link href="styles.css*1" rel="stylesheet"/>`

*1 In href kann eine absolute oder relative URL stehen.

98   Kapitel DREI

[Hintergrundinfo]
Es gibt für `rel` noch viele weitere Werte, aber fast keiner von denen wird von aktuellen Browsern sinnvoll unterstützt, mit zwei Ausnahmen: `rel="shortcut icon"` zeigt auf ein Bild im ICO-Format, das in der Adresszeile und bei Bookmarks angezeigt wird. `rel="alternate"` mit `type="application/rss+xml"` oder `type="application/atom+xml"` verlinkt zum RSS- oder Atom-Feed der Seite.

[Achtung]
Wenn mehrere Arten von Styles vorhanden sind (aus externen Stylesheets, aus einem `<style>`-Tag und Inline), werden sie von außen nach innen wichtiger. Eine Eigenschaft aus dem Stylesheet wird von der gleichen Eigenschaft aus dem `<style>`-Tag überschrieben, diese wiederum von der gleichen Eigenschaft aus dem `style`-Attribut.

Dann kann ich doch jetzt einfach die Style-Eigenschaften aus den einzelnen Tags rausnehmen und in die CSS-Datei einfügen. *Easy peasy, einfach so:*

```
color: white;
background-color: black;   X
```

Nein, nicht ganz so einfach. Aber fast. Es gibt ein Problem bei deinem Ansatz: **Für welche Elemente sollen diese Eigenschaften gelten**? Vorher war das ja eindeutig, die Eigenschaften gelten für das Element, in dessen `style`-Attribut sie stehen. Aber jetzt definierst du die Eigenschaften global, der Browser weiß nicht, was du überhaupt stylen willst.

Dann soll es halt mal nachdenken.
Nein, okay, erzähl's mir.

Einführung in CSS

Welches Element hätten's denn gerne? Selektoren nach Tags, IDs und Klassen

Um dem Browser klarzumachen, **welche Elemente** du stylen möchtest, brauchst du **Selektoren**. Derer gibt es viele, aber auch hier gilt, dass man mit wenigen, einfachen schon vieles erreichen kann. Selektor kommt vom englischen to select, auswählen, und genau das tun sie, sie wählen Elemente aus.

Selektieren nach Tags

[Funktioniert in]
Der **Tag-Selektor** funktioniert in allen Browsern.

Die einfachsten Selektoren wählen **alle Tags einer Art** aus, also alle `<span>` oder alle `<p>`. Im Stylesheet schreibt man den Selektor und danach, in geschweiften Klammern, die Eigenschaften.

*1 ein einfacher Selektor für alle `<span>`-Tags

```
span*1 {*3
    color: red;*2
    background-color: black;*2
}*3
```

*2 Style-Eigenschaften werden genauso definiert wie bei Inline Styles. Auch hier das Semikolon nicht vergessen!

*3 Und alle Eigenschaften, die zu einem Selektor gehören, werden in geschweifte Klammern gefasst

[Begriffsdefinition]
Den gesamten Block aus Selektor und einer oder mehreren Eigenschaften nennt man eine Style- oder CSS-Regel.

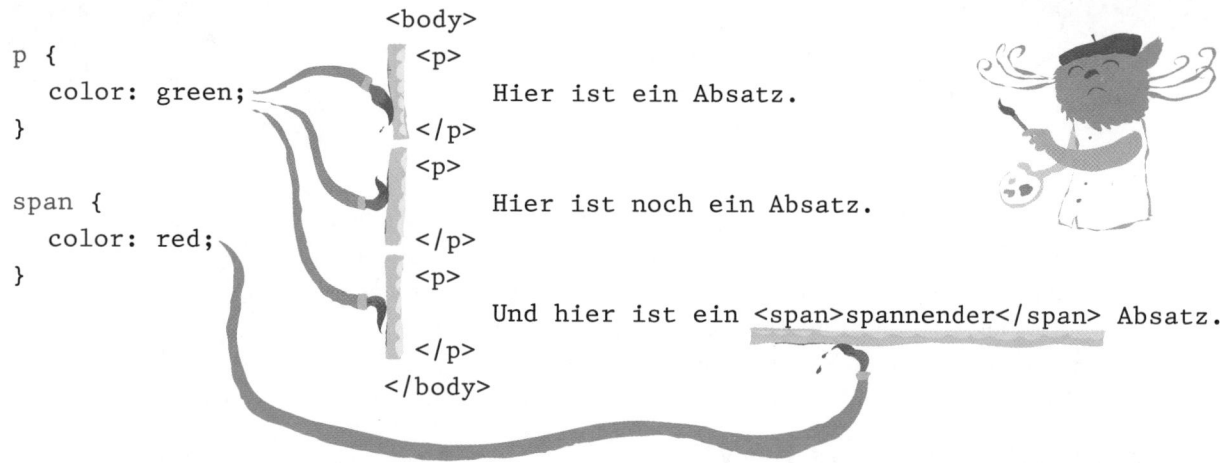

```
p {
   color: green;
}
span {
   color: red;
}
```

```
<body>
   <p>
      Hier ist ein Absatz.
   </p>
   <p>
      Hier ist noch ein Absatz.
   </p>
   <p>
      Und hier ist ein <span>spannender</span> Absatz.
   </p>
</body>
```

Im Beispiel siehst du auch, was passiert, wenn für verschachtelte Elemente die gleiche Eigenschaft definiert wird: **Das innerste Element gewinnt**.

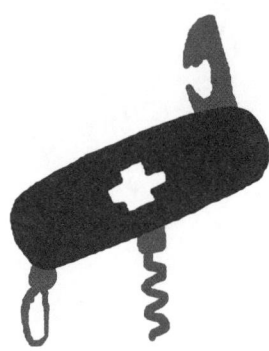

[Einfache Aufgabe]
Nimm das HTML-Dokument von eben, und ersetze die Inline Styles durch einen externen Stylesheet, in dem alle **`<span>`**s rot gefärbt werden. Vergiss nicht das **`<link>`**-Tag, um das Stylesheet einzubinden.

[Achtung]
Alle Eigenschaften in einem Stylesheet müssen zu einem Selektor gehören, sie können nicht verwaist im Stylesheet stehen.

Aber wenn alle Eigenschaften zu einem Selektor gehören müssen, wie kann ich dann eine Eigenschaft für das gesamte Dokument setzen? Sagen wir, ich will alles in Blau haben, weil es so beruhigend ist. Was mach ich dann?

Dafür gibt es eine ganz einfache Lösung: Benutze **body** als Selektor. Das **`<body>`**-Tag umfasst den gesamten Seiteninhalt, und wie wir gerade gesehen haben, gelten die Eigenschaften für alles innerhalb des Tags, wenn es nicht weiter innen überschrieben wird, zum Beispiel von einem Style für **`<span>`**.

Einführung in CSS **101**

[Notiz]
Indem man eine **background-color** für **<body>** setzt, legt man den Hintergrund der gesamten Seite fest.

Alle Elemente eines Typs zu stylen – oder gleich das **<body>**-Tag –, ist ein guter Anfang. Man legt Standards für die gesamte Seite fest. Aber manchmal will man nicht den Raum mit der **Farbrolle** streichen, sondern ein Bild mit dem **Pinsel** malen. Der Tag-Selektor ist die Farbrolle, er braucht wenig Fingerspitzengefühl, aber deckt gut. Als Nächstes brauchst du den Pinsel.

Selektieren nach ID

[Funktioniert in]
Der **id-Selektor** funktioniert in allen Browsern.

Für mehr Kontrolle und Fingerspitzengefühl hilft dir ein Bekannter aus Kapitel 1: das **id**-Attribut. Selektoren nach **id** funktionieren genauso wie Links zu einer Sprungmarke mit der **id** und werden auch genauso geschrieben.

Also #unten zum Beispiel.

[Schwierige Aufgabe]
Damit hast du genug Informationen, um Elemente mit **id** zu stylen. Lege ein neues HTML-Dokument mit drei Absätzen an, und färbe nur den mittleren Absatz rot.

Das ist knifflig. Das HTML natürlich nicht, das hab ich inzwischen im Blut. id-Attribut am zweiten <p> ist auch klar und der Stylesheet mit <style> oder <link> sowieso. Aber im Stylesheet nach id zu selektieren ... hmmmm. Klar! Du hast es ja gesagt, genau wie ein Link zur Sprungmarke!

```
#zweiter-absatz {
    color: red;
}
```

Vollkommen richtig! Ich sehe, du kommst auch ohne meine Hilfe klar.

Der Selektor nach id ist einfach das **id**-Attribut des Elements mit einem vorangestellten Hashsymbol. Die Eigenschaften innerhalb dieses Selektors gelten genau für das Element mit dieser id.

```
#zweiter-absatz {
    color: red;
}

p {
    color: black;
}
```

```
<body>
    <p>
        Dieser Absatz sieht normal aus.
    </p>
    <p id="zweiter-absatz">
        Dieser Absatz wird rot.
    </p>
    <p>
        Und dieser ist wieder normal.
    </p>
</body>
```

[Achtung]
Wenn mehrere Selektoren ein Element finden, dann gelten immer die Eigenschaften des spezifischsten Selektors. Der **id**-Selektor ist so spezifisch, wie es nur geht. Er gewinnt fast immer, zum Beispiel gegen den Tag-Selektor im Beispiel.

Aber auch das Selektieren nach **id**-Attribut ist noch nicht der Weisheit letzter Schluss. Es lässt sich damit zwar viel genauer arbeiten als mit Tag-Selektoren, aber jede **id** im Dokument muss eindeutig sein.

Stell dir nur mal vor, du willst deine persönliche Website schreiben und willst alles, was mit deinen Hobbys zu tun hat, in einem beruhigenden Blau schreiben und alles über deine Arbeit in einem öden Grau und vielleicht noch alles, wo es um deine Freundin geht, in einem zärtlichen Rosa. Dann bist du mit Styles für Tags ganz schön aufgeschmissen, und mit Styles für **id**s wird dein Stylesheet nie fertig.

Wenn ich alles über meine Freundin rosa einfärbe, kann das nur Ärger geben. Lieber nehm ich Orange, das ist ihre Lieblingsfarbe.

Einführung in CSS **103**

Selektieren nach Klassen

[Funktioniert in]
Der **Klassen-Selektor** funktioniert in allen Browsern.

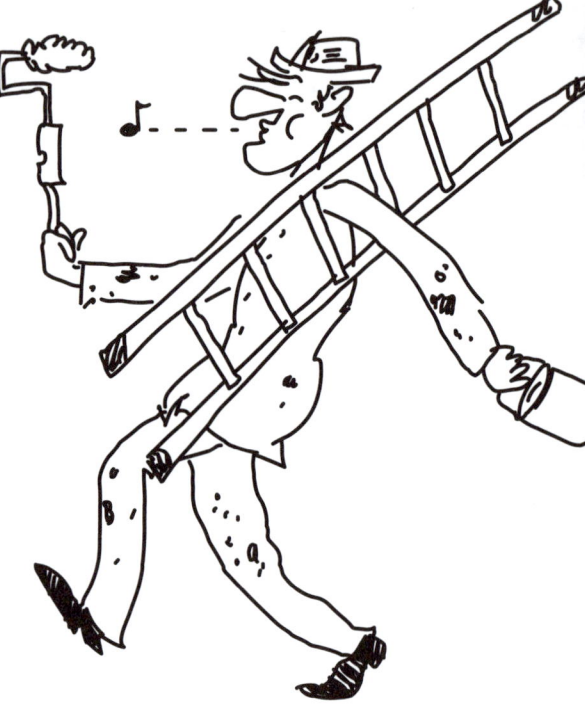

Die Farbrolle ist zu grob, der Pinsel ist zu fein, wir brauchen einen ... ach, was weiß denn ich, ich bin ein miserabler Handwerker. Wir brauchen einen Selektor, der genauer ist als der Tag-Selektor, aber nicht so pingelig wie der `id`-Selektor.

Zum Glück sind wir nicht die einzigen, die das wollen, und genau dafür gibt es eine dritte Art von einfachen Selektoren: **Selektoren nach Klasse**. Style-Klassen sind exakt das Werkzeug, um das Problem zu lösen: Es ist im Stylesheet einfach, nach Klassen zu selektieren, aber anders als `id`s können Klassen beliebig oft in einem Dokument verwendet werden.

[Notiz]
Style-Klassen sind vergleichbar mit Formatvorlagen in Textverarbeitungen wie MS Word oder LibreOffice.

Die Klasse ist im HTML **ein neues Attribut**, das jedes sichtbare HTML-Tag kennt, also zum Beispiel `<p>`, `<span>` und `<body>`, aber nicht `<head>` oder `<meta>`.

> ***1 class**, die Pinselrolle unter den Selektoren oder vielleicht der Rollenpinsel, ein ganz einfaches HTML-Attribut

`<p class`***1**`="hobby">Dieser Text wird blau.</p>`

Jetzt, wo wir die Klasse im HTML haben, ist es ein Klacks, danach zu selektieren. Der **Klassen-Selektor** besteht aus einem Punkt, gefolgt vom Klassennamen:

```
.hobby {
color: blue;
}
```

Und fertig. Jetzt kannst du alles einfärben, je nachdem, ob es Arbeit, Hobby oder Liebe ist, und könntest zum Beispiel ein Blog schreiben.

[Einfache Aufgabe]
Erstelle eine HTML-Seite für das einfachste aller Blogs und einen Stylesheet mit den drei Klassen `arbeit`, `hobby` und `liebe`. Mach ein paar Beispieleinträge.

[Achtung]
Klassennamen, genau wie `id`s, dürfen nicht aus beliebigen Zeichen bestehen. Sie müssen mit einem Buchstaben anfangen und können danach Buchstaben, Ziffern, _ und — enthalten.

```css
.hobby {
    color: blue;
}

.arbeit {
    color: grey;
}

.liebe {
    color: orange;
}
```

```html
<body>
    <p class="liebe">Heute Picknick im Park &lt;3</p>
    <p class="hobby">Seit Langem mal wieder
    World of Warcraft gespielt. Orks stinken
    immer noch.</p>
    <p class="arbeit">Drei Stunden nach einer
    Akte gesucht. Lag bei Bossingen
    unter dem Schreibtisch.</p>
    <p class="hobby">Ich kann immer noch nicht
    kegeln, aber es macht Spaß.</p>
    <p class="arbeit">Montag =(</p>
</body>
```

Und jetzt die Kür – mehrere Klassen selektieren

Es gibt noch einen weiteren Trick mit Klassen, der vorher viel Arbeit gemacht hätte: **Ein Element kann mehreren Klassen angehören**. Man darf aber nur ein `class`-Attribut an einem Tag haben, deshalb müssen alle Klassen im Attributwert stehen, durch Leerzeichen getrennt.

Einführung in CSS

[Schwierige Aufgabe]
Jetzt kannst du dem einfachsten aller Blogs eine neue Klasse hinzufügen für alles, was nachts passiert. Diese Einträge sollen einen schwarzen Hintergrund bekommen.

```
<p class="nacht*1 hobby">Angriff auf Ogrimmar!</p>

.nacht*1 {
    background-color: black;
}
```

*1 Die neue Klasse **nacht** lässt sich mit allem gut kombinieren.

[Notiz]
Klassen-Selektoren stehen in der Priorität vor Tag-Selektoren, aber nach **id**-Selektoren.

[Notiz]
Klassen-, Tag- und id-Selektoren lassen sich auch kombinieren: **span.hobby** selektiert nur **<span>**s mit der Klasse **hobby**, keine anderen **<span>**s und keine anderen Tags mit **hobby**. Auch **span.arbeit#neuester-eintrag** oder **.arbeit#erster-eintrag** sind gültige Selektoren.

Eins funktioniert damit aber nicht, ich hab's grade ausprobiert: Wenn ich mit meiner Freundin kegeln gehe, kann ich das nicht als **liebe** und **hobby** stylen, es wird immer nur orange.

Das ist richtig. Es wird aber nicht deshalb orange, weil dein Browser etwa romantisch wäre und Liebe wichtiger fände als Hobbys, sondern weil die Klasse **liebe** im Stylesheet **weiter unten** definiert ist.

[Achtung]
Wenn zwei Regeln die gleiche Priorität haben und die gleiche Eigenschaft definieren, dann gewinnt immer die Regel, die im Stylesheet weiter unten steht.

Was hättest du denn gerne, was mit dieser Angabe passiert? Es kann doch nicht zwei Farben geben.

Na ja, ich dachte, beide Farben zu mischen, wäre doch chic.

Das wird nicht funktionieren, das musst du schon selbst in den Stylesheet eintragen. Und eine eigene Klasse dafür definieren, **hobby_mit_freundin** oder so. Und die Farbe musst du auch selbst mischen, so in etwa **color: #9F629F;** sollte passen.

In etwa ... was? Ich suche eine Farbe und keinen Geheimcode!

Ich erklär es dir gleich, aber erst etwas Denksport für zwischendurch.

Einführung in CSS

Übungen mit dem Regenbogen

```
<!DOCTYPE html>
  <html>
    <head>
      <link href="liederstyles.css" rel="stylesheet">
      <title>Ein Volkslied</title>
    </head>
    <body>
    <h1>Grün sind alle meine Kleider</h1>
      <p class="strophe" id="jaeger">
        Grün, grün, grün sind alle meine Kleider …
        Weil mein Schatz ein <span class="beruf">Jäger,
        Jäger</span> ist.</p>
      <p class="strophe" id="seemann">
        Blau, blau, blau sind alle meine Kleider …
        Weil mein Schatz ein <span class="beruf">Seemann,
        Seemann</span> ist.</p>
      <p class="strophe" id="schornsteinfeger">
        Schwarz, schwarz, schwarz sind alle meine Kleider …
        Weil mein Schatz ein <span class="beruf">
        Schornsteinfeger</span> ist. </p>
<p class="quellenangabe">Volkslied aus Pommern, 19.
Jahrhundert</p>
```

[Einfache Aufgabe]
Gib die CSS-Regeln an, um jede Strophe in der passenden Farbe einzufärben. Außerdem soll die Überschrift orange sein und die Quellenangabe grau.

So, wie das HTML vorgegeben war, brauchtest du alle drei Arten von Selektoren, die du bisher kennst: nach Tag für die Überschrift, nach ID für die einzelnen Strophen und nach Klasse für die Quellenangabe.

108 Kapitel DREI

So wird es bunt:

```css
h1 {
    color: orange;
}
#jaeger {
    color: green;
}
#seemann {
    color: blue;
}
#schornsteinfeger {
    color: black;
}
.quellenangabe {
    color: gray;
}
```

Und jetzt was mit Konkurrenz: Welcher Selektor gewinnt?

[Schwierige Aufgabe]
Hier ist ein Auszug aus deinem Blog, Schrödinger. Aber deine Style-Regeln finde ich etwas durcheinander und verwirrend. Kannst du selbst noch nachvollziehen, welche Farbe und welche Hintergrundfarbe jeder Eintrag hat?

[Zettel]
Wenn für zwei Selektoren die gleichen Eigenschaften gelten sollen, dann kannst du die Selektoren mit Komma trennen: `#beispiel_id, span {…}` gilt für alle `<span>`s und für das Element mit der ID `beispiel_id`.

Einführung in CSS

```html
<!DOCTYPE html>
<html>
    <head>
        <style>
            #eintrag-eins, #eintrag-drei {color: red; background: gray;}
            .erinnerung {background-color: gray;}
            .wichtig {background-color: red;}
            #eintrag-drei {background-color: lightblue;}
            p {color: green;}
            #eintrag-fuenf {color: blue;}
        </style>
    </head>
    <body>
        <p id="eintrag-eins">Hallo Welt! Mein erster Eintrag, ich bin total aufgeregt!</p>
        <p id="eintrag-zwei" class="erinnerung">Heute Abend geht's mit meinem Schatz ins Kino. Ich muss unbedingt dran denken, zu reservieren.</p>
        <p id="eintrag-drei" class="erinnerung">Morgen raidet meine WoW-Gilde. Das will ich nicht verpassen, ich hab lange nicht mit denen gespielt.</p>
        <p id="eintrag-vier" class="wichtig erinnerung"> Beim Italiener sollte ich auch anrufen und einen Tisch für vor dem Kino besorgen.</p>
        <p id="eintrag-fuenf" style="color: yellow;">Habe heute meinem Chef die ersten Änderungen an der Firmenwebsite gezeigt. Hat ihm gut gefallen, hab da ein paar Pluspunkte gesammelt.</p>
        <p id="eintrag-sechs" class="erinnerung wichtig">Morgen im Büro unbedingt dran denken, die Startseite der Firmen-Homepage wiederherzustellen. Ich hab da irgendwie die Bilder kaputt gemacht :-(</p>
    </body>
</html>
```

Hattest du Schwierigkeiten? Falls du nicht sicher bist, übernimm die Beispiele, bei denen du nicht weiterweißt, in ein eigenes Dokument, und probier es einfach aus.

Probleme? Pah! Ich bin ein Naturtalent für CSS! So sieht es aus:

- **Eintrag eins**: grauer Hintergrund und rote Schrift, beides durch den Selektor `#eintrag-eins`

- **Eintrag zwei**: grüne Schrift definiert durch den `p`-Selektor und grauer Hintergrund durch `.erinnerung`

- **Eintrag drei**: Der war etwas schwieriger, es gibt zwei CSS-Regeln mit dem Selektor `#eintrag-drei` und einen mit der Klasse `.erinnerung`. Die Regel `.erinnerung` hat keine Wirkung, da `background-color` auch im spezifischeren `id`-Selektor definiert ist. Die Regel `#eintrag-drei` (vierte Zeile des `<style>`-Tags) steht weiter unten im Stylesheet, hat also Vorrang vor der ersten Zeile (`#eintrag-eins, #eintrag-drei`), deshalb ist die Hintergrundfarbe Hellblau. Es wird hier keine `color` definiert, also gilt die aus Zeile eins: Rot.

- **Eintrag vier**: Vordergrundfarbe ist das für alle `<p>`-Tags gesetzte Grün. Die Hintergrundfarbe ist Rot, weil `.wichtig` in `<style>` nach `.erinnerung` definiert wird.

- **Eintrag fünf**: Der Text ist gelb, weil der Inhalt des `style`-Attributs allen Regelns aus `<style>`-Tags oder externen Stylesheets vorgeht.

- **Eintrag sechs** war eine kleine Falle: Er sieht genauso aus wie Eintrag vier, weil nicht die Reihenfolge der Klassen im `class`-Attribut, sondern die Reihenfolge der Definition im Stylesheet die Priorität festlegt.

Einführung in CSS

Drei Farben reichen völlig aus – das RGB-Modell

Also dann, zurück zu den **Farben**. Du hast doch nicht gedacht, dass es für jede mögliche Farbe einen Namen gibt?

```
.hobby_mit_freundin {
    color: sort_of_greenish_purple;   X
}
```

[Achtung]
Selbst die Farben, deren Namen in CSS definiert sind, funktionieren nicht überall. **red**, **green**, **blue** oder **orange** machen keine Probleme, aber auf **peachpuff** würde ich mich eher nicht verlassen. Und ja, **peachpuff** ist eine definierte Farbe, schau ruhig nach: http://dev.w3.org/csswg/css3-color/

Weil viele Farben keinen brauchbaren Namen haben, werden die meisten **color**-Definitionen in Stylesheets im **RGB-Format** angegeben. RGB steht für „**Red, Green, Blue**" und ist das verbreitetste Modell, Farben für den Computer anzugeben. Jede der Komponenten Rot, Grün und Blau wird als zweistellige, **hexadezimale** Zahl angegeben, also im Zahlensystem auf der Basis 16 anstelle des üblichen **Dezimalsystems** mit Basis 10. Jede Ziffer kann im Hexadezimalsystem Werte von 0–9 sowie von A–F annehmen. A–F stehen dabei für die Zahlen 10–15.

[Zettel]
A = 10, B = 11, C = 12,
D = 13, E = 14, F = 15

Um eine **zweistellige Zahl** von hexadezimal nach dezimal umzurechnen, gilt die Formel:

[Ablage]
erste Ziffer hexadezimal * 16 +
zweite Ziffer hexadezimal =
Zahl dezimal

Zum Beispiel ist **3B = 3*16 + 11 = 59** und **AF = 10*16+15=175**. Der höchste Wert für jede der drei Farbkomponenten ist **FF = 255**. Eine Farbangabe im Stylesheet besteht aus einem **#**, gefolgt von den drei Farbwerten, ohne Trennzeichen. Mit 255 möglichen Werten je Farbkomponente lassen sich **16,5 Millionen Farben** darstellen. Zumindest vorläufig reicht das.

Namenlose Farben – kein Problem

[Hintergrundinfo]
Es gibt eine Kurzschreibweise mit nur drei Hex-Ziffern. Dabei wird jede Ziffer so behandelt, als sei sie doppelt vorhanden:
#A39 = #AA3399
Es geht aber nur ganz oder gar nicht, eine Mischform mit vier oder fünf Ziffern funktioniert nicht.

Je höher der Wert einer Farbkomponente, **desto intensiver** ist diese Komponente in der Farbe vertreten. Sind die drei Werte gleich, handelt es sich um einen Grauton, von **#000000** = Schwarz bis **#FFFFFF** = Weiß. Für die Erklärung, warum das so funktioniert, sind wir hier im falschen Buch. Es handelt sich um additive Farbmischung.

[Funktioniert in]
Hexadezimale Farben funktionieren in allen Browsern.

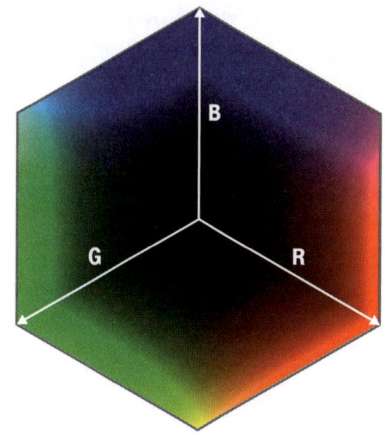

Auch das ist Schwarz:

```
.black {color: #000000;}
```

Einführung in CSS   **113**

Okay, man muss sich dran gewöhnen, aber sehr kompliziert ist es nicht. Aber eins stört mich an dem ganzen RGB-Modell. Es gibt kein Gelb! Ich mochte Gelb immer sehr gerne, und jetzt ist kein Gelb da. Was soll ich mit dem Modell? Ich will Gelb!

Gelb ist etwas tricky, gebe ich zu. Gelb ist `#ffff00`, also mit maximalem Rot- und Grünwert. RGB ist ja ansonsten sehr intuitiv, aber **Gelb ist einfach komisch**.

[Zettel]
Wenn du nicht mit hexadezimalen Werten experimentieren willst, dann kannst du auch in fast jedem Grafikprogramm eine Farbe auswählen und dann die RGB-Werte ablesen. Auch http://www.colorpicker.com/ kann helfen.

[Funktioniert in]
`rgb()` funktioniert in allen Browsern.

Es gibt auch eine alternative Schreibweise für Farben, falls du lieber im Dezimalsystem oder in Prozent rechnen willst. Dazu wird die **Funktionsnotation `rgb()`** genutzt. `rgb()` nimmt drei Funktionsparameter entgegen, natürlich wieder die drei Werte für Rot, Grün und Blau. Diese können zwischen 0 und 255 in Dezimalschreibweise oder zwischen 0% und 100% liegen. Das sieht dann zum Beispiel so aus:

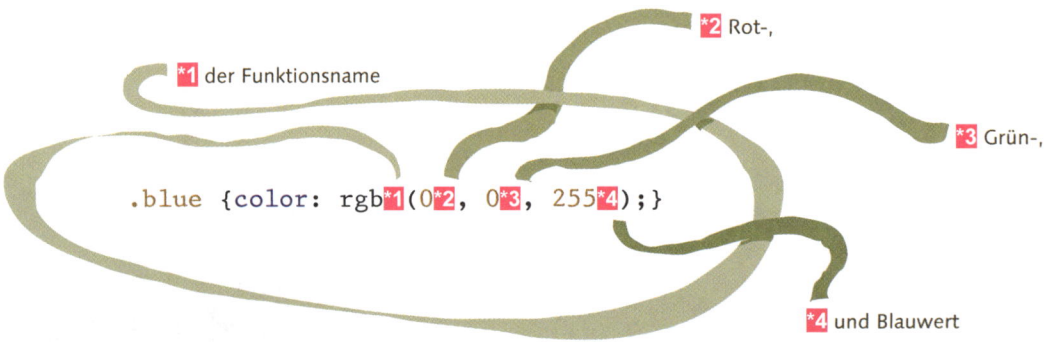

*1 der Funktionsname
*2 Rot-,
*3 Grün-,
*4 und Blauwert

`.blue {color: rgb*1(0*2, 0*3, 255*4);}`

Man muss dann zwar nicht mehr mit hexadezimalen Werten umgehen, aber ansonsten bietet diese Schreibweise keine Vorteile gegenüber der hexadezimalen. Es lassen sich dieselben Farben darstellen:

`#FF00FF`*1 = `rgb(255, 0, 255)`*2 = `rgb(100%, 0%, 100%)`*3

*3 Funktionsschreibweise mit Prozentangaben

*1 traditionelle CSS-Schreibweise

*2 Funktionsschreibweise mit Farbwerten

Nachteile hat diese Schreibweise allerdings auch nicht, es ist reine Geschmackssache. Und damit kannst du jetzt die gemeinsamen Hobbys mit deiner Freundin richtig einfärben.

[Funktioniert in]
`hsl()` funktioniert im Internet Explorer ab der Version 9, in Firefox, Chrome und Safari.

Farben nach Zahlen,

so sieht es am Stück aus:

```
…
<head>
  <style>
  #toepfer {color: hsl(30, 71, 47);}
  #baggerfahrer {color: rgb(100%, 100%, 0);}
  #feldjaeger {color: #808000;}
  </style>
</head>
<body>
  <p class="strophe" id="baggerfahrer">
    Gelb gelb gelb sind alle meine Kleider …</p>
  <p class="strophe" id="feldjaeger">
    Olivgrün sind alle meine Kleider …</p>
  <p class="strophe" id="toepfer">
    Ockerfarben sind alle meine Kleider …</p>
</body>
```

[Hintergrundinfo]
Es gibt noch eine weitere CSS-Funktion für Farben: `hsl()`. Da wird eine Farbe nicht im RGB-Modell angegeben, sondern im HSL-Modell, nach Hue (Farbton), Saturation (Sättigung) und Luminosity (Leuchtkraft). Manche sagen, HSL sei einfacher zu verstehen als RGB, aber es wird zum Beispiel vom Internet Explorer 8 nicht unterstützt, also Vorsicht damit.

Einführung in CSS **115**

Durchschaut: rgba() und opacity

[Funktioniert in]
`rgba()` funktioniert im Internet Explorer ab der Version 9, in Firefox, Chrome und Safari.

Neuere Browser unterstützen mit `rgba()` noch eine weitere Funktion, bei der neben den RGB-Werten noch ein vierter Wert übergeben wird, der sogenannte **Alpha-Wert**. Alpha darf zwischen 0 und 1 liegen und gibt die Undurchsichtigkeit des Elements an. Ein Wert von 1 bedeutet, dass das Element **komplett undurchsichtig** ist, dahinterliegende Elemente sind nicht zu sehen. Ein Element mit Alpha = 0 ist vollkommen **durchsichtig**. Alles, was dazwischenliegt, macht das Element mehr oder weniger durchsichtig, so dass darunterliegende Elemente oder der Seitenhintergrund hindurchscheinen.

[Notiz]
Undurchsichtigkeit ist ein doofes Wort, das englische opacity passt eigentlich besser. Das harte Schicksal eines Webentwicklers …

[*1] halbdurchsichtiges Rot

```
.transparent{background-color: rgba(255, 0, 0, 0.5);}
```
[*1]

[Achtung]
Nachkommastellen werden in CSS nach dem englischen Standard, also mit einem Punkt, abgetrennt.

Anstelle einer **color**-Angabe mit Alphawert können Farbe und Opazität auch getrennt angegeben werden, das sieht dann so aus:

[Notiz]
Opazität klingt noch blöder als Undurchsichtigkeit.

[Funktioniert in]
opacity funktioniert im Internet Explorer ab der Version 9, in Firefox, Chrome und Safari.

```
.transparent {
    color: #FF0000; *1
    opacity: 0.5; *2
}
```

*1 Farbangabe ohne Alphawert

*2 **opacity** ist die CSS-Eigenschaft, die nur die Undurchsichtigkeit festlegt.

Es gibt aber einen ganz wichtigen Unterschied zwischen **opacity** und **rgba()**: **opacity** gilt für **Vordergrund und Hintergrund** des Elements, es wird also alles transparent. Verwendet man dagegen **rgba()** für **background-color**, dann bleibt die Vordergrundfarbe zu 100% undurchsichtig. Manchmal ist es das eine, was man will, manchmal aber auch das andere.

opacity ist eine sehr wichtige Eigenschaft, wenn wir mit JavaScript arbeiten. Elemente lassen sich leicht ein- oder ausblenden, indem man über mehrere Sekunden **opacity** erhöht oder verringert.

[Schwierige Aufgabe]
Alphawerte oder **opacity** eignen sich auch sehr gut, um Halloween-Einladungen zu bauen, weil es geisterhaft durchsichtig macht. Dazu passt natürlich am besten ein oranger Hintergrund. Erstelle ein neues HTML-Dokument, und setze den Seitenhintergrund auf Orange (aber bitte als RGB-Wert). Füge dem Dokument einen Absatz hinzu, und setze dessen Hintergrund auf Weiß mit 0.6 als Alphawert. Experimentiere mit dem Alphawert, und schau dir an, wie sich das Aussehen verändert.

Einführung in CSS

Wie das HTML zu der Seite aussieht, muss ich dir inzwischen ja nicht mehr erzählen.
Im Stylesheet stecken diese beiden Regeln:

```
body {background-color: #FFA500;} *1
p {background-color: rgba(255, 255, 255, 0.6);} *2
```

***1** Der Seitenhintergrund wird für das **<body>**-Tag gesetzt. Wenn der Farbwert nicht genau **#FFA500** ist, macht das nichts; solange viel Rot und weniger Grün in der Farbe ist, geht es als Orange durch. Natürlich ist auch die Funktionsnotation richtig.

***2** Die Hintergrundfarbe für **<p>**: halb durchsichtiges Weiß

[Belohnung]
Und fertig ist die Einladung zu Halloween. So langsam wird HTML doch nützlich, da haben wir uns die Feier auch verdient.

[Notiz]
Um den Hintergrund eines Elements vollständig durchsichtig zu machen, kann man eine beliebige Farbe mit Alphawert 0 angeben: **background-color: rgba(123, 204, 17, 0)**. Einfacher und leserlicher ist es aber, den speziellen Wert **transparent** zu benutzen: **background-color: transparent**

Wir halten uns im Hintergrund – background-image

[Funktioniert in]
background-image funktioniert in allen Browsern.

Unser HTML sieht jetzt schon ziemlich gut aus, keine Frage, aber wir können noch in diesem Kapitel einen Schritt weitergehen: mit Hintergrundbildern. Ein gutes Hintergrundbild kann eine Webseite optisch aufwerten. Ein grelles, kleines Hintergrundbild, das sich ständig wiederholt … eher nicht. Aus großer Kraft folgt große Verantwortung, ich zeige dir nur, wie es geht.

Ahem ...

Ich mach doch nur Spaß. Ich vertrau dir ja, dass deine Seiten gut aussehen werden. Aber man sieht so viel Grauen im Web ... Egal, hier geht es ja nur ums Wie, und die Antwort darauf wird dich jetzt sicher überraschen: mit **background-image**. Der Wert ist eine URL zu einer Bilddatei, aber in CSS kann man nicht einfach die URL angeben. Sie muss in Funktionsschreibweise mit **url()** angegeben werden.

[Notiz]
Ganz ehrlich, ich verstehe wirklich bis heute nicht, warum man nicht einfach die URL angeben kann, sondern **url()** schreiben muss.

```
background-image: url(images/bild.png*1);
```

***1** Relative oder absolute URLs, beide funktionieren.

[Achtung]
Relative URLs sind relativ zum Stylesheet, nicht zum HTML-Dokument. Das ist auch gut so, ein Stylesheet kann schließlich in mehreren Dokumenten eingebunden werden.

[Einfache Aufgabe]
Zeit zum Ausprobieren: Gib der Halloween-Einladung von vorhin ein Hintergrundbild statt der Hintergrundfarbe. Am besten eins mit Kürbissen.

Kürbis mit Sti(e)l:

```
#halloweeneinladung {
  background-image: url(kuerbis.jpg)
}
```

Die **background-image**-Eigenschaft funktioniert, genau wie oben gezeigt, auch mit Kürbissen. Ein wenig überraschend ist vielleicht, dass das Hintergrundbild gekachelt wird, also sowohl horizontal als auch vertikal wiederholt wird.

Wohin damit? background-repeat, background-position und background-attachment

[Funktioniert in]
background-position
funktioniert in allen Browsern.

[Funktioniert in]
background-attachment
funktioniert in allen Browsern.

[Funktioniert in]
background-repeat
funktioniert in allen Browsern.

Kachelung in beide Richtungen ist zwar die Standardeinstellung für Hintergrundbilder, aber nicht immer das, was man haben möchte. Wie fast alles in CSS lässt sich aber auch dieses Verhalten anpassen, die Eigenschaft dazu heißt **background-repeat**. Neben dem Defaultwert **repeat** gibt es noch **no-repeat**, um das Hintergrundbild genau einmal anzuzeigen, und **repeat-x** bzw. **repeat-y**, um das Bild nur horizontal oder nur vertikal zu wiederholen.

repeat-x und **repeat-y** sind unter anderem nützlich, um den Hintergrund mit einem **Farbverlauf** anfangen zu lassen und dann den Rest der Seite einfarbig zu halten. Den Farbverlauf packst du dazu in ein Bild, das genauso breit ist, wie der Farbverlauf sein soll, und 1 Pixel hoch – oder, wenn der

Angriff der Klonkrieger

Farbverlauf am oberen Rand sein soll, 1 Pixel breit und so hoch, wie du es brauchst. Dann benutzt du diese Style-Regel:

```
body {
    background-image: url(gradient_horizontal.png); *1
    background-repeat: repeat-y; *2
    background-color: #8f9cff; *3
}
```

*1 das Hintergrundbild mit dem Farbverlauf

*2 Wir hätten den Verlauf gerne am linken Rand, also wiederholen wir vertikal.

*3 Als Hintergrundfarbe muss die Farbe am rechten Rand des Verlaufsbildes gesetzt sein, so dass kein Übergang zwischen Bild und Seitenhintergrund erkennbar ist.

Ein Farbverlauf mit Hintergrundbild

[Einfache Aufgabe]
Versuch es jetzt mal selbst. Erstelle eine Seite mit dem Farbverlauf am oberen Rand. Ein entsprechendes Bild liegt in den Downloads als `gradient_vertikal.png`, aber diese Dinger mit einem Grafikprogramm selbst zu erstellen, ist auch ein ziemlich nützliches Skill.

Es ist auch möglich, Farbverläufe direkt in CSS zu definieren, **aber leider hat dafür jeder Browser eine andere Eigenschaft**. Firefox benutzt zum Beispiel `-moz-linear-gradient`, Chrome und Safari verstehen `-webkit-gradient` und so weiter. Bis es einen Standard dafür gibt, bist du mit Bildern besser dran.

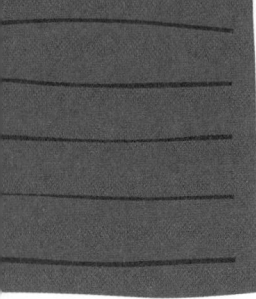

[Notiz]

Browserspezifische CSS-Eigenschaften beginnen immer mit einem — und einem Browser- oder Herstellerkürzel: **-moz**, **-webkit**, **-ms**. Es gibt auch einige sehr nützliche Webseiten, die den CSS-Code für alle Browser generieren können. http://www.colorzilla.com/gradient-editor/ ist dafür das mächtigste Werkzeug, das ich im Moment kenne.

Das funktioniert alles, aber ich habe grade auch mal no-repeat ausprobiert, und das Bild klebt nur blöd oben rechts in der Ecke. Wenn sich mit CSS alles so toll einstellen lässt, dann hast du doch dafür bestimmt auch ein Rezept.

Nichts leichter als das, auch dafür gibt es eine Eigenschaft. Wenn ich nur alle deine Fragen so leicht mit **background-position** beantworten könnte. **background-position** nimmt eine ganze Reihe verschiedener Werte: Prozentangaben, Pixelangaben oder Schlüsselwörter. In jedem Fall nimmt **background-position** zwei Werte, der erste gibt die Links-rechts-, der zweite die Oben-unten-Position an. **Pixelangaben** sind die einfachste Möglichkeit; sie geben an, um wie viele Pixel das Hintergrundbild aus der oberen, linken Ecke verschoben werden soll.

background-position: 20px 30px;

[Notiz]

background-position kann auch mit nur einem Wert angegeben werden. Dieser Wert wird dann für die horizontale und die vertikale Position verwendet.

Die Positionsangabe in Pixeln ist einfach, aber einiges ist damit nur schwer umzusetzen. Zentrierte Bilder zum Beispiel sind schwierig, man müsste ja die Gesamtgröße des Elements kennen, um das Bild pixelgenau in der Mitte zu platzieren.

Aber genau dafür gibt es die **Schlüsselwörter left**, **center** und **right** bzw. **top**, **center** und **bottom**. **left** bewirkt, dass der linke Rand des Hintergrundbildes den linken Rand des Elements berührt. **right** und **center** sorgen dafür, dass der rechte Rand des Hintergrundbildes den rechten Rand des Elements berührt bzw. dass die Mitte des Bildes mit der Mitte des Elements zusammenfällt. **top**, **center** und **bottom** verhalten sich genauso, nur eben entlang der anderen Achse.

Das hättest du aber auch leichter ausdrücken können:

> **left** macht linksbündig,
>
> **right** macht rechtsbündig
>
> und **center** zentriert.
>
> Es muss nicht immer alles kompliziert klingen.

Du hast natürlich Recht. Aber so passt es so schön in die Erklärung der Prozentwerte, die funktionieren nämlich genauso.

Ha"?

Ab hier kurz im Schritttempo lesen und jedes Häppchen Information ordentlich kauen

Wenn du eine Prozentangabe für **background-position** benutzt, zum Beispiel 10%, bedeutet das auch nicht, dass das Bild bei der 10%-Marke des Elements anfängt.

Es bedeutet, dass die 10%-Marke des Hintergrundbildes mit der 10%-Marke des Elements zusammenfällt.

DAS BILD MACHT ES KLARER

background-position: 10%;

[Notiz]
center ist also nur eine andere Möglichkeit, 50% anzugeben. **left/top** und **right/bottom** sind gleichbedeutend mit 0% und 100%

Ha"?!?!

Nicht verstanden? Das verstehe ich. Pass auf:

[Einfache Aufgabe]
Nimm dir einen Bleistift. Zeichne das Bild **background-position: 10%** ab, aber passe es so an, dass es **background-position: 50%** umsetzt. Wo ist jetzt das Bild?

In der Mitte. Alles klar.

Es gibt noch eine letzte Eigenschaft für Hintergrundbilder. Keine große Sache, nur eine Kleinigkeit.

Na super, immer noch eine mehr ...

background-attachment legt fest, woran das Hintergrundbild befestigt wird: an der HTML-Seite oder am Browserfenster. Aus der Beschreibung ist vielleicht nicht offensichtlich, was der Unterschied ist, aber am Beispiel wird es klar. Der Defaultwert für **background-attachment** ist **scroll**, alles, was wir bisher gemacht haben, hatte diesen Wert. Aber unsere Beispiele waren wahrscheinlich zu kurz, um den Effekt zu sehen.

[Notiz]
Statt Browserfenster ist der richtige Begriff hier eigentlich Viewport. Meistens ist beides identisch, aber wenn wir später mit **<iframe>**s hantieren, kann der Viewport auch ein solcher **<iframe>** sein.

[Einfache Aufgabe]
Schrödinger bloggt wieder. Nimm für den Anfang sein Urlaubsblog (**schottlandurlaub.html**) aus den Downloads. Oder erzeuge selbst mehrere Absätze Text, dann muss die Seite aber mindestens zwei Bildschirmseiten lang sein, du musst darin scrollen können. Setze für **<body>** als Hintergrundbild **skye.jpg** (auch aus den Downloads) ohne Wiederholung, und achte darauf, was beim Scrollen mit dem Hintergrund passiert.

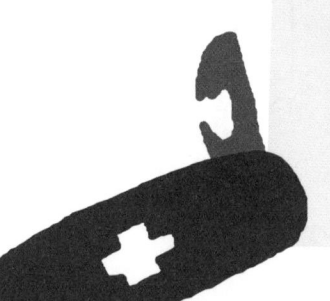

Wie du siehst, bewegt sich das Hintergrundbild mit dem Rest der Seite; wenn du weit genug nach unten scrollst, ist es komplett verschwunden.

[Code bearbeiten]
Jetzt füge der Regel die Eigenschaft **`background-attachment: fixed;`** hinzu.

Und schon bewegt sich das Hintergrundbild nicht mehr, **alles andere scrollt daran vorbei**. Das meinte ich mit „das Hintergrundbild ist am Browserfenster befestigt". Das gilt übrigens auch noch dann, wenn das Hintergrundbild gar nicht am **<body>**, sondern an einem anderen Element gesetzt ist.

[Code bearbeiten]
Probier es aus. Gib dem vierten Absatz deiner Testseite eine ID, und ändere den Selektor **body** so, dass er das Element mit dieser ID findet. Lass alle Eigenschaften gleich.

Schrödinger ist fertig.

*1 Der **<body>** hat kein Hintergrundbild mehr, nur noch eine Farbe.

*2 Das Hintergrundbild kommt an das Element mit der ID **image**, ohne Wiederholung, am oberen Rand des Fensters fixiert.

```
<html>
  <head>
    <title>Urlaub</title>
    <style>
      body {background: #000000; color: white;} *1
      #image {background: #000000 url(skye.jpg) no-repeat fixed center top;} *2
    </style>
  </head>
  <body>
    <p>Schottlandurlaub, Tag 1, es regnet. Sind gerade gelandet …</p>
    <p>Schottlandurlaub, Tag 2, es regnet. Die Bustour durch die Highlands beginnt …
    </p>
    <p>Schottlandurlaub, Tag 3, es regnet. Die Landschaft ist trotzdem einmalig …
    </p>
    <p id="image">Schottlandurlaub, Tag 4, SONNENSCHEIN! Sind auf Skye angekommen …
    </p> *3
```

*3 Und hier ist das Element mit dem Hintergrund, das Fenster zum Bild sozusagen.

Einführung in CSS

Der Absatz verhält sich jetzt wie ein Fenster, durch das das Hintergrundbild zu sehen ist. Das Bild ist nach wie vor am Viewport befestigt, das Element scrollt eher daran vorbei. Netter Trick, oder?

Ich hab noch eine letzte Kleinigkeit zu Hintergründen, danach halte ich auch wirklich die Klappe. Es gibt noch die CSS-Eigenschaft **background**, die alle Hintergrundeinstellungen gleichzeitig setzt.

[Funktioniert in]
background funktioniert in allen Browsern.

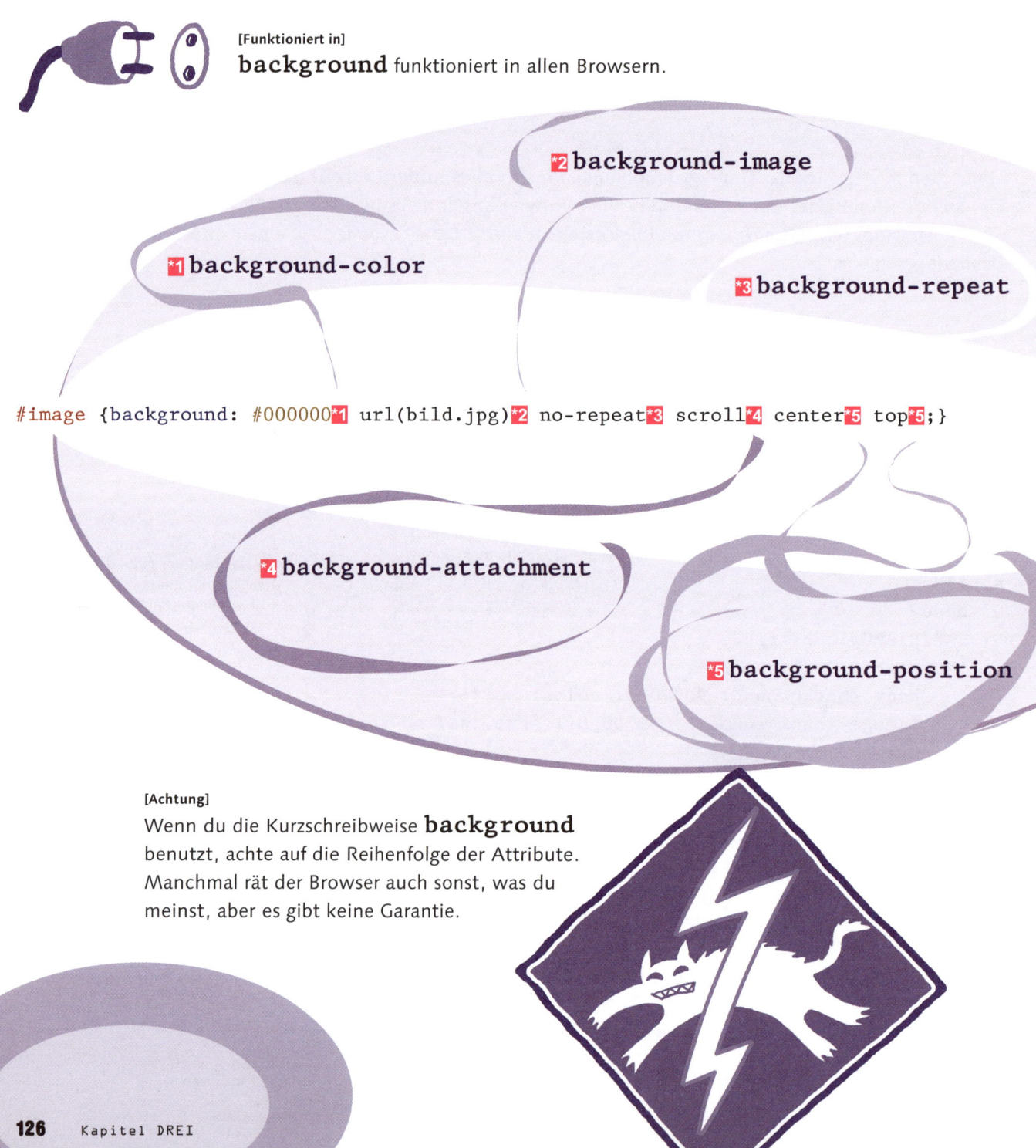

*1 background-color
*2 background-image
*3 background-repeat
*4 background-attachment
*5 background-position

```
#image {background: #000000*1 url(bild.jpg)*2 no-repeat*3 scroll*4 center*5 top*5;}
```

[Achtung]
Wenn du die Kurzschreibweise **background** benutzt, achte auf die Reihenfolge der Attribute. Manchmal rät der Browser auch sonst, was du meinst, aber es gibt keine Garantie.

Hier war ich doch schon mal – Pseudoklassen für Links

Ein Problem hab ich jetzt noch: Styles für Links, hab ich gerade ausprobiert, geh'n dem Browser am `<a>` vorbei.

Was meinst du? Eigentlich funktioniert das immer gut.

Funktionieren ja, immer nein. **Wenn ich auf eine Seite komme, sieht alles gut aus, dann klicke ich auf einen Link, komme später zurück, und der Link sieht anders aus.**

Ah, jetzt weiß ich, wovon du sprichst. Wenn du auf die Seite zurückkommst, dann wird zum Beispiel deine `color`-Angabe für den Link ignoriert, richtig? Da hat dir der Browser einen Streich mit **Pseudoklassen** gespielt.

Diese Information ist für mich jetzt nur pseudonützlich ...

Der Link verändert seinen Zustand, wenn du das Ziel einmal besucht hast. Wenn du keinen eigenen Style für Links definierst, dann sind sie vor dem ersten Besuch blau, danach meistens lila. Auch nach diesem Zustand besucht/noch nicht besucht kannst du mit CSS selektieren, genau wie nach einer Klasse. Aber es ist keine echte Klasse, es taucht zum Beispiel nicht im `class`-Attribut auf – eben eine Pseudoklasse.

Die Pseudoklasse, die dir hier Probleme macht, heißt `:visited`, sie wird auf alle Links angewendet, deren Ziel du bereits besucht hast. Pseudoklassen werden im Stylesheet mit einem Doppelpunkt

Einführung in CSS

angegeben, um sie von echten Klassen zu unterscheiden. Du könntest also auch eine Klasse **visited** definieren, und es gäbe keine Probleme, außer, dass du verwirrt bist, wenn du nach einem Monat wieder auf den Stylesheet schaust.

[Funktioniert in]
`:visited` funktioniert in allen Browsern.

*1 Wenn man keinen Unterschied zwischen besuchten und unbesuchten Links sehen will, ist es so richtig.

```
a, a:visited {color: blue}*1
a.meine_klasse:visited {color: blue}*2
```

*2 Klassen und Pseudoklassen vertragen sich.

[Hintergrundinfo]
Neben `:visited` gibt es noch weitere Pseudoklassen, aber nicht allzu viele. Einige werden wir später noch kennenlernen, aber eine sehr interessante nehme ich schon mal vorweg: `:hover` selektiert Elemente, über denen gerade der Mauszeiger schwebt. Viele tolle Effekte im Web lassen sich damit ganz einfach erzeugen.

[Funktioniert in]
`:hover` funktioniert in allen Browsern.

Farben und Selektoren: Übungen zum Abschluss

Schnell noch ein wenig Denksport, dann lass ich dich auch mit deiner Freundin kegeln gehen. Mal sehen, was hängengeblieben ist.

[Einfache Aufgabe]
Leg eine neue Webseite an, entweder mit `<style>`-Tag oder mit einem externen Stylesheet. Erzeuge im HTML drei Absätze. Färbe zunächst in allen die Schrift blau. Gib dem zweiten und dritten einen grauen Hintergrund. Färbe im dritten die Schrift rot.

Das ist natürlich die perfekte Gelegenheit, die drei Arten von einfachen Selektoren einzusetzen. Ich gebe zu, dass ich bei der Aufgabe nur darauf geachtet habe und kein Stück auf Realismus. Um alle `<p>`-Tags mit blauer Schrift auszustatten, ist natürlich der Tag-Selektor der richtige. Um Absatz zwei und drei einen grauen Hintergrund zu verpassen, benutzt du eine Klasse. Und um im letzten Absatz rot zu schreiben, könntest du eine weitere Klasse definieren, aber für das Beispiel benutzen wir mal einen id-Selektor.

```
p {color: #0000FF;}
.hintergrund-grau {background-color: #777777;}
#dritter_absatz {color: #FF0000;}
```

[Schwierige Aufgabe]
Lege eine neue Seite mit mindestens sieben Absätzen an. Sie müssen nicht lang sein. Style die Absätze abwechselnd mit weißer Schrift auf schwarzem Grund und schwarzer Schrift auf weißem Grund. Verlass dich nicht auf die Standardwerte, lege auch für Schwarz auf Weiß eine Style-Regel an.

Schon mal was von Ästhetik gehört?

Mit den Möglichkeiten, die du bisher kennst, ist es das Einfachste, für gerade und ungerade Absätze je eine Style-Klasse anzulegen und jedem Absatz die eine oder die andere zuzuweisen. Das CSS sieht zum Beispiel so aus:

Einführung in CSS

[Zettel]

Es gibt auch eine Möglichkeit, Elemente abwechselnd zu selektieren, die ohne **class**-Attribut auskommt, aber die Pseudoklassen dazu kommen erst in Kapitel 5.

Im HTML sind die Absätze dann abwechselnd

```
<p class="gerade">
```

und `<p class="ungerade">`.

```
.gerade{color: black; background-color: white;}
.ungerade {color: white; background-color: black;}
```

[Schwierige Aufgabe]

Mit allen Eigenschaften zu Hintergrundbildern, die du jetzt kennst, kannst du auch einen Farbverlauf am rechten Rand der Seite anbringen. Versuch es. Nimm wieder den Farbverlauf aus den Beispielen, wenn du keinen eigenen machen möchtest. Die Hintergrundfarbe muss dann dem linken Rand des Bildes entsprechen.

Einfach **background-position: right top;** gesetzt, und **background-repeat** erledigt den Rest. **background-color** muss jetzt natürlich mit dem linken Rand des Bildes übereinstimmen.

```
body {
    background-color: #００1eff;
    background-image: url(gradient_horizontal.png);
    background-repeat: repeat-y;
    background-position: right top;
}
```

Okay, hier ist die Lösung:

Falls du nicht sofort draufkommst, hier noch ein Tipp: **background-position** und **background-repeat** funktionieren auch zusammen.

[Belohnung/Lösung]

Jetzt hab ich wirklich nichts mehr zu Farben, Hintergründen und einfachen Selektoren zu sagen. Geh mit deiner Freundin kegeln und was essen, du hast es dir verdient.

— VIER —
Kaskaden für Bossingen

CSS-Selektoren und Typografie

Farben sind schön, aber Schrödinger packt der Ehrgeiz: Mit diesen Stylesheets kann man doch noch vieeel mehr machen, als ganze Absätze einzufärben. Der Chef hätte es doch so gerne, dass sein Name überall ein wenig größer geschrieben wird als der Rest. Aber ansonsten soll das „Bossingen" schon genauso aussehen wie der Absatz drumherum. Sieht ja auch doof aus, wenn alles in Blau geschrieben ist und nur Bossingen in Schwarz. Schrödinger fängt schon an, zu jedem Style noch einen Boss-Style zu definieren ...

Was heißt jetzt eigentlich Cascading?

Es ist grausam. Grausam! Als ob ich nichts Wichtigeres zu tun hätte, neeeeein, die Hauptsache ist, dass **Bossingens** Name überall größer geschrieben wird als der umgebende Text.

ARGH!

Na und? Ist doch keine große Sache. Du machst ein großes Suchen-und-Ersetzen auf alle HTML-Dateien, ersetzt **Bossingen** durch `<span class="da_boss">Bossingen</span>`, fügst eine Regel im Stylesheet hinzu und fertig.

Aber das passt doch nicht! Wir haben Text in Rot, Text in Grün, Text unterstrichen, und überall steht **Bossingens** Name drin. Ich will doch nicht Dutzende von Klassen anlegen wie `da_boss_in_rot`, `da_boss_unterstrichen`, `da_boss_fett` … Da werd ich ja wahnsinnig! Mir reicht der eine Boss!

Nein, so nicht. Ein Glück, dass du dich bei mir ausgeheult hast, bevor du damit anfängst. Ich glaube, ich kann dir gerade eine Menge Arbeit ersparen. Du hast das ganze letzte Kapitel über nicht nachgefragt, aber jetzt wird es Zeit, darüber zu reden: über das erste C in CSS, **Cascading**. Das englische Wort heißt in etwa „stufenförmig hintereinander gereiht". Daraus geht zwar nicht echt hervor, was Cascading im Kontext CSS heißt, aber es wird dich jetzt freuen.

Kaskaden mit Wasser

Na, dann raus damit. Wenn es mir nicht weiterhilft, dann sollte ich zügig anfangen, die Schriftgrößen für **Bossingen** zu ändern. Ich würde gerne noch vor dem nächsten Karneval damit fertig.

Cascading bedeutet, dass ein Element sein Aussehen vom umgebenden Element „erbt". Wir haben das auch im letzten Kapitel schon gesehen. Wenn du zum Beispiel für ein **<p>** die Farbe definierst und dann in diesem **<p>** ein **<span>** verschachtelst, dann hat auch der Text im **<span>** diese Farbe.

Klar, soweit versteh ich das. **Aber ich will ja gerade nicht, dass die Eigenschaften der Umgebung übernommen werden. Also, manche schon, aber eigentlich will ich ja mindestens eine Eigenschaft ändern!**

Und genau das funktioniert auch. Wenn du für ein verschachteltes Element eine Eigenschaft gegenüber der Umgebung änderst – wir nennen das **überschreiben** – dann gilt das nur genau für diesen Wert. Alles andere wird trotzdem noch aus der Umgebung übernommen.

[Einfache Aufgabe]
Du musst mir das nicht ungesehen glauben. Lege eine neue HTML-Seite an, mit einem Absatz und mehreren **<span>**s in diesem Absatz. Lege für den Absatz eine Schriftfarbe fest, zum Beispiel Lila. Jetzt lege für die einzelnen **<span>**s unterschiedliche Hintergrundfarben fest.

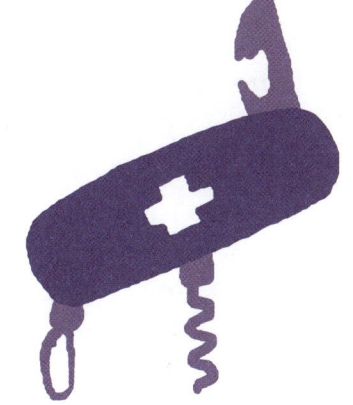

```
<style>
    p {color: #707;}
    #span1 {background-color: #000;}*1
    #span2 {background-color: #456;}*2
</style>
…
<p>Das <span id="span1">sind</span>*1 meine
<span id="span2">Spans</span>*2</p>
```

Wie du selbst in deinem extrem kurzen Beispiel siehst, bleibt die **color** auch in den **<span>**s erhalten, nur **background-color** ändert sich. Damit hab ich dein Problem doch elegant gelöst, oder nicht?

CSS-Selektoren und Typografie

[Code bearbeiten]
Überschreibe in einem der `<span>`s die Eigenschaft `color`.

Und wenn du die Farbe überschreibst, dann ändert sie sich auch wirklich. Du kannst also punktgenau das ändern, was anders sein muss, und beim Rest kannst du dich darauf verlassen, dass alles gleich bleibt. Das funktioniert auch über beliebig viele Ebenen.

Ein Beispiel:

Wenn du einige Eigenschaften am `<body>` setzt, dann einige andere an einem `<p>` und innerhalb davon an einem `<span>` noch mal andere, dann hat das `<span>` alle Eigenschaften von `<body>` und `<p>`, die nicht überschrieben wurden.

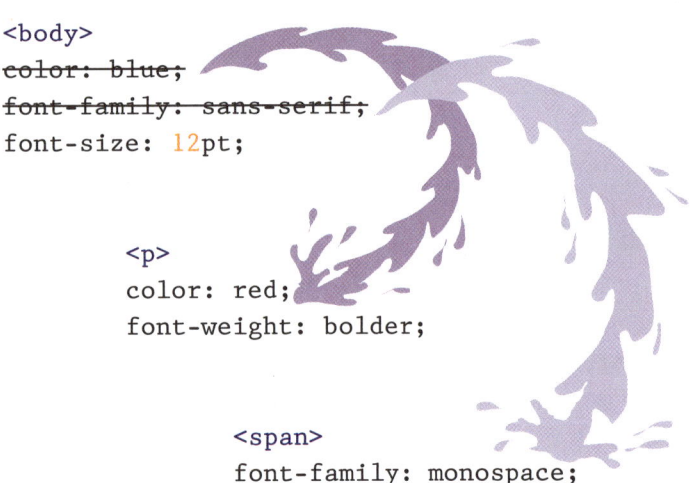

```
<body>
color: blue;
font-family: sans-serif;
font-size: 12pt;

    <p>
    color: red;
    font-weight: bolder;

        <span>
        font-family: monospace;
```

12pt Monospace, fett, rot, so sieht der `<span>` aus.

[Notiz]
Und keine Sorge wegen der unbekannten CSS-Eigenschaften, die kommen alle in diesem Kapitel.

[Achtung]

Nicht alle Eigenschaften kaskadieren. Die **background**-Eigenschaften werden zum Beispiel nicht vererbt, jedes Element hat einen durchsichtigen Hintergrund, außer wenn **am Element selbst** etwas anderes deklariert wird. Das ist auch gut so, sonst würde ja jedes `<span>` wieder die linke, obere Ecke eines Hintergrundbildes zeigen, und es gäbe kein durchgehendes Hintergrundbild. Auch bei anderen Eigenschaften, die nicht kaskadieren, ist es besser so. Hier ein paar Beispiele. Und keine Sorge, die Eigenschaften lernst du noch kennen. Alle Eigenschaften, die kaskadieren, akzeptieren auch den speziellen Wert `inherit`, der explizit bedeutet: „erbe diese Eigenschaft vom umgebenden Element".

Kaskadiert	Kaskadiert nicht
`color`	`background` und `background-*`
`font` und `font-*`	`border` und `border-*`
`letter-spacing`	`display`
`line-height`	`float` und `clear`
`list-style` und `list-style-*`	`height` und `width`
`text-align`	`margin` und `margin-*`
`text-indent`	`min-` und `max-height` und `-width`
`text-transform`	`overflow`
`visibility`	`padding` und `padding-*`
`white-space`	`position`
`word-spacing`	`top`, `bottom`, `left`, `right`
	`text-decoration`
	`vertical-align`
	`z-index`

CSS – den Tätern auf der Spur

Mit dem ganzen Vererben und Überschreiben von Eigenschaften kann es sehr schnell passieren, **dass man den Überblick verliert**. Bei unseren einfachen Beispielseiten bisher vielleicht nicht, aber wenn man eine echte Seite hat mit mehreren hundert Zeilen HTML und tief verschachtelten Tags, von denen jedes eine oder mehrere Klassen hat, und vielleicht auch noch eine ID, nach der gestylt wird, dann fragt man sich irgendwann schon: Warum zum Henker ist dieser Absatz jetzt blau? Welche Style-Regel kommt zum Tragen, um diese Farbe zu setzen? Die Tätersuche beginnt.

Genau um diese Frage zu klären, bieten inzwischen alle Browser gute **Hilfsmittel** an. Niemand muss mehr wochenlang verdächtige Style-Regeln vernehmen, wir untersuchen das Element im forensischen CSS-Labor und finden sofort heraus, wer der Täter war.

Diese Werkzeuge heißen zwar in allen Browsern anders, aber die Bedienung ist erstaunlich ähnlich. Und du wirst später noch echt dankbar sein, diese Tools zu haben. Die retten Leben oder zumindest Wochenenden.

[Einfache Aufgabe]
Öffne die Datei **Beispiel_4_3.html** aus den Downloads im Browser deiner Wahl, und öffne die „CSS Tools".

☛ In Firefox findest du im Menü unter „Web-Entwickler"
den Punkt „Untersuchen".

☛ Internet Explorer hat den Werkzeugkasten
als „Entwicklertools" direkt im Hauptmenü.

☛ Bei Chrome findet sich der Menüpunkt im
Hauptmenü unter „Tools" • „Entwicklertools".

☛ Safari macht es uns etwas schwieriger: Die Entwicklertools müssen zuerst aktiviert werden. Diese Option findet sich unter „Einstellungen" • „Erweitert" • „Menü ›Entwickler‹ in der Menüleiste anzeigen". Anschließend findet sich in der Menüleiste das neue Menü „Entwickler" mit dem Punkt „Webinformationen einblenden".

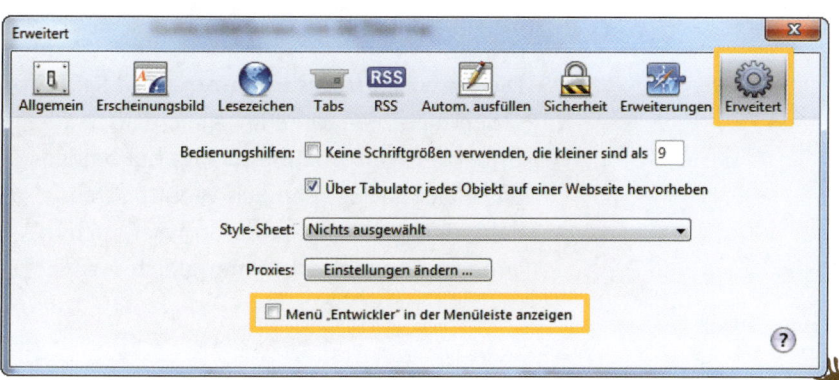

Einstellungsdialog Safari

[Einfache Aufgabe]
Alle Tools haben eine Funktion, um das „Opfer"-Element direkt auf der Seite auszuwählen. Wähle den Text „Und dies ist ein Testspan" aus.

CSS-Selektoren und Typografie

☛ Im Internet Explorer hat das Auswahlwerkzeug ein einfaches Pfeil-Icon.

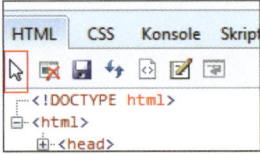

☛ Firefox hat die Funktion am unteren Rand des Fensters, am Pfeil auch gut zu erkennen.

☛ Chrome und Safari verstecken die Funktion im Kontextmenü der Seite. Rechtsklicke das Element, das du auswählen möchtest, und wähle „Element untersuchen" (Chrome) bzw. „Element-Informationen" (Safari).

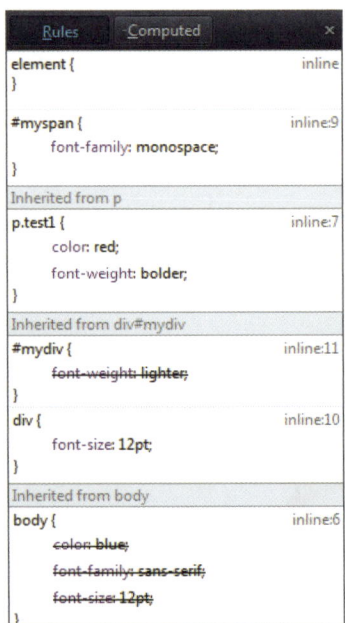

Style-Regeln im Firefox: Durchgestrichene Regeln werden anderswo überschrieben.

[Zettel]
Die Entwicklertools in Chrome und Safari sehen nicht von ungefähr gleich aus: Unter der Motorhaube schlägt bei beiden das gleiche Herz, nämlich WebKit. Deshalb verhalten sich beide Browser auch in anderen Dingen fast immer gleich.

Die Information, welche CSS-Eigenschaften denn nun am Ende auf ein Element wirken, wird in allen Browsern gleich dargestellt. Es werden alle Eigenschaften angezeigt, zusammengefasst unter dem Selektor der jeweiligen Regel. Eigenschaften, die überschrieben werden, sind durchgestrichen. So lässt sich schnell und einfach erkennen, **welche Style-Regel schuldig ist.**

[Einfache Aufgabe]
Wer sind die Täter, die den Testspan rot eingefärbt, fett gedruckt (Eigenschaft `font-weight`) und in Schriftgröße 12 geschrieben haben (Eigenschaft `font-size`)? Und wer hat seine Schriftart auf Monospace gestellt (Eigenschaft `font-family`)?

Die Täter hab ich dank meines High-Tech-Laborequipments schon gefunden. Die Schriftgröße ist aus der Regel für `<div>`s, die Schriftart ist per ID am Opfer selbst gesetzt, in der Regel `#myspan`. Die anderen Eigenschaften stammen aus der Regel `p.test1`.

[Einfache Aufgabe]
Schau dich noch ein wenig im Forensiklabor des Browsers deiner Wahl um. Es gibt in allen Varianten noch einige nützliche Optionen.

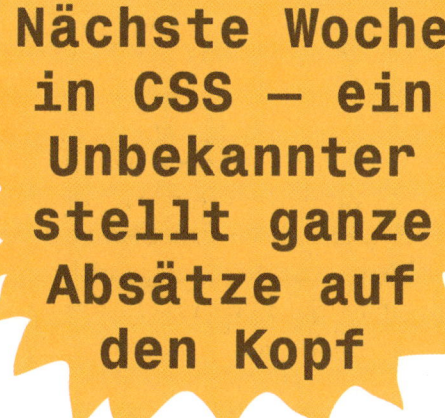

Nächste Woche in CSS – ein Unbekannter stellt ganze Absätze auf den Kopf

CSS-Selektoren und Typografie

Größe zeigen – mit font-size

[Funktioniert in]
`font-size` funktioniert in allen Browsern.

Das hilft mir aber alles immer noch nicht, mein Problem zu lösen. Wie ich die Schriftgröße ändere, kann ich ja leicht herausfinden, aber wenn der umgebende Text unterschiedliche Größen hat, dann brauch ich doch immer noch mehrere Klassen.

Der Stylesheet aus Schrödingers Alpträumen:

```
h1 {schrift-groesse: 12}
.da_boss_in_h1 {schrift-groesse: 13}
.bildunterschrift {schrift-groesse: 10}
.da_boss_in_bildunterschrift {schrift-groesse: 11}
/* Und noch Hunderte Zeilen mehr */
```

[Zettel] Achtung, kein echtes CSS!

Wie du die Schriftgröße änderst, musst du gar nicht erst herausfinden, das verrate ich dir gerne sofort. Die Eigenschaft dafür heißt **font-size**. Welche Werte du für **font-size** setzen kannst, braucht allerdings eine etwas ausführlichere Erklärung. Dafür ist aber am Ende auch dein Problem mit den verschiedenen Schriftgrößen gelöst, das ist doch ein wenig **technisches Blabla** wert.

Als Erstes gibt es den ganz fundamentalen Unterschied zwischen **absoluten und relativen Größenangaben**. Das ist genau das, wonach es sich anhört: Absolute Größenangaben setzen eine Schriftgröße fest auf genau diesen Wert, egal, was drumherum passiert. Relative Schriftgrößen geben an, um wie viel größer oder kleiner der Text gegenüber dem umgebenden Text sein soll. Soweit schön und einfach, dummerweise gibt es aber für beide Varianten auch noch mehrere Einheiten, in denen die Größe angegeben werden kann.

Wenn es so viele davon gibt, warum heißt es überhaupt noch Einheiten und nicht Mehrheiten?

In absoluten Größen gibt es zwei verbreitete Einheiten: **px** und **pt**. Pixel (**px**) sind die natürliche Einheit des Computers, ein Pixel ist genau ein leuchtender Punkt auf dem Bildschirm. Points (**pt**) sind eher eine Leihgabe aus der traditionellen **Welt des Drucks**. So richtig mit toten Bäumen. Unheimlich, oder? Ein Point ist heute festgelegt als 1/72 inch, das sind in etwa 0,35 mm. Neben den Einheiten gibt es auch noch die Schriftgröße mit Schlüsselwörtern: **xx-small**, **x-small**, **small**, **medium**, **large**, **x-large**, **xx-large**. Für diese Schlüsselwörter sind keine genauen Größen vorgegeben, der Browser kann Größen festlegen, solange sie in dieser Reihenfolge größer werden.

[Achtung]
Diese Definition von Points bedeutet, dass es keine Umrechnung zwischen **pt** und **px** gibt. Wie viele Pixel einem Point entsprechen, hängt von Größe und Auflösung des Bildschirms ab.

[Hintergrundinfo]
Es gibt sogar noch mehr Einheiten für absolute Schriftgrößen, CSS erkennt auch Inch (**in**), Zentimeter (**cm**) und Millimeter (**mm**) sowie Picas (**pc**) – ein Pica entspricht 12 pt. Keine dieser Einheiten ist verbreitet, absolute Größen werden praktisch immer in **px** oder **pt** angegeben.

Und ... welche dieses Einheiten sollte ich dann benutzen?

Gute Frage. Egal, welche Antwort ich dir gebe, es wird mir jemand auf dem Parkplatz auflauern und mich verprügeln. Diese Designleute hegen ausgeprägte Gefühle zu ihren bevorzugten Einheiten.

Pixel haben jedenfalls einen großen Nachteil: **Die Größe eines Pixels ist nicht konstant.** Auf deinem Bildschirm kann eine **10px**-Schrift problemlos lesbar sein.

Ein aktuelles Smartphone kann auf einer Displayhöhe von 10 cm mehr als 1.000 Pixel unterbringen. Deine 10 Pixel sind dann gerade mal noch 1 mm groß, da freut sich höchstens noch dein Optiker.

Andererseits passen Points nicht mit anderen Größenangaben in CSS zusammen, was auch zu Problemen mit verschiedenen Bildschirmgrößen führt. Und mit den Schlüsselwörtern hast du auch keine genaue Kontrolle, wie die Seite beim Leser insgesamt aussieht. Aber zum Glück kann ich dir sagen: **Lass von dem ganzen Zeug die Finger**! Selbst das W3C empfiehlt, mit relativen Größen zu arbeiten.

Na super, das sagt es mir jetzt

Relative Größenangaben ersparen dir all die Kopfschmerzen wegen der Schriftgrößen auf verschiedenen Bildschirmen bei verschiedenen Auflösungen. Meistens ist es sowieso egal, wie groß die Schrift am Ende genau ist, das Wichtige ist doch, dass diese Schrift ein wenig größer oder kleiner ist als die andere Schrift. Genau das kannst du mit relativen Größen erreichen. Und zwar – rate mal: in verschiedenen Einheiten! **Toll, oder?**

Zumindest kann man zwischen diesen beiden Einheiten problemlos umrechnen, es könnte also ebenso gut nur eine geben. Prozentangaben sind die offensichtliche Möglichkeit: `font-size: 120%;` macht die Schrift gegenüber dem umgebenden Element um 20% größer. Die andere verbreitete Einheit heißt `em` und tut das Gleiche, wird aber als Multiplikator angegeben, also zum Beispiel `font-size: 1.2em;` anstatt 120%. Bei der Berechnung der Schriftgrößen muss der Browser ab und zu Größen runden; halbe Pixel oder sogar noch krummere Zahlen funktionieren einfach nicht. Meine Empfehlung dazu: Lass den Browser runden, und mach dir keine Gedanken darüber, es funktioniert schon.

Es gibt auch bei relativen Größenangaben Schlüsselwörter: `smaller` und `larger`. Diese haben aber denselben Nachteil wie die absoluten Schlüsselwörter, man weiß nie genau, was drinsteckt.

[Hintergrundinfo]

Ein **em** ist, historisch gesehen, die Breite eines Großbuchstabens „M". Ganz streng genommen bedeutet also **1.2em**, dass das M 20 % breiter werden soll. Praktisch ist das M aber vollkommen schnuppe, der Browser rechnet auf die Pixelgröße der Schrift um.

[Achtung]

Die Einheit **em** kann nicht nur für Schriftgrößen verwendet werden, sondern auch für alle anderen Größenangaben in CSS, hat aber dort eine etwas andere Bedeutung. Mehr dazu in Kapitel 7.

[Zettel]

Weil das alles noch nicht verwirrend genug ist, gibt es seit CSS3 auch noch die Einheit **rem** (Root em). Die funktioniert wie ein **em**, aber die Angaben sind nicht relativ zum umgebenden Element, sondern relativ zur Schriftgröße, die für das `<html>`-Element gesetzt ist. So kannst du relative Größen benutzen, die sich aber alle nur auf einen grundlegenden Wert beziehen.

[Funktioniert in]

rem funktioniert im Internet Explorer ab der Version 9, in Firefox und Chrome und in Safari ab der Version 5.

Relative Größenangaben helfen aber nicht nur dir weiter. Auch für den Leser hat es Vorteile. Vor allem für eine Gruppe von Lesern, Sehbehinderte. Vollständig Blinden ist diese Einstellung herzlich egal, eine Lesesoftware oder ein Braille-Brett ignorieren Schriftgrößen. Für Menschen, deren Sehkraft nur eingeschränkt ist, bieten alle Browser die Möglichkeit, die Standardschriftgröße zu ändern. Setzt man die Schriftgröße absolut, wird diese Einstellung vollkommen ignoriert, die Seite ist nicht behindertengerecht.

[Hintergrundinfo]

Barrierefreiheit bzw. behindertengerechter Zugang (engl. Accessibility) ist ein wichtiges Thema im Web, schließlich soll niemand ausgeschlossen werden. Webseiten wirklich für jeden lesbar zu machen ist eine Wissenschaft für sich, aber kleine Details wie relative Schriftgrößen helfen schon sehr vielen.

Relative Größenangaben respektieren diese Einstellung; die Seite sieht vielleicht nicht mehr so aus, wie du sie dir gedacht hast, aber sie bleibt für jeden lesbar.

[Hintergrundinfo]
Die Grundeinstellung für die Basisschriftgröße ist in allen verbreiteten Browsern 16 px. Ein beliebter Trick ist deshalb, am Anfang des Stylesheets ein **body {font-size: 62.5%;}** zu setzen. Damit wird es bei Standardeinstellungen einfacher, zu rechnen, denn 62.5 % von 16 px sind 10 px. Du willst eine **20px**-Schrift? Kein Problem, **2em**. Von **16px** ausgehend auf **20px**? Keine Ahnung, ich hol den Taschenrechner. Und trotzdem funktioniert alles auch bei abweichender Grundeinstellung.

Jetzt bist du bereit für die Blitzlösung:

Relative **Schriftgrößen lösen auch dein Problem** mit Bossingen. Wenn du seinen Namen überall mit einem `<span>` versehen hast wie oben beschrieben, löst jetzt eine ganz einfache Style-Regel dein Problem:

```css
.da_boss {
    font-size: 1.1em;
}
```

Und schon ist sein Name überall eine Nummer größer. Andere kaufen sich Sportwagen, er vergrößert sein Ego auf der Firmenwebsite. Mir soll's egal sein.

Ahnenforschung für Anfänger – Selektoren für Kinder und Nachfahren

Ich will mich nicht beschweren, aber deine Erklärung für Schriftgrößen war offenbar zu lang: Während du erklärt hast, hatte **Bossingen** Zeit, sich noch neue Wünsche einfallen zu lassen. Er hat gerade 'ne E-Mail geschrieben. Wahrscheinlich sollte ich froh sein, dass es eine E-Mail ist und kein Telegramm.

```
Hallo Schrötinger,
    Schriftgröße ist gut, sieht man, wer wichtig ist.
Habe aber noch ein Anliegen: Name soll außerdem kursiv
gedruckt sein in allen Überschriften. Aber nur da.
Schriftgröße trotzdem beibehalten. Danke.
    Mfg
Bossingen
    Boss
Stapelfix
```

[Notiz]
Kursiv ist der typografische Fachbegriff für *schräg gedruckt*. Im Englischen heißt es *italic*.

Na gut, über Geschmack lässt sich ja bekanntlich nicht streiten. Zumindest nicht mit dem Boss. Dann wollen wir doch mal ein wenig tiefer in die CSS-Trickkiste greifen. Keine Sorge, du musst nicht auf allen Seiten Klassen ändern, das kriegen wir jetzt auch so hin. Als Erstes müssen wir natürlich kursiv drucken können. Das ist der einfache Teil, dafür gibt es – natürlich – eine CSS-Eigenschaft:

```
font-style: italic;
```

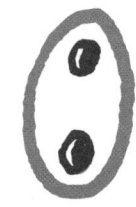

[Funktioniert in]
font-style funktioniert in allen Browsern.

font-style ist eine Eigenschaft, die man sich sehr einfach merken kann, es gibt nämlich, realistisch betrachtet, **nur zwei Werte**: **normal** und **italic**. **normal** bedeutet nicht kursiv, **italic** bedeutet kursiv.

[Hintergrundinfo]
Es gibt noch einen dritten Wert für **font-style**: **oblique**. Auch das bedeutet kursiv. Der kleine, aber feine Unterschied ist, dass **italic** eine kursive Schriftart ist, die der Designer von Hand erstellt hat. **oblique** ist eine Schrift, die vom Computer um einen bestimmten Winkel schräggestellt wurde, um eine Kursivschrift zu erzeugen. Wenn es beides gibt, ist **italic** daher immer die bessere Qualität. Es gibt in CSS keinen Grund jemals **oblique** zu benutzen: Sollte es keine echte **italic**-Schrift geben, wird automatisch **oblique** benutzt.

Die Website existiert schon, und dank Schrödinger ist auch der Boss markiert

```
<h1>Aus dem Leben des Herrn <span class="da_boss">*2Bossingen</span></h1>*1
<h2>Die jungen Jahre des Herrn <span class="da_boss">Bossingen</span>*2</h2>*1
<h3>Ein <span class="da_boss">Bossingen</span>*2 ist geboren</h3>*1
<p>Herr <span class="da_boss">Bossingen</span>*2 wurde in jungem Alter geboren, aber hat gegenüber seiner Umwelt schon sehr früh klargemacht, wer der Boss ist ...</p>
```

[Einfache Aufgabe]
Füge der Website eine CSS-Regel hinzu, die „Bossingen" auch noch kursiv druckt.

Das ist doch nun wirklich einfach

```
da_boss {
    font-style: italic;
}
```

Das war der einfache Teil. Aber wenn du die neue Seite betrachtest, fällt dir sofort ein Problem auf. Wahrscheinlich musst du sie gar nicht erst anschauen, das Problem fällt auch so auf.

[Einfache Aufgabe]
Wo verstößt dieses neue Dokument gegen **Bossingens** Wünsche?

Das Problem ist natürlich das **`<span>`**-Tag im Absatz. **Bossingen** soll nur in Überschriften kursiv sein.

Die einfache Lösung ist nicht die beste!

*1 Es gibt speziell für **Bossingen** in Überschriften eine neue Style-Klasse.

```
<style>
    .da_boss_in_der_uberschrift*1{
        font-style: italic;
    }
</style>
<h1>Aus dem Leben des Herrn <span class="da_boss da_boss_in_der_
ueberschrift">Bossingen</span></h1>*2
```

*2 Und die wird überall hinzugefügt.

Das funktioniert zwar, aber es hat einige Nachteile:
- Es ist ein Sack voll Arbeit, diese neue Klasse genau an den richtigen Stellen nachzutragen.
- Wenn du diese Technik immer benutzt, dann wird dein Stylesheet schnell ziemlich groß. Und jedes Tag hat 20 Klassen.
- Man sollte Klassen semantisch, also nach ihrer Bedeutung, definieren; nicht anhand ihrer technischen Funktion.

Mach ich doch: „da-boss", nicht „größere-schrift"

`da_boss` ist auch okay, aber **`da_boss_in_der_ueberschrift`**, das ist zu technisch. Der Klassenname enthält Informationen über die Dokumentstruktur, das muss nicht sein.

CSS-Selektoren und Typografie

So ist es viel besser:

Mit dem **Nachfahren-Selektor**:

[Funktioniert in]
Der **Nachfahren-Selektor** funktioniert in allen Browsern.

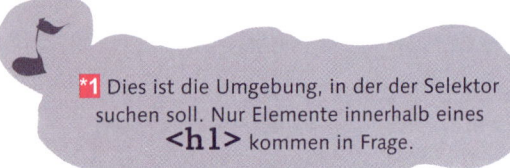

*1 Dies ist die Umgebung, in der der Selektor suchen soll. Nur Elemente innerhalb eines `<h1>` kommen in Frage.

```
h1*1 .da_boss*2{
    font-style: italic;
}
```

*2 Und danach soll gesucht werden: nach allem mit der Klasse **da_boss**.

Der Nachfahren-Selektor heißt so, weil du in einer CSS-Regel auch die umgebenden Elemente prüfen und zum Beispiel einen Style für die Klasse **da_boss** innerhalb eines `<h1>`-Tags festlegen kannst. Die Regel oben besagt also: Nur wenn ein Element mit der Klasse **da_boss** innerhalb von `<h1>` vorkommt, nur dann soll es kursiv sein.

[Begriffsdefinition]
Elemente, die direkt in einem anderen Element enthalten sind, nennt man **Kinder** (children) des Elements. Alle Elemente, die in einem anderen Element enthalten sind, egal, wie tief verschachtelt, nennt man die **Nachfahren** (descendants) des Elements.

Nachfahren sind also die Kinder und Kindeskinder und Kindeskindeskinder und … wie im richtigen Leben. Die Kinder und alle Nachfahren sind im Elternelement enthalten.

Mit dem Nachfahren-Selektor lassen sich Elemente finden, die irgendwie **in ein anderes Element verschachtelt sind**. Dazu schreibst du zwei einfache Selektoren – egal, ob nach **id**, Klasse oder Tag-Name – hintereinander, nur von einem Leerzeichen getrennt.

```
em *1{
    font-size: 1.2em;
}
h1 em, h2 em *2{
    font-style: italic;
}
```

```
<body>
    <h1>Dies ist ein *1*2<em>h1</em>*1*2</h1>
    <p>Dies ist ein *1<em>Absatz</em>*1</p>
    <h2>Dies ist ein *1*2<em>h2</em>*1*2</h2>
```

[Funktioniert in]
`<em>` funktioniert in allen Browsern.

[Notiz]
`<em>` ist ein Tag, das den enthaltenen Text besonders hervorhebt. Im Gegensatz zu `<span>` hat es also eine semantische Bedeutung.

[Achtung]
Achte bei Nachfahren-Selektoren unbedingt auf das trennende Leerzeichen. `h1 .test` selektiert alle Elemente mit der Klasse `test` innerhalb von `<h1>`-Tags. `h1.test` selektiert `<h1>`-Tags, die selbst die Klasse `test` haben.

Es gab da noch etwas zu tun:

[Einfache Aufgabe]
Benutze jetzt die Nachfahren-Selektoren, um Herrn Bossingen in den Überschriften auch wirklich noch kursiv zu drucken. Damit ist Bossingen bestimmt zufrieden.

*1 da_boss in allen sechs Arten von Überschriften

```
h1 .da_boss, h2 .da_boss, h3 .da_boss, h4 .da_boss, h5 .da_boss, h6 .da_boss*1{
    font-style: italic;*2
}
```

*2 Jetzt wird er endlich kursiv und lässt mich in Ruhe.

Das war jetzt gar nicht mehr schwierig.

**Warte ab, das kann es noch werden.
Denn es gibt auch noch …**

Für Fortgeschrittene: Nachfahren-Selektoren mit mehreren Ebenen

Der Nachfahren-Selektor lässt sich auch verketten. Pass auf, Schrödinger, ein Beispiel:
Stell dir vor, du möchtest im Inhaltsbereich jeder Seite, jeweils im ersten Absatz nach einer Überschrift, die `<em>`s noch besonders hervorheben. `div#inhalt .erster-absatz em` selektiert alle `<em>`s, die in einem Element mit der Klasse `.erster-absatz` stehen, das wiederum in einem `<div>` mit der ID `inhalt` steht. Das hilft zwar alles nicht dabei, die Übersicht zu behalten, aber manchmal sind Nachfahren-Selektoren mit mehreren Ebenen die beste und einfachste Lösung, um bestimmte Elemente zu selektieren. Spätestens, wenn du ein paar von denen in deinem Stylesheet hast, werden die **Entwicklerwerkzeuge** unverzichtbar.

[Notiz]
Bei Nachfahren-Selektoren wird es langsam schwierig, die Prioritäten der Selektoren im Auge zu behalten. Selektoren mit umgebendem Element sind spezifischer als derselbe Typ Selektor ohne umgebendes Element. `h1 span` hat also höhere Priorität als einfach nur `span`. `.klasse` hat immer noch höhere Priorität als `h1 span`, aber niedrigere Priorität als `h1 .klasse`.

Hä? Gerade war es noch viel einfacher.

Nein, auch das ist noch recht einfach. Schau mal, damit du nicht die Übersicht verlierst. Für das `<h1>`-Tag gelten folgende Prioritäten:

```
<div><h1 id="hauptueberschrift" class="seitenueberschrift">
```

```
#hauptueberschrift
div .seitenueberschrift
.seitenueberschrift
div h1
h1
```

↑ Priorität

150   Kapitel VIER

Na gut, jetzt wird es wieder klar.

Seichte Kost, nur die direkten Kinder selektieren

Nachfahren-Selektoren finden alle Nachfahren, egal, wie tief sie verschachtelt sind. Es gibt aber auch noch **Kindselektoren**, die eben nur Kinder finden, keine weiter entfernten Nachfahren. Kinder-Selektoren sehen Nachfahren-Selektoren sehr ähnlich, nur dass zwischen den beiden Elementen statt eines Leerzeichens jetzt ein **>** steht. `h1 > span` selektiert alle **<span>**s, die Kinder eines **<h1>** sind.

[Funktioniert in]
Der **Kinderselektor** funktioniert in allen Browsern.

[Achtung]
Das **>** des Kinderselektors darf niemals als **>** umschrieben werden, auch dann nicht, wenn der Style mit einem **<style>**-Tag innerhalb des Dokuments angegeben wird. Die Style-Anweisungen werden im Browser von einem anderen Programmmodul verarbeitet, das mit dieser Schreibweise nichts anfangen kann.

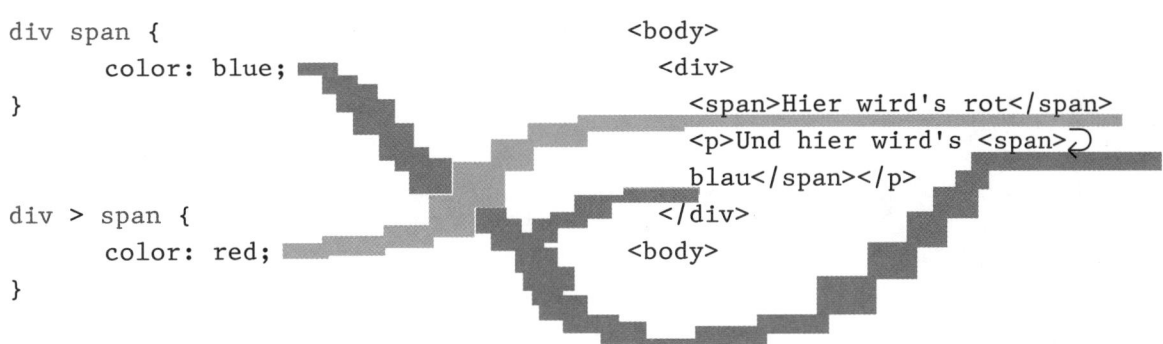

Der Kinderselektor ist ein weiteres Stück CSS, das man nicht allzu häufig braucht, aber ab und zu ist es wirklich nützlich, vor allem dann, wenn man nicht Klassen wie `span_in_h1` anlegen will.

[Notiz]
Es gibt neben den Nachfahren-Selektoren auch noch Geschwister-Selektoren. `h1+p` selektiert ein **<p>**-Tag, wenn es im selben Elternelement **direkt** auf ein **<h1>**-Tag folgt. `h1~p` funktioniert ähnlich, aber findet **alle <p>**s, die im selben Elternelement nach einem **<h1>** stehen.

[Funktioniert in]
Geschwister-Selektoren funktionieren in allen Browsern.

CSS-Selektoren und Typografie **151**

Von Schriftgrößen und Selektoren: Übungen

Und jetzt musstest du mir schon wieder so lange zuhören, dass du wahrscheinlich keine Lust mehr hast. Und mir fehlt ein schöner, frischer Kaffee. Deiner ist übrigens alle.

Aber ich hatte gestern doch noch ein ganzes Pfund ...

Mein Kaffeekonsum ist kein Problem, ich hab das voll unter Kontrolle. Deshalb renn ich schnell zum Starbucks an der Ecke und hol noch welchen. **In der Zwischenzeit hab ich ein paar Kopfnüsse für dich.**

[Einfache Aufgabe]
Fangen wir an mit Schriftgrößen. Definiere in einem Stylesheet zunächst, dass alle **<em>**s gegenüber ihrer Umgebung doppelte Schriftgröße haben sollen. Dann definiere eine Klasse **doch-nicht-so-wichtig**, und stelle für diese ein, dass doch wieder die normale, einfache Schriftgröße verwendet wird. Die Klasse soll also die Auswirkung der **em**-Regel aufheben.

Für das Beispieldokument brauchst du ja inzwischen keine Hilfe mehr.

*Nee, ich bring ein paar **em**-Tags darin unter, mit und ohne die Klasse **doch-nicht-so-wichtig**.*

```
<p>
  Lorum <em>bossum</em>, <em class="doch-nicht-so-wichtig">dort ist </em>amit …
</p>
…
```

Der erste Teil ist wirklich nicht schwierig, hier musst du nur die Schriftgröße für das **<em>**-Tag ändern – natürlich mit einer relativen Angabe.

*1 Der Tag-Selektor für das **<em>**-Tag …

```
em*1 {
    font-size: 2.0em;*2
}
```

*2 … und die **font-size**-Eigenschaft sind hier auf doppelte Größe gesetzt. Die Angabe **200%** würde natürlich genauso funktionieren.

Der zweite Teil der Aufgabe erfordert ein wenig mehr Nachdenken. Denk dran, dass sich relative **font-size**s auf die Schriftgröße des umgebenden Elements beziehen und nicht auf die Größe, die das Element selbst von einer anderen Regel bekommt. Du kannst also die relative Größe von **<em>** für die Klasse **doch-nicht-so-wichtig** überschreiben mit **1.0em** oder **100%**, damit hat die Schrift wieder dieselbe Größe wie der umgebende Text.

```
.unwichtig {
    font-size: 1.0em
}
```

[Einfache Aufgabe]
Gegeben ist folgendes HTML und eine Liste von Selektoren. Markiere mit einem Bleistift, welcher Selektor welche Elemente auswählt.

```html
...
<body>
    <div id="seitenkopf">
        <span class="wichtig">STAPELFIX.</span>
        <p>Die Firma für <span class="werbemotto">fixe Stapel</span></p>
    </div>
    <div id="begruessung" class="wichtig">
        <p>Willkommen auf der Seite von Stapelfix, dem Weltführer für <span class="werbemotto"> fixes Stapeln</span></p>
        <p><span class="wichtig">Am 24.6. ist unser Büro geschlossen wegen des jährlichen <em>Stapellaufs</em></span></p>
    </div>
    <div id="inhalt" class="wichtig">
        <p class="wichtig"><span class="wichtig">Gerüchte, dass Herr Bossingen sich aus der Geschäftsführung zurückziehen wird, entsprechen nicht der Wahrheit!</span></p>
    </div>
</body>
...
```

☞ div span
☞ div span.wichtig
☞ div p span
☞ #seitenkopf > span
☞ .wichtig > p > span
☞ .wichtig > .wichtig > .wichtig

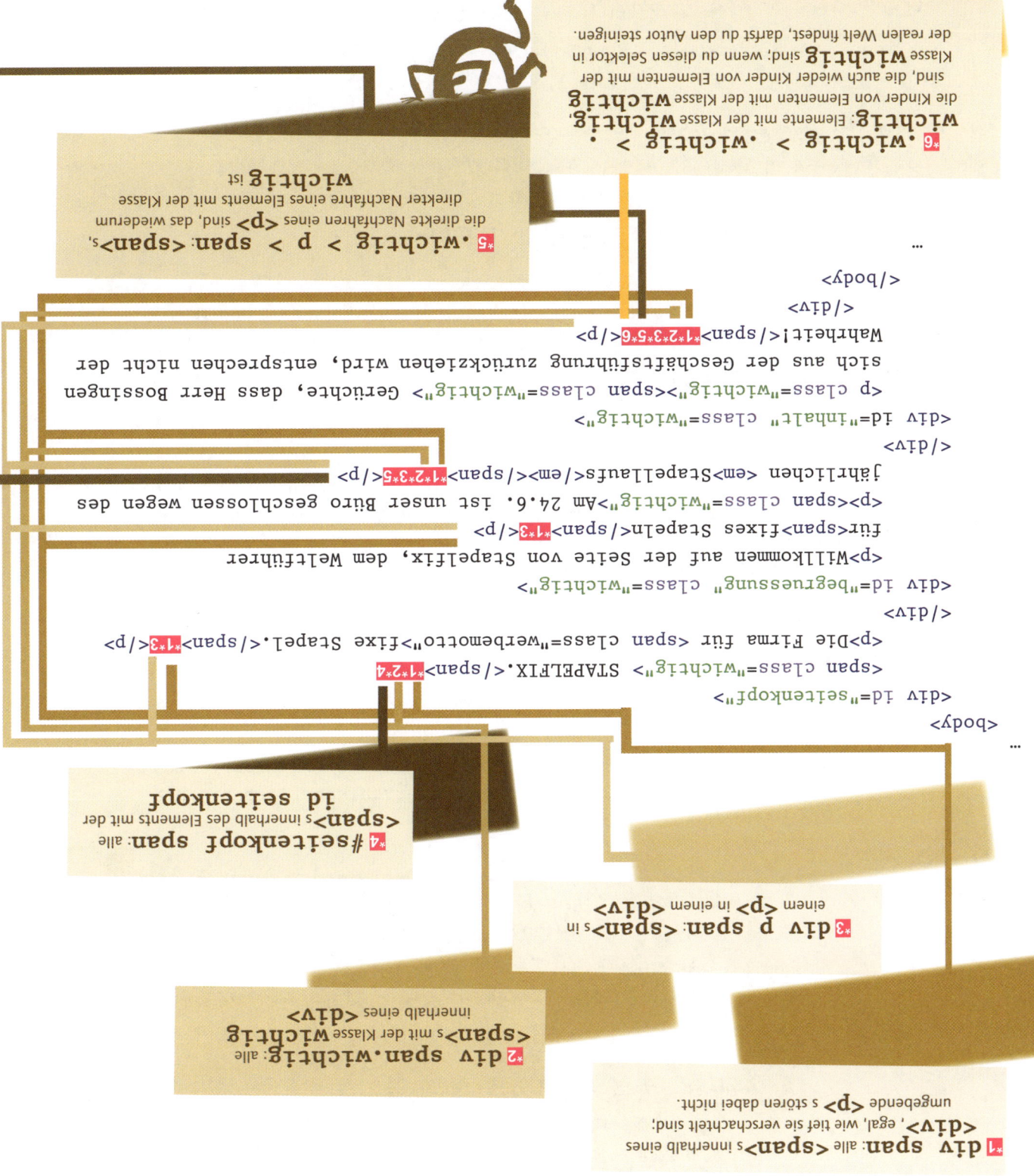

> Und diese vielen „wichtigen" Elemente kommen davon,
> wenn man Bossingen fragt, was alles wichtig ist ...
>
> Warum hast du mir eigentlich nie erzählt,
>   dass CSS so hungrig macht? Wenn ich hier fertig bin,
>   werde ich erst mal dafür sorgen, dass
>   `<magen><pizza/></magen>`.

Klingt gut, aber eine Aufgabe hab ich vorher noch. Die macht dich bestimmt noch hungriger.

Ganz schön kniffelig:

[Schwierige Aufgabe]

Mit mehreren Ebenen Verschachtelung werden die Prioritäten der Selektoren sehr unklar. Schau dir das HTML unten an, und betrachte die drei Selektoren:
#kopf .seitentitel span,
#kopf h1 .werbewitz und
#kopf .seitentitel .werbewitz
Was selektieren sie? Und wie steht es mit der Priorität?
Welcher Selekor ist spezifischer? Denk gut drüber nach, meditiere dazu, falls nötig.

```html
<div id="kopf">
<h1 class="seitentitel">Pizzafix. Schneller geliefert, als
<span class="werbewitz">Ihr Magen knurren kann.</span></h1>
</div>
```

> Ommm ... ich erinnere mich:
> Der spezifische Selektor gewinnt; **id**-Selektor gewinnt
> gegen Klassen-Selektor gewinnt gegen Tag-Selektor.
>
> Ommm ... da sind drei Selektoren ...
>   vorne sind sie alle gleich,
>   also schaue ich mir die beiden hinteren Teile an.

Kapitel VIER

Omm ... der letzte hat hinten zwei Punkte. Der gewinnt.

> Richtig. Dass sich die hinteren Elemente jeweils auf eine Klasse beziehen, macht ihn spezifischer als die beiden anderen:
> `div .seitentitel .werbewitz` hat Priorität vor den anderen Selektoren.

Die anderen haben beide einen Punkt ... omm ... der erste ... der zweite ... der erste ... der zweite ... **beide gleich**.

Das habe ich aber nur geraten.

Auch richtig. Beide gleich. Welche Style-Regel zum Tragen kommt, hängt davon ab, welche weiter unten im Stylesheet steht. Offenbar wollte sich auch beim W3C niemand mit der philosophischen Frage beschäftigen, ob das spezifischere Element weiter vorne wichtiger ist als das spezifischere Element weiter hinten.

[Achtung/Vorsicht]
Du solltest dich besser nicht auf die Prioritäten zwischen Nachfahren-Selektoren mit mehreren Ebenen verlassen. Wenn die wichtig werden, dann solltest du eher darüber nachdenken, deinen Stylesheet zu vereinfachen.

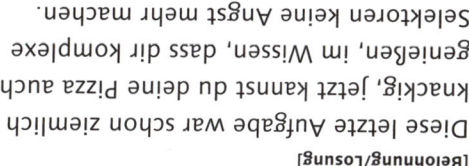

[Belohnung/Lösung]
Diese letzte Aufgabe war schon ziemlich knackig, jetzt kannst du deine Pizza auch genießen, im Wissen, dass dir komplexe Selektoren keine Angst mehr machen.

CSS-Selektoren und Typografie **157**

Es muss nicht immer Times New Roman sein – Schriftarten

Bei allem Multimedia und aller Interaktivität ist HTML immer noch vor allem ein **Textformat**. Entsprechend gibt es zur Typografie mehr Eigenschaften als zu jedem anderen Bereich von CSS. Allen voran geht natürlich die eine Eigenschaft, die jede Textverarbeitung prominent anbietet, die ich dir in CSS noch nicht gezeigt habe: die **Schriftart**. Bei der unglaublichen Menge an Schriftarten heute ist es unmöglich geworden, den Überblick zu behalten. Es gibt Tausende, und welche man am besten wo einsetzt, ist eine Wissenschaft für sich.

[Funktioniert in]
`font-family` funktioniert in allen Browsern.

Welche man im Web am besten einsetzt, ist dagegen viel einfacher. Die Eigenschaft `font-family` akzeptiert zwar sämtliche Schriften, die du dir vorstellen kannst, von Times New Roman über Comic Sans bis hin zu Klingon New, aber das alles hilft nicht, wenn diese Schriftart auf dem Computer des Lesers nicht vorhanden ist. Du kannst diese Schriftarten gern in deinem Stylesheet benutzen, aber du solltest immer bedenken, dass es die Schrift bei deinem Leser nicht geben könnte. Das ist natürlich keine neue Erkenntnis, und die CSS-Spezifikation sieht Abhilfe vor: `font-family` akzeptiert eine ganze Liste von Schriftarten, mit Komma getrennt. Der Browser wählt davon immer die erste aus, die er kennt.

Ein Beispiel:

`font-family: "Klingon New", "Comic Sans", Arial, sans-serif;`

[Achtung]
Bei Schriftarten, deren Namen Leerzeichen enthält, müssen immer Anführungszeichen gesetzt werden.

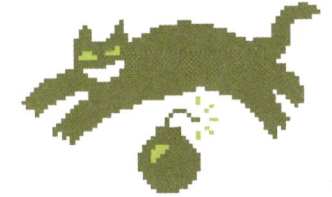

Dieses Beispiel würde **"Klingon New"** benutzen, wenn es diese Schrift gibt. Falls nicht, käme als Nächstes **"Comic Sans"** dran, das sollte zumindest auf Windows-Systemen funktionieren, und wenn es das auch nicht gibt, dann eben **Arial**. Der letzte Wert,

sans-serif, ist etwas Besonderes. Dies ist eine der fünf **generischen Schriftarten**, die in CSS definiert sind. **sans-serif** ist keine echte Schriftart, sondern bezeichnet die Gruppe von Schriftarten, die keine Serifen haben. Mehr zu denen gleich. Der Browser wählt aus den vorhandenen Schriften ohne Serifen eine aus. Wenn in der Liste eine generische Schrift vorkommt, dann ist sichergestellt, dass der Browser sie finden kann. Es gibt nur fünf dieser speziellen Schriften:

☛ **cursive** sind Schriften, die einer Handschrift ähnlich sehen (cursive hat nichts mit dem Deutschen kursiv zu tun, das heißt, wie du weißt, **italic**).

☛ **fantasy** umfasst Schriften, die dekorativ sind, aber Buchstaben enthalten, also zum Beispiel nicht WinDings, das nur Symbole enthält.

☛ **monospace** bezeichnet Schriftarten, in denen alle Zeichen die gleiche Breite haben.

☛ **sans-serif** ist eine Schriftart ohne Serifen.

☛ **serif** ist, wenig überraschend, eine Schriftart mit Serifen.

So sehen die fünf CSS-Schriftarten bei mir aus.

[Achtung]
Die Liste von Schriftarten für **font-family** sollte immer mit einem dieser fünf generischen Typen enden, sonst gibt es keine Garantie, was der Browser benutzt.

Okay, soweit klar, aber ich habe zwei Fragen dazu:
Welche Schriftart sollte ich denn verwenden?
Und was zum Geier sind Serifen?

Ich nehme die zweite Frage mal zuerst: Serifen sind keine arabischen Adeligen und auch keine Gesetzeshüter im Wilden Westen, Serifen sind die „Füße", die Buchstaben in manchen Schriftarten haben.

Links ein Buchstabe mit Serifen (grün markiert), rechts eine **sans-serif**-Schrift zum Vergleich

[Zettel]
Wenn Typografen sich unterhalten, ist das noch schlimmer als bei uns Computer-Geeks. „Serifen" ist ja noch verständlich, aber dann geht es weiter mit Tracking und Kerning, und dann könnten sie auch Chinesisch sprechen …

Welche du wo benutzt, ist eine interessantere Frage.

Bei drei von den fünf ist die leicht zu beantworten: `fantasy` und `cursive` (und die speziellen Schriftarten, die dazu gehören) haben fast nur dekorativen Nutzen. Du kannst sie in Überschriften einsetzen oder vielleicht für Zitate nutzen, aber für Fließtext eher nicht. `monospace` ist für Fließtext noch ungeeigneter. Du kannst es ja mal ausprobieren, es ist einfach nicht angenehm zu lesen. Andererseits eignet sich `monospace` bestens, um Beispielcode aus HTML, JavaScript oder jeder anderen Computersprache anzuzeigen, weil es hier darauf ankommt, dass Text richtig untereinandersteht. Auch die Lösung für ein **Kreuzworträtsel** macht nur in `monospace` so richtig Sinn.

Und was ist mit Serifen?

Im traditionellen Druck – Zeitungen, Bücher, Magazine – wird Fließtext fast immer mit einer Serifenschrift gesetzt. Als Argument für Serifen wird gerne angebracht, sie würden Worte visuell zusammenhalten und so das Lesen erleichtern. Dasselbe Argument zieht natürlich auch im Web. Sagen die einen.
Studien haben für die bessere Lesbarkeit keinen Beweis gefunden. Sagen die anderen. Außerdem sind Serifen für Computerbildschirme nicht geeignet, weil sie zu fein für die Pixeldarstellung sind. In einer Zeit, wo selbst Tablets **volle HD-Auflösung** haben, ist auch das Argument hinfällig. Mein Rat ist: Benutze Serifen oder nicht, es ist reine Geschmackssache.

[Achtung]
Mein zweiter Rat ist noch viel wichtiger: Stehe nie zwischen zwei Typografen, die für und wider Serifen diskutieren. Die sind schlimmer als Windows- und Linux-User. Schlimmer als Kölner und Düsseldorfer. Vermeide diese Situation!

[Zettel]
Ich mach natürlich nur Spaß über die Typografen. Die sind auch nicht mehr oder weniger wahnsinnig als die Webleute.

Es gibt heute neben den fünf generischen Schriftarten aus CSS noch eine weitere Möglichkeit, Schriften auf deine Website zu bringen, die überall funktionieren. Die `@font-face`-Regeln. `@font-face` lädt eine Schriftart von einer URL und gibt ihr einen Namen, der anschließend in einer `font-family`-Eigenschaft benutzt werden kann.

[Funktioniert in]
`@font-face` funktioniert in allen Browsern.

„Überall" ist aber in diesem Zusammenhang ein irreführender Begriff: Diese Regeln werden zwar inzwischen von allen Browsern unterstützt, aber sie sind sich noch immer nicht so ganz einig, welches Dateiformat für Schriftarten zu verwenden ist. Aber ganz bald kannst du damit beliebige Schriftarten in deiner Website einbinden. Wirklich überall.

[Begriffsdefinition]
`@font-face` ist ein neues Feature von CSS3 und wird allgemein als **Webfonts** bezeichnet – oder wenigstens fast neu, es gab das in CSS2 schon einmal, aber in CSS2.1 dann wieder nicht. Jetzt ist es wieder da.

*1 Syntaktisch sieht die `@font-face`-Anweisung aus wie eine normale CSS-Regel. Aber `@font-face` ist kein Selektor. Es wird nur dasselbe Format verwendet, damit auch ältere Browser den Stylesheet fehlerfrei lesen können. Sie werden `@font-face` als unbekannten Selektor ignorieren.

*2 Unter diesem Namen ist deine Schriftart im Stylesheet bekannt.

```
@font-face*1 {
     font-family: "Meine Beispielschrift";*2
     src: url('examplefont.eot');*3
}
p {
     font-family: "Meine Beispielschrift", "Times New Roman", serif;*4
}
```

*3 Und von hier wird sie geladen. Die `url`-Funktion kennst du schon, und wie üblich funktionieren relative und absolute URLs.

*4 Nachdem eine Schrift mit `@font-face` definiert wurde, können wir sie in der `font-family`-Eigenschaft verwenden.

CSS-Selektoren und Typografie

[Achtung]
Auch mit `@font-face` sollte als letztes Element der `font-family`-Liste immer eine der generischen Schriftarten stehen. Sicher ist sicher.

Soweit alles ganz einfach. Aber dann haben wir dieses Problem mit den verschiedenen Dateiformaten, in denen Schriftarten vorliegen können. Die Situation ist aber nicht so schlimm, wie es zunächst aussieht. Es gibt inzwischen das **WOFF**-Format (Web Open Font Format), das von allen aktuellen Browsern unterstützt wird. Es gibt aber einen kleinen Haken: **Internet Explorer unterstützt WOFF erst seit Version 9**, IE 8 ist aber immer noch sehr weit verbreitet. Und damit sind unsere Träume, mit **WOFF** alles zu lösen, den Bach runter. Was haben wir sonst noch?

	WOFF	EOT	OTF	TTF	SVG
	Web Open Font Format	Embedded Open Type	OpenType	TrueType	Scalable Vector Graphics
Internet Explorer	ab Version 9.0	✔	ab Version 9.0*	ab Version 9.0*	✘
Firefox	✔	✘	✔	✔	✘
Chrome	✔	✘	✘	✔	✔
Safari	ab Version 5.1	✘	✔	✔	✔

*Gilt nur für Schriftarten mit dem Attribut `installable`, ist also nicht zuverlässig.

Um wirklich sicherzugehen, dass überall die richtige Schriftart auftaucht, müssen also mindestens drei Formate zur Verfügung stehen, zum Beispiel **WOFF**, **EOT** und **OTF**. Da wird's dann schon mal schwierig, eine Schrift in allen drei Formaten zu finden. Solltest du sie aber doch finden, dann kannst du sie zumindest alle laden, und der Browser nimmt dann schon die richtige. Das sieht dann so aus:

[Achtung]
Schriftarten unterliegen Lizenzen. Genau wie Bilder kannst du Schriften, die du irgendwo gefunden hast, nicht einfach auf deiner Website benutzen. Entweder, du musst eine Lizenz dafür kaufen, oder sie müssen eine freie Lizenz haben. Eine gute Quelle für freie Schriften ist http://www.google.com/webfonts.

*1 Zuerst laden wir mal auf die traditionelle Weise, weil der Internet Explorer 8 mit dem neumodischen Zeug weiter unten nichts zu tun haben will.

```
@font-face {
  font-family: "Meine Schrift";
  src: url("type/myfont.eot");  *1
  src: url("type/myfont.woff") format("woff"),  *2
       url("type/myfont.otf") format("opentype");  *3
}
```

*2 Für alle anderen Browser geben wir dann das neuere Format mit **format** an. Hier ist es ein WOFF …

*3 … und hier eine OpenType-Schrift.

Aus den angegebenen URLs mit **format**-Angabe sucht sich dann jeder Browser die Variante aus, die er versteht. Und lädt auch nur diese, wir wollen ja keine nutzlosen Daten übertragen.

CSS-Selektoren und Typografie

Gutenbergs Erben – mehr von Schriften und Typografie

Es gibt noch viel mehr typografische Eigenschaften in CSS. Die sind wichtig, aber leider auch sehr trocken. Deshalb gibt es die nur noch im kompakten Listenformat.

font-weight: fett, fetter, am fettesten

[Funktioniert in]
font-weight funktioniert in allen Browsern.

Schön wär's, die meisten Schriften unterstützen nur:
normal oder fett

Wert	Bedeutung/Umsetzung
normal	genau, was draufsteht: nicht fett, sondern normal
bold	fett gedruckt
100, 200, 300, 400, 500, 600, 700	Wenn man lieber Zahlen mag, geht's auch so: 400 ist normal, 700 ist bold, und der Rest funktioniert fast nirgendwo.
bolder, lighter	Sollten die Schrift jeweils eine Stufe fetter oder dünner machen. Da die Zwischenstufen aber wie gesagt fehlen, schalten sie meistens nur zwischen bold und normal um.

[Einfache Aufgabe]
Probier aus, ob deine Standardschriften mehr als zwei Stufen unterstützen. Lege in einem neuen Dokument sieben **<span>**s mit **font-weight: 100;** bis **font-weight: 700;** an, und schau dir an, wie viele sich wirklich unterscheiden.

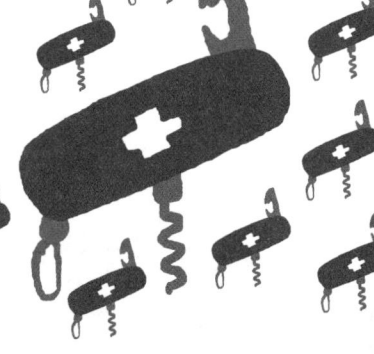

 erst angeben, man könne in sieben Stufen fett drucken, und dann geht's doch nicht. Muss ich eben weiter in Großbuchstaben schreiben, wenn ich im Web mal SO RICHTIG BRÜLLEN WILL.

text-transform: virtuelles Brüllen

[Funktioniert in]
text-transform funktioniert in allen Browsern.

text-transform: uppercase stellt den gesamten Text des Elements nur in Großbuchstaben dar, **text-transform: lowercase** tut dasselbe mit Kleinbuchstaben, und **text-transform: capitalize** macht den ersten Buchstaben jedes Wortes zum Großbuchstaben. **text-transform: none** schaltet den ganzen Spaß ab.

Na also, geht doch mit dem Brüllen.

[Notiz]
Warum **text-transform** und nicht einfach alles in Großbuchstaben schreiben? Weil das, zumindest manchmal, eine Frage der Präsentation ist und mit dem Inhalt nichts zu tun hat. Wenn zum Beispiel alle Überschriften in GROSSBUCHSTABEN stehen sollen, ist **text-transform** richtiger.

font-variant – noch anders

font-variant tut etwas sehr Ähnliches wie **text-transform**. Die zwei möglichen Werte heißen **normal** und **small-caps**, dabei hat **small-caps** einen ähnlichen Effekt wie **text-transform: uppercase**, nur dass die Buchstaben kleiner dargestellt werden.

[Funktioniert in]
font-variant funktioniert in allen Browsern.

[Notiz]
Rein visuell ist **font-variant: small-caps** ansprechender als **text-transform: uppercase**. **text-transform** macht einfach aus allem Großbuchstaben, **font-variant** setzt Kapitälchen.

TEXT-TRANSFORM

FONT-VARIANT

text-transform vs. font-variant

CSS-Selektoren und Typografie **165**

text-decoration: Streichen als Deko

[Funktioniert in]
text-transform funktioniert in allen Browsern.

text-decoration: underline;	unterstreichen
text-decoration: overline;	überstreichen
text-decoration: line-through;	durchstreichen

text-indent zum Einrücken

[Funktioniert in]
text-indent funktioniert in allen Browsern.

text-indent setzt die Einrückung für die **erste Zeile** in jedem Absatz (oder auch in **<div>**s oder jedem anderen Blockelement, dazu mehr in Kapitel 7). Es sind Werte in **px**, **em** oder Prozent erlaubt, und zwar auch negative, wenn die erste Zeile „ausgerückt" sein soll.

[Achtung]
Negativer **text-indent** ohne weitere Einstellungen lässt den Text links vom Bildschirm verschwinden.

Hier steht ein langer Te:	Hier steht ein langer Text, der
nicht, ich brauche dringend e	brauche dringend einen l
ausgedacht, den Text liest do	den Text liest doch eh k

text-indent: 2em; und text-indent: -2em;

Nicht schlapp machen, Schrödinger, du hast es gleich geschafft.

`text-align`: links, rechts und mittendurch

[Funktioniert in]
text-align funktioniert in Firefox, Chrome und Safari (**justify** funktioniert in IE nicht korrekt mit verschachtelten Elementen).

text-align setzt den Text in einem Absatz (auch hier wieder in einem Blockelement) linksbündig (**text-align: left**), rechtsbündig (**text-align: right**), zentriert (**text-align: center**) oder im Blocksatz (**text-align: justify**).

Und damit soll es auch genug sein, es gibt noch ein paar weitere, aber ich habe dir, glaub ich, mit dieser Liste genug zugemutet.

[Notiz]
Falls du doch noch neugierig bist, findest du alle CSS-Eigenschaften überhaupt zum Beispiel bei http://reference.sitepoint.com/css/. Zu diesem Kapitel passt dort die Rubrik „Typographical Properties". Auch https://developer.mozilla.org/en-US/docs/CSS/CSS_Reference ist eine sehr gute Adresse.

Na, Gott sei Dank! Ich sehe ja ein, dass die alle wichtig sind, aber nach diesem Brocken an neuen Eigenschaften brauche ich diesmal den Kaffee.

Die Schriftliche Prüfung: Übungen

Und du sollst deinen Kaffee bekommen, aber vorher musst du noch ein paar Übungen machen, bis ich mit neuem Gebräu wieder da bin. Wäre ich schlau gewesen, hätte ich Bohnen gekauft und nicht das teure Zeug im Pappbecher.

Zuerst mal die kurze Verwirrung zwischendurch: Es gibt neben der Einheit **em** auch noch das Tag **<em>**. In dem Fall steht em für „emphasis", also Betonung oder Hervorhebung. Ein **<em>** verhält sich sehr ähnlich wie ein **<span>**, aber jeder Browser hat dafür schon ein Standardaussehen – kursiv.

[Einfache Aufgabe]
Als Webentwickler und -designer wollen wir natürlich auch über **<em>** die volle Kontrolle haben. Setze als Erstes das Standardaussehen zurück, **<em>**s sollen nicht mehr kursiv sein. Es sei denn, der umgebende Text ist auch kursiv. Unsere **<em>**s sollen in Kapitälchen geschrieben werden.

Das war wirklich keine besonders schwierige Aufgabe, da du dich natürlich an den speziellen Wert **inherit** erinnert hast.

*1 Da wir die Änderung für alle **<em>**s haben wollen, ist ein Tag-Selektor die richtige Wahl.

*2 Wenn der umgebende Text kursiv ist, soll auch der Inhalt des **<em>** weiter kursiv sein, es reicht also nicht, **normal** zu setzen, es muss **inherit** sein.

*3 Für unser neues Styling sollen Kapitälchen verwendet werden, nicht einfach Großbuchstaben, deshalb ist die richtige Eigenschaft **font-variant**, nicht **text-transform**.

```
em*1 {
    font-style: inherit;*2
    font-variant: small-caps;*3
}
```

168 Kapitel VIER

[Einfache Aufgabe]
Zur Abwechslung habe ich dir mal einen Multiple-Choice-Test zum Thema Schriften geschrieben. Es kann jeweils mehr als eine Antwort richtig sein oder auch keine. Kreuze an.

1) **Relative Schriftgrößen mit em oder % …**

   A) … sollten die einzige Art von Schriftgröße sein, die man benutzt. ○

   B) … berechnen die Schriftgröße auf Basis des umgebenden Elements. ○

   C) … berechnen die Schriftgröße auf Basis der Größe, die das Element selbst hätte (zum Beispiel durch eine andere Style-Regel). ○

   D) … müssen immer zusammen mit einer absoluten Schriftgröße gesetzt werden, falls keine Schriftgröße verfügbar ist, zu der der Browser relativ rechnen könnte. ○

2) **Für kursiven Text komplett in Großbuchstaben müssen diese Eigenschaften gesetzt sein:**

   A) `font-family` ○
   B) `font-style` ○
   C) `font-size` ○
   D) `font-variant` ○

3) **Welche dieser Schriftarten ist eine generische CSS-Schrift?**

   A) `Arial` ○
   B) `sans serif` ○
   C) `comic` ○
   D) `italic` ○

4) **Wann muss man keine generische Schriftart in der Werteliste von font-family angeben?**

   A) Wenn man ganz sicher ist, dass jeder die angegebene Schriftart hat. ○

   B) Wenn eine Schriftart mit `@font-face` geladen wird. ○

   C) Wenn man genügend andere Schriften angegeben hat. ○

   D) Wenn man volle Kontrolle über das Aussehen der Seite haben will. ○

1	2	3	4
A+B	B+D	B	—

[Belohnung/Lösung]

Schrödinger, ich bin wieder da! Wow, schon alles fertig und auf dem Sofa, du lernst wirklich schnell. Ich hab noch ein paar Berliner zum Kaffee mitgebracht, die können wir jetzt beide vertragen.

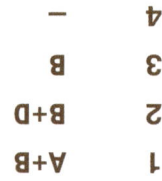

©Jüppsche, CC-BY-SA 3.0
http://commons.wikimedia.org/wiki/File:Berliner_(pastry).jpg

Hau rein!

FÜNF

Listen und Tabellen

Ordnung in die Plattensammlung

Endlich Wochenende, aber bei dem Wetter könnte Schrödinger auch bei der Arbeit sitzen. Grillen im Garten fällt ins Wasser. Das ist die Gelegenheit, endlich Ordnung in die riesige Plattensammlung zu bringen. Und warum nicht gleich das nutzen, was er diese Woche gelernt hat? Wenn er die Liste von Platten als HTML-Dokument erstellt, dann kann er sie auch online stellen und seinen Freunden zeigen, was er hat. Aber alles einfach untereinanderzuschreiben, sieht nicht so aus, wie Schrödinger es gerne hätte.
Da muss es was Besseres geben.

Besser als Zeilenumbruch: Listen

Es ist endlich Wochenende, und Schrödinger will sein gewonnenes HTML-Wissen jetzt auch mal für seine Zwecke nutzen, nicht immer nur für **Bossingen**.

Endlich ist Wochenende, jetzt will ich mein gewonnenes HTML-Wissen auch mal für meine Zwecke nutzen, nicht immer nur für den alten Bossingen.

Ähm, ja …

Ich hatte schon lange vor, endlich mal meine Platten und CDs zu katalogisieren, ich weiß ja selbst nicht mehr, was ich überhaupt habe. Und jetzt mach ich's halt nicht in Excel, sondern in HTML, dann kann ich's auch für Freunde und Bekannte online stellen. Ich musste etwas suchen, um rauszufinden, wie ich nach jedem Titel einen Zeilenumbruch mache, aber ich hab's hinbekommen.

```
…
<body>
    <p>
    …
    Highway to Hell (AC/DC) <br>
    Back in Black (AC/DC) <br>
    For those About to Rock We Salute You (AC/DC) <br>
    …
    </p>
</body>
…
```

Schrödinger? Was tust du da? Schrödinger! Stopp!

Was denn? Das funktioniert echt gut!

Klar, funktionieren tut es, `<br>`

fügt einen Zeilenumbruch ein, keine Frage. Aber es ist nicht die beste Methode dafür, bei Weitem nicht. Im Fließtext ist es richtiger, stattdessen einen neuen Absatz anzufangen, und für eine Liste ist es besser, eine Liste zu benutzen, darauf ist HTML vorbereitet.

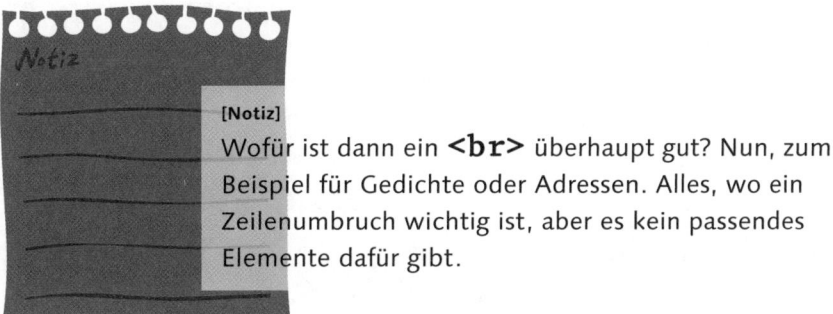

[Notiz]
Wofür ist dann ein `<br>` überhaupt gut? Nun, zum Beispiel für Gedichte oder Adressen. Alles, wo ein Zeilenumbruch wichtig ist, aber es kein passendes Elemente dafür gibt.

Dass man für Listen ein Listenelement verwenden sollte, hat natürlich mal wieder dieselben Gründe, die es immer dafür gibt, das semantisch korrekte Element für eine Aufgabe zu verwenden:

- Bildschirmleser und sonstige Hilfsgeräte für Menschen mit Behinderung können es korrekt als Aufzählung umsetzen.

- Für automatische Auswertungen (zum Beispiel durch Suchmaschinen) kann es Vorteile haben, dass das Programm eine Liste auch als solche erkennen kann.

- Wenn du eine Liste als Liste umsetzt, kannst du **mit Stylesheets ihr Aussehen anpassen**.

Okay, ich glaub dir ja schon, **dass Listen toll sind. Aber jetzt verrat mir auch bitte, wie die funktionieren. Ich hab noch so ungefähr 500 Platten vor mir, dann kommen die CDs.**

Und ich war so stolz, mein `<br>` gefunden zu haben.

Listen und Tabellen

Das mit dem **
** hast du auch gut gemacht, ich sag ja gar nichts. **Ich find's gut, dass du neue Elemente in der Referenz findest** und benutzt. Dabei findest du vielleicht nicht immer gleich das richtige, aber dafür lernst du ja noch.

Listen in HTML sind gar nicht mal kompliziert. Für einfache Aufzählungen, wie die Liste deiner Plattensammlung, gibt es zwei Arten, die sich eignen: **<ul>** und **<ol>** für **unordered List** bzw. **ordered List** (nichtnummerierte und nummerierte Liste). Beide schreiben die gelisteten Elemente untereinander, genau, wie du es haben möchtest; der Unterschied liegt nur im Aufzählungszeichen, das vor jedem Element verwendet wird. **<ul>** markiert jedes Element mit dem gleichen Zeichen, zum Beispiel einem Strich oder einem Punkt, **<ol>** zählt die Elemente fortlaufend: 1, 2, 3 ... oder a, b, c ...

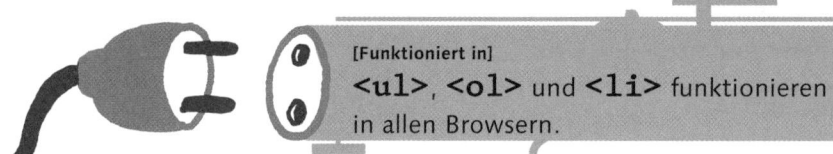

[Funktioniert in]
<ul>, **<ol>** und **<li>** funktionieren in allen Browsern.

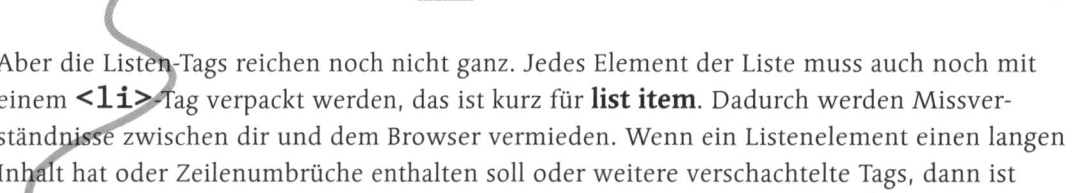

[Achtung]
„Ordered" heißt zwar auf Deutsch auch „sortiert", aber die Elemente einer **<ol>** werden nicht automatisch sortiert, ordered heißt hier nur, dass die Elemente eine Reihenfolge haben und **durchnummeriert** werden.

Aber die Listen-Tags reichen noch nicht ganz. Jedes Element der Liste muss auch noch mit einem **<li>**-Tag verpackt werden, das ist kurz für **list item**. Dadurch werden Missverständnisse zwischen dir und dem Browser vermieden. Wenn ein Listenelement einen langen Inhalt hat oder Zeilenumbrüche enthalten soll oder weitere verschachtelte Tags, dann ist trotzdem immer eindeutig, dass ein Listenelement bis zum schließenden **</li>**-Tag geht.

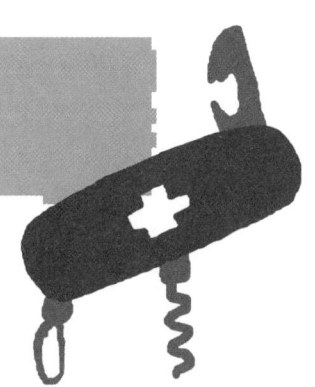

[Einfache Aufgabe]
Zeit zum Ausprobieren: Lege in einem neuen HTML-Dokument eine nummerierte Liste mit zwei bis drei Elementen an. Nachdem du sie angesehen hast, mach daraus eine unnummerierte Liste.

• Highway to Hell (AC/DC)	1. Highway to Hell (AC/DC)
• Back in Black (AC/DC)	2. Back in Black (AC/DC)
• For those About to Rock We Salute You (AC/DC)	3. For those About to Rock We Salute You (AC/DC)

Links eine unnummerierte, rechts eine nummerierte Liste

Und hier ist der Code dazu:

*1 die unnummerierte Liste (`<ul>`) mit Aufzählungszeichen

*2 die nummerierte Liste (`<ol>`) mit nummerierter Aufzählung

```
<ul>*1
    <li>Highway to Hell (AC/DC)</li>*3
    <li>Back in Black (AC/DC)</li>*3
    <li>For those About to Rock …(AC/DC)</li>*3
</ul>

                <ol>*2
                    <li>Highway to Hell (AC/DC)</li>*3
                    <li>Back in Black (AC/DC)</li>*3
                    <li>For those About to Rock …(AC/DC)</li>*3
                </ol>
```

*3 und die Listenelemente (`<li>`), die für beide Listenarten gleich sind

Damit weißt du auch schon fast alles, was du brauchst, um mit Listen umzugehen. Es gibt noch einige wenige Attribute, die bei Listen ab und zu zum Einsatz kommen. `<ul>` ist in der Beziehung langweilig, außer den Standardattributen wie `style` und `id` gibt es hier nichts zu sehen. `<ol>` kennt die Attribute `type`, `start` und `reversed`.

[Funktioniert in]
type und **start** funktionieren in allen Browsern.

[Funktioniert in]
reversed funktioniert in Chrome und Safari.

`type` bestimmt, in welcher Form Listenelemente nummeriert werden. Neben der Standardaufzählung mit Zahlen (`type="decimal"`) gibt es noch Kleinbuchstaben (`lower-alpha`), Großbuchstaben (`upper-alpha`), und römische Zahlen in Klein- und Großbuchstaben (`lower-roman` und `upper-roman`).

Listen und Tabellen

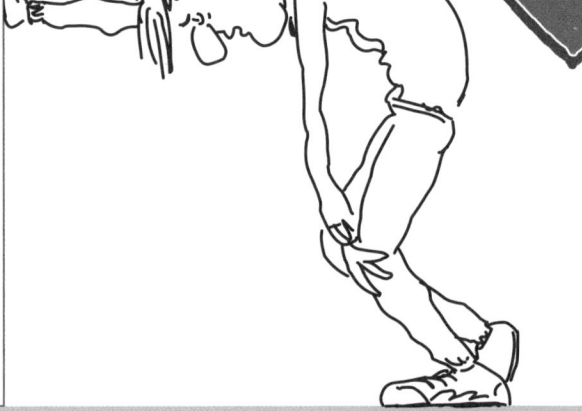

[Achtung]
Ob man das Attribut **type** überhaupt benutzen soll, ist umstritten. Meistens ist der Aufzählungstyp nur eine Frage der Präsentation und gehört daher ins CSS (wie, zeige ich dir gleich). Aber wenn man im Text zum Beispiel schreibt „siehe Punkt iii", wird **type** Teil des Inhalts, denn durch eine Änderung des **type**s würde ja der Verweis falsch. Es gibt hier keine wirklich richtige oder falsche Antwort, aber das hält Webentwickler nicht davon ab, lange und laut zu diskutieren.

Von oben nach unten: `decimal`, `lower-alpha`, `upper-alpha`, `lower-roman` und `upper-roman`

start und **reversed** beeinflussen beide nicht die Art der Nummerierung, sondern deren Werte. Mit **start** wird der **Wert des ersten Aufzählungspunktes** festgelegt, von da an zählt der Browser dann weiter – sehr praktisch, wenn man eine Liste mit etwas Text unterbrechen möchte und danach weiter auflisten. Egal, welchen **type** man gesetzt hat, **start** wird immer dezimal angegeben. Eine Liste, die mit ix anfangen soll, sieht also so aus: `<ol type="lower-roman" start="9">`.

Mit `reversed="reversed"` veranlasst man den Browser, rückwärts zu zählen, du kannst damit zum Beispiel die Top Ten deiner Platten auflisten, so dass der Höhepunkt zum Schluss kommt. Das funktioniert zwar im Moment nur in Chrome und Safari, aber das Attribut ist offizieller Teil von HTML5, also werden die anderen Browser bestimmt bald nachziehen.

[Einfache Aufgabe]
Probieren geht über Studieren: Lege eine nummerierte Liste in einem neuen Dokument an. Dann setze einen Absatz Text darunter, und führe die Liste danach mit einer **start**-Angabe fort.

Ich lasse den Beispielcode dafür jetzt mal weg, du bist inzwischen Webentwickler genug, dass du das richtig hinbekommst.

[Notiz]
reversed ist ein sogenanntes Boolesches Attribut, also eins, das nur zwei Werte kennt: an oder aus, ja oder nein. Bei diesen Attributen ist es okay, den Wert wegzulassen, und einfach den Attributnamen ins Tag zu schreiben. **<ol reversed="reversed">** kann man abkürzen zu **<ol reversed>**. Wieder ein paar Zeichen gespart, wir Webentwickler sind schon ein faules Pack.

[Achtung]
<ol reversed> kehrt nur die Zählreihenfolge um, die Listenelemente werden trotzdem in der Reihenfolge ausgegeben, in der sie im Dokument stehen.

Das war's jetzt echt mit sortierten und unsortierten Listen. Ich lass dich dann mal wieder Platten eintippen, für den Stapel brauchst du doch sowieso noch das ganze Wochenende.

Hey, warte mal! **Du kannst mich doch nicht erst neugierig machen, was ich denn jetzt mit CSS noch aus den Listen rausholen kann, und dann einfach gehen. Die ganze Zeit Plattentitel abzutippen, ist sowieso viel langweiliger, als ich gedacht hatte. Und ich bin erst bei AC/DC …**

Wer braucht da noch PowerPoint? CSS-Styles für Listen

Na gut, dann will ich dich mal nicht weiter leiden lassen und stattdessen weitererzählen. Du kannst mit Listen natürlich alles machen, was du bisher schon kennst, Farben, Schriften, alles da. Die zusätzlichen Möglichkeiten, die Listen bieten, haben alle mit den Aufzählungszeichen zu tun, das ist ja das einzige wirklich besondere an Listen. Ich hatte ja vorhin schon angekündigt, dass du die Art des **Aufzählungszeichens** auch mit CSS ändern kannst. Die Eigenschaft dafür heißt `list-style-type` und akzeptiert zunächst mal dieselben Werte wie das `type`-Attribut von `<ol>`, zum Beispiel `lower-alpha`. Für unnummerierte Listen gibt es darüber hinaus noch die Werte `circle`, `disc` und `square`, die je ein entsprechendes Symbol auswählen. Und dann gibt es noch ein paar weitere Zählweisen für nummerierte Listen, zum Beispiel `decimal-leading-zero`, das bei einstelligen Zahlen eine 0 voranstellt, oder `lower-greek` für griechische Buchstaben.

[Funktioniert in]
`list-style-type` funktioniert in allen Browsern.

[Achtung]
Es gibt einen sehr wichtigen Unterschied zwischen der CSS-Eigenschaft `list-style-type` und dem `type`-Attribut: `type` wird an der Liste selbst gesetzt, `list-style-type` wird auf die `<li>`s angewendet.

[Zettel]
Die Grenzen zwischen `<ul>` und `<ol>` verschwimmen hier. Wenn du in einer `<ul>` den Style `list-style-type: decimal` setzt, dann wird sie mit aufsteigenden Zahlen angezeigt. Die Unterscheidung zwischen den beiden Listenarten ist aus semantischen Gründen aber trotzdem wichtig: Man legt fest, ob die Reihenfolge der Elemente von Bedeutung ist.

- Highway to Hell (AC/DC)
- Back in Black (AC/DC)
- For those About to Rock We Salute You (AC/DC)

- Highway to Hell (AC/DC)
- Back in Black (AC/DC)
- For those About to Rock We Salute You (AC/DC)

- Highway to Hell (AC/DC)
- Back in Black (AC/DC)
- For those About to Rock We Salute You (AC/DC)

`list-style-type`: `disc`, `square` und `circle`. Es wird langsam auch mal Zeit für eine andere Band.

Und das ist nur CSS2. Mit CSS3 wird **`list-style-type`** ganz ehrlich **verrückt**. Es gibt ein paar Typen mehr. Eigentlich sogar ein paar mehr als nur ein paar mehr. In der aktuellsten Version des Entwurfs, die ich finden konnte (von April 2011), sind sage und schreibe 130 Typen definiert: von neuen Listenpunkten für unnummerierte Listen wie **`diamond`** und **`check`** über andere Zahlensysteme wie **`binary`** und **`hexadecimal`** bis hin zu fortlaufenden Zählungen in so ungefähr jedem Schriftsystem, das momentan auf der Erde benutzt wird, und wahrscheinlich auch noch in ein paar von anderswo. Die meisten davon funktionieren heute aber noch in keinem Browser; Chrome ist etwas weiter als die anderen und unterstützt wenigstens **`binary`** und **`hexadecimal`**.

[Hintergrundinfo]
Und wenn die 130 Typen dir noch nicht ausreichen, dann definier doch deine eigenen! Das soll dann auch direkt im Stylesheet mit **`@counter-style`** gehen, funktioniert aber heute noch nirgendwo.

Ein Glück, ich bin schon so verwirrt genug! ♪

[Funktioniert in]
`@counter-style` funktioniert gar nicht.

Das ist zwar alles noch **Zukunftsmusik**, aber eine Möglichkeit gibt es auch heute schon, wenn dir die üblichen Listen zu langweilig sind: Bilder! Die Eigenschaft **`list-style-image`** akzeptiert eine URL, unter der ein Bild zu finden ist, das dann als Aufzählungszeichen verwendet wird.

[Funktioniert in]
`list-style-image` funktioniert in allen Browsern.

Listen und Tabellen **179**

😊 Alapalooza (Weird Al Yankovic)
😊 Alpocalypse (Weird Al Yankovic)

list-style-image, wenn alles andere zu langweilig wird

***1** Die von Hintergrundbildern bekannte URL-Methode kommt auch hier wieder zum Einsatz.

```
…
<style>
    ul li*2 {
        list-style-image: url(smiley.png)*1;
    }
</style>
…
<ul>
    <li>Alapalooza (Weird Al Yankovic)</li>
    <li>Alpocalypse (Weird Al Yankovic)</li>
</ul>
…
```

***2** Auch **list-style-image** ist eine Eigenschaft der Listenelemente, nicht der Liste.

Definitionssache – Definition Lists mit <dl>

Es gibt noch eine weitere Art von Listen, die mit <ol> und <ul> nur wenig zu tun hat: die Definition List <dl>. <dl>s stellen nicht einfach eine Abfolge von Werten dar, sondern **gruppieren Namen und Werte zusammen**, zum Beispiel so wie ein Lexikon einen Begriff und seine Bedeutung zusammenstellt: der Begriff ist der Name, die Bedeutung der Wert.

[Funktioniert in]
<dl>, <dt> und <dd> funktionieren in allen Browsern.

[Funktioniert in]
<dfn> funktioniert in allen Browsern.

[Notiz]
Zusammen mit Definition Lists wird auch gerne das Tag <dfn> für Definition verwendet. <dfn> markiert einen Text, der an dieser Stelle erklärt wird. Dabei muss es nicht unbedingt in einer <dl> auftauchen, es kann auch zum Beispiel in einem <p> stehen, wenn dieser Absatz den Begriff erläutert.

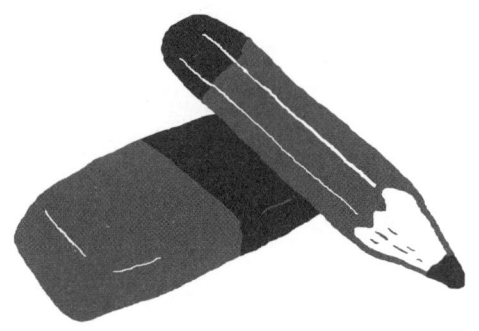

Listen und Tabellen **181**

*1 Listen und Musik scheinen untrennbar miteinander verbunden: Zur Plattensammlung soll noch eine Kurzbeschreibung der wichtigsten Künstler dazu. Zum Glück hast du gerade von `<dl>` erfahren.

*2 Definition Lists weisen Namen und Werte einander zu, diese beiden Dinge müssen im Markup natürlich sauber markiert werden. `<dt>` (definition term, Definitionsbegriff) markiert den Namen, zu dem Details folgen sollen.

```
<dl>*1
    <dt>*2<dfn>*4Beatles, The</dfn></dt>
    <dd>*3Die Beatles waren eine britische Band …</dd>
    <dt>Rolling Stones, The</dt>*5
    <dd>…</dd>*5
</dl>
```

*3 Diese Details werden mit `<dd>` (definition description, Definitionsbeschreibung) ausgezeichnet. Hier ist es zum Beispiel eine kurze Geschichte der Band.

*4 Wir erläutern an dieser Stelle, was die Beatles überhaupt sind, ein `<dfn>`-Tag ist sinnvoll. Es ist aber auch völlig in Ordnung, ein `<dt>`-Tag ohne `<dfn>` zu haben.

*5 Und es wäre eine miese Liste, wenn es nur einen Eintrag gäbe, eine `<dl>` darf natürlich beliebig viele Einträge enthalten.

Innerhalb der Definitionsliste müssen `<dt>` und `<dd>` nicht unbedingt paarweise auftreten, es kann mehrere `<dt>`s mit nur einer Beschreibung geben, genauso können mehrere Beschreibungen zu einem Begriff gehören.

[Einfache Aufgabe]
Eine Definitionsliste ist nicht nur dazu da, die Erklärung eines Begriffs anzugeben. Wir können ebenso gut sämtliche Bandmitglieder einer Band aufführen. Baue eine Definition List von Bandmitgliedern, als einziger Eintrag reichen die Beatles, jedes Mitglied soll ein eigener Wert sein.

Hier können wir ausnutzen, dass zu einem **<dt>** mehrere **<dd>**s gehören dürfen:

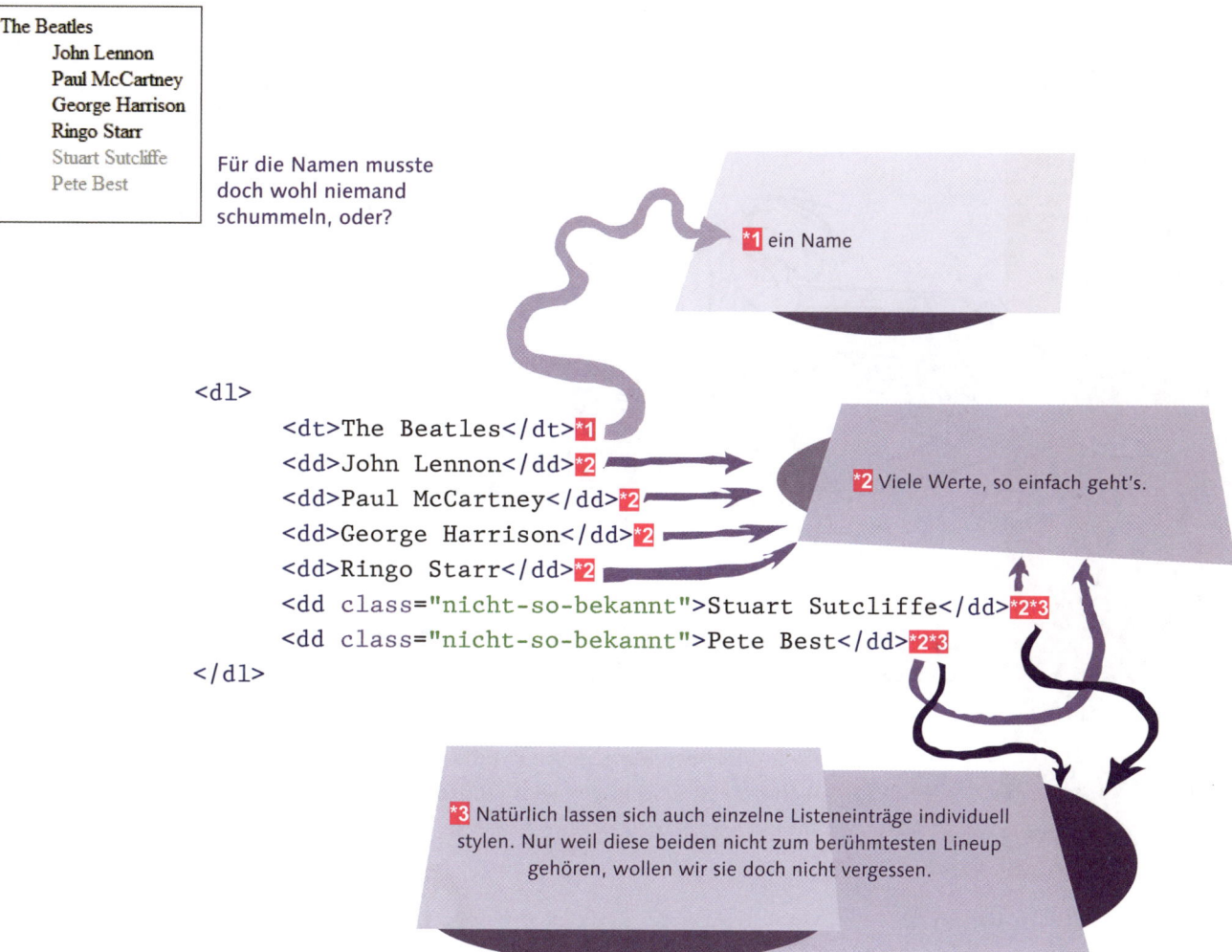

Im Gegensatz zu den anderen Listentypen haben Definition Lists keine tollen, individuellen CSS-Eigenschaften und auch keine eigenen Attribute. Aber die Standardsachen funktionieren selbstverständlich, wie du gerade gesehen hast.

Warte kurz, den Style dazu will ich auch noch haben:

```
<style>
    .nicht-so-bekannt {
        color: lightgray;
    }
</style>
```

Eine Liste von Übungen zu Listen

Damit das alles leichter zu merken ist, kann etwas zu üben zwischendurch nie schaden. In der Zwischenzeit wühl ich mich mal durch deine Plattenregale, da ist bestimmt einiges dabei, das ich mir gerne mal ausleihen würde. Ist doch okay, oder?

Klar, aber bring mir bloß keine Unordnung da rein. Du hast keine Ahnung, wie viel Arbeit es war, die alle zu sortieren.

Damit's nicht langweilig wird, Schrödinger: Listen mit mehreren Ebenen

Wie schon kurz angesprochen, kann ein Listenelement weitere HTML-Tags enthalten. Ein besonders guter Kandidat, um ihn in ein `<li>` zu packen ist ... eine weitere Liste. So lassen sich mehrere Listenebenen umsetzen.

[Schwierige Aufgabe]
Wirf einen Blick auf das Bild, und bau es in HTML nach. Achte auf die korrekte Listenart und die Aufzählungszeichen.

Na toll, jetzt muss ich auch noch selbst denken, wie ein `<ul>` ins `<li>` kommt.

```
1. Item 1
     a. Item 1.1
     b. Item 1.2
          o Item 1.2.1
2. Item 2
```

So soll die Liste mal aussehen.

Das hat dir keine Probleme bereitet, oder? Listen sind ja schließlich Listen, und die beherrschst du jetzt. Es gibt ein paar kleine potenzielle Fallstricke, auf die ich kurz hinweisen will, aber ich bin sicher, du hast die auch allein gekonnt gelöst.

*1 Es gibt hier keinen guten Grund, die Listentypen als Teil des Inhalts zu betrachten, also setzen wir sie im CSS und nicht per `type`-Attribut. Keine Sorge, wenn du es anders umgesetzt hast, dann ist das kein Beinbruch.

```
…
<style> *1
    ol ol>li*2 {
        list-style-type: lower-alpha;
    }
    ul > li*2 {
        list-style-type: circle;
    }
</style>
</head>
<body>
<ol>*3
    <li>Item 1
        <ol>*3*5
            <li>Item 1.1</li>
            <li>Item 1.2
                <ul>*4*5
                    <li>Item 1.2.1</li>
                </ul>
            </li>
        </ol>
    </li>
    <li> Item 2</li>
</ol>
…
```

*2 Die Selektoren sind ein wenig tricky. Den Style für alle `<li>`s zu setzen, bringt uns nicht weiter, die drei Ebenen sollen ja unterschiedlich aussehen. Die äußere `<ol>` ist schon ohne Änderung richtig, `decimal` ist die Standardeinstellung. Deshalb ändern wir nur den Style von `<li>` innerhalb von `<ol>` innerhalb von `<ol>`. Achte auch auf den Kind-Selektor bei `ol ol > li`: Würden wir stattdessen `ol ol li` schreiben, würde der Stil auch für die Elemente der unnummerierten Liste gelten, was wir nicht wollen. Es gibt hier mehrere richtige Lösungen; den Listen eine Klasse oder eine ID zu geben, ist ebenso richtig und vielleicht sogar einfacher.

*3 Die ersten beiden Listenebenen sind durchnummeriert bzw. »durchbuchstabiert«, also auf jeden Fall `<ol>`.

*4 Die innerste Liste ist nicht fortlaufend gekennzeichnet, also eine `<ul>`.

*5 Diese Listen sind Unterpunkte des Listenelements, deshalb müssen sie auch in dieses verschachtelt sein. Die inneren Listen jeweils in ein eigenes `<li>` zu packen, ist im ersten Versuch vielleicht naheliegend, aber semantisch ist es nicht korrekt. Und falsch aussehen tut es auch:

```
<ol>
    <li>Item 1</li>
        <li><ol>
            <li>Item 1.1</li>
            <li>Item 1.2</li>
                <li><ul>
                    <li>Item 1.2.1</li>
                </ul>
                </li>
            </ol>
        </li>
    <li> Item 2</li>
</ol> X
```

```
1. Item 1
2.    a. Item 1.1
      b. Item 1.2
      c.    o Item 1.2.1
3. Item 2
```
X

li li li!
ololol!

[Einfache Aufgabe]
Die verschiedenen Listentypen zu benutzen, ist nicht schwer. Die richtige Liste für eine Aufgabe zu benutzen, auch nicht, oder? Kreuze an, welche Liste für welchen Fall am besten passt.

1. **die Top Ten deiner liebsten Musikstücke**
2. **die Zutaten für dein Lieblingscurry**
3. **die Bandmitglieder von Guns N'Roses und welche Position sie in der Band besetzen**
4. **die Kapitelüberschriften eines Buches**
5. **die Übersetzungen von englischen Fachbegriffen, die auf der Seite verwendet werden**
6. **die Aufbauanleitung für ein IKEA-Regal**

`<ul>`	`<ol>`	`<dl>`

1. `<ol>`
2. `<ul>`, Sortierung ist hier nicht wichtig.
3. `<dl>` – denk dran, dass `<dl>`s nicht nur für Definitionen da sind, sondern für Wertpaare allgemein.
4. `<ol>`
5. `<dl>`
6. `<ol>`

Die Liste ist nicht genug – Tabellen

Nachdem er nun alles über Listen weiß, macht Schrödinger mit seiner Plattenliste weiter. Aber schon bald findet er ein neues Problem: Solange nur der Titel und der Künstler in jeder Zeile stehen, sieht alles noch gut aus. Aber sobald dann noch das Erscheinungsjahr, die Zahl von Titeln auf der Platte und Schrödingers Punktewertung dazukommen, sieht alles aus wie **Kraut und Rüben**.

- Queen (Queen), 1973, 10, 8 / 10
- Queen II (Queen), 1974, 11, 8.5 / 10
- Sheer Heart Attack (Queen), 1974, 13, 7.5 / 10
- A Night at the Opera (Queen), 1975, 12, 10 / 10
- Jazz (Queen), 1978, 13, 8.5 / 10

Sieht aus wie Kraut und Rüben.

Nachdem ich nun alles über Listen weiß, **wollte ich mit meiner Plattenliste weitermachen, aber ich hab jetzt ein neues Problem: Mit Titel, Künstler, Erscheinungsjahr, Anzahl der Songs auf der Scheibe und meiner Punktewertung sieht alles aus wie Kraut und Rüben.**

Schrödinger, bitte tu das nicht. Das sieht nachher im Buch total albern aus.

Tschuldigung. Aber es sieht echt nicht gut aus, es wäre viel besser, wenn alles sauber untereinandersteht, in Tabellenform.

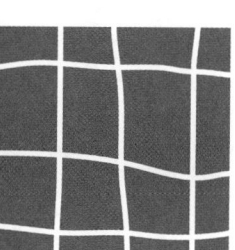

Ich verstehe, du meinst ungefähr so, ja?

	Schrödingers CD-Sammlung			
Album	**Künstler**	**Erscheinungsjahr**	**Tracks**	**Schrödipunkte**
Queen	Queen	1973	10	8
Queen II	Queen	1974	11	8.5
Sheer Heart Attack	Queen	1974	13	7.5
A Night at the Opera	Queen	1975	12	10
Jazz	Queen	1978	13	8.5

Und jetzt ist es sauber und ordentlich.

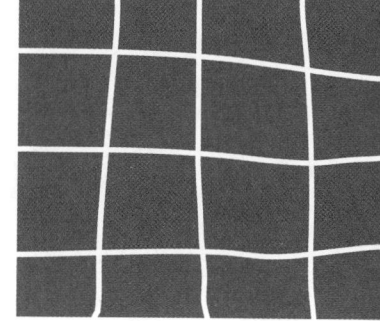

Listen und Tabellen

Das ist kaum schwieriger als Listen, das Zauberwort heißt **<table>**. Na ja, Zauber-Tag. Egal. Zu **<table>** gehört zwar eine relativ große Menge an Tags, aber Kompliziertes ist nichts dabei. Ein erfahrener Webentwickler wie du hat das nach wenigen Seiten verstanden.

[Funktioniert in]
<table>, **<tbody>**, **<tr>**, **<td>**, funktionieren in allen Browsern.

[Notiz]

<table> ist für diese Art Daten auch semantisch die bessere Wahl. Es geht jetzt nicht mehr nur um eine Liste gleichartiger Daten, sondern um zusammengehörige Daten, die eine Bedeutung haben. Durch die Tabelle wird das klar. Dank der Tabellenüberschriften wird diese Bedeutung sogar benannt, das ist für jeden nachvollziehbar. Und mithilfe von JavaScript können wir später ganz einfach nützliche Dinge tun, wie nach dem Erscheinungsjahr zu sortieren.

Fangen wir in der Mitte an: mit den tabellarischen Daten selbst. Es gibt zwar einiges drumherum, aber es geht immer um die Daten. Das Basis-Tag für eine Tabelle ist, wie schon gesagt, **<table>**. In die Tabelle gehört dann ein **<tbody>**, der umschließt den eigentlichen Inhalt der Tabelle; im Moment erscheint **<tbody>** noch reichlich sinnlos, weil **<table>** keine anderen Kinder hat. Das wird sich gleich ändern, aber vorher braucht die Tabelle etwas Inhalt.

Tabellen sind zeilenorientiert, das heißt, der **<tbody>** hat als Kinder eine oder mehrere – meistens mehrere – Tabellenzeilen **<tr>** (table row). Jede Zeile enthält wiederum eine oder mehrere Tabellenzellen **<td>** (table data).

Also mal wieder genau wie Kisten stapeln. Mein Job bei Stapelfix scheint ja die perfekte Vorbereitung für Webentwicklung zu sein.

Tabellenspalte <???> **Tabellenzelle <td>**

Tabellenzeile <tr>

Queen	Queen	1973	10	8
Queen II	Queen	1974	11	8.5
Sheer Heart Attack	Queen	1974	13	7.5
A Night at the Opera	Queen	1975	12	10
Jazz	Queen	1978	13	8.5

Bausteine einer Tabelle

[Achtung]
Wenn du Tabellendaten eingibst, findest du in HTML kein Element für Spalten. Es gibt Zeilen und Zellen. Der Browser sorgt dann in der Darstellung dafür, dass die jeweils erste Zelle jeder Zeile zu einer Spalte wird, die jeweils zweite Zelle zu einer Spalte und so weiter. Deshalb ist es wichtig, dass alle Zeilen die gleiche Anzahl an Zellen haben; auch leere Zellen müssen unbedingt angegeben werden.

[Einfache Aufgabe]
Ich könnte dir natürlich das HTML für diese Tabelle einfach zeigen, aber dann hab ich keine Zeit, mir Kaffee zu holen. Du weißt nämlich alles Nötige, um die Tabelle aus dem Bild nachzubauen, also nur mit den Daten, ohne Spaltenüberschriften und Titel. Beim Rahmen helfe ich dir gleich wieder.
Und ich gebe dir einen Tipp: Um deine Wertungspunkte rechtsbündig zu setzen, musst du dich ans vorige Kapitel erinnern.

Listen und Tabellen

Genau so muss es aussehen. Kein Problem, oder?

```
<table>
    <tbody>
        <tr>
            <td>Queen</td>
            <td>Queen</td>
            <td>1973</td>
            <td>10</td>
            <td style="text-align: right">8</td>  *1
        </tr>
    </tbody>
</table>
```

*1 **text-align: right**
ist die Eigenschaft von vorhin, um den Text rechtsbündig zu setzen.

Schwierig nicht, aber die Punktzahl rechtsbündig zu machen, ist nervig. Außerdem dachte ich, Webentwickler sind so schreibfaul. Den style in jeder Zeile wieder an der letzten Zelle zu setzen, passt aber nicht damit zusammen.

Ja, das ist leider so. Theoretisch gibt es dafür das **<col>**-Tag, mit dem du Styles und andere Dinge für eine Tabellenspalte setzen kannst. Total tolle Idee, das würde Tabellen viel schöner machen. Leider ist das aber in der Praxis eher durchwachsen, manche CSS-Eigenschaften werden korrekt auf die Zellen einer Spalte angewendet, andere aber nicht. Leider ist **text-align** eine der anderen. Zumindest vorläufig geht es nur mit **style**- oder **class**-Angaben für die einzelnen Zellen.

[Notiz]
Einer der ältesten offenen Fehler des Browsers Firefox ist es, dass manche Style-Eigenschaften nicht von **<col>** zu den **<td>**s übertragen werden. Das Fehlerticket wurde 1998 gezogen. Es gibt einige fähige Webentwickler, die jünger sind als dieser Bug.

Wow, die fangen aber früh an, da kann ich wohl nicht mehr mithalten.

Was steckt noch drin? Tabellen im Detail

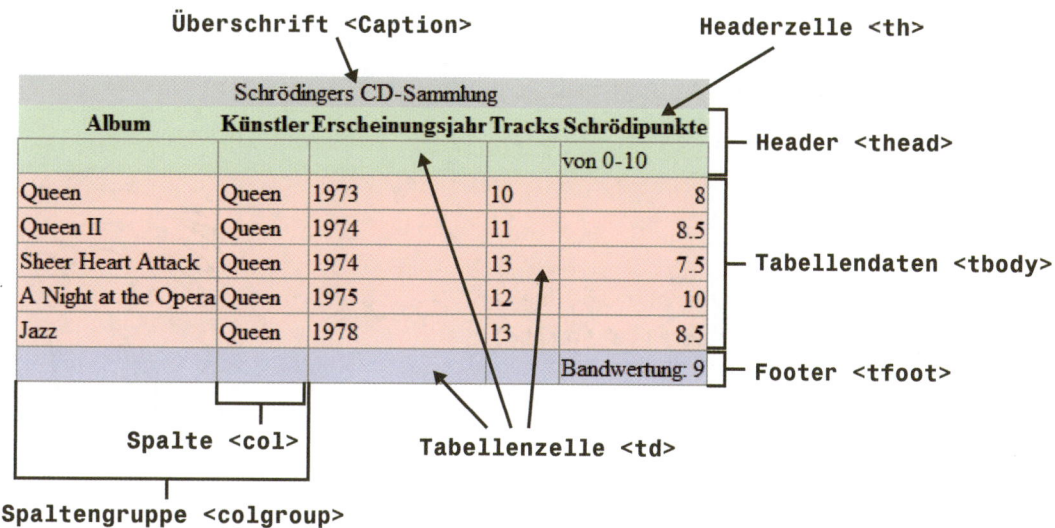

Tabelle mit allen Haken und Ösen ... und einem Schleifchen obendrauf

Das ist ja noch einiges mehr, da will ich jetzt auch Erklärungen!

Und die sollst du haben.

Spalten und Spaltengruppen – Stil in der anderen Richtung

Da wir gerade schon vom `<col>`-Tag gesprochen haben, machen wir da kurz weiter, auch wenn die Unterstützung ziemlich mies ist. `<col>` definiert Tabellenspalten, aber es steht nicht wie `<tr>` bei den Tabellendaten. Alle `<col>`s werden am Anfang der Tabelle aufgelistet und haben nur den Zweck, Attribute für alle Zellen in einer Tabellenspalte zu setzen. `<colgroup>` erfüllt einen ähnlichen Zweck, fasst aber mehrere Spalten zu einer Gruppe zusammen. Dadurch kann man zusammengehörige Spalten leicht markieren und zum Beispiel mit einem gemeinsamen, dickeren Rand versehen. Zumindest in der Theorie, in der Praxis

Listen und Tabellen **191**

hast du mehr Erfolg, wenn du jedem Besucher deiner Website einen Bleistift in die Hand drückst und ihm sagst, was er auf den Bildschirm zeichnen soll. Es helfen nur Style- oder Klassenangaben an jeder Zelle.

[Funktioniert in]
`<col>` und `<colgroup>` funktionieren in allen Browsern (aber nicht alle CSS-Eigenschaften).

```
<table>
    <colgroup>
        <col class="erste-spalte">
        <col class="zweite-spalte">
    </colgroup>
    <colgroup>
    …
    <tbody>
        <tr>
        …
```

[Zettel]
Würden `<col>` und `<colgroup>` funktionieren, wie angepriesen, würde das vieles einfacher machen. Vielleicht eines Tages, man kann ja zumindest träumen …

Titelzeilen, Summen und mehr — Tabellenheader und -footer

`<thead>` und `<tfoot>` sind wichtige semantische Elemente, sie setzen Tabellenkopf und -fuß von den Daten ab. Die Tabellenbereiche richtig auszuzeichnen, hat auch hier wieder Vorteile für Barrierefreiheit und Suchmaschinen, optisch hat es aber zunächst keinen Effekt. CSS sei Dank kann man den optischen Effekt aber ganz einfach hinzufügen. Und im Gegensatz zu Spalten funktionieren diese Elemente, genau wie die weiteren, zuverlässig in allen Browsern.

[Funktioniert in]
`<thead>` und `<tfoot>` funktionieren in allen Browsern.

*1 Im Kopfbereich der Tabelle wird alles fett gedruckt.

```
thead {
    font-weight: bold; *1
}
thead tr {
    border-bottom: 2px solid black; *2
}
```

*2 Und jede Zeile im Tabellenkopf hat einen dicken, schwarzen Rahmen unten.

[Zettel]
Eine Tabelle kann nur je ein `<thead>` und `<tfoot>` haben, aber mehrere `<tbody>`s. Dadurch lassen sich Datenbereiche individuell gestalten.

[Achtung]
Die korrekte Reihenfolge dieser drei Elemente ist auf den ersten Blick widersinnig: zuerst kommt `<thead>`, danach `<tfoot>` und erst zum Schluss `<tbody>`. Trotzdem wird `<tfoot>` erst am Ende der Tabelle dargestellt. Diese Reihenfolge hat aber doch einen logischen Grund: Sobald Tabellenkopf und -fuß da sind, kann der Browser die Tabelle schon korrekt darstellen, auch wenn die Daten wegen einer langsamen Verbindung noch auf sich warten lassen.

Ich muss dieser Reihenfolge aufs Schärfste widersprechen.

Wenn ich von Berufs wegen von etwas Ahnung habe, dann vom Stapeln, und eins kann ich dir ganz sicher sagen: Wenn man Dinge in der falschen Reihenfolge stapelt, dann geht das schief.

Die wichtige Frage ist noch, was denn überhaupt in **<thead>** und **<tfoot>** hineingehört. Darüber macht der HTML-Standard keine Angaben, es gehört halt rein, was oberhalb und unterhalb der Daten stehen soll. Meistens sind das im Kopf die Spaltentitel und im Fuß Summen, Durchschnittswerte oder Ähnliches. Aber es geht alles.

Titel mit Bedeutung — <th>

Das **<th>**-Tag enthält den Titel einer Zeile oder Spalte. Benutzt wird es wie ein **<td>**-Tag, aber es zeichnet die Zelle eben als Titel aus. Ob als Titel für Zeile oder Spalte wird vom **scope**-Attribut festgelegt, **scope="row"** für die Zeile, **scope="col"** für die Spalte. Für Spaltentitel ist **<thead>** der natürliche Lebensraum, aber **<th>** kann überall in der Tabelle vorkommen.

[Funktioniert in]
<th> funktioniert in allen Browsern.

[Funktioniert in]
scope funktioniert in allen Browsern.

Ein Beispiel aus Schrödingers Arbeitsalltag:
Zeilen und Spalten haben **<th>**-Titel.

[Hintergrundinfo]
<th> und das **scope**-Attribut sind besonders wichtig für die Barrierefreiheit, denn sie steuern, wie die Tabelle von Bildschirmlesern vorgelesen wird. Ohne **<th>** und **scope** würde die Tabelle im Bild vorgelesen als „Länge, Breite, Höhe, Volumen, Größe 42, <die Länge des Kartons>, <die Breite des Kartons> …". Mit korrekten **<th>**s wird daraus. „Größe 42, Länge, <Länge des Kartons>, Größe 42, Breite, <Breite des Kartons>". Das ist um einiges einfacher zu verfolgen.

[Zettel]
Ein **<th>** kann auch mitten in der Tabelle vorkommen. Dafür einen Grund zu finden, wird aber schon schwieriger.

Und noch ein Titel für alles – `<caption>`

Mit `<caption>` bekommt die ganze Tabelle noch einen Titel, damit du auch weißt, worum es darin geht. Wo die `<caption>` angezeigt werden soll, lässt sich per CSS umstellen. **caption-side: top** und **caption-side: bottom** an der Tabelle gesetzt, positionieren den Titel. Links oder rechts neben die Tabelle lässt sich der Titel nicht setzen.

[Funktioniert in]
`<caption>` funktioniert in allen Browsern.

[Funktioniert in]
caption-side funktioniert in allen Browsern.

Tabelle mit allem Drum und Dran, in der richtigen Reihenfolge:

*1 Mit dem Titel fängt alles an.

```
<table>
    <caption>Größenübersicht Schuhkartons</caption>*1
    <colgroup>*2
        <col/>
        …
    </colgroup>
    <thead>*3
        <tr>
            <th scope="col">Schuhgröße</th>
            <th scope="col">Länge</th>
            …
        </tr>
    </thead>
    <tfoot>*4
        <tr>
            <td>…</td>
            …
        </tr>
    </tfoot>
    <tbody>*5
        <tr>
            <th scope="row">Größe 42</th>*6
            <td>50 cm</td>
            …
        </tr>
        …
    </tbody>
</table>
```

*2 `<colgroup>` und `<col>` funktionieren zwar nicht zuverlässig, aber wenn man sie benutzen will, gehören sie hierhin.

*3 Als Nächstes kommt – natürlich – der Tabellenkopf `<thead>`, …

*4 … danach – viel weniger natürlich – der Tabellenfuß `<tfoot>` …

*5 … und zum Schluss dann der Inhalt der Tabelle im `<tbody>`.

*6 Nur zur Erinnerung: `<th>`-Tags können überall vorkommen, nicht nur in `<thead>`.

Zu viele Tags! Zu viele Tags!

[Achtung]
Gerade auf älteren Webseiten, aber leider auch auf viel zu vielen neuen, werden Tabellen missbraucht, um mehrspaltige Layouts umzusetzen. Tu das nicht! Das `<table>`-Element ist wirklich **nur** für tabellarische Daten da. Zuwiderhandlung wird mit sofortigem Ausschluss aus der Webentwickler-Gilde bestraft. Wie du mehrspaltige und -zeilige Layouts mit CSS und ohne Tabellen umsetzt, zeige ich dir in Kapitel 7.

Auch Tabellen brauchen CSS-Liebe

Wie alles andere in HTML lassen sich auch Tabellen mit CSS umgestalten. Es gibt sogar einige Eigenschaften, die nur für Tabellen da sind, aber bevor wir zu denen kommen, gibt es eine Reihe von allgemeinen CSS-Eigenschaften, die dich gutaussehenden Tabellen einen viel größeren Schritt näherbringen: **Rahmen**. Denn ohne Rahmen um die einzelnen Zellen sieht eine Tabelle einfach nicht nach Tabelle aus.

[Notiz]
Rahmen funktionieren für fast jedes HTML-Element, nicht **nur** für Tabellen.

Der einfachste und schnellste Weg, Rahmen zu setzen, ist die Eigenschaft **border**.

[Funktioniert in]
border und **border-***
funktionieren in allen Browsern.

*1 Die Eigenschaft **border** fasst drei Einzelangaben zusammen: ...

*2 ... die Dicke des Rahmens, ...

```
td {
    border*1: 1px*2 solid*3 #AAAAAA*4;
}
```

*3 ... den Linienstil, durchgehend, gepunktet, gestrichelt, ...

*4 ... und die Farbe. Natürlich funktionieren auch hier alle Arten, eine Farbe anzugeben.

Der einzige Teil, der hier vielleicht eine kurze Erklärung braucht, ist der Linienstil. Nicht alle Rahmen sollen ja durchgehende Linien haben, deshalb gibt es auch hierfür in CSS mehrere Optionen; die wichtigsten heißen **solid** (durchgehende Linie), **dotted** (gepunktete Linie) und **dashed** (gestrichelte Linie).

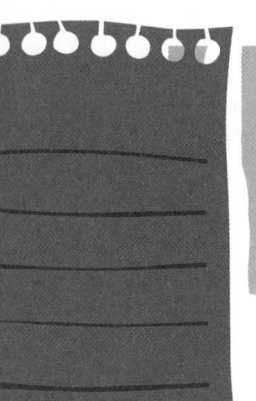

[Notiz]
Ich bin ja gespannt, ob hier für CSS3 auch noch eine Möglichkeit festgelegt wird, selbst **border**s zu definieren. Vielleicht im Morsealphabet.

Die wichtigsten Linienstile der **border**-Eigenschaften

[Einfache Aufgabe]
Wie immer am besten gleich ausprobieren: Lege eine Tabelle an, und gib den Tabellenzellen einen Rahmen, und zwar 1 Pixel dick und durchgezogen, damit die Daten nicht rauslaufen.

Einzelne Rahmen für jede Tabellenzelle

Und mach dir keine Sorgen, wenn zwischen deinen Tabellenzellen Zwischenräume zu sehen sind wie im Bild. Im Moment hat jede Zelle noch ihren eigenen Rahmen. Das ist genau wie beim Kistenstapeln: Wenn du zwei Kisten nebeneinanderstellst, dann haben auch beide eine Seitenwand.

> *Du schaffst es immer wieder, in einer Sprache über HTML zu sprechen, die ich verstehe.*

Die Zwischenräume kommen gleich mit **border-collapse** weg, aber gerade helfen sie dabei, die nächste Änderung zu sehen.

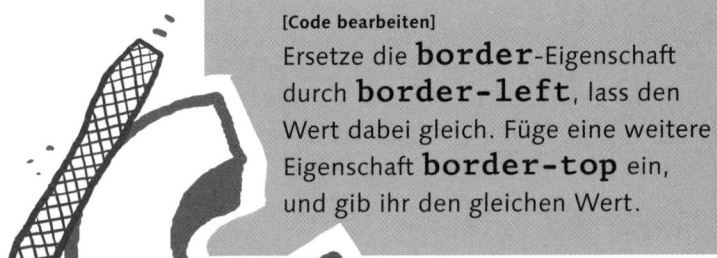

[Code bearbeiten]
Ersetze die **border**-Eigenschaft durch **border-left**, lass den Wert dabei gleich. Füge eine weitere Eigenschaft **border-top** ein, und gib ihr den gleichen Wert.

Wenn du keine Fehler eingebaut hast, sollte deine Tabelle jetzt so aussehen:

Rahmen nur links und oben

So sieht das CSS aus:

```
td {
    border-top: 1px solid #AAAAAA;
    border-left: 1px solid #AAAAAA;
}
```

Was diese beiden Eigenschaften tun, ist klar: sie legen einen Rahmen nur für die linke bzw. die obere Seite fest. Die Seiten, die du nicht erwähnst, bleiben rahmenlos. Sie würden mit **border-right** und **border-bottom** angesprochen.

> **[Notiz]**
> Die Eigenschaft **border** ist eine Kurzschreibweise, man kann die drei Komponenten auch einzeln setzen mit **border-width**, **border-style** und **border-color**. Das geht auch je Seite, dann heißt es zum Beispiel **border-top-style**. In freier Wildbahn sieht man die einzelnen Eigenschaften aber selten, fast immer sind sie zu **border** zusammengefasst.

Aber eigentlich waren Rahmen auf allen Seiten schon toll. Ich hätte lieber die Zwischenräume weg!

Ach ja, die hässlichen Lücken zwischen den Tabellenzellen. Dieses Problem gibt es nur in Tabellen, daher ist auch die CSS-Eigenschaft, die das Problem löst, nur für Tabellen gut.

Listen und Tabellen

[Code bearbeiten]
Stelle dein CSS wieder um, so dass die Rahmen alle vier Seiten der Zellen umfassen. Füge eine Regel hinzu, die für Tabellen die Eigenschaft **border-collapse: collapse** setzt.

Und damit sollte auch das erledigt sein. **border-collapse** kennt nur zwei Werte, **collapse** und den Standardwert **separate**. Warum der Standard **separate** ist, ist eins dieser Dinge, die ich an HTML und CSS auch nie verstanden habe. Tabellen sollen doch meistens zusammenhängend aussehen, nicht zerpflückt. Aber zumindest kann man es ja umstellen.

[Funktioniert in]
border-collapse funktioniert in allen Browsern.

[Achtung]
border-collapse ist eine Eigenschaft der Tabelle. An **td**, **th**, **tbody** und so weiter hat sie keine Wirkung.

Und jetzt zeig ich dir noch einen ziemlich coolen CSS-Trick, um Tabellen hübscher und besser lesbar zu machen.

Zebrastreifen, auf die leichte Art:

Album	Künstler	Erscheinungsjahr	Tracks	Schrödipunkte
Queen	Queen	1973	10	8
Queen II	Queen	1974	11	8.5
Sheer Heart Attack	Queen	1974	13	7.5
A Night at the Opera	Queen	1975	12	10
Jazz	Queen	1978	13	8.5

Zebrastreifen sehen nicht nur gut aus, sie verhindern auch, dass man beim Lesen in der Zeile verrutscht ... und dass man mitten in der Tabelle überfahren wird.

Dazu machen wir uns ein CSS3-Feature zunutze, das schon jetzt von jedem aktuellen Browser unterstützt wird: die **nth-child**-Pseudoklasse. Die wählt Elemente aus, die das n-te Kind ihres Elternelements sind. Welches n genau gemeint ist, gibt man als Parameter an. **Eine Pseudoklasse in Funktionsschreibweise** – toll, oder?

[Funktioniert in]
nth-child() funktioniert im Internet Explorer ab der Version 9, in Firefox, Chrome und Safari.

```
td:nth-child(even){…} *1
td:nth-child(odd){…} *1
td:nth-child(3n){…} *2
```

*1 **even** und **odd** sind zwei spezielle Werte, die alle geraden bzw. ungeraden Kindelemente auswählen. Genau das Richtige für unsere Zebrastreifen.

*2 Es lassen sich aber auch Formeln angeben. Dieser Selektor findet jede dritte Zeile.

odd und **even** brauchen keine lange Erklärung, die Formeln sind da schon etwas schwieriger. Zunächst mal haben alle Formeln die Form **an+b**, wobei a=1 und b=0 nicht angegeben werden müssen, soweit mit einfacher Mathematik nachvollziehbar. Aber welche Elemente findet so eine Formel? Die ganz unmathematische Erklärung: Die Formel an+b findet jedes a-te Element, angefangen bei b.

Hä? Beispiel bitte! Wenn es geht mit Stapelkisten.

Sorry, ohne Kisten. Aber Beispiele gibt es trotzdem. **nth-child(3n)** selektiert zum Beispiel jedes dritte Kind: 3, 6, 9 … **nth-child (3n+1)** findet auch jedes dritte Kind, aber fängt bei 1 an zu zählen: 1, 4, 7 …

[Einfache Aufgabe]
Was sind jeweils die ersten drei Elemente von **nth-child(4n)**, **nth-child(3n+2)** und **nth-child(2n+1)**?

Listen und Tabellen

Mehr Beispiele mit und ohne Zebras

Lass mich nachdenken, das ist …. 4, 8 und 12 für den ersten, 2, 5 und 8 für den zweiten und … ähm … 1, 3 und 5 für den dritten, das ist das Gleiche wie odd.

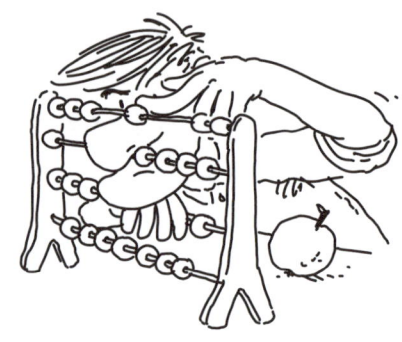

[Einfache Aufgabe]
Für zwei Farben im Wechsel reichen **odd** und **even** aber schon aus. Lege eine Tabelle an, und gib den geraden Zeilen einen hellgrauen Hintergrund, den ungeraden einen dunkelgrauen.

[Achtung]
`tr:nth-child()` selektiert `<tr>`s, die ein n-tes Kind **sind**, nicht etwa das nte-Kind jedes `<tr>`s.

Beim HTML hab ich gar keine Zweifel mehr, dass du es ohne Beispiel richtig machst. Beim CSS eigentlich auch nicht, aber nur zum Vergleich könnte es so aussehen:

```
tr:nth-child(even) {
    background-color: #DDDDDD;
}
tr:nth-child(odd) {
    background-color: #AAAAAA;
}
```

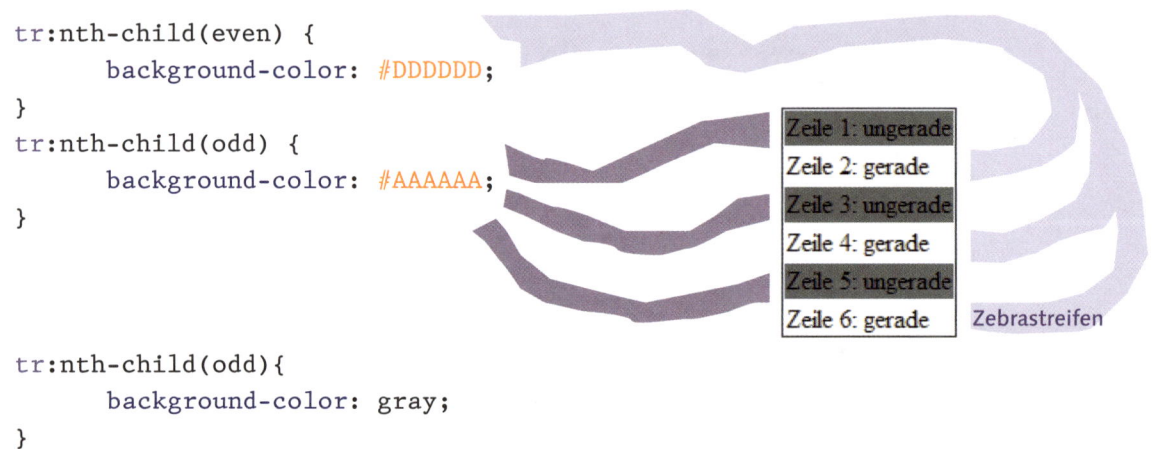

Zebrastreifen

```
tr:nth-child(odd){
    background-color: gray;
}
tr:nth-child(even){
    background-color: white;
}
```

```css
tr:nth-child(3n){
     background-color: gray;
}
tr:nth-child(3n+1){
     background-color: white;
}
tr:nth-child(3n+2){
     background-color: lightgray;
}
```

Mehrfarbiges Zebra

```css
td {
     border-bottom: 1px solid gray;
}
tr:nth-child(5n) td{
     border-bottom: 2px solid black;
}
```

Zur Übersicht in Tabellen, alle fünf Zeilen eine dickere Border

Listen und Tabellen

Gefängnisreform für größere Zellen – rowspan und colspan

Ein letzter, häufiger Wunsch an Tabellen ist es, Zellen zu verbinden. Dazu gibt es die Attribute **colspan** und **rowspan**. Beide gibt es an `<td>` und `<th>`; sie lassen eine einzelne Tabellenzelle mehrere Spalten bzw. Zeilen einnehmen. Der Wert für beide Attribute ist jeweils die Zahl von Spalten oder Zeilen, die die Zelle einnehmen soll. Die Erklärung sagt nicht viel aus, oder? Ein Bild sagt mehr als tausend Worte.

[Funktioniert in]

colspan und **rowspan** funktionieren in allen Browsern.

Album	Künstler	Erscheinungsjahr	Tracks	Schrödipunkte
Queen	Queen	1973	10	8
Queen II	Queen	1974	11	8.5
Sheer Heart Attack	Queen	1974	13	7.5
A Night at the Opera	Queen	1975	12	10
Jazz	Queen	1978	13	8.5

Schrödingers CD-Sammlung

Album	Künstler	Erscheinungsjahr	Tracks	Schrödipunkte
Queen		1973	10	8
Queen II		1974	11	8.5
Sheer Heart Attack	Queen	1974	13	7.5
A Night at the Opera		1975	12	10
Jazz		1978	13	8.5

Das ist der Unterschied: oben ohne **rowspan**-Attribut, unten mit **rowspan="5"**.

Und das HTML wird dadurch kaum komplizierter:

```
...
<tr>
        <td>Queen</td>
        <td rowspan="5"*1>Queen</td>
        <td>1973</td>
        <td>10</td>
        <td>8</td>
</tr>
<tr>
        <td>Queen II</td>
        *2
        <td>1974</td>
        <td>11</td>
        <td>8.5</td>
</tr>
...
```

*1 Diese Zelle soll fünf Zeilen umfassen, auch wenn die nicht alle abgedruckt sind.

*2 Hier kommt die Zelle von oben hin, deshalb gibt es hier keinen Code.

[Achtung]
Wenn eine Zelle über mehrere Spalten oder Zeilen gestreckt wird, dann bleibt diese Position in den anderen Spalten/Zeilen leer. Im HTML hat eine Zeile dann also weniger **<td>**s, so wie im Beispiel.

So sieht die Tabelle gleich viel professioneller aus, als wenn der gleiche Wert in jeder Zeile wiederholt wird.

Tabellarische Übungen

Jetzt weißt du so ziemlich alles, was es über Listen und Tabellen zu wissen gibt, mehr als viele andere wissen. Aber beweisen, dass davon auch was hängengeblieben ist, musst du trotzdem noch.

Na, dann los!

[Einfache Aufgabe]
Ohne zurückzublättern oder anderswo zu spicken, lege eine Tabelle an, in der alle möglichen Elemente in der richtigen Reihenfolge vorkommen. Wenn du unbedingt echte Daten dafür haben möchtest, die kompletten Rolling Stones fehlen noch in der CD-Liste …: http://de.wikipedia.org/wiki/The_Rolling_Stones/Disko-_und_Videografie.

Den ganzen Quellcode der Tabelle brauchst du an dieser Stelle nicht mehr abgedruckt zu sehen, das weißt du alles. Aber um dein Gedächtnis noch mal aufzufrischen: Innerhalb von `<table>` kommt als Erstes die `<caption>`, darunter folgen dann `<colgroup>`s und `<col>`s, wenn du sie benutzt, und dann schließlich die drei Tabellenabschnitte `<thead>`, `<tfoot>` und `<tbody>`, und zwar in dieser Reihenfolge. Jeder dieser Abschnitte enthält dann `<tr>`s und die wiederum `<td>`s oder `<th>`s.

[Schwierige Aufgabe]
Jetzt mal ein bisschen Denksport, ich will dich ja nicht mit zu vielen einfachen Aufgaben langweilen. Bau die Tabelle vom Bild mit **colspan**s und **rowspan**s nach. Vergiss nicht die Style-Angaben, um die Rahmen richtig darzustellen.

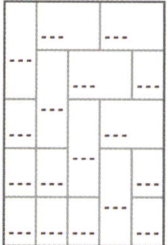

Ich kann mir keinen praktischen Nutzen für diese Tabelle vorstellen … außer vielleicht, dich zu ärgern …

… oder einen Setzkasten in HTML zu bauen.

©Simone Jugel, http://wsdha.de

Falls es nicht auf Anhieb funktioniert, beachte, dass alle Tabellenzeilen dieselbe Anzahl Zellen haben müssen, inklusive der Zellen, die durch **rowspan** von Zeilen weiter oben kommen.

Ich gebe zu, diese Aufgabe war gemein. Ich habe drei Versuche gebraucht, um die Musterlösung so hinzubekommen, wie sie sein sollte, also mach dir keine Sorgen, wenn du etwas herumprobieren musstest.

Zuerst mal der einfache Teil, das CSS:

```
table {
    border-collapse: collapse; *1
}
tbody td {
    border: 1px solid #AAAAAA; *2
}
```

***1** Ohne **border-collapse** hast du wieder diese hässlichen Zwischenräume zwischen den Zellen.

***2** Und ohne Rahmen um die Zellen ist nicht viel zu sehen.

Listen und Tabellen **207**

Der schwierige Teil liegt im HTML. Es sollte so aussehen – zumindest, falls **ich** nicht falsch liege:

```
<table>
    <tbody>
        <tr>
            <td colspan="2">...</td>
            <td colspan="2">...</td>
            <td rowspan="2">...</td>
        </tr>
        <tr>
            <td colspan="2">...</td>
            <td colspan="2">...</td>
        </tr>
        <tr>
            <td>...</td>
            <td rowspan="2">...</td>
            <td>...</td>
            <td rowspan="2">...</td>
            <td>...</td>
        </tr>
        <tr>
            <td rowspan="2">...</td>
            <td>...</td>
            <td>...</td>
            <td>...</td>
            <td>...</td>
        </tr>
        </tr>
    </tbody>
</table>
```

Jede Zeile hat fünf Spalten, auch wenn man sie nicht immer sieht.

[Schwierige Aufgabe]

Eines der komplexesten Themen, das wir bisher angeschaut haben, ist die **nth-child()**-Pseudoklasse. Markiere im nächsten Bild, welche Hintergrundfarbe und Farbe die Zellen haben und welche Zellen kursiv gedruckt sind.

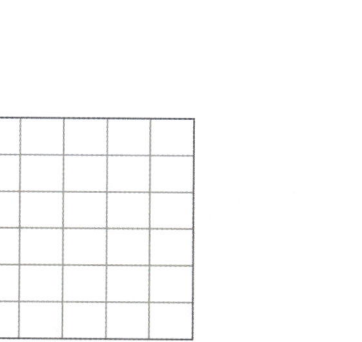

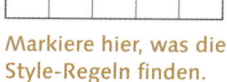

Markiere hier, was die Style-Regeln finden.

```
td:nth-child(odd){
      background-color: #888888;
}
tr:nth-child(3n){
      color: blue;
}
tr:nth-child(3n+1){
      color: red;
}
tr:nth-child(3n+2){
      color: green;
}
td:nth-child(4){
      font-style: italic;
}
```

Listen und Tabellen

Auch das ist natürlich wieder eine arg konstruierte Aufgabe, aber ich will schließlich auch ein wenig Spaß haben, wenn ich mir Übungen für dich ausdenke. Die richtige Lösung sieht so aus:

Schön ist es nicht, aber zumindest bunt.

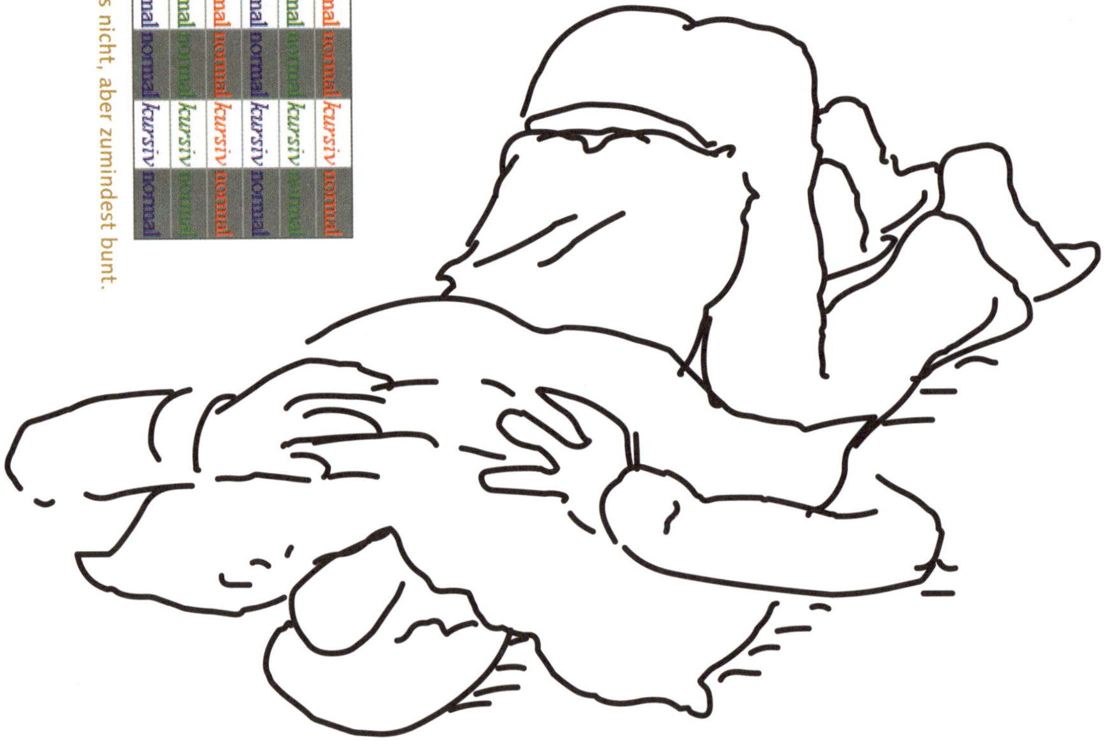

[Belohnung/Lösung]

Genug von Tabellen und Listen, jetzt bin ich sicher, dass du alles verstanden hast. Dafür geht das Abendessen heute auf mich, Pizza ist schon bestellt. Und danach überlasse ich dich wieder deiner Wochenendbeschäftigung; es gibt da noch einige hundert CDs und ein paar Platten, die gelistet werden wollen …

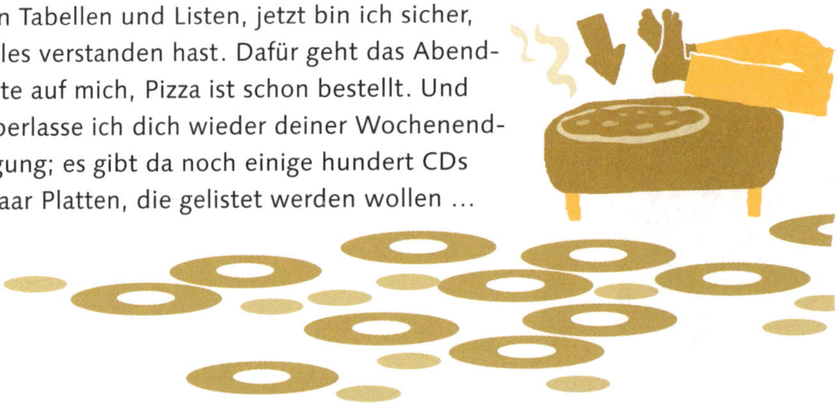

SECHS
Von der Wiege bis zur Bahre – Formulare

Formulare

Vor langer, langer Zeit hat ein Neffe Herrn **Bossingens**, seines Zeichens Informatikstudent, den Katalog der Firma in eine Datenbank gezwängt. Er hat sogar ein Programm geschrieben, mit dem man darin suchen kann. Aber dann waren die Semesterferien zu Ende, oder es wurde ihm einfach zu langweilig, und nie wurde etwas daraus. Bis eines montagmorgens Herr **Bossingen** bemerkt, dass er jetzt einen Webspezialisten beschäftigt. Wäre doch toll, wenn man den Katalog auf der Website durchsuchen könnte …

Mehr als nur anfragen: endlich mitreden

Bisher war alles wunderbar einfach in unserer Webwelt. Wir geben eine URL ein, mit ein bisschen Magie, DNS und HTTP kommt eine Webseite zurück. Nur hat das alles einen Nachteil: **Informationen fließen nur in eine Richtung**, nämlich vom Server zu uns. Das war uns auch bisher ganz recht. Wir wollten Webseiten lesen, wir haben sie bekommen. Aber irgendwann reicht das nicht mehr, wir wollen dem Server auch mal sagen, was wir denken, wer wir sind, wonach wir suchen. **Wir wollen Informationen in die andere Richtung schicken**, zum Beispiel an die ganz neue Stapelfix-Produktsuche …

Überraschung, sie findet Kisten …

… oder auch an Login-Masken oder, um uns bei Facebook anzumelden mit Namen, Telefonnummer und Bank-PIN, oder, um Wikipedia-Seiten zu bearbeiten, oder, oder, oder.

[Hintergrundinfo]
Es werden zwar auch Daten vom Browser an den Server geschickt – du erinnerst dich an das Request-/Response-Model –, aber die sind eben genau das: Anfragen. Du teilst dem Server nur mit, was du willst, aber sagst ihm nichts über dich.

Daten zum Server zu schicken, ist fast genauso wichtig, wie Daten vom Server zu bekommen, und dafür gibt es das **<form>**-Tag plus Zubehör.

Wenn Sie jetzt ein <form>-Tag bestellen, bekommen Sie nicht nur Texteingabefelder, sondern einen kompletten Satz an Spezialwerkzeugen, um Daten einzugeben. Und das alles ohne Aufpreis!

[Funktioniert in]
`<form>` funktioniert in allen Browsern.

[Achtung]
Die Übungen und Beispiele aus diesem Kapitel benötigen den XAMPP-Server. Lege den Ordner `forms` aus den Downloads zum Buch unter `htdocs` ab; damit ist alles da, was wir brauchen. Falls der Server bei dir nicht funktioniert oder du ihn nicht installieren möchtest, keine Sorge: Du kannst zwar Beispiele und Übungen nicht mitmachen, aber nach diesem Kapitel weißt du trotzdem, wie ein `<form>`-Tag funktioniert.

Um Daten zum Server zu schicken, brauchst du zuallererst eins: ein **Formular**. Klingt vielleicht etwas bürokratisch, aber `<form>` ist nur ein HTML-Tag, das Eingabefelder zusammenfasst und gleichzeitig an den Server überträgt. Du musst im Formular nur noch zwei Angaben machen: wohin mit den Daten und wie?

*1 Das **action**-Attribut gibt an, wohin mit den Daten. Ortsangaben sind im Web immer URLs, und das ist auch hier nicht anders.

```
<form action="forms/hallowelt.php"*1 method="get"*2 accept-charset="utf-8"*3>
```

*2 In **method** steht, wie die Daten an den Server geschickt werden sollen. Nimm für den Moment bitte **get** ohne Erklärung hin, wir reden gleich darüber.

*3 Hier steht das Character Encoding, mit dem die Daten zum Server geschickt werden sollen. Wenn dieses Attribut fehlt, dann sollte der Browser das Encoding des Dokuments verwenden. Tut er auch meistens.

[Funktioniert in]
action, **method** und **accept-charset** funktionieren in allen Browsern.

Formulare **213**

[Achtung]

Die Beispiele gehen davon aus, dass deine Dokumente direkt in `htdocs` liegen. Sollten sie das nicht tun, musst du entweder die relativen URLs anpassen, so dass sie auf die richtige Stelle zeigen, oder du verwendest stattdessen absolute URLs: `http://localhost:8080/forms/hallowelt.php`

[Notiz]

Was auf dem Server dann mit deinen Daten passiert, ist auch tierisch interessant, aber hier nicht das Thema. Dafür gibt es andere Bücher, zum Beispiel über PHP.

Gibt's denn da auch was von Schrödinger?

Damit sind das Wie und Wohin geklärt, bleibt noch zu definieren, **was** wir eigentlich verschicken wollen. Um Daten einzugeben, haben wir das `<input>`-Tag, das mit seinen verschiedenen Typen fast alle Arten von Eingabe abdeckt. Der einfachste Typ ist `type="text"`, ein einfaches **Eingabefeld für Text**.

*1 Das Attribut `type` gibt an, wie die Daten eingegeben werden, in dem Fall hier einfach als Text.

[Funktioniert in]

`<input type="text">` funktioniert in allen Browsern.

*2 Der Name des Eingabefeldes ist auch der Name, unter dem der Server diese Daten finden wird. Deswegen ist es wichtig, dass sich Formular und Server einig sind, wie die Felder heißen sollen.

*3 Du erinnerst dich an Void-Elements? `<input>` ist auch eins.

`<input type="text"`*1 `name="name"`*2*3`>`

[Notiz]

`<input>`-Elemente können auch außerhalb einer `<form>` vorkommen, sie lassen sich dann nur nicht so leicht zum Server verschicken. Aber wenn du JavaScript benutzt, kannst du sie trotzdem sinnvoll einsetzen.

Daten eingeben und zum Server schicken – einfaches Formular

Das ist auch schon wieder alles, was du brauchst. HTML ist wunderbar einfach, oder? Das Formular ist so natürlich noch sehr simpel, aber gleich im Anschluss zeig ich dir dann:

- wie dein Formular sauber beschriftet wird
- welche Feldtypen es außer langweiligem Text noch gibt
- was HTML5 Neues für Formulare bringt
- wie du Formulare mit CSS stylen kannst

[Einfache Aufgabe]
Leg ein neues Dokument an, mit einer `<form>` und einem `<input>`. Benutze die Attributwerte aus den Beispielen, also `action="forms/hallowelt.php"` und `method="get"` am Formular, außerdem `type="text" name="name"` am Eingabefeld.

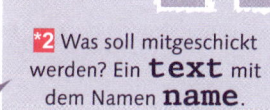

Das erste Formular:

```
<body>
    <form action="forms/hallowelt.php" method="get">*1
        <input type="text" name="name">*2
    </form>
</body>
```

*1 Das Formular mit seinen beiden Attributen: Es werden Daten an **forms/hallowelt.php** geschickt, und zwar mit der mysteriösen **get**-Methode.

*2 Was soll mitgeschickt werden? Ein **text** mit dem Namen **name**.

Formulare

[Einfache Aufgabe]
Eingabefelder sind Dinge, von denen man nie genug haben kann. Füge dem Formular noch zwei Eingabefelder mit den Namen **nachname** und **spitzname** hinzu. Und gib den Feldern auch noch eine Beschriftung, sonst kann man sie ja nicht auseinanderhalten.

Gar kein Problem!

*1 Die zwei neuen Felder. Sehen genau aus wie das erste, nur der Name ändert sich.

```html
<body>
    <form action="forms/hallowelt.php" method="get">
    <ul>*2
        <li>Name: <input type="text" name="name"></li>*2
        <li>Nachname: <input type="text" name="nachname">*1</li>*2
        <li>Spitzname: <input type="text" name="spitzname">*1</li>*2
    </ul>*2
    </form>
</body>
```

*2 Meistens will man Formularfelder untereinanderstehen haben. Eine Liste ist dafür gut, vor allem, wenn man per CSS das Aufzählungszeichen wegstylt.

Ich glaube, ich hab das richtig gemacht. Ich sehe die Eingabefelder, aber zum Abschicken ist auf der Seite nix.

Ist mir auch gerade aufgefallen.

Macht aber nix, **du kannst Return drücken, um das Formular abzuschicken**. Das ist natürlich **nicht sehr benutzerfreundlich**; jeder, der auf die Seite kommt, wird dasselbe Problem haben wie du gerade. Das beheben wir doch lieber gleich.

[Code bearbeiten]
Füge hinter dem Eingabefeld, aber noch im Formular einen Absendeknopf ein.

*1 Das Tag für einen Knopf. Wenn wir keine Attribute setzen, schickt der Knopf das Formular ab, in dem er steht.

```
<button>*1Sag mal hallo!*2</button>
```

*2 Im Tag-Body von **<button>** steht die Beschriftung, die auf dem Knopf angezeigt werden soll.

[Funktioniert in]
<button> funktioniert in allen Browsern.

[Notiz]
Wenn du nichts anderes angibst, dann schickt **<button>** das umgebende Formular ab. Du kannst aber auch mit **<button type="reset">** einen Knopf anbieten, der das Formular komplett leert oder mit **type="button"** einen Button ohne eigenes Verhalten, dem du dann mit JavaScript eine neue Aufgabe gibst.

Formulare

Jetzt kannst du das Formular auch abschicken, und wenn du alles richtig gemacht hast, dann bekommst du **eine Antwort** von deinem Server.

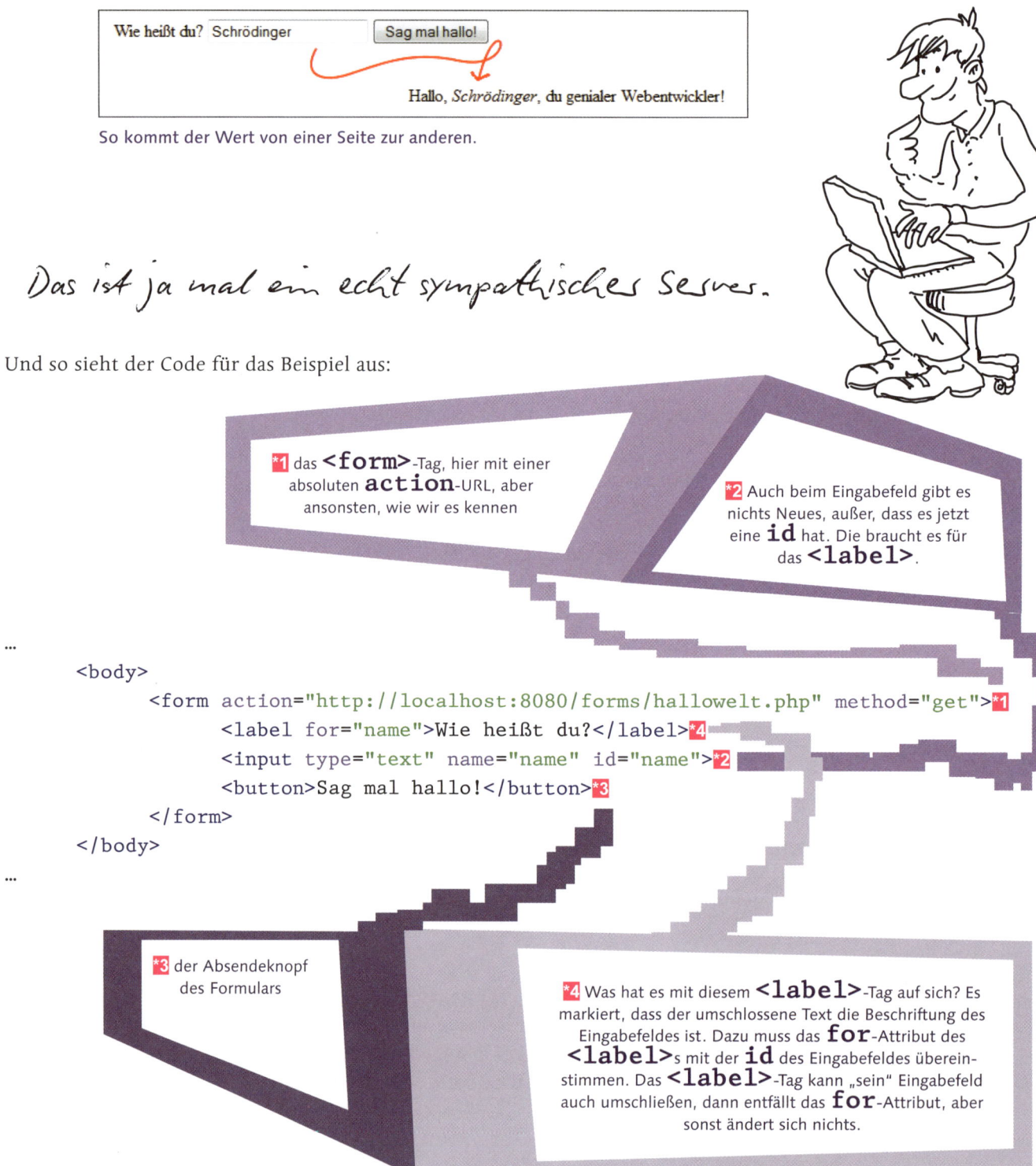

So kommt der Wert von einer Seite zur anderen.

Das ist ja mal ein echt sympathischer Server.

Und so sieht der Code für das Beispiel aus:

*1 das `<form>`-Tag, hier mit einer absoluten `action`-URL, aber ansonsten, wie wir es kennen

*2 Auch beim Eingabefeld gibt es nichts Neues, außer, dass es jetzt eine `id` hat. Die braucht es für das `<label>`.

```
...
<body>
    <form action="http://localhost:8080/forms/hallowelt.php" method="get"> *1
        <label for="name">Wie heißt du?</label> *4
        <input type="text" name="name" id="name"> *2
        <button>Sag mal hallo!</button> *3
    </form>
</body>
...
```

*3 der Absendeknopf des Formulars

*4 Was hat es mit diesem `<label>`-Tag auf sich? Es markiert, dass der umschlossene Text die Beschriftung des Eingabefeldes ist. Dazu muss das `for`-Attribut des `<label>`s mit der `id` des Eingabefeldes übereinstimmen. Das `<label>`-Tag kann „sein" Eingabefeld auch umschließen, dann entfällt das `for`-Attribut, aber sonst ändert sich nichts.

[Notiz]
Man könnte `<label>` einfach weglassen und die Beschriftung des Eingabefeldes als Text ohne Tag schreiben, es sähe vollkommen gleich aus. Ein guter Grund für das `<label>`-Tag ist einmal mehr Barrierefreiheit: Lesegeräte können so klarmachen, welcher Text zu welchem Eingabefeld gehört. Aber auch im herkömmlichen Browser gibt es einen Vorteil: Ein Klick auf das Label aktiviert das Eingabefeld, genauso als hätte man das Feld angeklickt. Auch für Surfen auf dem Handy, im Dunkeln und unter dem Tisch im Meeting ein absolutes Muss!

[Funktioniert in]
`<label>` funktioniert in allen Browsern.

Soweit alles nicht schlecht, aber wir können das jetzt noch etwas **aufhübschen**: zunächst mal den Knopf – manchmal sind Knöpfe ja ganz schön, manchmal soll es aber auch anders aussehen. Du kannst mit `style="background: none; border: none;"` am `<button>`-Tag das Knopfdesign abstellen und dann eigene Styles angeben, in allen aktuellen Browsern reicht das.

[Notiz]
Klickbare Bilder als Ersatz für `<button>` zu verwenden, ist heute eher out. Aber es geht nach wie vor. `<input type="image">` verhält sich wie ein Absendeknopf, aber es ist ein Bild. Welches Bild angezeigt wird, gibst du genau wie bei `<img>` mit dem `src`-Attribut an, und auch eine Textalternative mit `alt` ist vorgesehen. Da sich `<button>` gut stylen lässt, muss man selten darauf zurückgreifen, aber es gibt doch ein Einsatzgebiet für Image-Inputs. Sie geben die angeklickten Koordinaten an den Server weiter, der Server kann je nach angeklickter Stelle eine andere Aktion ausführen. Das nennt man dann eine **server-side image map**.

[Funktioniert in]
`<input type="image">` funktioniert in allen Browsern.

Formulare **219**

Das ist ein Anfang, aber damit wird sich **Bossingen** nicht zufriedengeben. Der hat mir schon Bilder dazu ausgedruckt, was es auf anderen Seiten alles gibt. Das will er jetzt auch alles haben, damit er sich im Boss-Club nicht schämen muss.

> Schrödinger,
>
> das muss bei uns auch gehen! Der Text bei „Suchbegriff" verschwindet, wenn man etwas anderes eintippt. „Sachbearbeiter" steht schon, wenn die Seite lädt. Man kann auch nur 30 Zeichen eingeben, mehr geht nicht. Und das Beste: „Rabattcode" zeigt nur die Punkte, man kann nicht mitlesen, wenn einer eintippt.

Das sind ja alles harmlose Wünsche, die er da hat. Ein Platzhaltertext beim Suchbegriff ist richtig modern, das hätte ich ihm gar nicht zugetraut. Die Vorbelegung und Längenbegrenzung sind auch ein Klacks und die verschleierte Eingabe eigentlich auch. Aber was will er damit? Was ist an eurem Suchformular denn so geheim?

Keinen blassen Schimmer. Ich glaube, der will uns angeben, was unsere Suche alles kann. Aber schieß mal los, wie ich das alles mache.

[Einfache Aufgabe]
Dann fangen wir mal vorne an. Gib im Beispielformular zusätzlich das Attribut **placeholder** mit den Werten „Hier dein Vorname/Nachname/Spitzname" an den Eingabefeldern an.

[Funktioniert in]
placeholder funktioniert im Internet Explorer ab der Version 10, in Firefox und Chrome sowie in Safari ab der Version 5.

Der **placeholder**-Wert wird im Eingabefeld in Grau angezeigt. Er verschwindet aber, sobald man etwas anderes eintippt, und wird auch nicht an den Server übermittelt. Toll, um Hinweise zu geben, **in welchem Format eine Eingabe erwartet wird, oder als zusätzlicher Hinweis, welche Daten erwartet werden**. Für dieses Verhalten musste man bis vor Kurzem immer JavaScript bemühen, dank HTML5 hat man es heute viel einfacher.

[Achtung]
Es gibt noch keinen allgemeinen Weg, das Aussehen des Platzhaltertextes anzupassen. Alle Browser bieten zwar eigene Pseudoklassen dafür an, aber auch damit ist nicht alles fehlerfrei.

Das Feld mit Vorbelegung als Nächstes. Das ist ein einfaches Attribut, nämlich **value**, damit kannst du auf der Seite einen Wert für das Eingabefeld angeben. Im Gegensatz zu **placeholder** verhält sich dieser Wert **genau wie ein vom Nutzer eingegebener**, vor allem wird er auch zum Server geschickt.

[Funktioniert in]
value funktioniert in allen Browsern.

[Einfache Aufgabe]
Belege die Eingabefelder der Übungsseite mit deinem Namen vor. Wenn jemand anderes die Seite benutzt, dann kann er immer noch seinen eigenen eingeben.

Auch für die Längenbeschränkung musst du keinen großen Aufwand treiben, benutze das Attribut **maxlength**, um die Anzahl an Zeichen zu beschränken, die eingegeben werden kann. Das wird spätestens dann interessant, wenn die Eingaben in einer Datenbank gespeichert werden sollen, wo für jedes Feld nur begrenzt viel Platz zur Verfügung steht. Für weitere Prüfungen und Einschränkungen des Inhalts brauchst du dann entweder JavaScript oder die neuen Formular-Features von HTML5 später im Kapitel.

[Funktioniert in]
`maxlength` funktioniert in allen Browsern.

Damit bleibt nur noch der letzte Punkt von Bossingens komischer Wunschliste: die **verschleierte Eingabe**. Da hat er sich auch noch einen seltsamen Fall gesucht mit seinem Rabattcode, es gibt einen viel verbreiteteren Einsatz für diesen Feldtyp: Passwörter. Bei denen willst du auch nicht, dass jemand mitliest. Und nach denen ist der Feldtyp auch benannt, dieses Verhalten bekommst du mit **`<input type="password">`**, und ansonsten kann das alles, was auch sein Verwandter vom Typ **`text`** kann.

Ein Passwortfeld

[Achtung]
Ein Passwortfeld statt eines normalen Eingabefeldes zu benutzen, schützt vor Mitlesern am Bildschirm, aber ist **niemals** genug Sicherheit für eine Passworteingabe. Die Eingabe wird trotzdem im Klartext übermittelt und ist sehr leicht abzufangen. Um sicher zu sein, sollte für Passwörter immer HTTPS benutzt werden. HTTPS verschlüsselt die Übertragung, **`type="password"`** verschleiert nur die Eingabe.

Bevor Bossingen jetzt mit weiteren zusammengeklauten Ideen kommt, möchte ich dir etwas mehr Theorie zu Formularen nahebringen.

Wie genau kommen die Daten zum Server? Und was hat es mit dem **method**-Attribut auf sich?

Request ist nicht gleich Request – post und get

Wenn du bei den Beispielen von gerade auf die URL in der Adresszeile des Browsers geachtet hast, dann ist dir aufgefallen, dass die Eingaben aus dem Formular als **Parameter** an die URL angehängt wurden.

[Achtung]
Falls du keine URL-Parameter sehen kannst, nachdem du das Formular abgesendet hast, dann klick mal in die Adresszeile. Neue Browser verstecken die Parameter gerne.

Das ist das **typische Verhalten eines get-Requests**: Eingaben aus dem Formular werden an die URL angehängt. Das Attribut `method="get"` aus dem `<form>`-Tag sorgt dafür, dass die Eingaben auf diese Art übermittelt werden.

Es geht aber auch anders. Du hast sicher selbst schon Dutzende von Webseiten benutzt, bei denen deine Eingaben nicht an die URL angehängt werden. Aber trotzdem gelangen sie irgendwie zum Server.

Das mag sein, aber ich hab nie darauf geachtet. Das fällt doch nur einem festigen Webentwickler auf.

Damit das funktioniert, muss **ein anderer Request-Typ** verwendet werden: der `post`-Request. Ein Formular von `get` auf `post` umzustellen, ist genauso einfach, wie es auf den ersten Blick aussieht: Man ändert `method="get"` nach `method="post"`, und schon ist alles fertig, man muss sonst nichts umstellen. Die Eingaben werden dann nicht mehr an die URL angehängt, sondern im Request verpackt. Wenn du an Kapitel 2 zurückdenkst, dann wirst du dich erinnern, wie

deine Webseite im Response vom Server zum Browser geschickt wird. Daten, die per **post** verschickt werden, landen an der gleichen Stelle, nur eben in der anderen Richtung.

> **[Zettel]**
> „Man muss nichts umstellen" ist nur auf der Webseite richtig, im Server werden die Daten schon etwas anders behandelt. Die Beispiele können aber mit beiden Request-Arten umgehen, probier es ruhig aus.

Aber da steckt doch sicher mehr dahinter, als nur die URL hübsch zu machen, oder nicht? Nur dafür wäre es doch etwas aufwendig, einen zweiten Request-Typ einzuführen. Wo liegt der echte Unterschied? Und welchen Typ soll ich benutzen?

Wie immer korrekt und gut beobachtet, Schrödinger, da steckt mehr dahinter. Und zum Glück für mich haben deine beiden Fragen eine gemeinsame Antwort, denn **der wichtige Unterschied** zwischen `get` und `post` liegt genau darin, **wofür die beiden Typen genutzt werden**. `get` ist ja, wie vor einiger Zeit schon gesagt, das englische Wort für holen. Genau dafür sind `get`-Requests da, um Seiten zu holen. Parameter, die mit dem `get`-Request geschickt werden, sagen dem Server, welche Daten man haben möchte, und der Server rückt sie dann raus. **Suchanfragen** zum Beispiel sind ganz klassische `get`-Requests.

[Hintergrundinfo]
Dass Parameter an die URL des `get`-Requests angehängt werden, hat einen sehr nützlichen Effekt: Alle `get`-Anfragen lassen sich als Lesezeichen speichern. Öffnest du das Lesezeichen später, werden dieselben Parameter wieder mitgeschickt, und du bekommst das aktuelle Ergebnis dazu. Das geht mit `post` nicht.

Bei **post**-Anfragen geht es weniger darum, etwas vom Server zu holen. Es kommt zwar ein Ergebnis zurück, aber der Zweck von **post** ist, **Daten an den Server zu schicken, die der dann speichern soll**. Deine Katzenfotos mit lustigen Überschriften hochladen, ein Facebook-Profil anlegen, die Pizzabestellung abschicken – alles das sind **post**-Requests.

Hm ... und was ist dann für das Beispiel richtig?

Es ist nicht immer ganz eindeutig, welcher Request-Typ der richtige ist, da ist etwas Spielraum für Interpretationen. Für unser Beispiel würde ich aber sagen, dass wir mit **get** schon richtig liegen. Es werden vom Server keine Daten gespeichert, wir teilen ihm nur mit, bei welchem Webentwickler er sich einschmeicheln soll.

Im Zweifel gilt als Faustregel:

Wenn ich den Request wiederholen kann, ohne dass ungewollte Nebenwirkungen eintreten, dann ist get richtig, ansonsten **post**. Wenn du bei Google 50-mal nach „Schrödinger rockt" suchst, macht das nichts. Wenn du 50 Facebook-Profile anlegst, dann ist das schon eher ungewollt, 50-mal dieselbe Pizzabestellung abzuschicken, ganz schlecht. Wenn der Server dir 50-mal sagt, dass du ein toller Webentwickler bist, dann schadet das nichts. Also ist **get** hier in Ordnung.

Aber tippen ist anstrengend! Checkboxen und Radiobuttons

Selbstverständlich können Formulare mehr, als nur Textfelder anzuzeigen. Wäre doch doof, wenn man alles als Text eingeben müsste. Und für den armen Entwickler, der den Server programmieren muss, würde es auch keinen Spaß machen. Stell dir nur mal vor, du wolltest zur Entwicklerschmeichelseite eine Funktion hinzufügen, für die der Benutzer sein Geschlecht eingeben muss. **Da gibt es Dutzende Möglichkeiten**, wie er oder sie die Eingabe formulieren könnte, und der Server müsste sie alle verstehen.

Zwei Geschlechter, viele Möglichkeiten

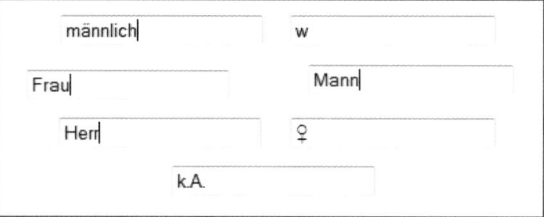

Eine einfache Angabe – so viele Möglichkeiten

Und umständlich für den Benutzer ist es auch noch. Wenn du vor einer Webseite sitzt und „männlich" eintippen sollst, da kommst du dir doch auch veralbert vor, oder?

Na, aber hallo, **veralbert ist noch milde ausgedrückt. Aber gut, dass wir darüber sprechen, Bossingen plant schon eine Kundenregistrierung, da muss das dabei sein!**

Und deshalb gibt es für Felder, bei denen freie Texteingaben so richtig sinnfrei sind, andere Arten von Eingabefeldern. Das Geschlecht ist immer ein gutes Beispiel für Radiobuttons – Radioknöpfe. Die haben ihren Namen von den **Knöpfen an alten Radios**, mit denen man das Band wechselt, also zwischen UKW, Mittelwelle und Langwelle umschaltet. Wenn man einen dieser Knöpfe reindrückt, dann springt der andere

mit einem lauten KLONK raus. Das KLONK bekommt man vom Browser zwar nicht, aber das restliche Verhalten ist genau das, was `<input type="radio">` macht.

[Funktioniert in]
`<input type="radio">` funktioniert in allen Browsern.

[Notiz]
Der Server bekommt immer Zeichenketten als Werte übermittelt, egal, welcher Typ von Eingabefeld verwendet wird. Es ändert sich nur die Präsentation.

Quelle: http://commons.wikimedia.org/wiki/File:Ducretet-Thomson2.jpg

Das sind echte Radiobuttons

Das ist genau das Verhalten, dass du für das Geschlecht möchtest. Drückt jemand einen der Knöpfe (KLONK), dann rastet der ein. Drückt er oder sie jetzt den anderen (KLONK), rastet der ein, der andere springt dafür raus. Das funktioniert auch mit mehr als zwei Radioknöpfen, bei Geschlecht eher nicht notwendig, aber allgemein sehr nützlich. Damit es funktioniert, müssen alle Knöpfe, die zusammengehören, zu einer Gruppe gehören. Das gibst du durch das **name**-Attribut an. Alle zusammengehörigen Radioknöpfe müssen deshalb denselben Namen haben. Und jetzt wird auch das **value**-Attribut wichtig: Bei Radiobuttons wird immer der **value** des gedrückten Knopfes übermittelt. Es ist nicht nur wie bei Textfeldern eine Vorbelegung, sondern der einzige Wert, den ein Radioknopf hat.

[Einfache Aufgabe]
Du kannst jetzt Radiobuttons fürs Geschlecht in die Seite von vorhin einfügen. Damit beim Server alles richtig ankommt, sollten sie den Namen **geschlecht** und die Werte **m** und **w** haben.

[Notiz]
Für Radiobuttons ist es auch echt nützlich, ein `<label>` zu haben. Die kleinen Dinger sind sonst auf einem Handydisplay sehr schwer zu treffen.

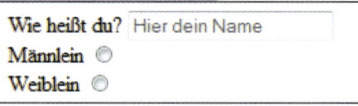

So sieht es aus mit Radiobuttons.

Hier ist der Code dazu, falls es Probleme gibt:

*1 Labels vergrößern die klickbare Fläche.

*2 Radioknöpfe, leider ganz ohne KLONK

```
<label for="geschlecht_m">Männlein</label>*1
<input type="radio" name="geschlecht" value="m"*3 id="geschlecht_m">*2
<label for="geschlecht_w">Weiblein</label>*1
<input type="radio" name="geschlecht" value="w"*3 id="geschlecht_w">*2
```

*3 Nur die Werte **m** und **w** werden vom Server akzeptiert.

Beim Ausprobieren fällt auf, dass man auch einfach nichts auswählen kann und das Ergebnis dann genauso aussieht, als habe man männlich ausgewählt. Einen **Defaultwert** zu haben, ist an sich nicht schlimm, aber dann sollte man dies den Knöpfen ansehen können. Der Button, der den Defaultwert darstellt, sollte ausgewählt erscheinen.

[Code bearbeiten]
Füge im Radioknopf für männlich das Attribut **checked="checked"** oder einfach nur **checked** ein. Damit ist dieser Wert ausgewählt, wenn die Seite geladen wird.

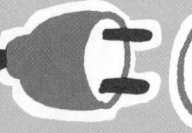

[Funktioniert in]
checked funktioniert in allen Browsern.

Will man nicht zwischen mehreren Optionen auswählen, sondern **nur eine Option an- oder ausschalten**, gibt es noch eine bessere Möglichkeit, als zwei Radiobuttons mit den Werten ja und nein anzubieten: die Checkbox.

Im Gegensatz zu Radiobuttons werden Checkboxen nicht zu Gruppen zusammengefasst. Klickt man eine an, ändert das nichts am Zustand der anderen, selbst wenn sie den denselben Namen haben. Stattdessen schaltet man sie mit einem Klick an, mit einem weiteren Klick wieder aus. Im HTML ist der einzige Unterschied, dass der Typ jetzt nicht mehr **radio**, sondern **checkbox** lautet.

[Funktioniert in]
`<input type="checkbox">` funktioniert in allen Browsern.

[Einfache Aufgabe]
Auch das passt noch gut ins Beispiel, mit einem tollen neuen Feature, das ich den Extraschleimmodus nenne. Füge unter den Radioknöpfen noch eine Checkbox hinzu mit dem Namen **extraschleim** und dem Wert **an**, und schau dir an, was passiert.

> Hallo, *Schrödinger*, du absolut unglaublich hervorstechend einzigartig genialer Webentwickler!

Mit Extraschleim

Langsam trägt das Ding etwas dick auf ...

Wer ist denn nun der Auserwählte? Select-Boxen

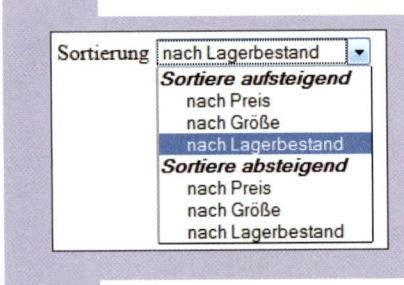

Schrödinger, das müssen wir auch haben STOP Sehr praktisch STOP.

Er nun schon wieder ...

Das hab ich kommen sehen, dass **Bossingen** als Nächstes die Select-Box, manchmal auch Dropdown-Box genannt, ausgräbt. Funktional tut die, zumindest für den Anfang, nichts anderes als die Radiobuttons. Vor allem bei vielen Auswahlmöglichkeiten passt sie aber besser ins Design und nimmt weniger Platz weg. Aber lass uns beim Beispiel Einschleimer bleiben, ich finde die Kistensuche nicht so richtig interessant.

Das ist das neue Ziel

Select-Box – die freie Auswahl

*Ich find den Einschleimer auch besser.
Wo hast du den eigentlich ausgegraben?*

Den hab ich nur für dich in PHP geschrieben, so wertvoll ist mir deine Ausbildung. Aber zurück zur Select-Box. Das Tag dazu heißt auch **`<select>`**, kann man sich also gut merken. Denk nur immer dran, dass **`<select>` ein eigenes Tag** ist, kein Typ von **`<input>`**. Als einziges Attribut brauchen wir momentan das schon bekannte **name**. Jetzt fragst du dich sicher, wie die Auswahlmöglichkeiten in die Select-Box kommen.

Und wie kommen jetzt die Auswahlmöglichkeiten in die Select-Box?

Ähem ... Schrödinger, wir hatten darüber schon gesprochen. Das kommt im Buch echt total albern. Also, die Auswahlmöglichkeiten werden als **<option>**-Tag in das **<select>**-Tag verschachtelt.

[Funktioniert in]
<select> und **<option>**
funktionieren in allen Browsern.

*1 Das **value**-Attribut von **<option>** gibt an, welcher Wert an den Server geschickt wird, wenn diese Option ausgewählt ist.

```
<option value="intelligent" *1 selected *2>intelligent *3</option>
```

*2 Das Attribut, um eine Option vorzuwählen, heißt jetzt mal nicht **checked**, sondern **selected**, funktioniert aber genauso.

*3 Der Text im Tag-Body ist das, was der Benutzer zu sehen bekommt.

[Achtung]
In **<option>**-Tags solltest du wirklich nur Text verschachteln, keine weiteren Tags. Die funktionieren sowieso nicht.

Formulare **231**

[Einfache Aufgabe]
Zeit für die nächste Erweiterung am vollautomatischen Einschleimer. Hänge am Ende noch ein **<select>** mit dem Namen **zusatz[]** an, mit den folgenden Optionen: intelligent, gutaussehend, nach Käse riechend, langweilig, wohlgeformt, schmackhaft. Benutze die Optionen jeweils als Text und als **value**.

[Notiz]
Die eckigen Klammern am Namen **zusatz[]** sind im Browser bedeutungslos. Es ist ein Name wie jeder andere, der Einschleimer erwartet ihn so.

Und damit kannst du dir jetzt auch noch selbst aussuchen, wie der Entwicklerkomplimentierer dich nennen soll. So sieht übrigens der Code aus:

```
<select name="zusatz[]">
        <option value="intelligent">intelligent</option>
        <option value="gutaussehend">gutaussehend</option>
        <option value="nach Käse riechend">nach Käse riechend</option>
        <option value="langweilig">langweilig</option>
        <option value="wohlgeformt">wohlgeformt</option>
        <option value="schmackhaft">schmackhaft</option>
</select>
```

So langsam geht das Ding von übertrieben in Richtung unheimlich. Einzigartig nach Käse riechend? Wohlgeformt? Ist doch nicht dein Ernst! Aber viel wichtiger, das entspricht noch nicht dem Bild. Wo sind die Überschriften?

Überschriften kommen sofort!

232   Kapitel SECHS

```
<select name="zusatz[]">
    <optgroup label*2="The Good">*1
        <option value="intelligent">intelligent</option>
        <option value="gutaussehend">gutaussehend</option>
    </optgroup>
    <optgroup label*2="The Bad">*1
        <option value="nach Käse riechend">nach Käse riechend</option>
        <option value="langweilig">langweilig</option>
    </optgroup>
    <optgroup label*2="And The Creepy">*1
        <option value="wohlgeformt">wohlgeformt</option>
        <option value="schmackhaft">schmackhaft</option>
    </optgroup>
</select>
```

*1 Optionen lassen sich mit dem **<optgroup>**-Tag gruppieren.

*2 Die Überschriften für jede Gruppe stehen im **label**-Attribut.

[Funktioniert in]
<optgroup> und **label** funktionieren in allen Browsern.

Mit dem Codebeispiel ist auch schon fast alles gesagt, was es zu **<optgroup>** überhaupt zu sagen gibt. Zwei Kleinigkeiten nur, die du beachten solltest: **<optgroup>**s sind nicht auswählbar, sie sind nur zur Gruppierung der Anzeige da. Und denk daran, dass der Text von **<optgroup>** ins **label**-Attribut gehört, nicht in den Tag-Body. Dort stehen die Optionen, die zur Gruppe gehören.

[Code bearbeiten]
Vervollständige deine Einschleimseite, und füge die **<optgroup>**-Tags aus dem Beispiel ein.

[Notiz]
<select> mit allen seinen Kindern hat nach wie vor den Ruf, vollkommen resistent gegen CSS zu sein. Das ist heute nicht mehr ganz richtig, zumindest **font**-Eigenschaften und Farben funktionieren in IE, Firefox und Chrome. Safari ignoriert das alles leider komplett, also sind Stylesheets immer noch nicht sehr nützlich für Select-Boxen.

Und wenn du die Aussagen des Schleimers bisher schon unheimlich fandest, dann wird jetzt alles noch viel schlimmer. `<select>` beherrscht nämlich einen Trick, den Radiobuttons nicht draufhaben: Es kann **mehrere Elemente** auswählen.

[Code bearbeiten]
Setze an der Select-Box zusätzlich die Attribute `multiple` und `size="5"`.

Und schon kannst du mehrere Werte aus der Select-Box auswählen. `multiple` (oder `multiple="multiple"`) aktiviert diesen Modus, `size` gibt an, wie viele Zeilen zu sehen sind, ohne scrollen zu müssen.

[Funktioniert in]
`multiple` und `size` funktionieren in allen Browsern.

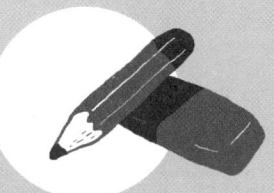

[Notiz]
In einer Select-Box mit Mehrfachauswahl kannst du mehrere einzelne Werte auswählen, indem du dabei die Strg-Taste gedrückt hältst oder einen ganzen Bereich mit der Shift-Taste. Diese Steuerung über die Tastatur ist aber kaum bekannt, du kannst dich nicht darauf verlassen, dass Besucher deiner Seite das schon wissen.

Seit HTML5 gibt es noch eine weitere Alternative zu Radiobuttons und Select-Boxen: die Datenliste. `<datalist>` gibt eine Liste von Einträgen an, die dem Benutzer vorgeschlagen werden, wenn er in ein Texteingabefeld tippt. Damit ist es so eine Art halbe Select-Box: Es werden mögliche Werte vorgeschlagen, aber der Benutzer kann auch eigene Eingaben machen.

[Funktioniert in]
`<datalist>` funktioniert im Internet Explorer ab der Version 10, in Firefox und in Chrome.

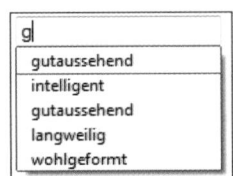

Eingabefeld mit Datenliste

Um eine Datalist zu benutzen, musst du sie zunächst einmal definieren. Dazu sind das `<datalist>`-Tag und darin verschachtelte `<option>`-Tags da. Bei den `<option>`s wird aber, anders als im `<select>`-Tag, der Tag-Body ignoriert, der angezeigte Wert kommt

234   Kapitel SECHS

aus dem `value`-Attribut. Um die Datenliste benutzen zu können, braucht sie auch unbedingt eine `id`. Dann definierst du das Texteingabefeld wie sonst auch, gibst aber zusätzlich das Attribut `list` an, mit der `id` der Datalist als Wert.

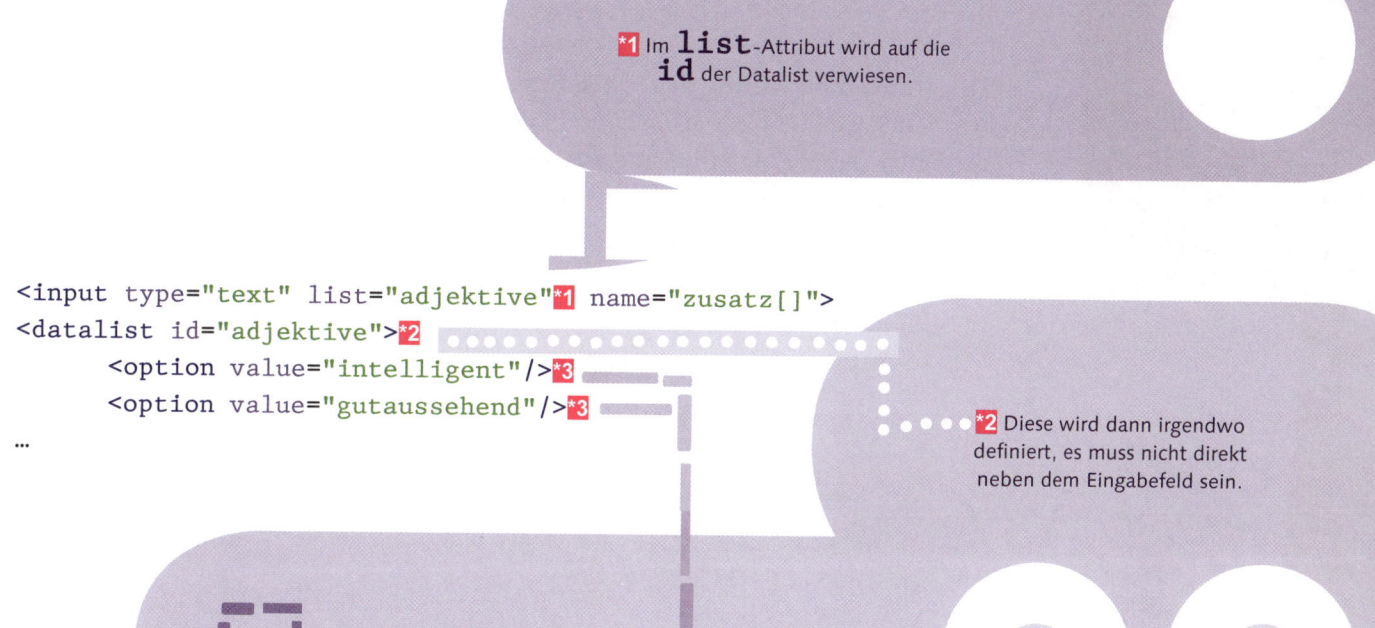

*1 Im `list`-Attribut wird auf die `id` der Datalist verwiesen.

```
<input type="text" list="adjektive" *1 name="zusatz[]">
<datalist id="adjektive"> *2
    <option value="intelligent"/> *3
    <option value="gutaussehend"/> *3
...
```

*2 Diese wird dann irgendwo definiert, es muss nicht direkt neben dem Eingabefeld sein.

*3 Jeder Wert ist dann in einem `<option>`-Tag angegeben.

[Notiz]
Wenn du ein Formular abschickst, merkt sich der Browser häufig die Werte und schlägt sie vor, wenn du das Formular erneut ausfüllst. Diese gespeicherten Werte werden mit den Werten der Datenliste zusammen angezeigt, also nicht wundern, wenn die Liste länger wird.

Damit gehe ich gleich mal zu Bossingen und schlag ihm die Datenliste noch vor. Sowas will er bestimmt haben.

Formulare

Jetzt kommt endlich die Suche!

So, jetzt haben wir uns lange genug mit Eigenlob für Webentwickler beschäftigt. Es wird Zeit, dass du deine Arbeit für **Bossingen** erledigst, sonst ist der gleich wieder auf dem Kriegspfad. Ich geh inzwischen mal wieder Kaffee kochen, ich hatte das ganze Kapitel noch keinen, und so langsam werde ich gereizt deswegen. **Bis gleich!**

Die grausame Prüfung des Schrödinger

Als **Bossingens** Neffe damals zum Ende der Semesterferien geradezu fluchtartig die Firma verließ, hinterließ er genau einen verschmierten Zettel mit Informationen zu dem Suchprogramm, das er geschrieben hatte.

Diese Seite liegt jetzt, in ihrer ganzen Nutzlosigkeit, auf Schrödingers Schreibtisch, und er soll eine Suchseite schreiben, die damit zusammenarbeitet.
Na, dann viel Glück.

> Melanie 0154
>
> URL: http://localhost:8080/forms/stapelsuche.php
>
> „suchwort" – Freitextsuche in Produktnamen
>
> „outofstock" – Wert „outofstock", um Produkte zu finden, die nicht auf Lager sind. Nix für nix.
>
> „kategorie" – „kisten", „flaschen", „sonstige", „alle"
>
> „format" – wie soll die Ausgabe aussehen: „tabelle", ~~„bilder"~~, ~~„details"~~, in den nächsten Semesterferien beheben, bis dahin nur Tabelle. 23.8.2007

Na, das sieht doch echt vielversprechend aus. Ich bin mir nicht sicher, ob Kaffee hier stark genug ist …

Das gehst du besser in zwei Schritten an.

[Einfache Aufgabe]
Als Erstes musst du aus dem Gekrakel des Neffen herausfinden, wie das Formular aussehen soll. Mach eine Skizze mit allen Feldern des Formulars und ihren Typen.

Der gute Neffe war ja echt gesprächig in seiner Dokumentation, oder? Schauen wir mal, was du daraus machen konntest. Ich hab mir unterwegs auch schon Gedanken gemacht. Mal sehen, wie ähnlich unsere Ideen sind.

Diese schicken Rahmen um die Radiobuttons sind übrigens `<fieldset>`s, ihr einziger Zweck ist es, Eingabefelder optisch zu gruppieren. Der in den Rahmen integrierte Titel steht, in ein `<fieldset>` verschachtelt, in einem `<legend>`-Tag. Vor allem für Radiobuttons und Checkboxen sind `<fieldset>`s sehr nützlich, denn man kann so darstellen, welche von ihnen zusammengehören.

So kann die Suchmaske aussehen.

[Funktioniert in]
`<fieldset>` und `<legend>` funktionieren in allen Browsern.

Aber viel wichtiger als die Rahmen sind die Felder des Formulars. Welche es gibt, war ja recht offensichtlich, aber warum gerade diese Typen? „suchwort" ist ganz klar ein Textfeld, der Benutzer gibt ein Wort ein, nach dem gesucht werden soll. „outofstock" ist eine Checkbox, denn es wird eine Ja-/Nein-Entscheidung getroffen. Für „kategorie" geht entweder eine Select-Box oder ein Satz Radiobuttons in Ordnung – die Beispiellösung verwendet Radiobuttons, aber es gibt keinen Grund, der gegen eine Select-Box spricht. Und schließlich haben wir da noch das fiese Feld „format", für das nur der Wert „tabelle" erlaubt ist, weil der Neffe nicht fertig geworden ist. Weglassen kann man es vermutlich nicht, weil der Neffe das Programm auf der Serverseite so geschrieben hat, dass es einen Wert erwartet. In der Beispiellösung ist das mit einem einzelnen Radiobutton gelöst, wenn der Neffe zurückkommt und die anderen Optionen noch baut, kann man sie schnell hinzufügen. Noch schöner geht es aber mit einem versteckten Feld, das zeig ich dir gleich.

Formulare

[Schwierige Aufgabe]
Jetzt weißt du in der Theorie, wie das Formular aussehen sollte. Es fehlt noch die Praxis: Setze die skizzierte Stapelfix-Stapelsuche um.

[Zettel]
Die komplette Lösung gibt es aufgrund ihrer Länge in den Downloads zu diesem Kapitel.

Welche Felder rein sollen, hast du ja oben schon erarbeitet, aber du brauchst noch das Formular selbst. Die **action** hat uns Neffingen ja zum Glück hinterlassen: http://localhost:8080/forms/stapelsuche.php. Auch die **method** ist hier klar: Es geht um eine simple Suche, so was macht man mit `method="get"`.

Saubere Arbeit, Schrödinger. Bossingen wird bestimmt glücklich sein über seine neue Suchseite.

[Belohnung/Lösung]
Ich hab dir auch einen Kaffee mitgebracht: Caramel macchiato mit Milchschaum, Sahnehaube und Zimt obendrauf.

Das ist ja ein ziemlicher Mädchenkaffee ...

Du magst ihn nicht? Dann trink ich auch gerne zwei ...

Quatsch, das klingt super. Sind Schokostreusel drauf?

Das muss ja nicht jeder sehen – versteckte Felder

Jetzt können wir noch schnell etwas gegen diesen **hässlichen, einzelnen Radiobutton** machen, der auf der Suchseite steht, im vielleicht kürzesten Abschnitt dieses Buches.

Wieso gehen wir ins Büro, um einen Radiobutton zu verbessern?

Weil ich auch ein bisschen Erklärung dazu liefern will

Es ist kein seltenes Problem, dass man mit einem Formular Daten mitschicken muss, von denen der Benutzer nichts wissen muss. Weil er zum Beispiel keine Auswahlmöglichkeit hat. Oder weil er sie früher schon mal eingegeben hat, der Server sie aber in diesem Formular noch mal erwartet. Dann will man die Seite nicht mit Dutzenden von Formularfeldern überladen, mit denen niemand was anfangen kann. Also versteckt man sie, indem man **type="hidden"** setzt. Auch versteckte Felder haben immer noch ein **name** und ein **value**, aber das ist auch alles. Und es gibt für den Benutzer keine Möglichkeit, mit diesen Feldern zu interagieren.

Ein verstecktes Feld

[Funktioniert in]
`<input type="hidden">`
funktioniert in allen Browsern.

Jetzt kannst du doch noch Opern quatschen – Textarea

Kommen wir nun zurück zu Dingen, die man auch sehen kann, und zu einer weiteren von **Bossingens** fixen Ideen. Nachdem er gesehen hat, wie erfolgreich andere Läden im Web sind, will er unbedingt auch einen großen, profitablen Onlineshop haben. Und eine Sache, die alle Shops außer seinem heute haben, ist ein Kommentarsystem, mit dem Kunden der ganzen Welt mitteilen können, wie toll sie Stapelfix-Produkte finden.

Das ist ja einfach. **Sobald ich gefunden habe, wo der nervige Neffe die Detailseiten für die Produkte versteckt hat, packe ich da noch ein Texteingabefeld drauf und fertig.**

Da hast du schon die richtige Idee, das würde funktionieren. Aber um längere Texte einzugeben, gibt es noch etwas Besseres als `<input type="name">`. Du willst ja nicht, dass die Kommentare alle nur **einzeilig** sind.

Na eigentlich schon. **So lange bei allen Kommentaren nur steht „Super, bin begeistert" kann Bossingen nicht dagegen meckern.**

Für mehrzeilige Eingaben gibt es das `<textarea>`-Tag. Ich würde dir jetzt gerne viele spannende Sachen über `<textarea>` erzählen, aber inzwischen kennst du dich auch mit Formularen so gut aus, dass es hier nicht viel Neues gibt. Auch die Textarea hat ein **name**-Attribut wie alle anderen Formelemente. Auch andere Attribute wie **maxlength** und **placeholder** funktionieren – zumindest **seit HTML5**, vorher beherrschte `<textarea>` noch nicht mal **maxlength**, man musste für eine Längenbeschränkung immer mit JavaScript fummeln.

[Funktioniert in]
`<textarea>` funktioniert in allen Browsern.

[Funktioniert in]
`<textarea> maxlength:`
funktioniert im Internet Explorer ab der Version 10, in Firefox, Chrome und Safari.

[Achtung]
`<textarea>` hat außerdem die beiden Attribute **cols** und **rows**, die angeben, wie viele Spalten bzw. Zeilen die Textarea haben soll. Alles, was in der Breite darüber hinausgeht, wird umbrochen, in der Höhe wird gescrollt. Es ist besser, Breite und Höhe in CSS zu setzen, dann passt es auch mit dem Rest der Seite zusammen. Dummerweise sind beide Attribute in HTML 4 Pflichtattribute, man muss sie also auf irgendwas setzen, nur um die echte Größe dann in CSS zu setzen. In HTML5 kann man sie zum Glück weglassen.

Aber Textarea hat etwas, das andere Eingabefelder nicht haben, nämlich einen **Tag-Body**. Dafür hat sie kein **value**-Attribut, man kann eben nicht alles haben. Um in einer Textarea einen Wert vorzugeben, packt man den Text in den Tag-Body, und zwar nur den Text, hier sind **keine Tags** erlaubt.

Mehrzeiliger Text in einer Textarea

Wie war das noch mit den spitzen Klammern im Text?
Ach ja, die muss ich als **<** *und* **>** *schreiben.*

Formulare **241**

[Notiz]
Das Innere eines `<textarea>`-Tags ist einer der ganz wenigen Orte, in dem Zeilenumbrüche in HTML nicht egal sind. Jeder Zeilenumbruch wird hier angezeigt und vor allem auch an den Server übertragen.

*1 Auch Textareas brauchen Namen.

*2 `cols` und `rows` sind in HTML 4 noch Pflicht. Diese Textarea wäre 50 Spalten breit und fünf Zeilen hoch. Sie wäre, denn …

```
<textarea name="kommentar"*1 cols="50"*2 rows="5"*2
style="width: 100%; height: 5em;"*3>Der Wert der Textarea*4</textarea>*5
```

*3 … die Größen aus dem `style`-Attribut sind stärker. `width` und `height` lernen wir im nächsten Kapitel ausführlicher kennen, aber die Bedeutung hier ist klar.

*4 Der Wert kommt in den Tag-Body. Hier gibt es **keinen** Zeilenumbruch nach dem öffnenden und vor dem schließenden Tag, denn sie würden für leere Zeilen an Anfang und Ende der Textarea sorgen.

*5 Und da es einen Tag-Body gibt, braucht `<textarea>` auch ein schließendes Tag.

Formulare 2.0 – viel Neues in HTML5

HTML5 bringt einen ganzen Schwung neuer Eingabefelder mit, die uns Webentwicklern einen ganz fiesen Teil unserer Arbeit abnehmen sollen: die Eingabevalidierung.

[Begriffsdefinition]
Eingabevalidierung heißt die Prüfung, ob die Eingaben des Benutzers korrekt sind. Steht im E-Mail-Feld wirklich eine E-Mail-Adresse? Und ein Datum im Datumsfeld? Und sind alle Felder ausgefüllt, die der Server dringend braucht?

Bisher haben Webentwickler immer viel JavaScript schreiben müssen, um diese Prüfungen zu machen, und das ist nicht nur **langweilig**, es schleichen sich auch immer und immer wieder Fehler ein. Bevor wir uns anschauen, welche neuen Möglichkeiten wir da haben, die schlechte Nachricht vorneweg: Da geht noch nicht viel. Besonders Internet Explorer fällt in Version 9 noch durch **absolute Ahnungslosigkeit** auf, weswegen er auch in der Tabelle gar nicht auftaucht. Beim Rest – na ja, drücken wir es mal positiv aus und sagen, dass Chrome schon einige der neuen Typen unterstützt. In der Tabelle stehen nur die wichtigeren Typen. Es gibt noch einige mehr, aber ich will dich nicht für den Rest des Kapitels mit Feldtypen zutexten, Eine volle Übersicht findest du auch in den Beispielen.

Typ	Firefox	Chrome	Safari	Beschreibung
`type="email"`	ja	ja	jein	Lässt nur gültige E-Mail-Adressen zu.
`type="url"`	ja	ja	jein	Lässt nur gültige **absolute** URLs zu.
`type="datetime"`	nein	nein	nein	Eingabe von Datum und Uhrzeit
`type="date"`	nein	ja	nein	Eingabe eines Datums. Chrome bietet hier schon einen schicken Kalender zur Auswahl an.
`type="number"`	nein	ja	ja	Lässt nur Zahlen zu. Chrome und Safari haben sogar schicke Knöpfe, um hoch- und runterzuzählen.
`type="color"`	nein	ja	nein	Farbauswahl. Die haben echt an alles gedacht. Chrome verdient sich hier mal wieder ein Fleißsternchen mit dem Auswahldialog.
`pattern="..."`	ja	ja	jein	Das `pattern`-Attribut kann bei Textfeldern (und einigen anderen) verwendet werden, um ein Muster anzugeben, zu dem die Eingabe passen muss. Die Erklärung kommt gleich.
`required`	ja	ja	ja, aber	Das Attribut `required` markiert ein Feld als Pflichtfeld: Wenn es nicht ausgefüllt ist, sieht man eine Fehlermeldung.

Formulare

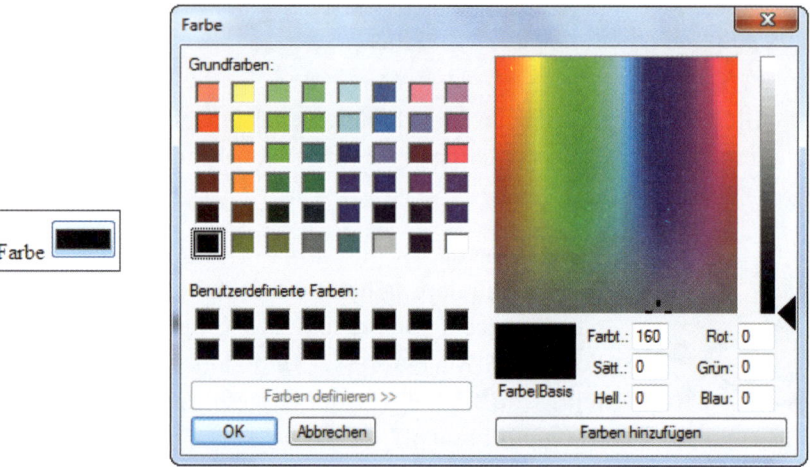

Fleißsternchen für Chrome – der Farbauswahldialog

Die lange Tabelle tut mir direkt ein wenig leid, aber wenn diese Feldtypen irgendwann besser unterstützt werden, dann wirst du die bestimmt kennen wollen.

Selbst bei den Typen, die unterstützt werden, verhalten sich alle Browser anders. So lassen es zum Beispiel Chrome und Firefox **nicht** zu, ein Formular **abzuschicken**, das Fehler enthält. Klickt man auf den Submit-Button, bleibt man auf der Seite, und es wird neben dem Feld eine Fehlermeldung angezeigt. Eigentlich cool. Noch cooler wäre es allerdings, wenn man diese Meldung mit Standard-CSS stylen könnte, das geht im Moment aber nicht. Firefox zeigt als einziger Browser schon bei der Eingabe an, ob ein Feld Fehler enthält oder nicht; er setzt einen roten Rahmen um das Feld. Chrome und Safari können das auch, aber es muss ein Style für invalide Formularfelder gesetzt werden, das zeig ich dir im nächsten Abschnitt.

> **[Zettel]**
> Auch Firefox und Chrome kannst du zwingen, Formulare mit ungültigen Daten trotzdem abzuschicken. Setz dazu einfach am `<form>`-Tag das Boolesche Attribut **novalidate**. Andersrum gibt es für Safari kein **benimmdichanständig**-Attribut.

So viele Unterschiede zwischen den Browsern
— **da hab ich direkt keine Lust mehr, diesen neuen Formularkram zu benutzen. Ich kann mich ja eh nicht drauf verlassen.**

Für den Moment ist das leider richtig, diese Dinger sind zu **unzuverlässig**. Aber das wird bald besser, ich glaube fest daran. Der Glaube, dass alles besser wird, hält Webentwickler schon seit den Browserkriegen am Leben – und es stimmt ja schon, das hier sind Kleinigkeiten gegenüber Internet Explorer und Netscape damals.

[Zettel]
Wie versprochen, noch eine Erklärung zum **pattern**-Attribut. Der Wert, den du hier für Texteingabefelder angeben kannst, ist ein sogenannter regulärer Ausdruck (Regular Expression). Darüber gibt es auch wieder ganze Bücher, aber du kommst auch mit dem Anhang zu regulären Ausdrücken schon sehr weit.

Formulare müssen nicht nach Behörde aussehen – CSS für Forms

Die Formulare, die in diesem Kapitel zu sehen waren, sahen alle eher langweilig aus: einfach, schwarz auf weiß, fast wie ein Formular beim Finanzamt. Aber sie müssen nicht so aussehen. Alles, was du bisher über CSS gelernt hast, funktioniert natürlich auch mit Formularen. Zumindest meistens. Außer bei Select-Boxen. Und auch da fast immer.

Das wird Bossinger freuen, der steht mir schon wieder auf den Füßen, weil das Suchformular hässlich ist.

Schrifteigenschaften, Farben, Rahmen, all das geht auch mit Formularen. Selektoren für `<input>`-Tags, Klassen, `id`s, auch das funktioniert alles, wie gewohnt. Aber es gibt auch einige Neuheiten, die speziell für Formulare da sind – vor allem einen Haufen neuer Pseudoklassen.

Anschließend an den letzten Abschnitt gibt es einige Pseudoklassen, die mit Validierung zu tun haben. IE-Benutzer sollten jetzt weglesen oder auf Version 10 updaten, da bekommt ihr auch diese vielen tollen Sachen.

Na toll, mehr Dinge die ich erst benutzen darf, wenn auch der letzte IE-Nutzer upgedated hat.

`:required` und `:optional` beziehen sich offensichtlich auf das **required**-Attribut an Eingabefeldern. Ist es gesetzt, gilt die Style-Regel `input:required`, ansonsten `input:optional`. Mehr gibt es dazu auch nicht zu sagen.

[Funktioniert in]
`:required` und `:optional` funktionieren im Internet Explorer ab der Version 10, in Firefox und in Chrome.

```css
input:required {
  background-color: #BBBBFF;
}

input {
  border: 1px solid black;
  font-style: italic;
}

input:optional {
  background-color: #AAAAAA;
}
```

```html
<input type="text" name="req" required>

<input type="text" name="opt">
```

Noch interessanter sind die Pseudoklassen **:valid** und **:invalid**, die mit dem Validierungsmechanismus zusammenhängen. Ein Eingabefeld mit einer korrekten Eingabe – oder mit keiner Eingabe, wenn es nicht **required** ist – hat die Pseudoklasse **:valid**, mit einer inkorrekten Eingabe erhält es **:invalid**.

[Funktioniert in]
:valid und **:invalid** funktionieren im Internet Explorer ab der Version 10, in Firefox und in Chrome.

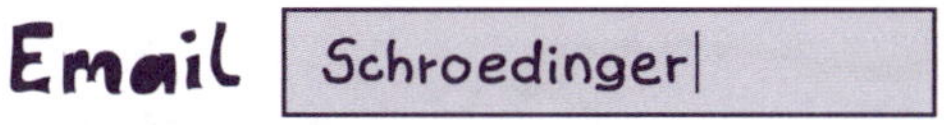

```css
input:invalid {
  background-color: #FFBBBB;
}

input:valid {
  background-color: #FFBBBB;
}
```

Email `Schroedinger`

```html
<input type="email" name"email" id="email">
```

Email `schroe@ding.er`

Formulare

Jetzt dürfen auch die Internet-Explorer-Nutzer wieder mitlesen, diese Pseudoklassen funktionieren auch da. `:enabled` und `:disabled` selektieren danach, ob ein Feld aktiv ist oder nicht.

Von aktiven und inaktiven Feldern hast du bisher noch nichts gesagt ...

Oops, da hast du Recht. Sollte ich vielleicht nachholen. Alle Eingabefelder sind **erst mal aktiv**. Eigentlich offensichtlich, man kann sie ja benutzen. Wenn du ein Eingabefeld inaktiv schalten möchtest, machst du das mit dem Attribut `disabled` bzw. `disabled="disabled"`. Aber Vorsicht: Der Benutzer kann dieses Feld zwar nicht mehr bearbeiten, aber es wird auch nicht mit dem Formular übermittelt. Das Styling für aktive und inaktive Formularelemente machst du mit den beiden Pseudoklassen – keine Zauberei.

[Notiz]
Statt `disabled` gibt es in HTML5 auch das Attribut `readonly`, das das Feld zwar auch unbedienbar macht, aber den Wert noch übermittelt. Die Unterstützung dafür ist ähnlich gut wie bei allen neuen Formular-Features. Passend dazu gibt es die Pseudoklassen `:read-only` und `:read-write`.

Und noch eine letzte Pseudoklasse: Diese gibt es zwar nicht nur bei Eingabefeldern, aber da ist sie am häufigsten. Die Pseudoklasse `:focus` bekommt das Element, mit dem der Benutzer gerade interagiert – in **Entwicklersprech**: das gerade den Fokus hat. Das kann ein Eingabefeld sein, in das er tippt, aber auch ein Link, auf den gerade geklickt wird oder der mit der Tab-Taste ausgewählt wurde. Ja, das geht. Inputfeldern einen `:focus`-Style zu geben, gibt dem Benutzer ein besseres Feedback, womit er gerade arbeitet.

[Einfache Aufgabe]
Erstelle ein Formular mit mehreren Eingabefeldern. Das, mit dem der Benutzer grade arbeitet, soll einen blauen Rahmen bekommen.

Du hast Recht, mit einem

```
input:focus{border: 2px solid #BBBBFF;}
```

sieht das gleich viel besser aus.

Es gibt auch einen schicken, einfachen Trick, wie du zum Beispiel **email**-Felder anders aussehen lassen kannst als normale **text**-Felder: mit Attribut-Selektoren. Damit kannst du Elemente selektieren, die ein bestimmtes Attribut haben oder bei denen das Attribut einen bestimmten Wert hat. Attribut-Selektoren werden immer in eckigen Klammern geschrieben und funktionieren für alle Tags, nicht nur für Eingabefelder.

[Funktioniert in]
Der **Attribut-Selektor** funktioniert überall, aber alle Browser haben eigene Probleme mit Booleschen Attributen wie **checked** oder **required**.

*1 Findet alle Eingabefelder, bei denen das Attribut **pattern** gesetzt ist, egal, mit welchem Wert.

```
input[pattern*1] {color: green;}
input[type=text*2] {color: blue;}
```

*2 Findet Eingabefelder vom Typ **text**.

[Notiz]
Zusammen mit Attribut-Selektoren ist manchmal der Universal-Selektor ***** nützlich. Der findet alle Elemente im ganzen Dokument. Dann kannst du zum Beispiel alle Elemente finden, die eine **id** haben: ***[id]{...}**. Es gibt, zugegeben, nützlichere Anwendungen, aber die Theorie ist klar.

Formulare

```css
input{
  color: black;
}


input[pattern]{
  border: 2px solid #BBBBFF;
}


input[type=email]{
  border: 2px solid #FFBBBB;
}
```

```html
<input type="text" name="text1">

<input type="email" name="email">

<input type="text" name="pattern" pattern="[a-z]*">[*1]
```

[*1] Das ist, ganz am Thema vorbei, eine Regular Expression, die beliebig viele Kleinbuchstaben zulässt – auch 0 –, aber jedes andere Zeichen als invalide erkennt.

Hey, weißt du, was an dieser Stelle jetzt wirklich gut wäre? Übungen! Neue Felder, neue Stile

[Einfache Aufgabe]
Welches Feld für welche Eingabe? **Bossingen** möchte jetzt auch Bestellungen über die Stapelfix-Website machen können. Aber bevor du einfach drauflostippst, solltest du dir Gedanken machen, welcher Feldtyp jeweils passt. Nimm einen Bleistift, und verbinde.

1. Name	1. Text
2. Benötigen Sie das Produkt zum Hochstapeln?	2. Textarea
3. E-Mail-Adresse	3. Checkbox
4. Lieferung bis spätestens	4. Radiobutton
5. Bei Rückfragen hier anrufen	5. E-Mail
6. Lieferung per LKW/Bahn/Zeppelin	6. URL
7. Kommentare zur Lieferung	7. Tel
8. Möchten Sie zukünftig Gratiskisten empfangen?	8. Date
	9. Number

1-1, 2-3, 3-5, 4-8, 5-7, 6-4, 7-2, 8-3

[Schwierige Aufgabe]
Wenn du bunte Stifte zur Hand hast, dann wären die jetzt praktisch. Hier sind ein Stylesheet, etwas HTML und ein Bild, in dem die Eingaben zu sehen sind. Markiere Rahmen und Hintergründe in den richtigen Farben.

Formulare

```css
input {
    background-color: white;
    border: 2px solid black;
}
input:required {
    border: 2px solid #AAAAFF;
}
input:valid:focus {
    background-color: #AAFFAA;
}
input:invalid {
    background-color: #FFAAAA;
}
input[type=email] {
    background-color: #AAAAFF;
}
```

```html
<label for="vorname">Vorname</label>
<input type="text" name="vorname" id="vorname">

<label for="nachname">Nachname</label>
<input type="text" name="nachname" id="nachname" required>

<label for="email">Email</label>
<input type="email" name="email" id="email" required>

<label for="email2">Zweite Email</label>
<input type="email" name="email2" id="email2">
```

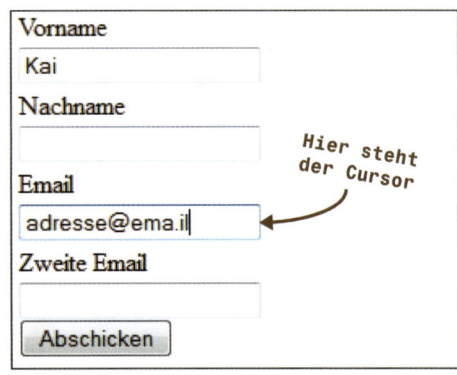

Das sind die Daten im Formular.

Na, wie sieht es aus?

"Nachname" und "E-Mail" haben einen blauen Rahmen, weil sie Pflichtfelder sind. "Nachname" hat in diesem Moment eine fehlerhafte Eingabe: es ist ein leeres Pflichtfeld. Es wird also die `input:invalid`-Regel angewendet, das bedeutet, die Hintergrundfarbe wird #FFAAAA. Das zweite E-Mail-Feld ist blau durch die Regel `input[type=email]`. Das erste wäre auch blau, hätte es nicht gerade den Fokus. Für ein Feld mit Fokus und gültiger Eingabe gilt die Regel `input:valid:focus`, die den Hintergrund grün macht. Du hast bestimmt richtig geraten, dass `:valid:focus` Vorrang vor `input[type=email]` hat, weil es spezifischer ist.

Eine korrekte Eingabe nur bei Fokus grün zu hinterlegen, ist übrigens eine ganz gute Methode, visuelles Feedback zu geben, ohne dass das Formular aussieht wie eine Geburtstagsfeier im Regenbogenland.

Nicht schön, aber man sieht gut, was passiert.

[Belohnung/Lösung]

Sehr gut gemacht, Schrödinger. Du darfst dir jetzt ganz offiziell den Formularpokal auf den Schreibtisch stellen.

Formulare

Alle Dateien laden hoooooch – File Upload

Ein wichtiges, häufiges Formularfeld fehlt noch in der Sammlung: der File Upload. Es gab mal eine Zeit, da war das Dateienhochladen ein seltener Sonderfall, aber heute kommt jedes Foto auf Facebook, jedes Video auf YouTube; Uploads sind wichtiger denn je. Deshalb ist es schon überraschend, dass `<input type="file">` immer noch so unglaublich hässlich ist.

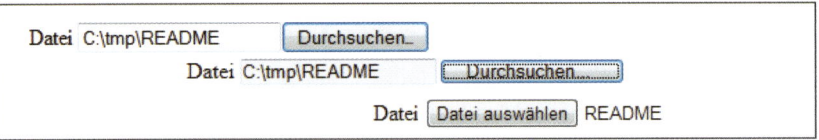

[Funktioniert in]
`<input type="file">`
funktioniert in allen Browsern.

Datei-Upload in Firefox, Internet Explorer und Webkit-Browsern

Und das Allerschlimmste ist: Du kommst da mit CSS nicht dran. Dieser hässliche Knopf bleibt dir immer erhalten.

Na, es geht aber auch anders.
Die meisten Seiten habe diesen Knopf gar nicht mehr.

Doch, haben sie, nur versteckt. Es gibt mit CSS keine Möglichkeit, Upload-Elemente zu stylen, deswegen greifen die meisten Seiten zu einem Trick: Sie legen einen hübscheren Knopf über den „Durchsuchen"-Knopf des Elements, aber sorgen dafür, dass du durch diesen Knopf auf das Original klicken kannst. Man braucht dafür ein wenig CSS-Zauberei.

[Hintergrundinfo]
Dass sich Upload-Elemente nicht stylen lassen, hat mit Sicherheit zu tun: Da die Browser sicherstellen, dass diese Elemente immer gleich aussehen, wird es schwieriger, einen Benutzer in die Irre zu führen, so dass er versehentlich eine wichtige Datei hochlädt. Aus demselben Grund lassen sich Upload-Elemente auch nicht mit JavaScript kontrollieren.

Aber von den Problemen mit dem Styling mal abgesehen, sind Uploads ganz einfach.
Ein `<input type="file" name="name">` genügt. Die einzigen Einschränkungen sind folgende:

- Das Formular muss mit `method="post"` geschickt werden, ein `get`-Request kann keine Dateien transportieren. Da der Server aber meistens die Datei speichern soll, passt das schon.

- Am Formular muss das Attribut `enctype="multipart/form-data"` gesetzt werden. Dieses Attribut steuert, wie Formulardaten im `post`-Request verpackt werden, und wenn Dateien im Spiel sind, muss es dieser Wert sein. Ansonsten gibt es keinen Grund, das Attribut zu setzen.

Und so sieht ein Upload am Stück aus:

*1 Das Formular wird mit der `post`-Methode an die relative URL `upload.php` verschickt, dabei den `enctype` nicht vergessen.

```
<form method="post" action="upload.php" enctype="multipart/form-data">*1
  Datei: <input name="datei" type="file">*2
</form>
```

*2 Dann folgt noch das Eingabefeld, `type="file"`, und sonst nichts Neues.

Ich bin aber neugierig: Zeigst du mir auch, wie ich das mit CSS schöner zaubere?

Na gut, wenn du unbedingt möchtest. Aber es sind einige CSS-Eigenschaften dabei, die du erst im nächsten Kapitel kennenlernst, es ist also mehr eine Vorschau.

Formulare **255**

```
<style>
    .datei {
        position: relative;
    }
    .huebsch {
        position: absolute;*1
        top: 0px;*1
        left: 0px;*1
        z-index: 1;*2
    }
    .haesslich {
        position: relative;*1
        opacity: 0;*3
        z-index: 2;*2
    }
</style>
…
<div class="datei">
    <input type="file" class="haesslich">
    <div class="huebsch">
        <input>
        <img src="waehlen.png" alt="">
    </div>
</div>
```

*1 Diese Eigenschaften positionieren die Elemente. Sie liegen so zumindest ungefähr an der gleichen Stelle.

*2 **z-index** steuert bei Elementen an der gleichen Position, welches oben liegt. Das hässliche Dateifeld liegt also über dem hübschen, selbst gemachten.

*3 Aber das Dateifeld ist unsichtbar. Man sieht nur das schöne, eigene, aber wenn man klickt, trifft man das unsichtbare Dateifeld.

Das ist ja ganz schön fies!

Ja, das ist es. Ziemlich fummelig ist es auch, bis wirklich in allen Browsern die Elemente richtig übereinanderliegen. Und das müssen sie, denn sonst sind nicht alle sichtbaren Teile des hübschen Eingabefeldes vom Dateifeld verdeckt, und man klickt an diesen Stellen nicht auf das richtige Feld. Danach braucht man dann immer noch ein wenig JavaScript, um im schönen Feld auch den Namen der ausgewählten Datei anzuzeigen, denn der steht ja nur im durchsichtigen Dateifeld. Es gibt auch noch andere Lösungen mit JavaScript, aber keine gewinnt einen Schönheitspreis für ihren Code.

—SIEBEN—

Seitenlayout in HTML und CSS

Von Rändern und Schuhkartons

Schrödinger hat sich im großen, weiten Web mal umgeschaut, und ihm ist aufgefallen, dass seine Seiten immer noch alles von oben nach unten zeigen, im ganz traditionellen Textfluss. Das macht aber so keiner. Schrödinger lernt modernes Webdesign, das nicht mehr wie aus der Buchhandlung aussieht. Bevor er seine Texte und Tabellen auf der Seite hinschieben kann, wohin er möchte, gibt es noch ein wenig Theorie zu büffeln: das Box-Model. Aber es lohnt sich!

Die Grundlagen für alles – Block- und Inline-Elemente

Du hast jetzt schon eine Menge gelernt über HTML und CSS – genug, um gutaussehende Webseiten zu machen und, mit Verlaub gesagt, genug, um **korrekteres HTML** zu schreiben, als 90 % der Seiten zu bieten haben, die du im WWW findest.

Aber eins fehlt noch, bevor du dein Webdesignvordiplom rahmen lassen darfst. Alle Seiten, die wir bisher gesehen haben, fließen von oben nach unten, wie Kaffee, der aus der Kanne in die Tasse fließt. Das ist zwar ein schönes Bild, und es hat jahrhundertelang für Bücher ausgereicht, aber im Web sieht es etwas altbacken aus.

Moderne Webseiten haben einen Balken links an der Seite, einen Balken rechts an der Seite, einen Kopfbereich und vielleicht auch noch mehrere Spalten im Inhaltsbereich. Und selbst wenn der Text Handy- und Tabletfreundlich von oben nach unten fließt, dann gibt es doch Bilder und Textboxen, die den Fluss unterbrechen. Da kommen wir mit unseren bisherigen Werkzeugen nicht weiter. Aber bevor ich dir jetzt noch mehr Werkzeuge in deinen Kasten lege, brauchst du ein paar theoretische Grundlagen.

Wie Kaffee aus der Kanne fließt der Text abwärts.

[Begriffsdefinition]
Als **Inline-Elemente** bezeichnet man HTML-Elemente, die mitten im Text vorkommen können. Inline-Elemente verhalten sich genau wie Text, das heißt, sie werden umbrochen wie Fließtext, können mehrere Zeilen oder halbe Zeilen umfassen und so weiter.

[Begriffsdefinition]
Als **Blockelemente** werden HTML-Elemente bezeichnet, die nicht innerhalb des Textes vorkommen, aber Text umfassen können. Blockelemente dulden von Natur aus nichts anderes neben sich: Solange man es nicht umstellt, steht das vorherige Element über einem Blockelement, das folgende darunter. Außerdem sind Blockelemente **immer** rechteckig, das wird gleich wichtig.

Die beiden Begriffsdefinitionen sind jetzt streng genommen nichts Neues mehr. Wir haben schon die ganze Zeit mit beiden Arten von Elementen gearbeitet und uns darauf verlassen, dass sie so funktionieren. `<a>`, `<span>` und `<em>` sind ganz klassische **Inline-Elemente**, sie tauchen mitten im Text auf, fügen Informationen über Aussehen oder Funktion hinzu, aber sie unterbrechen den Text nicht. Dagegen sind `<p>` und `<table>` Blockelemente: Sie erzwingen einen Zeilenumbruch vor und hinter sich und sind grundsätzlich rechteckig. Das sieht man zwar bei Absätzen nicht auf den ersten Blick, aber spätestens, wenn man eine Hintergrundfarbe zuweist, wird es offensichtlich.

[Hintergrundinfo]
Die Bezeichnungen Block und Inline finden sich nicht im HTML-Standard, als Eigenschaften des Layouts gehören sie zu CSS. Dort sind noch einige weitere Modelle speziell für Tabellen und Listen definiert, aber fürs Verständnis sind nur diese beiden wirklich interessant.

Also, Inline-Elemente sind ausgezeichneter Text innerhalb des Fließtextes. Blockelemente kannst du dir als Boxen vorstellen, da bist du dann wieder ganz in deinem Element.

[Achtung]
Block und Inline haben auch eine grundsätzliche Bedeutung für die Verschachtelung von Tags: Inline-Elemente dürfen nur Text und weitere Inline-Elemente enthalten, niemals Blockelemente. Blockelemente dürfen immer Inline-Elemente enthalten, manche auch weitere Blockelemente.

Und warum ist der Unterschied jetzt plötzlich wichtig?

Weil vieles, über das wir jetzt sprechen werden, nur auf Blockelemente zutrifft. Es geht jetzt darum, wie die Boxen richtig gestapelt werden, in die richtige Größe kommen und richtig nebeneinanderstehen, also um Eigenschaften von Blockelementen.

Das Box-Model – stapelbares HTML

Es geht jetzt also um Boxen – um **stapelbare Boxen**, nicht um den Faustkampf. Denn der Browser macht mit Blockelementen genau das, was bei Stapelfix im Lager täglich passiert: Er stapelt sie, und zwar so, wie sie auf den Bildschirm passen, wenn du ihm keine andere Anweisung gibst. Es gibt in CSS einige Schrauben, an denen du drehen kannst, um dem Browser zu sagen, wie genau er stapeln soll.

Um die Details kennenzulernen, nehmen wir noch ein neues Tag zu Hilfe: das `<div>`-Tag. Es ist für Blockelemente im Wesentlichen das, was das `<span>`-Tag für Inline-Elemente ist. Es hat keine eigene Bedeutung, stellt keine Ansprüche daran, was drin ist, es ist einfach ein generischer Container, **wie Tupperware** oder Frachtcontainer. Und dadurch ist es ideal, um die diversen Eigenschaften des Box-Models auszuprobieren, und das perfekte Element, um ein modernes Seitenlayout zusammenzustapeln.

[Funktioniert in]
`<div>` funktioniert in allen Browsern.

© Claude Beaubien

Viele, viele bunte `<div>`s

Ich präsentiere dir: das Box-Model

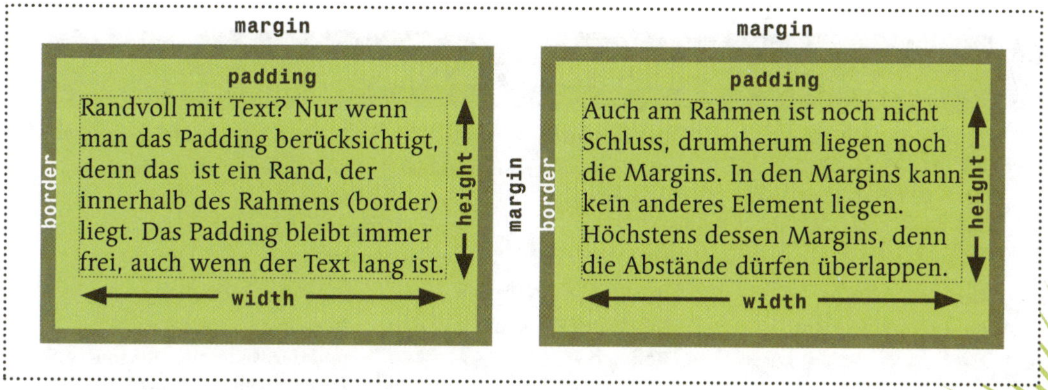

Das Box-Model in allen Details

> **[Zettel]**
> Auch für Inline-Elemente erzeugt der Browser ein oder mehrere Boxen, um das Layout zu berechnen. Die sind aber wesentlich weniger interessant, weil sie nicht diese vielen Stellschrauben haben.

Jetzt hast du schon mal ein tolles Bild, dann kann ich mir die Erklärung auch sparen. Nein, Quatsch. Bilder sind toll, aber ich glaube, dieses ist nicht ganz selbsterklärend. Diese Box, mit sämtlichen Bereichen, die du dort siehst, **wird vom Browser für jedes Blockelement erzeugt**.

[Funktioniert in]
`padding`, `margin`, `width` und `height`
funktionieren in allen Browsern.

Alles, was im Diagramm zu sehen ist, kann durch CSS geändert werden. Schauen wir uns die einzelnen Teile von innen nach außen etwas genauer an:

In der Mitte befindet sich der sogenannte **Inhaltsbereich (Content Area)**. Alle Nachkommen des Elements, inklusive einfachen Textes, stehen in diesem Bereich. Und es ist auch dieser Bereich, dessen Größe du mit den CSS-Eigenschaften **`width`** und **`height`** festlegen kannst.

Seitenlayout in HTML und CSS

Tag/Attribut	Attributwerte	Bedeutung	Und wenn es eine Stapelfix-Pappkiste wäre
`<div>`		das bedeutungsloseste Blockelement, seit es HTML und CSS gibt	Die Kiste selbst. Alles andere sind Eigenschaften dieser Kiste.
Attribute für Blockelemente:			

`padding-top,`
`padding-right,`
`padding-bottom,`
`padding-left`
	Größenangabe in px, em oder Prozent	der Abstand zwischen dem Inhalt des Elements und dem Rahmen	die vielen bunten Styroporflocken zwischen Packgut und der Kiste oder Blasenfolie zum Ploppenlassen

`padding`		Kurzschreibweise für die vier Eigenschaften oben. Ein Wert gilt für alle vier Seiten, mehrere Werte werden verteilt, wie beim Gesetz des Kompasses beschrieben.	Styroporflocken auf allen Seiten!
`border` und `border-*`	Dicke des Rahmens in Pixeln, Farbe und Linienart (gestrichelt, durchgezogen...)	Dicke des Rahmens in Pixeln, Farbe und Beschaffenheit; für Details siehe Kapitel 5	Dicke, Farbe und Beschaffenheit der Kartonpappe

`margin-top,`
`margin-right,`
`margin-bottom,`
`margin-left`
	Größenangabe in px, em oder Prozent	Der Mindestabstand zwischen dieser Box und der nächsten in dieser Richtung. So viel Platz bleibt mindestens frei.	Der Sicherheitsabstand zwischen dieser Kiste und der nächsten, etwa Holzlatten zwischen zwei Kisten, damit sie sich nicht berühren, das ist eine Margin.

`margin`		wieder eine Kurzschreibweise, genau wie `padding`	Abstand rundherum, diese Kiste muss gefährlich sein.
`width`	Größenangabe in px, em oder Prozent	Breite des Inhaltsbereichs, wirklich nur des Inhalts, alles andere, sogar das Padding, kommt noch dazu.	die Breite des Packgutes, ohne Styropor, ohne Karton, ohne Sicherheitsabstand
`height`	Größenangabe in px, em oder Prozent	Höhe des Inhaltsbereichs, auch hier kommt alles Weitere noch dazu.	die Höhe des Packgutes, ohne Styropor, ohne Karton, ohne Sicherheitsabstand

[Achtung]

`width` und `height` beziehen sich auf den Platz, der dem Inhalt einer Box zur Verfügung steht. Sie enthalten weder `margin` noch `padding`.

Die Größe aller anderen Bereiche – `padding`, `margin`, `border` – wird noch zu `width` bzw. `height` addiert, um auf den Platzbedarf eines Elements zu kommen. Die Annahme, `width` und `height` würden die Größe des Rahmens oder gar der ganzen Box setzen, ist eine der häufigsten Frustquellen für neue Webentwickler, denn dann passt nichts zusammen.

Einen Schritt weiter außen in der Box finden wir das **Padding**. Padding ist der Abstand zwischen Rahmen und Inhalt. Leerer Raum, der aber rein optisch schon Teil der Box ist: Er hat die Hintergrundfarbe und wird vom Rahmen mit umfasst.

Als Nächstes kommt dann der Rahmen. Dazu weißt du ja schon alles Wichtige. Der Rahmen liegt zwischen Padding und Margin, nicht in einem der beiden Bereiche. **Er braucht auch seinen eigenen Platz.**

Und damit sind wir auch schon außen angekommen, jenseits des Rahmens. Hier kommt mit `margin` ein weiterer Abstand hinzu, nämlich zwischen dem Rahmen dieses Elements und den Nachbarn. Ohne Margin würden sich die Rahmen benachbarter Elemente berühren. Das kann chic aussehen, muss es aber nicht.

[Begriffsdefinition]

Der Platz, der von einem Element mit allen Paddings, Borders und Margins eingenommen wird, heißt die **Margin-Box** des Elements. Auf Deutsch klingt das irgendwie weniger verständlich: Abstandskiste oder so.

Meine Freundin würde sagen:

„Kiste mit Aura".

Seitenlayout in HTML und CSS

Relativ und absolut

Für die Größenangaben, und auch für alle anderen Angaben, die im Zusammenhang mit dem Box-Model möglich sind, treffen wir auf alte Bekannte: **absolute und relative Größenangaben**. Bei absoluten Größenangaben ist auch alles genau so, wie du es von den Schriftgrößen her kennst. Du kannst `height: 200px;` setzen, dann ist der Inhaltsbereich auch genau 200 Pixel hoch. Nur der Inhaltsbereich, denk immer daran!

Ich verspreche, ich werde immer daran denken.

[Ablage]
Ist keine Größe angegeben, wird ein Blockelement gerade so groß, dass sein Inhalt komplett hineinpasst.

Merk dir das, Schrödinger, ich werde dich gleich danach fragen.

Aye, aye, Sir.
Sag einfach „GLEICH", wenn es soweit ist.

Bei relativen Angaben musst du aber umdenken, **einmal**, um mit Prozentangaben umzugehen, **und dann noch einmal**, um mit **em**s zurechtzukommen.

Umdenken Nummer eins: Prozentangaben

Prozentangaben bei Blockelementen beziehen sich immer auf das umgebende Element, das heißt auf den `<body>`, wenn es kein anderes umgebendes Blockelement gibt. `width: 50%` bedeutet also halb so breit wie das Elternelement.

[Achtung]
Weil ich schon oft selbst darauf reingefallen bin, sag ich es hier noch mal: **Auch relative Angaben für `width` und `height` gelten nur für den Inhaltsbereich**. Insbesondere heißt das: Wenn zwei Elemente `width: 50%;` haben und außerdem `margin`, `padding` oder `border`, dann passen diese Elemente **nicht** nebeneinander in ihr Elternelement.

264 Kapitel SIEBEN

[Achtung]
Prozentangaben (auch für **padding** und **margin**) funktionieren **nur** zuverlässig, wenn für das umgebende Element eine Größe gesetzt ist.

[Achtung]
Auch Prozentangaben für **padding** und für **margin** beziehen sich auf die Größe des umgebenden Elements, nicht des Elements selbst. Das ist auch gut so, denn so weißt du, dass alles nebeneinanderpasst, wenn du in Summe auf 100 % kommst.

[Hintergrundinfo]
Ist für das Elternelement keine Größe gesetzt, dann kommt es zu der Situation, dass das Elternelement die Größe seiner Kinder kennen muss, um die eigene Größe zu berechnen, die Kindelemente aber die Größe des Elternelements kennen müssen, um die Prozentangabe aufzulösen. Wie der Browser damit umgeht, ist nicht definiert, aber es funktioniert nicht.

Merk dir das, Schrödinger, ich werde dich gleich danach fragen.

Jawohl ja. Sag „JETZT", und ich werde mich dran erinnern.

Umdenken Nummer zwei: em im Box-Model

ems sind und bleiben eine Einheit für Schriftgrößen, und auch wenn man sie als Größenangabe für Boxen benutzt, haben sie einen Bezug zur Schriftgröße. Ein Element mit `height: 3em;` ist so hoch wie drei Zeilen **Text von der Schriftgröße und Schriftart, die das Element selbst verwendet**. Das heißt aber **nicht**, dass auch drei Zeilen Text **reinpassen**. Zwischen den Textzeilen kommt noch der Zeilenabstand, der für die Größenangabe nicht berücksichtigt wird, und ein **em** bezieht sich, wie du dich erinnerst, auf die Breite des Buchstabens M, nicht auf die Höhe der Zeile. Es gibt da also immer Ungenauigkeiten.

So, genug Infos in den Kopf gestopft. **Probier es aus!**

Fünf kleine `<div>`-Container ...

[Einfache Aufgabe]

Platziere auf einer neuen Seite fünf `<div>`s mit Text darin und den IDs **eins**, **zwei**, **drei**, **vier** und **fuenf**. Gib ihnen verschiedene Hintergrundfarben, damit du sofort siehst, was passiert, und nicht erst CSI ... äh ... CSS bemühen musst. Lass **eins** ganz ohne Größenangaben, gib **zwei** eine Höhe in Pixeln, **drei** Breite und Höhe in Pixeln und **vier** und **fuenf** jeweils Breite und Höhe in Prozent und **em**.

Hast du nicht die ganze Zeit gesagt, dass IDs und Klassen eine Bedeutung haben sollen?

Ja, schon, aber es ist ja nur eine Übung. Hier ist das CSS:

```css
#eins{
}*1
#zwei {
  height: 50px;
}*2
#drei {
  width: 200px;
  height: 100px;
}*3
#vier {
  width: 20%;
  height: 10%;
}*4
#fuenf {
  width: 20em;
  height: 10em;
}*5
```

*1 keine Größenangaben

*2 nur 50 Pixel hoch und so breit, wie der Browser will

*3 in alle Richtungen mit definierter Größe

*4 jetzt mal mit Prozenten

*5 und auch noch mit **em**s

Ohne weitere CSS-Eigenschaften zu setzen, sollten dir an deiner Beispielseite zwei Dinge auffallen:

- ☞ Zwischen den **<div>**s gibt es keinen Abstand.
- ☞ Wenn der Text zu lang ist, geht er einfach über den Rand.

[Code bearbeiten]
Füge auf der Beispielseite für alle **<div>**s diese CSS-Eigenschaften hinzu:

overflow: hidden;

margin-bottom: 5px;

Damit sind beide Probleme gelöst. Was es mit **margin** auf sich hat, weißt du ja schon, und **overflow** zeige ich dir auch noch in diesem Kapitel.

Mir fällt noch was auf!
Bei <div> Nr. vier wird die Box so hoch, bis der Text passt. Meine Höhenangabe wird ignoriert!

Nimm das Attribut **height** mal testweise raus.

Da ändert sich nix, ich glaube, der Browser ignoriert die Eigenschaft.

Das glaube ich auch. Und warum könnte das wohl so sein, frage ich dich …

... JETZT.

JETZT?!

Moment, du sagtest: „Prozentangaben funktionieren **nur** zuverlässig, wenn für das umgebende Element eine Größe gesetzt ist."

Das umgebende Element ist ... Body!

Hat der wohl eine Höhe, wenn man keine setzt? Vielleicht nicht, und deshalb funktioniert jetzt meine Höhenangabe in Nummer **vier** nicht richtig.

Das ist schon mal sehr richtig gedacht, Body hat wirklich keine festgelegte Höhe, deswegen wird deine Style-Regel für **vier** ignoriert. Und warum es so hoch wird, wie es jetzt ist, das merkst du ...

... GLEICH!

GLEICH?!

Ach ja: „Ist keine Größe angegeben, wird das Element gerade so groß, dass sein Inhalt komplett hineinpasst."

Absolut richtig, dem habe ich nichts hinzuzufügen. Als Nächstes brauchen deine **<div>**s jetzt Ränder und Rahmen, aber vorher gibt es noch ...

Das Gesetz des Kompasses

Am Anfang des Kapitels habe ich die CSS-Eigenschaften **padding** und **margin** als Kurzschreibweise für die Angaben **padding-top**, **padding-right** ... bzw. **margin-top**, **margin-right** ... erwähnt und eine Anspielung auf das mysteriöse Gesetz des Kompasses gemacht. Dass eine Style-Regel kürzer ist als vier, ist offensichtlich, oder? Aber was musst du als Wert angeben? Da gibt es mehrere Möglichkeiten, und bei denen kommt das Gesetz ins Spiel. Du kannst nämlich von eins bis vier Werte angeben.

Von eins bis vier? Klingt verwirrend! Und was hat das mit dem Kompass zu tun?

Ich zeig es dir am Beispiel von padding:

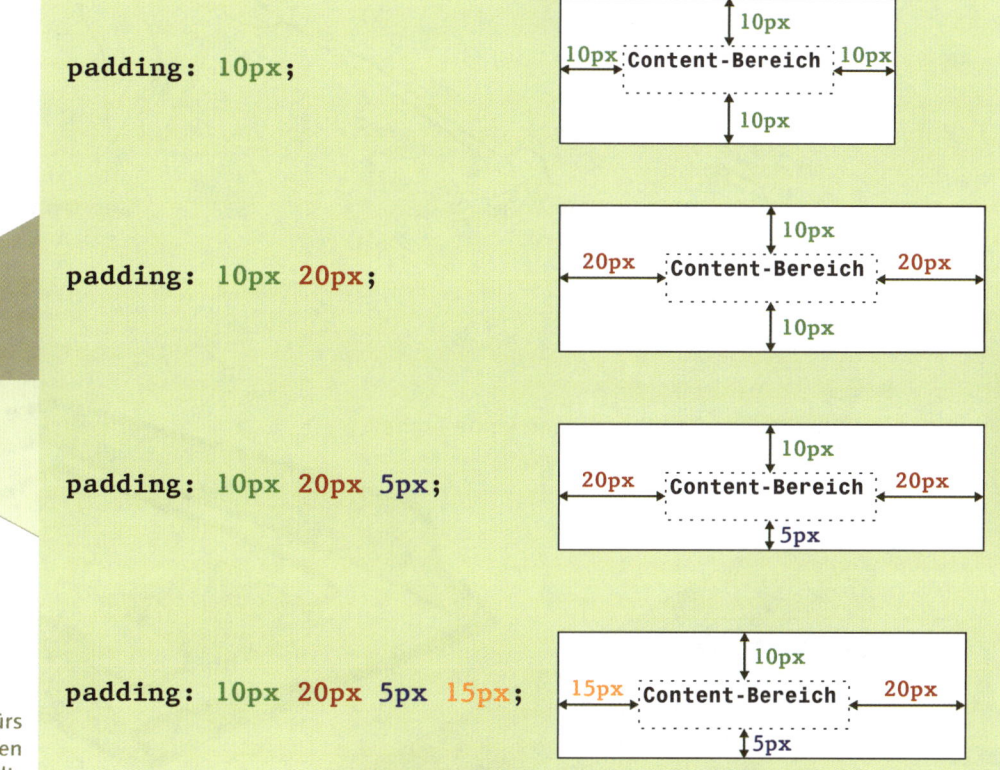

Kurzschreibweisen fürs Padding: So werden Werte verteilt.

Siehst du? Von eins bis vier. Wie du auf dem Bild siehst, werden die vorhandenen Werte auf die vier Himmelsrichtungen verteilt, deswegen das Gesetz des Kompasses. Alles keine Hexerei, solange du dir merkst, dass der erste Wert immer für **padding-top** steht.

Und für **margin** funktioniert alles ganz genau auf dieselbe Art. Wäre ja ziemlich blöd, wenn man sich da noch zwei verschiedene Systeme merken müsste.

Oh ja, das würde mich nerven!

[Ablage]
Größenangaben von 0 brauchen keine Einheit, 0 ist schließlich immer gleich groß.

Und weiter geht's mit den fünf <div>s

Mit diesem Wissen kannst du jetzt die fünf kleinen **<div>**-Container vervollständigen, damit du das gesamte Box-Model einmal benutzt hast. Was man schon mal gemacht hat, merkt man sich nämlich doch am besten.

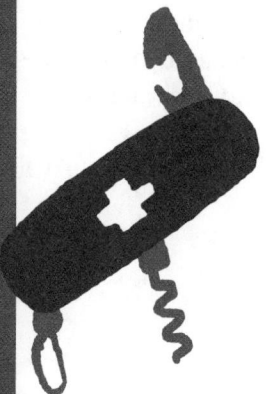

[Einfache Aufgabe]

Füge bei den fünf kleinen **<div>**-Containern Styropor, eine Kiste und Sicherheitsabstand hinzu, also **padding**, **border** und **margin**. Verwende jeweils dieselben Einheiten, die du schon für Breite und Höhe benutzt hast. Benutze bei **zwei** die Kurzschreibweise mit einem Wert, bei **drei** die mit zweien und so weiter.

Das ist zwar alles nichts Neues, aber so siehst du auch einmal, wie sich die verschiedenen Einheiten verhalten. Das ist einprägsamer und auch wenigstens ein wenig spannender, als nur darüber zu lesen. Und es gibt auch noch etwas, das **eine besondere Warnung** wert ist: Prozentangaben haben noch eine Extratücke.

Gerade, wenn du glaubst, du hättest alles kapiert, kommt noch sowas:

[Doppelachtung]

Auch für **padding-top** und **padding-bottom** beziehen sich Prozentangaben auf die **Breite** (!!!) des Elements. Klingt vielleicht komisch, aber so ist sichergestellt, dass zum Beispiel **padding: 2%;** um das ganze Element herum die gleiche Größe hat.

Waste, die Warnung muss ich mitschreiben!

Seitenlayout in HTML und CSS

Abstände aus der Nähe betrachtet

Vielleicht ist es dir schon bei den fünf kleinen **<div>**-Containern aufgefallen: Der Abstand zwischen zwei Elementen ist **nicht immer so**, wie es ihre Margin-Eigenschaften vermuten lassen. Manchmal ist es weniger. Margins haben die Eigenheit, dass sie zusammenfallen (Collapsing Margins). Das heißt, wenn zwei Margins zusammentreffen, sagen wir **margin-bottom** eines Elements und **margin-top** des nächsten darunterliegenden Elements, dann werden sie nicht zusammenaddiert. Es wird nur die größere Margin angewendet! Noch so ein Ding, an das ich Tage meines Lebens mit Fehlersuche verloren habe …

Wieso? Mindestabstand halt.
Das ist doch einfach, guck mal auf dein Bild da.

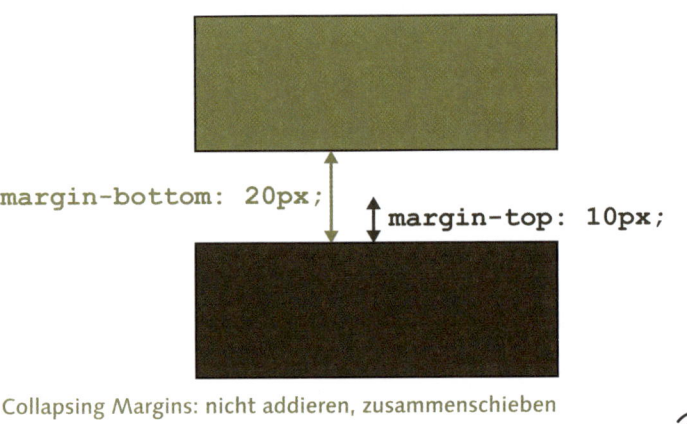

Collapsing Margins: nicht addieren, zusammenschieben

Schlauberger. Das habe ich gerade für dich gezeichnet, das hatte ich damals nicht.

Und hier noch etwas viel Wichtigeres zu Margins, das dir vielleicht Jahre vergeudeten Webentwicklerlebens sparen kann: **margin: auto;** ist fast wie Magie. Wie man ein **Blockelement in einem anderen zentriert**, ist nämlich nicht sofort offensichtlich. Die Eigenschaft **text-align** funktioniert nur für Text und Inline-Elemente, die ja wie Text sind. Man kann natürlich mit pixelgenauen

Größen und Margins zentrieren, aber das macht erstens keinen Spaß und skaliert zweitens nicht automatisch. Deshalb finden die meisten Webentwickler nach ein bis zwei Jahren ihrer Karriere heraus, dass **`margin: auto;` den verfügbaren Platz zwischen linker/rechter bzw. oberer/unterer Margin aufteilt**, also zentriert. Und man kann diese Technik sogar mit konstanten Margins in die anderen Richtungen kombinieren.

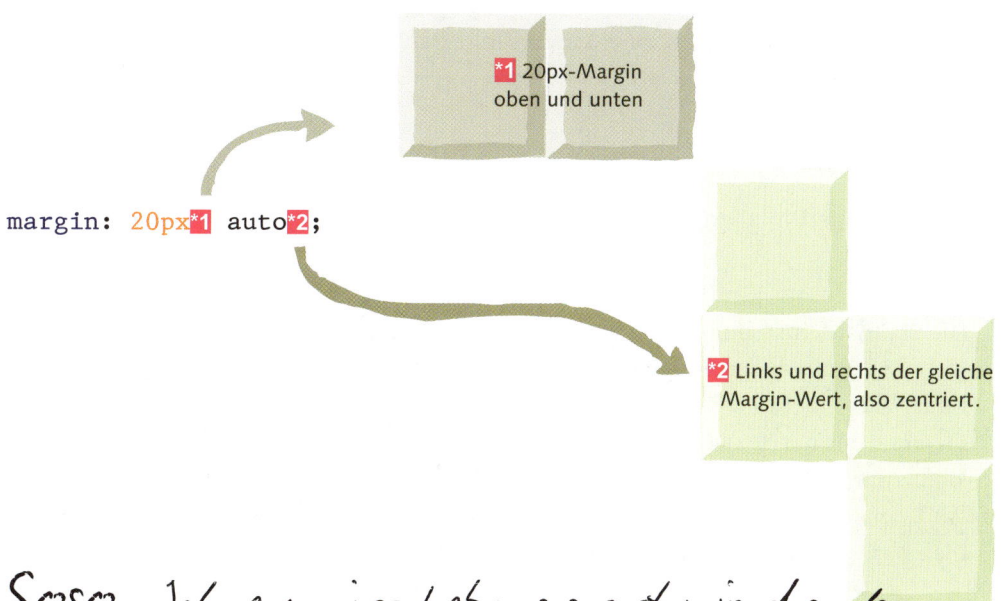

```
margin: 20px*1 auto*2;
```

*1 20px-Margin oben und unten

*2 Links und rechts der gleiche Margin-Wert, also zentriert.

Soso, Jahre meines Lebens spart mir das also. Egal, das ist auf jeden Fall gut zu wissen.

[Belohnung/Lösung]
Und damit hast du die Ausbildung zum Box-Model-Profi erfolgreich abgeschlossen und darfst dir jetzt die entsprechende Trophäe ins Büro stellen: die goldene Stapelkiste!

10 Liter HTML in einem 5-Liter-<div> – Overflow

Ich schulde dir noch die Erklärung, was du tun kannst, wenn du mehr Inhalt in einem Blockelement hast, als in die von dir gesetzte Größe reinpasst. Im Gegensatz zu einem Eimer, der überläuft, kannst du für Webseiten angeben, was beim Überlaufen passieren soll. Dafür gibt es die CSS-Eigenschaft **overflow**.

[Funktioniert in]
overflow funktioniert in allen Browsern.

Die Standardeinstellung für **overflow** ist **visible**, das heißt so viel wie „egal, ob das Element voll ist, schreib einfach weiter", und der Inhalt läuft über den Rand des Elements hinaus und über das nächste Element, bis der Text zu Ende ist. Aber das muss so nicht sein, man kann zum Beispiel auch **overflow: hidden;** setzen. Damit läuft der Text zwar nicht mehr über den Rand hinaus, aber lesen kann man ihn auch nicht mehr. Er ist einfach weg.

Na, tolle Hilfe ...

Abhilfe schafft der Wert **scroll**, der am linken und unteren Rand des Elements einen **Scrollbalken** hinzufügt. Damit fließt längerer Text nicht über den Rand, aber er bleibt erreichbar, man kann scrollen. Das ist schon fast gut, hat aber immer noch einen kleinen Nachteil: Es werden immer beide Scrollbalken angezeigt, auch wenn sie gar nicht nötig sind. Die perfekte Lösung bleibt damit dem letzten möglichen Wert vorbehalten. **overflow: auto** zeigt Scrollbalken genau dann an, wenn sie benötigt werden, sonst nicht.

[Zettel]
Die Größe der Scrollbalken wird von der Größe der Content-Box abgezogen, so dass die äußere Größe des Elements gleich bleibt.

[Hintergrundinfo]
Das genaue Verhalten von `overflow: auto` ist nicht vom Standard vorgeschrieben, da steht nur, dass der Browser bei überlaufendem Inhalt einen Scrollmechanismus anbieten sollte. Alle aktuellen Browser verhalten sich aber gleich und zeigen bei Bedarf einen Standardscrollbalken im Element an.

`overflow: visible;`   `overflow: hidden;`   `overflow: scroll;`   `overflow: auto;`

Die vier Arten, überzulaufen

[Hintergrundinfo]
Enttäuschenderweise gibt es auch in CSS3 noch keine standardisierte Möglichkeit, die Scrollbalken anzupassen. Es sind immer die Scrollbalken des Systems, und das heißt meistens hässliche.
In WebKit-Browsern gibt es eigene, nicht allgemeingültige Möglichkeiten zum Styling mit den Pseudoklassen `::-webkit-scrollbar`, `::-webkit-scrollbar-track` und `::-webkit-scrollbar-thumb`.

Seitenlayout in HTML und CSS **275**

Schrödinger in seinem Element – Container schubsen

Das Kapitel ist für dich bisher wirklich ein Heimspiel, oder?
Es geht um Kisten und darum, wie man sie aufeinanderstapelt.
Da kannst du jetzt mal richtig zeigen, was du kannst.

[Schwierige Aufgabe]
Unten ist eine Skizze, die alle wichtigen Maße für ein `<div>` enthält. Das hast du bestimmt in fünf Minuten in HTML und CSS gelöst.

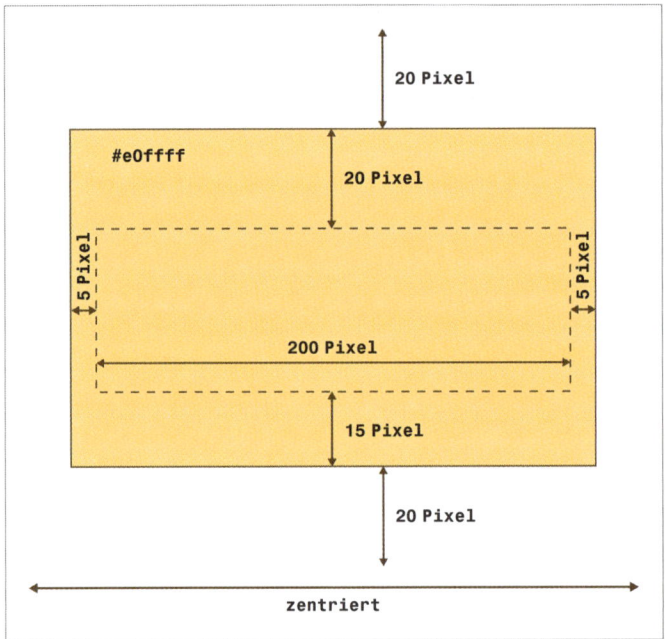

So wollen wir es haben.
Auf geht's!

Null Problemo!

276   Kapitel SIEBEN

Ich werde dich jetzt mal nicht mit dem HTML langweilen, ein Tag in den Body zu schreiben, ist ja nun wirklich nicht mehr interessant für dich. Aber das CSS schauen wir uns mal näher an, auch wenn es nichts Kompliziertes enthält:

```
#my_div { *1
    background-color: #e0ffff;
    width: 200px; *2
    padding: 20px 5px 15px; *3
    margin: 20px auto; *4
}
```

*1 Wie du das `<div>` selektierst, ist natürlich vollkommen egal.

*2 Die Breite von 200 Pixeln. Es war keine Höhe in der Skizze angegeben, also solltest du auch keine setzen. Als Nebenwirkung davon muss auch die **overflow**-Eigenschaft nicht gesetzt werden, das Element wird in der Höhe wachsen.

*3 20 Pixel Padding nach oben, 5 nach unten. Du musst nicht unbedingt die Kurzschreibweise benutzen, die vier Einzelangaben sind ebenso gut.

*4 Auch bei **margin** kannst du die einzelnen Angaben machen statt der Kurzschreibweise. Oben und unten soll es jeweils 20 Pixel Abstand geben, zwischen rechts und links kommt das `<div>` mit dem Wert **auto** in die Mitte.

Kein Problem, oder? Das ganze Box-Model sieht am Anfang vielleicht gefährlich aus, aber wenn man es sich mal genau anschaut, ist es ganz einfach.

Genau dort – absolute Positionierung

Mit Größenangaben, Rahmen und Abständen kannst du schon vieles machen, aber du musst dich immer noch auf den Browser verlassen. Der entscheidet, wo deine Blockelemente auf der Seite landen: zunächst mal einfach untereinander. Aber das ist oft gar nicht das, was du möchtest. Was, wenn die Kisten nicht nur einen Stapel bilden, sondern an ganz bestimmten Orten stehen sollen?

Die Eigenschaft dafür heißt **position**, und von den möglichen Einstellungen zeige ich dir zunächst die absolute Positionierung. Mit **position: absolute** schaltest du das automatische Layout des Browsers für dieses Element komplett ab, **er verlässt sich dann ganz auf deine Angaben, wo es hin soll**.

[Funktioniert in]
position funktioniert in allen Browsern.

Und diese Angaben machst du mit CSS:

Eigenschaft	Mögliche Werte	Bedeutung
top	Positionsangabe in Pixeln, ems oder Prozent	Abstand von der Oberkante des umgebenden Elements zur Oberkante dieses Elements
left		Abstand vom linken Rand des umgebenden Elements zum linken Rand dieses Elements
bottom		Abstand von der Unterkante des umgebenden Elements zur Unterkante dieses Elements
right		Abstand vom rechten Rand des umgebenden Elements zum rechten Rand dieses Elements

Mit zwei dieser Eigenschaften kannst du festlegen, wo eine Ecke des Elements liegen soll. Dann kannst du mit den schon bekannten Eigenschaften **height** und **width** auch noch eine Größe festlegen. Es ist aber auch möglich, alle vier Positionseigenschaften anzugeben und dafür Höhe und Breite wegzulassen. Das Element wird dann zwischen den angegebenen Eckpunkten aufgespannt. Du musst dafür nur die Beschreibung der Eigenschaften **right** und **bottom** genau lesen: Sie geben den Abstand von der rechten (oder unteren) Kante dieses Elements zur rechten (oder unteren) Kante des umgebenden Elements an.

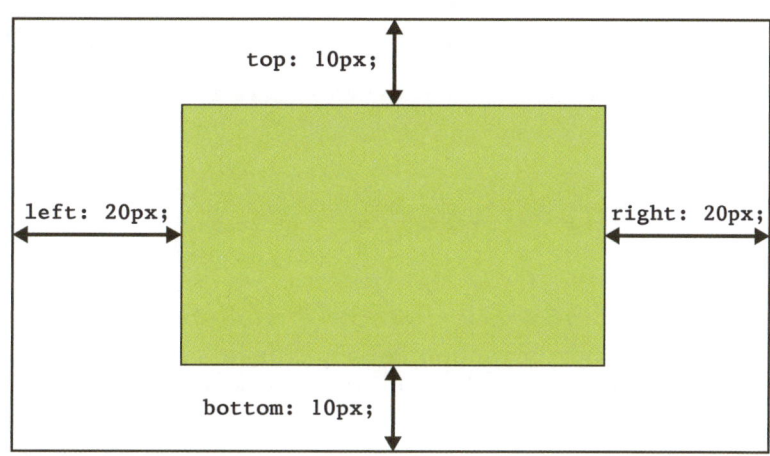

Von wo nach wo wird die Position gemessen?

[Zettel]
Das ist immens praktisch mit Prozentangaben. **right: 50%** stellt zum Beispiel sicher, dass ein Element genau in der Mitte des Elternelements aufhört.

[Achtung]
Wenn für **position** kein Wert gesetzt wird, dann haben die vier Ortsangaben keine Wirkung.

Die häufigste Anwendung für absolute Positionierung ist, das Grundlayout einer Seite festzulegen: einen Kopfbereich oben, links schmal die Navigation, rechts breiter der Inhaltsbereich oder auch eine andere Aufteilung, aber das ist die mit Abstand häufigste. Oder du kannst damit die neueste fixe Idee von Bossingen umsetzen.

Der Stapelfix™-Stapelplan

Hallo Schrödinger STOP
bin mit neuer Website zufrieden STOP
Suche auch gut STOP
hätte gerne Stapelpläne auf der Seite STOP
Bitte kümmern STOP.

Bossinger hat echt die letzten drei technologischen Revolutionen verschlafen. Demnächst legt er mir Steintafeln auf den Tisch. Und was er hier wieder haben will, ist auch nicht besser.

Wieso? Was ist überhaupt ein Stapelplan?

Das ist so ein tolles Diagramm, das zeigt, wie gut sich unser Stapelkram stapeln lässt. Warte, ich hab hier irgendwo in diesem Chaos einen rumliegen ...

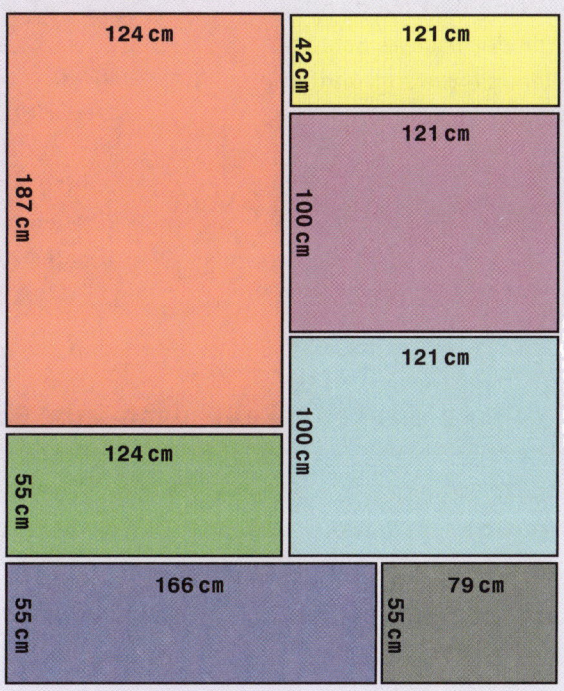

Ein Stapelfix™-Stapelplan

Aaah ja, okay, das sieht doch gar nicht so schlimm aus. Ich würd es zwar persönlich einfach als Bild machen, aber das kriegen wir auch mit HTML hin. Muss die Höhe unbedingt gedreht an der Seite stehen?

Nee, da hatte ich schon mal mit **Bossingen** gesprochen, der hätte gerne in jeder Box den Namen des Produkts und die Maße, einfach als eine Zeile Text und als Link auf die Produktseite.

Dann hat sich das als Bild ja sowieso erledigt. **Frisch ans Werk, Schrödinger!** Zuerst musst du natürlich **alle Kisten ins Dokument packen**. Dann werden die zwar erst mal alle auf einem großen Stapel stehen, der eure Lageristen zum Weinen bringt, aber das beheben wir dann als Nächstes.

[Einfache Aufgabe]
Packe die sieben Stapelkisten in ein neues Dokument, mit den richtigen Breiten- und Höhenangaben. Übernimm die Zentimeterangaben für den Anfang als Pixel. Schreibe die Größen als Text in das `<div>`-Tag. Setze bitte **keine border**s oder **margin**s, dadurch würde der nächste Schritt wesentlich schwieriger. Benutze Hintergrundfarben, um die Elemente voneinander abzusetzen.

[Notiz]
Dies ist übrigens einer der Fälle, in denen das `style`-Attribut an den einzelnen `<div>`s der beste Ort für die Größenangaben ist: Sie sind Teil des Inhalts, nicht nur Darstellungsdetails.

Ein `<div>` für eine dieser Kisten sieht dann zum Beispiel so aus:

```
<div style="background-color: #FFAAAA; width: 124px; height: 187px;">
    Stapelkiste schmal, hoch (124 x 187 cm)
</div>
```

*Ich wollte das auch schon mal an die richtige Stelle schieben, aber egal, wie ich **top** und **left** setze, das Ding bewegt sich nicht.*

Lass mich raten, du hast es in etwa so gemacht:

```
<div style="background-color: #FFAAFF; width: 121px; height: 100px; left: 126px; top: 44px;">
    Stapelkarton, leicht (121 x 100 cm)
</div>
```

282 Kapitel SIEBEN

Da fehlt dir noch die **position**-Eigenschaft. Solange die nicht da ist, ignoriert der Browser die Positionsangaben. Und wenn du dann **position: absolute** setzt, dann verlässt er sich darauf, dass du schon weißt, was du tust.

[Einfache Aufgabe]
Wie sehr sich der Browser dann auf deine Angaben verlässt, kannst du in einem Experiment sehen: Setze an den **<div>**s in deinem Beispiel **position: absolute**, aber noch keine Position.

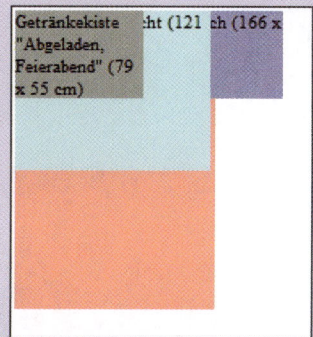

Was für ein Durcheinander

Wie du siehst, macht sich der Browser überhaupt keine Mühe mehr, wenn du auf absolute Positionierung umschaltest. **Das ist jetzt deine Aufgabe**.

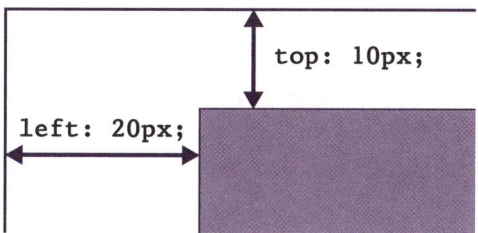

Zur Erinnerung: So geht absolute Positionierung.

Seitenlayout in HTML und CSS

[Schwierige Aufgabe]
Hier ist etwas Kopfrechnen gefragt: Rücke alle `<div>`s im Stapelplan mit **left** und **top** an die richtige Stelle.

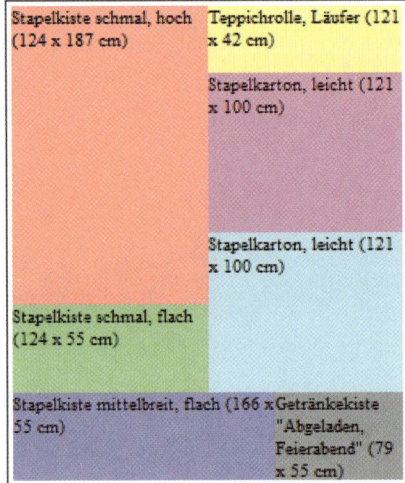

Alles gestapelt

[Notiz]
Falls deine Lösung nicht so aussieht, wie sie soll, findest du ein Beispiel bei den Downloads zum Buch.

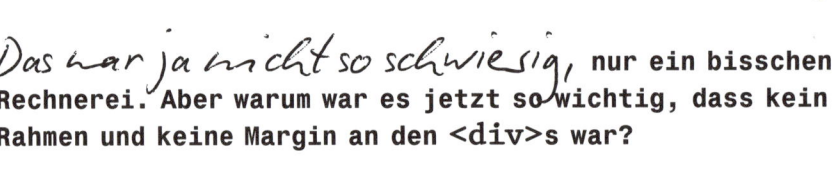

Das war ja nicht so schwierig, **nur ein bisschen Rechnerei. Aber warum war es jetzt so wichtig, dass kein Rahmen und keine Margin an den `<div>`s war?**

Dadurch wäre die Rechnerei noch viel schlimmer geworden. Du weißt ja noch, dass **height** und **width** die Größe des Inhaltsbereichs festlegen. **top** und **left** beziehen sich aber nicht auf den, sondern auf die **Margin-Box**; an der Position, die du festlegst, kommen zuerst mal Margin, Border, Padding und dann der Inhalt. Das musst du dann bei den Positionen alles mit einrechnen, und das wollte ich dir dann doch nicht antun.

Mehr zu Positionierung

Was du über absolute Positionierung noch wissen solltest:

Absolut positionierte Elemente werden aus dem normalen Seitenfluss entfernt. **Das heißt, dass nachfolgende Elemente sich so verhalten, als gäbe es das absolut positionierte Element nicht**. Sie rutschen nach oben nach, es bleibt keine Lücke.

Genau wie die Chefetage hier: Wenn Bossingen in Urlaub ist, glauben alle sofort, sie säßen einen Stuhl höher ...

Absolute Positionierung ist aber noch nicht alles. Du hast es dir wahrscheinlich schon gedacht, als du diese Art der Positionierung erst einstellen musstest.

Ich hab inzwischen gemerkt, dass es in CSS immer noch ein paar Optionen mehr gibt ...

position	Was passiert?
static	`static` ist der Standardwert für `position`. In diesem Modus werden Angaben für `top` und `left`, `right` und `bottom` ignoriert, das Element wird genau dort platziert, wo der Browser es für richtig hält. [Begriffsdefinition] Elemente, deren `position`-Eigenschaft nicht `static` ist, nennt man **positionierte Elemente**.
relative	Relative Positionierung unterscheidet sich von absoluter Positionierung dadurch, dass der Layoutalgorithmus des Browsers nicht abgeschaltet wird. **Der Browser berechnet das Layout, aber anschließend wird das Element noch verschoben.** Die Positionsangaben beziehen sich nicht auf das umgebende Element, sondern auf die Position, in der das Element eigentlich wäre. Alle anderen Elemente werden so dargestellt, als wäre dieses Element noch an seinem ursprünglichen Ort.

Seitenlayout in HTML und CSS **285**

fixed

Mit position: fixed wird das Element an der angegebenen Position befestigt.

Aber das ist doch nichts Neues, bei absolute und relative bewegt sich das Element ja auch nicht von seiner Position weg.

Richtig, der Unterschied ist, woran genau das Element befestigt wird. Absolute und relative Positionierung beziehen sich auf etwas im Dokument, position: fixed setzt die Position **relativ zum Viewport** – also mal wieder dem Browserfenster. Das heißt, dass sich ein solches Element …

… beim Scrollen nicht mit bewegt!

Genau! Egal, wie du hoch- und runterscrollst, ein Element mit **position: fixed bleibt genau da, wo du es abgestellt hast.** Das ist mehr, als ich von meinem Fahrrad behaupten kann, das war vorhin nämlich nicht mehr beim Starbucks. Kaffee?

[Zettel]
Bei allen Arten der Positionierung können übrigens auch negative Werte für **top**, **left** und so weiter angegeben werden. Das Ergebnis ist ziemlich genau, was man erwartet: Das Element wird in die Gegenrichtung verschoben.

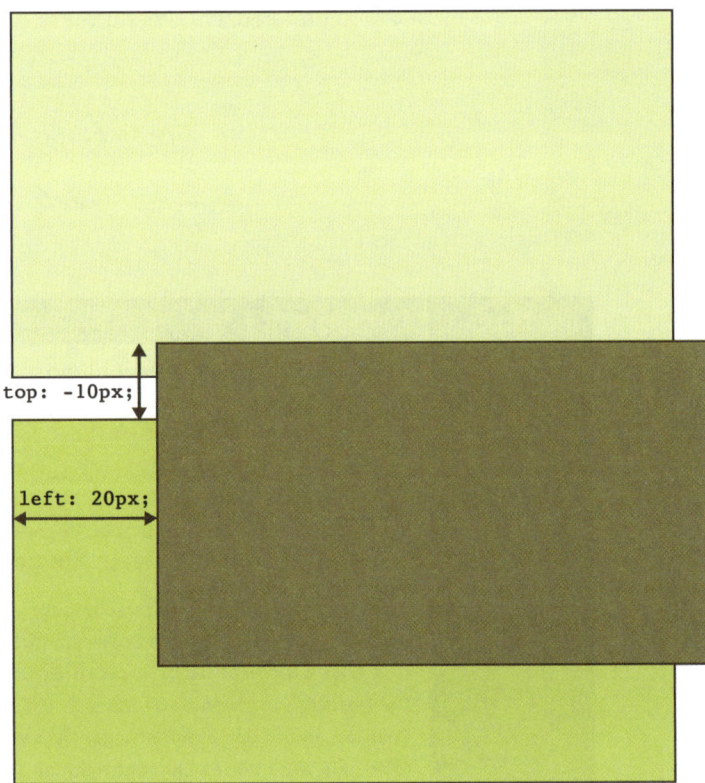

Relative Positionierung mit negativem **top**

286 Kapitel SIEBEN

Elemente im Fluss – float und clear

Damit bist du jetzt in der Lage, echt gutaussehende Layouts mit HTML und CSS zu erstellen. Mit **<div>**s in der richtigen Größe und sauber positioniert kannst du fast jedes Layout umsetzen. Aber ein fieses Problem gibt es noch, das eine Lösung braucht.

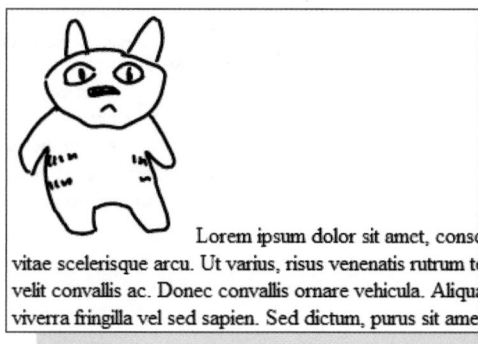

Das Problem

Und ich meine nicht, **dass Entwickler keine Katzen zeichnen können**. Das ist schade, aber ein Problem für ein anderes Buch. Was stört, ist, dass das Bild in der ersten Zeile hängt. Das ist doch nicht schön so. Bücher und Zeitungen können das auch anders, da wollen wir doch nicht abseits stehen.

[Einfache Aufgabe]
Bereite ein Dokument zum Ausprobieren vor: einige Absätze Text und ein Bild am Anfang des ersten Absatzes. Es wird aussehen, wie schon bekannt, mit dem hässlich herausstehenden Bild.

Die Lösung ist glücklicherweise gar nicht schwierig. Eine einzelne CSS-Eigenschaft setzt das Bild genau so, wie wir es schon immer haben wollten.

[Code bearbeiten]
Gib dem **<img>**-Tag jetzt den Style **float: left;**

Einfach, oder? Was technisch passiert, ist, dass das Element mit `float: left;` an den linken Rand seines umgebenden Elements rutscht und alles, was nicht selbst floatet, rechts um dieses Element **herumfließt**.

[Funktioniert in]
`float` funktioniert in allen Browsern.

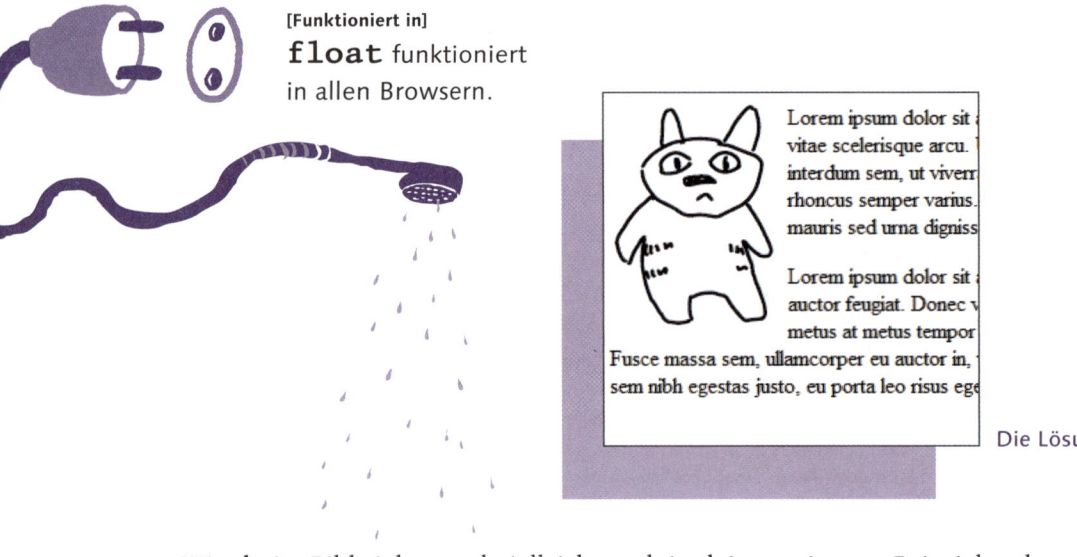

Die Lösung

Wie du im Bild siehst, und vielleicht auch in deinem eigenen Beispiel, gehen gefloatete Elemente auch im nächsten Absatz (oder im anderen Blockelement) noch weiter. Und `float: right;` funktioniert selbstverständlich auch.

Und `float` funktioniert nicht nur für Bilder, **man kann so ziemlich alles floaten**. Zum Beispiel lassen sich ganz einfach ansprechende Pull Quotes erzeugen – das sind die Textauszüge, die in Zeitungen und Magazinen groß und fett auf der Seite stehen, um Interesse zu wecken.

Ein Pull Quote

Im HTML benutzt man dafür ein `<blockquote>`-Tag, denn es handelt sich ja um ein Zitat, auch wenn es aus demselben Dokument kommt.

Und so sieht das CSS aus:

```css
blockquote.pull {
    float: left;                        /*1
    border-bottom: 3px solid darkblue;  /*2
    border-top: 3px solid darkblue;     /*2
    padding: 10px 20px;                 /*2
    font-variant: small-caps;           /*2
    width: 240px;                       /*3
}
```

*1 Floaten muss es, das Pull Quote. Darum geht es ja gerade.

*2 Wie ein Pull Quote aussieht, da sind der Fantasie keine Grenzen gesetzt. Auffällig soll es sein.

*3 Eine Breitenangabe ist zwingend nötig, denn im Gegensatz zu Bildern haben die meisten anderen Elemente keine intrinsische Breite. Ohne eine **width**-Angabe würden sie die ganze Breite des umgebenden Elements einnehmen, bevor der Text umbrochen wird.

Intrinsische Breite? Was ist das nun schon wieder?

Dass `<img>`-Elemente eine intrinsische Breite haben, bedeutet, dass ihre Breite durch das angezeigte Bild festgelegt wird. Wenn du nichts anderes angibst, dann ist das Element so breit wie das Bild selbst. Die meisten anderen Elemente, auch `<blockquote>`, haben keine intrinsische Breite. Wenn du die **width**-Eigenschaft nicht setzt, dann werden sie immer breiter, bis sie ihren gesamten Inhalt anzeigen können oder bis sie an den Rand des umgebenden Elements stoßen; erst dann gibt es einen Zeilenumbruch.

[Einfache Aufgabe]
Verpasse deiner Beispielseite auch ein schickes Pull Quote. Tobe dich mit dem Style richtig aus, es soll schließlich Aufmerksamkeit erregen.

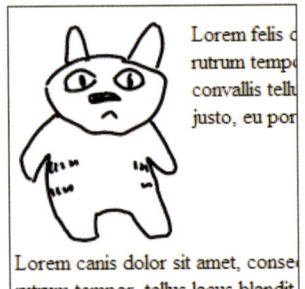

Die Katze floated links, aber im nächsten Absatz geht es um Hunde.

In Zusammenhang mit **float** gibt es noch eine weitere wichtige Eigenschaft, die gerne für Verwirrung sorgt. Manchmal möchte man einfach nicht, dass der nächste Absatz auch noch neben dem gefloateten Bild steht. Zum Beispiel, weil er mit dem Bild gar nichts mehr zu tun hat. Wenn es im nächsten Absatz um Hunde geht, dann soll er vielleicht nicht neben dem Katzenbild stehen.

Auch das ist kein Problem. Mit **clear: left;** stellt man sicher, dass links neben dem Element kein gefloateter Inhalt steht, **clear: right;** funktioniert natürlich ebenso, und **clear: both;** positioniert das Element unterhalb von allen gefloateten Nachbarn.

[Funktioniert in]
clear funktioniert in allen Browsern.

Das klingt aber nicht so verwirrend.

Eigentlich nicht, aber trotzdem sieht man sehr oft, dass das missverstanden wurde und am falschen Element gesetzt wird: **clear** gehört nicht an das gefloatete Element, sondern genau an das andere!

So sieht der Code zum Bild aus:

```
<p>
<img src="Beispielbild.png" alt="Beispielkatze" style="float: left;">*1
    Lorem felis dolor sit amet …
</p>
<p style="clear:left;">*2
    Lorem canis dolor sit amet …
</p>
```

*1 Ein großes Bild auf der linken Seite. Damit es gut aussieht, floated es.

*2 Dieser Absatz über Hunde soll erst unter dem Katzenbild anfangen. **Und an dieses Tag gehört die clear-Eigenschaft.**

Floatende Layouts

Die **float**-Eigenschaft wird aber nicht nur dafür benutzt, Bilder und andere Dinge von Text umfließen zu lassen. Es ist auch eine sehr beliebte Technik, **das Layout einer ganzen Seite** mit gefloateten **<div>**s umzusetzen. Damit lassen sich sehr flexible, mehrspaltige Layouts erstellen, die sich gut an die Bildschirmgröße anpassen. Einzelheiten, wie man diese Layouts sauber und effektiv umsetzt, kommen später im Buch unter der Überschrift **Responsive Design**.

Floatende Layouts

Die **float**-Eigenschaft wird aber nicht nur dafür benutzt, Bilder und andere Dinge von Text umfließen zu lassen. Es ist auch eine sehr beliebte Technik, **das Layout einer ganzen Seite** mit gefloateten **<div>**s umzusetzen. Damit lassen sich sehr flexible, mehrspaltige Layouts erstellen, die sich gut an die Bildschirmgröße anpassen. Einzelheiten, wie man diese Layouts sauber und effektiv umsetzt, kommen später im Buch unter der Überschrift **Responsive Design**.

Von Boxen und Stapeln

Jetzt reicht's aber auch mit Positionierung und Box-Model. Lass mal sehen, was du behalten hast.

[Einfache Aufgabe]
Zeichne in die Zeichenfläche ein Blockelement, das diesen Style-Angaben entspricht. Bonusfrage ohne Sonderpreis: Wie viele Pixel vom linken Rand des Fensters ist der rechte Rand der Margin-Box, also der äußerste rechte Rand der gesamten Box, entfernt?

```css
#my-block{
    width: 250px;
    top: 30px;
    padding: 10px 20px 40px;
    left: 50px;
    border: 1px solid red;
    height: 60px;
    margin: 20px;
    position: absolute;
}
```

Es gab hier keine fiesen Tricks, keine ausgefallenen Properties, nur ganz normales CSS, um das Box-Model einzustellen. Erinnere dich an **padding** mit drei Werten: Der erste Wert steht für **padding-top**, der zweite für **padding-left** und **padding-right**, der dritte für **padding-bottom**. Den Rest siehst du im Bild.

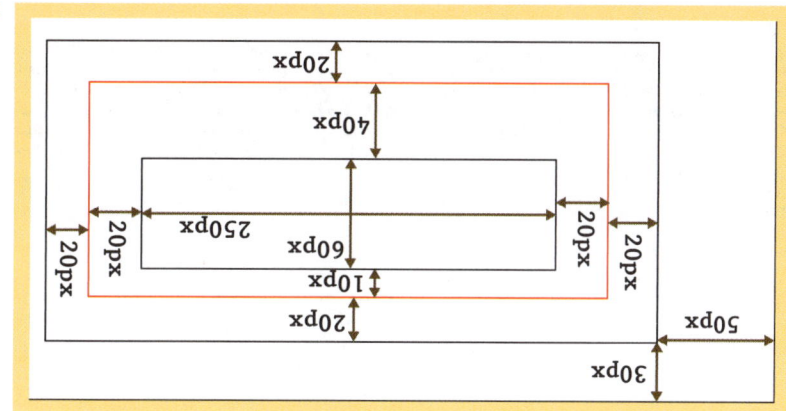

So sieht es dann aus.

Und zur Bonusfrage:

Es sind 50 Pixel (left) + 20 Pixel (margin-left) + 1 Pixel (border-left)
+ 20 Pixel (padding-left) + 250 Pixel (width) + 20 Pixel (padding-right)
+ 1 Pixel (border-right) + 20 Pixel (margin-right) = 382 Pixel.

Das war ja ziemlich einfach.

Gib mir doch mal eine Herausforderung.

[Schwierige Aufgabe]

Na gut, wie du willst. Dann leg doch mal ein Seitenlayout an mit zwei Spalten, die linke Spalte soll ein Drittel der Seite einnehmen, die rechte Spalte den Rest. Außerdem sollen links und rechts 10 Pixel Abstand zum Rand sein, aber zwischen den beiden Spalten soll kein Platz bleiben. Oben und unten gehen beide bis an den Fensterrand. Auf geht's. Und wenn du das Fenster kleiner und größer ziehst, soll die Aufteilung gleich bleiben! Also nicht einfach die Breite auf ein Drittel deiner Bildschirmauflösung setzen.

Der Ein-Drittel-/Zwei-Drittel-Split

Oooookay, das ist vielleicht zu viel Herausforderung. Du überforderst mich.

Na gut, dann lass mich das für einfachere Aufgaben herunterbrechen. Wenn du das Schritt für Schritt machst, dann ist es gar nicht mehr so schlimm. Es gibt hier mehrere Lösungen, die zum selben Ergebnis führen. Man könnte das Ganze mit gefloateten `<div>`s lösen, wenn du schon vorgeblättert hast, oder mit dem Flexbox-Modell, wenn es denn schon fertig wäre und von Browsern unterstützt würde. Aber als Beispiellösung machen wir es mal mit absoluter Positionierung.

[Einfache Aufgabe]

Lege auf einer Seite zwei `<div>`s an, und gib ihnen die IDs `linke-spalte` und `rechte-spalte`. Setze die Margins wie oben beschrieben: 10 Pixel links für die linke Spalte, 10 Pixel rechts für die rechte, alle anderen auf 0. Gib beiden eine auffällige Hintergrundfarbe, so etwa wie im Bild. Und etwas Text sollten sie auch haben.

Das HTML ist simpel und langweilig.
    Das CSS gibt es unten am Stück:

```
<body>
    <div id="linke-spalte">…</div>*1
    <div id="rechte-spalte">…</div>*1
</body>
```

*1 Zwei `<div>`-Tags für zwei Spalten, das ist schon alles.

Alles klar, soweit hab ich keine Schwierigkeiten. Aber die Spalten haben unterschiedliche Höhen, das ist schon mal hässlich.

[Einfache Aufgabe]
Das ist der nächste Schritt. Gib beiden Spalten eine Höhe von 100 %, sie sollen bis zum Bildrand reichen. Gib außerdem dem `<body>`-Tag eine Style-Regel, in der du **margin** und **padding** auf allen Seiten auf 0 setzt.

Die Höhe ist wieder einfach. Jetzt sind die beiden Spalten zwar untereinander, aber das bleibt bestimmt nicht so. Und was soll das mit der Style-Regel für den Body?

Das ist ein ganz wichtiger Trick: Wenn du es nicht anpasst, hat auch der `<body>` selbst **margin** und **padding**, die es unmöglich machen, das Layout direkt an den Rand zu setzen.

[Einfache Aufgabe]
Wie du schon richtig vorhergesagt hast, sollen die beiden Spalten jetzt nicht mehr untereinanderstehen. Gib ihnen also eine **position**; welchen Wert du brauchst, weißt du ja bestimmt. Die rechte Spalte kannst du dann auch schon an die richtige Stelle setzen. Setze die Eigenschaft **left** der rechten Spalte so, dass sie immer an der Ein-Drittel-Marke des Fensters anfängt.

Seitenlayout in HTML und CSS

Wie die Spalten positioniert werden müssen, das ist „absolut" logisch. Aber wie setze ich etwas an ein Drittel der Seite? Mit Pixeln ja wohl nicht, das stimmt dann nur auf meinem Bildschi…, na klar! Mit Prozentangaben. Links liegt bei 33%!

Du hast zugehört, sehr gut. `left: 33%` ist der richtige Weg, die rechte Spalte zu positionieren. Absolut richtig, wie du schon sagst. Und damit sieht es auch schon fast richtig aus, aber wenn du genau hinsiehst, gibt es da ein Problem: Die linke Spalte ist zu breit, sie verschwindet hinter der rechten, und ihr Text ist nicht lesbar.

Der Text der linken Spalte geht hinter der rechten Spalte weiter.

[Schwierige Aufgabe]
Die linke Spalte muss bei 33 % aufhören. Ich kann dir aber gleich sagen, dass du die Breite nicht auf 33 % setzen kannst, denn dann kämen die 10 Pixel Margin ja dazu, und sie würde immer noch ein wenig hinter der rechten Spalte verschwinden. Du müsstest irgendwie einstellen können, wo der rechte Rand der linken Spalte liegt. Aber wie bloß? Vielleicht musst du das Problem von der anderen Seite betrachten.

Von der anderen Seite betrachten. Du sprichst in Rätseln. Normalerweise betrachte ich eine Webseite von links nach rechts. Also von rechts nach links. Wenn ich `right` setze, dann ist das der Abstand vom rechten Rand des umgebenden Elements. Ich hab's! Ein Drittel von links ist gleich zwei Drittel von rechts. Ich kann für die linke Spalte `right: 66%` setzen!

Du hast es! Und damit ist die Aufgabe auch gelöst, es sieht alles so aus, wie gefordert. Wenn du schwierige Aufgaben in kleine Schritte aufteilst, werden sie lösbar.

[Sprichwort]
Ein chinesisches Sprichwort sagt: Mache aus großen Schwierigkeiten kleine und aus kleinen gar keine.

Und so sieht der Stylesheet am Ende aus:

*1 Margin und Padding des Bodys werden zurückgesetzt, damit wir bis an den Rand kommen.

*2 Beide Spalten sollen oben und unten bis an den Rand reichen, daher die 0 in diesen Positionen. Außerdem muss die „innere" Margin jeder Spalte 0 sein, damit sich die beiden Spalten berühren, die „äußere" Margin ist 10 Pixel.

```
body{
    padding: 0;
    margin: 0;
} *1
#linke-spalte {
    margin: 0 0 0 10px; *2
    position: absolute; *3
    height: 100%; *4
    right: 66%; *5
}
#rechte-spalte {
    margin: 0 10px 0 0; *2
    position: absolute; *3
    height: 100%; *4
    left: 33%; *5
}
```

*4 `<body>` ist von Natur aus genauso hoch wie der Viewport, deshalb funktioniert **height: 100%;**, um die Spalten auf Fensterhöhe zu bringen.

*3 Wenn die Elemente nicht positioniert sind, funktioniert gar nichts.

*5 Und hier jetzt der eigentliche Trick: Spalte zwei soll bei der Ein-Drittel-Marke anfangen, deshalb **left: 33%**. Aber die linke Spalte soll dort enden, also muss **right** gesetzt sein. Denk unbedingt immer daran, dass **right** auch vom rechten Rand des umgebenden Elements misst, deshalb 66%, nicht 33%! Man könnte auch beiden Spalten eine Breite geben, aber dann musst du dich selbst darum kümmern, dass die Margin, das Padding und so weiter berücksichtigt werden, das ist schwieriger umzusetzen.

[Belohnung/Lösung]
Wenn du diese Aufgabe gelöst hast, dann weißt du jetzt alles, um so ziemlich jedes Layout in HTML und CSS umzusetzen. Schrödinger, du kannst Layout-Fu.

Seitenlayout in HTML und CSS

Semantik statt <div> – was gibt's Neues in HTML5?

In HTML5 hat sich, was die Aufteilung der Seite angeht, einiges getan. Es gibt einige Dinge, die man praktisch auf jeder HTML 4-Seite wiederfindet, sogar mit identischen Namen. `<div id="footer">` und `<div id="header">` sind zwei solcher Dinge. Fast jede Webseite hat einen speziellen Inhaltsbereich, der am unteren Rand steht und zum Beispiel Copyright-Angaben enthält. Ebenso hat fast jede Webseite einen Bereich am oberen Rand, der ein Titelbild und etwas allgemeinen Text enthält. Und bei 95 % der Webseiten haben diese Bereiche die IDs `footer` und `header`.

Dass sich diese Dinge auf fast jeder Webseite wiederholen, ist auch den Machern von HTML5 aufgefallen, und sie haben uns, in ihrer grenzenlosen Weisheit, neue Tags gegeben, um diese Aufgaben zu übernehmen. `<header>` und `<footer>` verhalten sich zwar genau wie `<div>`s, aber sie haben eine semantische Bedeutung. Bei einem `<div>` kann man keine Angaben machen, was drinsteht, `<header>` und `<footer>` definieren genau, was ihr Inhalt bedeutet.

[Achtung]
„Verhalten sich genau wie `<div>`s" bedeutet vor allem auch, dass sie genau an der Stelle im Dokument auftauchen, wo es auch ein anderes Blockelement täte. Nur weil das Tag `<footer>` heißt, taucht es nicht automatisch am unteren Rand auf, dafür musst du es nach wie vor stylen.

Und welches Inhalt soll dann genau in diesen Tags stehen?

Das ist jetzt genau festgelegt, dadurch wird es vielleicht irgendwann mal automatisch auswertbar. Die Idee, Informationen im Web automatisch auszuwerten, heißt **Semantic Web**. Stell dir vor, in ein paar Jahren kannst du deinem Computer sagen, du wüsstest gerne, wo du alte Pink-Floyd-Platten kaufen kannst, und er findet das für dich. Dafür müssen Informationen so gekennzeichnet werden, dass der Computer weiß, welche Bedeutung sie haben. Für diesen Zweck reichen die Tags hier zwar noch lange nicht aus, aber sie sind ein erster Schritt dahin, Webseiten mit Bedeutung zu versehen.

 **`<footer>`** enthält **Informationen zum Inhalt der Seite**, die schon genannten Copyright-Informationen, den Autor, einen Link zum Impressum und so weiter.

Im **`<header>`** stehen **einführende Informationen zum Seiteninhalt**: eine kurze Beschreibung, was auf dieser Seite zu finden ist, ein Seitenlogo …

Ein **einzelner Eintrag** in einem Blog oder einem Onlinemagazin kann mit **`<article>`** ausgezeichnet werden. Artikel können eigene **`<footer>`** und **`<header>`** haben. Und auch darin verschachtelte **`<article>`**, zum Beispiel für Kommentare zu einem Blogeintrag.

Ein Artikel kann wiederum in **`<section>`**s unterteil werden. Sektionen sind **Bereiche des Artikels**, die eigenständig genug sind, dass sie eine eigene Überschrift haben können. Logischerweise können sie also auch wieder einen **`<header>`** und auch einen **`<footer>`** haben.

In einem **`<aside>`**-Tag steht Inhalt, der zwar **Bezug zur Seite** (oder zum Artikel oder zur Sektion) hat, der aber entfernt werden könnte, ohne dass dem Hauptinhalt etwas fehlt.

Alle diese Tags laufen unter der Überschrift **Sectioning Content Elements**: Elemente, die den Inhalt in Sektionen aufteilen. Es besteht kein Zwang, sie zu benutzen, aber in den nächsten Jahren werden sie sich wohl als Standard etablieren.

[Funktioniert in]
Sectioning Content Element funktioniert im Internet Explorer ab der Version 9, in Chrome und in Safari.

[Achtung]
Im Moment gibt es leider noch einen wichtigen Grund, diese Elemente mit Vorsicht einzusetzen: Der immer noch verbreitete Internet Explorer 8 ignoriert sie vollkommen.

[Hintergrundinfo]
Wenn du mal nicht sicher bist, welche Elemente in welchem Browser funktionieren: http://caniuse.com/ bietet eine einfache, schnelle Übersicht.

Die CSS-Eigenschaft display – warum?
Warum???

Justus
Peter
Bob

Es klang bisher so, als sei es eine **unveränderliche Eigenschaft** eines Elements, ob es Block oder Inline ist. Aber das ist nicht so, **auch das lässt sich umstellen**. Mit `display: block;` kannst du den Browser zwingen, ein Element, egal welcher Art, als Blockelement zu behandeln. Und was mit `display: inline;` passiert, kannst du dir wahrscheinlich denken.

[Funktioniert in]
`display` funktioniert in allen Browsern.

[Achtung]
Ein Inline-Element, dass du mit `display: block` in ein Blockelement umwandelst, verliert wirklich alle Inline-Eigenschaften und bekommt alle Blockeigenschaften. Das heißt zum Beispiel, dass es nicht mehr im Textfluss steht, sondern als neuer Block den Fließtext unterbricht.

Dieser Link hat `display: block;` gesetzt, dadurch steht er allein in seiner Zeile.

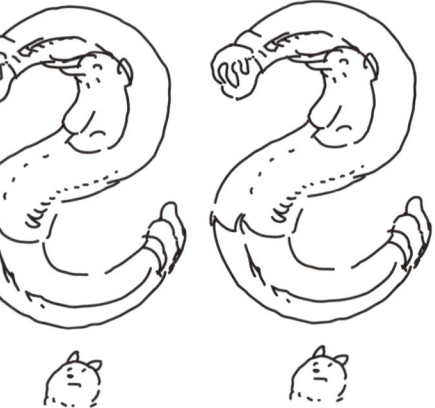

Okay, ich verstehe das ... etwas.
Aber warum?
Warum will man unbedingt alles noch verwirrender machen, indem man Elemente blockt???

Meistens stiftet das **nur Verwirrung**, aber es gibt einige wirklich gute Anwendungen. Denk zum Beispiel mal zurück an den Stapelplan, den Bossingen haben wollte. Es wäre doch wirklich sinnvoll, wenn die ganze Kiste als Link zur Produktseite funktionieren würde, oder? Genau das lässt sich damit machen.

In jede Stapelkiste kommt ein Link:

```
<div style="background-color: #FFAAAA; width: 124px; height: 187px; left: 2px; top: 2px;" >
     <a href="…" class="kiste">Stapelkiste schmal, hoch (124 x 187 cm)</a>
</div>
```

Im Stylesheet setzt du Folgendes:

```
a.kiste {
        display: block;
        width: 100%;
        height: 100%;
}
```

Und fertig, die ganze Kiste ist klickbar. Ohne **display: block** würde das nicht funktionieren, weil die Breiten- und Höhenangabe an einem Inline-Element wie **<a>** nicht funktioniert. Da man Stapelpläne aber nur auf sehr, sehr wenigen Webseiten braucht, gibt es auch noch ein viel alltäglicheres Beispiel: Navigation.

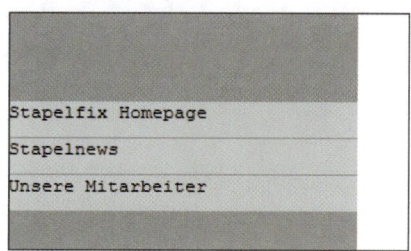

Sehr viele Webseiten haben eine solche Navigationsleiste links.

Dafür ist es natürlich viel besser, wenn man auch den grauen Hintergrund anklicken kann und nicht nur den Text.

Das ist jetzt kein Problem mehr!

*1 Der Navigationsbereich ist einfach nur ein **<div>**.

*2 Und die Navigationspunkte sind nur Links, ohne irgendwas Besonderes.

```
<div id="navigation">*1
     <a href="...">Stapelfix Homepage</a>*2
     <a href="...">Stapelnews</a>*2
     <a href="...">Unsere Mitarbeiter</a>*2
</div>
```

Seitenlayout in HTML und CSS **301**

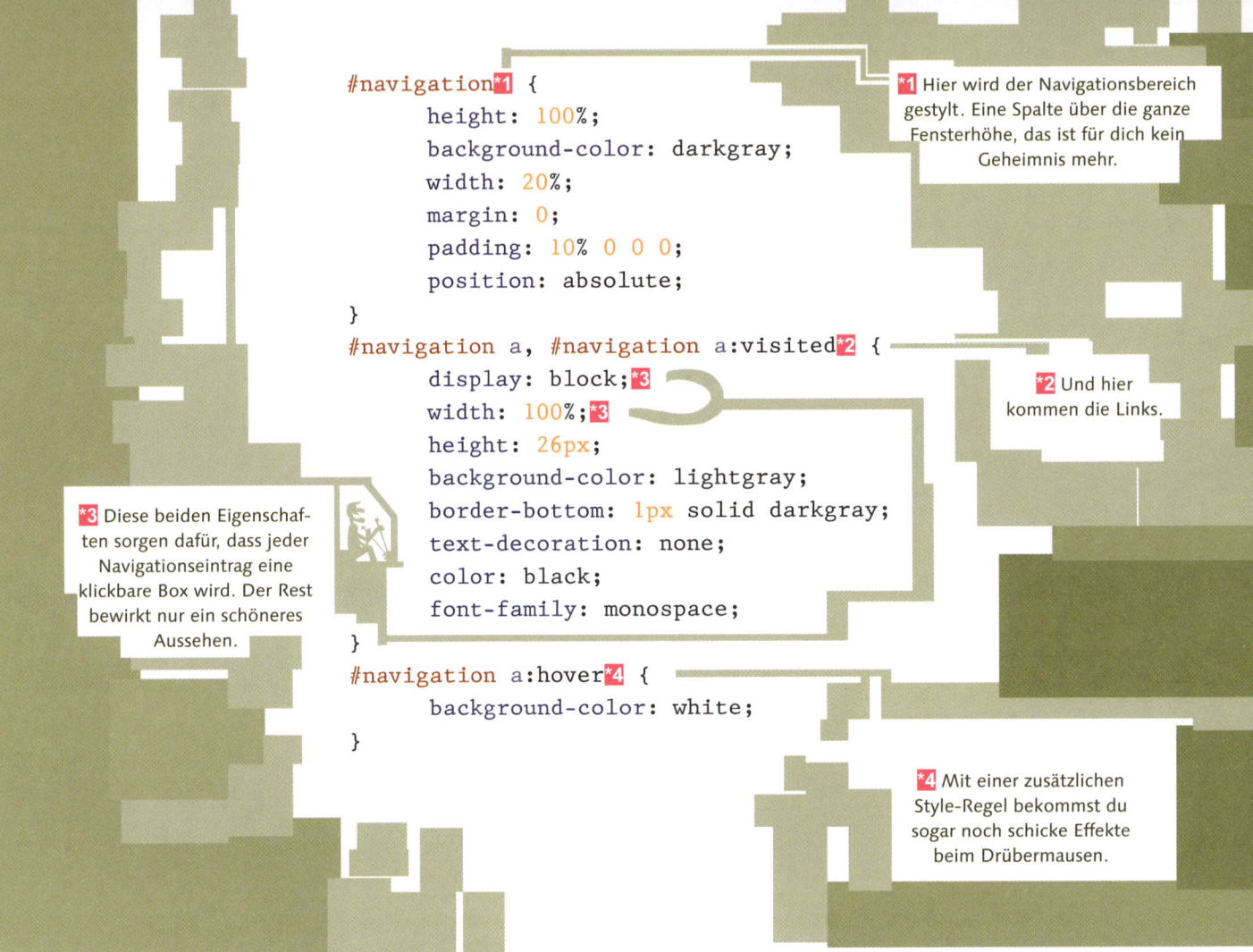

```
#navigation*1 {
    height: 100%;
    background-color: darkgray;
    width: 20%;
    margin: 0;
    padding: 10% 0 0 0;
    position: absolute;
}
#navigation a, #navigation a:visited*2 {
    display: block;*3
    width: 100%;*3
    height: 26px;
    background-color: lightgray;
    border-bottom: 1px solid darkgray;
    text-decoration: none;
    color: black;
    font-family: monospace;
}
#navigation a:hover*4 {
    background-color: white;
}
```

*1 Hier wird der Navigationsbereich gestylt. Eine Spalte über die ganze Fensterhöhe, das ist für dich kein Geheimnis mehr.

*2 Und hier kommen die Links.

*3 Diese beiden Eigenschaften sorgen dafür, dass jeder Navigationseintrag eine klickbare Box wird. Der Rest bewirkt nur ein schöneres Aussehen.

*4 Mit einer zusätzlichen Style-Regel bekommst du sogar noch schicke Effekte beim Drübermausen.

Und das Allerbeste: wenn du den Navigationsbereich statt von oben nach unten von links nach rechts aufbauen willst, dann kannst du die blockigen **<a>**s floaten, und es funktioniert auch:

```
#navigation a, #navigation a:visited {
    float: left;
    display: block;
    height: 26px;
    …
}
```

Navigation oben, auch ein häufiger Fall

Aber display: block ist noch nicht alles

Du kannst auch mit **display: none;** ein Element **komplett von der Seite entfernen** – es kommt zwar im Quelltext vor, aber es wird auf der Seite nicht dargestellt, und alle anderen Elemente verhalten sich so, als gäbe es dieses Element nicht.

Na und, wofür soll das gut sein?
Wenn ich etwas nicht auf der Seite haben will, dann lass ich es doch einfach weg.

Das ist für den Moment richtig, aber wenn wir zu JavaScript kommen, gibt es einen guten Grund dafür: Man kann Elemente zunächst verstecken und sie dann später mit JavaScript auftauchen lassen, dafür gibt es Hunderte von Anwendungsmöglichkeiten.

[Hintergrundinfo]
Es gibt für **display** eine ganze Reihe weiterer, gültiger Werte, mir ist aber bis heute kein Nutzen untergekommen, diese Werte manuell zu setzen.

Wer verdeckt wen? z-index

Mit all dem Verschieben von Elementen von oben nach unten und zurück in diesem Kapitel ist dir vielleicht ein Problem aufgefallen: **Elemente überlappen einander**. Daran bist du zwar selbst schuld, du hast die Elemente ja schließlich verschoben, aber trotzdem gibt es einen Haken: Sie überlappen nicht immer so, wie du es gerne hättest. Und dann wird aus deiner coolen Layoutidee ganz schnell unlesbarer Mist.

Schlechtes Überlappen: Das Bild gewinnt.

Gutes Überlappen: Der Text gewinnt.

Seitenlayout in HTML und CSS **303**

Aber wenn wir inzwischen eins gelernt haben, dann, **dass CSS uns Kontrolle gibt, und zwar über alles**. Und die Reihenfolge der Überlappung ist da keine Ausnahme. Mit der Eigenschaft `z-index` kannst du (mit Einschränkungen) festlegen, welches Element weiter oben liegt: Der höhere Wert gewinnt und liegt oben.

[Funktioniert in]
`z-index` funktioniert in allen Browsern.

[Achtung]
`z-index` hat nur auf positionierte Elemente eine Auswirkung, also auf solche, die nicht `position: static` haben.

Und warum „mit Einschränkungen"?

Ich hatte befürchtet, dass du das fragen würdest. Um das zu erklären, musst du zunächst wissen, was ein **Stacking Context** ist – eine **Stapelumgebung**, wenn du so willst. Ein Stacking Context ist die Umgebung, in der eine eigene Zählung für den `z-index` gilt. Alles, was außerhalb liegt, kann sich nicht dazwischenzwängen Solange niemand daran herumpfuscht, gibt es genau einen Stacking Context, nämlich den des Dokuments. Innerhalb dieses Contexts können wir mit `z-index` steuern, was vorne und was hinten liegen soll.

Sobald ein Element aber einen `z-index` hat, hat es auch einen **eigenen** Stacking Context für seine Nachkommen, der vom Stacking Context außerhalb unabhängig ist. Das heißt vor allem eins: Ein Geschwisterelement kann entweder „über" einem Element mit `z-index` und all seinen Kindern liegen (bei höherem `z-index`) oder „unter" diesem Element und all seinen Kindern, aber niemals zwischen den Kindern.

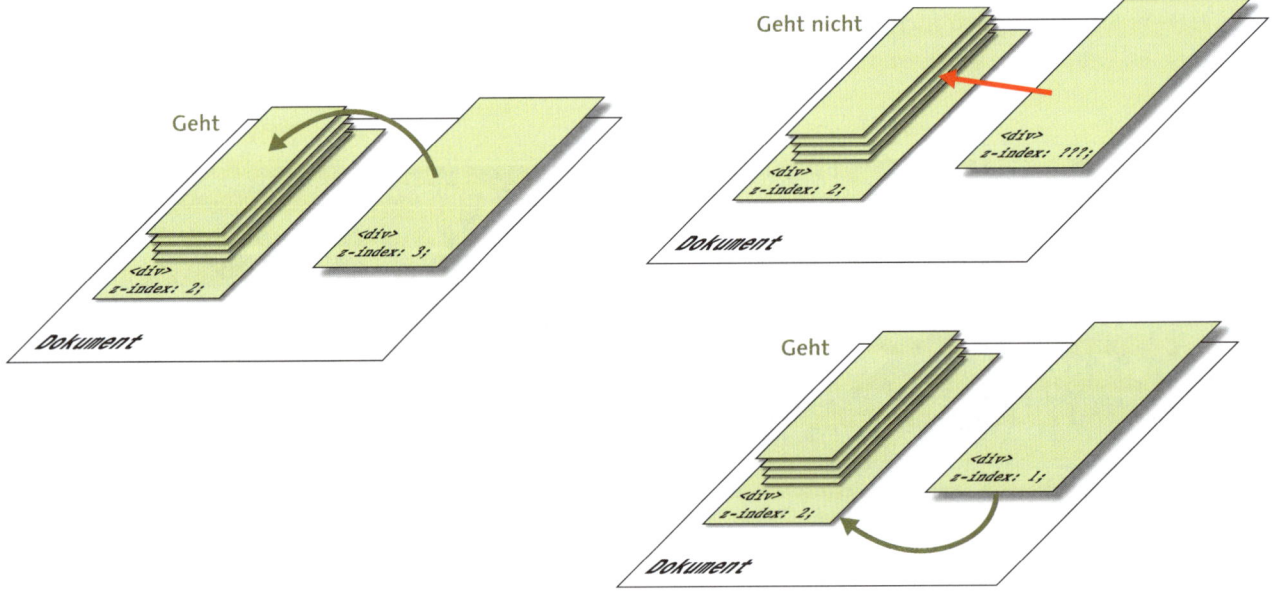

Und wenn du wirklich genau wissen willst, was passiert:

Innerhalb eines Stacking Contexts gilt generell und immer folgende Abfolge (von unten nach oben):

1. Rahmen und Hintergrund des Elements selbst. Hier drunter geht nichts, aber auch gar nichts.
2. Positionierte Nachkommen mit negativem `z-index`. Ja, das geht.
3. nicht positionierte Blocknachkommen
4. Floating Blocknachkommen
5. nicht positionierte Inline-Nachkommen
6. positionierte Nachkommen ohne `z-index` oder mit `z-index: 0;` oder `z-index: auto;`
7. positionierte Elemente mit positivem `z-index`

Und wenn es auf einer Ebene noch zu Überlappungen kommt und beide Elemente denselben (oder keinen) `z-index` haben, **dann gewinnt das Element, das im HTML weiter unten steht**.

[Achtung]
Auch mit negativem `z-index` ist es nicht möglich, ein Element hinter seinem Elternelement zu verstecken. Ältere Browser haben das noch erlaubt, heute geht es nicht mehr.

[Zettel]
Auch so ein Ding, bei dem ich Jahre gebraucht habe, es zu verstehen. Ich hoffe, dank dieser Erklärung geht es dir besser.

Das Fenster im Fenster

Gehen dem **Bossingen** eigentlich manchmal die Ideen aus?
So wenigstens für 5 Minuten oder so?

Schön wär's. Wieso?

Weil es noch eine ganz spezielle Art Kiste gibt, die ich dir zeigen möchte. Eine Kiste, anders als alle anderen. Eine Kiste, die keine HTML-Elemente enthält, sondern eine andere Webseite anzeigt. Ein Fenster in eine andere Welt: den **<iframe>**!

Mit dem Namen und deiner feurigen Ansprache klingt das wie Apple-Werbung. Aber schieß los, was kann der?

Nein, keine Apple-Werbung. Aber Safari kann damit natürlich auch umgehen. Ein **<iframe>** lädt eine HTML-Seite, deren URL du im **src**-Attribut angibst, und zeigt sie an.

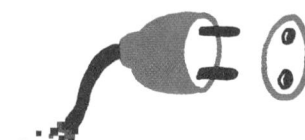

[Funktioniert in]
<iframe> funktioniert in allen Browsern.

```
<iframe src="http://www.klebefix.com/produkte/spezifikationen/wellpappenkleber.html">
```

Das kann ich wirklich gebrauchen.
Ich habe keine Lust, von unseren Kleberlieferanten regelmäßig die Daten abzutippen. So zeige ich einfach deren Seite an.

Damit pass mal besser auf, Schrödinger. Fremde Inhalte in deine einzubetten, gehört im Web nicht zum guten Ton. Und es kann auch schon mal Ärger geben deswegen, vor allem, wenn nicht erkennbar ist, von wem die eingebetteten Sachen stammen. Deswegen benutz im `<iframe>` lieber nur deine eigenen Seiten.

[Einfache Aufgabe]
Probiere es am besten gleich aus: Erstelle eine neue Seite mit einem `<iframe>`. Gib als `src` die Seite mit dem Ein-Drittel-/Zwei-Drittel-Layout an, entweder deine eigene oder die aus den Downloads.

Eine Seite in der Seite

Mein `<iframe>` war erst mal mickrig klein,
ich musste ihn größer stylen. Aber das ist ziemlich cool, obwohl der so klein ist, funktioniert das Layout!

Und das liegt daran, dass der `<iframe>` **ein eigenständiger Viewport** ist. Immer, wenn ich gesagt habe, dass etwas mit dem Viewport passiert und nicht mit dem Browserfenster, dann war es deswegen. Die Größe des Bodyelements, auf das sich die Prozentangaben aus diesem Beispiel beziehen, entspricht der Größe des Viewports. Wenn du etwas mit `position: fixed` versiehst, dann hält es seine Position in „seinem" Viewport, also in diesem Fall im `<iframe>`, nicht im äußeren Browserfenster.

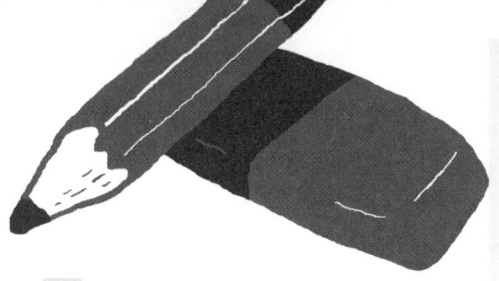

[Notiz]
In HTML 4 gibt es neben `<iframe>` auch noch `<frame>`, das eine sehr ähnliche Funktion erfüllte, aber umständlicher zu benutzen war und dafür keine Vorteile hatte. In HTML5 gibt es `<frame>` nicht mehr, und niemand vermisst es.

[Code bearbeiten]
`<iframe>`s sind fast vollständig unabhängig von ihrer Umgebung. Das kannst du dir sehr schnell veranschaulichen, wenn du im „äußeren" Dokument eine Style-Regel hinzufügst, die allen Text grün färbt. Schau dir an, was im `<iframe>` passiert.

Ein Style für Text „von außen"

```
body {
    color: green;
}
```

Gar nichts passiert da, im `<iframe>` ändert sich nichts.

Und genau so soll es auch sein. Der `<iframe>` ist komplett unabhängig von seiner Umgebung: Die Stylesheets von außen gelten für ihn nicht, und auch JavaScript von außen hat im `<iframe>` nichts zu sagen. Andersherum hat der Inhalt des `<iframe>` auch keinen Zugriff auf seine Umgebung. Selbst Links im `<iframe>` werden nur wieder im `<iframe>` geöffnet. Mit einer Ausnahme: ein Link mit `target="_top"` wird im „äußeren" Browserfenster geöffnet.

Und damit ist auch endgültig Schluss mit Kisten, Boxen, Rahmen und dem ganzen Kram. Du musst sie natürlich weiter benutzen, aber wir können jetzt wieder über etwas anderes reden, von Kisten hast du doch bei der Arbeit schon genug.

Endlich keine Kisten mehr!!!

308 Kapitel SIEBEN

—ACHT—

Eine Website von Anfang an

ENTlich, eine Website! Schrödinger setzt das Gelernte zusammen

Die Grundlagen von HTML und CSS hat Schrödinger jetzt verinnerlicht. Er kann eine Webseite mit Listen und Tabellen schreiben, Formulare bauen, Elemente auf der Seite anordnen und alles auch noch in Form und Farbe bringen, wie es ihm gefällt. Aber jetzt möchte er seinen ersten kompletten Webauftritt gestalten und sieht den Wald vor lauter Bäumen nicht. Er kennt alle Einzelteile, aber wie setzt er sie zusammen? Wo fängt er an? Und was haben Enten damit zu tun?

Eine Website von Anfang an

Ich brauche deine Hilfe. Ich hab beim Familienessen erzählt, dass ich jetzt Websites erstellen kann. Mein Vater war sofort begeistert und will eine Homepage für seinen Entenzuchtverein haben. Und ich hab keine Ahnung, wie ich anfangen soll.

Damit bist du nicht allein, so geht es fast jedem am Anfang. Du kennst alle Bauteile, und wenn ein Rahmen da ist, kannst du sie auch darin zusammensetzen, so wie in den Aufgaben aus den vorigen Kapiteln. Aber auf der grünen Wiese, mit nur einem Sack voll HTML-Tags bewaffnet, ist das etwas anderes.

Genau. Und deshalb brauche ich deine Hilfe.

Okay, kein Problem. Wie kommst du also von „ich will eine Website" zu „wow, das sieht gut aus"? Als Erstes solltest du überlegen, ob es wirklich die beste Lösung ist, eine Seite von Grund auf in statischem HTML zu schreiben. Du hast jetzt diese ganzen tollen Sachen gelernt, und wenn man einen neuen Hammer hat, möchte man jedes Problem mit Nägeln lösen. Aber das ist **nicht unbedingt die beste Lösung**.

Aber warum nicht? Und wofür lerne ich überhaupt HTML, wenn ich es dann nicht benutzen soll?

Wenn du alles in reinem HTML umsetzt, heißt das zunächst mal, dass **du** jede Änderung an der Seite manuell vornehmen musst. Du weißt zwar jetzt, wie einfach HTML ist, aber ich glaube nicht, dass du deinen Vater überreden kannst, einfach mal im Texteditor die Seiten zu bearbeiten. Außerdem musst du vieles von Seite zu Seite kopieren, Kopfbereich und Navigation zum Beispiel müssen auf jede Seite wieder drauf. Beides könntest du lösen, indem du ein Content-Management-System (CMS) einsetzt. Das sorgt dafür, dass jede Seite den gleichen Rahmen erhält und dass der Inhalt mit einem schicken Editor bearbeitet werden kann. Das kriegt dann auch dein Vater oder einer der anderen Entenzüchter hin, ohne erst HTML zu lernen.

[Hintergrundinfo]

Es gibt einige sehr gute CMS in PHP. Die haben den Vorteil, dass Web-Hosting mit PHP kaum mehr kostet als ohne. Es muss deshalb nicht teuer sein, so etwas einzusetzen. WordPress und Joomla sind zwei sehr beliebte Systeme.

Und deine HTML- und CSS-Kenntnisse sind trotzdem nicht umsonst. Du kannst das Aussehen der Website beliebig anpassen, indem du die Vorlagen des CMS bearbeitest. Dabei hilft es zwar, auch etwas PHP zu können, aber ohne kannst du auch schon vieles so anpassen, wie du es möchtest.

Aber ein CMS hat natürlich nicht nur Vorteile, sonst gäbe es ja keine Seiten ohne. Die Installation ist **aufwendiger,** als einfach deine Seiten abzulegen, und du musst dich um Administration und regelmäßige Updates kümmern, denn in allen CMS werden regelmäßig Sicherheitslücken gefunden und behoben. Diese Updates musst du dann unbedingt einspielen, sonst macht die Website bald Werbung für Dinge, die nichts mit Enten zu tun haben, nachdem jemand sie gehackt hat. Außerdem sind diese Systeme nicht ganz so flexibel, wie eine komplett selbst gemachte Seite. Du musst dich immer ein wenig an dein System anpassen, oder dann mehr Arbeit investieren, bis es so aussieht, wie du möchtest.

[Zettel]
Sicherheitslücken und regelmäßige Updates sind nicht nur ein Problem der CMS, weil die etwa besonders unsicher wären. Jede Software, die mit dem Internet verbunden ist, hat Sicherheitslücken, und regelmäßige Updates bedeuten, dass jemand daran arbeitet, diese zu schließen, wenn sie gefunden werden.

Da der Entenzüchterverein eine eher kleine Seite hat und auch nicht oft Änderungen an der Seite machen möchte, kannst du diese Seite aber doch in **handgeschriebenen HTML** umsetzen, die Vorteile überwiegen eher.

Als Nächstes solltest du wissen, was auf der Website überhaupt stehen soll. Welche Informationen sollen da sein? Wie viele Seiten gibt es? Wie viele Navigationsebenen gibt es? sind alle Seiten auf der gleichen Ebene, oder gibt es Seiten, die Unterpunkte von anderen Seiten sind? Beim Entenzuchtverein könnte es zum Beispiel die Seite „Unsere Enten" geben und darunter Seiten für die einzelnen Zuchtenten. Das ist wichtig, vorher zu wissen, denn du musst dir für jede Navigationsebene überlegen, wo auf der Seite die Links stehen sollen, die dorthin führen.

Welche Seiten es geben soll, hab ich schon herausgefunden:

- Startseite
- NewscENTEr
- ENTErtainment
- Entengalerie
  - 2012
  - 2011
  - 2010

[Achtung]
Eine Seite solltest du auf jeden Fall noch hinzufügen: Es gibt in Deutschland eine Impressumspflicht für Websites. Welche Sites ein Impressum brauchen, ist nicht immer eindeutig, aber eine Vereins-Website gehört auf jeden Fall dazu. Im Impressum müssen auf jeden Fall Name und Adresse des Betreibers stehen, welche weiteren Informationen du brauchst, hängt von der Art der Website ab.

Das ist ja wirklich sehr übersichtlich, dafür wäre ein CMS dann doch eine Nummer zu groß.

Als Nächstes überlegst du dann das grundlegende Layout der Seiten: Welche Bereiche gibt es, wie groß sind sie, und wo auf der Seite stehen sie?

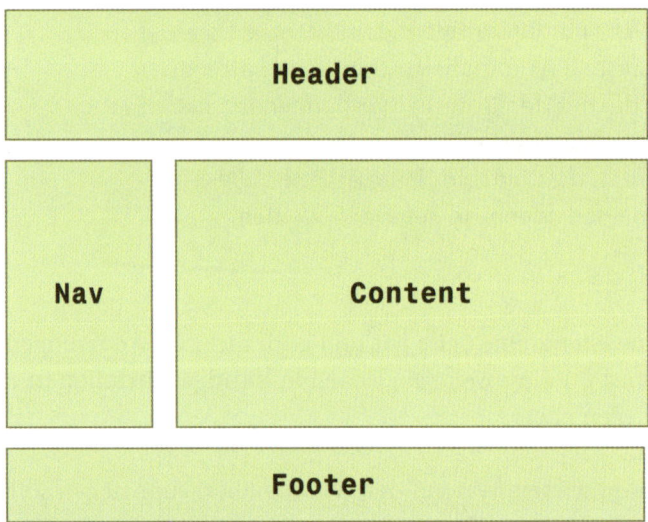

Seitenstruktur als Skizze

Das ist wirklich eine Standardstruktur für Webseiten. Das ist aber nicht schlimm, gerade für eine Vereins-Website hilft es, damit sich jeder Besucher sofort zurechtfindet. Dann lass uns das doch mal umsetzen.

Die Seitenstruktur

Als Erstes brauchst du die Struktur der HTML-Seite. Das sind nur vier Blockelemente, keine große Sache.

HTML ganz grob

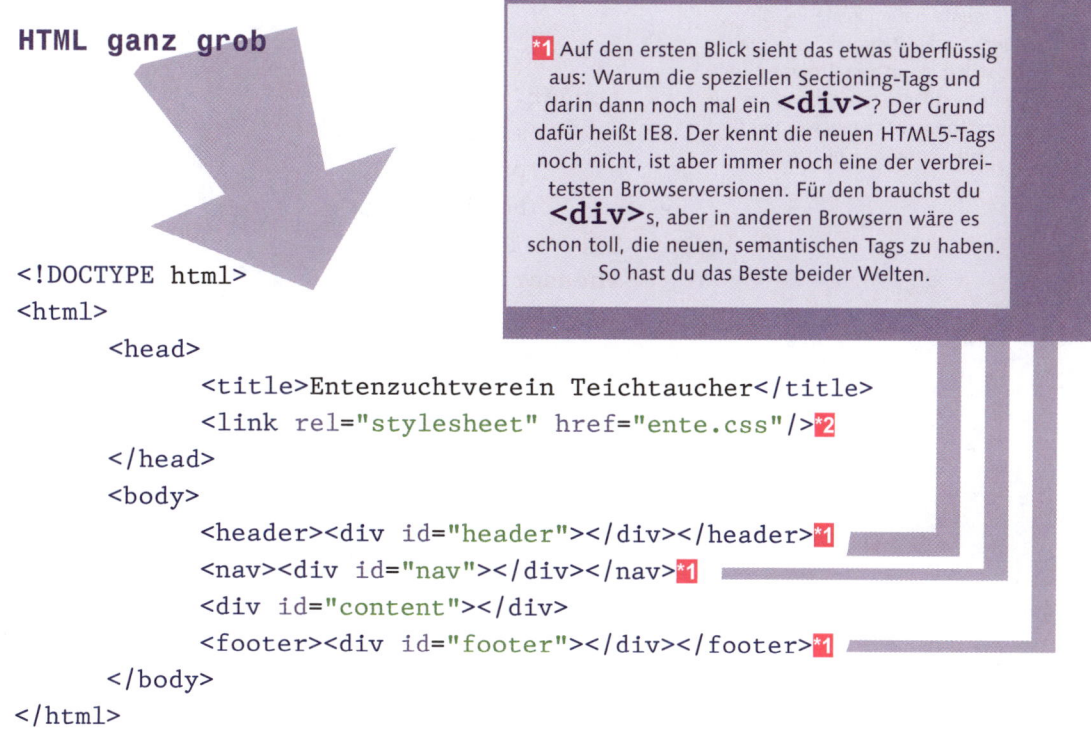

[*1] Auf den ersten Blick sieht das etwas überflüssig aus: Warum die speziellen Sectioning-Tags und darin dann noch mal ein `<div>`? Der Grund dafür heißt IE8. Der kennt die neuen HTML5-Tags noch nicht, ist aber immer noch eine der verbreitetsten Browserversionen. Für den brauchst du `<div>`s, aber in anderen Browsern wäre es schon toll, die neuen, semantischen Tags zu haben. So hast du das Beste beider Welten.

```
<!DOCTYPE html>
<html>
    <head>
        <title>Entenzuchtverein Teichtaucher</title>
        <link rel="stylesheet" href="ente.css"/>[*2]
    </head>
    <body>
        <header><div id="header"></div></header>[*1]
        <nav><div id="nav"></div></nav>[*1]
        <div id="content"></div>
        <footer><div id="footer"></div></footer>[*1]
    </body>
</html>
```

Es gibt noch einen weiteren Trick, wie du im IE8 die neuen Elemente nutzen kannst. Dafür bindest du im `<head>` des Dokuments folgendes JavaScript ein:

```
<script>
document.createElement("header");
document.createElement("footer");
document.createElement("section");
document.createElement("aside");
document.createElement("nav");
document.createElement("article");
</script>
```

Dadurch lernt der Internet Explorer die neuen Tags kennen und behandelt sie nicht mehr als Fehler. Das ist nicht die eigentliche Funktion von `document.createElement`, sondern ein Nebeneffekt, der hier ausgenutzt wird. Wofür die Funktion eigentlich da ist, zeig ich dir sehr ausführlich in Kapitel 12. Zusätzlich musst du in deinem Stylesheet noch diese Regel einbinden, denn erst dadurch sehen die neuen Elemente auch gleich aus wie in anderen Browsern.

```
header, nav, section, article, aside,
footer, hgroup {
    display: block;
}
```

Der Nachteil dieser Lösung ist, dass sie JavaScript benötigt, die andere Variante kommt ohne aus. Der Vorteil ist, dass dein HTML und die Stylesheets etwas übersichtlicher werden.

Als Nächstes kommen die Blöcke an die richtige Stelle, genau wie im vorigen Kapitel gesehen, mit absoluter Positionierung.

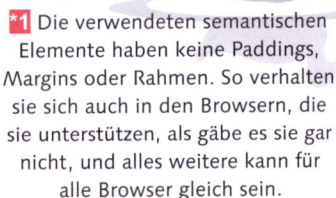

*1 Die verwendeten semantischen Elemente haben keine Paddings, Margins oder Rahmen. So verhalten sie sich auch in den Browsern, die sie unterstützen, als gäbe es sie gar nicht, und alles weitere kann für alle Browser gleich sein.

```
header, footer, nav {
    margin: 0;
    padding: 0;
    border: none;
}*1
#header {
    position: absolute;
    left: 10px;
    top: 10px;
    right: 10px;
    height: 100px;
}*2
#content {
    position: absolute;
    left: 210px;
    right: 10px;
    top: 110px;
    bottom: 30px;
}*3
```

*2 Der Header wird absolut positioniert. Wo er an den Rand des Fensters stößt, wird er mit Positionsangaben aufgespannt, nur die Höhe wird fest angegeben.

*3 Für den Content-Bereich werden weder Breite noch Höhe angegeben, nur die Randpositionen sind festgelegt. So wächst und schrumpft dieser Bereich mit der Fenstergröße. Die Seite kann beliebig groß werden, und das Layout passt. Erst wenn man sie sehr klein macht, sieht es nicht mehr gut aus. Das ist höchstens auf Handys ein Problem, und wie man damit umgeht, zeig ich dir später.

[Notiz] Den gesamten Stylesheet kannst du in den Downloads ansehen.

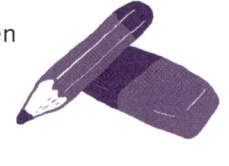

Damit hast du den schwierigen Teil schon geschafft, jetzt brauchen die vier Bereiche noch Inhalt. Für drei der Bereiche kein Problem: Kopf, Fuß und Inhalt enthalten jeweils Text und Bilder, aber keine komplexe Struktur mehr. Die Navigation ist da schon etwas interessanter, hier muss es eine Liste von Links geben, die zu den jeweiligen Seiten führen:

*1 Jeder Punkt der Navigation ist ein Link in einem Listenelement.

```html
<nav><div id="nav">
    <ul>
        <li><a href="index.html">Startseite</a></li>*1
        <li><a href="newscenter.html">NewscENTEr</a></li>*1
        <li><a class="ausgewaehlt*3" href="galerie.html">Entengalerie</a>*1
            <ul>
                <li><a href="galerie2012.html">2012</a></li>*2
                <li><a href="galerie2011.html">2011</a></li>*2
                <li><a href="galerie2010.html">2010</a></li>*2
            </ul>
        </li>
        <li><a href="entertainment.html">ENTErtainment</a></li>*1
    </ul>
</div></nav>
```

*2 Die Unterpunkte der Entengalerie sind nur vorhanden, wenn man gerade auf einer der Entengalerie-Seiten steht. Auf den anderen Seiten gibt es sie einfach nicht. Die Unterpunkte sind enthalten in einer weiteren Liste innerhalb des Listeneintrags ihres Oberpunktes. So spiegelt sich die Beziehung der Seiten zueinander auch im HTML-Code der Navigation wider. Außerdem gibt die Verschachtelung einen guten Ansatz für CSS.

*3 Die einzige Style-Klasse, die du brauchst, um die aktuelle Seite zu markieren, ist **ausgewaehlt**.

Würdest du die Seite so aufrufen, sähe die Navigation noch ziemlich mies aus, deshalb kommt noch etwas CSS dazu.

*1 Die Liste im Navigationsbereich soll nicht ganz oben am Rand kleben, deshalb bekommt sie in dieser Richtung einen Abstand.

*2 Das Wichtigste für die Listeneinträge ist, dass **list-style-type** auf **none** gesetzt wird. In der Navigation sollen keine Aufzählungszeichen zu sehen sein.

*3 Das ist die Navigation der zweiten Ebene. Der Abstand von vorher muss wieder überschrieben werden; es soll kein Platz bleiben zwischen dem Oberpunkt und den Unterpunkten.

*4 Die Listeneinträge der zweiten Ebene bekommen eine andere Hintergrundfarbe und keinen Rahmen.

*5 Der ausgewählte Eintrag, egal, auf welcher Ebene, hat einen weißen Hintergrund, alles andere bleibt gleich.

*6 Und zum Schluss die Links in jedem Eintrag: Die meisten Eigenschaften ändern nur die Textdarstellung, aber wichtig ist **display: block**, denn dadurch wird die gesamte „Linkkiste" klickbar, nicht nur der Text.

```css
#nav ul {
    margin: 30px 0 0 0;
    padding: 0;
} *1

#nav li {
    list-style-type: none;
    margin: 0;
    border-bottom: 1px solid #30804B;
    background-color: #AF824E;
} *2
#nav li ul {
    margin: 0;
} *3
#nav li li {
    background-color: #CFA26E;
    border: none;
} *4
#nav .ausgewaehlt{
    background-color: white;
} *5
#nav a, #nav a:visited, #nav a:hover, #nav a:focus {
    display: block;
    height: 2em;
    text-decoration: none;
    color: black;
    text-align: right;
    font-size: 1.6em;
    padding: 2px 10px 0 0;
    font-variant: small-caps;
    font-weight: bold;
} *6
```

Und schon hast du ein Gerüst für die Website. Jetzt musst du nur noch alles mit Inhalten füllen und grundlegende Dinge wie Farbe, Schriftart und so weiter einstellen. Aber das sind ja wieder Dinge, mit denen du dich schon auskennst.

Mit ein paar Schriften und Farben sieht es dann so aus

Die Organisation des Stylesheets

Im Beispiel-Stylesheet ist dir bestimmt aufgefallen, dass fast alle Regeln einen Nachkommen-Selektor benutzen und nur innerhalb eines Bereichs – Kopf, Fuß, Navigation oder Inhalt – gelten. Nur grundlegende Einstellungen wie Hintergrundfarbe und Schriftart werden in global gültigen Regeln definiert. Das ist eine verbreitete Methode, Stylesheets zu organisieren, und hat mehrere Vorteile:

- Man reduziert die Gefahr, durch eine Änderung unerwünschte Seiteneffekte auszulösen. Ein `<li>` mit einem Klassennamen kann überall in der Seite vorkommen, änderst du eine Style-Eigenschaft, kann diese Änderung auch anderswo sichtbar sein. Mit auf einen Bereich beschränkten Regeln wie `#nav li` bist du davor geschützt.

- Du kommst mit weniger Klassennamen aus. Das Beispiel braucht nur einen Klassennamen, `ausgewaehlt`, alles Weitere wird nur über die Verschachtelung selektiert. So sind die Klassennamen, die du benutzt, auch semantisch relevant. Selektierst du nur durch Klassen, musst du sehr viele einführen, und es wird schwer, alle Klassen wirklich nach ihrer Bedeutung zu benennen. Außerdem wird durch Klassennamen an jedem Element die Seite größer. Das klingt zwar zunächst nach einem albernen Grund, aber ob jede deiner Seiten 80 kB oder 100 kB hat, macht schon einen Unterschied, wenn jemand nach Volumen bezahlt.

- Deine Stylesheets werden übersichtlicher. In einem großen Stylesheet eine bestimmte Regel zu finden, kann die Hölle sein. Wenn du aber konsequent alle Regeln mit ihrem Seitenbereich qualifizierst, dann musst du bei einer Suche nur noch einen kleinen Teil der Regeln betrachten. Und wenn der Stylesheet wirklich groß wird, kannst du auch nach Bereich trennen und mehrere daraus machen; dann hast du eben `nav.css`, `kopf.css`, `inhalt.css` und `fuss.css`, auch das schafft mehr Übersicht.

[Zettel]
Noch übersichtlicher kannst du deine Stylesheets übrigens mit Imports gestalten: `@import url("nav.css")` importiert `nav.css` in den Stylesheet, in dem die `@import`-Regel steht. Der Browser verhält sich genauso, als stünde der Inhalt von `nav.css` an dieser Stelle.

Ich hoffe, damit hab ich dir einen Ansatz gegeben, wie du deine erste eigene Website angehen kannst. Die grobe Struktur ist zwar nur der Anfang, aber wenn die erst mal steht, dann fällt es viel einfacher, die Lücken zu füllen. Und jetzt viel Spaß mit den Enten!

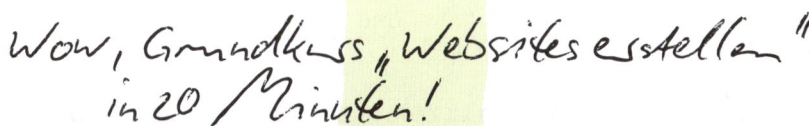

Wow, Grundkurs „Websites erstellen" in 20 Minuten!

Wenn bloß alle Details auch so schnell zu erklären wären. Aber so ganz fertig bin ich mit dir noch nicht. Textseiten gehen ja, aber bei der Bildergalerie hätt ich gerne noch Hilfe.

Eine Website von Anfang an **319**

Für die Kunst – die Entengalerie

Die Entengalerie, ach so. Es ist etwas anderes, als eine typische Textseite und deshalb auch überhaupt keine Schande, dass du mich dabei um Hilfe bittest. Dafür bin ich ja hier.

[Notiz]
Da ich selbst keinem Entenzuchtverein angehöre und auch keine entsprechende Fotosammlung habe, kommen meine Beispielentenbilder von Flickr. Die Urheberangaben und Lizenzinformationen findest du zusätzlich in der HTML-Beispielseite. Bilder mit einer Creative-Commons-Lizenz sind sehr nützlich, wenn du noch keine eigenen Bilder hast, aber sehen willst, wie die Seite später mal aussehen wird. Beachte: Sobald du die Seite an jemanden weitergibst, müssen Urheber und Lizenz genannt werden.

Zunächst sollten wir uns einig sein, wie es aussehen soll:

Ein kleiner Vorgriff auf die fertige Entengalerie

© Hans Splinter, ⓒ Creative Commons Attribution No Derivatives
© Fariedh Budiman, ⓒ Creative Commons Attribution
© bahketni, ⓒ Creative Commons Attribution
© katdaned, ⓒ Creative Commons Attribution
© Jonathan Tardif, ⓒ Creative Commons Attribution Share Alike
© Robby van Moor, ⓒ Creative Commons Attribution No Derivatives
© Joseph Hautman, ⓒ Creative Commons Attribution
© Phil Parker, ⓒ Creative Commons Attribution

Wie du siehst, ist das nichts Besonderes, eine Bildergalerie wie es Tausende im Netz gibt. Um das selbst zu bauen, brauchst du zuallererst eine neue Seite, irgendwo muss die Galerie ja drauf.

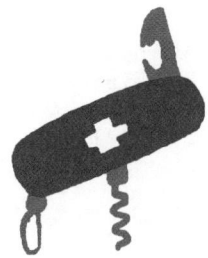

[Einfache Aufgabe]
Kopiere die Seite, die du vorhin angelegt hast, nach **galerie.html**. Gib dem **<div id="inhalt">** zusätzlich die Style-Klasse **galerie**. Und vergiss auch nicht, den richtigen Navigationseintrag als **ausgewaehlt** zu markieren.

Soweit die Vorarbeit. Als Nächstes, und auch als schwierigster Teil der Operation Entengalerie, brauchst du die schicken Bilderrahmen. Das sind, zu niemandes Überraschung, **<div>**s mit einigen Style-Regeln. Sie brauchen nicht einmal eine eigene Klasse, du kannst alle **<div>**s innerhalb von **.galerie** selektieren.

[Einfache Aufgabe]
Lege in der Galerie acht leere **<div>**s an. Damit wollen wir zunächst das Layout hinbekommen, also müssen sie irgendwie sichtbar werden: Gib ihnen einen weißen Rahmen.

Soweit ganz einfach, oder? Und mies aussehen tut es auch. Das ändern wir jetzt: Die Rahmen sollen nebeneinanderpassen, und zwar so viele, dass sie den Bildschirm füllen. Und sie sollen auch alle das gleiche, rechteckige Format haben.

[Code bearbeiten]
Füge für die Galerie-**<div>**s folgende Styles hinzu.

Eine Website von Anfang an   **321**

*1 Es sollen bis zu fünf Bilder nebeneinanderpassen.

Warum dann nicht 20 %?

Weil gleich noch **margin** dazukommt, und dann würde es mit 20 % schon nicht mehr passen.

*2 Das ist schon ein kleiner Vorgriff auf das Responsive Design später: Egal, was passiert, dieses Element soll nie schmaler als 200 Pixel werden. So ist sichergestellt, dass die Bilder immer noch gut zu sehen sind, auch wenn das Browserfenster kleiner wird.

*3 Die Höhe gebe ich in **em** an statt in Prozent, damit sie sich nicht an der Größe des umgebenden Elements orientiert, sondern an der Textgröße.

```
#inhalt.galerie  div{
    border: 1px solid white;
    width: 19%;*1
    min-width: 200px;*2
    height: 30em;*3
    margin: 1em 0 0 0.5%;*4
    float: left;*5
    text-align: center;*6
    padding: 0;*6
    color: white;*6
}
```

*4 Hier kommt die angekündigte **margin**: nach oben in **em**, nach rechts in Prozent, genau wie die Größe in der jeweiligen Richtung.

*5 Das ist alles, was es braucht, damit die Bilder auch nebeneinanderkommen. Dank **float** stehen die Bilder nebeneinander, solange Platz ist. Und wenn kein Platz mehr da ist, werden sie umbrochen.

*6 Diese beiden Eigenschaften sind schon mal für den Innenraum: Der Inhalt soll bis zum Rand reichen und zentriert sein.

So sollte deine Galerie jetzt aussehen.

Ja, so sieht meine Galerie aus, aber es fehlen die Bilder.

Die Bilder sind einfach, glaub mir. Es gehört natürlich in jedes `<div>` ein Bild, das kennst du schon aus Kapitel 1. Aber jetzt dürfen, im Gegensatz zu allem, was ich dir damals erzählt habe, keine Höhe und keine Breite am `<img>`-Tag gesetzt werden. Das hat den einfachen Grund, dass sich die Größe den Rahmen anpassen soll.

[Einfache Aufgabe]
Füge in jeden der Rahmen ein Bild ein, lass aber die Attribute `width` und `height` weg. Falls du, zu deiner immerwährenden Schande, keine eigene Sammlung von Entenbildern hast, benutze die Bilder `ente1` bis `ente8` aus den Downloads.

Das wird jetzt, falls du es ausprobierst, noch fürchterlich aussehen. Das liegt daran, dass die Bilder einfach noch keinen Stil haben. Am liebsten würde man ihnen ja sagen, wie hoch und breit sie maximal werden dürfen. Wenn es doch bloß so etwas gäbe wie Maximalbreite und -höhe als Style-Eigenschaften. Ach, warte mal …

[Einfache Aufgabe]
Setze für Bilder in der Galerie die Style-Eigenschaften
`max-width: 100%` und `max-height: 66%`.

Genau diese Eigenschaften gibt es!

*1 Kein Bild in der Galerie soll breiter werden als sein Rahmen. Nichts leichter als das.

```
#inhalt.galerie img {
    max-width: 100%;  *1
    max-height: 66%;  *2
}
```

*2 In der anderen Richtung soll ein Bild maximal zwei Drittel des Platzes einnehmen, denn der Titel soll noch darunter passen.

Dank der Maximalgröße passen sich die Bilder jetzt an den verfügbaren Platz an: Keines wird je größer werden als der Rahmen. Zieh ruhig mal dein Browserfenster kleiner und größer, dann kannst du beobachten, wie die Rahmen schmaler und breiter werden – wegen der relativen Größe – und wie sich die Bilder daran anpassen. Der Browser stellt auch sicher, dass das Seitenverhältnis erhalten bleibt. Der Rest ist jetzt langweiliger Text.

So sieht ein kompletter Eintrag aus der Galerie aus:

*1 Das Bild, wie du es kennst. Du hattest doch bestimmt nicht vergessen, dass das **alt**-Attribut vorhanden sein **muss**?

```
<div>
    <img src="galerie/entel.jpg" alt="duck! von Hans Splinter"> *1

    <span class="title">duck! von <a href="http://www.flickr.com/photos/
    archeon/2303432911/in/photostream/">Hans Splinter</a></span> *2

    <small><a rel="license" href="http://creativecommons.org/licenses/
    by-nd/2.0/">Creative Commons Attribution No Derivatives license</a></small> *3
</div>
```

*2 Hier steht der Titel, aber das hast du ja schon am Klassennamen erkannt. Der Link ist da, weil ich meine Bilder von Flickr genommen habe, und dann ist es schon nett, auch zum Original zu verlinken.

*3 Und im Kleingedruckten, denn genau dafür ist das **<small>**-Tag da, steht ein Link auf die Lizenz des Bildes. Der ist bei Creative-Commons-Bildern verpflichtend.

Und damit bist du auch so gut wie fertig, neben Schriftgrößen und Farben fehlen nur noch passende Zeilenumbrüche, Titel und Lizenz sollen jeweils in ihrer eigenen Zeile stehen. Auch das ist aber ganz einfach:

```
#inhalt.galerie div .title,#inhalt.galerie div small {
    display: block; *1
}
```

*1 Die beiden Elemente werden als Block gerendert, damit erledigt sich der Zeilenumbruch von selbst.

...man nehme ZITRONENMELISSE und...

Eine Website von Anfang an

Entengalerie plus – es geht noch cooler

Jetzt hast du schon mal die Bildergalerie, aber wo wir schon dabei sind, machen wir sie auch gleich noch cooler, und zwar mit einer Lightbox. Das sind diese schicken Dinger, die ein Bild groß in der Fenstermitte anzeigen und den Rest des Fensters verdunkeln.

Eine Lightbox

Eine Lightbox

Das ist eine Lightbox.

Ja doch, ich glaube, ich hab's verstanden!

Schön, dass du verstanden hast, was eine Lightbox ist. Die Dinger verwenden zwar JavaScript, das ich dir noch gar nicht beigebracht habe, aber du musst selbst gar keinen Code schreiben.

[Hintergrundinfo]
Es gibt viele kostenlose Lightbox-Skripte, die du benutzen kannst. Ich benutze hier Lokesh Dhakars Lightbox2 (http://lokeshdhakar.com/projects/lightbox2/), weil es extra-einfach zu benutzen ist.

Zuerst müssen natürlich die JavaScript-Dateien auch da sein. Normalerweise würdest du sie herunterladen und auspacken, aber ich hab sie auch in den Beispielen zum Kapitel schon mit drin.

Dann sind nur die richtigen Dateien zu laden

```
<head>
    <title>Entenzuchtverein Teichtaucher</title>
    <link rel="stylesheet" href="ente.css"/>
    <link href="css/lightbox.css" rel="stylesheet" /> *1
    <script src="js/jquery-1.7.2.min.js"></script> *2
    <script src="js/lightbox.js"></script> *3
</head>
```

*1 Die Lightbox kommt mit ihrem eigenen Stylesheet.

*2 Mit dem `<script>`-Tag wird eine JavaScript-Datei geladen. jQuery ist eine beliebte JavaScript-Bibliothek für alles Mögliche und eine Voraussetzung für Lightbox2. Du kannst jQuery unter http://jquery.com/ herunterladen, aber ich hab es auch schon für dich zu den Beispielen gepackt.

*3 Das zweite Skript, das geladen wird, ist dann die Lightbox selbst.

Eine Website von Anfang an **327**

Und dann fehlt nur noch etwas, um die Box zu aktivieren

*1 Zu jedem Bild fügst du einen Link hinzu, der auf die Bilddatei zeigt.

```
<a href="galerie/entel.jpg"*1 rel="lightbox"*2><img src="galerie/entel.jpg"
alt="duck! von Hans Splinter"></a>
```

*2 Das `rel`-Attribut gibt an, in welcher Beziehung zu dieser Datei die verlinkte Datei steht. Hier wird es aber benutzt, um dem Lightbox-Skript mitzuteilen, wo es etwas zu tun hat.

Und das war es auch schon. Was jetzt passiert, ist auch ohne JavaScript-Wissen leicht nachzuvollziehen. Wenn die Seite vollständig geladen ist, findet das Lightbox-Skript alle Links mit `rel="lightbox"`. An all denen macht es dann ein Stück JavaScript fest, das aktiv wird, wenn jemand darauf klickt und das verlinkte Bild in der großen Box anzeigt. In einigen Kapiteln wird dir vollkommen klar sein, dass ein `click`-Handler registriert wird, der das DOM manipuliert. Gerade ist das aber noch egal, wichtig ist, dass es funktioniert und tierisch einfach war.

Mensch, danke! Ohne dich hätte ich da ewig drangesessen. Der Verein lässt bestimmt wieder seine übliche Belohnung springen: eine große Schüssel Kalte Ente und eine 5 Kilo Packung StudENTEnfutter. Die geb ich dann an dich weiter, du hast sie dir verdient. Solange es nur nicht wieder der Enteneierlikör ist, das Experiment ist mal gründlich in die Hose gegangen.

Fotolia: 40688961 © Birgit Brandlhuber

Äh, ja, das mit dem Likör lass mal lieber sein ...

—NEUN—

CSS3

Schöner wohnen mit CSS3

Vor ein paar Jahren waren wir alle noch froh, dass es überhaupt CSS gab, auch wenn es nicht überall gleich funktionierte. Aber man wird anspruchsvoller und möchte irgendwann nicht mehr für jede runde Ecke im Design ein eigenes Bild erstellen. Oder man hätte gerne einen modernen 3D-Look, vielleicht sogar ein paar Animationen ohne JavaScript. Oder, oder, oder. Mit CSS3 kann man endlich (fast) alles machen, was man im Web gestalterisch möchte.

Zum Schutz vor blauen Flecken – runde Ecken

Jetzt ist bald der Zeitpunkt gekommen, über die Grenzen von HTML und CSS hinauszutreten und uns JavaScript zuzuwenden. Noch vor ein paar Jahren hätten wir diese Grenze längst überschritten und würden allerspätestens jetzt über JavaScript sprechen. Aber heute möchte ich dir erst noch zeigen, was CSS3 alles kann, denn das ist eine Menge. Durch CSS3 werden deine Webseiten wirklich **filmreif**. Und dann gibt es noch einige Dinge, die es im Web schon immer gab, die aber jetzt endlich, endlich, endlich mit reinem CSS zu lösen sind.

[Achtung]
Leider ist alles, was wir in diesem Kapitel sehen werden, noch so neu, dass nicht alle verbreiteten Browserversionen es unterstützen. **Ja, IE 8, du bist gemeint!** In IE 9 sieht es zum Glück schon etwas besser aus.

Die erste Neuheit, die ich dir zeigen kann, ist etwas, das ziemlich jeder Webentwickler und -designer schon machen musste: **abgerundete Ecken**.

Ja, Bossingen hatte neulich so was erwähnt …

Und in der Steinzeit der Webentwicklung, also noch bis vor ein bis zwei Jahren, hieß das immer genau eins: Bilder. Eins für jede Ecke, schließlich konnten wir auch noch nichts drehen in CSS.

[Notiz]
Außerdem sind wir damals bei tiefstem Schnee 5 Kilometer barfuß zum nächsten Computer gelaufen. Könnte man zumindest denken, so wie Webentwickler immer über die Vergangenheit reden.

> Die Geschichte der runden Ecke ist eine Geschichte voller Bilder und jammernder Webentwickler.

Die Ecken des Anstoßes

Langer Rede wenig Sinn, die neue CSS3-Eigenschaftsfamilie **border-radius** nimmt uns dieses Problem jetzt ab. Und der häufigste Fall, nämlich jede Ecke kreisrund zu machen, ist ausgesprochen einfach. Die Eigenschaft **border-radius** mit einer einzelnen Größenangabe als Wert für den Radius macht schöne runde Ecken in allen vier Ecken.

[Funktioniert in]
border-radius funktioniert im Internet Explorer ab der Version 9, in Chrome, Firefox und Safari.

DUNKEL WARS, DER MOND SCHIEN HELLE...

[Einfache Aufgabe]
Setze an einem **\<div\>** mit 200 Pixeln Breite und Höhe runde Ecken mit einem Radius von 20 Pixeln.

```css
div {
    border-radius: 20px;
}
```

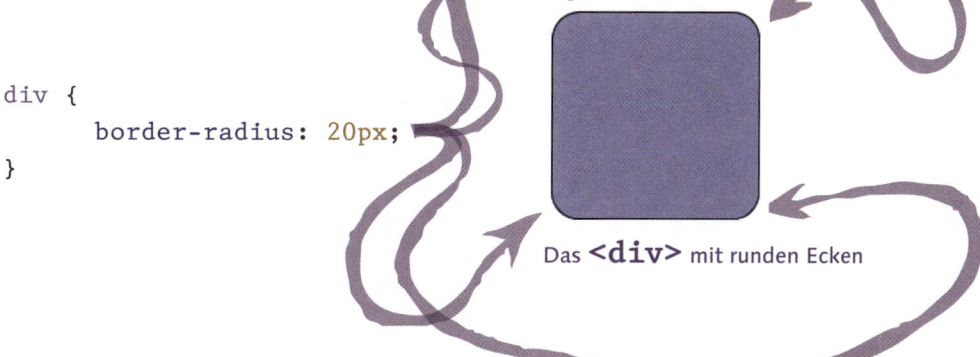

Das **\<div\>** mit runden Ecken

[Notiz]
Um einen **border-radius** zu haben, muss übrigens nicht unbedingt eine **border** da sein. Auch wenn kein Rahmen da ist, bekommt der **Hintergrund** die richtige Form.

Auch der Eckradius lässt sich natürlich wieder für jede Ecke einzeln setzen, aber die Möglichkeiten dafür sind leider beide etwas unhandlich. Die CSS-Eigenschaften, um einzelne Ecken zu runden, heißen zum Beispiel **border-top-left-radius** oder **border-bottom-right-radius**. Ich sag's ja, unhandlich. Wie immer lassen sich auch mehrere Werte an die Kurzschreibweise **border-radius** übergeben.

Also genau wie bei **margin** *und* **padding**?

Genau, nur leider etwas unlogischer. Ein einzelner Wert, wie oben gesehen, wird auf alle vier Ecken angewandt. So weit, so gut, das war bei **margin** und **padding** auch so. Aber danach wird es merkwürdig. Gibt man zwei Werte an, gilt der erste für die Ecken links oben und rechts unten, der zweite für die beiden anderen. Und bei drei Werten wird es dann richtig komisch, da sieht es nämlich so aus wie im Bild. Mal ehrlich, das ist doch Humbug. Gib lieber alle vier Werte an, dann versteht es auch jeder.

```
div{
    border-radius: 10px 20px 40px;
}
```

Darf ich vorstellen –
die Humbug-Ecken

Ansonsten ist **border-radius** aber ein weiterer, großer Sieg für die Faulheit. Früher war man 20 Minuten nur mit den **Eckbildern** beschäftigt, heute sind es 20 Sekunden CSS.

[Notiz]
Es gibt auch die Möglichkeit, die Rundung einer Ecke zu strecken oder zu stauchen, indem du an die Einzeleigenschaften für jede Ecke zwei Werte übergibst statt nur einen. Der erste gibt dann den horizontalen Radius an, der zweite den vertikalen. Aber man bekommt so nur selten ein schönes Ergebnis, kreisrund ist eben doch das Beste.

[Einfache Aufgabe]
Was passiert eigentlich, wenn für die Seiten der Box unterschiedliche Rahmen gesetzt sind? Setze für ein `<div>` unterschiedlich dicke und unterschiedlich gefärbte **border**s für alle vier Seiten, und schau es dir an.

Die Übergänge sehen doch richtig gut aus.
Nicht von der Katze ablenken lassen!

Rahmenbilder für Bilderrahmen

Das mit den Rahmen sieht alles schon gut aus, du kannst deine Webseiten mit solchen Kleinigkeiten echt aufwerten. Wenn du die Fotos aus dem nächsten Urlaub mit einem schönen, abgerundeten Rahmen online stellst, dann kannst du deine Freundin vielleicht überreden, nicht alle Digitalfotos drucken zu lassen. Aber da können wir auch noch was Besseres: echte **Bilderrahmen**.

Wir brauchen aber diesmal etwas Vorbereitung. Für einen guten Bilderrahmen brauchen wir ein gutes Rahmenbild, und ein gutes Rahmenbild muss mehrere Dinge haben: vier Ecken und vier Seitenteile.

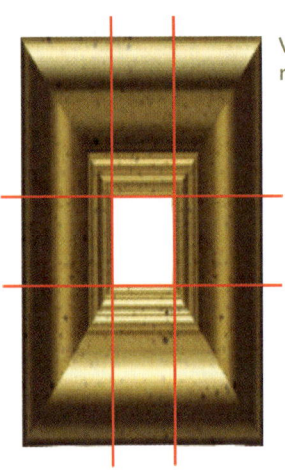

Vier Ecken, vier Seiten, mehr braucht man nicht.

Das ist ein ziemlich kleines Bild. Irgendwie glaub ich nicht, dass sie das überzeugen wird.

Glaub mir, der Rahmen ist groß genug für alles, was du rahmen möchtest. Der Bilderrahmen ist nämlich selbstwachsend, so was gibt es nicht beim großen schwedischen Möbelhaus. Aber stell dir mal vor, es gäbe dort den beliebig vergrößer- und verkleinerbaren Bilderrahmen: Er hätte einen Namen, wie zum Beispiel RAHMØN, bestünde aus Tausenden von Einzelteilen und würde nur mit einem **Sechskant-Innenschlüssel** zusammengebaut. RAHMØN hätte acht verschiedene Arten von Teilen: vier verschiedene Ecken, jeweils einmal, und vier verschiedene Arten von Seitenteilen, jeweils so oft, dass sich ein beliebig großes Bild damit rahmen ließe.

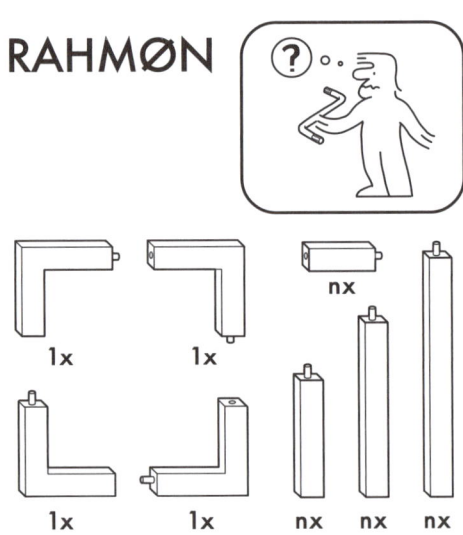

RAHMØN

Den Rahmen lass ich dann mal lieber liefern ...

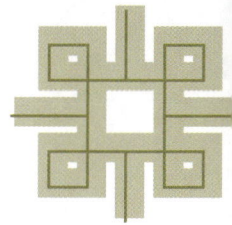

[Funktioniert in]
border-image funktioniert in Chrome, in Firefox und in Safari ab der Version 6.

Genau diese Art Bausatz stellst du her, wenn du den Bilderrahmen oben an den roten Linien zerschneidest, nur ohne Sechskant-Innenschlüssel. Und mit CSS hast du auch nicht das Problem, dass die letzte Schraube nirgendwo zu finden ist. Und all das mit nur wenigen neuen Eigenschaften. Die wichtigsten heißen **border-image-source** und **border-image-slice**, mit der ersten gibst du an, **welches Bild überhaupt benutzt werden soll**, mit der zweiten, wie es zu **zerschneiden** ist.

```css
img {
    border-image-source: url("rahmen.png"); *1
    border-image-slice: 116 65 116 65; *2
    border-image-repeat: repeat; *3
    border-width: 3em; *4
    border-style: solid; *4
}
```

*1 Nicht stehen bleiben, es gibt hier nichts zu sehen. Rahmenbilder werden mit der **url**-Funktion geladen, genau wie andere Bilder auch.

*2 Hier wird der Rahmen zersägt. Die erste Zahl gibt an, wie viele Pixel von oben der Schnitt für die beiden oberen Ecken und den oberen Mittelteil erfolgt. Die weiteren machen dieselbe Angabe von rechts, unten und links, also die Reihenfolge, die auch bei **margin** und **padding** verwendet wird. Wenn du nur einen, zwei oder drei Werte angibst, werden diese auch so verwendet, wie von den anderen Eigenschaften gewohnt.

*3 Mit dieser Eigenschaft wird angegeben, wie sich die Seitenteile zwischen den Ecken verhalten sollen. Der Wert **repeat** bedeutet, dass das entsprechende Bildteil wiederholt wird, also genau wie bei RAHMØN.

*4 Das Element muss auch überhaupt **einen Rahmen haben**, damit hier etwas zu sehen ist. Die **border-image**-Eigenschaften legen zwar fest, wie der Rahmen aussehen soll, aber sie sorgen nicht selbst dafür, dass es auch wirklich einen gibt.

Die Dicke des Rahmens ist auch sehr wichtig, die Einzelteile des Rahmenbildes werden nämlich so vergrößert oder verkleinert, dass sie genau diese Größe auch erfüllen.

[Achtung]
Die Werte von **border-image-slice** sind zwar Pixelangaben, aber diese dürfen auf keinen Fall die Einheit **px** haben, hier werden einfach Zahlen angegeben. Andere Einheiten wie **pt** oder **em** können sowieso nicht verwendet werden, die einzige Alternative zu Pixeln sind Prozentangaben. Die haben dann auch ein Prozentzeichen.

[Achtung]
Wenn du die Kurzschreibweise `border: 3em solid black;` benutzen willst, dann muss diese Angabe unbedingt vor den `border-image`-Angaben stehen, sonst überschreibt sie diese wieder.

Für `border-image-repeat` ist `repeat` natürlich nicht der einzige Wert, das wäre ja sinnlos. `border-image-repeat: repeat;` kann dazu führen, dass irgendwo ein unvollständiges Seitenteil auftaucht, weil nun mal die Gesamtbreite nicht durch die Breite des Seitenteils teilbar ist. Das ist bei dem Bilderrahmen im Bild oben schnuppe, der passt schon zusammen, aber bei anderen Rahmenbildern kann das hässlich aussehen.

Von links nach rechts: `border-image-repeat: repeat`, `round`, `space` und `stretch`

Das linke Bild zeigt das Problem mit `repeat`, wenn die Zahlen nicht aufgehen. `border-image-repeat: round` staucht die einzelnen Teile ein wenig, so dass sie passen, `space` fügt ein wenig Platz zwischen den Kacheln ein, und `stretch` streckt **ein Seitenteil**, so dass es die ganze Seite des Rahmens einnimmt. Mit dieser Art Rahmen sehen alle Varianten besser aus als `repeat`. Du kannst auch verschiedene Werte für die horizontalen und vertikalen Rahmenteile angeben, aber oben/unten und links/rechts lassen sich nicht trennen, für die gilt jeweils immer der gleiche Wert.

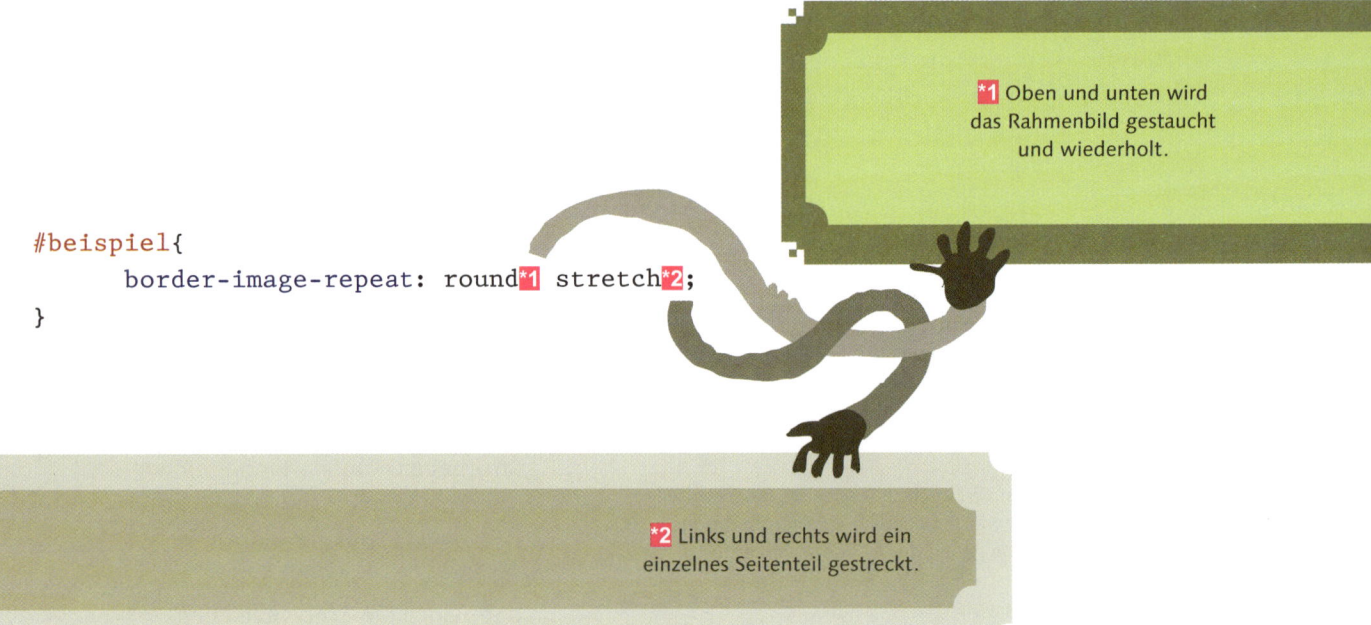

```
#beispiel{
    border-image-repeat: round*1 stretch*2;
}
```

*1 Oben und unten wird das Rahmenbild gestaucht und wiederholt.

*2 Links und rechts wird ein einzelnes Seitenteil gestreckt.

[Zettel]
Zurzeit kann kein Browser **border-image-repeat: space;** umsetzen. Firefox kennt zumindest die anderen drei Arten, Chrome und Safari können auch mit **round** nichts anfangen.

Du hast dir bestimmt schon gedacht, dass es auch hierfür eine **Kurzschreibweise** gibt.

Aber sicher, faules Entwicklerpack.

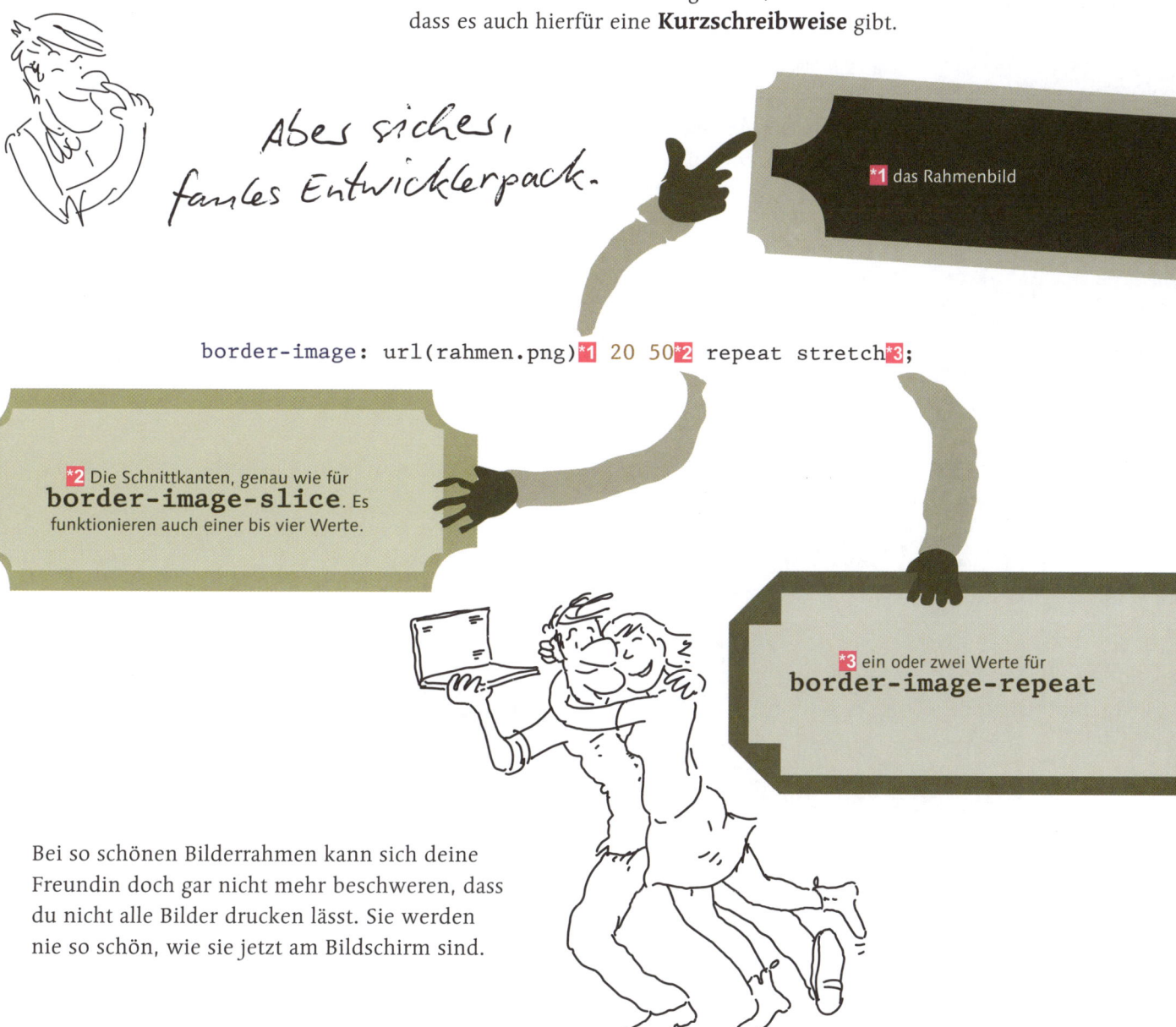

*1 das Rahmenbild

```
border-image: url(rahmen.png)*1 20 50*2 repeat stretch*3;
```

*2 Die Schnittkanten, genau wie für **border-image-slice**. Es funktionieren auch einer bis vier Werte.

*3 ein oder zwei Werte für **border-image-repeat**

Bei so schönen Bilderrahmen kann sich deine Freundin doch gar nicht mehr beschweren, dass du nicht alle Bilder drucken lässt. Sie werden nie so schön, wie sie jetzt am Bildschirm sind.

Urlaubsfotos aus den 80ern

Rahmenbilder sind nicht unbedingt das einfachste Thema in CSS, sollen wir das noch mal Schritt für Schritt durchgehen?

Das wäre total gut, ich bin noch ein bisschen verwirrt von den vielen Eigenschaften.

Das kenn ich, ging mir am Anfang auch so. Wir bauen noch ein Beispiel, und schon wird es klarer. Es soll wieder ein Bilderrahmen werden, aber dieses Mal nicht klassisch und edel in Holz, sondern so, wie du bestimmt auch noch alte Fotos hast: als Polaroid. Du brauchst wieder zuerst eine Seite, die das Bild anzeigt:

```
<img src="bg2.png" alt="Schottland">
```

So weit, so einfach. Dazu gehört dann noch ein zweites Bild, nämlich der Rahmen. Einen Polaroid-Rahmen hab ich schon für dich vorbereitet.

Der Fotorahmen

[Einfache Aufgabe]
Das wichtigste am Rahmenbild ist, es richtig zu schneiden. Öffne den Polaroid-Rahmen (**polaroid.png**) im Bildbearbeitungsprogramm deiner Wahl. Windows Paint oder Ähnliches reicht aus. Es muss nur Bildkoordinaten anzeigen, denn nach denen suchst du. Finde jetzt die vier Werte für **border-image-slice**.

Oh je, da muss ich ja auch noch rechnen! Zumindest für den rechten und unteren Rand.

Ja, musst du wohl. Aber ganzzahlige Subtraktion kriegst du noch im Kopf hin, oder? Die Schnittkanten oben und links sind einfach zu finden, du musst nur die Pixelkoordinaten ablesen: 18 Pixel von oben, 24 Pixel von links. Von rechts und unten ist es dann ein wenig, aber wirklich nur ganz wenig, schwieriger. Wie du dich ja schon erinnert hast, wird nämlich die rechte Schnittkante als Abstand zum **rechten Rand** angegeben, und unten ebenso. Also musst du die Schnittkante finden und von der Bildbreite bzw. -höhe abziehen. Rechts ist das 347 − 323 = 24 Pixel, unten 382 − 317 = 65 Pixel.

[Code bearbeiten]
Setze für dein Foto ein Rahmenbild, und schneide es an der Linie, die du oben ermittelt hast.

Vom Bild zum Polaroid

*1 Hier setzt du das Rahmenbild, soweit kein Problem.

```
img {
    border-image-source: url("polaroid.png"); *1
    border-image-slice: 18 24 65 24; *2
}
```

*2 Und an den Kanten schneidest du es auseinander. Die Reihenfolge der Schnitte ist oben, rechts, unten und links. Denk daran, keine Einheiten für die Zahlen anzugeben!

Damit bist du auch schon fast fertig, allerdings ist noch kein Rahmen zu sehen. Es fehlen noch die Eigenschaften, mit denen das Element überhaupt einen Rahmen bekommt.

[Code bearbeiten]
Füge noch die CSS-Eigenschaften hinzu, mit denen das Element einen Rahmen in der richtigen Dicke bekommt.

Das ist ein alter Hut

*1 Diese beiden bleiben unverändert.

```
img {
    border-image-source: url("polaroid.png");*1
    border-image-slice: 18 24 65 24;*1
    border-width: 18px 24px 65px 24px;*2
    border-style: solid;*3
}
```

*2 Die Rahmendicke wird genau passend zu den Schnitten im Rahmenbild gesetzt. Die Werte stehen auch in der gleichen Reihenfolge, aber jetzt **brauchen** sie die Einheit **px**.

*3 Und damit überhaupt ein Rahmen zu sehen ist, muss auch diese Eigenschaft noch sein.

Und das war's schon, fertig sind die Urlaubs-Polaroids – einfach, und sieht gut aus.

Vom letzten Schottlandurlaub

Sehr chic, ich mag den Polaroid-Look. Schade, dass es das wegen der Digitalkameras gar nicht mehr gibt.

Licht und Schatten

Jetzt kannst du mit Rahmenbildern schon mal einen Fernseher für filmreifes CSS bauen, aber das reicht vorne und hinten nicht, damit es wie eine professionelle Filmproduktion aussieht. Was du brauchst, ist ein Titelschriftzug!

Browser Wars

Browser Wars: Der schwarze Text

Damit lockst du aber noch keinen vor den Bildschirm.

Leider wahr. Nur eine `sans-serif`-Schrift zu benutzen und die `line-height` zu verkleinern, macht noch keinen Filmtitel. Hier fehlt noch ein toller Effekt, irgendwas, das vor ein paar Jahren im Web noch niemand konnte. Glühende Buchstaben. Oder vielleicht Schatten. Schatten wären ein guter Anfang.

[Notiz]
Die Eigenschaft `line-height` setzt den Abstand zwischen zwei Zeilen.

[Funktioniert in]
`text-shadow` funktioniert im Internet Explorer ab der Version 10, in Chrome, Firefox und Safari.

[Einfache Aufgabe]
Verpass dem langweiligen Titel einen Schatten: Die Eigenschaft `text-shadow` bekommt in der einfachsten Form drei Parameter, nämlich um wie weit der Schatten nach rechts verschoben ist, um wie weit nach unten und welche Farbe er hat. Für die Verschiebungen funktionieren die üblichen Längeneinheiten, und über Farben weißt du ja auch Bescheid. Weißt du doch noch, oder?

Klaro.
Ich kann einen Farbnamen benutzen, einen hexadezimalen Wert mit der Raute davor oder die Funktionsschreibweise `rgb()`.

Hier ist der gesamte Style für den Titel bisher. Ist doch schön einfach, oder?

*1 Hier gibt es nichts zu sehen, alles nur altes CSS.

*2 Eine `line-height` kleiner als 1 funktioniert nur, weil kein Zeichen unter die Grundlinie geht: kein g, kein p und so weiter.

```
h1{
    margin: 20px;            *1
    font-family: sans-serif; *1
    font-weight: bold;       *1
    font-size: 32px;         *1
    text-align: center;      *1
    line-height: 0.7;        *1 *2
    text-shadow*3: -0.2em*4 0.2em*5 gray*6;
}
```

*3 die CSS3-Eigenschaft für Textschatten: `text-shadow`

*4 Um **0.2em** nach links verschoben. Da der erste Parameter die Verschiebung nach rechts angibt, nimmst du einfach negative Zahlen, um nach links zu verschieben.

*5 um **0.2em** nach unten verschoben

*6 und in Grau, immer eine gute Farbe für Schatten

Browser Wars 2: Der nächste Versuch

So richtig gefällt mir das aber nicht. Erstens haben Schatten keine so klaren Umrisse, und zweitens find ich es schwer zu lesen.

Alter Nörgler. Aber na gut, nichts leichter als das. Zum Glück kennt **text-shadow** einen weiteren Parameter, der genau das korrigiert. Zwischen der Oben-unten-Verschiebung und der Farbe kann man einen zusätzlichen Parameter angeben, der vorgibt, wie **unscharf** der Schatten ist. Um genau zu sein, gibst du eine Entfernung an, über die sich der Schatten ausbreiten darf. Je größer diese Entfernung, desto weiter erstreckt sich der Schatten, aber desto blasser ist der Schatten und desto aufgeweichter seine Kanten.

[Notiz]
Stell dir die Unschärfe so vor: Der Schatten wird immer mit der gleichen Menge Farbe gezeichnet. Wenn mit der gleichen Menge Farbe eine größere Fläche bedeckt werden soll, dann lässt die Deckkraft nach.

0
5px
10px
20px
40px

Von oben nach unten immer weicher gezeichnet

[Code bearbeiten]
Mache den Schatten etwas weicher, eine Unschärfe von 5 Pixeln sieht recht gut aus.

```
text-shadow: -0.2em 0.2em 5px*1 gray;
```

*1 Hier gehört der Parameter hin. 5 Pixel Unschärfe sehen recht gut aus, weil man die Zeichen noch erkennen kann.

Browser Wars 3:
Weicher als weich

Auf jeden Fall besser, aber so richtig an den Bildschirm fesselt es auch noch nicht. Du hast vorhin doch was von Glühen gesagt, vielleicht macht das mehr Eindruck.

Versuchen wir's. Einen Text so richtig zum **Glühen** bringen, das kriegen wir auch mit `text-shadow` hin. Dazu wird das schattige Grau durch eine leuchtende Farbe ersetzt und der Schatten auf den Text zentriert.

[Code bearbeiten]
Ändere den vorhandenen Textschatten so, dass er gegenüber dem Text nicht mehr verschoben wird. Mache außerdem den unscharfen Bereich auch etwas größer, sagen wir 10 Pixel. Und mache das Ganze orange, wer möchte denn bitte graues Glühen sehen?

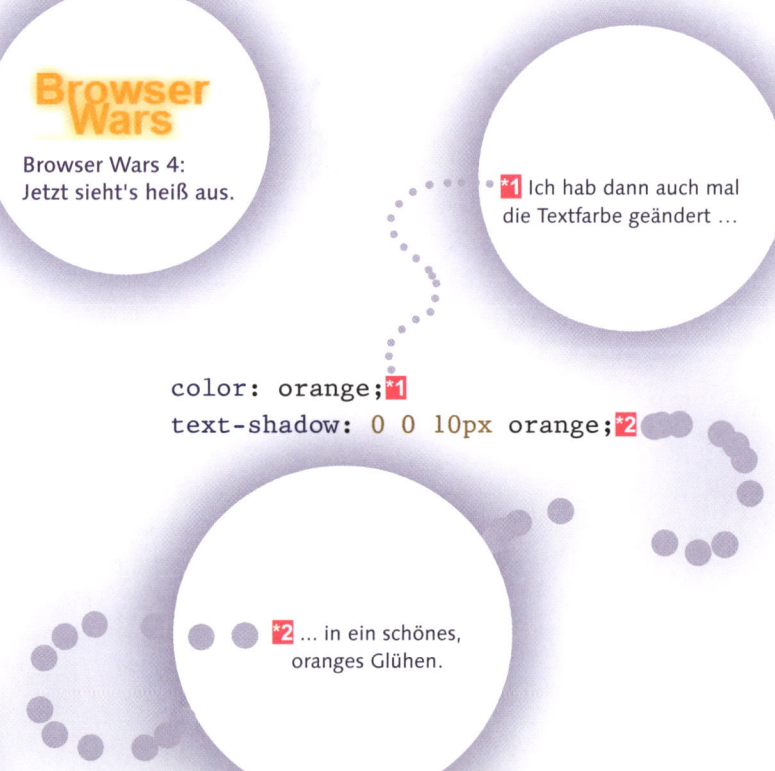

Browser Wars 4:
Jetzt sieht's heiß aus.

*1 Ich hab dann auch mal die Textfarbe geändert …

```
color: orange;*1
text-shadow: 0 0 10px orange;*2
```

*2 … in ein schönes, oranges Glühen.

Es könnte immer noch etwas mehr Umph haben, findest du nicht?
Ins Kino würde ich für den Titel noch nicht gehen.

Na gut, dann muss ich eben schwerere Geschütze auffahren. Wenn ein Glüheffekt nicht reicht, um dich zu beeindrucken, dann bleibt mir nur noch eine Möglichkeit: mehrere Glüheffekte! **text-shadow** kann nämlich nicht nur einen, sondern auch **mehrere Schatten** darstellen. Dafür gibst du, durch Kommas getrennt, mehrere Schatten an und fertig. Du kannst auch mehrmals denselben Schatten angeben, bei unscharfen Schatten führt das dazu, dass sie kräftiger werden.

```
text-shadow: 5px 5px 40px yellow*1,
             10px 10px 30px orange*2,
             20px 20px 20px red*3...
```

*1 Ein Schatten, …

*2 … zwei Schatten, …

*3 … drei Schatten, und es gehen noch mehr.

[Achtung]
Mehrere Schatten funktionieren nur so. Die **text-shadow**-Eigenschaft darf nur einmal vorkommen und hat dann mehrere Werte. Wenn du stattdessen **text-shadow** mehrmals angibst, dann zieht nur die letzte Einstellung.

[Achtung]
Bei mehreren Schatten kann die Reihenfolge wichtig sein: Der erste Schatten wird ganz oben gezeichnet, spätere Schatten können deshalb dahinter **verschwinden**.

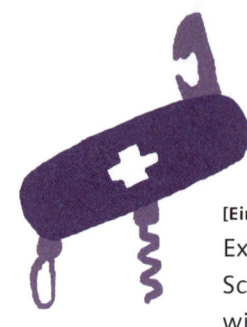

[Einfache Aufgabe]
Experimentiere ein wenig mit mehreren Schatten für den Glüheffekt. Mach einen wirklich eindrucksvollen Filmtitel!

Browsers Wars 5:
Endlich Action!

So wird doch endlich was daraus!

Du hast bestimmt noch ein besseres Glühen hinbekommen, aber ich war mit dem schon ganz zufrieden. Das ist das CSS zu meinem Glühen:

```
color: orange;
text-shadow: 0 0 40px yellow,
    0 0 30px yellow,
    0 0 20px yellow,
    0 0 10px orange, *1
    0 0 5px orange, *1
    0 0 2px red; *1
```

*1 Nach innen wird der Schatten röter, so sieht das Ganze etwas satter aus.

Die Kiste im Licht – box-shadow

Aber Text ist nicht alles, auch Schatten an Boxen würden doch ganz gut aussehen. Ein wenig Schatten an einer Layout-Box, und schon sieht sie aus, als würde sie über dem Hintergrund schweben, sehr edel. Wäre das nicht cool? Wäre es nicht nur, ist es, denn so etwas gibt es schon. Und das Beste: Was du gerade über Textschatten gelesen hast, funktioniert bei Boxschatten genauso.

[Funktioniert in]
box-shadow funkioniert im Internet Explorer ab der Version 9, in Chrome, in Firefox und in Safari ab der Version 5.1.

[Hintergrundinfo]
Mit Boxen sind nicht nur Elemente mit `display: block;` gemeint, um die es oben beim Box-Model hauptsächlich ging. Auch Inline-Elemente haben mindestens eine Box. Kommen innerhalb des Inline-Elements Zeilenumbrüche vor, dann besteht es sogar aus einer Box je Zeile – nur so können die Boxen auch rechteckig sein.

Die beiden Schatten im Vergleich:

Dies ist ein Text, in dem gleich ein <span> mit einem Textschatten vorkommt.

Der Textschatten, wie wir ihn kennen und lieben

Dies ist ein Text, in dem gleich ein <span> mit einem Boxschatten vorkommt.

Und der neue Boxschatten

Klar, wenn eine Kiste Schatten wirft, dann sind die auch kistenförmig. Da kenn ich mich nun mal aus.

Stimmt, und damit wäre auch schon alles Interessante gesagt zu **box-shadow**, gäbe es nicht zwei zusätzliche Optionen für die CSS-Eigenschaft. Zunächst mal sieht alles genauso aus wie bei einem Textschatten:

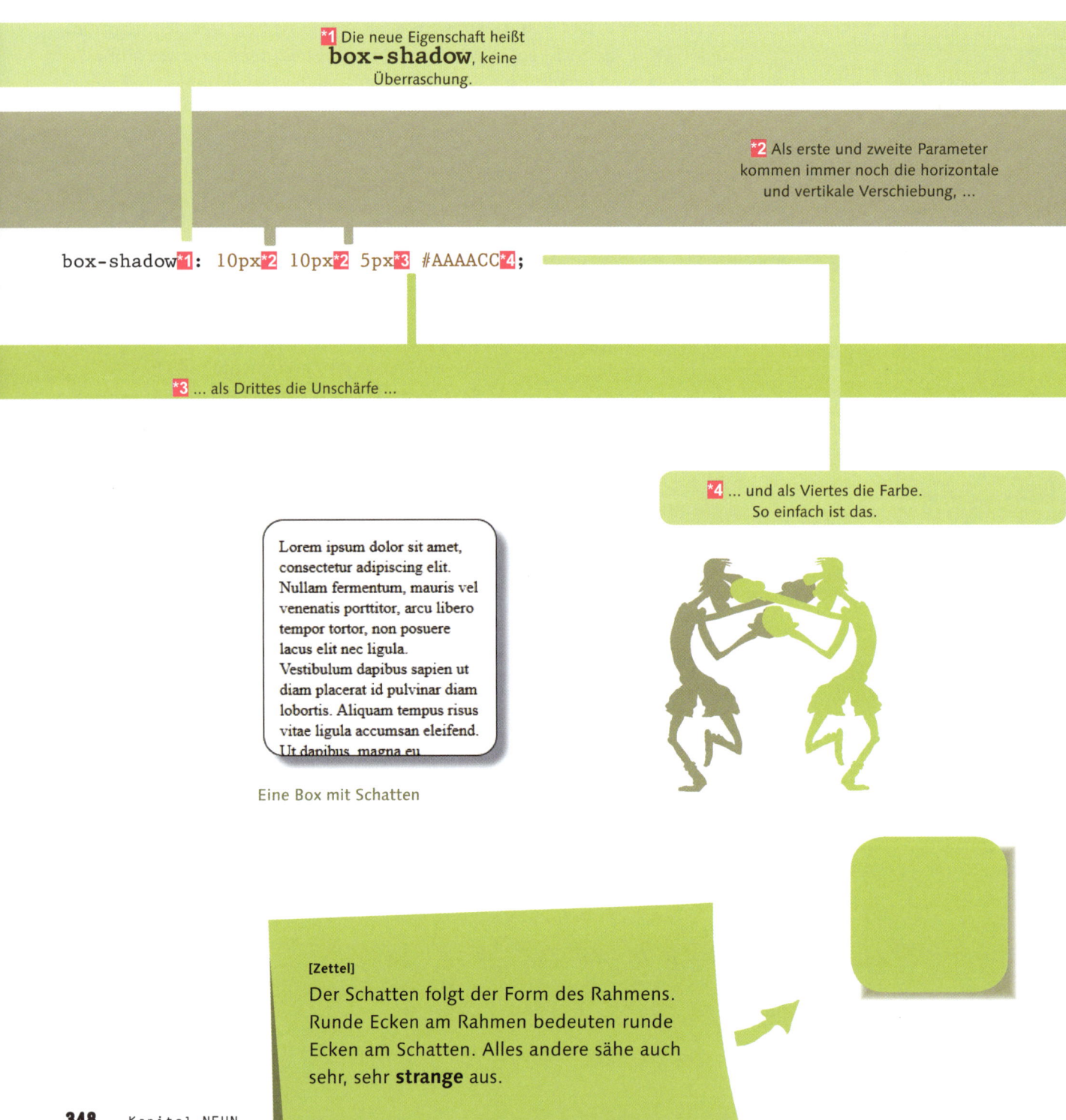

Eine Box mit Schatten

[Zettel]
Der Schatten folgt der Form des Rahmens. Runde Ecken am Rahmen bedeuten runde Ecken am Schatten. Alles andere sähe auch sehr, sehr **strange** aus.

Aber jetzt geht es noch weiter, Boxschatten können noch einige Dinge, die bei Textschatten überflüssig waren. Das Schlüsselwort **inset**, ganz am Ende der Deklaration angegeben, sorgt dafür, dass der Schatten nicht außerhalb der Box steht, sondern innerhalb – anders als beim Text ist da ja Platz.

```
box-shadow: 10px 10px 5px #AAAACC inset[1];
```

Schatten im Inneren

Außerdem, und dann reicht es auch mit Schatten, kann man für **box-shadow** die Ausbreitung (spread) angeben, eine weitere Größenangabe zwischen Unschärfe und Farbe. Der Schatten breitet sich dadurch in alle Richtungen weiter aus.

Warum mach ich dann nicht einfach den Schatten größer, **anstatt noch einen Parameter anzugeben? Dann wird der Schatten auch größer, meine Verwirrung aber nicht ...**

Nein, den Schatten zu vergrößern, wäre nicht ganz das Gleiche. Machst du den Schatten größer, wächst er nur nach rechts und nach unten – oder nach links und nach oben, wenn du negative Werte angibst –, aber nie in alle vier Richtungen.

Von links nach rechts: 10px Schatten, 20px Schatten und 10px Schatten mit 10px Spread

Achte auf die rechte, obere und die linke, untere Ecke, da liegt der Unterschied. Eher ein selten gebrauchtes Detail, aber es sieht schon ganz nett aus.

Schlüsselmomente

Wir haben jetzt schon einiges für filmreifes HTML und CSS getan, aber es fehlt noch etwas, das meistens als wichtig angesehen wird für Filme: **Bewegung**. Vor gar nicht langer Zeit brauchte man noch für jede Art von Bewegung auf der Webseite JavaScript. Nur hat JavaScript damals auch nicht überall gleich funktioniert, also musste immer Flash her; oder auch mal ein animiertes GIF, aber das erlaubt keine Interaktion. Düstere Zeiten, aber zum Glück sind sie vorbei. **Animationen funktionieren seit Neuestem auch mit reinem CSS**, nicht mal JavaScript brauchen wir mehr.

[Funktioniert in]
Keyframe-Animationen funktionieren im Internet Explorer ab der Version 10, in Chrome, Firefox und Safari.

[Zettel]

Animationen funktionieren auch mit CSS, vorausgesetzt, du benutzt nicht den Internet Explorer in einer Version kleiner als 10. Und vorausgesetzt, dass du alle relevanten Eigenschaften doppelt angibst, einmal so wie im Standard beschrieben und einmal mit **-webkit-** davor, für Chrome und Safari. Aber Animationen funktionieren!

[Begriffsdefinition]

Ein Einzelbild aus einer Animation heißt ein **Frame**. Die Animationstechnik, die wir in CSS benutzen können, ist die **Keyframe-Animation**. Dabei werden Schlüsselframes der Animation vorgegeben, vor allem natürlich Start und Ende, und alle Frames dazwischen werden vom Computer berechnet. Für komplexe Animationen ist Keyframe-Animation recht aufwendig, aber einfache Animationen lassen sich sehr schnell und einfach umsetzen.

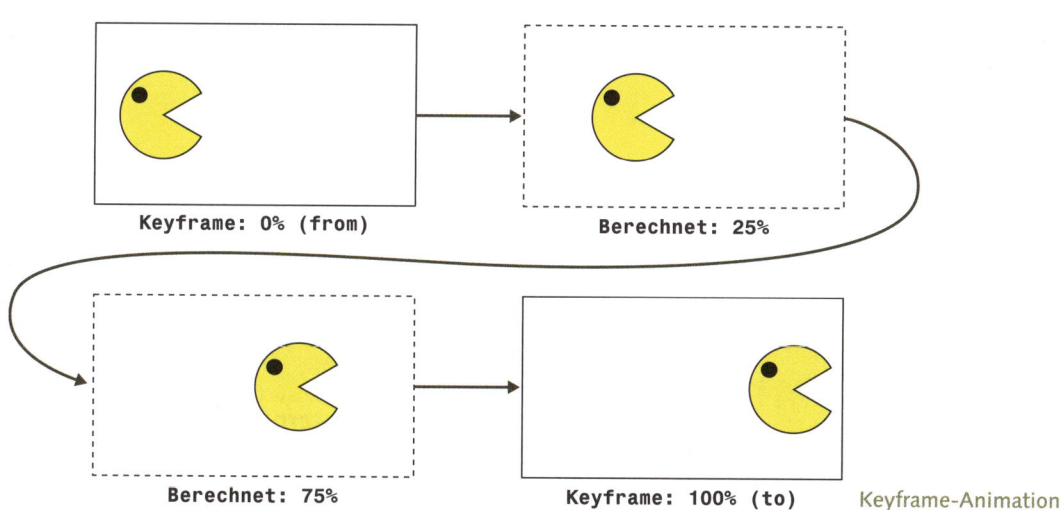

Keyframe-Animation

Eine Animation in CSS besteht aus zwei Teilen: zum einen der Definition der Animation, zum anderen der Zuweisung zu einem Element. In der Definition wird der Animation ein **Name** zugewiesen, und die Keyframes werden festgelegt. In etwa so:

*1 Die neue @-Regel **@keyframes** beginnt eine Animationsdefinition. Browser, die **@keyframes** nicht kennen, ignorieren den gesamten Block. Für Chrome und Safari muss hier das reichlich hässliche **@-webkit-keyframes** stehen – und das vollkommen grundlos, alles andere bleibt gleich.

*2 Als Nächstes bekommt die Animation einen Namen. Den brauchen wir gleich, um die Animation anzuwenden.

```
@keyframes*1 colors*2 {
    from*3 {background-color: yellow;*4}
    33%*3 {background-color: red;*4}
    66%*3 {background-color: blue;*4}
    to*3 {background-color: yellow;*4}
}
```

*3 Der **Keyframe-Selektor** gibt an, an welche Stelle der Animation dieser Keyframe gehört. **from** (oder 0 %) ist der erste Frame der Animation, **to** (oder 100 %) der letzte. Die Prozentangaben dazwischen kommen an die passende Stelle. Es gibt **keine** Angabe, wie lang die Animation insgesamt laufen soll, das kommt erst später.

*4 In einem Keyframe können die meisten CSS-Eigenschaften stehen, die in normalen CSS-Regeln auch vorkommen können, alle Eigenschaften, deren Wert sich **interpolieren** lässt, um genau zu sein. Dazu gehören die offensichtlichen Dinge wie Größe, Position und Farbe, aber auch **margin**, **padding**, **border-radius** und viele andere. Nicht animieren lassen sich zum Beispiel **background-image** oder **border-style**: Den Wert zwischen **solid** und **dashed** kann der Browser nicht berechnen; diese Eigenschaften wechseln **plötzlich**, wenn ihr Keyframe an die Reihe kommt. Um Pac-Man über den Bildschirm rennen zu lassen, würdest du einfach die Eigenschaften **left** und/oder **top** animieren, aber dass er dabei auch noch kraftvoll zubeißt, wird mit CSS schwierig.

[Achtung]
Das heißt auch, dass man Animationen immer zweimal definieren darf, einmal mit **@keyframes** und einmal mit **@-webkit-keyframes**, und dass man in beiden Definitionen dieselben Keyframes wiederholen darf. Toll, oder?

[Hintergrundinfo]
Schwierig, aber nicht unmöglich: Du kannst Pac-Man aus mehreren Kreissegmenten zusammensetzen und diese mit Transformationen (die erkläre ich dir gleich) rotieren lassen. Siehe zum Beispiel hier: http://veli.ee/lab/csspacman/

[Zettel]
Man kann beliebig viele Keyframes angeben, aber wenn es sich um eine gleichförmige Änderung handelt, zum Beispiel eine Bewegung von A nach B bei gleichbleibender Geschwindigkeit, reichen **from** und **to** völlig aus.

Das hätte ich mal als Kind gebraucht, als wir wochenlang Daumenkinos gemalt haben.

Damit ist die Animation definiert, aber es bewegt sich noch nichts, es wird schließlich nirgends angegeben, welche Elemente animiert werden sollen. Aber dafür brauchen wir keine komplexe, neue Syntax mehr, du musst nur drei neue CSS-Eigenschaften lernen:

```
#move_me {
    animation-name: colors;*1
    animation-duration: 10s;*2
    animation-iteration-count: infinite;*3
    -webkit-animation-name: colors;*4
    -webkit-animation-duration: 10s;*4
    -webkit-animation-iteration-count: infinite;*4
}
```

*1 Als Erstes muss natürlich eine Animation angegeben werden. Hier gehört der Name hin, der in der **@keyframes**-Regel angegeben wurde.

*2 Nun kommt auch endlich die Länge der Animation.

*3 Wie oft soll die Animation wiederholt werden? **infinite** heißt beliebig oft, ansonsten sind Zahlenwerte angesagt.

*4 Und dann wiederholen wir alles noch mal mit dem **-webkit-**Präfix. Ich hoffe, die Webkit-Entwickler kriegen das bald mal hin …

Warum gebe ich das erst hier an und nicht da, wo ich die Animation definiere?

Ganz sicher bin ich da auch nicht, was sich jemand dabei gedacht hat. Vielleicht weil du so eine Animation mit verschiedenen Geschwindigkeiten abspielen kannst und dafür nicht die ganze Animation noch mal schreiben musst.

*Das mit dem **-webkit-** nervt mich jetzt schon. Was ist aus der berühmten Schreibfaulheit der Webentwickler geworden?*

Und es bewegt sich doch

Grau ist alle Theorie. Also, in unserem Fall natürlich nicht, wir haben ja die Farbe animiert. Aber alle Theorie ist doch theoretisch und oft ein wenig langweilig. Lass uns etwas animieren!

Lass uns etwas mit Pac-Man animieren!
Meine Freundin findet die Geister so süß, da kann ich doch was Schönes für ihre Website machen.

[Einfache Aufgabe]
Alles klar, du sollst deine Geister haben. Setze auf eine neue Seite das Bild von Pinky (aus den Beispieldownloads). Es soll sich bis in alle Ewigkeit von der linken oberen Ecke 500 Pixel nach links und wieder zurück bewegen.

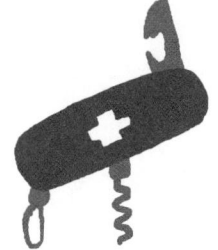

Hin UND zurück? Wie mach ich denn das?
Lass ich ihn von 0–50 % nach links laufen und dann von 50–100 % wieder zurück?

Das kannst du machen, aber einfacher geht es mit einer zusätzlichen Eigenschaft (und schreibfauler auch, wir sind ja schließlich Entwickler).

`animation-direction: normal;`	Spielt die Animation ganz normal vorwärts ab.
`animation-direction: reverse;`	Die Animation läuft rückwärts, von 100 % bis 0 %.
`animation-direction: alternate;`	Abwechselnd zuerst vorwärts dann rückwärts. Dadurch ändert sich aber nicht die Dauer: Wenn `animation-duration: 10s` eingestellt ist, dann dauert es vorwärts 10 Sekunden und rückwärts wieder 10 Sekunden.
`animation-direction: alternate-reverse;`	wie `alternate`, aber zuerst rückwärts, dann vorwärts

[Achtung]
Genau wie **animation-duration** gehört auch **animation-direction** an das animierte Element, nicht an die Keyframes.

Das ist ja jetzt wirklich einfach. Pass auf, so wird's gemacht.

*1 So läuft Pinky immer hin und her. Am Anfang kommt er nach 20 Sekunden wieder an: 10 Sekunden hin, 10 Sekunden zurück.

```
@keyframes move {
    from {left: 0px;}
    to {left: 500px;}
}
#move_me {
    animation-name: move;
    animation-duration: 10s;
    animation-direction:alternate; *1
    animation-iteration-count: infinite;
    /* Und hier natürlich wieder dieser
    ganze -webkit-Kram ...*/
}
```

[Achtung]
Die Animation von **0** bis **500px** ist nicht schwierig. Doch eine Animation vom linken Rand bis zum rechten Rand, aber nicht darüber hinaus laufen zu lassen, ist recht tricky. Die Lösung

```
from {left: 0;}
to {right: 0;}
```

funktioniert nicht, weil die Animation nur einzelne Eigenschaften interpoliert. Obwohl left und right für uns zwar dasselbe bedeuten, nämlich die horizontale Position, sind es für CSS verschieden Eigenschaften.

[Notiz]
Anstatt umzudrehen, läuft Pinky rückwärts wieder zum Anfang.
Umdrehen würde einiges an weiterer Trickserei erfordern.

Die Animation muss übrigens nicht sofort anfangen, wenn die Seite geladen wird.
Mit **animation-delay** lässt sich eine **Verzögerung** festlegen, nach der die Animation erst anfängt.

```
animation-delay: 120s;
```
*1

*1 Nach 2 Minuten startet die Animation. Der Besucher deiner Seite wird sich ganz schön erschrecken.

[Notiz]
Zeitangaben lassen sich außer in Sekunden (**s**) auch in Millisekunden (**ms**) angeben, andere Einheiten gibt es aber nicht.

Oder du kannst die Animation auch gar nicht abspielen, anstatt sie zu verzögern.
Mit **animation-play-state: paused;** bewegt sich einfach nichts.

Na super, da mach ich mir die ganze Arbeit,
**eine Animation zu definieren, und dann schaltest du sie wieder ab.
Unverschämtheit. Das geht so mal gar nicht!**

Nur die Ruhe, auch die Eigenschaft hat einen Sinn. Man kann zum Beispiel später per JavaScript den Wert ändern in **animation-play-state: running;**, und schon geht es los.

CSS3

[Schwierige Aufgabe]

Eigentlich brauchen wir nicht mal JavaScript. Du kannst auch mit der Pseudoklasse `:hover`, die du schon von Links her kennst, Pinky dazu bringen, sich nur so lange zu bewegen, bis er mit dem Mauszeiger eingefangen wird. Anders gesagt, Pinky bewegt sich immer, außer, wenn der Mauszeiger über ihm schwebt.

Das ist ja schon ziemlich cool.

*1 Etwas zu tun, sobald der Mauszeiger darüber schwebt, genau dafür wurde die `:hover`-Pseudoklasse gemacht.

```
div#moveme:hover *1 {
    animation-play-state: paused; *2
    -webkit-animation-play-state: paused; *3
}
```

*2 Beim Hovern setzen wir `animation-play-state: paused;`. In der CSS-Regel ohne `:hover` musst du gar nichts tun, weil `running` der Defaultwert ist.

*3 Und dazu will ich schon gar nichts mehr sagen …

[Notiz]

Vielleicht ist dir aufgefallen, dass alle Animationen am Anfang und am Ende langsamer laufen als in der Mitte. Das liegt an einer weiteren CSS-Eigenschaft, die den Ablauf der Animation steuert: **animation-timing-function**. Wenn du nichts anderes einstellst, ist der Wert **ease**, dadurch werden Anfang und Ende der Animation verlangsamt. Willst du lieber eine konstante Geschwindigkeit, dann ist **animation-timing-function: linear;** richtig. Es gibt noch einen Stapel anderer Werte, die aber hier zu tief gingen.

Und es bewegt sich noch etwas

Keyframe-Animationen sind schon tolle Dinger, oder? Und man kann auch echt viel damit machen. Aber bevor du jetzt „Pac-Man – der Film" in reinem CSS produzierst, möchte ich dir noch etwas anderes zeigen. **Transitions** (Übergänge) können zwar nicht so komplexe Animationen darstellen wie Keyframes, aber dafür sind sie sehr viel einfacher umzusetzen.

Normalerweise ändert sich der Zustand einer CSS-Eigenschaft in dem Augenblick, in dem sie geändert wird, zum Beispiel durch die `:hover`-Pseudoklasse oder später durch JavaScript. Mit Transitions kannst du diese Änderung **über einen längeren Zeitraum ausdehnen**, es lassen sich Regeln erstellen wie „wenn der Mauszeiger über das Element fährt, dann soll die Farbe langsam von Blau nach Rot wechseln".

[Funktioniert in]
Transitions funktionieren im Internet Explorer ab der Version 10, in Chrome, Firefox und Safari.

```css
#hoverme {
    background-color: red;*1
    color: blue;*1
    transition-properties: background-color, color;*2
    transition-duration: 5s;*3
    ...
}
#hoverme:hover {
    background-color: blue;*4
    color: red;*4
}
```

*1 Die Eigenschaften, die sich ändern sollen. Rot auf Blau ist vielleicht nicht schön, aber dafür auffällig. Wir machen ja hier keinen Kurs in Grafikdesign.

*2 Bei **transition-properties** werden, durch Kommas getrennt, die Eigenschaften aufgelistet, für die ein langsamer Übergang stattfinden soll. Alles, was hier nicht drinsteht, ändert sich nach wie vor sofort.

*3 Und so lange soll der Übergang dauern. Laut Spezifikation kannst du hier auch für jede Eigenschaft eine eigene Übergangszeit angeben, das wird aber noch von keinem Browser unterstützt.

*4 Und das ist der Zielzustand. Sobald die Maus über dem Element schwebt, bewegen wir uns langsam in diese Richtung.

[Achtung]
Rate doch mal, für welche Browser du an sämtliche `transition`-Eigenschaften `-webkit-` vorne dranschreiben musst.

Dann muss ich mir das HTML dafür wohl selbst bauen.

```
<html>... <body>
   <div id="hoverme">
      Ich kann nichts für diese Farben, die hat mein Kumpel ausgesucht.
   </div>
</body></html>
```

Damit hast du jetzt zwei mächtige Werkzeuge in deinem Animationswerkzeugkasten. Und wie immer, wenn du mehrere Werkzeuge hast, musst du auswählen, welches das richtige ist. Für Animationen mit mehreren Phasen musst du weiterhin Keyframes benutzen. Auch wenn eine Animation ohne Interaktion immer weiter laufen soll, sind Keyframes die richtige Wahl, denn damit eine Transition endlos läuft, muss jemand immer wieder die CSS-Eigenschaft ändern. Sollen sich nur Eigenschaften langsam von A nach B ändern, entweder durch Benutzerinteraktion oder später, weil du mit JavaScript dran rumgefummelt hast, dann greif zu Transitions, denn sie sind viel einfacher anzuwenden.

Übergangseffekte machen auch Dinge möglich, die mit Keyframe-Animationen nicht gehen. Das Beispiel „Farbe ändern, wenn der Mauszeiger über dem Element schwebt" lässt sich zwar auch mit Keyframes umsetzen, dann hört aber die Animation einfach auf, wenn der Mauszeiger sich wegbewegt. Mit Transitions kehrt die Farbe langsam wieder zum **Ursprungszustand** zurück.

[Zettel]
Für **transition-properties** gibt es auch den speziellen Wert **all**, der alle Eigenschaften animiert, für die das möglich ist.

[Zettel]
Ich hätte hier jetzt gerne ein Bild gehabt, aber wie es aussieht, funktioniert das mit dem animierten Papier noch nicht …

Für Transitions gibt es die gleichen Möglichkeiten zur Feineinstellung wie auch für Keyframe-Animationen. Mit **transition-delay** setzt man eine Verzögerung, bevor die Animation beginnt, mit **transition-timing-function** lässt sich der zeitliche Ablauf beeinflussen – die möglichen Werte entsprechen genau denen von **animation-timing-function**.

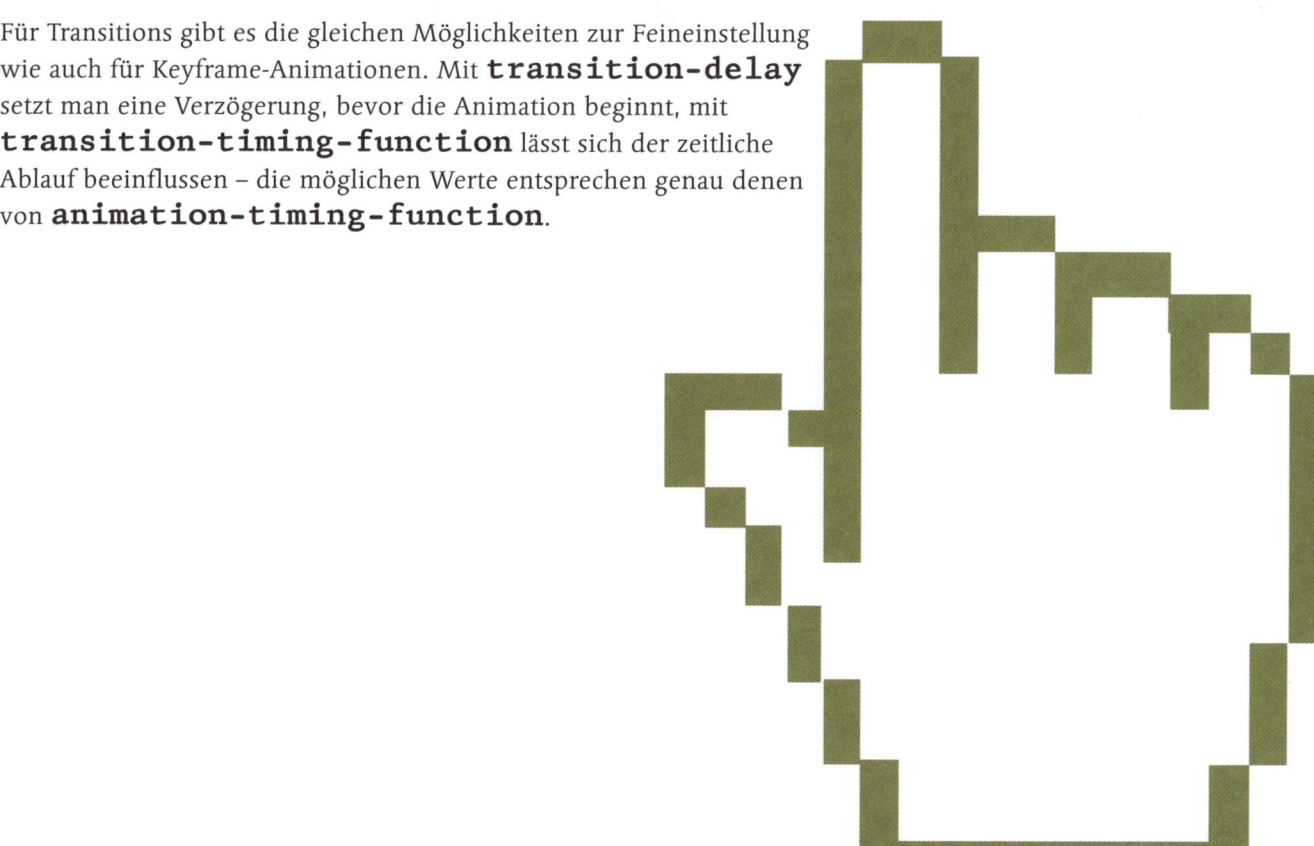

Die Farbe des Kaffees

Niedliche Gespenster für deine Freundin animieren kannst du jetzt, nun möchte ich noch mal mein Lieblingsthema ins Spiel bringen: Kaffee. Ich finde es immer schwierig, jemandem Milch in den Kaffee zu schütten; es ist immer entweder zu viel oder zu wenig, nie mache ich es richtig. Da wirst du jetzt Abhilfe schaffen. Mit der Seite, die du jetzt erstellst, kannst du jederzeit genau zeigen, wie du deinen Kaffee möchtest.

[Schwierige Aufgabe]
Ein `<div>` soll, wenn die Maus darüber schwebt, seine Farbe langsam von schwarzem Kaffee (`#423027`) zu milchigem Kaffee (`#A77F6B`) ändern.

Das ist ja echt eine Obsession von dir.
**Der viele Kaffee macht dich noch mal krank.
Aber viel wichtiger: Soll ich das mit Keyframes oder Transition machen?**

Das zu entscheiden, ist Teil der Aufgabe. Aber als Hinweis: Die Seite ist viel nützlicher, wenn du den Mauszeiger wegziehen kannst und dadurch die Animation stoppt. Wenn das Element dann in den Ausgangszustand zurückkehrt, hast du nichts gewonnen.

Auch wenn es etwas mehr Schreibarbeit ist, ist Keyframe-Animation die bessere Lösung. Mit Transitions geht alles wieder zurück auf Anfang, wenn du den Mauszeiger wegziehst. Um wirklich zeigen zu können, wie dein Kaffee aussehen soll, sollte die Farbe erhalten bleiben. Deshalb kommt die gleiche Technik zum Einsatz, die schon Pinky, das Gespenst, eingefangen hat:

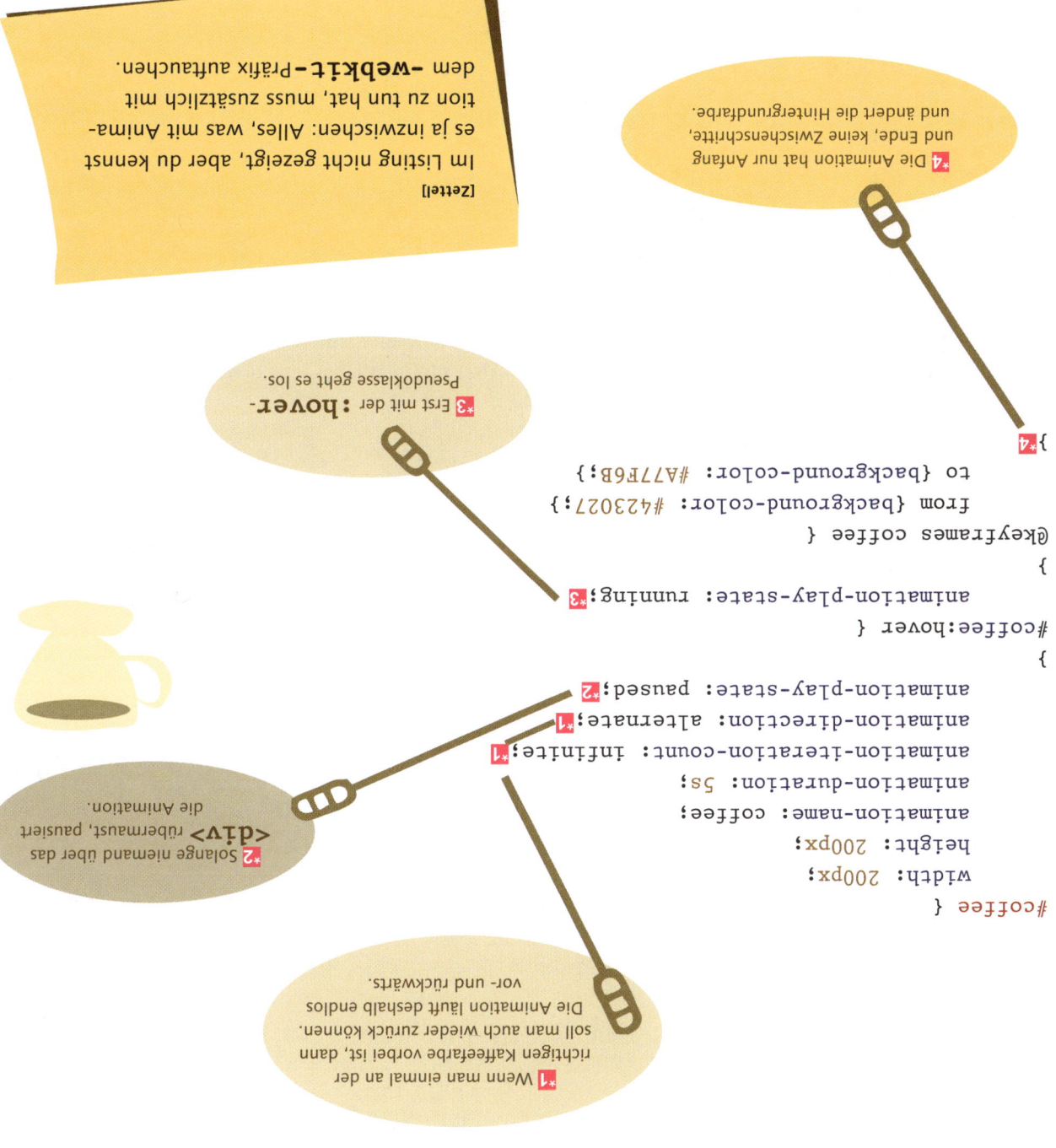

```
#coffee {
  width: 200px;
  height: 200px;
  animation-name: coffee;
  animation-duration: 5s;
  animation-iteration-count: infinite; *1
  animation-direction: alternate; *2
  animation-play-state: paused; *2
}
#coffee:hover {
  animation-play-state: running; *3
}
@keyframes coffee {
  from {background-color: #423027;}
  to {background-color: #A77F6B;}
} *4
```

*1 Wenn man einmal an der richtigen Kaffeefarbe vorbei ist, dann soll man auch wieder zurück können. Die Animation läuft deshalb endlos vor- und rückwärts.

*2 Solange niemand über das <div> rübermaust, pausiert die Animation.

*3 Erst mit der :hover-Pseudoklasse geht es los.

*4 Die Animation hat nur Anfang und Ende, keine Zwischenschritte, und ändert die Hintergrundfarbe.

[Zettel]
Im Listing nicht gezeigt, aber du kennst es ja inzwischen: Alles, was mit Animation zu tun hat, muss zusätzlich mit dem -webkit-Präfix auftauchen.

Gerade war gestern – CSS-Transformationen

Bevor wir zur großen Eröffnung des CSS-Kinos kommen, hab ich noch ein letztes Werkzeug, das du an deinen CSS3-Werkzeuggürtel hängen kannst. Und auch dieses Werkzeug macht wirklich coole Effekte mit relativ einfachen Mitteln möglich: **Transformationen**.

Du hast zwar bisher schon vieles gesehen, das man mit CSS basteln kann, doch am Ende kamen immer gerade Elemente dabei heraus, mit Kanten parallel zum Fensterrand. Aber mit gerade ist jetzt Schluss!

[Funktioniert in]

Transformationen funktionieren im Internet Explorer ab der Version 9, in Chrome, Firefox und Safari.

[Achtung]

In Chrome und Safari kommt mal wieder das gefürchtete `-webkit-`Präfix dazu. Außerdem machen die beiden bei einigen Transformationen, vor allem Rotationen, eine ziemliche Schweinerei, selbst in der neuesten Version. Jetzt möchte auch noch Internet Explorer mitspielen, in IE 9 gibt es diese Eigenschaften mit dem Präfix `-ms`, erst in IE 10 gibt es sie dann auch standardkonform.

Bevor ich auf Koordinatensysteme und Geometrie zu sprechen komme, zeige ich dir erst einmal, worum es geht.

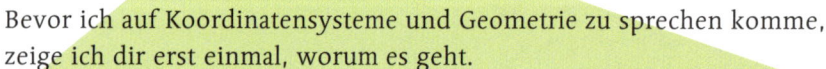

Effekt Nummer eins – gedrehter Text

Ich lege einen Textabsatz an und weise ihm die Style-Eigenschaft `transform: rotate(-2deg);` zu.

Lorem ipsum dolor sit amet, consectetur adipiscing elit. Suspendisse fringilla tempor consectetur. Nam eu bibendum magna. Curabitur orci tellus, congue ut consectetur vulputate, accumsan sit amet enim. Curabitur sit amet sapien nisi. Etiam porta laoreet tellus et varius. Cras sollicitudin dolor at nibh posuere venenatis lacinia lacus mattis. In dapibus velit vel erat sagittis dignissim. Etiam pretium arcu sit amet elit lacinia suscipit tempor quam scelerisque. Donec id pulvinar tortor. Class aptent taciti sociosqu ad litora torquent per conubia nostra, per inceptos himenaeos. Cras ac odio non urna sagittis ornare.

So sieht es sauber und ordentlich gedreht aus ...

Lorem ipsum dolor sit amet, consectetur adipiscing elit. Suspendisse fringilla tempor consectetur. Nam eu bibendum magna. Curabitur orci tellus, congue ut consectetur vulputate, accumsan sit amet enim. Curabitur sit amet sapien nisi. Etiam porta laoreet tellus et varius. Cras sollicitudin dolor at nibh posuere venenatis lacinia lacus mattis. In dapibus velit vel erat sagittis dignissim. Etiam pretium arcu sit amet elit lacinia suscipit tempor quam scelerisque. Donec id pulvinar tortor. Class aptent taciti sociosqu ad litora torquent per conubia nostra, per inceptos himenaeos. Cras ac odio non urna sagittis ornare.

... und so im aktuellen Chrome. Google, das geht besser!

Genau darum geht es bei Transformationen, den klassischen geometrischen Operationen, die du auch in GIMP, Photoshop oder jeder anderen Bildbearbeitungssoftware auf Bilder anwenden kannst:

Verschieben, Skalieren, Rotieren und Scheren.

[Achtung]
Bei allen Transformationen bist du selbst dafür verantwortlich, **Überlappungen** zu vermeiden!

| Lorem ipsum dolor sit amet, consectetur adipiscing elit. | Lorem ipsum dolor sit amet, consectetur adipiscing elit. | Lorem ipsum dolor sit amet, consectetur adipiscing elit. | Lorem ipsum dolor sit amet, consectetur adipiscing elit. | Lorem ipsum dolor sit amet, consectetur adipiscing elit. | Lorem ipsum dolor sit amet, consectetur adipiscing elit. |

Von links nach rechts: das Original, verschoben nach unten, gleichmäßig vergrößert, horizontal vergrößert, aber vertikal verkleinert, rotiert und geschert

CSS3 **365**

Und so sehen die Transformationen in CSS aus:

Das Original

`transform: translate(x, y)`	Verschieben	x und y geben an, wie weit das Element nach rechts bzw. nach unten verschoben werden soll.
`transform: scale(x)` `transform: scale(x, y)`	Skalieren	Die Größe des Elements wird mit dem angegebenen Faktor multipliziert, das heißt, x > 1 vergrößert das Element, x < 1 verkleinert es. Gibt man zwei Parameter an, wird das Element horizontal um Faktor x gestreckt, vertikal um Faktor y.
`transform: rotate(xdeg)`	Rotieren	Dreht das Element um x Grad im Uhrzeigersinn. Dabei muss `deg` als Einheit immer angegeben werden.
`transform: skewX(xdeg)` `transform: skewY(xdeg)`	Scheren	Das Element wird geschert, das heißt, eine Kante wird verschoben, so dass ein Parallelogramm entsteht. Bei `skewX` wird die untere Kante verschoben, bei `skewY` die rechte.

[Ablage]
„Geschert", nicht „geschoren".
Schafe werden erst in CSS 5 unterstützt.

366 Kapitel NEUN

Jetzt bist du dran mit Drehen und Schieben

[Einfache Aufgabe]
Genug zugeschaut. Lege vier Textabsätze an, und wende jede Art von Transformation einmal an.

Es können auch **mehrere Transformationen nacheinander** angewendet werden, um genau den Effekt zu erreichen, den man möchte. Dazu gibst du alle Transformationen nacheinander an, zum Beispiel so:

*1 Zuerst wird das Element um 45 Grad gedreht, …

```
transform: rotate(45deg) *1 translate(100px, 100px) *2 scale(2) *3;
```

*2 … danach um 100 Pixel nach rechts und nach unten verschoben …

*3 … und dann noch auf das Doppelte vergrößert.

[Einfache Aufgabe]
Bei mehreren Transformationen ist die Reihenfolge extrem wichtig. Schau dir einfach mal den Unterschied an zwischen `transform: rotate(45deg) translateX(200px);` und der Transformation in umgekehrter Reihenfolge.

Aber warum ist die Reihenfolge so wichtig?

Das ist die 500€-Frage, aber sie hat eine einleuchtende Antwort: Der Punkt, um den alle Transformationen ausgeführt werden, der **Ursprungspunkt des Koordinatensystems**, ist fix. Ohne andere Angabe liegt der Ursprungspunkt in der Mitte des Elements, aber er bewegt sich nicht, wenn das Element sich bewegt. Er bleibt genau da, wo er angefangen hat. Und deswegen ändert die Reihenfolge der Operationen das Ergebnis.

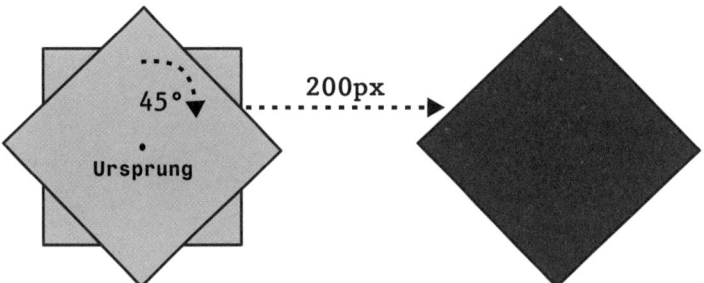

Zuerst um 45° drehen, dann um 200 Pixel verschieben

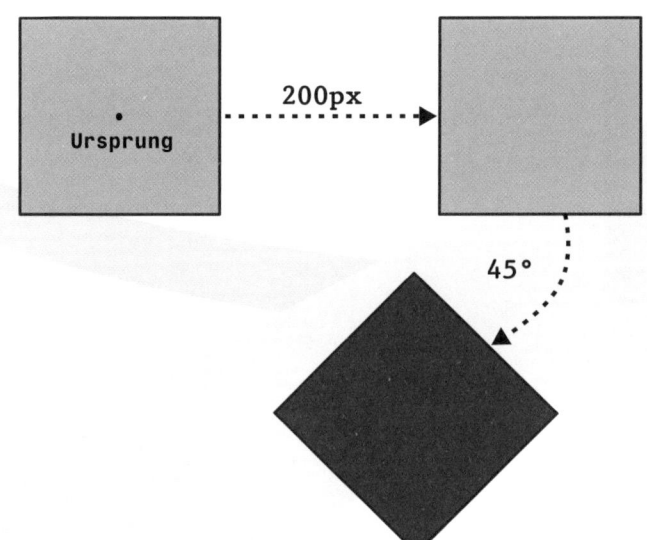

Zuerst um 200 Pixel verschieben, dann um 45° drehen

Auch der Ursprungspunkt der Transformationen lässt sich verschieben. Falls sich mal etwas nicht um den Mittelpunkt drehen soll, kriegst du so auch das ganz einfach hin. Du musst nur die Eigenschaft `transform-origin` setzen, und zwar mit zwei Werten: Der erste gibt an, wo der Ursprung in Links-rechts-Richtung liegen soll, der zweite für oben und unten.

*1 Zwischen links und rechts soll der Ursprung in der Mitte liegen ...

```
transform-origin: center*1 0px*2;
```

*2 ... und ganz am oberen Rand.

Ähm ... und was heißt das?

Das heißt, dass alle Transformationen jetzt um einen Punkt ausgeführt werden, der mitten auf der Oberkante liegt.

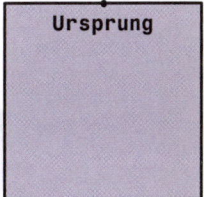

Der verschobene Ursprung

Beide Angaben können in Pixeln, Prozent oder mit den Schlüsselwörtern **left/center/right** bzw. **top/center/bottom** angegeben werden, und der Ursprungspunkt kann auch außerhalb des Elements liegen. Mit etwas Übung und diesen Werkzeugen lässt sich jede vorstellbare Transformation zusammenbauen.

[Notiz]
Für den mathematisch begabten Webentwickler lassen sich auch alle Transformationen als eine 3x2-Matrix mit der Eigenschaft **matrix(a, b, c, d, e, f)** anwenden, aber die Matrizendarstellung von Transformationen macht nicht jedem Spaß und würde hier auch zu tief in die Mathematik führen.

Auf in die dritte Dimension!

Und auch das ist noch nicht alles! Wenn du dachtest, mehrere Transformationen zu kombinieren, wäre schon das Höchste, dann schnürst du dir jetzt besser die Schuhe etwas fester, denn da kann ich noch einen draufsetzen.

Es gibt Transformationen auch noch in **3D**. 3D-Grafik war vor ein paar Jahren noch die Domäne von Pixarfilmen und aufwendigen Spielen, heute geht es einfach mit CSS. Und (fast) alles, was wir dafür brauchen, sind ein paar neue Transformationsfunktionen. Drehung funktioniert nicht mehr nur um eine Achse, sondern um alle drei Raumachsen mit den drei Transformationen `rotateX`, `rotateY` und `rotateZ`.

Auch Translation entlang der z-Achse ist möglich, sie bringt ein Element näher an den Betrachter oder weiter von ihm weg. Mit nur einem Element hat das den gleichen Effekt wie eine Vergrößerung bzw. Verkleinerung, aber `translateZ` beeinflusst auch, welches Element vor oder hinter einem anderen liegt.

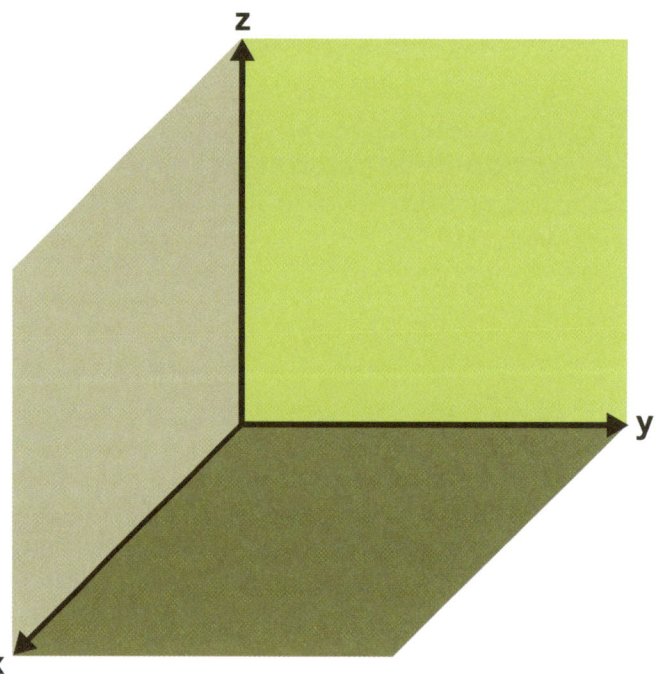

X-Achse, Y-Achse, Z-Achse – mehr Dimensionen wirst Du eher nicht brauchen

Damit 3D-Transformationen richtig funktionieren, muss aber eine zusätzliche Eigenschaft gesetzt werden: **perspective**. Damit wird angegeben, wie weit der Betrachter vom Bildschirm entfernt ist. Natürlich nicht wirklich, sondern nur virtuell. Je näher der virtuelle Betrachter am Bildschirm sitzt, desto stärker ist die perspektivische Verzerrung.

Rotation um die x-Achse

perspective: 200px;

perspective: 600px;

Die **perspective**-Eigenschaft muss immer an einem umgebenden Element gesetzt werden. Stell dir dieses Element als die **Fensterscheibe** vor, hinter der die 3D-Welt liegt.

Okay, ich glaube ich brauche jetzt eine Pause. Das war alles ziemlich viel in diesem Kapitel, das muss ich erst mal verdauen.

Ja, das gebe ich zu, und man hätte zu allem noch viel mehr sagen können, aber ich hoffe, die Übersicht hilft dir auch schon weiter. Bevor du aber jetzt ins CSS-Koma fällst, lass uns noch eine Demo bauen, damit du auch siehst, was für coole Sachen mit den CSS3-Features möglich sind.

Gemeinsam sehen sie stark aus – Effekte mit CSS3

Jetzt hab ich die ganze Zeit von **filmreifem CSS** gesprochen, es wird Zeit, dass auch wirklich mal ein Film daraus wird. Zuerst brauchen wir die Leinwand.

[Achtung/Vorsicht]
Diese Übung funktioniert in IE 9 noch nicht so richtig, benutze lieber den neuesten Firefox oder Chrome.

[Einfache Aufgabe]
Lege eine neue Seite mit schwarzem Hintergrund an, auf dieser Seite ein `<div>` mit der ID `leinwand`. Die Leinwand soll 640 x 480 Pixel groß sein und horizontal zentriert. Dann wird der Vorhang aufgehängt. Benutze das Bild `vorhang.png` aus den Beispieldownloads als `border-image`. Es gibt keinen oberen oder unteren Rand, die Ränder links und rechts sind jeweils 151 Pixel breit. Da neben der Leinwand kein Film läuft, kannst du auch schon mal den Überlauf verstecken.

Wenn alles stimmt, sollte es so aussehen wie im Bild. Denk vor allem daran, `border-image` auch mit den Herstellerpräfixen anzugeben.

Der Vorhang ist offen, das Publikum hält den Atem an.

Falls deine Vorhänge einfach nicht zu sehen sind, hast du vielleicht vergessen, **border-style** und **border-width** zu setzen. Keine Sorge, so ging es mir auch gerade. Beide Eigenschaften sind notwendig, damit die Ränder angezeigt werden.

```
#Leinwand {
    width: 640px;*1
    height: 480px;*1
    margin: auto;*2
    border-image: url(vorhang.png) 0 151 0 151 repeat;*3
    -moz-border-image: url(vorhang.png) 0 151 0 151 repeat;*4
    -webkit-border-image: url(vorhang.png) 0 151 0 151 repeat;*4
    border-width: 0 151px;*5
    border-style: solid;*5
    overflow: hidden;*6
}
```

*1 Höhe und Breite zu setzen, ist inzwischen ein alter Hut.

*2 **margin: auto;** ist der einfachste und zuverlässigste Weg, ein Blockelement zu zentrieren.

*3 Bei **border-image** müssen zuerst die URL und danach die Schnittkanten angegeben werden. Dieser Fall ist ein klein wenig besonders, weil es oben und unten keinen Rand gibt, diese beiden Kanten können auf 0 gesetzt werden.

*4 **-moz-border-image** und **-webkit-border-image** nicht vergessen!

*5 **border-width** und **border-style** müssen da sein, damit du überhaupt einen Rand zu sehen bekommst.

*6 Und zuletzt noch den Überlauf verstecken, fertig!

[Einfache Aufgabe]

Als Nächstes dann der Titel: Pack den Titel „Browser Wars" auf die Leinwand, mit einem schönen Actionfilm-Textschatten in Gelb. Schreib unter den Titel 10–20 Absätze Text – Lorem Ipsum ist mal wieder dein Freund – in gelber Schrift und im Blocksatz.

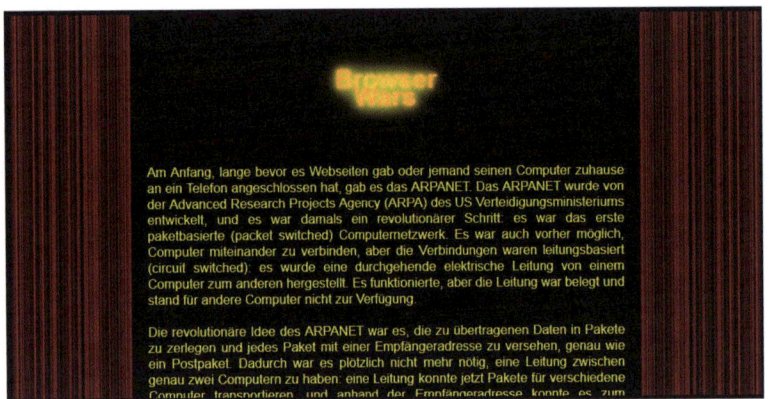

Diesmal gab es keine Sonderfälle und keine Tricks, es braucht einfach nur **Textschatten**.

Mit Titel und Text

```
#Leinwand h1 {*1
    color: orange;
    padding: 50px;*2
    font-family: sans-serif;*3
    font-weight: bold;*3
    font-size: 32px;*3
    text-align: center;*3
    line-height: 0.7;*3
    text-shadow:  0  0 40px yellow,
                  0  0 30px yellow,
                  0  0 20px yellow,
                  0  0 10px orange,
                  0  0  5px orange,
                  0  0  2px red;*4
}
#Leinwand p {*1
    margin: 20px;*5
    font-family: sans-serif;*3
    text-align: justify;*6
}
```

*1 Natürlich könnte man der Überschrift und den Absätzen auch eigene Klassen geben, aber es sollen jeweils alle auf der Leinwand gleich gestylt werden, also geht es mit dem Nachkommen-Selektor.

*2 Das **padding** um die Überschrift dient dazu, sie etwas vom oberen Rand und dem Text darunter abzusetzen.

*3 Hier folgen einige weitere Eigenschaften, damit es besser aussieht: Schriftart, Schriftgröße und so weiter.

*4 Insgesamt sechs Textschatten sorgen dafür, einen satten, glühenden Text zu bekommen.

*5 Die Absätze sollen etwas Abstand zueinander und vor allem zum Vorhang haben.

*6 Im Blocksatz sieht das alles viel besser aus.

Ich kann so langsam schon erraten, wo das hinführen soll.

Dann wird dich der nächste Schritt ja auch kaum überraschen. Film ab!

[Schwierige Aufgabe]
Wenn wir schon einen Film drehen, dann soll er sich auch bewegen. Füge zunächst innerhalb der Leinwand um die Überschrift und alle Absätze ein weiteres `<div>` mit der ID `film` hinzu. Dieses neue `<div>` soll per Keyframe-Animation einmal nach oben scrollen, bis es komplett verschwunden ist.

[Zettel]
Wie hoch das Filmelement ist, kannst du in den Entwicklertools deines Browsers herausfinden. Wie lange die Animation laufen soll, musst du ausprobieren – langsam genug, um den Text zu lesen, aber nicht zu langsam.

```css
@keyframes scroll {
    from {top: 0;} *1
    to {top: -2330px;} *1
}
#film {
    position: relative; *2
    animation-name: scroll; *3
    animation-duration: 45s; *4
    animation-iteration-count: 1; *5
    animation-timing-function: linear; *6
    animation-fill-mode: forwards; *7
}
```

*1 Nach oben zu scrollen, ist ganz einfach, man verschiebt die Oberkante des Elements ins Negative. 2330 Pixel ist die Höhe meines Elements, deins kann natürlich anders sein.

*2 Die Eigenschaft **top** wirkt nur bei positionierten Elementen.

*3 Hier wird die Animation auf das Element angewendet.

*4 45 Sekunden war für die Textlänge eine gute Zeit.

*5 Die Animation soll nur einmal ablaufen.

*6 Die Timing-Funktion **linear** lässt die Animation mit konstanter Geschwindigkeit laufen, anstatt sie am Anfang zu beschleunigen und am Ende zu verlangsamen.

*7 Noch eine nützliche Kleinigkeit: Wenn **animation-fill-mode: forwards** gesetzt ist, dann bleibt die Animation im Endzustand stehen, anstatt in den Anfangszustand zurückzuspringen.

[Achtung/Vorsicht]
Denke daran, sowohl die **@keyframes**-Regel als auch die Animationseigenschaften mit dem Präfix **-webkit-** zu wiederholen.

Und jetzt das große Finale: eine Transformation

[Schwierige Aufgabe]
Setze zunächst um das `film-<div>` noch ein weiteres `<div>` mit der ID `viewport`. Gib diesem `<div>` dieselbe Größe wie der Leinwand. Drehe es dann mit einer Transformation um 15° um die X-Achse. Fehlt noch die Perspektive: Setze `perspective: 100px`, eine so nahe Perspektive führt zu einer **starken perspektivischen Verzerrung**.

[Achtung/Vorsicht]
In aktuellen Versionen von Firefox gibt es einen Fehler, der bei dieser Transformation den Text **verschwinden** lässt. Um das zu umgehen, muss an `viewport` auch die Eigenschaft `overflow: hidden` gesetzt werden.

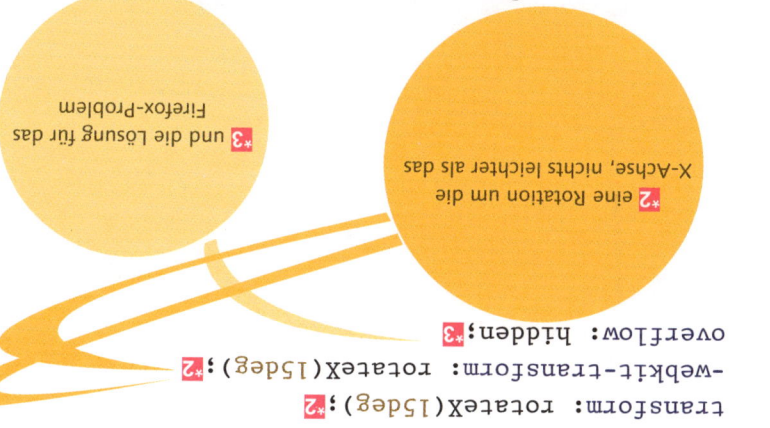

```
#Leinwand {
    ...
    perspective: 100px; *1
    -webkit-perspective: 100px; *1
}
#viewport {
    width: 640px;
    height: 480px;
    transform: rotateX(15deg); *2
    -webkit-transform: rotateX(15deg); *2
    overflow: hidden; *3
}
```

*1 Die Perspektive muss an einem umgebenden Element gesetzt werden, die Leinwand bietet sich dafür an.
*2 eine Rotation um die X-Achse, nichts leichter als das
*3 und die Lösung für das Firefox-Problem

Haha! Ich hatte Recht.
Ein echter Klassiker, dieser Browser-Wars-Film. Aber warum das neue `<div>` für die Transformation? Dieses `viewport`-Ding meine ich.

Das neue `<div>` ist notwendig, damit die Drehung so aussieht, wie wir es haben möchten. Das Element wird um seinen Mittelpunkt gedreht, und zwar um den des gesamten Elements, nicht nur um den des sichtbaren Teils. Das würde dazu führen, dass der Text am Anfang der Animation sehr klein wäre und gegen Ende immer größer würde. Mit dem zusätzlichen `<div>` wird die Drehung nur auf dieses angewandt, und der Text läuft in gleichbleibender Größe durch.

Warte, ich mal das mal auf einen Schmierzettel

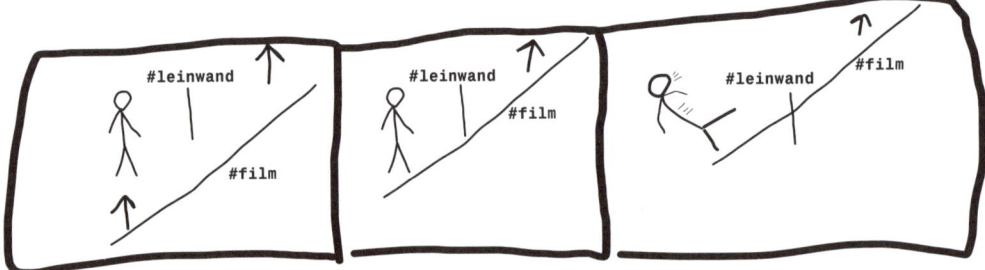

Ohne #viewport: #film bewegt sich nach oben im Koordinatensystem von #leinwand.

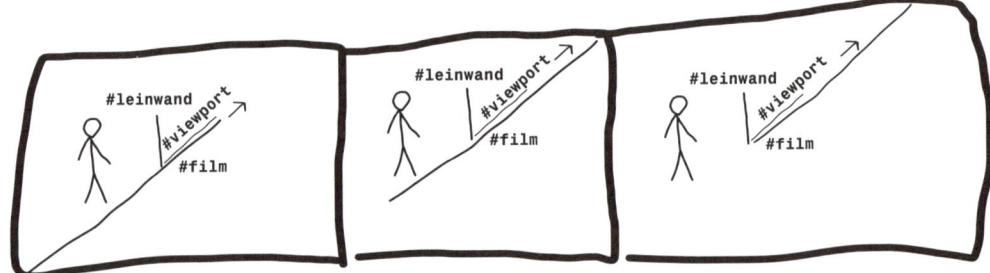

Mit #viewport: #film bewegt sich nach oben im Koordinatensystem von #viewport.

Darum brauchst Du das <div>.

[Belohnung/Lösung]

Jetzt hab ich aber wirklich mal wieder Lust, Star Wars zu sehen. Du solltest dir auch eine Pause gönnen und einen Film anschauen.

—ZEHN—

JavaScript

Jetzt muss es sich aber endlich bewegen

Es sieht endlich alles so aus, wie Schrödinger (und Herr Bossingen) es möchte. Aber bisher ist alles nur zum Anschauen, es reagiert noch nichts auf den Benutzer. So hat zwar alles mal angefangen, aber inzwischen will man mehr, nämlich Anwendungen im Web. Da gibt es nur eine Lösung: JavaScript. JavaScript ist eine vollwertige Programmiersprache, und bevor Schrödinger damit loslegen kann, muss er einige Grundlagen lernen. Aber keine Angst, das klingt viel schlimmer, als es ist.

JavaScript, was ist das eigentlich?

So, Schrödinger, damit hast du jetzt alle wichtigen Grundlagen gelernt, die du über Webdesign wissen musst. Es kommen später noch ein paar Dinge dazu, aber die sind ziemlich sinnlos, bevor wir nicht in das dritte große Thema eingestiegen sind: **JavaScript**. Wir lassen erst mal das Webdesign hinter uns und bewegen uns zur Webentwicklung. Damit will ich nicht der Berufsgruppe der Webdesigner zu nahe treten und behaupten, sie könnten kein JavaScript; ganz im Gegenteil, einige der fähigsten JavaScript-Programmierer, die ich kenne, haben „Webdesigner" auf ihrer Visitenkarte stehen. Aber was mit JavaScript möglich ist, geht weit über Design hinaus. JavaScript ist eine vollwertige Programmiersprache, genauso mächtig wie C++, Java, Ruby und die hundert anderen, die es noch gibt. Man kann in JavaScript **komplexe Programme** umsetzen, von Bildbearbeitungen über Office-Pakete bis hin zu Spielen mit 3D-Grafik geht alles in JavaScript und wurde auch alles schon gemacht. Es ist also viel mehr so, dass viele Webdesigner mit ihrer Berufsbezeichnung zu bescheiden sind.

[Hintergrundinfo]
Trotz der Namensähnlichkeit hat JavaScript nichts mit Java zu tun, einer anderen Programmiersprache. Die beiden haben einige oberflächliche Ähnlichkeiten, aber unterscheiden sich in so ungefähr allen Details, und unter der Haube schlägt ein ganz anderes Herz.

JavaScript war fast von Anfang an ein Bestandteil des World Wide Web, genauer gesagt seit dem Netscape Navigator 2.0, erschienen 1995. Microsoft zog schon 1996 in Internet Explorer 3 mit seiner eigenen Variante, genannt JScript, nach. Die beiden Varianten sind zwar sehr ähnlich, aber es war für lange Zeit unmöglich, Skripte zu schreiben, die in beiden Browsern funktionieren. In einigen Bereichen gilt das leider auch heute noch.

An jeder Ecke wieder gibt es diese Unterschiede. Da muss doch endlich mal jemand was gegen tun!

Zumindest hat man das versucht. Schon Ende 1996 hat Netscape seine Version von JavaScript bei der Normungsorganisation Ecma International eingereicht, um einen Industriestandard daraus zu machen. Die erste Version dieses Standards wurde Mitte 1997 verabschiedet unter dem Namen **ECMAScript**.

[Hintergrundinfo]
Der Name ECMAScript wurde vor allem deswegen gewählt, weil Netscape und Microsoft sich zwischen JavaScript und JScript nicht einigen konnten. Brendan Eich, der Erfinder von JavaScript, fand, der gewählte Name klinge „wie eine Hautkrankheit". Die Bezeichnung ECMAScript ist deshalb auch kaum gebräuchlich, im Alltag spricht man immer nur von JavaScript.

[Zettel]
Der Grund, warum Webentwickler JavaScript so toll finden: Java ist ein amerikanisches Slang-Wort für Kaffee! Wo wir schon davon reden ...
seufz Ja, ich setze eine Kanne auf ...

So viel zur Geschichte von JavaScript, aber was **ist** JavaScript? In schönstem Fachchinesisch eine **dynamisch typisierte, prototypenbasierte, interpretierte Programmiersprache**.

Dynaprotiest und intertypisch? Waaas?

Interpretiert heißt, der Programmcode wird genau **in dem Moment vom Computer analysiert und in Instruktionen übersetzt, wenn er auch ausgeführt wird**. Das unterscheidet JavaScript von kompilierten Sprachen wie C++: Diese werden vom Compiler in ein maschinenlesbares Programm übersetzt, das dann vom Benutzer nur noch ausgeführt wird.

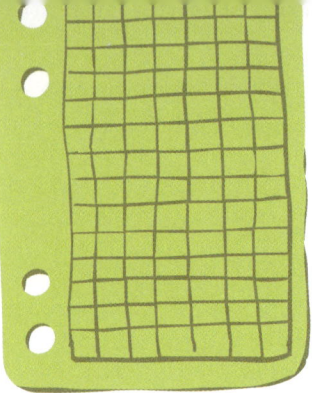

[Zettel]
Dass JavaScript eine interpretierte Sprache ist, bedeutet auch, dass du dir den JavaScript-Code jeder Webseite, die du besuchst, auch anschauen kannst. Wenn du also irgendwo einen besonders coolen Effekt siehst, ist das in JavaScript immer eine Gelegenheit, um zu lernen.

Ja, okay, legen wir los. Zeig mir erst mal, wie ich programmiere, und über die Theorie reden wir später.

Na gut, zu „dynamisch typisiert" und „prototypenbasiert" kommen wir noch früh genug.

Der größte Lebensraum von JavaScript ist nach wie vor der Webbrowser, aber es kommt nicht nur dort vor. Schon ganz am Anfang haben es sowohl Netscape als auch Microsoft in ihren jeweiligen Webservern erlaubt, JavaScript auch auf der **Serverseite** auszuführen – eine Technik, die damals nicht übermäßig populär war und sich nicht wirklich durchsetzen konnte. Seit 2009 gibt es aber mit node.js ein neues Projekt, JavaScript auch außerhalb des Webbrowsers zu etablieren; und dieses Mal kann es dort Fuß fassen, node.js erfreut sich wachsender Beliebtheit.

Wollten wir nicht loslegen?

[Zettel]
In diesem Buch geht es ausschließlich um JavaScript im Browser. Du sollst schließlich Webentwickler werden und nicht Serverentwickler. Aber mit dem JavaScript-Wissen von hier bist du auch für die Serverseite bestens vorbereitet. Es kommen einige Details dazu, aber die wichtigen Konzepte ändern sich nicht.

`Freu dich, Schrödinger,`
`        du wirst jetzt Programmierer.`

Und wie geht es jetzt?

Für den Anfang: ganz einfach, genau wie alles andere in diesem Buch auch. Aller Anfang ist sehr leicht, danach wird es, um ehrlich zu sein, auch nicht viel schwieriger.

Können wir jetzt loslegen?

Ja, ja, ja, es geht ja schon los. Du bist ja kaum noch zu halten. Aber bevor du Skripte schreiben darfst, kommt noch mal derselbe Punkt wie bei CSS: Wie bekommen wir die zum HTML hinzugefügt? Und das ist sogar noch einfacher, als es bei CSS war. Es ist zwar ebenfalls möglich, JavaScript entweder in eine **eigene Datei** auszulagern oder es direkt im Dokument anzugeben, aber für beides kann dasselbe Tag verwendet werden: `<script>`.

[Einfache Aufgabe]
Tippe das folgende Codebeispiel in ein neues HTML-Dokument, und schaue dir die Seite im Browser deiner Wahl an.

Das erste JavaScript

*1 Das `<script>`-Tag, ohne Parameter, enthält JavaScript im Tag-Body. `<script>` kann sowohl im `<head>` als auch im `<body>` der Seite stehen. Experten empfehlen, wenn möglich JavaScript am Ende des `<body>` zu laden, denn so werden sichtbare Elemente zuerst geladen, und der Betrachter bekommt schneller etwas zu sehen.

```
...
<body>
    <script>*1
        alert("Hallo Welt!");*3
    </script>
    <noscript>*2
        JavaScript ist nicht aktiv!
    </noscript>
</body>
...
```

*2 `<noscript>` ist, wenn du JavaScript einbindest, fast so wichtig wie `<script>`, obwohl es im besten Fall nichts tut und auch nicht zu sehen ist. Der Inhalt von `<noscript>` wird nur angezeigt, wenn JavaScript im Browser entweder abgeschaltet ist oder der Browser zu alt ist, um JavaScript zu kennen. Letzteres kommt heute so gut wie nicht mehr vor, Ersteres dafür umso öfter. Es ist immer eine gute Idee, einen Hinweis im `<noscript>` mit in die Seite zu packen.

*3 Und hier passiert die Magie: deine erste Zeile JavaScript. Die schauen wir uns mal näher an.

*1 Das ist ein Funktionsaufruf. Details zu Funktionen sehen wir in den nächsten Kapiteln. Wichtig ist im Moment, dass fast alles Interessante, das wir mit JavaScript tun, durch Funktionsaufrufe zu erreichen ist. Die `alert`-Funktion öffnet zum Beispiel ein Dialogfenster im Browser, damit kann das Skript mit uns sprechen.

```
alert("Hallo Welt!"*2)*1;*3
```

*2 Beim Aufruf einer Funktion können Parameter übergeben werden. Dadurch werden Funktionen vielseitiger, sie tun nicht immer das Gleiche, sondern lassen sich steuern. Der Parameter für `alert` ist die Zeichenkette, die im Dialog angezeigt werden soll.

Das solltest du im Browser sehen, wenn du das Beispiel ausführst.

*3 Jede JavaScript-Anweisung wird mit einem **Semikolon** abgeschlossen.

[Achtung]
Die Anführungszeichen sind wichtig, sie halten die Zeichenkette zusammen.

[Notiz]
Ganz streng genommen ist das Semikolon nicht nötig, solange jede Anweisung in einer eigenen Zeile steht. Aber tu mir einen Gefallen, und schreibe es immer hin, es ist sauberer und erspart dir auch immer wieder mal Fehler.

Du hast wahrscheinlich schon erraten, wie man das **`<script>`**-Tag verwendet, um eine Skriptdatei einzubinden. Es gibt ein Attribut dafür, es heißt **`src`** und nimmt als Wert eine URL. Das Ganze sieht dann so aus:

```
<script src="meinskript.js*1"></script>*2
```

*1 Absolute oder relative URLs, alles geht. Wichtig ist, dass die Skriptdatei auf `.js` endet, damit auch wirklich jeder Browser versteht, dass JavaScript drinsteckt.

*2 Obwohl der Tag-Body leer ist, darf das `<script>`-Tag nie als leeres Tag `<script/>` geschrieben werden. Der Code wird sonst nicht ausgeführt!

[Achtung]
Auf Seiten in HTML 4 muss das **`<script>`**-Tag sowohl für eingebettete als auch für externe Skripte zusätzlich das Attribut **`type="text/javascript"`** haben:
`<script type="text/javascript" src="meinskript.js">`

Zählen nach Zahlen

Dialogboxen aufpoppen zu lassen, ist ja schon ganz nett, auf jeden Fall etwas, das mit reinem HTML nicht ging. Aber der Nutzen ist auch begrenzt, und nervig ist es dazu: Man kann den Rest der Seite nicht bedienen, solange ein Dialog offen ist, und die Ausgabe steht da völlig losgelöst von allem. Für „Hallo Welt!" ist das okay, aber was ist mit diesem Beispiel?

```
7+3=<script>alert(7+3*1);</script>. JavaScript kann rechnen.
```

*1 So einfach kann man in JavaScript rechnen, es versteht die vier Grundrechenarten.

[Einfache Aufgabe]
Probiere aus, was im Beispiel passiert.

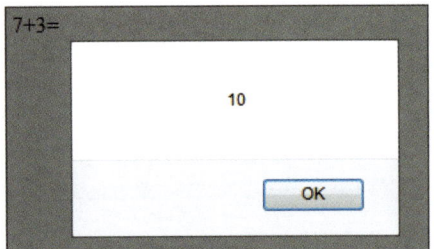

Zuerst sieht es so aus …

… und dann so.

Das ist mal wieder gar nicht hilfreich.

Stimmt, das geht besser. Aber zumindest kannst du so eine Sache sehr gut sehen: Wenn ein **`<script>`**-Tag mitten auf der Seite vorkommt, dann wird der JavaScript-Code auch **genau an der Stelle ausgeführt**, noch bevor der Rest der Seite dargestellt wird. Der Satz „JavaScript kann rechnen." erscheint erst, nachdem der Dialog mit „OK" bestätigt wurde. Wenn wir jetzt bloß eine andere Funktion hätten, die das Ergebnis an die richtige Stelle schreibt.

[Notiz]
Das Warten auf Bestätigung ist eine Eigenschaft der `alert`-Funktion: Bis jemand den OK-Knopf drückt, wird alles auf der Seite angehalten, JavaScript, Rendering, alles.

Genau für diesen Zweck gibt es natürlich eine Funktion, die ins Dokument schreibt. Sonst hätte ich dieses Beispiel ja nicht benutzt.

[Einfache Aufgabe]
Ersetze im Beispiel `alert(7+3)` durch `document.write(7+3)`, und schau dir an, was sich dadurch ändert.

Viel besser, oder? Jetzt taucht das Ergebnis genau an der Stelle auf, wo es auch hingehört, und der Rest der Seite wird angezeigt, ohne dass jemand auf „OK" drücken muss.

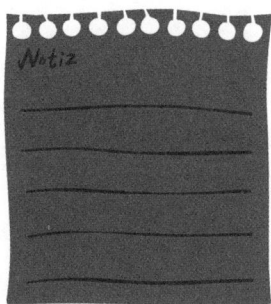

[Notiz]
Der Punkt in **document.write** bedeutet streng genommen, dass die Methode **write** des Objekts **document** aufgerufen wird. Du kannst es für den Augenblick wie eine einfache Funktion betrachten, die eben einen Punkt im Namen hat.

Ziemlich cool. **Aber warum sind um 7+3 jetzt eigentlich keine Anführungszeichen? Vorhin bei „Hallo Welt!" hast du noch gesagt, das gehört so. Und jetzt gibt es doch keine.**

Aufmerksam wie immer, Schrödinger. Nicht schlecht. Es gibt hier keine Anführungszeichen, weil wir nicht die **Zeichenkette** „7+3" ausgeben wollen, sondern das **Ergebnis der Berechnung** 7+3. Dieses Ergebnis wird dann zwar zur Ausgabe in eine Zeichenkette umgewandelt, aber das passiert vollautomatisch.

[Einfache Aufgabe]
Setze 7+3 im Beispiel in Anführungszeichen, um zu sehen, was der Unterschied ist.

Natürlich kann JavaScript auch mehr als nur einfache Addition. Berechnungen mit großen Zahlen, bei denen man wirklich Computer braucht. Zum Beispiel: Wie viele Schuhe hat deine Freundin wirklich?

Könntet ihr Autoren endlich **mal aufhören, Witze über die Schuhe meiner Freundin zu machen? In jedem Buch wieder das Gleiche …**

JavaScript **387**

Nehmen wir an, deine Freundin hat ein Schuhregal mit acht Regalböden, auf jeden Boden passen fünf Paar Schuhe. Und dann hat sie noch sieben Paar Schuhe auf oder neben dem Regal. Wie viele Schuhe sind das nun?

Ich fürchte, es sind eher mehr.
Aber wenn ich das jetzt sage, dann gibt es nur noch mehr Witze …

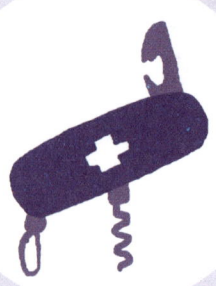

[Einfache Aufgabe]
Schreibe eine Webseite, die mit JavaScript ausrechnet, wie viele Schuhe deine Freundin hat.

Die Berechnung muss ich ja nicht erklären, aber die Operatoren sollte ich wohl kurz erwähnen.

+	Addition
-	Subtraktion
*	Multiplikation
/	Division
%	Modulo/Divisionsrest

*1 Wir suchen die Anzahl Schuhe, nicht die Anzahl Paare, also alles mal zwei.

Schrödingers Freundin hat `<script>document.write(2`***1**` * (7 + 5 * 8`***2**`)`***3**` );</script>` Schuhe.

*2 JavaScript beherrscht Punkt- vor Strichrechnung, du brauchst keine weiteren Klammern: acht Regalböden mal fünf Paare plus sieben Paare neben dem Schrank.

*3 Klammern in Berechnungen funktionieren, wie es sich gehört: Ihr Inhalt wird zuerst berechnet.

Merk's dir für später – Variablen

Die Berechnung sieht bislang noch etwas unübersichtlich aus, wir werfen einfach ohne Erklärung ein paar Zahlen zusammen und geben sie aus. Das geht viel übersichtlicher, indem wir Variablen benutzen. Variablen sind benannte Speicherstellen, eine Art Postfach, in dem wir einen Wert ablegen und ihn bei Bedarf wieder hervorholen. Es gibt also zwei Dinge zu tun: einen Wert in einer Variablen zu speichern und diesen Wert wieder hervorzuzaubern.

*1 Eine Variablendeklaration beginnt mit dem Schlüsselwort **var**. Bevor du einer Variablen zum ersten Mal einen Wert zuweist, muss sie **deklariert** werden.

*2 Eine Variable braucht immer einen Namen, wir müssen sie ja später auch wiederfinden können. Variablennamen dürfen mit Buchstaben oder den Zeichen **_** oder **$** beginnen, weiter hinten dürfen auch Ziffern vorkommen. Variablennamen sollten immer mit einem Kleinbuchstaben beginnen, das ist zwar nicht vorgeschrieben, aber eine Konvention, an die sich fast alle JavaScript-Entwickler halten.

```
var*1 meineVariable*2;
meineVariable=*3 3*3*4;
var andereVariable = 5;*5
```

*3 Das Gleichheitszeichen weist der Variablen einen Wert zu. Der Variablenname muss immer links vom Gleichheitszeichen stehen, der Wert rechts. `3 = meineVariable` funktioniert nicht!

*4 Der zugewiesene Wert muss keine einfache Zahl sein, es kann auch das Ergebnis einer Berechnung zugewiesen werden. **meineVariable** hat nach dieser Zeile den Wert 9.

*5 Deklaration und Zuweisung lassen sich in einer Zeile zusammenfassen.

JavaScript

[Hintergrundinfo]
Wenn ein Variablenname aus mehreren Wörtern besteht, ist es üblich, jedes Wort außer dem ersten mit einem Großbuchstaben zu beginnen. Diese Konvention heißt **CamelCase**.

[Hintergrundinfo]
Eine Variable, die deklariert wurde, der aber noch kein Wert zugewiesen wurde, hat den speziellen Wert **undefined**.

```
document.write(3 * meineVariable*1);
```

*1 Den Wert aus einer Variablen wieder auszulesen, ist so einfach, wie es nur sein kann: Der Variablenname kann überall stehen, wo auch der Wert der Variablen stehen könnte.

Und von genau jetzt an will ich Variablennamen wie **meineVariable** nie wieder sehen. Nie wieder, hörst du, Schrödinger?

> *Aber warum?
> Es ist doch meine Variable, ich hab sie angelegt.
> Also vollkommen richtig.*

Und trotzdem auch vollkommen falsch. Variablennamen sollen, außerhalb von dummen Beispielen, um Variablen einzuführen, immer sprechend sein. Man soll am Namen der Variablen erkennen, was ihr Wert bedeutet, also so etwas wie **anzahlSchuhe**, **vorname**, **alter** usw. Wenn du den Code in zehn Jahren noch einmal liest, dann willst du nicht raten, was denn wohl in **_meineVar237_x** steht.

Variablen sind also eine tolle Erfindung, besonders wenn sie ordentlich benannt sind. Aber wie machen sie unser Leben als Entwickler leichter? Wie sieht unser Code aus, wenn wir alles schön sauber in Variablen verpacken?

390 Kapitel ZEHN

Am einfachsten am Beispielskript „Wie viele Schuhe hat sie wirklich?"

Schrödingers Freundin hat
```
<script>
    //ausrechnen, wie viele Schuhe sie wirklich hat *4
    var regalboeden = 8; *1
    var paareJeBoden = 5; *1
    var paareNebenDemRegal = 7; *1
    var paare = paareNebenDemRegal + paareJeBoden * regalboeden; *2
    var schuhe = paare * 2; *2
    /* Und dann ausgeben.
    Hoffentlich passt die Zahl auf die Seite */ *4
    document.write(schuhe); *3
</script>
```
Schuhe.

*1 Bedeutungen statt Zahlen. Wenn du jetzt nach zwei Jahren den Code noch einmal ansiehst, weißt du sofort wieder, warum ausgerechnet 5, 8 und 7 so wichtig waren.

*2 Rechnen mit Variablen funktioniert genauso wie Rechen mit Zahlen. Aber jetzt ist auf einen Blick zu sehen, warum wir diese Berechnung so anstellen.

*3 Und auch Variablen lassen sich als Parameter an Funktionen übergeben und mit **document.write** ausgeben.

*4 In JavaScript gibt es zwei Arten, **Kommentare** in den Code zu schreiben. Alles von einem Doppelslash **//** bis zum Zeilenende ist ein Kommentar und wird vom Interpreter ignoriert. Mehrzeilige Kommentare kannst du zwischen **/*** und ***/** schreiben.

So sieht der Code schon viel **aufgeräumter** aus. Zugegeben, auch ein wenig länger, aber hier siegt Verständlichkeit über Schreibfaulheit des Entwicklers. Wenn du nach zwei Jahren nachdenken musst, warum du einen Wert mit 7.385 multiplizierst, dann freust du dich mehr über einen aussagekräftigen Variablennamen als über zehn gesparte Zeichen. Diese Art Softwarearchäologie ist in etwa so frustrierend wie der Versuch, dir selbst ins Knie zu beißen.

JavaScript

Variablen haben aber noch einen weiteren Vorteil. Sie machen deinen Code nicht nur übersichtlich, sie bewahren dich auch davor, Dinge mehrmals zu berechnen. Wenn wir auch noch wissen wollen, wie oft deine Freundin dasselbe paar Schuhe in einem Jahr tragen muss, dann könnten wir natürlich noch mal eine Formel angeben, um alles von vorne zu berechnen. Oder wir benutzen die Variable **paare**, die wir sowieso schon haben:

*1 JavaScript kennt, im Gegensatz zu anderen Sprachen, keine **Konstanten**, also Werte, die unveränderlich sind, nachdem sie einmal festgelegt wurden. Man kann aber zumindest klarmachen, dass eine Variable nicht verändert werden sollte, indem man den Namen NUR IN GROSSBUCHSTABEN schreibt, dann weiß jeder JavaScript-Programmierer, dass er nicht daran rumpfuschen soll.

```
<script>
    var TAGE_IM_JAHR = 365; *1
    document.write(TAGE_IM_JAHR / paare); *2
</script>
```

*2 Diesen Wert brauchen wir eher nicht noch mal, also müssen wir ihn auch keiner Variablen zuweisen.

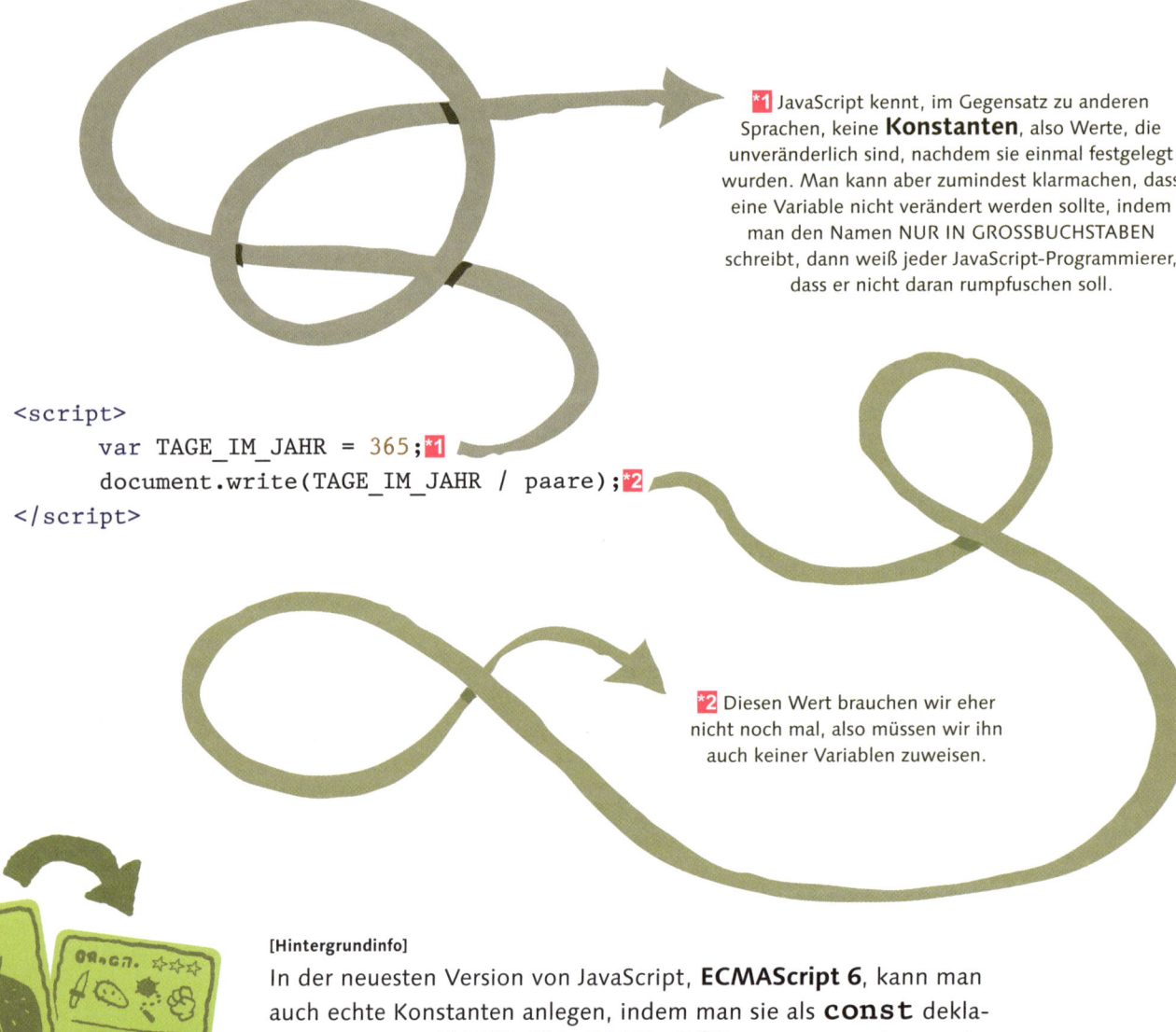

[Hintergrundinfo]

In der neuesten Version von JavaScript, **ECMAScript 6**, kann man auch echte Konstanten anlegen, indem man sie als `const` deklariert: `const TAGE_IM_JAHR=365`. Dieser Wert lässt sich garantiert nicht mehr verändern. Aber nicht alle Browser unterstützen das `const`-Schlüsselwort, es lässt sich also noch nicht zuverlässig einsetzen.

Sie muss jedes Paar 7.76595744680851 mal im Jahr tragen.

Die Ausgabe gefällt mir aber noch nicht. So genau will ich das nun wirklich nicht wissen.

Auch das machen wir noch schön, keine Sorge.

[Zettel]
An dem erweiterten Beispiel sehen wir ein weiteres, wichtiges Detail: Variablen gelten nicht nur innerhalb ihres `<script>`-Tags, sie sind auch im nächsten `<script>`-Tag noch da.

[Begriffsdefinition]
Eine Variablenzuweisung, ein Funktionsaufruf oder die Kontrollkonstrukte, die du noch kennenlernst, bezeichnet man allgemein als ein **Statement**.

Übungen zu Variablen

Variablen sind eines der wichtigsten, grundlegendsten Konzepte in JavaScript, da verdienen sie auch ein paar Übungen. Und weil ich sie so schön verständlich erklärt habe, verdiene ich einen großen Java. Bis gleich!

[Einfache Aufgabe]
Was ist hier falsch?

```
...
<script src="meinscript.js"/>
<script>
    /* Mathematik für Anfänger:
Berechnung eines Quadervolumens //
var laenge = 10;
var HOEHE;
var breite
HOEHE = 20;
30 = breite;
volumen = laenge * 30 * HOEHE;
document.write("volumen");
</script>
...
```

Es sind übrigens sieben Fehler drin, teils nur Schönheitsfehler, aber teils auch echte Geht-nicht-Fehler. Also lies nicht weiter, bevor du sie nicht alle gefunden hast!

Wenn du hier angekommen bist, hast du wahrscheinlich alle sieben Fehler gefunden. Falls nicht, ist es auch kein Beinbruch, du darfst trotzdem weiterlesen. Aber lass mal sehen, was alles krumm ist.

```
...
<script src="meinscript.js"/> *1
<script>
    /* Mathematik für Anfänger:
Berechnung eines Quadervolumens // *2
var laenge = 10;
var HOEHE; *3
var breite *4
HOEHE = 20;
30 = breite; *5
volumen *6 = laenge * 30 *7 * HOEHE;
document.write("volumen"); *8
</script>
...
```

*1 Das `<script>`-Tag darf nicht als leeres Tag abgekürzt werden, es muss immer `<script>...</script>` lauten.

*2 Der Kommentar muss mit `*/` abgeschlossen werden, `//` ist die Zeichenfolge, um einen einzeiligen Kommentar zu beginnen.

*3 Das ist zwar unschön, aber falsch ist es nicht. Eine Variable darf mit Großbuchstaben benannt werden, auch wenn man sie nicht als Konstante ausweisen will.

*4 Hier fehlt einfach ein Semikolon. Es funktioniert zwar auch so, aber es sollte da sein.

*5 Das funktioniert so nicht, man kann nicht den Wert **breite** der Variablen **30** zuweisen. Es muss **breite = 30;** heißen.

*6 Die Variable **volumen** wurde noch nicht deklariert, das Schlüsselwort **var** fehlt hier.

*7 Es geht so zwar, aber wenn man die Variable **breite** schon hat, dann sollte man sie auch benutzen und nicht doch wieder ihren Wert. Wenn du den Wert von **breite** änderst, wirst du dich ganz schön wundern, warum das Ergebnis falsch ist.

*8 Die Anführungszeichen müssen weg, es soll ja der Wert der Variablen **volumen** ausgegeben werden, nicht die Zeichenkette „volumen".

JavaScript **395**

[Einfache Aufgabe]
Was gibt dieses Skript aus?

```
<script>
    var eineVariable=7;
    var andereVariable=5;
    var summe = eineVariable + andereVariable;
    var durchschnitt = summe / 2;
    var dritteVariable = 1;
    andereVariable = eineVariable - dritteVariable;
    eineVariable = 2;
</script>
eineVariable: <script>document.write(eineVariable)</script><br/>
andereVariable: <script>document.write(andereVariable)</script><br/>
dritteVariable: <script>document.write(dritteVariable)</script><br/>
summe: <script>document.write(summe)</script><br/>
durchschnitt: <script>document.write(durchschnitt)</script><br/>
```

Rechnerisch ist das natürlich alles trivial, aber du sollst ja nicht Kopfrechnen lernen, sondern JavaScript. Der wichtige Punkt, den es hier zu beachten gibt, ist, dass immer eine Zeile nach der anderen ausgeführt wird. Auch wenn sich der Wert einer Variablen später ändert, ändern sich deshalb nicht die Werte, die schon damit berechnet wurden. Zeile für Zeile sieht das so aus:

Zeile	eineVariable	andereVariable	summe	durchschnitt	dritteVariable
var eineVariable = 7;	7	-	-	-	-
var andereVariable = 5;	7	5	-	-	-
var summe = eineVariable + andereVariable;	7	5	12	-	-
var durchschnitt = summe / 2;	7	5	12	6	-
var dritteVariable = 1;	7	5	12	6	1
andereVariable = eineVariable - dritteVariable;	7	6	12	6	1
eineVariable = 2;	2	6	12	6	1

Die letzte Zeile enthält auch die Werte, die ausgegeben werden.

Zahlentheorie

Rechnen funktioniert einfach, du gibst eine Berechnung ein, und JavaScript liefert dir das Ergebnis. Aber was im Hintergrund passiert, ist **nicht ganz so simpel**, wie sich das anhört. Zahlen in fast allen Programmiersprachen haben zwei blöde Angewohnheiten:

- Es gibt einen Unterschied zwischen ganzen Zahlen (den sogenannten Integer-Werten) und Kommazahlen (den Float-Werten).

- Zahlen können nicht unbegrenzt groß werden.

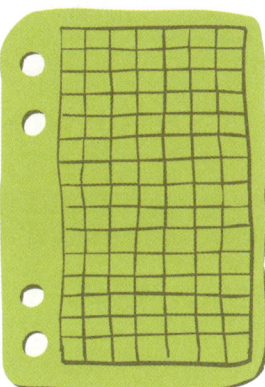

[Zettel]
Die Einschränkungen aus diesem Absatz werden in der Praxis nur selten relevant, Zahlen in dieser Größenordnung treten nur bei wissenschaftlichen Berechnungen oder bei Staatsschulden auf. Trotzdem solltest du zumindest davon gehört haben, sonst erlebst du irgendwann böse Überraschungen, für die du absolut keine Erklärung findest.

Der erste Punkt ist in JavaScript entweder weniger schlimm oder sogar noch schlimmer, je nach Sichtweise. Auf der positiven Seite muss man sich in JavaScript keine Gedanken machen, ob man mit Zahlen mit oder ohne Kommastellen rechnet, es gibt nur den Datentyp `Number`, und da passt alles rein. Der Nachteil ist aber, dass alle Zahlen in JavaScript als „Double precision floating point values" (Fließkommawerte mit doppelter Genauigkeit) nach IEEE 754 behandelt werden.

[Hintergrundinfo]
Das IEEE (Institute of Electrical and Electronics Engineering, häufig ausgesprochen als Ei-Triple-ie), ist eine internationale Vereinigung von Ingenieuren der Elektrotechnik, Informatik und Ähnlichem. Vieles, mit dem man als Programmierer im Alltag arbeitet, ist vom IEEE standardisiert worden, aber wenige Standards sind namentlich so bekannt wie IEEE 754.

*Klingt für mich nicht schlimm.
Wir folgen einem Standard, das ist doch besser,
als wenn wir uns was Neues ausdenken.*

Natürlich ist es besser, als sich etwas Neues auszudenken, aber es gibt ein paar fiese, fiese Kleinigkeiten, die man zu diesem Standard wissen sollte. Zunächst mal lassen sich Ganzzahlen nur genau darstellen im Bereich -9.007.199.254.740.992 bis 9.007.199.254.740.992. Das reicht in fast allen Fällen. Wenn es aber doch einmal darüber hinausgeht, dann kommt es nicht etwa zu einem sofortigen Fehler, du kannst damit weiterrechnen. Mit einigen **Nebenwirkungen**:

9007199254740992 + 1 = 9007199254740992

Was zum Henker ...?

Wie gesagt, in diesen Zahlenbereich kommt man im Alltag nur äußerst selten, aber stell dir mal dein Gesicht vor, wenn du wirklich 9.007.199.254.740.992 + 1 rechnen musst und dieses Ergebnis bekommst. Jetzt bist du gewarnt. Mit ungenauen Zahlen kannst du sogar noch bis 18.437.736.874.454.810.624 weiterrechnen, das reicht wohl erst mal.

Auch die Genauigkeit nach dem Komma ist begrenzt, aber da es eine Fließkommadarstellung ist, kann man nicht einfach sagen, wie viele Stellen es gibt. Die genaue mathematische Erklärung möchte ich dir (und, ehrlich gesagt, mir) ersparen, aber für den Alltag reicht die Genauigkeit. Oder es ist sogar zu genau, wie wir im Schuhbeispiel gesehen haben. Dass deine Freundin jedes Paar Schuhe 7,76595744680851-mal im Jahr tragen kann, ist mehr Information, als wir jemals haben wollten.

[Achtung]
Auch bei JavaScript werden Nachkommastellen mit einem Punkt abgetrennt, nicht wie im deutschsprachigen Raum üblich mit einem Komma!

Für die Ausgabe in einem angenehmeren Format hat JavaScript ein sehr nützliches Werkzeug: `toFixed()`, eine Funktion, die eine Zahl mit der vorgegebenen Anzahl an Nachkommastellen ausgibt.

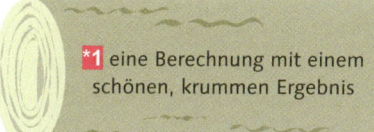
*1 eine Berechnung mit einem schönen, krummen Ergebnis

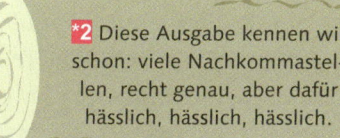
*2 Diese Ausgabe kennen wir schon: viele Nachkommastellen, recht genau, aber dafür hässlich, hässlich, hässlich.

*3 So wird es viel schöner: zwei Nachkommastellen, und es wird sogar gerundet anstatt einfach die verbleibenden Stellen abzuschneiden.

```
<script>
    var ergebnis = 7 / 11; *1
</script>
Ergebnis: <script>document.write(ergebnis);</script>*2
Ergebnis mit toFixed(): <script>document.write(ergebnis.*4toFixed(2*5));</script>*3
```

*4 Diesen Punkt kennst du von `document.write`, damit werden Methoden an Objekten aufgerufen. Aber das heißt ja, **dass Zahlen auch Objekte sind**! Wenn du bloß schon mehr über Objekte wüsstest …

*5 Der Parameter an `toFixed()` gibt an, wie viele Dezimalstellen zu sehen sein sollen.

[Hintergrundinfo]
Es gibt drei spezielle Zahlenwerte, die keine echten Zahlen sind. `infinity` und `-infinity` sind das Ergebnis von Rechenoperationen, deren Ergebnis zu groß oder zu klein ist. Ab welcher Größe genau das passiert, unterscheidet sich je nach Browser, aber Division durch 0 ergibt immer `infinity`. Der dritte Wert, `NaN` steht für „Not a Number" und ist das Ergebnis von undefinierten Operationen wie der Wurzel aus –1: `Math.sqrt(-1)`.

Daten rein, Daten raus I: Ausgabe

Bisher fehlt es allen Beispielen noch an einer wichtigen Eigenschaft: **Interaktivität**. Rechnen zu können ist toll, aber ein Programm, das nicht mit dem Benutzer interagiert, ist nur sehr begrenzt sinnvoll. Wenn deine Freundin ein größeres Schuhregal kauft, musst du derzeit das Programm anpassen, das sollte nicht so bleiben. Dafür müssen wir allerdings einige Dinge vorwegnehmen, die erst in den nächsten Kapiteln im Detail erklärt werden. Zuallererst wird aus der Berechnung eine **Funktion**, das ist eine wichtige Vorbereitung für den nächsten Schritt.

```
<script>
    function*1 zaehleSchuhe*2()*3{*4
        var TAGE_IM_JAHR = 365;
        var regalboeden = 8;
        var paareJeBoden = 5;
        var paareNebenDemRegal = 7;
        var paare = paareNebenDemRegal + paareJeBoden * regalboeden;
        var schuhe = paare *2;
        document.write(schuhe);
    }*4
</script>
```

*1 Das Schlüsselwort **function** leitet eine Funktionsdefinition ein.

*2 Darauf folgt der Funktionsname. Mit diesem Namen kann man die Funktion anschließend aufrufen.

*3 Das Klammerpaar muss dem Funktionsnamen folgen. Würde unsere Funktion Parameter nehmen, dann müssten wir diese hier deklarieren. Unsere Funktion nimmt zwar keine Parameter, aber die Klammern braucht sie trotzdem.

*4 Die geschweiften Klammern umfassen den Code der Funktion. Immer, wenn die Funktion aufgerufen wird, wird der Code zwischen den geschweiften Klammern ausgeführt.

[Notiz]
Funktionen können überall dort deklariert werden, wo ein **<script>**-Tag stehen kann. Aber eine Funktion **muss** deklariert sein, **bevor** sie zum ersten Mal aufgerufen wird.

[Einfache Aufgabe]
Übernimm die Funktionsdefinition **zaehleSchuhe** oben in das Skript „Wie viele Schuhe hat sie wirklich?". Wie eine Funktion aufgerufen wird, weißt du ja schon. Ersetze den Berechnungscode mit einem Aufruf der Funktion **zaehleSchuhe**.

Nichts leichter als das.

Wenn du die Seite jetzt ausprobierst, solltest du keinen Unterschied zu vorher sehen. Aber im **<body>** der Seite steht nur noch:

Schrödingers Freundin hat <script>zaehleSchuhe();*1</script>Schuhe.

*1 Hier wird die neue Funktion aufgerufen.

Das ist zwar schön übersichtlich so, aber interaktiver hat es die Seite noch nicht gemacht. Dafür braucht es noch eine weitere Neuerung, die im Moment total mysteriös aussieht, die dir aber in zwei Kapiteln alltäglich vorkommen wird. Ich rede von **Eventhandlern**.

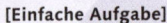

[Einfache Aufgabe]
Entferne das `<script>`-Tag mit dem Funktionsaufruf aus dem Seitenbody. Füge am Ende der Seite ein `<button>`-Tag mit dem Textinhalt „Klick mich!" und den Attributen `type="button"` und `onclick="zaehleSchuhe();"` ein.

[Notiz]
Wenn du dich an das Formularkapitel erinnerst, dann weißt du noch, dass ein Knopf mit `type="button"` von sich aus nichts tut und wir sein Verhalten mit JavaScript definieren müssen. Genau das tun wir jetzt.

Das kann so aber nicht richtig sein.
Schau dir mal meinen Code an. Wenn ich den Knopf drücke, kommt zwar die richtige Zahl, aber alles andere ist weg!

*1 Der Knopf soll tun, was wir ihm sagen, und nichts anderes.

```
Schrödingers Freundin hat Schuhe. <br>
<button type="button"*1 onclick="zaehleSchuhe();"*2>Klick mich!</button>
```

*2 Das ist der mysteriöse Eventhandler. So mysteriös ist er aber gar nicht, `onclick` bedeutet schlicht, dass der JavaScript-Code aus dem Attributwert ausgeführt wird, sobald dieses Element angeklickt wird. Hier wird die Funktion `zaehleSchuhe` aufgerufen.

Du hast schon alles richtig gemacht, das Beispiel ist jetzt ein kleines bisschen kaputt, weil noch nicht alles umgebaut ist. Wir reagieren jetzt schon mit JavaScript auf das Klickevent des Buttons, aber die Ausgabe mit **document.write()**, die du in **zaehleSchuhe()** verwendest, funktioniert nicht mehr. Du kannst dich auch ganz einfach davon überzeugen, dass es daran liegt.

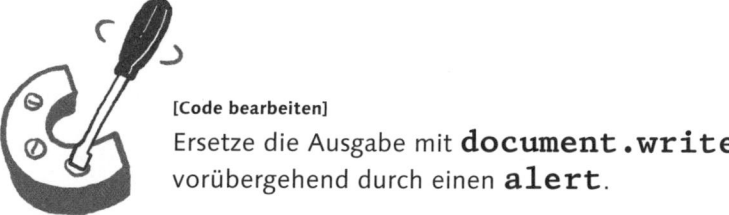

[Code bearbeiten]
Ersetze die Ausgabe mit **document.write** vorübergehend durch einen **alert**.

> *Jetzt kommt das Ergebnis wieder in der Dialogbox, aber der restliche Text bleibt in der Seite stehen. Es liegt also echt nur an document.write.*

Ja, und das hat auch einen ganz einfachen Grund: **document.write()** gibt etwas genau an der Stelle in der Seite aus, an der es ausgeführt wird, noch während der Browser die Seite rendert. Es ist nicht das richtige Werkzeug, um später noch etwas auszugeben, zum Beispiel in einem Eventhandler. Dann ersetzt es alles, was schon da ist, ohne Gnade.

> *Das ist aber schon ziemlich radikal. Genau wie eine Sandburg einzureißen, nur weil man den Graben vergessen hat.*

Das stimmt schon, aber es gibt ja noch andere Möglichkeiten der Ausgabe. Die verbreitetste Art, etwas in eine fertig gerenderte Seite zu schreiben, ist, einen **Platz dafür vorzusehen** und diesen **später zu füllen**.

[Einfache Aufgabe]
Füge vor dem Wort Schuhe ein `<span>`-Tag mit `id="ausgabe"` ein.
Ersetze dann die letzte Zeile der Funktion `zaehleSchuhe()` durch diese:
`document.getElementById("ausgabe").innerHTML=schuhe;`

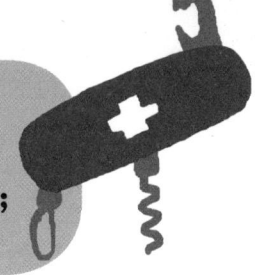

[Achtung]
Das `<span>`-Tag darf nicht als leeres Tag `<span/>` geschrieben werden, es muss ein öffnendes und ein schließendes Tag geben.

Jetzt funktioniert alles nach Plan, aber es gibt zwei neue Dinge, die wir im Detail anschauen sollten. Zuerst ist da die Funktion `getElementById()`, deren Namen eigentlich schon alles sagt, was es zu wissen gibt. Es handelt sich um eine weitere Methode des **document**-Objekts, und sie findet in der Seite das Element, dessen **id**-Attribut dem übergebenen Parameter entspricht.

```
<script>
function zaehleSchuhe(){
    ...
    document.getElementById("ausgabe").innerHTML=schuhe;
}
</script>
<span id="ausgabe"></span>
```

[Achtung]
Wenn du `getElementById()` mit einer ID aufrufst, die es im Dokument nicht gibt, dann erhältst du einen sogenannten **null**-Wert. **null**-Wert bedeutet, dass es das gesuchte Objekt nicht gibt. Und wenn du versuchst, Methoden daran aufzurufen, endet das mit einem Fehler.

Damit ist das Zielelement gefunden, jetzt muss nur noch der Wert reingeschrieben werden. Das passiert mit der zweiten Neuerung, `innerHTML`. Der Aufruf von `getElementById()` gibt ein neues Objekt zurück, das zu dem gesuchten HTML-Tag gehört. Dieses Objekt hat selbst wieder Methoden, die wir aufrufen können, und es hat die Variable `innerHTML`. Mit der kannst du alles tun, was du mit deinen eigenen Variablen auch tun kannst: ihren Wert auslesen und ihr einen neuen Wert zuweisen. Wenn du `innerHTML` einen Wert zuweist, dann schlägt diese Änderung sofort in die angezeigte Seite durch, der neue Wert erscheint als Inhalt des Elements.

[Achtung]
Die Zuweisung an `innerHTML` überschreibt den vorherigen Inhalt des Elements. Überhaupt ist `innerHTML` eher die Holzhammermethode, um den Seiteninhalt zu manipulieren. Wie das auch weniger grobmotorisch geht, zeige ich dir im Kapitel zur DOM-Manipulation.

Objekte können also nicht nur Funktionen enthalten, sondern auch Variablen? Die Dinger werden ja immer interessanter …

Damit haben wir zumindest ein wenig Interaktion in die Seite gebracht, du klickst den Knopf, und dann passiert etwas. Als Nächstes wäre es ziemlich cool, wenn du auch eingeben könntest, wie viele Regalböden das Schuhregal hat und so weiter. Aber bevor das funktioniert, gibt es ein anderes Thema, über das wir sprechen sollten.

Woher weiß ich, wenn ein Fehler auftritt?

Fehler passieren nun mal, auch in JavaScript. Zum Beispiel, weil man an einem `null` versucht, eine Funktion aufzurufen. Leider bekommt man davon nichts mit, das Skript wird abgebrochen, aber es gibt keine Sirenen, keine roten Warnlichter, nichts dergleichen. Um diese Fehler zu sehen zu bekommen, muss man im Browser die **Fehlerkonsole** öffnen, dort wird alles angezeigt, was schiefgeht. Natürlich ist die mal wieder in jedem Browser an einer anderen Stelle versteckt. Im Internet Explorer findet man sie unter „Einstellungen" • „Entwicklertools" • „Konsole", in Firefox unter „Web-Entwickler" • „Fehlerkonsole", bei Chrome unter „Tools" • „JavaScript-Konsole" und schließlich bei Safari unter „Entwickler" • „Webinformationen einblenden" • „Konsole". Aber zumindest sind sich alle Browser einig, dass ein Methodenaufruf an `null` ein Fehler ist.

[Einfache Aufgabe]
Probiere es aus: Rufe die folgende Funktion auf einer Seite auf, auf der es eben gerade kein Element mit der ID **"test"** gibt.

```
function testeFehler(){
    var element = document.getElementById("test");
    element.innerHTML = "Hallo Welt!";
}
```

Ja, ich sehe einen Fehler. Aber erst in der Zeile mit **innerHTML**, *ist das richtig so?*

Ja, das ist richtig. Nach einem Element zu suchen, das es nicht gibt, ist erlaubt. Erst wenn du damit arbeiten willst, gibt es Probleme. Das ist genau wie im richtigen Leben. Wenn du in deiner ganzen Wohnung dein Handy suchst, das einfach nicht da ist, dann ist das noch kein Fehler, du findest es halt nicht, **telefon = null** sozusagen. Wenn du jetzt aber versuchst, mit dem Telefon, das du gerade gar nicht gefunden hast, jemanden anzurufen ... dann ist ganz definitiv was faul.

> ⊗ TypeError: 'null' is not an object (evaluating 'document.getElementById("test").innerHTML = "test"')

Safari ist vorbildlich bei der Anzeige, was wo schiefgegangen ist.

Zeichen, Zeichen, Zeichenkette

Es gibt neben den Zahlenwerten einen weiteren, grundlegenden Datentyp in JavaScript: die Zeichenkette oder, wie wir Programmierer sagen, den **String**. Und das hat nichts mit Unterwäsche zu tun. Strings sind jetzt schon nicht mehr ganz neu, wir haben in diesem Kapitel schon einige benutzt. Immer, wenn in JavaScript etwas in Anführungszeichen steht, handelt es sich um einen String. Zum Beispiel `"ausgabe"` in `document.getElementById("ausgabe")` ist ein String.

[Begriffsdefinition]
Wenn ein String zwischen Anführungszeichen im Code steht, nennt man das ein Stringliteral. Wir werden gleich sehen, dass das nicht die einzige Möglichkeit ist, an einen neuen String zu gelangen.

Bisher haben wir Strings nur direkt an Funktionen übergeben, aber wir können mit ihnen auch vieles von dem tun, das wir schon mit Zahlen gemacht haben. Zum Beispiel können auch Strings in Variablen geschrieben und wieder ausgelesen werden.

*1 Zuerst wird der String `"ausgabe"` in die Variable `meineId` geschrieben.

*2 Anschließend wird der Wert wieder ausgelesen und an die Funktion `getElementById` übergeben.

```
var meineId="ausgabe"; *1
document.getElementById(meineId); *2
```

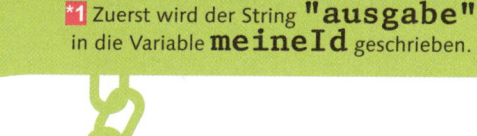

Mit Strings kann man sogar in gewisser Weise rechnen. Nein, eigentlich nicht rechnen, aber sie verstehen den Operator **+**, der bei Strings **verketten** bedeutet. Die anderen „Rechenarten" sind für Strings allerdings nicht definiert!

```
var name = "Schrödinger";
var gruss = "Hallo " +*1 name +*1 ", wie geht es dir heute?"*2
```

*1 Keine Addition, sondern **Stringkonkatenation**: Es wird ein neuer String erzeugt, indem der String links vom **+** und der String rechts vom **+** hintereinandergeschrieben werden. Genau wie Addition bei Zahlen kann man das auch mehrmals nacheinander machen.

*2 Der Variablen **gruss** wird ein neuer String zugewiesen. Sein Inhalt ist „Hallo Schrödinger, wie geht es dir heute?". Genau wie beim Rechnen mit Zahlen gibt es keine Verbindung mehr zur Variable **name**, ihr Wert kann sich ändern, ohne dass **gruss** davon betroffen ist.

[Achtung]
Bei der Stringkonkatenation musst du selbst auf Leerzeichen achten, JavaScript fügt keine ein.

Es wird dich jetzt kaum noch überraschen, zu hören, dass auch Strings Objekte sind, die eigene Methoden und Eigenschaften haben. Na ja, eine Eigenschaft, nämlich **length**. Darin steht, wie viele Zeichen der String enthält.

Was passiert wohl, wenn ich da einen neuen Wert zuweise?

Dann explodiert dein Browser. Nein, gar nichts passiert dann, das wird ignoriert. So was nennt man eine **read-only**-Eigenschaft. Es gibt an Strings auch noch einige Methoden, die du kennen solltest. Die Methode **charAt()** findet das Zeichen an der n-ten Stelle des Strings:

```
"ok".charAt(0); // = "o"
"ok".charAt(1); // = "k"
```

[Achtung]
Bei allen Funktionen, bei denen mit einer Position im String gearbeitet wird, hat das erste Zeichen den Index 0.

408   Kapitel ZEHN

Möchte man andersherum wissen, an welcher Stelle im String ein bestimmtes Zeichen vorkommt, helfen dabei die Funktion **indexOf()** und **lastIndexOf()**. Beide nehmen als ersten Parameter einen String und suchen dann, wo dieser String in „ihrem" String vorkommt. Sie geben den Index zurück, an dem sie etwas gefunden haben. Dabei fängt **indexOf()** vorne im String an zu suchen, **lastIndexOf()** sucht von hinten.

*1 Im String **"Beispiel"** findet sich das erste **"e"** an der zweiten Stelle, aber da die Zählung immer bei 0 anfängt, ist das Ergebnis 1.

*2 **lastIndexOf()** fängt hinten mit der Suche an, aber das Ergebnis ist trotzdem, an der wievielten Stelle von vorne der Suchstring gefunden wurde.

```
"Beispiel".indexOf("e");        // = 1  *1
"Beispiel".lastIndexOf("e");    // = 6  *2
"Beispiel".indexOf("e", 2);     // = 6  *3
"Beispiel".lastIndexOf("e", 5); // = 1  *3
"Schrödinger".indexOf("katze"); // = -1 *4
```

*3 Beide Funktionen akzeptieren einen zweiten Parameter, der angibt, wo mit der Suche begonnen werden soll. **indexOf("e", 2)** überspringt die ersten beiden Zeichen und sucht dann nach dem nächsten **"e"**.

*4 Wenn der Suchstring gar nicht vorkommt, dann ist das Ergebnis beider Funktionen immer -1.

Wäre ja auch noch schöner, wenn bei mir eine Katze zu finden wäre.

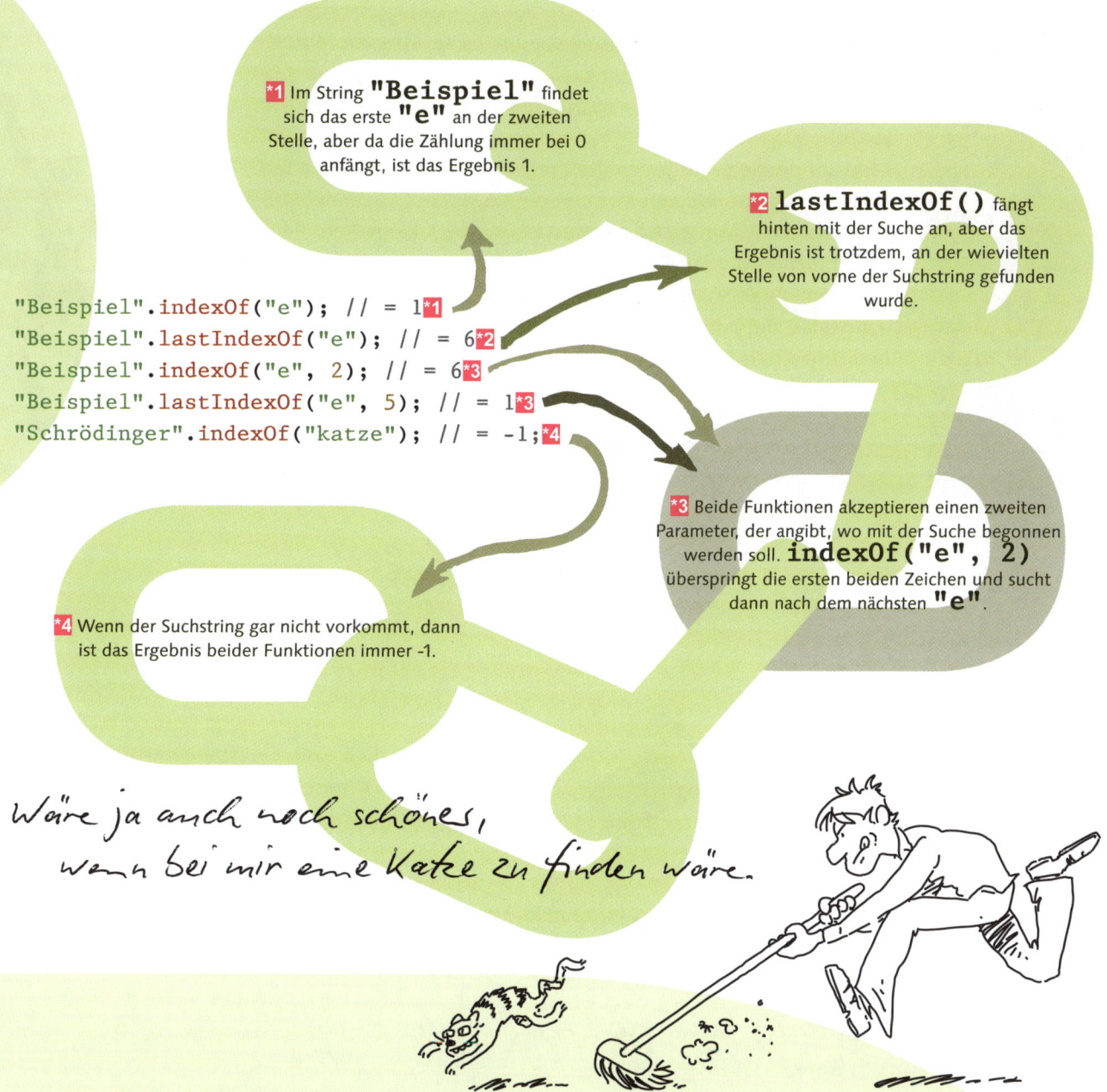

Mit Strings kannst du auch noch andere Sachen anstellen, gleich zeig ich dir noch mehr.

Daten rein, Daten raus II: Eingabe

So, nach dieser kurzen Abschweifung zu Zeichenketten kann es mit den Schuhen weitergehen. Es wäre doch schön, wenn du auf der Seite eingeben könntest, wie groß denn das Schuhregal nun wirklich ist. Das ist jetzt gar kein Problem mehr, wir brauchen nur ein paar alte Bekannte dazu: **Eingabefelder**.

[Schwierige Aufgabe]
Lege auf der Seite für jeden der drei Werte Anzahl Regalböden, Paare je Boden und Paare neben dem Regal ein Eingabefeld vom Typ `text` an. Mit `getElementById()` kannst du die Eingabefelder per JavaScript finden und ihre Eigenschaft `value` auslesen, die den aktuellen Wert enthält. Und damit hast du dann alles, um auf Knopfdruck aus den eigegebenen Werten zu berechnen, wie viele Schuhe deine Freundin nun wirklich hat.

Hm, okay, das ist ja ein wenig tricky. Geh dir ruhig 'nen Kaffee holen, ich knoble das schon aus.

[Notiz]
Es könnten natürlich auch Eingabefelder vom Typ `number` sein, aber die funktionieren halt noch nicht überall.

Ich hab da volles Vertrauen zu dir, Schrödinger. Eingabefelder kennst du ja, und von denen die `value`-Eigenschaft auszulesen, ist für dich auch kein Problem mehr.

Ist es wohl doch, zumindest rechnet das Programm jetzt totalen Blödsinn.

Ich kann mir schon denken, was passiert, aber zeig mal deinen Code.

[*1] Die Werte der Eingabefelder auszulesen, ist nicht schwer, mit **getElementById()** lassen sie sich finden, und die **value**-Eigenschaft sagt alles, was wir wissen wollen.

[*2] Berechnung und Ausgabe bleiben unverändert.

[*3] Die Eingabefelder müssen natürlich eine ID haben, um sie mit **getElementById()** finden zu können.

```
<script>
    function zaehleSchuhe(){
        var regalboeden = document.getElementById("boeden").value; [*1]
        var paareJeBoden = document.getElementById("paare-je-boden").value; [*1]
        var paareNebenDemRegal = document.getElementById("neben-dem-regal").value; [*1]
        var paare = paareNebenDemRegal + paareJeBoden * regalboeden; [*2]
        var schuhe = paare * 2; [*2]
        document.getElementById("ausgabe").innerHTML=schuhe; [*2]
    }
</script>
...
Regalböden: <input type="text" id="boeden"[*3] value="8"/><br/>
Paare je Boden: <input type="text" id="paare-je-boden"[*3] value="5"/><br/>
Neben dem Regal: <input type="text" id="neben-dem-regal"[*3] value="7"/><br/>
Schrödingers Freundin hat <span id="ausgabe"></span> Schuhe. <br/>
<button type="button" onclick="zaehleSchuhe();">Klick mich!</button>
```

[Notiz]
Im Listing siehst du noch mal einen Unterschied in der Namensgebung zwischen JavaScript und HTML/CSS. In JavaScript wird für Variablen- und Funktionsnamen aus mehreren Wörtern der Camel-Case benutzt. IDs und Klassennamen aus mehreren Wörtern werden aber in Kleinbuchstaben mit Bindestrich geschrieben. Einmal hast du also **paareJeBoden**, einmal **paare-je-boden**. Dafür gibt es keinen echten Grund, es hat sich so eingebürgert.

Ich bin der Meinung, ich habe alles richtig gemacht. Aber wenn ich 2, 2 und 2 als Werte eingebe, kommt 24 heraus. Das kann doch nicht stimmen für zwei Böden mit zwei Paar Schuhen und zweien daneben.

Und deshalb war es wichtig, dass wir zuerst über Strings gesprochen haben. In **value** steht nämlich keine Zahl, sondern ein String. Das ist auch okay so, schließlich könnte man ja jeden beliebigen Text eingeben, nicht nur Zahlen. Was dann passiert, ist Folgendes:

```
var paare = paareNebenDemRegal + paareJeBoden * regalboeden;
```

```
var paare = "2" + "2" * "2";  *1
```

```
var paare = "2" + 4;  *2
```

```
var paare = "24";  *3
```

***1** Alle Werte, die aus den Eingabefeldern stammen, sind Strings.

***2** Es gilt Punkt- vor Strichrechnung, die Multiplikation wird zuerst ausgeführt. Da Multiplikation für Strings nicht definiert ist, werden beide Werte automatisch in Zahlenwerte umgewandelt und korrekt zu 4 multipliziert.

***3** Links vom Plus steht immer noch keine Zahl, sondern ein String. Es wird keine Addition, sondern eine Konkatenation ausgeführt. Dazu wird die 4 in einen String umgewandelt und dann hinter die 2 geschrieben. Das Ergebnis: 24

Kapitel ZEHN

Das ist zum Glück kein schwieriges Problem, es müssen nur alle Eingabewerte explizit in Zahlen umgewandelt werden. Dazu hat JavaScript die Funktionen **parseInt()** und **parseFloat()**, die aus einem String entweder eine Ganzzahl oder einen Float-Wert erzeugen. **parseInt()** ist für uns gut, schließlich sollte die Anzahl der Schuhe immer ganzzahlig sein.

Du hast wohl noch nie was von Halbschuhen gehört ...

Wenn du nach dem Einlesen der Werte, aber vor der Berechnung, diese drei Zeilen einfügst, dann funktioniert alles, wie gewollt:

```
regalboeden = parseInt(regalboeden);
paareJeBoden = parseInt(paareJeBoden);
paareNebenDemRegal = parseInt(paareNebenDemRegal);
```

[Notiz]
Es ist vollkommen okay, einer Variablen, die zuvor einen String enthielt, später eine Zahl zuzuweisen oder umgekehrt oder ein beliebiges anderes Objekt. In manchen anderen Programmiersprachen funktioniert das nicht, dort kann eine Variable immer nur denselben Typ von Werten enthalten, und der muss in der Deklaration festgelegt sein. Diese Sprachen heißen **statisch typisiert**, JavaScript ist **dynamisch typisiert**.

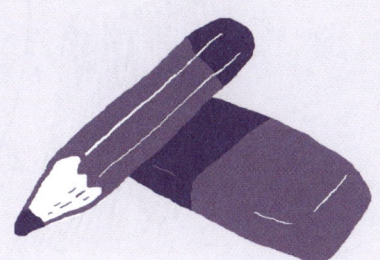

JavaScript

Übungen zu Strings und Ausgabe

Es ist mal wieder Zeit, zu zeigen, was du gelernt hast.

Du meinst, es ist mal wieder Zeit, **dass du altes Suchtgesicht Kaffee holst. Was hast du denn diesmal für mich zu tun?**

Du kannst mit der Eigenschaft `innerHTML` auch neuen Text an den vorhandenen anhängen, indem du die Eigenschaft zuerst ausliest, mit dem neuen Text konkatenierst und das Ergebnis wieder zuweist. Außerdem kann der String HTML-Tags enthalten, deswegen heißt es `innerHTML`.

[Schwierige Aufgabe]
Damit kannst du eine Einkaufslistenanwendung schreiben, in der du jeweils einen Eintrag in ein Eingabefeld schreibst, der auf Knopfdruck als neues Element in eine Liste geschrieben wird.

Da muss ich ja erst mal kurz nachdenken.
Aber so schwierig wird es schon nicht sein.

Damit warst du ja schnell fertig, nachdem du erst kurz nachdenken wolltest. Lass mal sehen.

```
<script>
    function neuerEintrag() { *1
        var eingabe = document.getElementById("neu"); *2
        var neu = eingabe.value; *3
        var liste = document.getElementById("einkaufsListe"); *2
        var inhalt = liste.innerHTML + "<li>" + neu + "</li>"; *4
        liste.innerHTML = inhalt; *5
        eingabe.value = ""; *6
    }
</script>
...
<ul id="einkaufsListe"></ul> *7
<input type="text" id="neu">
<button type="button" onclick="neuerEintrag();">*1 Klick mich!</button>
```

*1 Die Funktion **neuerEintrag** macht die ganze Arbeit und wird beim Klick auf den Knopf aufgerufen.

*2 Wir können in JavaScript ziemlich alles in Variablen speichern, auch die Elemente, die von **getElementById()** gefunden wurden. Da auf die gefundenen Elemente mehrere Zugriffe erfolgen, ist es besser, sie in einer Variablen zu speichern, anstatt sie mehrmals zu suchen.

*3 Der neue Eintrag für die Liste steht in der **value**-Eigenschaft des Eingabefeldes.

*4 Der neue Inhalt der Liste setzt sich zusammen aus dem alten Inhalt und dem neuen Eintrag zwischen `<li>`-Tags.

*5 Nachdem der neue Wert zusammengesetzt ist, wird er wieder in die **innerHTML**-Eigenschaft der Liste geschrieben.

*6 Zu guter Letzt wird noch das Eingabefeld geleert, indem seiner **value**-Eigenschaft ein leerer String zugewiesen wird. Da ist nichts Besonderes dran, es ist einfach eine Zeichenkette ohne Inhalt.

*7 Vergiss nicht, dass die Leeres-Tag-Schreibweise `<ul/>` nicht funktioniert, wenn du **innerHTML** benutzt.

Sehr gute Arbeit, Schrödinger. Das ist einwandfrei, vor allem das Leeren des Eingabefeldes ist ein netter Touch. Es gibt noch zwei Abkürzungen, die in dem Programm ganz praktisch sind. Zuerst darf eine Variable gleichzeitig links und rechts vom Gleichheitszeichen stehen, dann brauchst du die Variable **inhalt** nicht, sondern kannst schreiben:

```
liste.innerHTML = liste.innerHTML + "<li>" + neu + "</li>"
```

JavaScript sorgt schon dafür, dass alles in der richtigen Reihenfolge passiert: Zuerst wird **innerHTML** ausgelesen, dann der neue Wert zusammengesetzt und dieser schließlich nach **innerHTML** zurückgeschrieben. Und nach diesem Umbau kannst du als zweite Abkürzung schreiben:

```
liste.innerHTML += "<li>" + neu + "</li>";
```

Das tut genau das Gleiche wie vorher, ist aber weniger zu schreiben. Der **+=**-Operator nimmt den Wert der Variablen links, addiert den Wert rechts dazu und schreibt das Ergebnis wieder zurück in die Variable links. Die Schreibfaulheit hört einfach nicht auf. Wenn du nicht mit Strings, sondern mit Zahlen arbeitest, gibt es auch noch **-=**, ***=**, **%=** und **/=**.

Mindestens der letzte sieht wie ein Emoticon aus ...

Die Funktion **substring()** an einem Stringobjekt extrahiert einen Teil des Strings. Dazu bekommt sie zwei Parameter. Der erste ist der Index des ersten Zeichens, das im Teilstring enthalten sein soll, der zweite ist der Index des ersten Zeichens, das nicht mehr enthalten sein soll. Wird der zweite Parameter weggelassen, bedeutet das „bis zum Ende". Zum Beispiel ist **"Beispiel".substring(0, 3)** = „Bei" und **"Beispiel".substring(5)** = „iel".

[Schwierige Aufgabe]
Schreibe mit **substring()** und **indexOf()** eine Seite, auf der man eine Addition zweier Zahlen eingeben kann, also zum Beispiel „3+7", die dann das Ergebnis ausrechnet und ausgibt.

Wow, okay, das ist knackig.

Als erfahrener Webentwickler ist das HTML für dich ja uninteressant, das hast du schon im Blut. Ich zeige dir die JavaScript-Funktion, die auf Knopfdruck das Ergebnis berechnet:

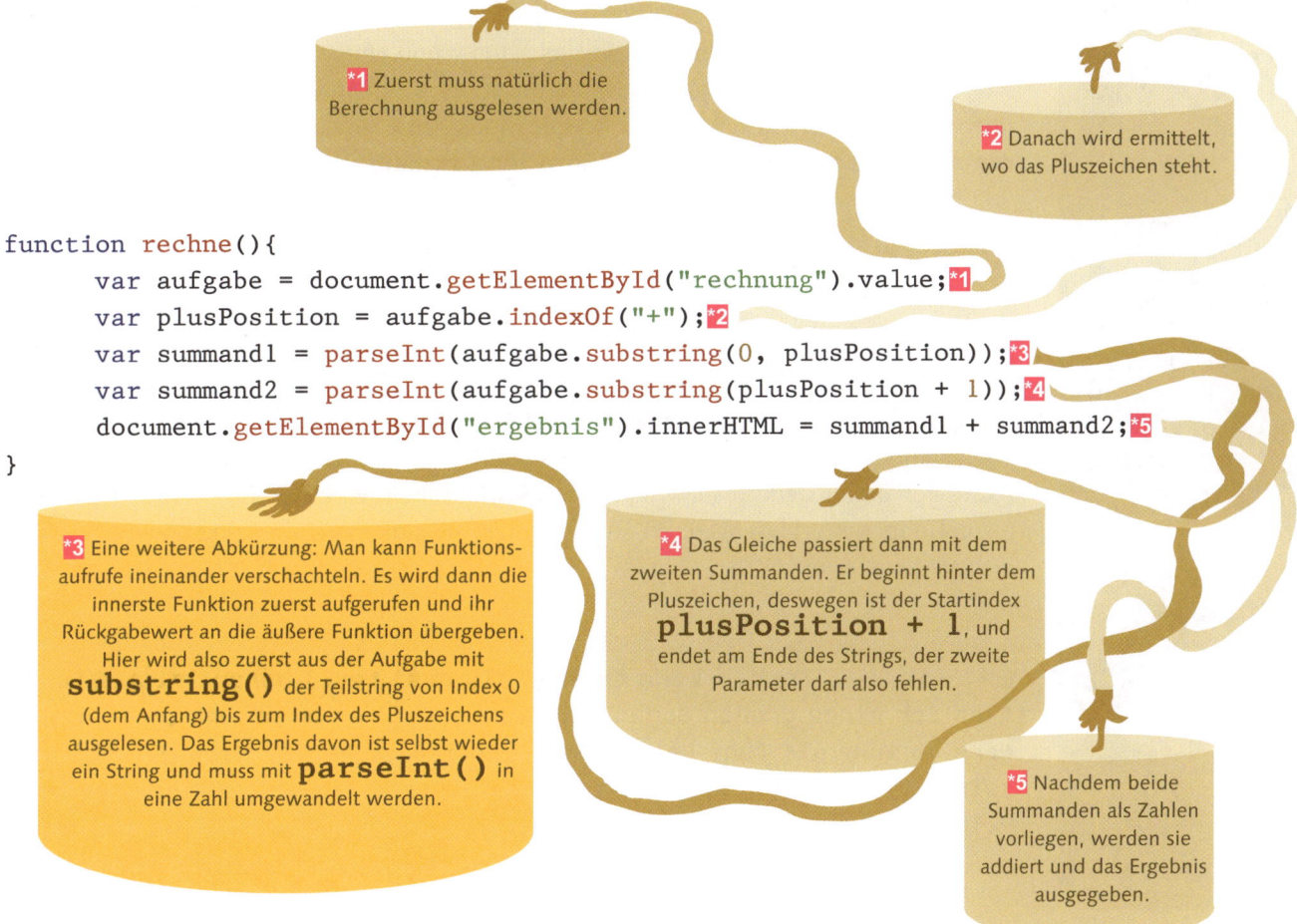

*1 Zuerst muss natürlich die Berechnung ausgelesen werden.

*2 Danach wird ermittelt, wo das Pluszeichen steht.

```
function rechne(){
    var aufgabe = document.getElementById("rechnung").value; *1
    var plusPosition = aufgabe.indexOf("+"); *2
    var summand1 = parseInt(aufgabe.substring(0, plusPosition)); *3
    var summand2 = parseInt(aufgabe.substring(plusPosition + 1)); *4
    document.getElementById("ergebnis").innerHTML = summand1 + summand2; *5
}
```

*3 Eine weitere Abkürzung: Man kann Funktionsaufrufe ineinander verschachteln. Es wird dann die innerste Funktion zuerst aufgerufen und ihr Rückgabewert an die äußere Funktion übergeben. Hier wird also zuerst aus der Aufgabe mit **substring()** der Teilstring von Index 0 (dem Anfang) bis zum Index des Pluszeichens ausgelesen. Das Ergebnis davon ist selbst wieder ein String und muss mit **parseInt()** in eine Zahl umgewandelt werden.

*4 Das Gleiche passiert dann mit dem zweiten Summanden. Er beginnt hinter dem Pluszeichen, deswegen ist der Startindex **plusPosition + 1**, und endet am Ende des Strings, der zweite Parameter darf also fehlen.

*5 Nachdem beide Summanden als Zahlen vorliegen, werden sie addiert und das Ergebnis ausgegeben.

Und fertig. Sehr gut gemacht, Schrödinger, **ich bin stolz auf deinen JavaScript-Fortschritt bisher**. Das nächste Thema wird alles noch spannender machen.

[Achtung/Vorsicht]

Es gibt an Strings außer der Methode **substring()** auch noch die Methode **substr()**, die prinzipiell das Gleiche tut, als zweiten Parameter aber nicht den Endindex nimmt, sondern die Anzahl an Zeichen, die extrahiert werden soll. Ich verwechsle diese beiden Funktionen bis heute …

[Zettel]

He, du da drüben. Ja, du, der diese Aufgabe einfach mit **eval()** gelöst hat. Ich hab dich im Auge. Jetzt geh zurück, und mach das noch mal ordentlich. Alle anderen vergessen bitte, dass ich **eval()** jetzt schon erwähnt habe.

JavaScript

Wenn ... dann ...

Jetzt hat unser Programmierer-Werkzeugkasten schon einigen nützlichen Inhalt, aber wir sind immer noch ein Stück davon entfernt, alles zu können, was man als Programmierer so braucht. Wir haben zum Beispiel noch keine Möglichkeit, Code zu schreiben, der manchmal ausgeführt wird, aber manchmal auch nicht.

Und was tun wir damit? Und bitte keine Schuhe mehr!

Verdammt, und ich hatte mir schon so ein schönes Beispiel zurechtgelegt. Aber na gut, mir gehen Schuhe auch auf die Nerven. Niemand braucht mehr als zwei Paar, und von denen darf eins Löcher haben. Also machen wir etwas Interessanteres. Du spielst doch World of Warcraft, oder? Wie entscheidest du, ob du ein Monster angreifst oder nicht?

Ganz einfach: **Wenn es mehr als drei Level höher ist als ich, mach ich einen großen Bogen drumherum, weil es mich umbringen wird. Wenn es mehr als fünf Level unter mir ist, ignoriere ich es, weil es keine interessante Beute hat.**

Und wie würdest du das in JavaScript entscheiden? Stell dir vor, du schreibst ein JavaScript, das World of Warcraft für dich spielen soll. Wie entscheidet es, ob es **angreifen soll oder nicht**?

Hmmm ... ich hab keine Ahnung. **Mit Rechnen und Variablen alleine geht das, glaube ich, nicht. Okay, erklär es mir.**

Was du entscheiden möchtest, sind einfache Ja/nein-Fragen. Will ich dieses Monster angreifen, ja oder nein? Und dafür gibt es genau das richtige Werkzeug, sozusagen ein Programmkonstrukt mit +30 Schadenspunkten gegen Ja/nein-Fragen. Dieses Konstrukt ist das `if... else ...`, das es in fast jeder Programmiersprache gibt.

*1 Geschweifte Klammern kennst du schon von der Funktionsdefinition. Sie haben hier dieselbe Aufgabe: mehrere Zeilen JavaScript zu einem Block zusammenzufassen, so dass der Interpreter weiß, dass sie zusammengehören.

*2 Das ist der interessante Teil. Anhand dieser Bedingung wird entschieden, welcher der beiden Blöcke ausgeführt wird.

```
if (Bedingung*2){*1
    //tu was!*3
}*1 else {*1
    //tu was anderes*4
}*1
```

*3 Der `if`-Block wird ausgeführt, wenn die Bedingung erfüllt ist.

*4 Ist die Bedingung nicht erfüllt, dann wird der `else`-Block ausgeführt.

[Notiz]
Wenn einer der Blöcke nur ein Statement enthält, dürfen die geschweiften Klammern dieses Blocks weggelassen werden. Ich setze die Klammern immer, auch wenn sie nicht nötig sind, sonst können leicht Fehler passieren, weil man später eine Zeile hinzufügt, aber vergisst, die Klammern zu setzen.

Egal, welcher Block ausgeführt wird, anschließend geht es hinter dem **if-else**-Konstrukt weiter. Du kannst es mit einer Eisenbahnweiche vergleichen, je nachdem, wie sie gestellt ist, fährt der Zug links entlang oder rechts entlang, aber beide Gleise laufen später wieder zusammen.

Der spannende Teil ist jetzt die Bedingung: Wie schreibe ich hin, nach welchem Kriterium die **Entscheidung** getroffen werden soll? Dazu gibt es viele Möglichkeiten. Alles, was ein Computer als wahr oder falsch (`true` oder `false` in JavaScript) entscheiden kann, ist eine gültige Bedingung. Am einfachsten geht das mit Zahlen. Für die ganz einfache Entscheidung, ob du ein Monster angreifst oder nicht, reicht das auch schon. Du verprügelst jetzt alle Monster, die einen niedrigeren Level haben als du:

*1 Das Größer-als-Zeichen tut, was auf der Packung steht: Die Bedingung ist genau dann `true`, wenn die Variable `meinLevel` eine größere Zahl enthält als `monsterLevel`.

*2 JavaScript hat keine Funktion `greifAn()`, aber stell dir einfach vor, wir hätten eine geschrieben.

```
if (meinLevel > monsterLevel*1){
    greifAn();*2
} *3
```

*3 Wenn im `else`-Fall nichts getan werden soll, dann darf dieser Teil auch weggelassen werden.

Das ist zwar noch sehr primitiv, aber es ist ein Anfang. Zumindest legst du dich nicht mit Drachen an, die eine Nummer zu groß für dich sind.

>	größer als
>=	größer oder gleich
==	gleich
<=	kleiner oder gleich
<	kleiner
!=	ungleich
===	gleich ohne Typkonvertierung
!==	ungleich ohne Typkonvertierung

[Achtung]
Beim Vergleich, ob zwei Zahlen gleich sind, müssen es zwei Gleichheitszeichen sein! Ein einzelnes ist für die Zuweisung an eine Variable, zum Vergleich sind es zwei.

420 Kapitel ZEHN

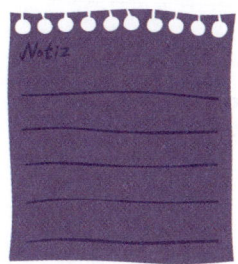

[Notiz]
Der Unterschied zwischen `==` und `===` (bzw. `!=` und `!==`) liegt darin, dass `==` und `!=` Typen automatisch umwandeln, so wie du es auch schon bei `+` mit Zahlen und Strings gesehen hast. Deshalb ist `2 == "2"` wahr, `2 === "2"` aber falsch.

Du wolltest aber auch Monster anzugreifen, die bis zu drei Level höher sind als du. Das geht mit einem kleinen Umweg. Es gibt keinen Vergleichsoperator, der bei „bis zu drei mehr" **true** liefert, aber wir können ja auch noch rechnen: `if (meinLevel + 3 >= monsterLevel)` findet die Richtigen.

Das tut aber noch längst nicht alles, was ich beschrieben habe. So verschwendet das Skript ja Unmengen an Zeit mit kleinen, armen Monstern. Und weglaufen vor zu großen Monstern tut es auch nicht.

Alles kein Problem, das bringen wir ihm als Nächstes bei:

```
if (meinLevel + 3 < monsterLevel){
    rennWeg();  *1
} else if *3 (meinLevel - 5 <= monsterLevel) {
    greifAn();  *2
} else {
    sucheNeuesMonster();
}
```

*1 Wenn das Monster einen zu hohen Level hat, dann such das Weite.

*2 Wenn es keinen höheren Level hatte und sein Level auch nicht zu niedrig ist, dann nichts wie drauf.

*3 else if ist die einfache Möglichkeit, mehr als zwei Fälle zu unterscheiden. „Wenn vorher nichts gepasst hat und diese Bedingung zutrifft, dann tu das." Es können beliebig viele **else-if**s aneinandergereiht werden, von denen höchstens eines ausgeführt wird. Und nur, wenn die alle nicht passen, kommt der finale **else**-Block zum Zug.

JavaScript

[Einfache Aufgabe]
Die Reihenfolge der Bedingungen ist wichtig, denn es wird nur der erste passende Block ausgeführt. Wären im Beispiel die ersten beiden Bedingungen vertauscht, würde Schrödinger, der Monstertöter, nicht lange überleben. Denk mal nach, warum.

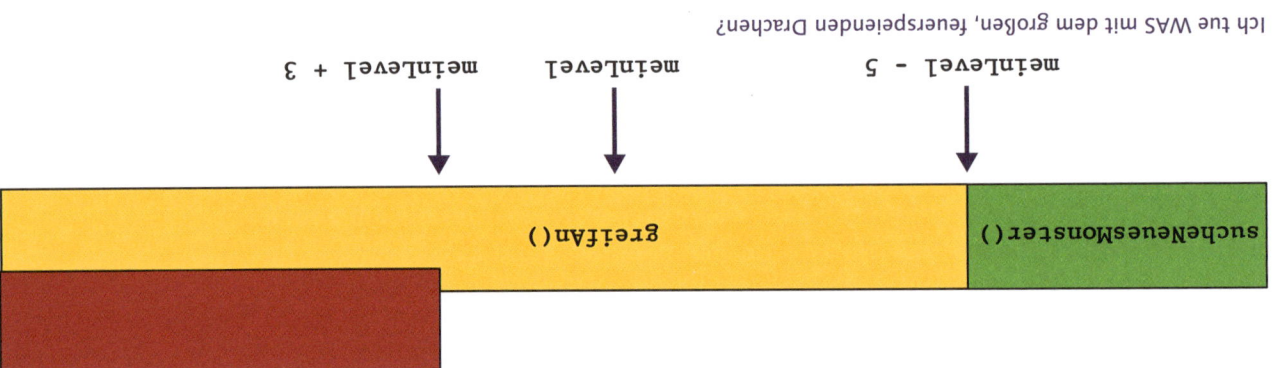

Der Held Schrödinger wäre recht schnell tot, weil er alles angreifen würde, was ihm nicht um mehr als fünf Level unterlegen ist. Das liegt daran, dass die Bedingung **meinLevel - 5 <= monsterLevel** auch auf alle Monster zutrifft, deren Level höher ist. Würde diese Bedingung zuerst geprüft, würde Schrödinger ohne Rücksicht auf Verluste alles angreifen, was nicht kleiner ist als er. Sehr heldenhaft, aber keine gute Überlebensstrategie.

Sieht gut aus. Aber ich hab da noch so eine kleine Eigenheit, die da … vielleicht … noch mit rein könnte? Weißt du, meine Charaktere sind alles Katzenhasser. Wenn ein Monster im Namen irgendwo das Wort Katze hat, dann greif ich an, auch wenn ich dabei sterben werde. Kannst du dem JavaScript-Spieler das auch noch beibringen?

Na, aber sicher. Ich sag doch, dass JavaScript alles kann. Du änderst nur die erste Bedingung:

*1 Das doppelte Ampersand **&&** ist eine Und-Verknüpfung zwischen zwei Bedingungen. Die gesamte Bedingung ist nur dann **true**, wenn die Bedingung links vom **&&** und die Bedingung rechts vom **&&** beide **true** sind.

```
if (meinLevel + 3 < monsterLevel && *1 monsterName.toLowerCase().indexOf("katze")
== -1*2){
    rennWeg();
} ...
```

*2 Mit zwei Stringfunktionen ist leicht zu finden, ob man einer Katze gegenübersteht: Wenn die Zeichenkette **katze** im Namen des Monsters vorkommt, dann ist das Ergebnis von **indexOf()** 0 oder größer. Die **toLowerCase()**-Funktion setzt **monsterName** komplett in Kleinbuchstaben um, bevor **indexOf()** angewendet wird. Das findet dann sowohl die „Große **K**atze" als auch die „Wild**k**atze"

Nach der Änderung wird deshalb nur noch weggerannt, wenn das Monster zu stark ist **und** nicht laut Namen eine Katze ist. Fröhliches Spielen, Held Schrödinger. Bitte sterben Sie jetzt.

[Notiz]
Auch mit der Änderung ignoriert Held Schrödinger Katzen, die mehr als fünf Level unter ihm liegen. Nicht mal in einem Fantasy-Spiel ist es in Ordnung, kleine Katzen anzugreifen.

JavaScript

Formulare – bitte geben Sie Ihre Adresse an

Jetzt hab ich über die JavaScript-Erklärung total vergessen, dass ich ja auch noch was Wichtiges zu tun hatte. Ich muss unbedingt noch ein Projekt fertigstellen bis morgen früh, das wird jetzt ziemlich knapp. Kannst du mit anpacken?

Logo!

Okay, ich habe dieses Eingabeformular, nichts Wildes, nur drei Felder. Da muss noch geprüft werden, ob alle Eingaben korrekt sind. Ich hab auch schon alles grob vorbereitet, aber die Prüfungen selbst fehlen noch. Schau doch mal bitte, ob du die hinbekommst.

[Notiz]
Einige der Prüfungen könnte man auch durch die neuen HTML5-Typen von Eingabefeldern abdecken, aber die funktionieren ja noch nicht überall, also muss man es häufig noch selbst machen.

Das Formular:

```
<div id="fehler"></div>
<label for="vorname">Vorname: </label><input id="vorname" name="vorname"><br/>
<label for="nachname">Nachname: </label><input id="nachname" name="nachname"><br/>
<label for="email">Email: </label><input id="email" name="email"><br/>
<button type="button" onclick="pruefeFormular();">Klick mich!</button>
```

Und das JavaScript

[*1] Diese Funktion habe ich schon mal vorbereitet, um Fehler auszugeben. Sie schreibt eine Zeichenkette, die du übergibst, in das `#fehler`-Element.

```
function schreibeFehler(meldung){
     //diese Funktion hilft, Fehlermeldungen auszugeben [*1]
}
function pruefeVornamen(){
          /*pruefe, ob ein Name eingegeben wurde und ob der Name nicht
          Klausie ist - ich weiß nicht warum, aber der Kunde hat ein
          Problem mit dem Namen*/ [*2]
}
function pruefeNachnamen(){
          /*pruefe, ob ein Nachname eingegeben wurde und ob er länger als
          ein Buchstabe ist*/ [*2]
}
function pruefeEmail(){
          /*pruefe, ob eine E-Mail-Adresse eingegeben wurde und ob sie
          ein @ enthält. Das ist zwar keine ausreichende Prüfung, aber
          im Moment gibt es nicht mehr*/ [*2]
}
function pruefeFormular(){
     versteckeFehler();
     pruefeVornamen();
     pruefeNachnamen();
     pruefeEmail();
     schickeFormular();
}
function schickeFormular(){
     //hier muss ich dann noch das Formular abschicken, das krieg ich hin
}
```

[*2] Das sind die Prüfungen, die du implementieren musst.

[Einfache Aufgabe]
Fang am besten mit dem Teil an, der bei allen gleich ist: Prüfe bei Vorname, Nachname und E-Mail, ob das Eingabefeld Text enthält. Steht nichts drin, schreibst du eine Fehlermeldung.

[Notiz]
Fang am besten mit der Vorlage aus den Downloads zum Kapitel an.

Da kann ich dir auf jeden Fall schon weiterhelfen!

*1 Als Erstes lese ich den Feldwert aus.

```
function pruefeVornamen(){
    /*pruefe, ob ein Name eingegeben wurde und ob der Name nicht Klausie ist -
    ich weiß nicht warum, aber der Kunde hat ein Problem mit dem Namen*/
    var vorname = document.getElementById("vorname").value; *1
    if (vorname == ""){
        schreibeFehler("Bitte geben Sie einen Vornamen an"); *2
    }
}
```

*2 Und dann prüfe ich, ob es ein Leerstring ist. Wenn ja, rufe ich deine Funktion, um einen Fehler auszugeben.

Und die anderen beiden sehen ja noch genauso aus, also kein Problem.

Cool, sehr schön. Dann fehlen noch die speziellen Prüfungen. Fang am besten oben an, beim Vornamen. Ich weiß wirklich nicht, was da jemand gegen Klausie hat, aber der Kunde ist ja König.

[Einfache Aufgabe]
Gib jetzt auch noch eine Fehlermeldung aus, wenn der Vorname Klausie lautet.

*1 Hier wird Klausie jetzt ausgesperrt, der arme Kerl.

```
function pruefeVornamen(){
    /*pruefe, ob ein Name eingegeben wurde und ob der Name nicht Klausie ist -
    ich weiß nicht warum, aber der Kunde hat ein Problem mit dem Namen*/
    var vorname = document.getElementById("vorname").value;
    if (vorname == ""){
        schreibeFehler("Bitte geben Sie einen Vornamen an");
    } else*2 if (vorname == "Klausie"){
        schreibeFehler("Klausie muss draußen bleiben!");
    }*1
}
```

2 Und da war ich mir nicht sicher: **else oder nicht **else**? Nötig ist es ja nicht, wenn der erste Fall zutrifft, kann der zweite nicht sein.*

Das stimmt, nötig ist es nicht, aber guter Stil ist es doch: Wenn die erste Bedingung zutrifft, dann weiß JavaScript so, dass es die zweite gar nicht prüfen muss. Ohne das **else** würde es den zweiten Vergleich noch machen, und das wäre Zeitverschwendung, aber mehr auch nicht. Es passiert nichts Schlimmes, wenn hier das **else** fehlt.

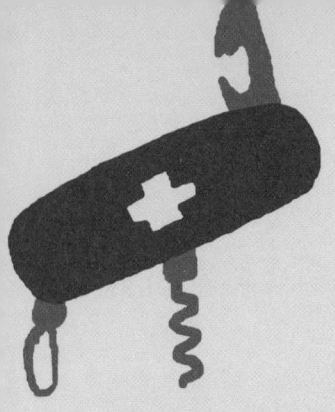

[Einfache Aufgabe]
Füge jetzt noch die zusätzlichen Prüfungen bei Nachname und E-Mail hinzu. Lösungsbeispiele dazu findest du in den Downloads.

Wow, danke Schrödinger, das hat mir echt geholfen, dass du diesen Teil gemacht hast. So konnte ich mich auf schwierigere Dinge konzentrieren. Dafür schulde ich dir demnächst einen Riesenkaffee!

Wenn die Praxis funktioniert, dann fehlt noch die Theorie

`if-else`-Statements machen keine Schwierigkeiten, oder? Sie sind einfach und nützlich, aber es gibt noch ein paar Details, über die wir reden sollten. Fangen wir an mit Operatoren, die mit Bedingungen arbeiten. Du hast die **Und-Verknüpfung &&** ja im Beispiel schon gesehen: Mit einem Und ist die gesamte Bedingung nur genau dann wahr, wenn beide Teile wahr sind.

Es gibt aber auch noch die **Oder-Verknüpfung ||**, die eine Bedingung dann wahr macht, wenn die linke Teilbedingung wahr ist **oder** die rechte Teilbedingung wahr ist **oder** beide wahr sind.

> **[Zettel]**
> Den senkrechten Strich (aus der UNIX-Welt kommend als Pipe bezeichnet) gibst du auf einer deutschen Tastatur ein, indem du `Strg + Alt + <` drückst.

Als dritten Operator gibt es das Ausrufezeichen zur **Negation**. Es macht aus wahr falsch und aus falsch wahr.

> *1 `true` und `false` sind Schlüsselwörter in JavaScript und können im Code verwendet werden.

```
var bedingung = false*1;
if (!bedingung){...*2}
```

*2 Dieser Block wird ausgeführt: `bedingung` enthält den Booleschen Wert `false`, und `!false == true`.

JavaScript

`true` und `false` sind schöne, eindeutige Werte, oder? Aber in JavaScript sind das nicht die einzigen Werte, mit denen `if`-Statements umgehen können, auch der folgende Code ist voll funktionsfähig:

```
var zahl = 0;
if (zahl){...}
else {...}
```

[Begriffsdefinition]
Werte, die von JavaScript wie `true` behandelt werden, heißen **truthy**, Werte, die wie `false` behandelt werden, **falsy** (oder **falsey**). Beide Begriffe lassen sich nicht gut ins Deutsche übersetzen.

Aber wird im Beispiel nun der `if`-Block oder der `else`-Block ausgeführt? Oder, anders gefragt, ist **0** truthy oder falsy? Das ist zum Glück einfach zu beantworten, denn es gibt eine angenehm kurze Liste von falsy-Werten in JavaScript:

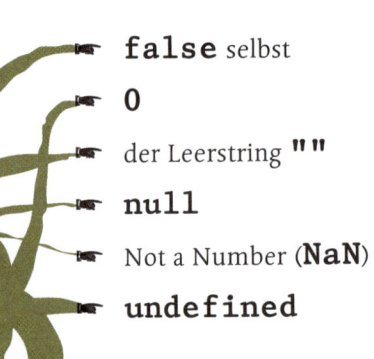

- `false` selbst
- `0`
- der Leerstring `""`
- `null`
- Not a Number (`NaN`)
- `undefined`

Wenn einer dieser Werte als Bedingung eines `if`-Statements auftaucht, dann wird er wie `false` behandelt. Im Beispiel wird also der `else`-Block ausgeführt, denn `0` ist falsy. Alle Werte, die nicht in dieser Liste stehen, sind truthy. Die logischen Operatoren UND, ODER und NICHT funktionieren auch mit diesen Werten, man kann zum Beispiel statt `if (zahl == 0){...}` auch `if (!zahl){...}` schreiben. Ob Code dadurch lesbarer wird oder nicht, ist eine Frage des persönlichen Geschmacks.

Es gibt leider einige kleine Fallstricke mit truthy- und falsy-Werten und der automatischen Typumwandlung von JavaScript: Wir haben ja schon zu Anfang des Kapitels gesehen, dass JavaScript bei Bedarf aus der Zeichenkette „0" die Zahl 0 machen kann, oder auch umgekehrt, gerade wie man es braucht. Das führt zu einer unschönen Situation:

```
if (0 == "0"){...}  *1
if ("0"){...}  *2
if (0) {...}  *3
```

*1 Dank automatischer Typumwandlung sind beide Werte gleich, die Bedingung ist **true**.

*2 Es gibt nur eine falsy-Zeichenkette, und das ist `""`, also ist `"0"` truthy.

*3 Die Zahl 0 ist falsy.

Obwohl beide Werte also laut Vergleichsoperator gleich sind, ist einer von ihnen truthy und einer falsy. Mit so viel Verwirrung kann man doch nur Spaß haben.

Auch ansonsten ist die automatische Typumwandlung nicht immer, was man haben möchte. Manchmal ist es ja schon wichtig, ob in einer Variablen die Zeichenkette „0" oder die Zahl 0 steht. Oder vielleicht auch der Wahrheitswert **false**, denn laut JavaScript ist auch **false == 0**. Wenn diese Unterscheidung wichtig ist, benutzt man den **strengen Vergleichsoperator ===**, also noch ein Gleichheitszeichen mehr. Dieser Operator vergleicht nicht nur die Werte zu beiden Seiten, sondern stellt auch sicher, dass sie vom gleichen Typ sind.

`if (0 == "0"){...}`	Mit zwei Gleichheitszeichen sind Zahl und Zeichenkette gleich.
`if (0 === "0"){...}`	Mit dreien nicht mehr, denn es findet keine Typumwandlung statt.
`if (0 === 0){...}`	Aber die Zahl ist zu sich selbst gleich, auch mit dem strengen Vergleichsoperator.
`if (0 === 0.0){...}`	Auch diese beiden sind streng gleich, denn 0 und 0.0 sind keine unterschiedlichen Werte, nur unterschiedliche Schreibweisen für dieselbe Zahl.

[Zettel]
Damit hört es aber dann auch auf, es gibt keinen **====**-Operator.

Das klingt alles sehr verwirrend, aber mit ein wenig Übung ergibt alles einen Sinn, du wirst sehen.

Was? Wie? Wenn? Dann?

[Schwierige Aufgabe]
Nimm einen Bleistift zur Hand, und kreuze bei den folgenden Beispielen jeweils an, ob der **if**-Block oder der **else**-Block ausgeführt wird.

```
var variable1 = 3;
var variable2 = 7;
var variable3 = 0;
var variable4 = "0";
var variable5 = "";
var variable6 = true;
if (variable1 > variable2){...} else {...} // 1
if (variable1 != variable2){...} else {...} // 2
if (variable1){...} else {...} // 3
if (variable1 === "3") {...} else {...} //4
if (!variable4){...} else {...} // 5
if (variable3 || variable2){...} else {...} //6
if (variable1 && variable4){...} else {...} // 7
if (!variable6){...} else {...} // 8
if (variable4.indexOf("1")) {...} else {...} // 9
if ((variable3 == variable4) == (variable3 === variable4) {...}
    else {...} // 10
```

if   else
☐   ☐
☐   ☐
☐   ☐
☐   ☐
☐   ☐
☐   ☐
☐   ☐
☐   ☐
☐   ☐
☐   ☐

1. Else: `variable1` ist nicht größer als `variable2`.
2. If: `variable1` ist ungleich `variable2`.
3. If: 3 ist ein truthy-Wert.
4. Else: `variable1` enthält die Zahl 3, beim strengen Vergleich ist diese ungleich der Zeichenkette „3".
5. Else: Die Zeichenkette „0" ist truthy, mit dem Ausrufezeichen negiert also `false`.
6. If: `variable3` ist falsy, aber `variable2` ist truthy, und da zwischen den beiden ein Oder steht, muss nur eine von ihnen truthy sein.
7. If: Für die Und-Verknüpfung müssen beide Werte truthy sein, und das trifft sowohl auf die Zahl 3 als auch auf den String „0" zu.
8. Else: `!true` ist `false`.
9. If: Der String „1" kommt im String „0" nicht vor, deshalb hat `indexOf()` das Ergebnis -1. Der einzige falsy Zahlenwert ist aber 0, also muss -1 truthy sein.
10. Else, und ja, die Aufgabe ist nur drin, um dich zu ärgern: `variable3` und `variable4` werden einmal mit `==` und einmal mit `===` verglichen. Beim ersten Vergleich kommt durch die Typumwandlung `true` heraus, beim zweiten `false`. Nach Auflösen der Klammern steht da also `true == false`, und das ist wiederum `false`.

[Einfache Aufgabe]

Auch wenn es dir nicht gefällt, ich habe doch noch was zu den Schuhen: Erweitere die Seite zur Schuhzählung so, dass JavaScript einen Kommentar zu der Anzahl Schuhe ausgibt. Sind es weniger als zehn Schuhe, soll der Kommentar lauten: „Das sind wenige Schuhe." Bei mehr als zehn soll er lauten: „Das sind viele Schuhe." Bei mehr als hundert: „Das sind sehr viele Schuhe." Und bei mehr als tausend: „Das sind zu viele Schuhe!" Bei mehr als zehntausend Schuhen lautet der Kommentar: „Oh mein Gott!!!"

Grummelgrummelgrummelschuhegrummel ...

Keine Schwierigkeit, oder? Du bist ja auch in JavaScript schon halber Profi. Du prüfst natürlich mit `if ... else if ... else`, welcher Kommentar ausgegeben werden soll. Wie die Ausgabe gemacht wird, weißt du ja, und die Berechnung bleibt gegenüber vorher gleich. Deshalb hier nur der neue Code in `zaehleSchuhe()`, um den richtigen Kommentar zu schreiben:

JavaScript

*1 Die Variable **kommentar** ist nicht zwingend notwendig, man könnte auch in jedem Block direkt die Ausgabe machen. Aber so sieht es etwas klarer aus.

*2 Die Variable **schuhe** gibt es in **zaehleSchuhe()** schon, wir benutzen sie nur weiter.

*3 Die einzelnen Bedingungen werden in absteigender Reihenfolge geprüft. Überleg mal, was passieren würde, wenn die Reihenfolge anders wäre.

*4 Und wenn alles andere nicht passt, dann bleibt als letzte Möglichkeit nur noch „weniger als 10 Schuhe".

```
var kommentar;*1
if (schuhe*2 > 10000)*3{
    kommentar = "Oh mein Gott!!!";
} else if (schuhe > 1000)*3{
    kommentar = "Das sind zu viele Schuhe!";
} else if (schuhe > 100)*3{
    kommentar = "Das sind sehr viele Schuhe.";
} else if (schuhe > 10)*3{
    kommentar = "Das sind viele Schuhe.";
} else *4{
    kommentar = "Das sind wenige Schuhe.";
}
document.getElementById("kommentar").innerHTML = kommentar;*1
```

Statt der gezeigten Lösung könntest du die Bedingungen natürlich auch aufsteigend prüfen und mit kleiner als vergleichen, das hat keine Vor- oder Nachteile gegenüber dieser Lösung. Wichtig ist nur, dass es eine Reihenfolge gibt, sonst werden deine Bedingungen komplizierter, zum Beispiel: **schuhe > 100 && schuhe <= 1000**.

[Belohnung/Lösung]

Für den ersten Kontakt mit JavaScript hast du in diesem Kapitel eine Menge gelernt, jetzt hast du dir einen Kaffee (oder ein anderes Getränk deiner Wahl) verdient. Ich würde dir auch ein Zertifikat ausstellen, aber das kann ich leider nicht. Ich bin nur ein Buch. Lad auch deine Freundin zu einem Kaffee mit Kuchen ein, wir waren mit dem Schuhbeispiel nicht so richtig nett zu ihr, sie verdient das als Entschädigung.

ELF

Funktionen

Programmieren mit Bausteinen

Schrödinger will's wissen! In den vorigen Kapiteln sind einige Dinge einfach vom Himmel gefallen, weil sie gerade gebraucht wurden. Zum Beispiel Funktionen, die waren plötzlich einfach da. Aber warum braucht man sie? Was tut man damit? Wie machen sie das Leben des Entwicklers besser? Und vor allem: Wie schreibt man eigene Funktionen, um den meisten Nutzen davon zu haben? Das alles und mehr in Schrödingers Funktionskochbuch.

Ich hoffe, du hast deine erste Berührung mit JavaScript gut verdaut. Es macht Spaß, oder? In diesem Kapitel wollen wir im Detail über etwas sprechen, das in den vorigen Kapiteln plötzlich einfach da war, **Funktionen**, und über alles, was dazugehört.

[Begriffsdefinition]
Eine **Funktion** ist ein benannter Codeblock, der vom Rest des Programms weitestgehend unabhängig ist. Sie erfüllt eine bestimmte Aufgabe und kann mehrmals und von verschiedenen Stellen aus **aufgerufen** werden, um diese Aufgabe zu erfüllen. Beim Aufruf können ein oder mehrere **Parameter** übergeben werden, Werte, die die Funktion zum Erfüllen ihrer Aufgabe benötigt. Eine Funktion kann einen **Rückgabewert** haben, einen Wert, der dem Aufrufer als Ergebnis der Funktion zurückgegeben wird.

Ähm ... wie bitte?

Ja, ich geb's zu, das sind viele neue Konzepte und Fachbegriffe auf einmal. Aber die Ideen dahinter sind eigentlich alle sehr einleuchtend:

1. kleine Arbeitsschritte **sinnvoll** zu größeren **zusammenfassen**
2. Abläufe verallgemeinern, indem du etwas **mit Sachen** machst
3. Ergebnisse abliefern, so dass man damit auch weitermachen kann

Und es ist für Menschen vollkommen **natürlich**, in Funktionen zu denken.

Das sehe ich auf Anhieb aber noch nicht.

Ich bin mir sicher, ich kann dich überzeugen. Vergiss für den Anfang mal das ganze Computerzeug, und nimm ein Beispiel aus dem Alltag: **Spaghetti Bolognese**.

Wenn du überlegst, wie du die zubereitest, sieht das eher so aus?

> Zwiebel einschneiden
> die Schale von der Zwiebel ziehen
> einen Streifen von der Zwiebel abschneiden
> noch einen Streifen von der Zwiebel abschneiden
> noch einen Streifen von der Zwiebel abschneiden
> die Zwiebel drehen
> noch einen Streifen von der Zwiebel abschneiden
> noch einen Streifen von der Zwiebel abschneiden
> noch einen Streifen von der Zwiebel abschneiden
> noch einen Streifen von der Zwiebel abschneiden
> ...
> Öl in die Pfanne tun
> die Pfanne mit dem Öl darin erhitzen

Hör auf! Mir kommen jetzt schon die Tränen vor lauter Zwiebeln!

Oder kommt das hier deinen Gedanken näher?

> Zwiebel schälen
> Zwiebel hacken
> Zwiebel braten
> Hackfleisch braten
> Tomaten hacken

Das ist viel besser, mit der anderen Beschreibung wird man doch wahnsinnig!

Funktionen

Genau das meine ich. Die zweite Erklärung fasst die kleinen Arbeitsschritte, mit denen du eine Zwiebel schälst, sinnvoll zu „Zwiebel schälen" zusammen, anstatt dein Hirn mit den einzelnen Schnippelstreifen zu belästigen. Jetzt musst du nur noch von irgendwoher wissen, wie „Zwiebel schälen" oder „Zwiebel braten" im Detail geht: Die Funktion muss **definiert** sein.

Klar weiß ich das.

```
Zwiebel braten geht so:

Öl in die Pfanne tun
die Pfanne mit dem Öl darin erhitzen
die (gehackte) Zwiebel hineintun
gelegentlich mit dem Pfannenheber bewegen, bis sie golden sind.
```

So zu denken, bereitet viel weniger Kopfschmerzen als so kleinteilig.

Und du findest auch **die wichtigen Punkte aus** meiner **Begriffsdefinition** wieder:

„Zwiebel braten geht so" entspricht der Definition einer Funktion. Daraus wird in JavaScript der **benannte Codeblock** mit dem **Namen** „Zwiebel braten". Du hast die kleinen Arbeitsschritte sinnvoll zu einem größeren zusammengefasst.

Ich hab aber noch etwas Tolleres.
Schließlich willst du nicht nur Zwiebeln braten, sondern vielleicht auch mal Kartoffeln. Oder Hackfleisch.

```
etwas braten geht so:

Öl in die Pfanne tun
die Pfanne mit dem Öl darin erhitzen
etwas in die Pfanne tun
gelegentlich mit dem Pfannenheber bewegen, bis etwas gebraten ist
```

So ist der Ablauf „braten" verallgemeinert, indem du jetzt Sachen brätst. Du musst dir keine Gedanken mehr machen, wie man Hackfleisch brät, denn etwas kann Zwiebel sein oder Hackfleisch oder Knoblauch oder deine Hand, wenn du nicht aufpasst. Und das mit nur einer Funktionsdefinition, die **mehrmals** und **an verschiedenen Stellen** gerufen werden kann.

> **[Zettel]**
> Das Etwas ist ein Parameter: das Ding, mit dem eine Funktion arbeiten soll.

*Und was ist mit dem dritten Punkt?
Ergebnisse abliefern?*

Dieser Punkt ist wichtig, denn Braten ist ja nicht das erste, was du tust. Ganze Zwiebeln zu braten, führt selten zu einem leckeren Ergebnis; zuerst gehören sie gehackt. Und mit den **gehackten** Zwiebeln willst du dann **weiterarbeiten** und sie braten. Oder vielleicht auch dünsten, oder kochen. Deswegen hat die Funktion **etwas hacken** ein Ergebnis, auch **Rückgabewert** genannt.

```
etwas hacken geht so:

/*genaue Anleitung, wie man hackt*/
gib gehacktes Etwas zurück
```

Im Hauptprogramm verwenden:

```
gehackteZwiebel = Zwiebel hacken
gebrateneZwiebel = gehackteZwiebel braten
```

Weil **hacken** ein Ergebnis geliefert hat, kannst du mit den gehackten Zwiebeln weitermachen und sie braten. So wird deine Funktion noch vielseitiger, denn auch wenn du kochen oder dünsten möchtest, kannst du vorher **hacken** verwenden.

*Und wenn eines nicht weiß, wie „Pfanne erhitzen" geht?
Um die Funktion dafür zu schreiben,
muss ich wissen, wie der Herd angeht ...*

Aber die Funktion musst du dann auch zum Glück nicht mehr schreiben. Wie der Herd angeht, steht in der Bedienungsanleitung, und von der nimmst du an, der Koch habe sie gelesen. Übersetzt in JavaScript bedeutet das: Manche Funktionen bringt die JavaScript-Umgebung schon mit, und du kannst dich fest darauf verlassen, dass es sie gibt. `parseInt` ist eine solche Funktion: Du musst nie darüber nachdenken, wie du aus einer Zeichenkette eine Zahl machst, JavaScript bietet das.

Noch nie hat mich eine Erklärung von Programmierkonzepten so hungrig gemacht.

Funktionen

Und was fürs Kochen gut ist, kann für JavaScript nicht schlecht sein. Also raus aus der Küche und rein in die Programmierung. Zum Beispiel an eine Funktion, die zu einer zweistelligen Zahl die Quersumme berechnet, die Summe aller Ziffern:

*1 Das Schlüsselwort `function` leitet die **Funktionsdefinition** ein.

*2 Funktionsnamen folgen denselben Regeln wie Variablennamen: An erster Stelle dürfen Buchstaben, **$** und **_** stehen, weiter hinten auch Ziffern. Auch für Funktionen gilt die Konvention, ihren Namen mit einem Kleinbuchstaben beginnen zu lassen.

*3 In runden Klammern werden die Parameter angegeben, die diese Funktion erwartet. Hat die Funktion keine Parameter, bleiben die Klammern leer, **aber sie müssen da sein**. Mehrere Parameter werden durch Kommas getrennt. Auch für Parameternamen gelten dieselben Regeln wie für Variablennamen.

*4 Der Code der Funktion, der sogenannte **Funktionsrumpf**, steht zwischen geschweiften Klammern.

```
function*1 quersumme*2(zahl*3){*4
    zahl = zahl.toString();*5
    var ergebnis*6 = parseInt(zahl.charAt(0)) + parseInt(zahl.charAt(1));
    return ergebnis;*7
}
var quersumme1 = quersumme(33);*8
var quersumme2 = quersumme(17);*8
```

*5 Innerhalb der Funktion verhält sich ein Parameter genau wie eine Variable. Wird dem Parameter wie hier ein neuer Wert zugewiesen, dann ändert das **nichts** am Wert außerhalb der Funktion.

*8 Der mit **return** zurückgegebene Wert kann vom Aufrufer benutzt werden wie jeder andere Wert und zum Beispiel einer Variablen zugewiesen werden.

*6 Die Variable `ergebnis` ...

*7 Das Schlüsselwort **return** gibt einen Wert zum Aufrufer der Funktion zurück.

*Ist **ergebnis** nicht ein blöder Name?
Den will man doch in jeder Funktion wieder benutzen,
die kommen sich doch gegenseitig in die Quere.*

Nein, tun sie nicht. Variablen, die innerhalb einer Funktion definiert werden, sind auch nur innerhalb der Funktion sichtbar. Nicht nur das, die gelten auch **nur für diesen Aufruf der Funktion**. Beim nächsten Aufruf ist die Variable wieder komplett neu.

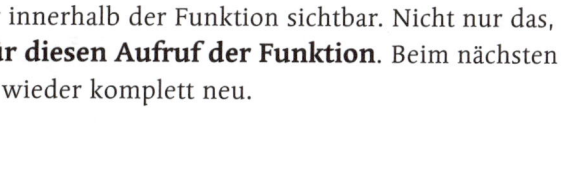

[Begriffsdefinition]

Der Bereich, in dem eine Variable sichtbar ist, heißt der **Scope** der Variablen. In JavaScript gibt es nur zwei Scopes: **Globale Variablen** sind überall sichtbar, das betrifft alle Variablen, die außerhalb von Funktionen deklariert werden. Variablen, die innerhalb einer Funktion deklariert werden, sind nur innerhalb der Funktion sichtbar und heißen **lokale Variablen**.

[Achtung]

Gibt es eine globale Variable und eine lokale Variable mit demselben Namen, dann wird innerhalb ihres Scopes die lokale Variable verwendet. Auf die globale Variable kann dann nicht zugegriffen werden.

[Begriffsdefinition]

Nimmt eine Funktion Änderungen an globalen Variablen vor, nennt man das einen Seiteneffekt.

[Achtung]

Soweit möglich sollte man Funktionen ohne Seiteneffekte schreiben. Und es ist immer möglich, alle Seiteneffekte sind vermeidbar. Sie machen den Programmablauf schwer nachvollziehbar und führen gern zu schwer zu findenden Fehlern.

Es ist übrigens immer empfehlenswert, seine Annahmen über die übergebenen Parameter auch zu prüfen. In der Funktion `quersumme` nehme ich zum Beispiel an, dass der übergebene Parameter zweistellig ist.

Das solltest du auch prüfen:

[Begriffsdefinition]
Diese Art von Annahme über den Parameter nennt man eine **Vorbedingung** (Pre-Condition).

*1 Hier wird zuallererst geprüft, ob überhaupt ein Parameter übergeben wurde, …

*2 … und hier dann, dass der Parameter wirklich zweistellig ist.

```
function quersumme(zahl){
    if (!zahl) /*1*/ return NaN; /*3*/
    zahl = zahl.toString();
    if (zahl && zahl.length == 2){ /*2*/
        var ergebnis = parseInt(zahl.charAt(0)) + parseInt(zahl.charAt(1));
        return ergebnis;
    } else {
        return NaN; /*3*/
    }
}
```

*3 Falls etwas nicht stimmt, muss ich trotzdem etwas zurückgeben. Mit **NaN** signalisiere ich, dass kein richtiges Ergebnis berechnet werden konnte. Viel besser wäre es, eine **Fehlermeldung** zu erzeugen. Jetzt wo ich es sage, Fehler sind noch ein wichtiges Thema. Dazu erzähl ich dir besser gleich noch was.

Und was hab ich dann von dieser Prüfung?

Würdest du nicht prüfen, dann könnte man der Funktion zum Beispiel auch dreistellige Zahlen übergeben, und für die wird ein falsches Ergebnis zurückgegeben, ohne dass du es bemerkst. Damit rechnest du dann weiter, und am Ende gibst du ein ganz falsches Ergebnis aus und wunderst dich, warum. Mit der Prüfung wird sofort klar, wo das Problem herkommt – vor allem, wenn du später Fehler wirfst.

Kapitel ELF

So funktioniert's mit Funktionen

Funktionen sind ja nicht ganz neu, du hast im vorigen Kapitel bereits einige geschrieben. Also kannst du jetzt auch ins kalte Wasser springen und gleich noch eine schreiben.

[Einfache Aufgabe]
Schreibe eine Funktion, die den Durchschnitt einer einzelnen Zahl berechnet und zurückgibt. Schreibe auf derselben Seite ein Beispiel, das die Funktion aufruft und ihren Wert ausgibt.

Der Durschschnitt eines einzelnen Zahl. Das ist doch nur wieder die Zahl selbst. Ist das nicht ziemlich sinnlos?

Für sich genommen schon, aber das ist ja nur der Anfang. Und meistens ist es halt besser, mit dem einfachsten Fall anzufangen. Kochen lernst du ja auch erst mit Bockwurst in heißem Wasser, nicht mit Pekingente. Da es so einfach ist, bist du doch bestimmt schon fertig, oder?

Aber sicher!

*1 Der Durchschnitt welcher Zahl berechnet werden soll, wird natürlich als Parameter übergeben.

```
<script>
function durchschnitt(zahl*1){
    /*Bei einer Zahl gibt es noch nichts zu berechnen, also wird der Parameter
    gleich zurückgegeben.*/
    return zahl;
}
</script>
...
Der Durchschnitt von 11: <script>document.write(durchschnitt(11))*2;</script>
```

*2 Verschachtelte Funktionsaufrufe hast du ja auch schon gesehen: Der Rückgabewert von `durchschnitt()` wird an `document.write()` übergeben.

Funktionen

Aber du hast natürlich Recht, dieses Beispiel ist ziemlich trivial. Also lass es uns interessanter machen. Denk daran, dass mehrere Funktionsparameter sowohl beim Aufruf als auch bei der Deklaration durch Kommas getrennt werden.

[Einfache Aufgabe]

Verändere die Funktion so, dass sie den Durchschnitt von zwei Zahlen berechnet. Füge auch einen weiteren Aufruf der Funktion hinzu, diesen dann mit zwei Parametern.

*1 Die beiden Parameter werden durch ein Komma getrennt.

```
function durchschnitt(zahl1, zahl2*1){
    return (zahl1 + zahl2)*2 / 2;
}
...
Durchschnitt von 3, 4=<script>document.write(durchschnitt(3, 4*3));</script>
```

*2 Diese Klammern sind nötig, weil sonst Punkt- vor-Strichrechnung angewandt wird.

*3 Auch beim Aufruf trennt ein Komma die beiden Parameter.

Das hab ich doch mit links gemacht.

Und richtig ist es auch, gute Arbeit, Schrödinger. Aber es hat sich jetzt ein kleines Problem eingeschlichen. Schau noch mal auf das erste Beispiel mit nur einer Zahl.

```
Durchschnitt von 7: NaN
Durchschnitt von 7, 11: 9
```

NaNu, was ist denn da passiert?

[Notiz]
Falls du andere Programmiersprachen kennst, bist du es vielleicht gewohnt, dass man eine Funktion nur mit genau so vielen Parametern aufrufen kann, wie in ihrer Deklaration angegeben sind. JavaScript ist da weniger pingelig, man kann eine Funktion mit **weniger** oder auch mit **mehr Parametern** aufrufen, als sie in ihrer Deklaration angibt.

Wenn du kurz darüber nachdenkst, hast du wahrscheinlich schon eine Idee, was da passiert. Wenn man beim Funktionsaufruf den zweiten Parameter weglässt, dann hat er denselben Wert wie eine Variable, der kein Wert zugewiesen wurde: `undefined`. Aber das stellt ja kein Hindernis mehr da, oder?

[Schwierige Aufgabe]
Ändere die Funktion `durchschnitt()` so, dass sie mit einem und mit zwei Parametern das richtige Ergebnis liefert.

Jetzt wird es doch langsam interessant.
Dann lass mich doch mal nachdenken.

Funktionen

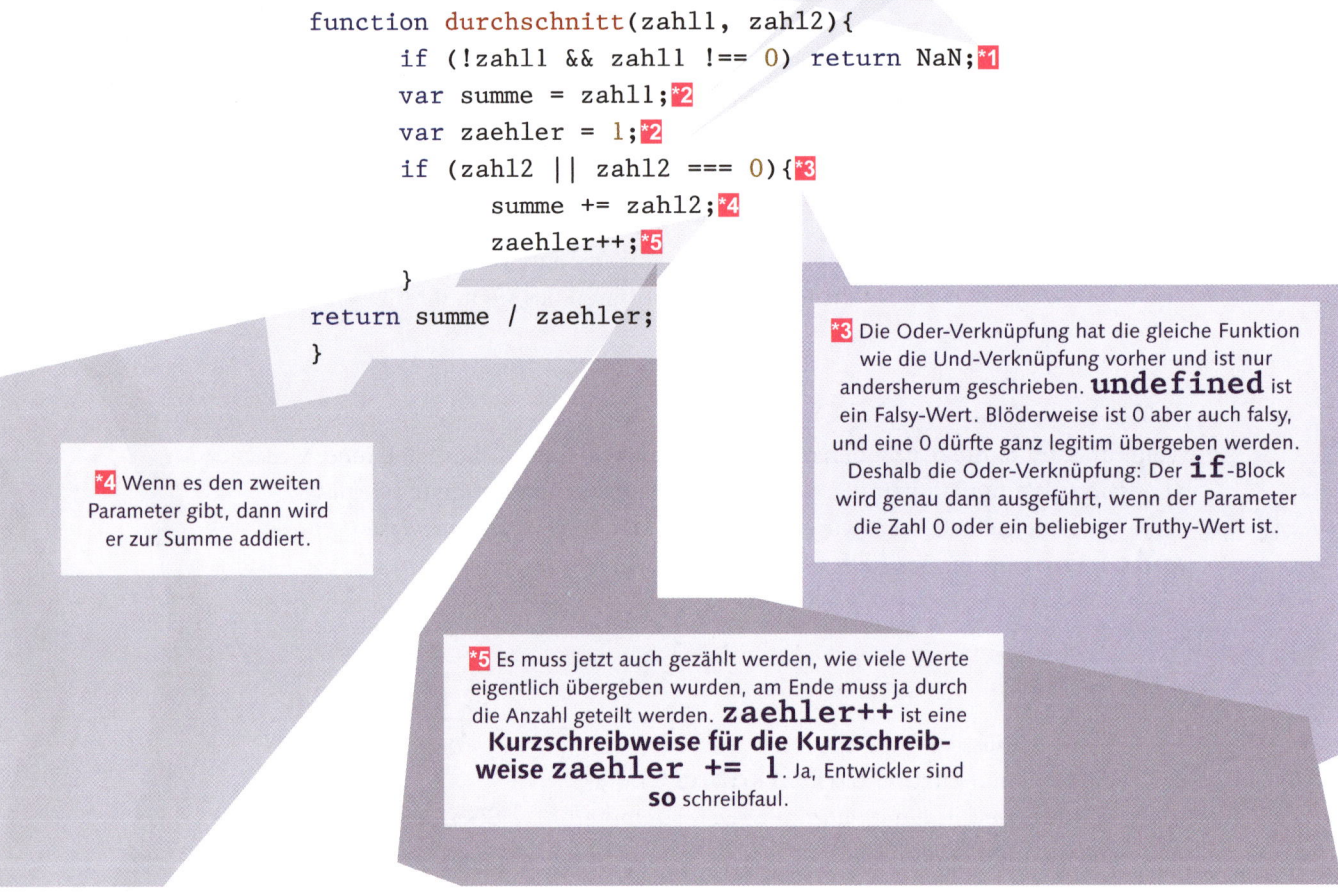

Damit kann die Funktion jetzt den Durchschnitt von einer Zahl und von zwei Zahlen berechnen, und nach demselben Muster könntest du sie auch so erweitern, dass sie drei, vier oder fünf Parameter nehmen kann. Das wird aber ziemlich lang, unübersichtlich und hässlich. Du willst die durchschnittliche Zahl an Fehlern pro E-Mail von Bossingen berechnen? Er schreibt etwa 20 E-Mails am Tag, an ungefähr 200 Arbeitstagen im Jahr. Viel Spaß dabei, deine Funktion mit 4.000 Parametern zu definieren. Viel besser wäre es, wenn man beliebig viele Werte übergeben könnte, ohne für jeden weiteren einen zusätzlichen Parameter zu definieren. Auch das geht, aber dazu brauchen wir noch einen neuen Datentyp.

Mehr Werte als man zählen kann – Arrays

Arrays sind was für dich, Schrödinger, du wirst dich mit denen auf Anhieb verstehen: Es sind **Stapel von Daten**. Bisher hat in jede Variable genau ein Objekt gepasst, sei es eine Zahl, ein String oder sonst etwas, als würdest du Kisten nur nebeneinanderstellen.

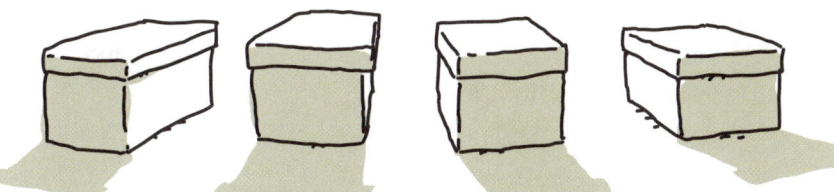

Arrays geben dir eine zusätzliche Dimension, du kannst Objekte damit stapeln und (fast) beliebig viele in eine Variable packen. Das macht natürlich nur Sinn, wenn die Daten auch zusammengehören, zum Beispiel alle Zahlen, deren Durchschnitt berechnet werden soll, oder die Namen aller deiner World-of-Warcraft-Charaktere oder alles, was du am Wochenende einkaufen musst. Wenn es eine Liste gleichartiger Daten ist, dann kann es in einem Array stehen.

[Achtung]
Es ist zwar technisch möglich, in ein und demselben Array Strings, Zahlen und andere Objekte unterzubringen. **Eine gute Idee ist es aber nicht**, ein Array sollte nur gleichartige Daten enthalten, zum Beispiel ein Array von Zahlen oder ein Array von Strings.

Funktionen **447**

Ein Array zu definieren, ist nicht schwieriger, als eine Zahl oder eine Zahlenkette im Code anzugeben. Alle Werte des Arrays werden zwischen eckige Klammern gesetzt, und mehrere Werte werden durch Kommas getrennt, genau wie Funktionsparameter.

*1 ein leeres Array, zwei eckige Klammern mit nichts dazwischen

*2 Mehrere Werte werden durch Kommas getrennt. Achte bei Zahlen besonders darauf, dass das **Komma** die Elemente des Arrays voneinander trennt und der **Punkt** das Dezimaltrennzeichen ist.

```
//Ein leeres Array. Ja, es gibt gute Gründe, ein leeres Array anzugeben
var leer = [];*1
//Ein Array von Zahlen, zum Beispiel um ihren Durchschnitt zu berechnen
var zahlen = [7, 4, 3.8, 19];*2
//Ein Array von Strings: Schrödingers World-of-Warcraft-Charaktere
var charaktere = ["Schrökiller", "Schrödinator", "Schrödirella"];
//Ein Array von Arrays: GPS-Koordinaten der Chinesichen Mauer*3
var koordinaten = [[40.11666, 124.38333], [40.21966, 124.50915]]*4;
```

*3 Natürlich nicht der ganzen Mauer, nur zweier Punkte ganz im Osten. Den kompletten Verlauf in Koordinaten anzugeben, würde das Kapitel wohl sprengen.

*4 Arrays sind, du hast es schon erraten, auch selbst wieder Objekte. Und Objekte können Elemente in einem Array sein. In Fällen wie diesem ist es durchaus sinnvoll, Arrays zu verschachteln: Die inneren Arrays stellen jeweils ein Koordinatenpaar dar, das äußere Array ist eine Liste dieser Koordinatenpaare. Arrays in Arrays werden auch als mehrdimensionale Arrays bezeichnet, weil genau das ein häufiger Fall ist, bei dem sie eingesetzt werden: um mehrdimensionale Strukturen abzubilden. Denk zum Beispiel an ein Schachbrett mit seinen 8 x 8 Feldern. Ein äußeres Array enthält die Reihen, jede Reihe ist wiederum ein Array und enthält die Felder. Und schon kannst du mit **schachbrett[0][0]** deinen Turm finden.

[Zettel]
In Einzelfällen gibt es gute Gründe, ein Array von Arrays von Arrays zu haben oder sogar noch tiefer zu verschachteln. Meistens aber nicht. Tu es nicht ohne einen wirklich guten Grund.

Arrays definieren zu können, ist schon mal die halbe Miete. Wenn du jetzt noch einzelne Werte **aus einem Array lesen** und **in ein Array schreiben** kannst, dann bist du fast am Ziel. Auch das funktioniert mit eckigen Klammern: Gib in eckigen Klammern den Index des Elements an, und du kannst eine Stelle im Array lesen und schreiben wie eine Variable.

[Achtung]
Genau wie bei Strings ist auch bei Arrays der erste Index 0, nicht 1. Auf das zweite Element eines Arrays greifst du also mit `[1]` zu.

*1 ein handliches, kleines Array voll mit Zahlen

*2 Es wird das dritte Array-Element ausgegeben, also 1.

```
var array = [3, 5, 1, 7, 9]; *1
document.write(array[2]); *2
array[2] = 7; *3
document.write(array[2]); *4
```

*3 Auch Schreiben ins Array funktioniert wie bei einfachen Variablen mit dem Gleichheitszeichen.

*4 Jetzt steht an Position 2 die 7.

[Zettel]
Auch an Array-Positionen, denen kein Wert zugewiesen ist, steht **undefined**. Du kannst aus einem Array mit drei Elementen die 200. Stelle auslesen, ohne dass ein Fehler auftritt.

[Hintergrundinfo]
Ein JavaScript-Array kann maximal $2^{32}-1$, also mehr als 4 Milliarden Elemente enthalten. Das klingt erst mal sehr viel. Und das ist es auch.

Funktionen **449**

Wie vorhin schon gesagt, sind auch Arrays Objekte. Überhaupt gibt es nichts in JavaScript, das kein Objekt ist, eben auch Arrays. Und deshalb haben auch Arrays neben ihrem Inhalt noch andere Eigenschaften und nützliche Funktionen. Die Eigenschaft **length** kennst du schon von Strings, und sie hat bei Arrays die gleiche Bedeutung: Wie viele Elemente enthält das Array? Oder besser gesagt, wie viele Elemente sind es bis zum letzten Element des Arrays, das nicht **undefined** ist? Dieser Unterschied ist wichtig, denn **undefined**-Werte, die vor dem letzten definierten Element stehen, werden mitgezählt.

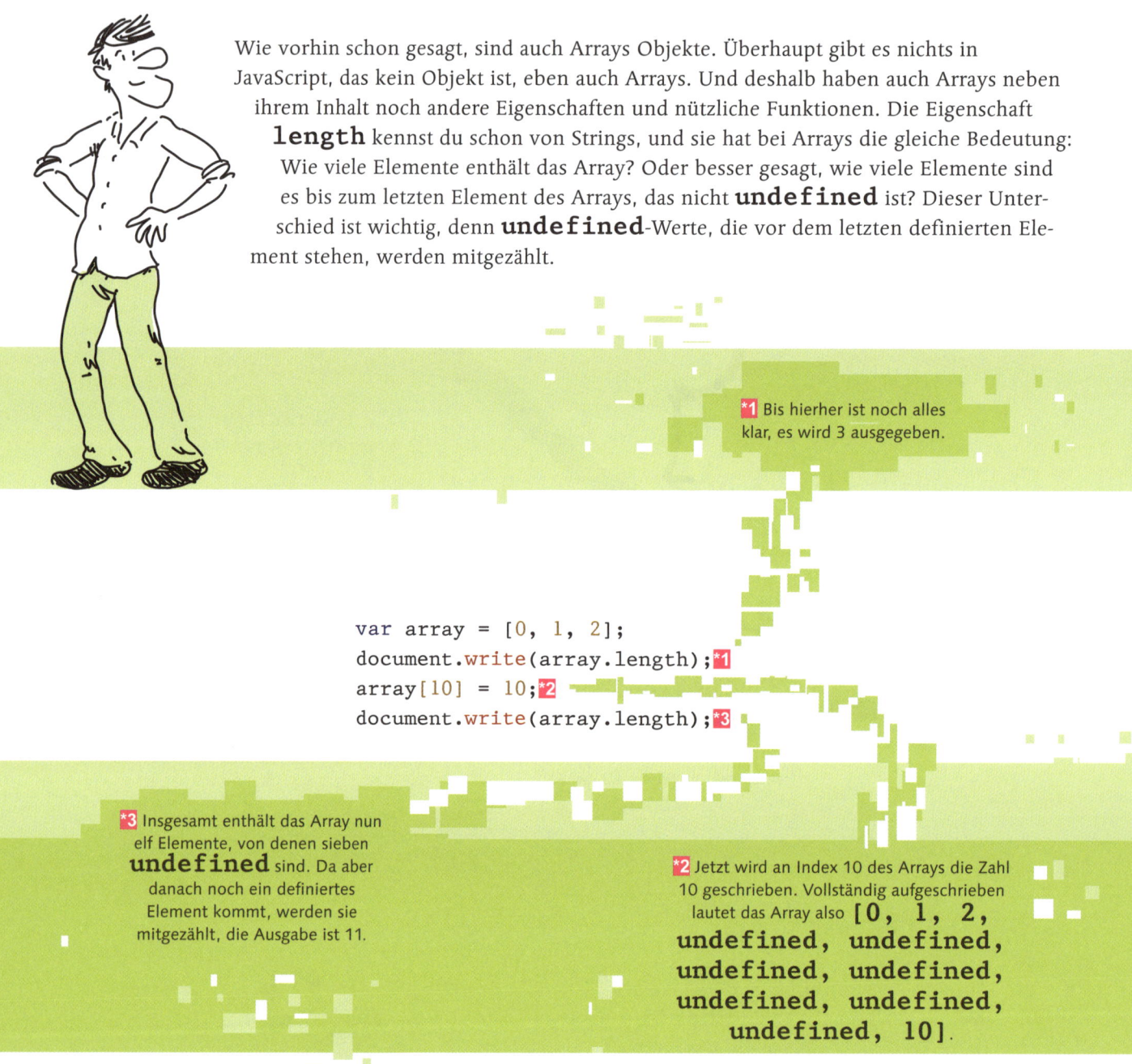

```
var array = [0, 1, 2];
document.write(array.length); *1
array[10] = 10; *2
document.write(array.length); *3
```

*1 Bis hierher ist noch alles klar, es wird 3 ausgegeben.

*2 Jetzt wird an Index 10 des Arrays die Zahl 10 geschrieben. Vollständig aufgeschrieben lautet das Array also `[0, 1, 2, undefined, undefined, undefined, undefined, undefined, undefined, undefined, 10]`.

*3 Insgesamt enthält das Array nun elf Elemente, von denen sieben **undefined** sind. Da aber danach noch ein definiertes Element kommt, werden sie mitgezählt, die Ausgabe ist 11.

Die meisten Methoden eines Array-Objekts fügen entweder Elemente hinzu oder entfernen sie. **push()** und **pop()** fügen ein Element am Ende hinzu und entfernen es wieder. **unshift()** und **shift()** tun dasselbe am Anfang und verschieben dabei alle weiteren Elemente um eine Position.

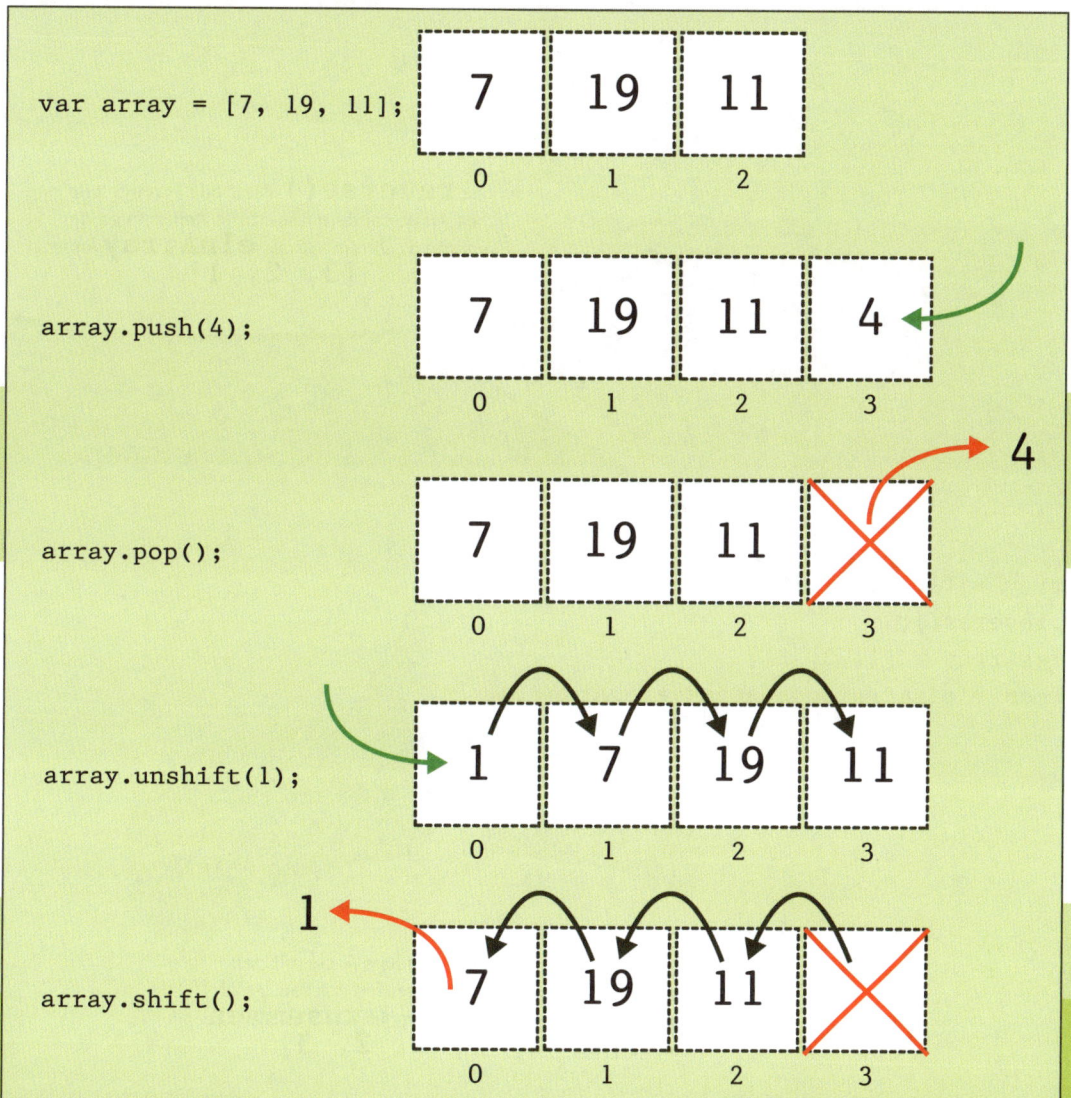

Hinzufügen und entfernen von Elementen

Die beiden Methoden zum Entfernen von Elementen, **pop()** und **shift()**, **geben auch das entfernte Element zurück**. Außerdem interessant sind noch die Methoden **reverse()**, die ein Array umdreht, und **concat()**, die ein neues Array erzeugt, indem sie zwei Arrays zusammenfügt.

> *1 Die **reverse()**-Methode erzeugt kein neues Array, sondern ändert die Reihenfolge der Elemente in „ihrem" Array. **einArray** ist jetzt **[3, 2, 1]**.

```
var einArray = [1, 2, 3];
einArray.reverse();     *1
var anderesArray = [1, 2, 3];
var zusammen = einArray.concat(anderesArray); *2
```

> *2 **concat()** erzeugt ein neues Array mit den Elementen des Arrays, an dem sie gerufen wurden, gefolgt von den Elementen ihres Parameters. In **zusammen** steht **[3, 2, 1, 1, 2, 3]**.

Und damit weißt du vorerst alles Wichtige zu Arrays, und wir können nach der Übung die Durchschnittsmethode noch mal angehen. Später in diesem Kapitel reden wir noch kurz übers **Sortieren**, da gibt es noch eine besonders schöne Eigenheit.

Ein Übung für zwischendurch

Aber bevor es weitergeht, geh ich mal wieder Kaffee holen. Dieses ganze Gerede über Arrays hat mich auf die Idee gebracht, ein ganzes Array von Kaffeetassen zu holen, dann muss ich seltener zur Maschine laufen. Nur das Warmhalten ist noch schwierig, aber da finde ich schon was.

[Einfache Aufgabe]
Was ist der Inhalt des Arrays **array** am Ende des folgenden Beispielcodes?

```javascript
var zutaten = ["zwiebel", "hackfleisch", "knoblauch", "salz", "tomate"];
zutaten.unshift();
zutaten.pop();
zutaten[1] = "tomate";
zutaten.push("knoblauch");
zutaten.shift(zutaten[0]);
zutaten[6] = "speck";
zutaten.reverse();
zutaten.pop();
```

["zwiebel", "hackfleisch", "knoblauch", "salz", "tomate"]

["hackfleisch", "knoblauch", "salz", "tomate"]

["hackfleisch", "knoblauch", "salz", "tomate"]

["hackfleisch", "knoblauch", "salz"]

["hackfleisch", "tomate", "salz"]

["hackfleisch", "tomate", "salz"]

["hackfleisch", "tomate", "knoblauch"]

["hackfleisch", "tomate", "salz", "knoblauch"]

["hackfleisch", "hackfleisch", "tomate", "salz", "knoblauch"]

["hackfleisch", "hackfleisch", "tomate", "undefined", "speck"]

["hackfleisch", "hackfleisch", "tomate", "hackfleisch"]

["speck", "undefined", "knoblauch", "salz", "tomate", "hackfleisch"]

["speck", "undefined", "knoblauch", "salz", "tomate", "hackfleisch"]

[Achtung/Vorsicht]
Wenn du eine echte Bolognese-Soße kochst, solltest du kein **undefined** reintun!

Von vorne bis hinten mit for

Wie die **durchschnitt()**-Funktion mit einem Array-Parameter aufgerufen wird, um sie mit einer beliebigen Anzahl an Parametern zu benutzen, ist jetzt sofort klar, oder?

> *1 Ein Array erzeugen und als Parameter übergeben, nichts leichter als das.

```
var ergebnis = durchschnitt([7, 9, 2, 14, 5]*1);
```

Ja, der Teil ist mir klar. Aber … in der Funktion hilft es uns doch gar nicht weiter, oder? Jetzt prüfen wir nicht mehr für jeden möglichen Parameter, ob er gesetzt ist, sondern für jede mögliche Array-Länge, ob das Array so lang ist. Mehr als 4 Milliarden **if**-Statements?

Dooooooooooof!

Du bist mal wieder viel zu aufmerksam, jetzt kann ich die nächsten zwei Absätze auch überspringen und gleich auf den Punkt kommen. Du hast natürlich schon wieder Recht, in der Funktion bringt uns das noch gar nichts. Aber auch dafür gibt es eine Lösung, nämlich die **for**-Schleife. Die **for**-Schleife führt einen Codeblock beliebig oft aus: nullmal, einmal, siebzehnmal. Eine **for**-Schleife funktioniert mit einer **Zählvariablen**, die bei jedem Durchlauf hoch- oder runtergezählt wird, so lange, bis die Zählvariable einen bestimmten Wert erreicht.

[Achtung]
Oder eine Schleife läuft unendlich oft. Die sogenannte **Endlosschleife** ist einer der häufigsten Programmierfehler überhaupt.

*1 Das Schlüsselwort `for` leitet die Schleife ein. Danach folgen, ähnlich wie bei `if`, die Bedingungen der Schleife in runden Klammern und der auszuführende Code in geschweiften Klammern.

*2 In den runden Klammern stehen drei Anweisungen, voneinander getrennt durch Semikolon. Die erste Anweisung ist die **Initialisierung** der Schleife, sie wird ausgeführt, **bevor die Schleife zum ersten Mal durchlaufen wird**. Hier wird die Zählvariable auf ihren Startwert gesetzt.

```
for*1 (var i = 1*2; i < 10*3; i++*4){
    document.write(i);*5
}
```

*3 Die **Laufbedingung** der Schleife wird vor jedem Schleifendurchlauf geprüft. Solange dieser Ausdruck truthy ist, wird die Schleife immer wieder ausgeführt. Ist der Ausdruck einmal falsy, wird die Schleife unterbrochen, und es geht hinter der Schleife weiter.

*4 Diese Anweisung wird **nach jedem Durchlauf der Schleife** ausgeführt. An dieser Stelle wird der Wert der Zählvariablen angepasst. Im Beispiel wird sie, mit der `++`-Kurzschreibweise, um eins hochgezählt.

*5 In jedem Durchlauf wird die Zählvariable ausgegeben. Diese Schleife gibt die Zahlen von 1 bis 9 aus.

[Notiz]
Der Variablenname `i` ist zwar nicht sehr aussagekräftig, aber er wird für Zählvariablen benutzt, seit es `for`-Schleifen gibt. Hätten die alten Ägypter programmiert, hätten sie in der Variablen `i` gezählt. Der Name ist aussagekräftig aus Tradition.

Die `for`-Schleife ist das ideale Instrument, um mit Arrays zu arbeiten: Du kannst mit einer Schleife durch das ganze Array laufen und mit jedem Wert etwas tun, zum Beispiel ihn zur Gesamtsumme addieren oder dir auf den Wecker gehen.

```
var array = ["DING!", "DING!", "NERV!", "Hey, Schrödinger!", "Ich bin ein Array!",
"Hahahaha!"];
for (int i = 0; i < array.length; i++){*1
    alert(array[i]);*2
}
```

*1 Die Schleife läuft vom ersten Element des Arrays (0) bis zum letzten (Länge - 1, deshalb `i < array.length` und nicht `<=`).

*2 Jedes Element poppt dann als Dialog hoch, eins nach dem anderen. NEEEEERV!

[Notiz]
Man sagt statt „durch ein Array laufen" auch **„über ein Array iterieren"**. So stellen wir Entwickler sicher, dass uns sonst niemand versteht.

[Schwierige Aufgabe]
Ja, ich könnte dir jetzt einfach zeigen, wie du mit der **for**-Schleife den Durchschnitt eines Arrays berechnest. Aber du hast alle Puzzleteile, die du dafür brauchst. Nimm dir etwas Zeit, und versuch es, bevor du weiterliest.

Wow, okay, du setzt ja echt Vertrauen in mich, wenn du glaubst, dass ich das hinbekomme.

Vollstes Vertrauen, Schrödinger. Und nachdem du die Lösung bestimmt inzwischen gefunden hast, lass uns doch mal sehen, ob sie meiner ähnlich sieht.

Funktionen 457

```javascript
function durchschnitt(zahlen){
    if (zahlen && zahlen.length > 0) *1{
        //in dieser Variablen werden die Werte addiert
        var summe = 0;
        for (var i = 0; i < zahlen.length; i++) *3 {
            summe += zahlen[i]; *4
        }
        return summe / zahlen.length; *5
    } else {
        return 0; *2
    }
}
```

*1 Nur wenn der Parameter **zahlen** überhaupt vorhanden ist (und nicht etwa **null** oder **undefined**) und mehr als 0 Einträge hat (also kein leeres Array ist), wird angefangen zu rechnen. In diesen Fällen würden wir sonst am Ende durch 0 teilen.

*3 Das ist eine der häufigsten Zeilen bei der Arbeit mit Arrays: Diese **for**-Schleife läuft vom ersten bis zum letzten Element des Arrays, angefangen bei 0, in jedem Durchlauf um 1 hochgezählt, solange die Zählvariable kleiner ist als die Array-Länge.

*2 Falls **zahlen** kein gültiger Parameter war, gibt die Funktion 0 zurück. Der Durchschnitt von nichts ist eben gar nichts.

*4 Der Wert an der aktuellen Stelle des Arrays wird zur Summe addiert. **array[i]** nimmt nacheinander jeden Wert an, der im Array steht.

*5 Die Summe wird durch die Anzahl der Einträge geteilt, um den Durchschnitt zu berechnen.

[Notiz]

Mach dir keine Sorgen, wenn deine Funktion diese Prüfung auf falsche Parameter nicht hat. Das gehört zu den Dingen, die man sich nach einigen schlechten Erfahrungen angewöhnt.

[Notiz]

Wenn in der Mitte des Arrays **undefined**-Werte vorkommen, führen die immer noch zu Fehlern: **undefined** auf eine Zahl zu addieren, das geht nicht gut. Denk in Ruhe darüber nach, wie du diese Fehler auch noch vermeiden könntest.

[Achtung]

Die Schleife darf **nur** ausgeführt werden, solange **i** wirklich kleiner als die Array-Länge ist, **nicht** kleiner oder gleich. Da das erste Element des Arrays den Index 0 hat, hat das letzte Element den Index `array.length - 1`.

Die Prüfung, **ob im Parameter überhaupt ein gültiger Wert steht, hätte ich nicht. Aber ansonsten war meine Lösung korrekt, ich bin schon etwas stolz auf mich.**

[Belohnung]

Na und ich erst, du machst wirklich riesige Fortschritte. Zur Belohnung hab ich noch ein kleines Geheimnis für dich, um deine Funktionen noch etwas schöner zu machen.

Den Fall, dass einer Funktion weniger Parameter übergeben werden, als sie laut ihrer Deklaration gerne hätte, gab es ja schon in den ersten Versionen der Funktion `durchschnitt()`. Aber es gibt auch noch den anderen Fall, dass einer Funktion mehr Parameter übergeben werden, als sie eigentlich erwartet. Was passiert wohl mit denen?

Funktionen

Schauen wir uns das mal an:

*1 Die Funktion hat keine Parameter.

*2 Und wo kommt die Variable **arguments** her?

```
function durchschnitt()*1{
    if (arguments*2 && arguments.length > 0){
        //der Rest der Funktion sieht aus wie vorher, nur dass zahlen überall durch ↵
        arguments ersetzt wurde
        ...
    }
}
var d1 = durchschnitt(7);
var d2 = durchschnitt(1, 7, 11, 3, 29, 5, 114, 3, 5);
```

Was?! Schwarze Magie! Verbrennt ihn!

Nein, keine Magie, aber ein Detail von JavaScript, das viele nicht kennen. Wenn eine Funktion mehr Parameter erhält, als sie erwartet, dann stehen diese im **arguments**-Objekt. Sind keine Parameter deklariert, dann landen alle übergebenen Parameter in **arguments**. So muss für den Aufruf der Funktion nicht jedes Mal ein Array erzeugt werden, man übergibt einfach so viele Zahlen, wie man möchte.

[Achtung]
Man kann auf den Inhalt von **arguments** zwar mit dem Index in eckigen Klammern zugreifen wie bei einem Array, aber **arguments ist kein echtes Array**. Es kennt die eckigen Klammern und die Eigenschaft **length**, aber keine der Array-Funktionen.

[Notiz]
Genau wie Arrays sollte man **arguments** nur dann benutzen, wenn alle Werte den gleichen Typ und die gleiche Bedeutung haben, so wie die Zahlen, deren Durchschnitt berechnet werden soll. Benutze es auf keinen Fall, wenn deine Parameter verschiedene Bedeutungen haben, so wie Name, Alter, Postleitzahl und Geschlecht. All das im **arguments**-Objekt zu übergeben, ist der sicherste Weg, Code vollkommen unlesbar zu machen.

Von Dingen und Zeigern

Es gibt einen Fallstrick, wenn man Arrays als Funktionsparameter übergibt oder auch fast alles andere, mit der Ausnahme von Zahlen und Strings, die sind immer sicher. Bisher haben wir diesen Fallstrick gekonnt umgangen, weil wir aus dem übergebenen Array nur gelesen haben. Aber was passiert, wenn in das Array geschrieben wird?

Noch ein Beispiel mit Essen:

*1 Hier steht die wichtige Zeile: Das übergebene Array wird verändert. Die Funktion hat auch keinen Rückgabewert, es sollte nichts nach draußen kommen.

```
//Die Funktion
function machAbendessen(kuehlschrank){
    /*Abendessen wird mit den ersten zwei Dingen gemacht, die im
    Kühlschrank zu finden sind*/
    if (kuehlschrank && kuehlschrank.length > 1){
        var zutat1 = kuehlschrank.pop(); *1
        var zutat2 = kuehlschrank.pop(); *1
    }
}
//Was Schroedinger im Kühlschrank hat
var schroedingersKuehlschrank = ["1 Liter Milch", "Speck",
"4 Eier"];
document.write("Vorher: " + schroedingersKuehlschrank.join(", ") *2);
//Der Aufruf
machAbendessen(schroedingersKuehlschrank);
document.write("Nachher: " + schroedingersKuehlschrank.join(", ") *2); *3
```

*3 Was wird hier wohl ausgegeben? Ein Tipp: Es macht kein Omelett mehr.

*2 **join** ist eine praktische Array-Funktion, die alle Werte im Array zu einem String zusammenschreibt. Der Parameter wird als Trennzeichen verwendet: `["Milch", "Eier", "Speck"].join(", ")` ergibt `"Milch, Eier, Speck"`.

```
Vorher: 1 Liter Milch, Speck, 4 Eier
Nachher: 1 Liter Milch
```

Was ist denn hier passiert?

Funktionen **461**

Wie kann das sein? Wir haben doch nur das Parameter-Array geändert und nicht das Array außerhalb.

So komisch ist das jetzt auch nicht. Wenn du Eier aus dem Kühlschrank nimmst, dann sind sie halt draußen. Auch, wenn du den Kühlschrank vorher ins Wohnzimmer schiebst oder an eine Funktion übergibst.

Das ist, ganz ehrlich, eine tolle Analogie. So denkst du genau richtig über Parameterübergabe: Es ist derselbe Kühlschrank, der nur in ein anderes Zimmer geschoben wird. Aber, warum ist es jetzt plötzlich so? Wir haben doch schon öfter Parameter geändert, und **so was ist noch nie passiert**.

Du hast es natürlich bemerkt: „Wir haben doch schon öfter Parameter geändert" ist nicht ganz richtig. Wir haben den Parametern **einen neuen Wert zugewiesen**, aber wir haben vorher nie **das übergebene Objekt geändert**. Der Unterschied ist einfach, aber wichtig. Wenn du in JavaScript einen Parameter übergibst, dann wird keine Kopie von diesem Objekt gemacht, es wird lediglich eine **Referenz** auf das Objekt übergeben.

[Begriffsdefinition]
Referenzen werden auch manchmal als **Zeiger** bezeichnet: Sie enthalten nicht das Objekt selbst, sondern nur die Speicheradresse, an der das Objekt steht.

Wenn also eine Funktion aufgerufen und ein Objekt als Parameter übergeben wird, dann gibt es zwei Referenzen auf dieses Objekt: die Variable außerhalb der Funktion und der Parameter innerhalb der Funktion. Wir haben vorher dem Parameter einen neuen Wert zugewiesen, das ist kein Problem: Der Parameter referenziert danach ein anderes Objekt, die Referenz außerhalb der Funktion bleibt unverändert. Oder, anders gesagt, du hast zwar den Kühlschrank ins Wohnzimmer geschoben, aber dort dann der Variablen **kuehlschrank** ein brandneues Gerät zugewiesen, aus dem du Eier nimmst. Der Originalkühlschrank aus der Küche hat seine Eier noch.

Dein Beispiel klingt so was von albern ...

Anders sieht es aus, wenn nur eine Eigenschaft des Objekts geändert wird oder, im Falle eines Arrays, wenn ein Wert im Array geändert wird. Dadurch verändert sich der innere Zustand des Objekts, aber alle Referenzen zeigen noch immer auf dieses Objekt, deshalb sehen auch alle den veränderten Zustand. Genau das passiert hier, innerhalb der Funktion wird das Array verändert, und außerhalb der Funktion werden diese Änderungen sichtbar. Jetzt nimmst du die Eier wirklich aus dem Kühlschrank, den du von der Küche ins Wohnzimmer gestellt hast.

[Achtung]

Das alles trifft auch auf Variablen zu, die dasselbe Objekt referenzieren. Wenn du diese beiden Variablen hast
`var var1 = [1, 2, 3];`
`var var2 = var1;`
und **dann `var2[0] = 0`** setzt, dann ist anschließend auch `var1[0] == 0`, da beide auf dasselbe Objekt zeigen.

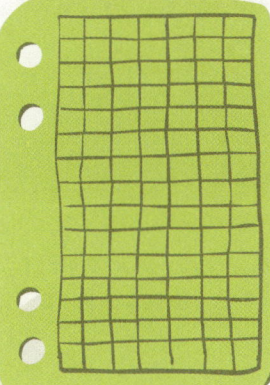

[Zettel]

Mit Zahlen und Strings kann nichts passieren, da sie unveränderlich (**immutable**) sind. Alle Methoden von Zahlen und Strings ändern nicht das Objekt, sondern geben ein neues Objekt zurück, dass du wieder einer Variablen zuweisen musst. Nur `omelettrezept.replace("3 Eier", "6 Eier")` ändert noch nichts, erst `omelettrezept = omelettrezept.replace("3 Eier", "6 Eier")` kocht ein größeres Essen.

[Zettel]

Parameterobjekte zu verändern, ist eine andere Art von Seiteneffekt. Es gibt für diese Art zwar kein Globalverbot, manchmal ist es nützlich, übergebene Objekte zu ändern. Aber du solltest das sparsam einsetzen und einen entsprechenden Kommentar an die Funktion schreiben, denn dann weißt du, warum plötzlich dein Speck weg ist.

```
/*Achtung Funktion machAbendessen ändert
Parameter kuehlschrank*/
function machAbendessen(kuehlschrank){...}
```

Wie funktionieren meine Funktionen?

Der Abschnitt über Funktionen war schon etwas länger, da fangen wir doch lieber mal mit einer Aufwärmübung an.

[Einfache Aufgabe]
Welche der folgenden Funktionen und dazugehörigen Aufrufe sind korrekt?

```
function tuWasMitZahlen(zahl1, zahl2, zahl3){...}
tuWasMitZahlen(1, 2, "Willi");
function machDochWas {...}
machDochWas();
function reifenwechsel(){...}
reifenwechsel("rein", "rauf", "runter", "raus");
function sagMirAlles(p1, p2, p3, p4, p5, p6){...}
sagMirAlles("Nein");
function 3malBesserAlsDieAnderen(parameter){...}
3MalBesserAlsDieAnderen();
```

Dann schauen wir doch mal.

Funktion 1 ist vollkommen in Ordnung, Willi ist zwar keine Zahl, aber deswegen noch lange kein Fehler.

Funktion 2 fehlen die runden Klammern der Parameterliste. Auch wenn die Funktion keine Parameter hat, müssen die Klammern da sein.

Funktion 3 funktioniert so, die übergebenen Parameter landen in **arguments**.

Funktion 4 ist auch in Ordnung, die Parameter **p2** bis **p6** sind beim Aufruf **undefined**.

Und Funktion 5 hat einen ungültigen Namen, als erstes Zeichen des Namens darf keine Ziffer stehen.

[Einfache Aufgabe]
Schreibe eine Funktion, die ein Array von Zahlen als Parameter erhält und die größte Zahl im Array zurückgibt.

*1 In dieser Variablen soll das Ergebnis landen.

*2 Nur wenn ein Array übergeben wurde und nicht leer ist, gibt es überhaupt etwas zu tun.

*3 Über das übergebene Array wird iteriert, genau wie aus dem Kochbuch für Schleifen.

```
function findeMaximum(array){
    var max;*1
    if (array && array.length > 0){*2
        for (var i = 0; i < array.length; i++) {*3
            if (!max || array[i] > max){*4
                max = array[i];*5
            }
        }
    }
    return max;*6
}
```

*4 Beim ersten Schleifendurchlauf ist **max** noch **undefined**. Es wird also geprüft, ob in **max** noch kein Wert steht oder, falls doch, ob der aktuelle Array-Wert größer ist.

*5 In beiden Fällen wird der aktuelle Wert in die Variable **max** geschrieben.

*6 Am Ende wird **max** zurückgegeben.

[Zettel]
Wenn kein Parameter oder ein leeres Array übergeben wurde, dann ist **max** noch immer **undefined**. Als Maximum eines leeren Arrays wird also **undefined** zurückgegeben. Das ist auch sinnvoll so, das Maximum eines leeren Arrays ist eben nicht definiert.

Manchmal geht alles schief – Fehler

Mit Rückgabewerten und veränderten Parameterobjekten gibt es jetzt schon einige Möglichkeiten, wie Informationen aus einer Funktion nach draußen gelangen. Trotzdem will ich dir aber noch einen weiteren Weg zeigen.

Muss das sein? Es kommt schon alles raus, was du wissen willst. Was kommt denn da noch?

Fehler kommen da noch. Bisher hat immer alles einfach funktioniert, es ging nie etwas schief. Das ist natürlich vollkommen unrealistisch, irgendwas geht immer schief. Und das soll die Funktion auch mitteilen.

Fehler werfen zu können, ist in vielen Situationen nützlich, aber ganz besonders beim Prüfen der Vorbedingungen, von denen ich dir oben schon erzählt habe. Ein einfaches Beispiel: Ich möchte die Quersumme von zweistelligen Zahlen berechnen. Es gibt zwar keinen echten Grund für die Beschränkung auf zwei Stellen, aber ich brauche ein einfaches Beispiel, um dir Fehler zu erklären.

[Notiz]
Fehler werden **geworfen**, nicht zurückgegeben. Dadurch ist klar, dass die Funktion auf eine andere Art verlassen wird, als bei einem regulären Ergebnis. Ein Ergebnis übergibt sie dir in die Hand, einen Fehler wirft sie dir vor die Füße.

Zuerst noch
ohne Prüfungen und Fehler

```javascript
function quersumme(zahl){
    zahl = zahl.toString();
    var ergebnis = parseInt(zahl.charAt(0)) + parseInt(zahl.charAt(1));
    return ergebnis;
}
```

[Achtung]
Es kommt immer wieder vor, dass ein Entwickler im Fehlerfall keinen Fehler wirft, sondern stattdessen **null** oder **undefined** zurückgibt. Das ist eine ganz, ganz schlechte Idee. Es tritt dann irgendwann später ein Fehler auf, weil der nachfolgende Code versucht, mit diesem Wert weiterzuarbeiten. Aber weil der Fehler später auftritt, muss man suchen, warum. Wirf stattdessen sofort einen Fehler, und mach dir das Leben leichter.

Du siehst natürlich sofort, was schiefgehen kann. Ruft jemand die Funktion mit einer Zahl mit mehr als zwei Stellen, dann wird eine falsche Quersumme berechnet und angezeigt. Würde ein Fehler geworfen, dann würdest du dem Benutzer wenigstens keine falschen Ergebnisse anzeigen. Einen Fehler kannst du in JavaScript mit der **throw**-Anweisung werfen: **throw "Die Zahl muss zweistellig sein";**. Dieser Fehler ist an der Oberfläche zunächst nicht sichtbar, aber du findest ihn in den Entwicklerwerkzeugen deines Browsers, unter „Konsole" oder „Fehlerkonsole".

[Einfache Aufgabe]
Benutze die **throw**-Anweisung, um einen Fehler zu werfen, wenn die übergebene Zahl nicht zweistellig ist.

[Notiz]
Fehler, die mit **throw** geworfen werden, werden auch als Ausnahmefehler oder **Exceptions** bezeichnet.

```
function quersumme(zahl){
    zahl = zahl.toString();
    if (zahl.length != 2) throw "Nur zweistellige Zahlen erlaubt"; *1
    var ergebnis = parseInt(zahl.charAt(0)) + parseInt(zahl.charAt(1));
    return ergebnis;
}
```

*1 Wenn die Zahl nicht genau zwei Stellen hat, dann wird ein Fehler geworfen. Ansonsten geht es genau wie bisher weiter.

Und was hab ich davon? **Dann steht ein Fehler in der Konsole, da sieht ihn nie jemand, und statt eines falschen Ergebnisses zeige ich jetzt gar nichts an. Tolle Wurst.**

Davon hast du zuerst einfach nur, dass du deine Programmierfehler leichter findest. Du siehst eine Fehlermeldung in der Konsole statt eines falschen Ergebnisses. Wird der Fehler nur in der Konsole angezeigt, spricht man von einem **unbehandelten Fehler**. Die sollen dich auf deine Fehler aufmerksam machen. Wenn die Daten vom Benutzer kommen, dann ist das natürlich wirklich blöd, der wird kaum in die Konsole schauen, um zu sehen, was er falsch gemacht hat. Deswegen kannst du Fehler auch behandeln.

[Code bearbeiten]
Füge ein Eingabefeld und einen Knopf hinzu. Auf Knopfdruck soll eine neue Funktion **berechne** den Wert des Feldes auslesen, die Funktion **quersumme** damit rufen und das Ergebnis ausgeben.

Button, Eingabefeld und ein Eventhandler:

*1 Die Zahl wird aus einem Eingabefeld gelesen.

*2 Die Berechnung findet in der unveränderten Funktion **quersumme** statt.

```
function berechne(){
    var zahl = document.getElementById("zahl").value; *1
    document.getElementById("ergebnis").innerHTML = quersumme(zahl); *2
}
window.addEventListener("load", function(){
    document.getElementById("berechne").addEventListener("click", berechne);
});
```

Jetzt wird das mit dem unbehandelten Fehlern schon ziemlich unpraktisch, für den Benutzer passiert einfach gar nichts. Du solltest den Fehler behandeln und dem Benutzer anzeigen, was er falsch gemacht hat.

So geht Fehlerbehandlung:

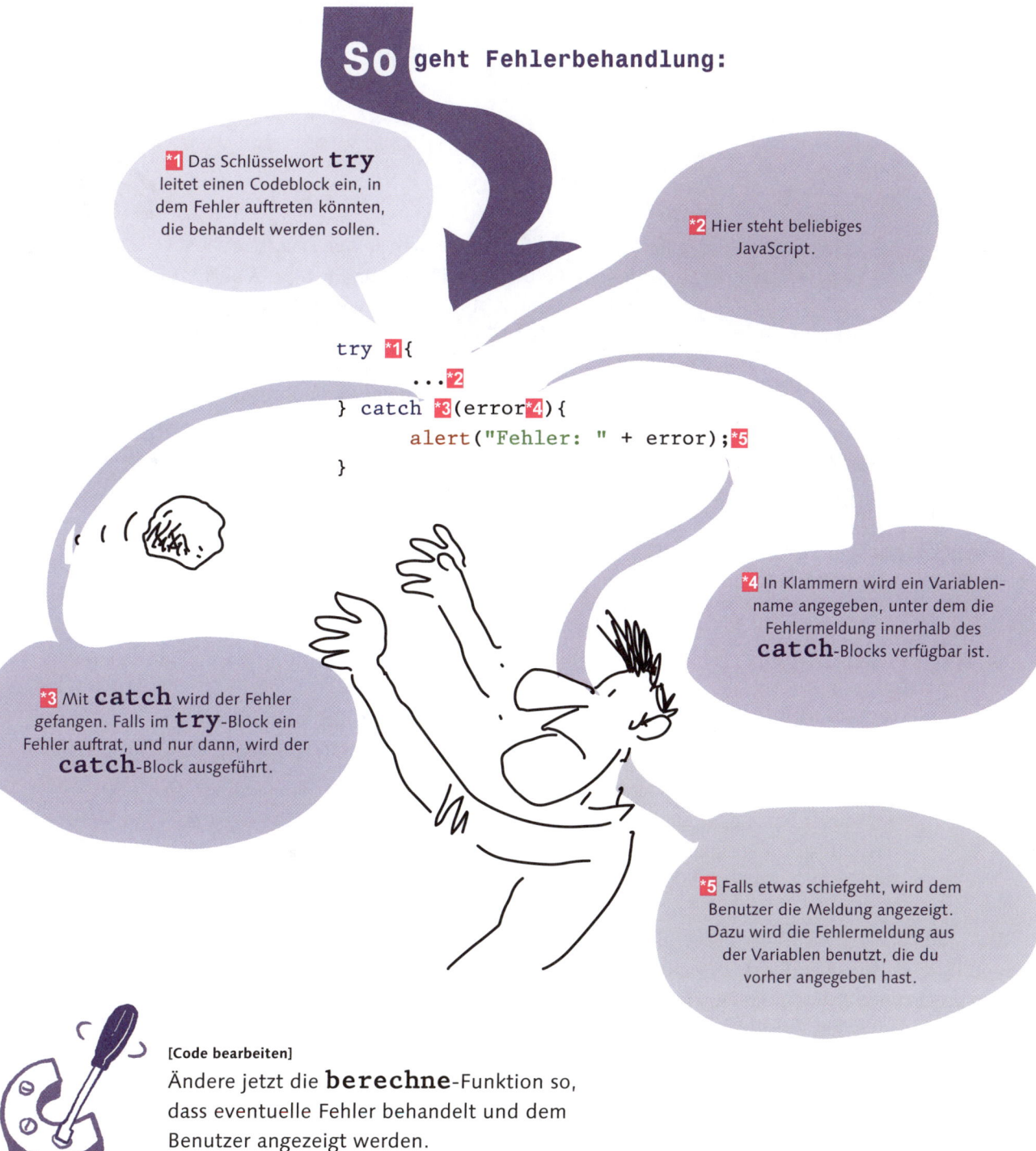

*1 Das Schlüsselwort **try** leitet einen Codeblock ein, in dem Fehler auftreten könnten, die behandelt werden sollen.

*2 Hier steht beliebiges JavaScript.

```
try *1{
    ...*2
} catch *3(error*4){
    alert("Fehler: " + error);*5
}
```

*3 Mit **catch** wird der Fehler gefangen. Falls im **try**-Block ein Fehler auftrat, und nur dann, wird der **catch**-Block ausgeführt.

*4 In Klammern wird ein Variablenname angegeben, unter dem die Fehlermeldung innerhalb des **catch**-Blocks verfügbar ist.

*5 Falls etwas schiefgeht, wird dem Benutzer die Meldung angezeigt. Dazu wird die Fehlermeldung aus der Variablen benutzt, die du vorher angegeben hast.

[Code bearbeiten]
Ändere jetzt die **berechne**-Funktion so, dass eventuelle Fehler behandelt und dem Benutzer angezeigt werden.

```
function berechne(){
    var zahl = document.getElementById("zahl").value;
    try {
        document.getElementById("ergebnis").innerHTML = quersumme(zahl);
    } catch (error){
        document.getElementById("ergebnis").innerHTML = "Fehler: " + error;
    }
}
```

[Notiz]
Wird ein Fehler nicht in der Funktion behandelt, in der er auftritt, dann wird er zur aufrufenden Funktion weitergeworfen. Gibt es auch dort keine Fehlerbehandlung, dann wird er wieder weitergeworfen. Und so weiter, bis es einen **catch**-Block gibt oder der Fehler in der obersten JavaScript-Funktion ankommt und von dort an den Browser weitergeworfen wird. Der schreibt dann den Fehler in die Konsole.

Na gut, das „Wie" ist recht einfach. **Warum ich ordentliche Fehler werfen soll, verstehe ich auch. Aber wann ich sie behandle und wie, das ist mir noch nicht klar.**

Es gibt da keine wirklich festen Regeln zu. Aber ich versuche, mich an diesen Grundsätzen zu orientieren:

- Wenn es sich um reine Programmierfehler handelt, dann sollst du nicht den geworfenen Fehler behandeln, sondern den Programmierfehler beheben.
- Wenn ein Fehler beim Arbeiten mit Benutzereingaben auftritt, dann solltest du ihn immer behandeln, und zwar so, dass der Benutzer auch sehen kann, was passiert ist. Im Beispiel solltest du nicht ausgeben „Fehler! Kaputt!", sondern „Es sind nur zweistellige Zahlen erlaubt".

Das sind auch die wichtigsten Fälle in JavaScript, denn für andere typische Fälle – Fehler beim Lesen von Dateien, Netzwerkfehler … – gibt es in JavaScript eine andere Arbeitsweise, die du auch in den entsprechenden Kapiteln sehen wirst. Anstatt Fehler zu werfen, wird an dem Objekt, das die Arbeit für dich erledigt, ein Eventhandler für den Fehlerfall registriert.

```
einObjekt.addEventListener("error", behandleFehler);
```

Funktionen, Bürger erster Klasse

Genug von Fehlern, zurück zu den guten Seiten des Programmierens: Funktionen genießen in JavaScript ein Privileg, das ihnen manche andere Sprachen verweigern: Sie sind Objekte wie alles andere auch. In Java zum Beispiel werden Funktionen diskriminiert, sie sind Bürger zweiter Klasse: Sie können nicht wie andere Objekte von mehreren Orten referenziert werden, sie sind auf ihren Namen festgelegt und können nur durch diesen angesprochen werden. Nicht so in JavaScript, der folgende Code funktioniert dort problemlos:

***1** Was die Funktion **eineFunktion** mit ihren beiden Parametern tut, ist uns egal, alle Beteiligten sind volljährig und machen freiwillig mit.

```
function eineFunktion(parameter1, parameter2) {...} *1
var meineReferenz = eineFunktion; *2
meineReferenz(1, 1); *3
```

***2** Wir können die Funktion einer Variablen zuweisen, das ist in JavaScript nichts Besonderes. Wichtig ist aber, dass die Klammern nach dem Funktionsnamen fehlen: Schreibt man die Klammern dazu, wird die Funktion aufgerufen und ihr Ergebnis der Variablen zugewiesen. Ohne die Klammern wird **die Funktion selbst** der Variablen zugewiesen.

***3** Nachdem **meineReferenz** jetzt eine Funktion referenziert, sollte sie auch aufrufbar sein. Und so ist es, **meineReferenz** lässt sich nach der Zuweisung aufrufen, gerade so, als sei mit **function meineReferenz** eine Funktion diesen Namens deklariert worden.

Na tolle Wurst, dann kann ich einer Funktion mehrere Namen geben. Und was hab ich davon?

Davon noch nicht so viel, aber du kannst noch etwas anderes mit Funktionen machen, und das ist a) interessant und b) ein sehr mächtiges Werkzeug in JavaScript. **Du kannst sie als Parameter übergeben**. Genau wie der Code oben funktioniert auch dieser:

```
function eineFunktion(parameter1, parameter2) {...}
ganzAndereFunktion(eineFunktion);*1
```

*1 Auch hier ist wieder wichtig, die Klammern wegzulassen.

Ich sehe immer noch nicht, was das bringt.

Dann lass mich mal von den blöden Beispielnamen weggehen und einen echten Fall finden: die Array-Funktion `sort()`. Ein Array zu sortieren, klingt erst mal ganz einfach, das kleinste Element soll an den Anfang, das größte ans Ende. Aber was ist das kleinste und was das größte? Bei Zahlen ist es noch eindeutig, bei Strings schon weniger – soll alphabetisch sortiert werden oder der Länge nach oder, oder, oder? Und bei Arrays und anderen Objekten wird es noch schwieriger, zu entscheiden, was kleiner und größer denn eigentlich bedeuten.

Man kann natürlich für jede Art der Sortierung, die man braucht, wieder einen Sortieralgorithmus komplett implementieren. Es gibt schließlich genug davon, BubbleSort, QuickSort, MergeSort und noch viele weitere. Leider ist von denen keiner so kurz und einfach, dass man ihn mal schnell fehlerfrei runterschreibt, nur weil man Strings nach ihrer Länge sortieren will. Es wäre doch viel praktischer, wenn man der `sort()`-Funktion mitgeben könnte, wie genau zwei Elemente zu vergleichen sind, um herauszufinden, welches kleiner und welches größer ist. Und weniger zu schreiben ist es auch.

Und genau das geht

```
function vergleicheNachLaenge(string1, string2){ *1
    return string1.length - string2.length; *2
}
array.sort(vergleicheNachLaenge); *3
```

*1 Eine Vergleichsfunktion vergleicht jeweils zwei Elemente und gibt zurück, welches größer ist. Deshalb braucht sie zwei Parameter. `sort()` vergleicht paarweise, bis am Ende alles richtig geordnet ist.

*2 Aber warum werden die Längen voneinander abgezogen? Dazu sofort mehr.

*3 Der `sort()`-Methode wird eine Funktionsreferenz übergeben. Einmal mehr: Beachte das totale Fehlen von Klammern.

Und das ist alles, damit werden die Strings im Array nach Länge sortiert. Das ist auf jeden Fall kürzer und schneller, als die komplette Sortierung neu zu implementieren. Wir faules Entwicklerpack hassen nichts mehr, als das Rad mehrmals zu erfinden.

Aber warum wird die eine Länge jetzt von der anderen abgezogen?

Die Subtraktion ist die kürzeste Methode, diese Sortierfunktion richtig zu implementieren. Die muss nämlich eine **negative Zahl** zurückgeben, wenn **der erste Wert kleiner ist** als der zweite, eine **positive Zahl**, wenn **der erste Wert größer ist**, und 0, wenn **beide Werte gleich sind**.

Okay, das ist mal wieder ziemlich cool. Jetzt sehe ich den Vorteil darin, Funktionen als Parameter übergeben zu können.

[Notiz]

Es ist für die Sortierfunktion egal, ob –1, –100 oder –100.000 zurückgegeben wird. Alle bedeuten, dass der erste Wert kleiner ist, und machen keine Aussage darüber, um wie viel er kleiner ist.

[Achtung]

Wenn du `sort()` aufrufst und keine Funktion übergibst, dann wird immer alphabetisch sortiert. Auch in einem Array mit Zahlen. Das hat dann den dummen Effekt, dass zum Beispiel 13 kleiner ist als 7.

Ich wusste, ich kann dich überzeugen. Und ja, es ist ziemlich cool. Und sorgt auch für sehr klaren, lesbaren Code. Würdest du eine komplette Sortiermethode schreiben, wäre nur schwer zu sehen, nach welchem Kriterium sortiert wird. Aber so ist es offensichtlich, es ist ja nur eine Zeile Code da. Und weil es so schön lesbar ist, gehört es in JavaScript zum guten Ton, mit Funktionsreferenzen zu arbeiten. Viele der freien JavaScript-Bibliotheken (wie jQuery, dojo und viele mehr, von denen ich dir einige im letzten Kapitel zeige) machen extensiven Gebrauch von dieser Möglichkeit. Es gibt da Funktionen, um Arrays zu filtern und alle Werte rauszuwerfen, die dir nicht gefallen. Was dir gefällt, übergibst du als Funktion. Oder es gibt die Möglichkeit, von JavaScript aus eine Anfrage an den Server zu stellen und als zwei Funktionen zu übergeben, was passieren soll, wenn der Request funktioniert oder eben nicht. Und, und, und, es handelt sich um ein sehr mächtiges und vielseitiges Feature von JavaScript. Vielleicht ist es an der Zeit, dass du es mal ausprobierst.

[Begriffsdefinition]

Wenn du mit Bibliotheken kommunizierst, indem du Funktionen übergibst, dann nennt man diese Funktionen auch **Callbacks**. Du rufst die Funktion, und wenn sie ein Ergebnis hat, dann ruft sie dich mit deinem Callback zurück.

Nur eine Kleinigkeit noch, bevor ich dich wieder Code schreiben lasse. Ein Sprachfeature für die **richtig Schreibfaulen**: Wenn du eine Funktion als Parameter übergibst, die nur genau an der Stelle genau einmal gebraucht wird, dann musst du ihr nicht mal einen Namen geben, du kannst sie als **anonyme Funktion** direkt in den Aufruf schreiben. Das sieht dann so aus:

*1 Das Schlüsselwort **function** muss immer noch da sein.

```
array.sort(function*1(zahl1, zahl2*2){return zahl1 — zahl2;*3});
```

*2 Die Funktion hat keinen Namen, also kommt direkt danach in Klammern die Parameterliste.

*3 Und innerhalb der Funktion ändert sich nichts.

Probier es bei den Übungen mal aus. Es funktioniert auch so.

Funktionen in Funktionen in Funktionen

Arrays zu sortieren, haben wir zwar gerade schon gemacht, aber zum Aufwärmen geht das noch mal. Und wo wir schon von aufwärmen reden: Hast du noch was zu essen im Haus? Dieses Kapitel hat mich ganz schön hungrig gemacht.

[Einfache Aufgabe]
Schreibe eine Vergleichsfunktion, durch die `sort()` Zahlen korrekt nach Größe vergleicht und nicht mehr alphabetisch.

Zahlen vergleichen Fotolia: 49469340 © Guiseppe Porzani

Das ist dir natürlich nicht weiter schwergefallen, weil du sofort gemerkt hast, dass es mit dem Beispiel oben so gut wie identisch ist. Da wurden auch zwei Zahlen verglichen.

```
function vergleicheZahlen (zahl1, zahl2){
    return zahl1 - zahl2;
}
```

Aber keine Sorge, jetzt kommen ein paar schwierigere Aufgaben, damit du dich nicht langweilen musst.

[Einfache Aufgabe]
Schreibe eine Vergleichsfunktion, um ein Array von Arrays von Zahlen zu sortieren. Dabei soll das Array mit der kleineren ersten Zahl als kleiner angesehen werden. Ist die erste Zahl beider Arrays gleich, sind auch die beiden Arrays für diese Funktion gleich.

*1 Die Vergleichsfunktion braucht zwei Parameter.

```
function vergleicheArrays(array1, array2)*1{
    return array1[0] - array2[0];*2
}
```

*2 Und das erste Element kann so verglichen werden, wie wir es von Zahlen her schon kennen.

Zeit, die Temperatur hochzudrehen. Es soll ja nicht alles einfach sein für dich.

[Einfache Aufgabe]
Schreibe eine Funktion, die ein Array von Strings als Parameter erhält. Sie soll alle diese Strings, durch Kommas getrennt, zu einem String zusammensetzen und diesen zurückgeben.

Da kommt mein Programmiererblut so richtig in Wallung, los geht's.

Wenn du so zuversichtlich bist, dann brauchst du die **Beispiellösung** bestimmt gar nicht. Falls aber doch, versuch diese hier:

*1 Die Variable, in der das Ergebnis gesammelt werden soll, muss schon einen String enthalten, damit weitere dazu konkateniert werden können.

*2 Die Schleife ist der totale Standard, um über ein Array zu iterieren.

```
function verbindeStrings(strings){
    var ergebnis = ""; *1
    for (var i = 0; i < strings.length; i++){ *2
        if (i){ *3
            ergebnis += ",";
        }
        ergebnis += strings[i]; *4
    }
    return ergebnis; *5
}
```

*3 Erinnere dich, dass `if(i)` die Kurzschreibweise für `if(i != 0)` ist. Es wird also vor jedem String außer dem ersten ein Komma geschrieben.

*5 Und am Schluss nicht vergessen, auch alles zurückzugeben.

*4 Dann wird der String aus dem Array ans Ergebnis angefügt.

[Zettel]
Falls du in die Dokumentation von Arrays geschaut hast, ist dir vielleicht aufgefallen, dass dir hier die Methode `join()` die Arbeit abnehmen könnte.

Und zum krönenden Abschluss darfst du mal ein wenig experimentieren. Wie nimmt man bloß selbst eine Funktion als Parameter entgegen?

[Schwierige Aufgabe]
Schreibe eine Funktion, die als Parameter ein Array und eine Funktion nimmt. Die Funktion soll ein neues Array zurückgeben mit allen Werten aus dem Parameter-Array, für das die übergebene Funktion einen Truthy-Wert zurückgibt. Schreibe zwei Beispielfilter für diese Funktion, und teste sie. 1) Aus einem Array von Zahlen sollen nur die geraden Zahlen zurückgegeben werden. 2) Aus einem Array von Strings sollen alle die zurückgegeben werden, die mit einem Vokal anfangen.

Du machst wohl Witze! Wie soll ich das denn ...

Ach, jetzt ist es schon wieder weg und holt Kaffee.

Na dann schau ich halt mal.

Wenn du zu dieser Aufgabe keine Lösung findest, mach dir keine Sorgen. Wie man selbst einen Funktionsparameter annimmt, stand noch nicht im Buch, du sollst es ausprobieren. Aber du wirst überrascht sein, wie einfach es ist.

Und, hast du es hinbekommen? Hier siehst du die `filter()`-Funktion und die beiden Filter:

> ***1** die Funktion `filter()` mit zwei Parametern, einem Array und einer Funktion

> ***2** In diesem Array werden alle Werte gesammelt, die die Filterfunktion für gut befindet.

> ***3** Eine Schleife über das übergebene Array ist wirklich nichts Aufregendes mehr.

```
function filter(array, filterfunktion){          *1
    var ergebnis = [];                           *2
    for (var i = 0; i < array.length; i++){      *3
        if (filterfunktion(array[i])){           *4
            ergebnis.push(array[i]);             *5
        }
    }
    return ergebnis;
}
function filterNurGerade(zahl){
    return zahl % 2 == 0;                        *6
}
function filterVokale(wort){
    var ersterBuchstabe = wort.charAt(0).toLowerCase();   *7
    return ersterBuchstabe == "a" || ersterBuchstabe == "e" || ersterBuchstabe == "i"
        || ersterBuchstabe == "o" || ersterBuchstabe == "u";   *8
}
```

> ***4** Hier passiert die Magie: Die übergebene Funktion kann mit dem Namen des Parameters aufgerufen werden; es ist nichts Besonderes, zu tun, einfach Klammern dahinter und Parameter rein. Da die Filterfunktion einen Truthy-Wert zurückgeben soll, wenn der Wert akzeptiert wird, kann der Aufruf sofort als Bedingung für das `if`-Statement dienen.

> ***5** Es ist gut, die Array-Funktionen im Hinterkopf zu behalten: `push()` fügt das neue Element am Ende an, man muss nicht vorher prüfen, wie viele Elemente schon im Array sind.

> ***6** Auf gerade Zahlen prüft man mit dem Modulo-Operator, der im Abschnitt über Rechenoperationen schon kurz aufgetaucht ist. Modulo findet den Rest einer ganzzahligen Division, eine gerade Zahl modulo 2 ergibt also immer 0.

> ***7** Beim Stringfilter interessiert nur der erste Buchstabe, und dank `toLowerCase()` gibt es nur fünf Zeichen, die akzeptiert werden müssen, nicht zehn.

> ***8** fünf Möglichkeiten, fünf Bedingungen mit Oder verknüpft

[Belohnung/Lösung]

Du kommst dem Profilevel in JavaScript immer näher. Funktionen sind einer der wichtigsten Schritte auf diesem Weg, und du hast all ihre Geheimnisse gemeistert, das ist mindestens den Gesellenbrief in JavaScript wert. Kopiere ihn am besten raus und trage ihn immer bei dir. Außerdem hab ich mal angefangen, zu kochen. Es gibt Spaghetti Bolognese.

—ZWÖLF—

Eventhandler

Augen auf, du hast User!

Jetzt wird es richtig spannend: Die Skripte aus den letzten Kapiteln haben zwar funktioniert, aber die Webseiten waren genauso starr wie vorher, nachdem sie erst mal geladen waren. Nicht so mit Schrödingers neuen Eventhandlern! Jetzt kann er auf Benutzereingaben, Mausgewackele und vieles mehr reagieren und die Seiten endlich lebendig werden lassen. Damit muss sich Herr Bossingen im Club endlich nicht mehr schämen.

Reaktionsfreudiges JavaScript – Eventhandler

Über Funktionen weißt du jetzt so in etwa alles, was es zu wissen gibt. Aber dem letzten Kapitel fehlte etwas: **Interaktion**. Was bringen alle schönen Funktionen, wenn sie nur im Hintergrund rechnen? Wenn der Benutzer anfängt zu lesen, ist alles schon vorbei.

Das dachte ich schon das ganze letzte Kapitel, das alles hätte kein JavaScript gebraucht.

Und genau dazu kommen wir jetzt wieder, denn dafür sind Eventhandler da. Ich zeige dir sogar zwei verschiedene Wege, wie du Eventhandler anschließen kannst, so wichtig sind sie. Der allergrößte Teil der Benutzerinteraktion in JavaScript funktioniert mit Eventhandlern. Einen kennst du sogar schon: `onclick`. Damit wird eine JavaScript-Funktion angegeben, die aufgerufen werden soll, wenn das Element mit dem `onclick`-Handler angeklickt wird. Nach dem gleichen Prinzip funktionieren auch alle anderen Eventhandler: Man gibt **für einen Auslöser** an, **welche Funktion ausgelöst werden soll**, wenn er eintritt.

[Begriffsdefinition]
Wenn ein Event ausgelöst wird, heißt das im Programmierer-Jargon: „Das Event wird gefeuert."

[Zettel]
Eventhandler werden auch als Eventlistener bezeichnet.

*1 Der Auslöser: Wenn dieses Element angeklickt wird, soll etwas passieren.

*2 Das Ausgelöste: Diese Funktion wird aufgerufen, wenn der Auslöser eintritt.

```html
<!--So sieht es richtig old-school aus-->
<div id="klick-mich" onclick*1="wechsleStyle()*2">...</div>
<script>
function wechsleStyle(){
    document.getElementById("klick-mich").classList.toggle("geklickt");*3
}
</script>
```

*3 Mit jedem Klick wird die Style-Klasse **klick-mich** dem Element entweder hinzugefügt oder weggenommen. Schon hast du deine eigene Checkbox; die CSS-Regel für **#klick-mich** muss nur definieren, wie der geklickte Zustand aussehen soll.

[Zettel]

Die Eigenschaft **classList** des Elements ist ein weiterer, praktischer Vorgriff auf die DOM-Manipulation im nächsten Kapitel. Ihre Methode **toggle** fügt eine Style-Klasse hinzu, wenn das Element sie noch nicht hat, oder entfernt sie, wenn es sie schon hat. Die Methoden **add** und **remove**, die auch noch unterstützt werden, sind wohl selbsterklärend.

[Zettel]

Dass in der Funktion **wechsleStyle()** die Element-ID wieder bekannt sein muss, ist noch unschön; so lässt sich die Funktion nicht wiederverwenden. In einigen Seiten werde ich Dir zeigen, wie man das besser macht: Das **Event**-Objekt schafft da Abhilfe.

Es gibt eine ganze Reihe von Events, für die Eventhandler registriert werden können. Mausevents, Tastaturevents, Events für Formulare und mehr, aber alle funktionieren gleich. Sie sind alle so eine Art Aboservice, wie für die Zeitung: Immer, wenn es etwas Neues gibt, wirst du informiert, und das sogar häufiger als nur einmal am Tag! Außerdem kannst du dir genau aussuchen, welche Neuigkeiten dich interessieren, das bietet so noch keine Zeitung.

Eventhandler

[Zettel]
Das Arbeiten mit Eventhandlern, das sogenannte Listener- oder Subscriber-Pattern, ist eine verbreitete Arbeitsweise in vielen Programmiersprachen, nicht nur in JavaScript.

Gewöhn dich nicht zu sehr an diese Höhlenmenschen-Programmierung. Pass auf, so geht es besser! Handler kannst du registrieren, **ohne sie im HTML angeben zu müssen**.

So bleibt das HTML sauber

```
<div id="klick-mich">...</div>
```

Und **hier** passiert jetzt die **Magie**

*1 Diese Funktion soll aufgerufen werden, wenn ein Element angeklickt wird.

*2 Wie du es schon kennst, wird hier das JavaScript-Objekt zum HTML-Element mit der ID **klick-mich** gesucht.

*3 addEventListener ist eine weitere Funktion, die an allen Objekten, die ein HTML-Element repräsentieren, von JavaScript bereitgestellt wird.

```
function wechsleStyle(){
    document.getElementById("klick-mich").classList.toggle("geklickt");
}*1
/* Jetzt modern und hip, Handler registrieren direkt im JavaScript */
document.getElementById("klick-mich")*2.addEventListener*3("click"*4, wechsleStyle*5);
```

*4 Der Eventtyp, auf den reagiert werden soll, wird als erster Parameter und als String angegeben.

*5 Eine Referenz zu der Funktion, die aufgerufen werden soll. Einmal mehr: keine Klammern, hier wird die Funktion selbst als Parameter übergeben.

[Funktioniert in]
Das **click**-Event funktioniert in allen Browsern.

[Hintergrundinfo]
Diese Objekte sind übrigens vom Typ **Element**, und sehr bald werden wir uns ausführlich mit ihnen beschäftigen.

[Achtung]
Der Name des Events wird ohne **on** angegeben. Also **click** statt **onclick**. Eigentlich brauchst du das Präfix **on** gar nicht mehr, du vergisst es am besten.

Okay, das sieht einfach aus, aber warum ist das so viel besser als die andere Methode mit dem **onclick**-Attribut? „Höhlenmenschen-Programmierung" ist ja schon hart.

Dafür gibt es drei gute Gründe und bestimmt einige weitere, aber drei wirklich gute:

1. Man möchte **Struktur und Funktion voneinander trennen**, so gut man kann. Schon bei CSS und HTML ist es ja so, dass man die Struktur des Dokuments (HTML) und das Aussehen (CSS) **nicht vermischen möchte**. Bei JavaScript ist es nicht anders, Struktur und Funktion sollen so wenig wie möglich miteinander vermischt werden, deshalb möchte man keine JavaScript-Funktionen in HTML-Attribute schreiben. Das klingt zunächst theoretisch, hat aber auch einen ganz praktischen Vorteil: Wenn du in einem Team arbeitest, in dem reine Designer das HTML bearbeiten, gehst du denen nicht mit deinem JavaScript-Kram auf die Nerven.

[Zettel]
Und sie können deine Eventhandler nicht versehentlich löschen ...

2. Mit **addEventListener** können **mehrere Handler für ein Event** an einem Element registriert werden. Entscheidend wird das zwar erst, wenn du komplexere Anwendungen schreibst, aber auch bei einfachen Beispielen siehst du die Vorteile: Stell dir vor, du möchtest bei einem Klick nicht nur den Style ändern, sondern auch noch einen Dialog öffnen, der den Klick bestätigt. Das könntest du natürlich in einer Funktion machen, aber schöner ist es, verschiedene Aufgaben auch in verschiedenen Funktionen auszuführen. Wenn deine Funktion **wechsleStyleUndOeffneDialogUndKocheKaffee** heißt, dann weißt du, dass die Funktion zu viel tut. Deshalb: mehrere Listener registrieren.

Ein Aboservice für nur einen Abonnenten wäre auch ziemlich doof.

3. So registrierte Eventhandler lassen sich mit der **removeEventListener()**-Methode des **Element**-Objekts auch wieder entfernen, man muss als Parameter nur eine Referenz auf dieselbe Funktion übergeben. So kann ein Klick plötzlich nur noch Styles wechseln und Kaffee kochen, aber keinen Dialog mehr öffnen. Versuch das mal, wenn alles in einer Funktion gemacht wird. **Und wo wir schon von Kaffee sprechen ...**

Das sind ziemlich gute Gründe.

[Funktioniert in]
addEventListener funktioniert im Internet Explorer ab der Version 9, in Firefox, Chrome und Safari.

[Achtung]
Im Internet Explorer gibt es die **addEventListener()**-Methode erst ab Version 9, vorher hieß es dort **attachEvent("onclick", funktionsreferenz)**. Ja, **onclick** – man hat es nicht leicht als Webentwickler. Wenn Eventhandler auf beide Arten funktionieren sollen, dann muss der Code zur Registrierung so aussehen.

Der Code mit dem IE8-Sprungtuch/mit doppeltem Boden

```
var node = document.getElementById("blablabla");
if (node.addEventListener*1) {
  node.addEventListener('click', doStuff);
} else if (node.attachEvent*1)  {
  node.attachEvent('onclick'*2, doStuff);
}
```

*1 Funktionsreferenzen können genau wie andere Variablen als **if**-Bedingung verwendet werden. Wenn die Funktion existiert, ist sie truthy, gibt es sie nicht, ist sie **undefined** und damit falsy.

*2 onclick.
Kein Kommentar.

> *„Schön: Es gibt sie, also ist sie wahr! Das ist fast so grundlegend wie: ‚Ich denke, also bin ich.'"*

[Zettel]
Zumindest für die nächsten Jahre wird der IE 8 wohl noch verbreitet genug sein, dass man beide Varianten unterstützen muss. Es macht mich traurig. Alle Beispiele verwenden der Klarheit wegen nur **addEventListener**, aber, wie gerade gesehen, lassen sie sich leicht umbauen

Ein letztes Problemchen gibt es noch mit dem Registrieren von Eventhandlern: Wann kann man es tun? Schreibt man den Code einfach in den Header, kann **document.getElementById** die Elemente noch nicht finden, sie werden ja erst später geladen. Ein **<script>**-Tag ganz am Ende einzufügen, nur um Listener zu registrieren, funktioniert zwar, ist aber in etwa so elegant wie ein Nashorn in Abendgarderobe.

```
<html>
  <body>
    ...
    <script>
      document.getElementById("ein-element").addEventListener("click", tuWas);
      document.getElementById("anderes-element").addEventListener("click", ↩
      tuWasAnderes);
    </script>
  </body>
</html>
```

Die Lösung liegt paradoxerweise in einem weiteren JavaScript-Event. Das **load**-Event wird ausgelöst, wenn die Seite und alle damit verbundenen Skripte und Stylesheets vollständig geladen wurden. Das ist genau die richtige Stelle, um alle anderen Eventhandler zu registrieren.

Ein Event, um sich zu Events anzumelden?
Das ist ja wie Tickets zum Ticketverkauf zu verkaufen. Wenn das die FIFA mitbekommt, die führen das ein.

Aber wenn die Seite gerade noch lädt, woran soll der **load**-Handler dann registriert werden? Es gibt ja noch keine Elemente, auf die man sich verlassen könnte. Aber es gibt **ein Objekt, auf das wir schon so früh zählen können** und das auch die Methode **addEventListener** kennt: **window**. Das **window**-Objekt ist die JavaScript-Referenz auf das Browserfenster und ist global überall verfügbar, ähnlich wie **document**. Und es reagiert auf das **load**-Event.

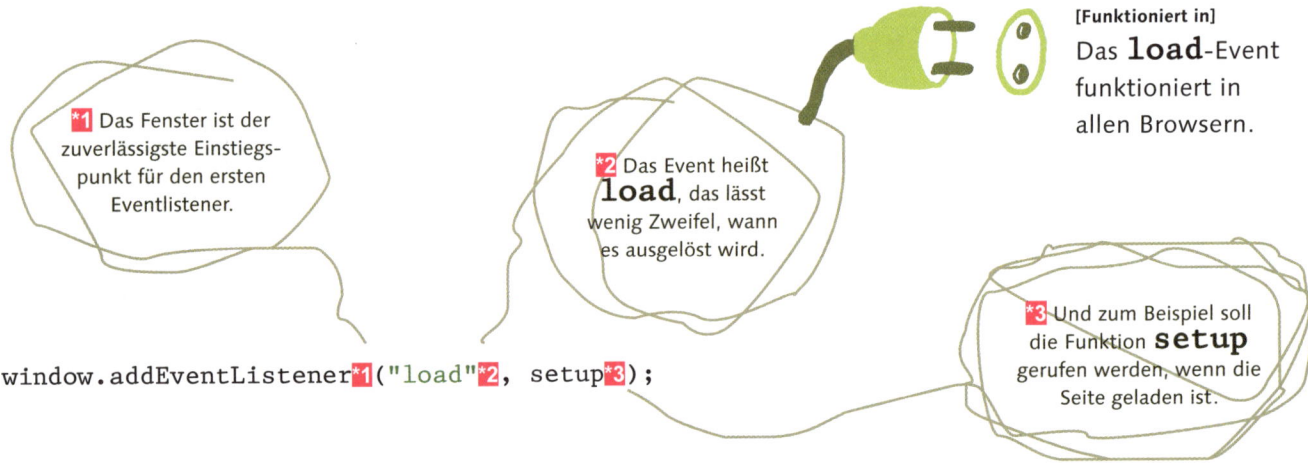

[Funktioniert in] Das **load**-Event funktioniert in allen Browsern.

*1 Das Fenster ist der zuverlässigste Einstiegspunkt für den ersten Eventlistener.

*2 Das Event heißt **load**, das lässt wenig Zweifel, wann es ausgelöst wird.

*3 Und zum Beispiel soll die Funktion **setup** gerufen werden, wenn die Seite geladen ist.

```
window.addEventListener*1("load"*2, setup*3);
```

Wenn **load** ausgelöst wird, kannst du dich darauf verlassen, dass die Seite komplett geladen ist, und kannst ohne weitere Prüfungen deine „echten" Listener registrieren.

Die Events mit der Maus

Und jetzt kannst du mit Eventhandlern fast alles tun, was du jemals in JavaScript tun wolltest, sogar eine komplette Steuerkonsole für dein eigenes Raumschiff bauen, wenn du möchtest.

[Einfache Aufgabe]
Der erste Schritt zum eigenen Raumschiff ist der Startknopf. Eigentlich wäre der erste Schritt ein Physikstudium und unvorstellbarer Reichtum, aber das sehe ich als gegeben an. Dann ist der erste Schritt der Startknopf. Baue eine Seite mit einem Start-**<button>**. Wenn die Seite geladen ist, soll dieser Knopf aktiv werden. Wenn er dann gedrückt wird, soll für den Moment nur die Warnmeldung „Konstruktion nicht abgeschlossen" erscheinen.

Aye, Captain.

Ich will dich mit dem HTML wirklich nicht mehr langweilen, ein **<button>**-Tag ist nichts Neues für dich. Das JavaScript ist der interessante Teil:

*1 Diese Zeile darf nicht in einer Funktion stehen, sie muss sofort ausgeführt werden, wenn der Browser sie sieht. Wenn das Dokument geladen ist, wird die **setup**-*Funktion gerufen.*

*2 **setup()** *tut nichts anderes, als den Klick-Handler zu registrieren. Bei einem Klick wird die Funktion* **abflug** *ausgeführt.*

*3 Und wenn der Knopf dann endlich gedrückt wird, passiert nicht viel, nur eine doofe Warnung erscheint.

```
function abflug(){
    alert("Konstruktion nicht abgeschlossen"); *3
}
function setup(){
    document.getElementById("startknopf").addEventListener("click", abflug); *2
}
window.addEventListener("load", setup); *1
```

Das ist noch ein wenig enttäuschend.

Aber bevor wir wirklich abheben können: **Safety First**. Du möchtest doch nicht, dass sich eine Katze in dein Raumschiff schleicht, sich auf den Startknopf setzt, und zack ist das teure Ding weg. Da solltest du eine Sicherung einbauen: Das Raumschiff darf nur starten, wenn die `Strg`-Taste gedrückt ist. Dazu fehlt dir aber noch eine Möglichkeit, überhaupt herauszufinden, wann das der Fall ist.

Die gibt es durch das Event-Objekt.

Ein solches wird bei jedem Aufruf eines Eventhandlers **als erster und einziger Parameter übergeben**. Je nach Ereignis bekommt die Funktion eine andere Art von `Event`-Objekt mit anderen Fähigkeiten, aber zumindest alle Mausevents bekommen denselben Typ von `Event`. Und das hat unter anderem die Eigenschaften `ctrlKey`, `shiftKey` und `altKey`, die jeweils den Wert `true` haben, wenn die entsprechende Taste während des Klicks gedrückt war.

[Achtung]
Und noch mehr Spaß mit Internet Explorer 8 und vorher: Hier wird das Event nicht als Parameter an die Funktion übergeben, sondern ist unter `window.event` verfügbar. Das heißt, dass jeder Eventhandler auch dafür noch eine Weiche braucht. Freude! Diese Unterschiede sind der Grund, warum man häufig eine Bibliothek wie jQuery oder Prototype benutzt: Sie vereinheitlichen die Handhabung.

[Notiz]
Nach neueren Standards soll statt dieser Eigenschaften eigentlich die Funktion `getModifierState` verwendet werden, aber die Webkit-Browser kennen sie noch nicht. Der Spaß als Webentwickler hört nie auf.

[Einfache Aufgabe]
Passe die **abflug**-Funktion so an, dass nur noch mit gedrückter **Strg**-Taste abgehoben werden kann.

Die neue abflug-Funktion, sonst ändert sich nichts

*1 Wenn der Eventparameter benutzt werden soll, dann muss er jetzt auch deklariert werden.

*2 Nur wenn die **Strg**-Taste gedrückt ist, lässt sich das Raumschiff noch starten.

```
function abflug(event*1){
    if (event.ctrlKey){*2
        alert("Konstruktion nicht abgeschlossen");*4
    } else {
        alert("Falscher Startcode! Das Sicherheitsteam ist auf dem Weg!");*3
    }
}
```

*3 Ansonsten kommen ganz schnell die Herren mit den roten Hemden und den Phasern.

*4 Aber auch mit gedrückter **Strg**-Taste ist das Raumschiff noch nicht fertig.

Mehr von der Maus

Die Maus kann natürlich mehr als nur klicken, und auch dieses Mehr kann mit JavaScript behandelt werden. Vor allem kann sich der Mauszeiger bewegen, und es gibt nicht nur eins, sondern gleich drei Events, die damit umgehen können: **mouseover**, **mousemove** und **mouseout**. Das **mouseover**-Event wird genau einmal gefeuert, wenn der Mauszeiger in den Bereich des Elements eintritt, das **mouseout**-Event ebenso, wenn der Zeiger das Element wieder verlässt. Solange sich der Zeiger innerhalb des Elements befindet, wird für jede Bewegung ein **mousemove**-Event gefeuert.

[Funktioniert in]
Die Events **mouseover**, **mousemove** und **mouseout** funktionieren in allen Browsern.

[Zettel]
mouseover und **mouseout** haben in JavaScript die gleiche Funktion wie die **:hover**-Pseudoklasse in CSS. Wenn du nur das Aussehen eines Elements ändern möchtest, solltest du das per CSS tun, wenn etwas Interessanteres geschehen soll, sind die JavaScript-Events richtig.

Die Information, dass sich der Mauszeiger bewegt hat, ist schon toll, aber noch besser wäre es, zu wissen, wo er jetzt ist. Das steckt im Eventobjekt der jeweiligen Ereignisse gleich zweimal drin: in den Eigenschaften **clientX** und **clientY** relativ zur linken, oberen Ecke der Webseite und in **screenX** und **screenY** relativ zur Ecke des Bildschirms.

Client- und Bildschirmkoordinaten

Aber auch beim Klicken ist mit dem einfachen **click** noch nicht die ganze Tiefe der Events erforscht. Es gibt für die feinere Kontrolle auch noch **mousedown** und **mouseup**, zwei Events die in dem Moment gefeuert werden, in dem eine Maustaste heruntergedrückt (**mousedown**) oder wieder losgelassen wird (**mouseup**). Beide zusammen ergeben einen **Klick**.

[Achtung]
Das **mousedown**-Event wird natürlich zuerst gefeuert, nämlich beim Herunterdrücken der Taste. Beim Loslassen sollte zuerst **mouseup** und erst danach **click** gefeuert werden, es ist aber besser, sich nicht auf diese Reihenfolge zu verlassen.

Und noch einen wichtigen Unterschied gibt es zwischen diesen beiden Events und dem **click**-Event: **click** wird nur durch die linke Maustaste ausgelöst, **mousedown** und **mouseup** auch durch die rechte, mittlere und zumindest theoretisch jede weitere Maustaste. Welche Taste gedrückt wurde, steht in der **buttons**-Eigenschaft des Events: 1 für die linke Maustaste, 2 für die rechte und 4 für die mittlere.

[Hintergrundinfo]
In **buttons** kann aber auch eine 3 stehen, wenn die linke und rechte Taste gleichzeitig gedrückt wurden. Oder eine 7 für alle drei Tasten. Die Codes der einzelnen Tasten werden aufaddiert.

Zuletzt gibt es noch die Möglichkeit, auf Doppelklicks zu reagieren. Du musst dazu nicht selbst zählen, wie oft geklickt wurde, das **dblclick**-Event übernimmt das für dich.

[Achtung]
Du solltest auch nicht selbst zählen, ob es jetzt ein Doppelklick war oder nicht. Wie schnell nacheinander der Knopf gedrückt werden muss, um einen Doppelklick zu produzieren, kann jeder an seinem System selbst einstellen. Das `dblclick`-Event passt sich dieser Einstellung an, so können auch Benutzer, die nicht durch stundenlange Action-Spiele geschult sind, die Seite benutzen.

Das steckt in allen MouseEvents drin	
`screenX`	die X-Position des Mauszeigers in Bildschirmkoordinaten
`screenY`	die Y-Position des Mauszeigers in Bildschirmkoordinaten
`clientX`	die X-Position des Mauszeigers in Viewport-Koordinaten
`clientY`	die Y-Position des Mauszeigers in Viewport-Koordinaten
`ctrlKey`	Ist die `Strg`-Taste gedrückt?
`shiftKey`	Ist die `Shift`-Taste gedrückt?
`altKey`	Ist die `Alt`-Taste gedrückt?
`metaKey`	Ist die `Meta`-Taste gedrückt? Das ist dieses Ding, das nur Apples kennen.
`buttons`	Welche Maustaste(n) ist/sind gedrückt?

Das Ziel im Auge – event.target

In allen Events, nicht nur in Mausevents, steckt noch ein weiteres wichtiges Stück Information drin: das Ziel des Events, also das Element, mit dem der Benutzer interagiert hat, um das Event auszulösen. Das macht es möglich, einen Eventhandler für mehrere Elemente zu verwenden. Wenn sie das Gleiche tun sollen, warum dann mehrere Funktionen schreiben? Die Eigenschaft dazu heißt **event.target**.

[Achtung]

Außer – mal wieder – beim Internet Explorer 8 und vorher. Da heißt es **event.srcElement**. Wenn man sich das Event schon von der falschen Stelle hohlen muss, dann kann man auch falsch damit weiterarbeiten. Man kann übrigens auch die Browserversion per JavaScript abfragen und dem Benutzer vorschlagen, doch auf die neueste Version upzudaten. Ich wollte es nur mal erwähnen.

Um browserunabhängig an das Target zu gelangen, ergibt sich dieser hässlich redundante Code

```
function clicked(event){
    if (!event) event = window.event  *1
    var target;
    if (event.target){  *2
        target = event.target;  *3
    } else {
        target = event.srcElement;  *4
    }
    ...  *5
}
```

*1 Wenn kein Eventparameter übergeben wurde, dann sind wir im Internet Explorer 8 oder noch antiker, also wird das Event vom **window**-Objekt geholt.

*2 Wenn am Event die Eigenschaft **target** gefüllt ist, …

*3 … dann wird sie auch benutzt.

*4 Sonst befinden wir uns wieder im IE8 oder früher und nehmen **srcElement**.

*5 Und dann können wir endlich den Code schreiben, den wir eigentlich schreiben wollen.

Eventhandler **495**

[Notiz]
Du kannst die Suche nach dem richtigen Target natürlich in eine Funktion auslagern. Dadurch wird es zwar nicht schöner, aber du musst es nur einmal schreiben.

Mehrere Elemente mit demselben Eventhandler auszustatten, ist natürlich nur dann sinnvoll, wenn auch für alle Elemente dasselbe passieren soll. Man könnte zum Beispiel die Pseudoklasse `:hover` nachbilden, indem man an jedem betroffenen Element Eventhandler für `mouseover` und `mouseout` registriert, und könnte jeweils die Style-Klassen ändern. Aber das ist natürlich ziemlich überflüssig, dafür gibt es ja schon `:hover`.

Aber man kann auch Effekte basteln, die mit `:hover` nur schwer bis gar nicht hinzubekommen sind. Ich zeige dir das am Beispiel der Notfallkonsole der USS Schrödinger:

So sieht sie aus, die Notfallkonsole

Die Notfallkonsole ist eines der wichtigsten Teile im Raumschiff: Die Systeme, die in jeder zweiten Folge eine Fehlfunktion haben, lassen sich mit einem Klick sofort abschalten. Darum wird dich manch anderer Captain beneiden.

Warum sind die Anzeigen denn so groß?

Da sollen später Statusanzeigen rein, damit du auch siehst, welches System verrücktspielt. Dafür fehlen aber noch ein paar Kilometer Kabel, für den Moment bleiben die schwarz.

Das HTML ist ganz einfach gestrickt

```
<div id="antrieb" class="system">*1
    <h2>Antrieb</h2>
    <a id="waehle-antrieb">Abschalten!</a>*2
</div>
```

*1 Der große Rahmen ...

*2 ... und der Abschalten-Link. Es muss nicht immer `<button>` sein, das gute alte `<a>`-Tag ist auch heute noch toll für Benutzerinteraktion aller Art.

Damit das alles so richtig modern aussieht, soll es aber noch ein paar Spezialeffekte geben. Der Rahmen sowie der Text der einzelnen Statusanzeigen sollen rot werden, wenn die Maus über dem Abschalten-Link schwebt. Nicht über der ganzen Anzeige, nur über dem Link, denn nur da kann man auch klicken. Man sollte dem Benutzer immer klar zeigen, wo er interagieren kann. Mit `:hover` wüsste ich auf Anhieb nicht, wie ich das lösen sollte, aber mit JavaScript ist es kein Problem.

[Einfache Aufgabe]
Registriere die benötigten Eventhandler an allen Abschalten-Links. Lass die Handler-Funktionen für den Moment noch leer. Wie die IDs aufgebaut sind, siehst du im Beispiel.

Auch hier gilt, kein Zeichen zu viel zu schreiben

*1 Diese beiden Funktionen sollen gleich die Arbeit erledigen.

*3 An jedem Abschalten-Link wird ein Listener für **mouseover** und **mouseenter** registriert.

```javascript
function hoverHervorheben(event){} //*1
function hoverBeenden(event){} //*1
function setup(){
    var seiten = ["antrieb", "holodeck", "schilde", "transporter"]; //*2
    for (var i = 0; i < seiten.length; i++){ //*2
        document.getElementById("waehle-" + seiten[i]).
            addEventListener("mouseover", hoverHervorheben); //*3
        document.getElementById("waehle-" + seiten [i]).
            addEventListener("mouseout", hoverBeenden); //*3
    }
}
window.addEventListener("load", setup);
```

*2 Wenn ich sage schreibfaul, dann meine ich auch schreibfaul. Anstatt das Registrieren der Listener viermal auszuschreiben, wird über ein Array der Systemname iteriert. Das spart jetzt schon vier Zeilen, und wenn mehr Systeme dazukommen noch mehr.

[Achtung]
Wenn du eine Funktion für mehrere Elemente als Eventhandler registrierst, dann sollte das niemals eine anonyme Funktion sein, sondern immer eine benannte Funktion. Nur so wird nämlich intern auch immer dieselbe Funktion benutzt, mit anonymen Funktionen wird bei jedem Element wieder eine neue, identische Funktion erstellt, und das verschwendet Speicher.

Das war der einfache Teil, die Handler sind registriert. Aber wie hilft das jetzt? Mit ein wenig DOM-Magie! Es wird wirklich Zeit, dass ich dir das DOM im Detail erkläre. Im nächsten Kapitel kommt es dran, versprochen. Aber jetzt brauchst du nur eine neue Eigenschaft, nämlich **parentElement**. Da steckt bei jedem Objekt, das ein HTML-Element repräsentiert, das Elternelement drin, also das Element, das direkt drumherum steht – für die Abschalten-Links also genau das **<div>** für die Statusanzeige. Und du wirst es nicht glauben, aber in **event.target** steht bei allen Events, die du bisher kennst, ein Objekt, das ein HTML-Element repräsentiert.

[kritzel]
Events, bei denen andere Objekttypen das **target** sind, zeige ich dir viel später, wenn es um Dateien und um Ajax geht.

[schraub]
Jetzt kannst du die Handler-Funktionen schreiben. Zuerst brauchst du vom Event das **target**, davon dann das **parentElement**, davon die **classList**, und dann kannst du endlich die Klasse hinzufügen oder wegnehmen.

Was? Noch umständlicher geht es wohl nicht?

Das liest sich nur im Text umständlich, im Code ist es kurz und knackig:

```
function hoverHervorheben(event){
    event.target.parentElement.classList.add("hover");
}
function hoverBeenden(event){
    event.target.parentElement.classList.remove("hover");
}
```

Und schon fertig. So konntest du ganz einfach den Style eines umgebenden Elements ändern – dein Arsenal an Spezialeffekten wächst.

Gezieltes Mausen

Mit Mäusen und Targets kannst du jetzt schon eine Menge erreichen. **Glaubst du nicht? Dann pass mal auf.**

[Einfache Aufgabe]
Schreibe eine Seite mit fünf `<div>`s, die am Anfang alle den Text 0 enthalten. Alle fünf sollen jetzt zählen lernen. Immer, wenn der Mauszeiger über eines der `<div>`s fährt, soll die Zahl darin ums eins erhöht werden.

[Zettel]
Du solltest den `<div>`s eine Größe und einen Rahmen geben, um besser sichtbar zu machen, was passiert.

Das Registrieren des Handlers ist dir inzwischen auch schon wieder langweilig geworden, oder? Er muss für jedes `<div>` für das **mouseover**-Event da sein. Die Handler-Funktion sieht dann so aus:

*1 In dieser Variablen wird gezählt.

```
var mouseoverZaehler = 0;  *1
function zaehle(event){
    mouseoverZaehler++;  *2
    target.innerHTML = mouseoverZaehler;  *3
}
```

*2 Beim **mouseover** wird der Zähler auf die extrafaule Art um eins erhöht.

*3 Der neue Wert wird dann in das Element geschrieben.

Schon fertig, in nur fünf Zeilen! Da freut sich der faule Entwickler.

Eventhandler **499**

[Achtung/Vorsicht]
Es fehlt der Code, der das Ganze auch in alten Internet Explorern funktionsfähig macht.

Das ist schon ganz interessant, aber die USS Schrödinger bringt es auch noch nicht zum Fliegen. Das ist jetzt eine gute Gelegenheit, das Cockpit des Raumschiffs zu erweitern, denn jedes gute Raumschiff hat eine Konsole, die die Energiezufuhr zu den einzelnen Systemen regelt.

[Schwierige Aufgabe]
Entwickle die Energiekonsole der USS Schrödinger. Für die fünf Systeme Antrieb, Schilde, Waffen, Teleporter und Holodeck soll es je einen Knopf geben, der die Energiezufuhr dorthin an- und ausschaltet. Neben jedem Knopf soll es eine Statusanzeige geben, ob das System gerade OFFLINE oder ONLINE ist. Am Anfang sind alle Systeme OFFLINE.

Die Energiekonsole der USS Schrödinger

Es gibt wie immer viele Möglichkeiten, diese Aufgabe zu lösen. Wenn die Schalter später wirklich etwas tun sollen, würde man wahrscheinlich für jeden **<button>** eine eigene Handler-Funktion schreiben. Aber im Moment sollen alle nur ihren Status anzeigen, dafür reicht auch eine Funktion. In dieser Funktion könnte man mit **if ... else if ...** anhand der ID des Buttons entscheiden, was zu tun ist. Aber für die besonders Schreibfaulen unter uns geht es noch einfacher und kürzer:

Mit geschickt vorbereitetem HTML

```
<button type="button" id="antrieb">Antriebssystem</button>
<span id="antrieb-status">OFFLINE</span>
```

500 Kapitel ZWÖLF

Und dem JavaScript dazu

*1 So geschickt kann man die IDs der Elemente ausnutzen. Die Statusanzeige hat jeweils die gleiche ID wie ihr Knopf, mit einem angehängten **-status**. Eine Stringkonkatenation gibt uns die ID der Anzeige, und mit **getElementById** haben wir das richtige Element.

```
function energieUmschalten(event) {
    var statusanzeige = document.getElementById(event.target.id + "-status");  ◀ *1
    if (statusanzeige.innerHTML.indexOf("OFFLINE") > -1) {  ◀ *2
        statusanzeige.innerHTML = "ONLINE";  ◀ *2
    } else {
        statusanzeige.innerHTML = "OFFLINE";  ◀ *2
    }
}
```

*2 Der Rest ist ein einfaches **if ... else ...**: Wenn im Status OFFLINE steht, wird auf ONLINE geschaltet, ansonsten auf OFFLINE.

Immer diese faulen Entwickler. Solche Abkürzungen sehe ich nicht gerne an meinem Raumschiff!

Eventhandler **501**

JavaScript im Schaumbad – blubbernde Events

[Achtung]
Niemand spricht im Deutschen wirklich von blubbernden Events. Im Englischen ist „Event Bubbling" aber der Fachbegriff, und es klingt einfach besser als „aufsteigende Events" auf Deutsch.

Eventhandling ist einfach, solange es nur ein Element gibt. Aber was passiert, wenn im `<div>` mit `click`-Handler ein `<span>` mit `click`-Handler liegt und darin wieder ein `<a>` mit `click`-Handler? Welcher Handler wird dann aufgerufen? Das ist zum Glück mal etwas, **bei dem sich alle Browser gleich verhalten**: Es werden alle Handler aufgerufen, und zwar in **aufsteigender Reihenfolge**. Zuerst wird der `click`-Handler des Elements aufgerufen, das in der HTML-Struktur am tiefsten verschachtelt ist. Von da steigt es dann zum jeweils nächsten umgebenden Element auf und zum nächsten, bis es beim `window`-Objekt angekommen ist. Am Ende landen alle Events bei `window`.

[Zettel]
Und weil Events aufsteigen wie Blasen im Schaumbad, spricht man von „Event Bubbling".
Ehrlich.

Aber es gibt nichts, das man nicht anpassen könnte: Das Event-Objekt hat eine Methode mit dem klangvollen Namen `stopPropagation()`, die verhindert, dass weitere Eventhandler für dieses Event gerufen werden. Die Blase platzt.

Kapitel ZWÖLF

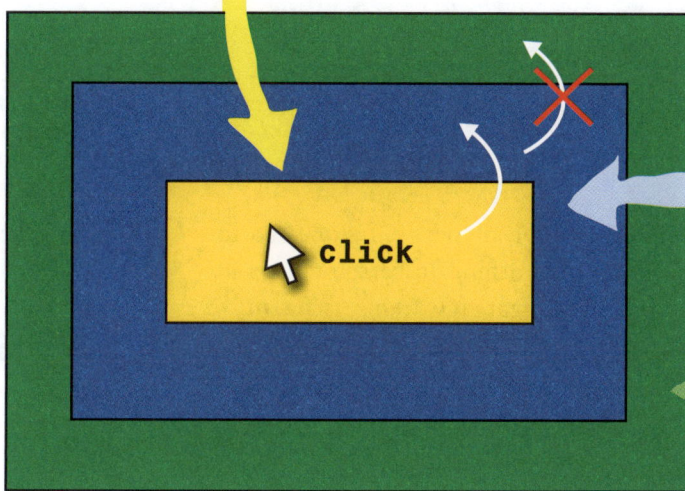

Eventverarbeitung: von außen nach innen

[Achtung]

Auch wenn die Events aufsteigen, ändert sich das **target** nicht, es bleibt immer das innerste Element, das angeklickt wurde. Das hat Vorteile: Stell dir zum Beispiel vor, alle Zellen einer Tabelle sollen durch Klicken auswählbar sein: Ihr Style ändert sich, und im Hintergrund passiert noch etwas mit ihren Daten. Du kannst zwar an mehreren hundert **<td>**s den gleichen **click**-Handler registrieren, aber das ist nicht schön und auch schlecht für die Performance: Bei sehr vielen Handlern wird auch JavaScript irgendwann langsam. Es reicht stattdessen auch, den Handler an der Tabelle zu registrieren. Anhand des **target**s findet man schon, welche Zelle geklickt wurde.

[Zettel]

Die Events **mouseenter** und **mouseleave** sind Varianten von **mouseover** und **mouseout**, die von selbst nicht bubbeln. Die Handler-Funktion wird nur am betroffenen Element selbst gerufen.

Mit `stopPropagation()` kannst du schon mal alles verhindern, das mit JavaScript noch passieren könnte. Aber JavaScript ist ja nicht alles, auch der Browser bekommt deine Aktionen mit. Und er will da auch mitspielen. Wenn du zum Beispiel auf einen Link klickst, dann will der Browser diesem Link folgen und eine neue Seite anzeigen. Oder du drückst die rechte Maustaste, dann will der Browser unbedingt ein Kontextmenü öffnen. Und egal, wie oft du `stopPropagation()` aufrufst, kannst du ihn daran nicht hindern. `stopPropagation()` gilt nur für weitere JavaScript-Events, dem Browser ist das ganz egal, er folgt dem Link trotzdem.

Ja und? Dafür ist es doch da, es soll doch Links folgen.

Aber eben nicht immer. Stell dir zum Beispiel vor, du hast ein großes Formular, das dein Benutzer ausfüllen soll. Er könnte mittendrin versehentlich auf einen Navigationslink klicken, und alle seine Eingaben wären futsch. Du kannst zwar schon jetzt an allen Links einen Eventhandler anbringen, der nachfragt, ob man die Seite wirklich verlassen will, aber auf „Nein" zu klicken, bringt nichts, der Browser navigiert trotzdem. Und du wirst immer wieder mal Situationen finden, in denen du wirklich nicht möchtest, dass der Browser sein Ding macht und deine Benutzer ständig auf andere Seiten verschwinden.

Ja, okay. Versteh ich jetzt.

Und genau deswegen gibt es eine weitere Methode `preventDefault()`, die dieses **Standardverhalten verhindert**. Weitere Eventhandler in JavaScript werden aber trotzdem ausgeführt; damit nach deinem Eventhandler wirklich Schluss ist, muss es also so aussehen:

```
function tuWas(event){
    //tu hier was!
    event.stopPropagation();  *1
    event.preventDefault();   *2
}
```

*1 Weitere JavaScript-Eventhandler haben nichts mehr zu melden.

*2 Und der Browser soll sich bitte auch raushalten.

[Achtung]
`preventDefault()` funktioniert bei den meisten Events problemlos. Es ist allerdings aus Sicherheitsgründen nicht ganz einfach, das Kontextmenü abzuschalten. Kein aktueller Browser erlaubt es so ohne Weiteres, das Rechtsklicken zu verhindern.

Keyboardevents

Zurück auf der USS Schrödinger sind die Bauarbeiten schon etwas fortgeschritten, und es wird Zeit, eine Steuerkonsole anzubringen. Aber diesmal per Tastatur, niemand würde ein Raumschiff mit der Maus fliegen wollen, das wäre albern. Die Events dafür sind schnell aufgezählt, sie heißen **keydown**, **keyup** und **keypress** und verhalten sich genauso wie **mousedown**, **mouseup** und **click**. Das erste wird gefeuert, wenn die Taste heruntergedrückt wird, das zweite, wenn sie losgelassen wird, und das dritte fasst beide zusammen. Soweit klingt es gut, oder?

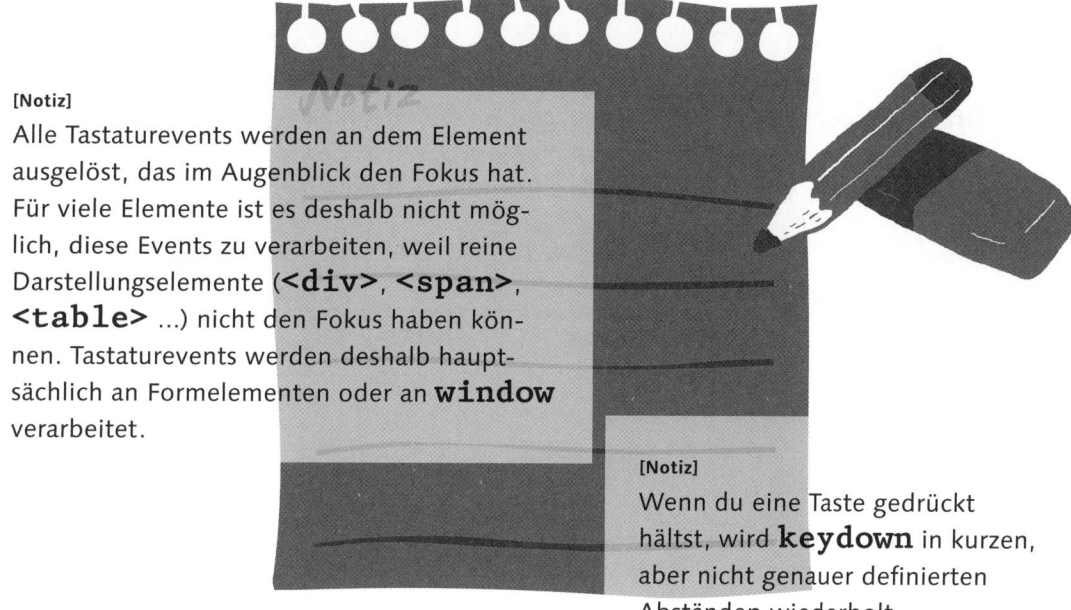

[Notiz]
Alle Tastaturevents werden an dem Element ausgelöst, das im Augenblick den Fokus hat. Für viele Elemente ist es deshalb nicht möglich, diese Events zu verarbeiten, weil reine Darstellungselemente (**<div>**, **<span>**, **<table>** ...) nicht den Fokus haben können. Tastaturevents werden deshalb hauptsächlich an Formelementen oder an **window** verarbeitet.

[Notiz]
Wenn du eine Taste gedrückt hältst, wird **keydown** in kurzen, aber nicht genauer definierten Abständen wiederholt.

Ja, lass uns loslegen.

Wenn du aber wissen möchtest, welche Taste überhaupt gedrückt wurde, dann gelangst du schnell in den **tiefen Sumpf von neuen Standards und altem Mist**. In der Theorie sollten Tastaturevents eine Eigenschaft namens **key** haben, die bei druckbaren Zeichen – Buchstaben, Zahlen und so weiter – dieses Zeichen enthält und bei anderen Tasten, zum Beispiel den Pfeiltasten, einen sprechenden Namen dieser Taste: **"Left"**, **"Up"**, **"Shift"** ... Das wäre wirklich schön und einfach, oder? **Noch wird es aber fast nicht unterstützt.**

Chrome kennt die Eigenschaft **keyIdentifier**, die zwar ähnlich aussieht, aber mindestens den falschen Namen hat, und Firefox will mit diesem neumodischen Kram gar nichts zu tun haben. Zur Abwechslung ist es der Internet Explorer, der **mit gutem Beispiel vorangeht** und diese Eigenschaft schon kennt. Aber erst ab Version 9, sonst wäre das auch zu praktisch.

Wenn JavaScript schon heute überall funktionieren soll, dann musst du wohl oder übel die **Uralteigenschaft keyCode** benutzen. Da steht dann auch gar nichts Freundliches, Lesbares drin, sondern nur der numerische Wert des Zeichens, normalerweise der ASCII-Code. Für eine Tabelle von Zeichencodes kannst du in den Anhang schauen. Für den Moment reichen aber die Pfeiltasten mit diesen Codes:

links	hoch	rechts	runter
37	38	39	40

Damit könnte die USS Schrödinger schon fast fliegen, hätte es da nicht ein paar Budgetkürzungen gegeben. Das Geld reicht jetzt nur noch für die Steuerkonsole.

[Achtung]

Ein **keypress**-Event wird nur für druckbare Zeichen ausgelöst. Für die Pfeiltasten, Funktionstasten, Shift, Strg und so weiter gibt es nur keydown und keyup.

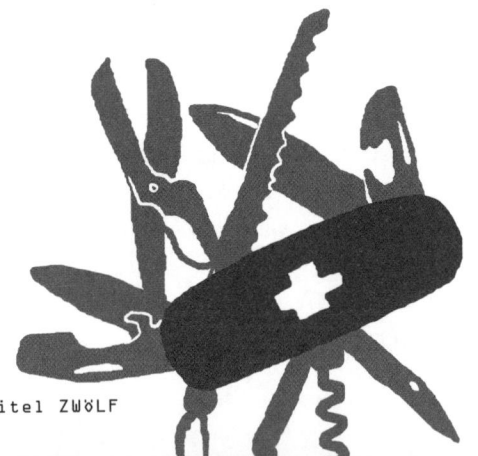

[Schwierige Aufgabe]

Die Steuerkonsole wollen wir aber haben. Passe USS Schrödinger so an, dass nach dem Start ein Druck auf die Pfeiltasten jeweils ausgibt, in welche Richtung das Schiff geflogen wäre, wenn das Geld gereicht hätte.

Du immer mit deinen großen Versprechungen. Wäre es um eine Kaffeemaschine gegangen, hättest du das Budget bestimmt gehabt.

```
function abflug(event){
    if (event.ctrlKey){
        window.addEventListener("keyup", steuern); *1
    } else ...
}
function steuern(event){
    if (event.keyCode == 37){ *2
        alert("Links abbiegen");
    } else if (event.keyCode == 38){ *3
        alert("Vorwärts!");
    } else ... *4
}
```

*1 Das Raumschiff lässt sich erst nach dem Start steuern, die Steuerkonsole wird einfach nicht früher angeschlossen. Da **keypress** für die Pfeiltasten nicht funktioniert, muss es **keyup** sein.

*2 Keycode 37 heißt, es war der Pfeil nach links, ...

*3 ... 38 steht für den Pfeil nach oben ...

*4 ... und so weiter.

[Notiz]
Neben dem Keycode kennen Tastaturevents auch noch dieselben Modifier, die dir schon von den Mausevents her bekannt sind: **ctrlKey**, **altKey** und **shiftKey**.

Timeout, Formevents und andere

Mit Tastatur und Maus sind zwar die häufigsten Events verbunden, aber es gibt noch eine ganze Reihe weiterer Events, die du kennen solltest. Da die aber nichts mit Raumschiffen zu tun haben und auch weniger vielseitig sind als die Events, die ich dir oben im Detail erklärt habe, soll eine Übersicht der wichtigsten ausreichen:

- `resize` wird gefeuert, wenn das Browserfenster vergrößert oder verkleinert wird. Damit kannst du zum Beispiel ein Bild durch eine größere Variante ersetzen, wenn plötzlich mehr Platz da ist, weil das Browserfenster größer wird. Die neue Größe ist aus dem Event nicht erkennbar, kann aber in den Eigenschaften `window.innerHeight` und `window.innerWidth` gefunden werden.

- `scroll` wird ausgelöst, wenn im Browserfenster gescrollt wird, egal, ob mit den Pfeiltasten, dem Mausrad oder der Maus auf dem Scrollbalken. Auch hier steht im Event nichts Interessantes; wie weit insgesamt nach unten bzw. rechts gescrollt wurde, steht in `window.pageXOffset` und `window.pageYOffset`.

- `focus` und `blur` erkennen, wenn ein Element den Fokus erhält oder verliert. Diese Events sind toll, um Formulareingaben zu validieren: Ein `blur`-Handler am Eingabefeld kann prüfen, ob die Eingabe korrekt war, sobald der Benutzer zum nächsten Feld springt.

> **[Zettel]**
> Mit HTML5 ist die Validierung im `blur`-Handler oft nicht mehr notwendig. Im Formularkapitel hast du ja schon gesehen, dass das auch ganz ohne JavaScript geht. Für komplexere Prüfungen muss aber manchmal doch noch JavaScript ran

Und das letzte ist zwar kein Event, funktioniert aber ebenfalls mit einer Funktionsreferenz. Die Methode **window.setTimeout** ruft eine übergebene Funktion nach der übergebenen Zeit auf. So lassen sich in JavaScript zeitgesteuerte Abläufe umsetzen.

5 Sekunden später

`window.setTimeout(eineFunktion*1, 5000*2);`

*1 Diese Funktion soll aufgerufen werden, ...

*2 ... und zwar nach 5 Sekunden. Die Zeitangabe erfolgt immer in Millisekunden.

Also, ganz ehrlich ... **diese Events finde ich schwieriger als Funktionen. Es gibt einfach so viele davon und so viele Eigenschaften. Das bringt mich ein wenig aus meiner tiefen Gelassenheit.**

Mach dir deswegen keine Sorgen, das ging mir auch so, als ich angefangen habe. Am Anfang musst du immer wieder mal nachschlagen, wie ein Event heißt und welche Eigenschaften es hat, aber mit der Zeit geht dir das ins Blut über. Mit der Zeit und mit ...

Übungen!

Die erste Übung soll dir dabei helfen, dir die verschiedenen Eventtypen zu merken. Blätter ruhig zurück, wenn du dich nicht mehr genau erinnerst.

[Einfache Aufgabe]
Welche Events werden in welcher Reihenfolge gefeuert, wenn du die folgenden Aktionen ausführst? Denk genau darüber nach, damit du keins vergisst.

1. Du drückst die Maustaste, bewegst bei gedrückter Maustaste die Maus ein wenig hin und her und lässt die Maustaste dann los.

2. Du tippst das Wort „Event".

3. Du drückst die **Shift**-Taste und klickst auf einen Button.

Ich hoffe, damit konnte ich deinem Gedächtnis ein wenig auf die Sprünge helfen.

1. Zuerst kommt ein **mousedown**-Event beim Drücken der Taste. Danach kommen viele **mousemove**s. Wie viele hängt davon ab, wie lange du die Maus bewegst, aber auch von deinem Browser, deinem Betriebssystem und mehr. Wenn du die Maus über ein Element oder aus einem Element herausbewegst, können auch noch **mouseover**-/**mouseout**- sowie **mouseenter**-/**mouseleave**-Events auftreten. Danach passiert dann **mouseup** und, nicht zu vergessen, am Ende **click**.

2. Für jede Taste passieren die Events **keydown**, **keyup** und **keypressed**. Zuerst alle mit einem Keycode von 69 für das E, dann mit Keycode 118 für das v und dann mit 101, 110 und 116.

3. Es ist leicht, zu vergessen, dass hier auch Tastaturevents passieren. Druck auf die **Shift**-Taste löst ein **keydown** mit Code 16 aus, danach kommt die bekannte Abfolge von **mousedown**, **mouseup** und **click**, alle mit **shiftKey = true** und zum Schluss wieder das **keyup** der **Shift**-Taste. Danach ist Ende, für **Shift** gibt es kein **keypressed**.

[Schwierige Aufgabe]

Die Events aufzuzählen, ist nicht alles, zum besseren Merken solltest du sie auch benutzen. Schreibe eine Seite, die die Koordinaten des Mauszeigers sowie den Keycode der zuletzt betätigten Taste anzeigt. Vertrau mir, es ist viel leichter, als du denkst.

*1 Wenn die Seite geladen ist, müssen die Eventhandler registriert werden, also braucht es zuerst einen **load**-Handler.

*2 Dann werden die interessanten Listener registriert. **mousemove** empfängt die Koordinaten jeder Mausbewegung, **keyup** jede gedrückte Taste. Beide Eventhandler werden an **window** registriert, so erhalten sie die Events, egal, wo auf der Seite sie passieren.

*3 Und wenn die Events dann kommen, werden die Koordinaten oder der Keycode ausgegeben. Die Elemente mit dieser ID muss es im Dokument natürlich geben, aber das braucht dir ja inzwischen keiner mehr zu sagen.

```
function setup() {
    window.addEventListener("mousemove", bewegt); *2
    window.addEventListener("keyup", taste); *2
}
window.addEventListener("load", setup); *1

function taste(event) {
    document.getElementById("taste").innerHTML = event.keyCode; *3
}

function bewegt(event) {
    document.getElementById("screenX").innerHTML = event.screenX; *3
    document.getElementById("screenY").innerHTML = event.screenY; *3
    document.getElementById("clientX").innerHTML = event.clientX; *3
    document.getElementById("clientY").innerHTML = event.clientY; *3
}
```

Du hattest Recht, das war um vieles einfacher, als ich dachte. Man muss sich an diese Events wohl wirklich nur gewöhnen.

Ja, das muss man wohl. Aber auch wenn die Aufgabe dann doch nicht zu schwer war, die letzten beiden Kapitel hatten es in sich. Erst alles über Funktionen, dann noch Eventhandler dazu, das ist einiges zu verdauen. Aber damit ist der schwierige Teil auch erst mal wieder vorbei, das nächste Kapitel ist im Vergleich echt entspannt.

[Belohnung/Lösung]
Jetzt ist eine gute Zeit für einen Kaffee und eine Pause. Gönn dir etwas Ruhe, und gib deinem Wissen über die Eventhandler die Chance, sich zu setzen, bevor du weiterliest.

—DREIZEHN—

DOM-Manipulation

Gerade stand das da noch nicht

Schrödinger hat Lust auf mehr. Wenn man per JavaScript Texte und sogar den gesamten Inhalt eines Tags ändern kann, warum dann nicht auch ganze Absätze einfügen oder Tabellenzeilen? Warum nicht diese Elemente wieder löschen? Ihre Styles ändern? Oder, oder, oder? Alles kein Problem, Schrödinger, es geht sogar noch viel mehr.

Ein DOM für die HTML-Seite

So, Schrödinger. Du bist jetzt als Webentwickler alt genug, um die Geschichte von den HTML-Blümchen und den JavaScript-Bienchen zu hören. Wenn nämlich das JavaScript-Bienchen zum HTML-Blümchen fliegt …

Jetzt drehst du komplett am Rad, oder? Das ist doch hier kein Kinderbuch!

Na gut, dann eben anders. Du kannst HTML, und du kannst JavaScript, und mit beidem kannst du auch schon ziemlich coole Sachen machen. Aber es geht noch viel mehr. Wenn die beiden so richtig eng zusammenarbeiten und das eine das andere bestäubt, dann …

Hör auf! **Ich finde den Vergleich echt ziemlich verstörend, weißt du. Außerdem weiß ich doch schon, wie die beiden zusammenarbeiten:**

1. das `<script>`-Tag

2. Eventhandler

3. den Zugriff auf HTML-Elemente, `getElementById` und so

4. `document.write` und `<Element>.innerHTML`

Sehr schön, du hast aufgepasst in den letzten drei Kapiteln. Dann enthält **dieser Code** für dich ja keine Geheimnisse mehr:

```
var fehlerbox = document.getElementById("fehlerbox");
fehlerbox.innerHTML="Bitte tragen Sie noch ein, mit wie vielen Bienen
Sie die Blume besuchen wollen.";
fehlerbox.style.border="1px solid red";
```

*Überhaupt kein Geheimnis, nein:
Text in ein Element schreiben und den Style bearbeiten.*

Aber was, wenn ich dir jetzt sage, dass es da doch noch ein Geheimnis gibt?

Die höheren Mysterien der Arbeit mit Dokumenten: Bei allem, was du da tust, nimmst du nämlich keine direkten Änderungen am HTML vor, sondern arbeitest mit einem mysteriösen Ding namens DOM. Komm, HTML-Zauberlehrling Schrödinger, der alte DOM-Hexenmeister zeigt dir jetzt, was wirklich Sache ist.

[Begriffsdefinition]
DOM hat gar nichts mit Kirchen zu tun, sondern ist die Abkürzung für **Document Object Model**. Das DOM ist die Repräsentation eines HTML-Dokuments für JavaScript und andere Programmiersprachen. Es erlaubt dir, den gesamten Inhalt des Dokuments durch entsprechende Objekte zu lesen und zu manipulieren.

D für Dokument, O für Objekt und M für Modell.
Das Pferd zäumen wir mal von hinten auf:

1. M für Modell

Modelle begegnen dir in der Softwareentwicklung an jeder Ecke. Es gibt Modelle von beinah allem: von Einkaufskörben, Genehmigungsverfahren, Vereinsmitgliedern, Enten und eben auch HTML-Dokumenten. Immer, wenn du etwas real Existierendes in einem Programm repräsentieren möchtest, dann ist das ein Modell. Für eine Webseite lässt sich über „real existierend" zwar streiten, aber sie existiert zumindest außerhalb der Programmiersprache, deshalb bekommt sie ein Modell.

2. O für Objekte

In einem Modell werden also Dinge, die außerhalb der Programmiersprache existieren, als Objekte dargestellt. Konkret kann das zum Beispiel heißen, dass die gesamte Welt eines Computerspiels ein Modell ist, und dein Charakter ist ein Objekt darin, die Monster sind Objekte, deine Waffen sind Objekte, Objekte überall. Da zumindest in JavaScript sowieso alles ein Objekt ist, ist das O also gar nichts so Besonderes, aber es erinnert dich immer wieder daran, dass du es mit Objekten zu tun hast. Außerdem wollte man das Modell wohl eher nach einer großen Kirche benennen als nach einer Drogeriemarktkette, mit dem O klingt es viel eindrucksvoller.

DOM-Manipulation

3. D für Dokument

Und wovon ist das Ganze ein Modell?
Vom HTML-Dokument, natürlich, damit willst du schließlich arbeiten. Und um mit dem HTML-Dokument zu arbeiten, führt auch **kein Weg am DOM vorbei.** Selbst für einfachste Dinge, wie zum Beispiel die Ausgabe der Bienen-Fehlermeldung vorhin, benutzt du **immer** das DOM.

*Was? Das kann gar nicht sein.
Bis gerade wusste ich ja nicht einmal, was das ist.
Wie soll ich dann damit gearbeitet haben?*

Ich wusste, du würdest mir nicht glauben. Aber ich kann es dir ganz einfach beweisen: Das DOM der Seite ist durch die globale Variable **document** zugänglich. Immer, wenn du ein Objekt mit **document.getElementByID** holst, arbeitest du mit dem DOM, immer wenn du an einem solchen Objekt **innerHTML** änderst oder eine Style-Klasse hinzufügst, hast du also das DOM manipuliert.

Wow!

[Ablage]
Das DOM, auf das wir in JavaScript Zugriff haben, und die HTML-Struktur selbst sind also nicht identisch, aber zwischen den beiden werden alle Informationen **in beide Richtungen** ausgetauscht: Alles, was im HTML-Code steht, ist durch das DOM zugänglich, und alle Änderungen am DOM werden sofort ins HTML übernommen und damit für den Leser sichtbar.

Und dann gibt es auch noch Dommodelle, aber das ist etwas ganz anderes.

© Dierk Schäfer CC-BY 2.0
http://www.flickr.com/photos/dierkschaefer/4118098656/

Das DOM bildet also das Dokument ab, aber es bringt dir noch mehr: Es bietet Werkzeuge, die auf viele verschiedene Arten Elemente finden, ändern und hinzufügen können: „Ergänze ein Element am Ende der Liste", „Füge einen Absatz mitten im Dokument ein", oder „Gib mir alle Elemente, die die Klasse `fuer_bossingen` haben."

[Zettel]

`innerHTML` ist ein einfacher, aber eher grober Weg, das DOM zu manipulieren. Grob ist nicht unbedingt schlimm, für einfache Änderungen ist `innerHTML` auch die schnellste Methode. Aber für **umfangreiche Änderungen am DOM** führen **die Methoden aus diesem Kapitel** zu klarerem, übersichtlicherem Code als Stringoperationen und `innerHTML`.

Gärtnern für Webentwickler – das DOM als Baum

Das **document**-Objekt ist, man konnte es dem Namen nach schon erraten, der **Einstiegspunkt**, von dem aus alle DOM-Operationen zugänglich sind. **document.getElementById()** ist eine der grundlegenden DOM-Methoden, um Elemente zu finden. Und wenn du die **innerHTML**-Eigenschaft setzt, manipulierst du den Inhalt eines Elements im DOM.

Im Wesentlichen ist das DOM ein großer Baum, in dem Sinne, in dem Informatiker das Wort verwenden: Es gibt eine Wurzel, das **<html>**-Element, und jedes Element kann Kinder haben. Das klingt genau wie die Grundlagen von HTML, es gibt **<html>** als oberstes Tag, und jedes Tag kann weitere Tags als Kinder enthalten. Und tatsächlich ist die HTML-Struktur auf das DOM übertragbar: Die Hierarchie von Eltern und Kindern im DOM entspricht genau der, die auch im HTML-Dokument steht.

[Hintergrundinfo]
Das DOM-Gegenstück zu einem HTML-Element ist ein Objekt vom Typ **Element**, und in diesem Kapitel sehen wir einige, aber nicht alle der vielen Eigenschaften und Methoden von **Element**.

Aber von der ganzen Baumstruktur würdest du gar nichts mitbekommen, wenn es in JavaScript nur **document.getElementById** gäbe, um auf ein Element zuzugreifen. Damit findet man jedes Element mit einer bestimmten **id**, aber auch nur solche. Daneben gibt es deshalb auch noch **document.getElementsByTagName** und **document.getElementsByClassName**. Beide finden nicht nur ein Element, sondern alle passenden Elemente, es kann ja durchaus mehrere geben. Und beide Methoden gibt es nicht nur an **document**, sondern auch an Elementen, an denen sie alle passenden Elemente finden, die Nachkommen dieses Elements sind. So macht das mit dem Baum doch schon mehr Sinn, denn …

[Funktioniert in]
getElementsByTagName und **getElementsByClassName** funktionieren in allen Browsern.

518 Kapitel DREIZEHN

... damit geht dann so was:

```
document.getElementById("to-do-liste")*1.getElementsByTagName("li")*2;
```

*1 Finde zuerst das Element mit der ID **to-do-liste**.

*2 Und suche als Nächstes alle Nachkommen von **to-do-liste** vom Typ **<li>**.

[Zettel]
Du kannst, um Elemente zu finden, auch dein CSS-Wissen ausnutzen und die Methoden **document.querySelector** und **document.querySelectorAll** benutzen. Beide nehmen einen CSS-Selektor als Parameter und geben das erste passende Element bzw. alle passenden Elemente zurück. Der Beispielcode könnte also auch lauten:
document.querySelectorAll ("#to-do-liste li");

[Achtung]
getElementsByTagName und **getElementsByClassName** geben beide eine **NodeList** zurück. Das ist mal wieder ein Objekt, das gerne ein Array geworden wäre, aber zu faul war, es richtig zu machen: **NodeList**s kennen die eckigen Klammern und die **length**-Eigenschaft, haben aber keine der Array-Methoden. Ein viel gemeinerer Unterschied zum **Array** ist aber, dass sich eine **NodeList** plötzlich zwischen deinen Fingern **ändern** kann. Das liegt daran, dass sie live aus dem DOM geupdated wird: entfernst du einen **Node** aus dem Dokument, verschwindet sie auch aus sämtlichen **NodeList**s, die sie vorher enthalten haben. Mehr noch: wenn du eine **NodeList** mit **getElementsByClassName('meine-klasse')** holst und dann an einem Element die Klasse **meine-klasse** entfernst, dann verschwindet es auch aus der **NodeList**. Das fiese Ding hat sich gemerkt, wonach du ursprünglich gesucht hast! Auf diese Eigenschaft der **NodeList** bin ich schon sehr oft hereingefallen.

Das geht alles mit dem DOM, die Details kommen auf den nächsten Seiten	
`getElementById()`	Sucht ein Element anhand seines id-Attributs.
`getElementsByTagName()`	Sucht alle Elemente mit einem bestimmten Tag-Namen.
`getElementsByClassName()`	Sucht alle Elemente mit einer bestimmten Style-Klasse.
`appendChild()`	Fügt ein neues Element als letztes Kind eines anderen Elements hinzu.
`removeChild()`	Entfernt ein Element von seinem Elternelement.
`insertBefore()`	Fügt ein Element als Vorgänger eines anderen ein.
`createElement()`	Erzeugt ein neues Element-Objekt.
`createTextNode()`	Erzeugt einen neuen Text-Node.
`getAttribute()`	Liest einen Attributwert eines Elements.
`setAttribute()`	Setzt einen Attributwert eines Elements.
`parentNode`	Enthält das Elternelement.
`childNodes`	Enthält die Liste aller Kinder.
`firstChild`	Enthält das erste Kind.
`lastChild`	Enthält das letzte Kind.
`nextSibling`	Enthält das nachfolgende Geschwisterelement.
`previousSibling`	Enthält das vorhergehende Geschwisterelement.

Des Zauberlehrlings Hausaufgabe

Bevor wir tiefer in die Abgründe des DOMs einsteigen, gibt es auch mit diesen wenigen Methoden schon interessante Dinge zu tun. Der alte DOM-Hexenmeister hat sich nämlich nun doch einmal fortbegeben, aber er hat DOM-Zauberlehrling Schrödinger eine Liste mit Aufgaben zurückgelassen. Die erste und einzige Aufgabe auf der Liste: eine Aufgabenliste mit HTML und JavaScript zu bauen.

[Einfache Aufgabe]
Lege in einer neuen HTML-Seite eine Liste mit fünf Aufgaben an. Die Liste bekommt die ID **aufgaben**. Außerdem brauchst du eine Style-Klasse **erledigt**, die Text durchstreicht, und eine Style-Klasse **offen**, die Text unterstreicht. Am Anfang haben alle Einträge der Liste die Klasse **offen**.

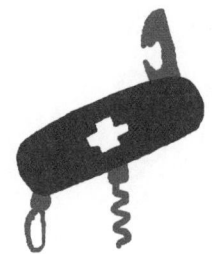

Endlich mal wieder eine einfache Aufgabe mit HTML und CSS!

```
<h1>Aufgaben für den Zauberlehrling</h1>
<ul id="aufgaben">
    <li class="offen">Zauberbücher lesen</li>
    <li class="offen">Tabellenzauber üben</li>
    <li class="offen">Des Meisters Schuhe putzen</li>
    <li class="offen">Wasser schleppen</li>
    <li class="offen">Den Boden wischen</li>
    <li class="offen">Kaffee kochen</li>
</ul>
<button type="button" id="erledigen">Erledigt</button>
```

Bis dahin war es ja auch nichts Neues. Jetzt kommt der interessante Teil, denn der alte DOM-Hexenmeister möchte auch sehen können, was sein Lehrling schon getan hat. Dazu musst du gleich einem Element eine Style-Klasse zuweisen, um es als erledigt zu markieren, deswegen ein kleiner Hinweis: Die **Style-Klassen** eines Elements stehen in der Eigenschaft **className**.

[Schwierige Aufgabe]
Füge unter der Liste einen **Erledigt-Knopf** hinzu. Wenn dieser Knopf gedrückt wird, dann soll der oberste noch offene Punkt auf der Liste als erledigt markiert werden, indem die entsprechende Klasse zugewiesen wird.

Das wäre vorher gar nicht so einfach gewesen, aber jetzt ist es ein Kinderspiel. Wie du den `click`-Handler für den Knopf registrierst, weißt du schon:

*1 Finde zuerst die Liste.

```
function setup(){
    document.getElementById("erledigen").addEventListener("click",
    erledigeErsteOffeneAufgabe);
}
function erledigeErsteOffeneAufgabe(){
    var offene = document.getElementById("aufgaben")  *1
    getElementsByClassName("offen") *2;
    if (offene.length > 0){ *3
        offene[0].className = "erledigt"; *4
    }
}
window.addEventListener("load", setup);
```

*2 Suche in der Liste alle Elemente, die noch die Klasse **offen** haben. Wenn **className** auf **erledigt** gesetzt wird, dann wird dadurch der alte Wert **offen** überschrieben, deshalb finden wir wirklich nur offene Aufgaben.

*3 Es geht nur weiter, wenn es noch unerledigte Aufgaben gibt. Ohne diese Prüfung würde in der nächsten Zeile ein Fehler passieren, wenn schon alle Aufgaben erledigt sind.

*4 Setze die Style-Klasse des ersten noch offenen Elements auf **erledigt** um. Fertig.

Es gibt mit der Lösung aber noch ein kleines Problem: Du erinnerst dich, dass ein Element **beliebig viele Style-Klassen** haben kann? Wenn es wirklich mehr als eine Klasse gibt, dann stehen sie alle mit Leerzeichen getrennt in `class-Name`, genauso wie im `class`-Attribut des Tags. Wenn es zum Beispiel noch eine Klasse `wichtig` gäbe, dann würdest du sie mit dem Code oben gnadenlos überschreiben und aus `offen wichtig` würde nur `erledigt`. Zum Setzen oder Entfernen von einzelnen Klassen musst du dann mit Stringoperationen arbeiten, das macht keinen echten Spaß und ist extrem fehleranfällig. Deshalb gibt es die Eigenschaft `classList`, die hat einige extrapraktische Methoden, um dir das zu ersparen:

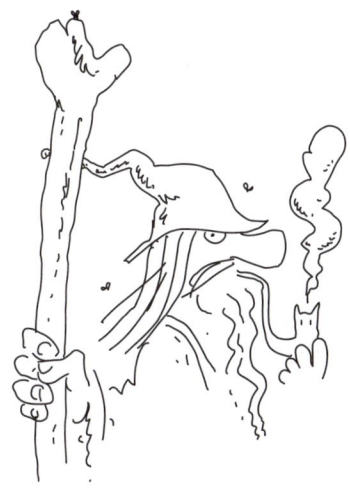

- `add` fügt eine Klasse hinzu, ohne die anderen Klassen zu überschreiben.
- `remove` entfernt genau eine Klasse.
- `contains` prüft, ob das Element eine bestimmte Klasse hat.
- `toggle` schaltet eine Klasse um: Ist sie da, wird sie entfernt, fehlt sie, wird sie gesetzt.

Und so sieht es mit classList aus:

```
var offene = document.getElementById("aufgaben").getElementsByClassName("offen");
if (offene.length > 0){
    var el = offene[0];    *1
    el.classList.remove("offen");    *2
    el.classList.add("erledigt");    *2
}
```

*1 Das Element, das bearbeitet werden soll, muss jetzt einer Variablen zugewiesen werden, sonst würde wieder das Problem mit dem Live-Update auftreten. Du könntest nach dem `remove` nicht mehr auf das Element zugreifen, denn dadurch wurde die Klasse `offen` entfernt. **Und dadurch verschwindet das Element aus der NodeList**. Über die Liste kommst Du dann also nicht mehr dran. Da es aber noch in der Variable `el` steht, kannst Du trotzdem damit weiterarbeiten.

Könnte ich stattdessen nicht auch die nächsten beiden Zeilen vertauschen?

Ja, das ginge auch. Erst die Klasse `erledigt` hinzufügen, solange das Element noch in der NodeList ist; dann die Klasse `offen` herausnehmen. Aber dann muss auf jeden Fall ein Kommentar dran, warum die Reihenfolge wichtig ist! Das ist nämlich alles andere als offensichtlich, wenn du den Code später noch mal liest.

*2 Dann kannst du einfach Klassen hinzufügen und wegnehmen, so ist das kein Problem mehr. So geht's viel einfacher als mit `className`, oder? Zumindest, wenn man mehrere Style-Klassen an einem Element hat.

Allesdings.

Warum hast du mir das nicht gleich gesagt?

Weil diese Lösung einen großen **Nachteil** hat:
Internet Explorer vor der Version 10 spielt nicht mit.

[Funktioniert in]
classList funktioniert im Internet Explorer ab der Version 10, in Firefox, Chrome und Safari.

[Notiz]
Weil **classList** in älteren IEs nicht funktioniert und die Stringoperationen dafür echt nicht so lustig sind, bleibt es für dieses Kapitel dabei, den **className** zu überschreiben. Es gibt auch sowieso immer nur eine Klasse, also keine Sorge. Wenn du dich im echten Leben oft mit diesem Problem herumplagen musst, dann helfen auch dabei Frameworks wie **jQuery** weiter, die solche Funktionen browserübergreifend zur Verfügung stellen.

Eine Frage habe ich trotzdem noch:
Wenn ich es so schreibe...

```
var offene = document.getElementById("aufgaben").getElementsByClassName("offen");
offene[0].classlist.remove("offen");
```

... und das HTML so anfängt...

```
<h1>Aufgaben für den Zauberlehrling</h1>
<ul id="aufgaben">
    <li class="offen">Zauberbücher lesen</li>
    <li class="offen">Tabellenzauber üben</li>
```

> ..., dann könnte ich danach nicht mehr über offene[0] auf "Zauberbücher lesen" zugreifen – richtig?

Genau. Wenn Du den Style „**offen**" für das Listenelement „Zauberbücher lesen" rausnimmst, gehört es danach nicht mehr in die Liste **offene**. Obwohl Du die an eine Variable übergeben hast, bleibt es die **NodeList** aus dem DOM. Dieselbe Liste, keine Kopie. **Und die bekommt ein Live-Update aus dem HTML-Dokument, ob du willst oder nicht!** Und deshalb kommst du über „das oberste Element auf der Liste der offenen Aufgaben" auch **nicht mehr dran. offene[0] führt jetzt zur nächsten Aufgabe, dem Tabellenzauber.** Und deswegen erledigt dein Knopf immer die oberste noch offene Aufgabe.

Aber so richtig praktisch ist das ja nicht, immer alles der Reihe nach erledigen zu müssen. Du möchtest auch mal eine Aufgabe aus der Mitte der Liste erledigen können.

Und das geht so:

Hinter jeden Eintrag schreibst Du einen Erledigt-Link, **der genau diesen Eintrag auf erledigt** setzt. Bevor aber der Link dazukommt, schlage ich einen klitzekleinen Umbau vor.

[Code bearbeiten]
Schreibe eine neue Funktion, die ein Element der To-do-Liste als Parameter annimmt und genau dieses Element als erledigt markiert. Ersetze die Zeile, die in **erledigeErsteOffeneAufgabe** die Style-Klasse **erledigt** setzt, mit einem Aufruf dieser neuen Funktion.

[Notiz]
Diese Art Umbau heißt unter Programmierern **Refactoring**. Es geht dabei darum, Code **einfacher, lesbarer und leichter erweiterbar** zu machen. In diesem Fall geht es um Lesbarkeit und Erweiterbarkeit: Wenn du mitten in der Funktion eine Style-Klasse setzt, ist nicht sofort **klar, was das bezweckt**. Rufst du eine Funktion mit dem Namen **erledigeAufgabe** auf, muss man nicht lange raten. Und wenn sich später herausstellt, dass beim Erledigen noch mehr passieren soll, dann musst du das **nur in dieser Funktion ändern**.

Ein Refactoring später:

*1 Anstatt direkt den Style zu setzen, wird jetzt eine Funktion gerufen. Du musst zugeben, es ist so klarer, was passiert.

```
function erledigeErsteOffeneAufgabe(){
    var offene = document.getElementById("aufgaben").getElementsByClassName("offen");
    if (offene.length > 0){
        erledigeAufgabe(offene[0]); *1
    }
}
function erledigeAufgabe(aufgabe){
    if (!aufgabe) throw "Parameter aufgabe wird benötigt"; *2
    aufgabe.className = "erledigt"; *3
}
```

*2 Die neue Funktion prüft, dass sie auch wirklich mit einem Parameter aufgerufen wird, ...

*3 ... und ändert danach den Style.

[Einfache Aufgabe]

Damit steht dem nächsten Schritt nichts mehr im Weg: Füge jedem Eintrag einen Link hinzu, der genau diesen Eintrag auf **erledigt** setzt. Um den richtigen Eintrag zu übergeben, kannst du den gleichen Trick benutzen wie bei der Notfallkonsole im vorigen Kapitel: Packe den Link in den Listeneintrag, und hole dir im **click**-Handler das **parentElement** des **target**s.

So langsam wird es spannender, was ich alles kann.

*1 Jeder Eintrag erhält seinen eigenen Erledigt-Link.

*2 Dank der tollen neuen DOM-Methoden kannst du jetzt auch Eventhandler in einer Schleife registrieren und musst nicht jedes `<a>` einzeln per ID finden.

```
<ul id="aufgaben">
    <li class="offen">Zauberbücher lesen <a>Erledigt</a>*1</li>
    ...
function setup(){
    ...
    var links = document.getElementById("aufgaben").getElementsByTagName("a");
    for (var i = 0; i < links.length; i++){
        links[i].addEventListener("click", erledigeAufgabeDirekt);*2
    }
}
function erledigeAufgabeDirekt(event){
    erledigeAufgabe(event.target.parentElement);*3
    event.preventDefault();*4
}
```

*3 Weil der Link im Listeneintrag steht, findest du den Eintrag selbst in **event.target.parentElement**.

*4 Ohne **href**-Parameter wird der Link zwar nirgendwohin navigieren, aber sauberer ist es trotzdem, die Defaultaktion ganz explizit zu unterbinden.

Die To-do-Liste macht Fortschritte, aber der alte DOM-Hexenmeister ist noch immer nicht zufrieden. Er möchte jetzt auch noch einen zweiten Knopf, mit dem sein Lehrling alle Aufgaben gleichzeitig abschließen kann.

[Einfache Aufgabe]
Wie er auf die Idee kommt, dass dieser Knopf jemals benutzt wird, ist mir ein Rätsel. Aber tu dem alten DOM-Hexenmeister den Gefallen, und baue seinen Alles-erledigt-Knopf.

Der wird sich gleich wundern, wie schnell ich das hingezaubert habe. Oh ... oder auch nicht. Das ist ja merkwürdig ...

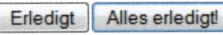

Da hat sich der DOM-Zauberlehrling wohl verzaubert.

Da hast du ja was Interessantes gebaut. Zeig doch mal, wie du das gemacht hast.

Na gut, aber ich bin mir sicher, dass meine Schleife korrekt ist und keine Bocksprünge macht. Es sollte wirklich alles erledigt sein.

*1 Hier suche ich die offenen Aufgaben. Da kann nichts falsch sein, das ist genau wie vorher.

```
function erledigeAlle(){
    var offene = document.getElementById("aufgaben").getElementsByClassName("offen");*1
    for (var i = 0; i < offene.length; i++){*2
        offene[i].className = "erledigt";*3
    }
}
```

*2 Dann irritiere ich über alle gefundenen Elemente. Und zwar immer nur von einem zum nächsten, nicht zum übernächsten!

*3 Und am jeweils aktuellen Element setze ich die Style-Klasse um. Das ist auch wie vorher. Ich hab wirklich keine Ahnung, was da falsch läuft.

[Notiz]
Iteriere, nicht irritiere.

Och, nein.
Nein, nein, nein!
Das darf doch nicht wahr sein.

Ich bin wieder auf das Live-Update reingefallen, oder?

Hehehe. Japp. Du änderst also die Style-Klasse am ersten Element. Dadurch verschwindet es aus der **NodeList**, das zweite Element ist das neue erste. Die Schleife geht aber weiter zum neuen zweiten Element, das ursprüngliche zweite wurde übersprungen. Und so weiter.

```
[0] Zauberbücher lesen
[1] Tabellenzauber üben
[2] Des Meisters Schuhe putzen
[3] Wasser schleppen
[4] Den Boden wischen
[5] Kaffee kochen
    ↓
    erledigeAufgabe(offene[0]);

[0] Tabellenzauber üben
[1] Des Meisters Schuhe putzen
[2] Wasser schleppen
[3] Den Boden wischen
[4] Kaffee kochen
    ↓
    erledigeAufgabe(offene[1]);

[0] Tabellenzauber üben

[1] Wasser schleppen
[2] Den Boden wischen
[3] Kaffee kochen
    ↓
    erledigeAufgabe(offene[2]);

[0] Tabellenzauber üben

[1] Wasser schleppen

[2] Kaffee kochen
```

Offene Aufgaben erledigen, Schritt für Schritt

Okay, ich glaube, ich verstehe das.
Aber das ist ja mal unpraktisch. Wie mache ich denn dann die Änderung für alle Elemente?

Am besten passt du immer das erste verbleibende Element an, also **offene[0]**. Das geht zwar auch mit **for**, probier es ruhig aus, aber die elegante Lösung dafür ist eine **while**-Schleife.

DOM-Manipulation

Mal wieder Wiederholungen – while-Schleifen

Gerade vorhin habe ich behauptet, es gäbe eine elegantere Lösung für die Schleife, die die **NodeList** abarbeitet. Dafür sollte ich wohl noch den Beweis erbringen, wenn du mir das abnehmen sollst. Die **for**-Schleife tut in dem Fall schon mehr, als wir brauchen, die Zählvariable wird gar nicht benutzt. Genau da kommt die **while**-Schleife ins Spiel: Sie braucht keine Zählvariable, sondern wiederholt sich so lange, wie es etwas zu tun gibt.

*1 Das ist die **Laufbedingung**. Solange dieser Ausdruck **true** (oder truthy) ist, läuft die Schleife weiter.

```
while (offene.length > 0*1){
    offene[0].className = "erledigt";*2
}
```

*2 Und in der Schleife wird noch immer das erste Element bearbeitet. Daran hat sich nichts geändert, aber die unnötige Zählvariable ist weg. Der Code wird dadurch lesbarer.

*Das sieht genau aus wie ein **if**-Statement.*

Exakt. Die **while**-Schleife sieht aus wie ein **if**-Statement, und sie funktioniert auch ganz ähnlich. Der Unterschied ist nur, dass der Code in einem **if**-Block nicht oder genau einmal ausgeführt wird, der Code im **while**-Block auch öfter, solange die Bedingung truthy bleibt.

[Hintergrundinfo]
Eine `while`-Schleife, wie gezeigt, heißt **kopfgesteuert**, weil oben in der Schleife geprüft wird, ob die Bedingung wahr ist. Es gibt mit `do ... while ...` auch eine **fußgesteuerte** Schleife, die das erst am Ende prüft. Deswegen wird der Rumpf von `do ... while ...` mindestens einmal ausgeführt, bevor zum ersten Mal geprüft wird, aber ansonsten sind beide Varianten gleich.

[Zettel]
Ein weiterer Unterschied zum `if`-Statement ist, dass es bei `while` kein `else` gibt. Wenn die Bedingung falsy ist, passiert gar nichts.

In diesem Beispiel ist es nur eine Frage der Eleganz, ob du `for` oder `while` verwendest. Aber es gibt auch Probleme, die mit `while` ganz einfach zu lösen sind, mit `for` aber nicht. Das ist vor allem dann der Fall, wenn am Anfang noch nicht klar ist, wie viele Wiederholungen nötig sind.

Zum Beispiel: Wenn der alte DOM-Hexenmeister seinen DOM-Lehrling so richtig nerven möchte, dann könnte die Aufgabenliste immer wieder mit `alert` nachfragen, ob die nächste Aufgabe jetzt endlich abgeschlossen ist. Mit einer `for`-Schleife, egal, wie weit sie läuft, könnte der Lehrling so lange Nein sagen, bis die Schleife vorbei ist. Und nachdem er Ja gesagt hat, würde die Schleife weiterlaufen. `while` schafft beide Probleme aus der Welt.

Von einem Element zum anderen – navigieren im DOM

Jetzt weißt du schon mal, wie man im DOM Elemente aufspürt. Damit kannst du schon vieles tun, aber noch nicht alles. Mit **getElementsByTagName** und **getElementsByClass** kannst du zum Beispiel nicht alle Kinder eines Elements finden oder ein Geschwisterelement. Aber auch dafür gibt es selbstverständlich Möglichkeiten.

Bevor wir dazu kommen, folgt aber eine kurze Warnung. Im DOM steckt nämlich oft mehr drin, als dem geplagten Entwickler lieb ist. Alles, was wir bisher als Element bezeichnet haben, steckt im DOM als Objekt vom Typ **Element** drin. Im gleichen Baum stecken aber auch alle Texte und alle Kommentare. Und an manchen Stellen muss man aufpassen, weil man gerne nur mit Elementen arbeiten würde, aber jeden Mist zurückbekommt.

```
HTML
├─HEAD
│  ├─#text:
│  ├─TITLE
│  │  └─#text: DOM: Nodes und Elemente
│  └─#text:
└─BODY
   ├─#text:
   ├─DIV class="test" id="auchtest"
   │  ├─#text: Diest ist
   │  └─SPAN id="einspan"
   │     └─#text: Testtext
   ├─#text:
   ├─TABLE
   │  ├─#text:
   │  └─TBODY
   │     ├─TR
   │     │  ├─TD
   │     │  │  └─#text: 1/1
   │     │  └─TD
   │     │     └─#text: 2/1
   │     ├─#text:
   │     └─TR
   │        ├─TD
   │        │  └─#text: 1/2
   │        └─TD
   │           └─#text: 2/2
   │     ├─#text:
   ├─#text:
   ├─SPAN id="output"
   └─#text:
```

Das DOM visualisiert

[Begriffsdefinition]
Ganz allgemein spricht man von einem **Node**: Alle **Element**s sind auch Nodes. Texte, Kommentare und sogar Attribute sind ebenfalls Nodes, aber eben keine **Element**s.

[Hintergrundinfo]
Die vielen **Text-Nodes ohne Inhalt** im Bild? Das sind die Zeilenumbrüche vor und nach Tags, um das HTML hübsch zu formatieren. Jeder einzelne ist ein eigener Node. Ich sage ja, es kann eklig sein mit dem DOM.

532   Kapitel DREIZEHN

Das heißt für uns leider, dass wir immer wieder prüfen müssen, mit welcher Art von Node wir es gerade zu tun haben. Dafür hat jeder Node die Eigenschaft **nodeType**. In der steht zunächst mal eine Zahl drin, aber `if (nodeType == 1)` lässt sich nur ganz schlecht lesen. Deshalb gibt es in einem Node Konstanten für die verschiedenen Typen, denn mit `if (nodeType == Node.ELEMENT_NODE)` sieht man auf Anhieb, was gemeint ist.

Die wichtigsten Arten von Nodes		
Konstante	Wert von nodeType	
`Node.ELEMENT_NODE`	1	Dieser Node ist ein Element, also ein HTML-Tag.
`Node.TEXT_NODE`	3	Text. Jeder Text, und sei es nur ein einzelner Zeilenumbruch, entspricht einem Text-Node.
`Node.COMMENT_NODE`	8	HTML-Kommentare

[Hintergrundinfo]
Das DOM hat **keine Sonderbehandlung** für `<style>`- und `<script>`-Tags, ihr Inhalt ist vom Typ **TEXT_NODE**, genau wie bei allen anderen Elementen.

Außerdem gibt es an jedem Node noch die Eigenschaften **nodeName** und **nodeValue**, die je nach **nodeType** unterschiedlich befüllt sind. **nodeName** enthält bei Elementen den Tag-Namen und bei Attributen den Attributnamen, bei Text- und Kommentar-Nodes ist er leer. **nodeValue** ist dagegen bei Elementen leer, enthält bei Attributen den Attributwert und bei Text- und Kommentar-Nodes den Textinhalt.

[Achtung]
Bei Element-Nodes steht der **nodeName** immer komplett in Großbuchstaben und ohne `<` und `>`, es steht also DIV oder SPAN drin.

Mit diesem Wissen ausgerüstet, kannst du dich jetzt im DOM herumhangeln. Dazu hat jeder Node Eigenschaften, um **von einem Node zum nächsten** zu navigieren. Vertikal bedeutet das, zu den Kindern eines Nodes oder zu den Eltern zu gelangen, horizontal geht man zu den Geschwisterelementen.

```
                    Von diesem <ul> aus
                    geht es zum ...

                                                      ... previousSibling ...
     <p>
       Ein Absatz mit Text
     </p>
     <ul>                                                ... firstChild ...
       <li>Erstes Listenelement</li>
       <li>Zweites Listenelement</li>
       <li>Drittes Listenelement</li>
       <li>Viertes Listenelement</li>
     </ul>                                                 ... lastChild.
     <p>
       Und ein weiterer Absatz mit Text
     </p>
```

Von einem Node zum anderen

... nextSibling ...

All diese Eigenschaften können verschiedene Arten von Nodes enthalten, vor allem natürlich Elemente oder Text-Nodes oder auch `null`, wenn kein entsprechender Node existiert. An einem **leeren Element** sind `firstChild` und `lastChild` immer `null`, es gibt eben keine Kinder. Genauso ist am **ersten Kind eines Elements** `previousSibling` immer `null`, denn das erste Kind hat keine vorhergehenden Geschwister. Mit diesen Eigenschaften und einer `while`-Schleife kann man dann ganz einfach etwas für alle Kinder eines Nodes tun.

Diesen Code braucht man immer wieder im DOM:

*1 `el` ist ein beliebiges Element, mit dessen Kindern wir Unsinn machen wollen. Dazu fangen wir mit dem ersten Kind (`firstChild`) an.

*2 Solange die Variable `child` truthy ist, läuft die Schleife weiter. Beim ersten Durchlauf ist `child` das erste Kind.

*3 Hier kannst du das aktuelle Kind-Element verändern, wie du möchtest.

```
var child = el.firstChild; *1
while (child){ *2
    ... *3
    child = child.nextSibling; *4
}
```

*4 Am Ende der Schleife geht es zum nächsten Kind weiter, so lange, bis `nextSibling` beim letzten Element `null` ist.

[Zettel]
Und besonders toll: Wenn `el` leer ist, dann ist `child` schon beim ersten Schleifendurchlauf `null`, und die Schleife wird gar nicht ausgeführt. Das vorher extra zu prüfen, entfällt.

Okay,

damit kann ich im DOM alles finden, was drinsteht. Es soll sich bloß kein Element vor mir verstecken. Aber das ist langweilig, in das DOM zu schreiben, ist doch der echte Trick.

Rein, rauf, runter, raus – Elemente erzeugen, einfügen, entfernen und verschieben

Nodes zu finden, ist für den DOM-Zauberlehrling nur die erste Übung, das stimmt. Echte DOM-Zauberei, da lässt man Dinge verschwinden und anderswo wieder auftauchen. Oder man erschafft sie gleich aus dem Nichts, das ist Zauberei. Lehrling Schrödinger, wir werden jetzt Kinder verschwinden lassen. Natürlich nur Kinder von Elementen, mit echten Kindern gibt das bloß wieder Ärger. Die Zaubermethode, um Kinder verschwinden zu lassen, heißt **removeChild**, nimmt als Parameter das Kind, das entfernt werden soll, und muss an dem Element aufgerufen werden, dessen Kinder verschwinden sollen.

Ich bin mir sicher, meine Mutter wollte das eine oder andere Mal **removeChild(schroedinger)** *rufen, als ich klein war.*

So wird ein Element leergeräumt

***1** Solange es noch ein erstes Kind gibt, ...

```
while(element.firstChild){*1
    element.removeChild(element.firstChild);*2
}
```

***2** ... wird es entfernt.

[Notiz]

Immer wieder das erste Kind zu entfernen, funktioniert deshalb, weil es sofort aus der Liste verschwindet und das nächste Element das neue erste wird. Auch die Kinder eines Elements werden nämlich **live upgedated**.

Aber nur weil ein Element von seinem Elternelement entfernt wird, heißt das noch nicht, dass es gar nicht mehr existiert. Wenn du es vorher in eine Variable gespeichert hast, **dann existiert es noch**, und du kannst damit weiterzaubern. `removeChild` gibt das entfernte Kind sogar noch als Rückgabewert zurück, falls du vorher vergessen hast, es dir zu merken.

[Achtung]

Ein Element, das mit `removeChild` entfernt wurde, ist **nicht mehr mit dem Dokument verbunden**. Es hat keinen `parentNode` und auch keine Geschwister mehr. Wenn es Nachkommen hatte, dann sind die aus dem Dokument auch verschwunden, bleiben aber am `Element`-Objekt erhalten.

Das Gegenstück zu `removeChild` heißt `appendChild`, damit wird ein Element einem anderen als neues Kind angehängt und am Ende des neuen Elternelements hinzugefügt. Elemente lassen sich so von einem Elternelement zum anderen schieben oder auch innerhalb eines Elements umsortieren.

[Schwierige Aufgabe]

Man muss als Zauberlehrling zwar alles tun, was der DOM-Hexenmeister befiehlt, aber doch nicht unbedingt in der Reihenfolge. Füge der Aufgabenliste einen Knopf hinzu, der die Reihenfolge umkehrt.

Na, aber mit Links, „großer DOM-Hexenmeister".

Es gibt natürlich mal wieder viele Möglichkeiten, diese Aufgabe zu lösen. Eine Möglichkeit ist es, die Elemente alle in ein Array zu schreiben und von dort wieder einzufügen:

*1 Das Element, dessen Kinder umgedreht werden sollen, wird in eine Variable gespeichert.

*2 In diesem Array werden die Elemente zwischengespeichert.

```
function umdrehen(){
    var liste = document.getElementById("aufgaben"); *1
    var kinder = []; *2
    while(liste.firstChild){
        kinder.push(liste.removeChild(liste.firstChild)); *3
    }
    while (kinder.length){ *5
        liste.appendChild(kinder.pop()); *4
    }
}
```

*3 Weil **removeChild** das entfernte Element zurückgibt, sparen wir hier die Variable; der Rückgabewert wird sofort mit **push** ans Ende des Arrays gehängt. Ansonsten bleibt das Entfernen genau wie oben gesehen.

*5 Und da **pop** das Element auch wirklich entfernt, kann diese Schleife so lange laufen, bis das Array leer ist.

*4 Nachdem die Liste leer ist, werden die Elemente wieder eingefügt. Mit **pop** kommt das letzte Element des Arrays als erstes zurück, so wird die Reihenfolge der Elemente umgekehrt.

[Achtung]
Für dieses Beispiel ist egal, dass zwischen den Listenelementen noch Text-Nodes mit Zeilenumbrüchen stehen, die werden einfach mitsortiert.

So leicht geht Umsortieren im DOM. Die Reihenfolge umzukehren, ist zwar ein einfacher Fall, aber genauso könntest du **eine Tabelle umsortieren**: nur eine passende Sortierfunktion schreiben, die Tabellenzeilen mit dieser Funktion sortieren und wieder der Tabelle hinzufügen.

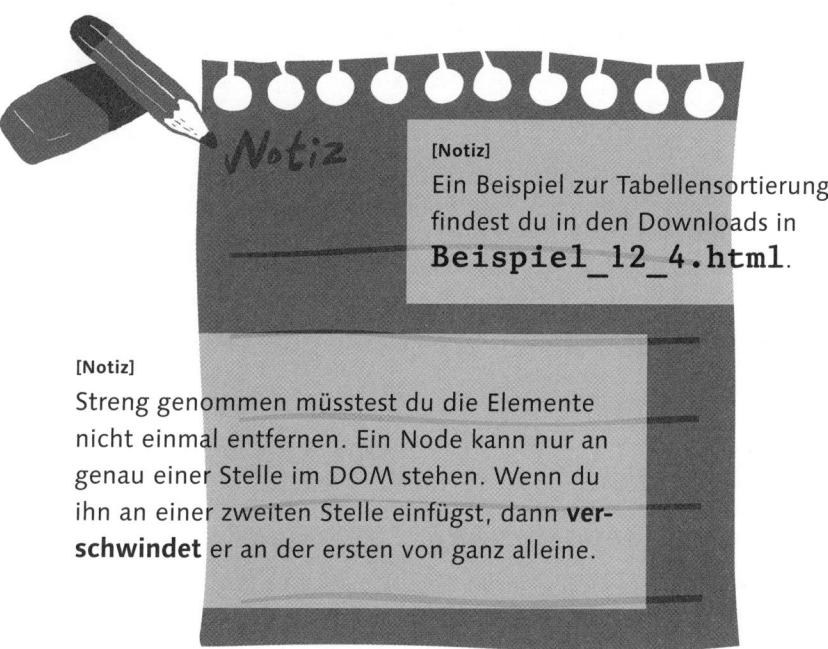

[Notiz]
Ein Beispiel zur Tabellensortierung findest du in den Downloads in `Beispiel_12_4.html`.

[Notiz]
Streng genommen müsstest du die Elemente nicht einmal entfernen. Ein Node kann nur an genau einer Stelle im DOM stehen. Wenn du ihn an einer zweiten Stelle einfügst, dann **verschwindet** er an der ersten von ganz alleine.

Wenn du nicht gleich alle Elemente entfernen und wieder hinzufügen möchtest oder wenn ein neues Element mal nicht am Ende stehen soll, dann gibt es noch ein etwas feineres Instrument, um Elemente genau an der richtigen Stelle hinzuzufügen. Die Methode **insertBefore** wird genau wie **appendChild** am neuen Elternelement gerufen, nimmt aber zwei Parameter: zuerst das neue Element und dann das Element, **vor** dem es eingefügt werden soll.

Jetzt lässt sich ganz einfach ein Element am Anfang einfügen.

*1 **parent** ist ein beliebiges Element, an dessen Anfang ein neues Kind hinzugefügt werden soll.

`parent`*1`.insertBefore(newChild`*2`, parent.firstChild`*3`);`

*2 Dieses Element soll hinzugefügt werden.

*3 Und „am Anfang" könnte man auch schreiben als „vor dem ersten Kind".

[Notiz]
Und dieser Code funktioniert auch, wenn **parent** noch keine Kinder hat: Ist der zweite Parameter von **insertBefore** **null**, dann wird das neue Element am Ende eingefügt.

Dann bleibt nur noch ein letztes Stück Magie, bevor du alle Tricks der DOM-Zauberei kennst: aus dem Nichts Dinge erschaffen. Auch das ist nichts weiter als ein Methodenaufruf. Um ein neues Element zu erzeugen, rufst du **document.createElement** mit dem Tag-Namen als Parameter. Der Rückgabewert ist ein Element wie jedes andere und kann mit **appendChild** ins Dokument eingeklinkt werden. Für andere Arten von Nodes gibt es weitere Methoden, **document.createTextNode**, um einen neuen Text-Node zu erzeugen, **document.createCommentNode** für einen neuen Kommentar.

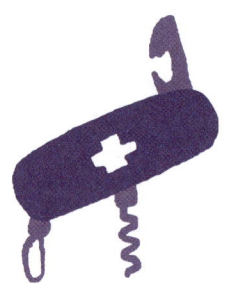

[Einfache Aufgabe]
Noch eine letzte Erweiterung für des Zauberlehrlings Aufgabenliste. Füge ein Eingabefeld und einen neuen Knopf „Neue Aufgabe" hinzu. Wird der Knopf gedrückt, soll der Inhalt des Eingabefeldes als neue Aufgabe hinzugefügt werden.

Na toll,
dann hat der Zauberlehrling ja nie mehr Feierabend.

So wird's gemacht

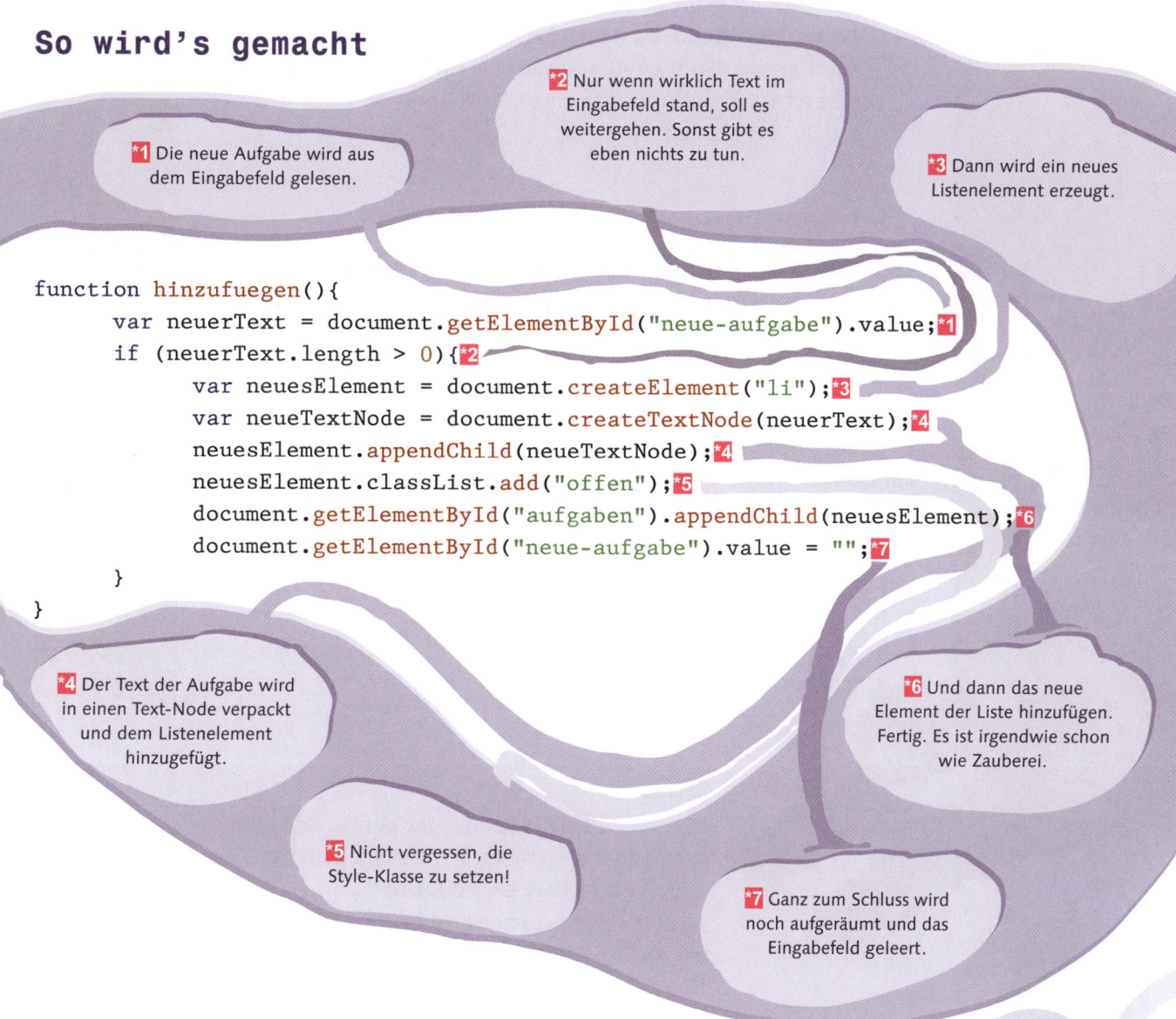

*1 Die neue Aufgabe wird aus dem Eingabefeld gelesen.

*2 Nur wenn wirklich Text im Eingabefeld stand, soll es weitergehen. Sonst gibt es eben nichts zu tun.

*3 Dann wird ein neues Listenelement erzeugt.

```
function hinzufuegen(){
    var neuerText = document.getElementById("neue-aufgabe").value; *1
    if (neuerText.length > 0){ *2
        var neuesElement = document.createElement("li"); *3
        var neueTextNode = document.createTextNode(neuerText); *4
        neuesElement.appendChild(neueTextNode); *4
        neuesElement.classList.add("offen"); *5
        document.getElementById("aufgaben").appendChild(neuesElement); *6
        document.getElementById("neue-aufgabe").value = ""; *7
    }
}
```

*4 Der Text der Aufgabe wird in einen Text-Node verpackt und dem Listenelement hinzugefügt.

*5 Nicht vergessen, die Style-Klasse zu setzen!

*6 Und dann das neue Element der Liste hinzufügen. Fertig. Es ist irgendwie schon wie Zauberei.

*7 Ganz zum Schluss wird noch aufgeräumt und das Eingabefeld geleert.

Damit bist du fast bereit, selbst zum DOM-Hexenmeister zu werden. Der Code ist zwar etwas länger, als einfach an **innerHTML** anzuhängen, aber selbst in diesem einfachen Beispiel ist der Code schon **übersichtlicher**. Und je länger und komplexer das HTML ist, das du hinzufügen möchtest, desto größer ist der Unterschied.

Attribute und Styles

Jetzt kannst du mit Nodes und Elementen im DOM jonglieren wie ein echter Meister. Es fehlt dir aber noch etwas: **Attribute**. Im DOM mit Attributen zu hantieren, ist ungefähr so einfach, wie du es dir nur vorstellen kannst. Es gibt die Methode `getAttribute`, die als Parameter einen Attributnamen erwartet und den Wert dieses Attributs zurückgibt. Und es gibt die Methode `setAttribute`, der du einen Attributnamen und einen Wert übergibst und die das Attribut dann setzt.

```
element.setAttribute("id", "neue-id");
element.getAttribute("id");
```

Es gibt sogar noch einen einfacheren Weg, auf Attribute zuzugreifen: als Eigenschaft am Element. Anstatt `element.setAttribute("id", ...)` kannst du auch schreiben `element.id = ...`, das funktioniert zumindest für die häufigen Attribute wie `id`, `name` und so weiter.

[Achtung]
Für das `class`-Attribut gibt es hier eine gemeine Ausnahme. Wenn du die Methode `setAttribute` benutzt, dann ist `setAttribute("class", ...)` richtig. Als Eigenschaft heißt es aber nicht `element.class`, sondern, wie am Anfang des Kapitels gesehen, `element.className`. Diese Ausnahme gibt es, weil das DOM nicht nur in JavaScript, sondern auch in anderen Sprachen genutzt wird. Und in vielen davon ist `class` ein Schlüsselwort, und dadurch wäre `element.class` ungültiger Code.

Noch cooler ist der Zugriff auf Style-Eigenschaften eines Elements. Im **style**-Attribut jeden DOM-Elements steht nicht etwa der String drin, den man im **style**-Attribut des Tags gesetzt hat, sondern ein **Objekt**, das diese Werte zugänglich macht. Du kannst also **element.style.height** auslesen oder auch schreiben und musst dich nicht selbst durch den String wühlen. Eigenschaften, die du in das **style**-Objekt schreibst, **werden als Inline-Styles behandelt**, genau als stünden sie im **style**-Attribut. Das heißt, dass sie Werte aus dem Stylesheet immer überschreiben. Die Namen der Eigenschaften sind aber nicht genau identisch mit denen aus CSS: Überall, wo in CSS ein Bindestrich vorkommt, wird der im **style**-Objekt durch CamelCase ersetzt. Aus **background-color** wird **backgroundColor**, aus **font-size** wird **fontSize** und so weiter und so fort.

[Hintergrundinfo]
Diese Anpassung ist notwendig, weil JavaScript das Zeichen – immer als Minuszeichen interpretiert. Und **color** von **background** abzuziehen, das klingt einfach nicht sinnvoll.

[Zettel]
Im **style**-Objekt findest du nur solche Style-Angaben, die direkt am Element im **style**-Attribut gesetzt sind. Solltest du auch die Werte benötigen, die aus Stylesheets stammen oder sogar geerbt wurden, dann schau dir mal die Methode **window.getComputedStyle** an.

DOM-Manipulation **543**

Die Meisterprüfung des DOM-Zauberlehrlings

Jetzt hat der alte DOM-Hexenmeister sich mal wieder fortbegeben, um Kaffee zu holen, nun sollen seine Elemente auch nach Lehrling Schrödingers Willen leben.

[Einfache Aufgabe]
Des Zauberlehrlings Aufgabenliste braucht ein Upgrade. Baue eine neue Seite. Auf dieser Seite soll es zwei Listen geben, eine für offene, eine für erledigte Aufgaben. Klickt man auf eine Aufgabe, soll sie von der einen Liste in die andere wechseln. Man kann jetzt auch erledigte Aufgaben wieder „unerledigen".

Man hat es schon nicht leicht als Zauberlehrling.

Seufz.

Diese Aufgabe klingt zuerst richtig aufwendig, aber ist dann doch sehr schnell zu lösen. Die Eventhandler zu registrieren, ist fast schwieriger als das eigentliche Verschieben.

```
window.addEventListener("load", setup);  *1
function setup() {
    var lis = document.getElementsByTagName("li");  *2
    for (var i = 0; i < lis.length; i++) {
        lis[i].addEventListener("click", verschiebeAufgabe);  *3
    }
}
function verschiebeAufgabe(event) {
    var li = event.target;  *4
    if (li.parentNode.id == "to-do") {  *5
        document.getElementById("done").appendChild(li);  *6
    } else {
        document.getElementById("to-do").appendChild(li);  *6
    }
}
```

*1 Hier gibt es nichts Neues zu sehen, aber mit irgendwas muss die Magie ja anfangen.

*2 Jedes Listenelement soll beim Klicken etwas tun, dazu müssen erst mal alle gefunden werden.

*3 In der Schleife wird dann für jedes Element ein Klick-Handler registriert.

*4 Im Klick-Handler musst du zuerst wissen, welches Element angeklickt wurde.

*5 Anhand der ID des Elternelements kannst du herausfinden, in welcher Liste das angeklickte Element gerade steht …

*6 … und es dann der anderen Liste hinzufügen. Es mit **removeElement** zu entfernen, ist nicht nötig, das passiert von selbst, wenn du es anderswo hinzufügst.

DOM-Manipulation

[Schwierige Aufgabe]

Dem DOM-Hexenmeister gefällt die neue Aufgabenliste. Aber sie ist zu unordentlich. Wenn die Seite geladen wird, solltest du sicherstellen, dass beide Listen alphabetisch sortiert werden. Natürlich mit JavaScript, nicht indem du die Einträge im HTML selbst sortierst. Auch nach dem Verschieben eines Eintrags soll die Sortierung weiter stimmen.

Bei solchen Aufgaben weiß ich, warum der DOM-Hexenmeister so viel Kaffee trinkt. Ohne kann ich das auch nicht.

[Zettel]

Du kannst dir einige Schreibarbeit sparen, wenn du beim Sortieren am Anfang und nach dem Verschieben den gleichen Code verwendest.

[Zettel]

Die Eigenschaft `textContent` enthält den gesamten in einem Element enthaltenen Text, inklusive der Nachkommen, aber ohne die störenden Tags. Genau das, was du brauchst, um alphabethisch zu sortieren.

*1 Dieses Muster kennst du ja schon: Es werden alle Kinder aus der Liste entfernt, aber nur die Elemente werden ins Array übernommen. So müssen wir uns beim Sortieren nicht mit lästigen Text-Nodes herumärgern.

*2 Jedes Element wird dann in die Liste einsortiert. Dazu wird dieselbe Funktion gerufen, die auch beim Verschieben der Einträge benutzt wird.

```
function sortiereListe(liste){
    var items = [];
    while (liste.firstChild){
        var el = liste.removeChild(liste.firstChild);*1
        if (el.nodeType == Node.ELEMENT_NODE){
            items.push(el);*1
        }
    }
    while (items.length){
        einsortieren(items.shift(), liste);*2
    }
}
function einsortieren(item, liste){
    var text = item.textContent;*3
    var current = liste.firstChild;
    while (current && (current.nodeType != Node.ELEMENT_NODE
        || current.textContent < text))*5{
        current = current.nextSibling;*4
    }
    liste.insertBefore(item, current);*6
}
```

*3 So einfach lässt sich der Textinhalt des neuen Elements besorgen.

*4 Diese Schleife braucht eine ausführlichere Erklärung. In der Schleife passiert nicht viel, es wird bloß immer zum nächsten Element gesprungen. Aber …

*5 … die Bedingung ist interessant. Diese Schleife soll das erste Element finden, das alphabetisch größer ist als der neue Eintrag. Wann muss sie also aufhören? Auf jeden Fall, wenn es kein weiteres Element mehr gibt. Und auch, wenn der aktuelle Node vom Typ **ELEMENT_NODE** ist und sein **textContent** größer ist als der des neuen Eintrags. Das heißt andersherum, dass die Schleife weiterlaufen muss, solange **current** eben nicht **null** ist und solange **current** entweder kein Element ist oder sein Text kleiner als der neue Text.

*6 Nach der Schleife enthält **current** entweder das erste Element, dessen Text nach dem des neuen Eintrags stehen muss, oder **null**. Wenn **current** ein Element enthält, wird der neue Eintrag davor eingefügt. Ist current aber **null**, heißt das entweder, dass die Liste noch leer ist oder der neue Eintrag alphabetisch nach allen vorhandenen kommt. In beiden Fällen tut **insertBefore** das Richtige, wenn der zweite Parameter **null** ist: Es fügt den neuen Eintrag am Ende an.

Bleibt nur noch, die Funktionen auch richtig einzubinden. **sortiereListe** muss im **load**-Eventhandler für beide Listen gerufen werden. In **verschiebeAufgabe** müssen die beiden Zeilen, die das Element an die Liste anhängen, durch entsprechende Aufrufe von **einsortieren** ersetzt werden.

```javascript
function verschiebeAufgabe(event){
    var li = event.target;
    if (li.parentNode.id == "to-do"){
        einsortieren(li, document.getElementById("done"));
    } else {
        einsortieren(li, document.getElementById("to-do"));
    }
}
function setup(){
    sortiereListe(document.getElementById("to-do"));
    sortiereListe(document.getElementById("done"));
    var lis = document.getElementsByTagName("li");
    for (var i = 0; i < lis.length; i++){
        lis[i].addEventListener("click", verschiebeAufgabe);
    }
}
window.addEventListener("load", setup);
```

Ich glaube, das war eine der knackigsten Aufgaben, die ich dir bisher gegeben habe. Wenn du sie gelöst hast, dann hast du meine absolute Hochachtung.

[Belohnung/Lösung]

Auf jeden Fall bist du an dieser Stelle kein DOM-Zauberlehrling mehr. Du darfst dich mit Fug und Recht jetzt auch DOM-Hexenmeister nennen.

Ich würde mir jetzt lieber
'nen Hasen aus dem Hut zaubern, aber schon fertig mit Rotkohl. Mann, hab ich vielleicht Kohldampf.

548 Kapitel DREIZEHN

—VIERZEHN—

Objekte und JSON

Schrödingers Welt der Programmierung

Seit es mit JavaScript losging, reden wir von Objekten. Objekte hier, Objekte da, dies ist ein Objekt, jenes ist auch ein Objekt. Schrödinger ist ja ganz zufrieden mit der Aussage, in JavaScript sei alles ein Objekt. Aber was bedeutet das eigentlich? Was heißt es in JavaScript, ein Objekt zu sein? Und wenn es diese Dinger schon überall gibt, wann darf er denn bitte endlich seine eigenen herstellen? Krempel die Ärmel hoch, Schrödinger, in diesem Kapitel greifen wir noch mal tief in den Motor von JavaScript.

Objektorientierung — was und warum?

Wie sieht es aus, Schrödinger? Bist du fit? Wir kommen jetzt zum letzten Kapitel, das so richtig tief in die technischen Eingeweide von JavaScript greift. Danach kommen nur noch die vielen coolen Dinge, die man damit machen kann.

Wenn du mich schon vorwarnst, dann krieg ich so ein bisschen Angst. Aber okay, gib's mir!

Es wird Zeit, dass wir über **Objekte** reden. Eigentlich reden wir ja schon seit einigen Kapiteln über nichts anderes, weil alles in JavaScript ein Objekt ist. Aber bisher war ein Objekt so ein Ding, **das Dinge weiß und Dinge kann**. Hier eine bessere Definition:

[Begriffsdefinition]
Ein Objekt ist eine **Datenstruktur**, die zusammengehörige Informationen (**Eigenschaften**) enthält und Operationen (**Methoden**) anbietet, die mit diesen Informationen arbeiten.

Objekte wissen also Dinge in ihren Eigenschaften und können Dinge durch ihre Methoden. Ist das so richtig?

Das hast du sehr gut gesagt, Schrödinger, genauso ist es.
Wenn du dir die Objekte, die wir schon kennen, anschaust, dann findest du die **Einzelteile der Definition** schnell wieder.

> `String`-Objekte **wissen** was: Sie wissen, welchen Text sie enthalten und wie lang der ist.
>
> Und sie **können** was: Sie können einen Teil des Strings extrahieren, sie können einen anderen String suchen und noch so einiges mehr.

Oder die `Element`-Objekte aus dem vorigen Kapitel: Sie **wissen** alles über das HTML-Element, das sie repräsentieren, über die Attribute und die Kinder, und sie **können** bestimmte Dinge: Kinder suchen, Kinder hinzufügen oder entfernen, Attribute ändern und, und, und.

[Begriffsdefinition]
Objektorientierte Programmierung (OOP) nennt man die Praxis, ein Programm mit Objekten zu strukturieren. Der Programmablauf beruht auf der Interaktion zwischen Objekten. In einem rein objektorientierten Programm gibt es keine Variablen oder Funktionen, die nicht zu einem Objekt gehören.

Und das sind nur JavaScripts eigene Objekte. Wenn du selbst für deine Webseiten mit Objekten programmierst, wirst du schnell die Vorteile bemerken. Jedes Objekt hat seine eigenen Eigenschaften, die unabhängig von jedem anderen Objekt sind. Das heißt, dass mehrere Objekte Eigenschaften mit demselben Namen haben können, ohne dass etwas durcheinandergerät. Vor allem wenn du mehrere JavaScript-Bibliotheken auf einer Seite einbindest, würde es ohne OOP sehr schnell zu Namenskonflikten kommen.

> Objekte verbergen Komplexität vor dir als Programmierer: Ein Objekt hat Methoden, die auf seinen Daten operieren. Du musst nicht selbst darüber nachdenken, wie du feststellst, ob ein String in einem anderen String enthalten ist, das `String`-Objekt hat schon eine Methode dafür.

Und diese Stringsuche zu schreiben, wenn man sie braucht, ist gar nicht so einfach, wie es sich zuerst anhört. Zum Glück haben die Entwickler von String das schon erledigt. Für häufig benötigte Aufgaben sollte ein Objekt immer schon Lösungen mitbringen.

Aber das wichtigste Argument für objektorientierte Programmierung ist, dass sie unserer Wahrnehmung der Welt am nächsten kommt. Wenn du dir eine Katze anschaust, dann siehst du sie nicht als Sammlung von unabhängigen Variablen – **katzeRasse**, **katzeGewicht**, **katzeName** – und Funktionen – **katzeKratzeMöbel()**, **katzeSchnurre()**. Du siehst sie als eine Einheit, die die Eigenschaften Rasse, Name und Gewicht besitzt und die Aktionen **kratzeMöbel()** und **schnurre()** ausführen kann.

[Zettel]
Wusstest du, dass bis heute nicht klar ist, wie Katzen schnurren? Das hat noch niemand rausgefunden. Aber zum Glück verbirgt das **Katze**-Objekt diese Komplexität vor dir, du kannst es schnurren lassen, ohne zu wissen, wie das geht.

Noch deutlicher wird dies, wenn Vererbung hinzukommt. Mit Vererbung werden Zusammenhänge ausgedrückt wie „diese Katze ist vom Typ **Katze**, jede Katze ist auch ein **Säugetier**, jedes **Säugetier** ist auch ein **Tier**, jedes **Tier** ist auch ein **Lebewesen**". Du wirst sehen, dass Vererbung ein sehr mächtiges Werkzeug ist.

Ja, ja, ja, genug Vorbesprache. Ich möchte jetzt wissen, wie es geht.

Objekte für Einsteiger

Du möchtest wissen, wie es geht? Alles klar, hier kommt die wahrscheinlich schnellste Einführung in Objekte, seit Schrödinger programmiert.

Wie erzeuge ich ein Objekt in weniger als 5 Sekunden

```
var meinErstesObjekt = {}*1;
```

*1 Hier passiert schon die ganze Magie: geschweifte Klammern auf und zu, fertig ist das Objekt.

Das ist noch kein besonders interessantes Objekt. Es hat keine Eigenschaften und keine Methoden. Es hat aber zumindest einen Typ: jedes Objekt, das so erzeugt wird, ist vom Typ **Object**.

[Notiz]
Genau genommen ist jedes Objekt vom Typ **Object**, denn **Object** ist die Wurzel aller Vererbung. Jeder **String**, jedes **Element**, jedes **Array** ist auch ein **Object**.

Dann lass uns jetzt etwas Interessantes mit dem Objekt tun. Als Erstes hätten wir gerne ein **paar Eigenschaften**. Um die zu setzen, gibt es drei Möglichkeiten: die **punktierte**, die **Array-artige** und den **Initializer**. Die drei zeige ich dir an deinem absoluten Lieblingsbeispiel. Nein, nicht an der Schuhsammlung deiner Freundin, sondern an:

*1 Schrödingers Katze ist ein Objekt.

*2 Diese Schreibweise, um Eigenschaften an einem Objekt zu setzen, ist nicht neu. Du hast sie schon benutzt, um auf Eigenschaften von DOM-Objekten zuzugreifen, zum Beispiel `element.innerHTML` oder `element.className`. Beide kannst du mit dem Punktoperator lesen und schreiben. Das Gleiche geht auch bei selbst gemachten Objekten.

```javascript
var schroedingersKatze = {};                                          // *1
schroedingersKatze.name = "Kleiner Stinker";                          // *2
schroedingersKatze.rasse = "Straßenmischung";                         // *2
schroedingersKatze.gewichtInKG = 4.5;
schroedingersKatze.mutter = {};                                       // *3
schroedingersKatze.mutter.name = "Mietzhilde von Katzenstein";        // *4
schroedingersKatze.lebendig = null;                                   // *5
```

*3 Ein Objekt kann als Eigenschaften weitere Objekte enthalten.

*4 Und auf diese wird ebenfalls mit dem Punktoperator zugegriffen.

*5 Und wenn wir schon von Schrödingers Katze sprechen, muss eine kleine Anspielung auf die Quantenphysik sein: Schrödingers Katze ist gleichzeitig tot und lebendig, solange bis jemand nachschaut. Besser als mit **null** kann man das nicht abbilden.

[Notiz]
Beachte auch, dass die Eigenschaften nicht deklariert werden. Man weist nur einen Wert zu, und dadurch sind sie da. Auch das gilt für alle Objekte. Du kannst beliebige Eigenschaften setzen, zum Beispiel an einem Array die Eigenschaft Gewicht. Das ist zwar mit absoluter Sicherheit Blödsinn, aber für JavaScript kein Fehler.

[Hintergrundinfo]
Schrödingers Katze ist ein berühmtes Gedankenexperiment aus der Quantenphysik. Quantenmechanische Systeme können sich in zwei Zuständen **gleichzeitig** befinden, bis jemand ihren Zustand misst. Sie sind aber extremst klein. Der Physiker Schrödinger hat sich das Experiment mit der Katze ausgedacht, um zu zeigen, dass diese Idee absurd ist, indem er diese Zustandsdualität auf etwas Größeres, nämlich eine Katze, ausgedehnt hat: Man setze eine Katze mit einer Flasche Gift in eine Kiste. Der Zustand eines Quantensystems wird als Auslöser verwendet, um das Gift freizusetzen. Wenn das Quantensystem in zwei Zuständen gleichzeitig ist, dann ist auch das Gift gleichzeitig in der Flasche und freigesetzt, die Katze ist deshalb tot und lebendig – gleichzeitig. Bis jemand sie beobachtet. Das ist natürlich stark vereinfacht, wichtig ist aber: Es ist ein Gedankenexperiment, es wurden keine echten Katzen verletzt!

Das kann doch nicht wahr sein!
Muss ich denn von dieser dämlichen Katze mein Leben lang hören?
Nimm das Vieh aus meinem Buch!

Kein Problem, weg damit, sie ist ja tot.
Gleichzeitig muss sie aber auch bleiben, weil sie noch lebt.

Na, schon verwirrt?

Ran an die Eigenschaften

Jetzt hast du ein Objekt mit **Eigenschaften**. Sie machen das Objekt aus, geben ihm Charakter, machen es für den Entwickler wertvoll. Ohne Eigenschaften wären Objekte sinnlos.

Und hier sind sie: die drei Wege zu den Eigenschaften deiner Objekte.

1. Den ersten hast du eben gesehen: den punktierten.

Darf ich vorstellen? Gestatten, Punkt. Kennt jeder. Macht man dauernd. Ach was, vorstellen, das haben wir ja auch gerade gemacht, und zwar, um die Eigenschaften anzulegen. Um sie nun anzusehen, verwendest du genau die gleiche Schreibweise.

Anlegen, Ändern, Lesen: alles Punkt.

2. Der Array-artige

Wenn du die Katze mal für einen Moment ignorierst, dann gibt es noch eine andere Schreibweise, um auf Eigenschaften eines Objekts zuzugreifen: die eckigen Klammern. Du kennst sie schon von Arrays, aber jetzt kommen keine Zahlen mehr rein, sondern Eigenschaftsnamen. Diese beiden Codezeilen sind vollkommen gleichbedeutend:

```
schroedingersKatze.name = "Kleiner Stinker";
schroedingersKatze["name"]*1 = "Kleiner Stinker";
```

> *1 Der Name der Eigenschaft wird als String in Anführungszeichen angegeben.

Und warum gibt es dafür zwei Schreibweisen? Das verwirrt doch nur.

Da hast du nicht ganz Unrecht, aber es gibt Gründe dafür. Die Schreibweise mit dem Punkt ist einfacher zu lesen und zu schreiben. Außerdem wird sie auch in vielen anderen objektorientierten Sprachen verwendet, JavaScript folgt da einer Konvention. Aber mit den eckigen Klammern sind ein paar Dinge möglich, die mit dem Punkt nicht gehen:

Eigenschaftsnamen können Zeichen enthalten, die mit der Punktschreibweise nicht möglich wären, zum Beispiel Leerzeichen, Punkte, Plus und Minus und so weiter.

```
schroedingersKatze.liebstes Fressen = "Käse"; X
schroedingersKatze["liebstes Fressen"] = "Käse";
```

So klappt's

```
document.write(schroedingersKatze["liebstes Fressen"]);*1
```

*1 Und lesen geht natürlich genauso.

[Notiz]
Besser wäre natürlich, das Leerzeichen wegzulassen und CamelCase zu benutzen. Aber es gibt die Möglichkeit, Leerzeichen zu benutzen.

☛ Mit eckigen Klammern kann der Name der Eigenschaft in einer Variablen stehen.

```
var eigenschaft = "gewichtInKG";
objekt.eigenschaft = 4.8;*1 X
objekt[eigenschaft] = 4.8;*2
```

*1 Das funktioniert nicht so, wie erwartet: Es wird der Wert der Eigenschaft **eigenschaft** gesetzt, da JavaScript hier direkt einen Bezeichner erwartet.

*2 So wird ein Schuh draus, jetzt wird der Inhalt der Variablen **eigenschaft** als Name benutzt und korrekt ein Wert der Eigenschaft **gewicht** zugewiesen.

Und wozu soll das gut sein? Ich weiß doch, welche Eigenschaft ich lesen oder schreiben möchte, warum eine Variable?

Es gibt Situationen, in denen diese Möglichkeit interessant ist. Ein einfaches Beispiel: Stell dir vor, du hast ein großes Formular, und alle Eingabefelder sollen mit Werten aus einem JavaScript-Objekt gefüllt werden. Du kannst natürlich für jedes Feld eine Anweisung schreiben wie **nachname.value = modell.nachname**, aber wenn es viele Felder gibt, ist das viel Arbeit. Und immer wenn ein Feld dazukommt, musst du auch dein Skript anpassen. Es ist doch viel schöner, wenn du dir mit den DOM-Methoden aus dem vorigen Kapitel alle Eingabefelder suchen und diese automatisch füllen kannst.

Zur Erinnerung: So findest du sie:

```
var felder = document.getElementsByTagName("input");
```

[Schwierige Aufgabe]
Das macht doch eine schöne Übung für zwischendurch. Ich habe unten ein Formular für dich vorbereitet. Erzeuge in JavaScript ein Objekt mit Eigenschaften, die den Namen der Eingabefelder tragen. Schreibe eine Funktion, die mit einer Schleife alle Eingabefelder aus dem Objekt befüllt.

```html
<form name="katze">
    <label for="name">Name: </label>
    <input id="name" name="name" value=""><br/>
    <label for="besitzer">Besitzer: </label>
    <input id="besitzer" name="besitzer"<br/>
    <label for="alter">Alter: </label>
    <input id="alter" name="alter" value=""><br/>
    <label for="gewicht">Gewicht: </label>
    <input id="gewicht" name="gewicht" value=""><br/>
    <label for="rasse">Rasse: </label>
    <input id="rasse" name="rasse" value=""><br/>
</form>
```

Endlich was zu tun!

Das war für dich kaum mehr als eine Fingerübung, oder? Nur zur Sicherheit zeig ich meine Lösung dafür:

*1 Als Erstes brauchst du das leere Objekt. Ja, wir machen weiter mit der Katze. Vielleicht können wir das Beispiel an eine Tierarztpraxis verkaufen.

*2 Am Objekt werden sämtliche Attribute gesetzt. Das Formular ist im Beispielcode nicht enthalten, aber die Eigenschaftsnamen müssen den Feldnamen entsprechen, damit es funktioniert.

```javascript
var schroedingersKatze = {};                              //*1
schroedingersKatze.name = "Kleiner Stinker";              //*2
schroedingersKatze.besitzer = "Schroedinger";             //*2
schroedingersKatze.alter=4;                               //*2
schroedingersKatze.gewicht=4.5;                           //*2
schroedingersKatze.rasse="Straßenmischung";               //*2
function fuelleFormular(){
    var felder = document.getElementsByTagName("input");  //*3
    for (var i = 0; i < felder.length; i++){
        felder[i].value = schroedingersKatze[felder[i].name];  //*4
    }
}
window.addEventListener("load", fuelleFormular);          //*5
```

*3 Hier kommt wieder dein DOM-Wissen zum Tragen: Finde alle Eingabefelder.

*4 Für jedes Eingabefeld wird zuerst der Name des Feldes ausgelesen, dann wird im Objekt eine Eigenschaft mit diesem Namen gesucht und zuletzt der Wert des Eingabefeldes auf den Wert dieser Eigenschaft gesetzt.

*5 Die Funktion muss jetzt nur noch aufgerufen werden.

3. Der Initializer

So weit schon ziemlich cool. Und hier ist jetzt die dritte Art, Eigenschaften zu setzen. Die ist speziell für den Fall gedacht, dass die Eigenschaften beim Erstellen des Objekts schon bekannt sind, was für das Beispiel ja der Fall ist. Diese Möglichkeit heißt **Object Initializer** oder **Objektliteral** und wird in einem Format angegeben, das nicht ganz so aussieht wie der Rest von JavaScript:

```
var schroedingersKatze = {              *1
    name: "Kleiner Stinker",             *3
    besitzer: "Schroedinger",            *3
    alter: 4,                            *3
    gewicht: 4.5,                        *3
    rasse: "Straßenmischung",            *3
    impfungen: ["Tollwut", "Masern"],   *4 *3
    farbe: {                             *2
        grundfarbe: "orange",
        streifen: "schwarz"
    }                                    *4
}
```

*1 Es war doch von Anfang an klar, dass zwischen den geschweiften Klammern früher oder später etwas stehen würde. Genau das passiert jetzt, zwischen den Klammern stehen die Initialwerte der Eigenschaften.

*2 Im Objektliteral steht zwischen Eigenschaftsname und Wert kein Gleichheitszeichen, sondern ein Doppelpunkt. Ein wichtiger Unterschied, den man am Anfang gerne übersieht.

*3 Zwischen den einzelnen Feldern steht kein Semikolon, sondern ein Komma.

*4 Auch Arrays und sogar verschachtelte Objekte lassen sich in JSON problemlos angeben.

[Notiz]
Das verwendete Format heißt **JSON**, für JavaScript Object Notation, und hat nichts mit dem Serienwahnsinnigen aus „Freitag, der 13." zu tun. JSON erfreut sich inzwischen über die Grenzen von JavaScript hinaus einiger Beliebtheit als Format zum Datentransfer, es gibt in vielen Sprachen Werkzeuge, um JSON zu lesen und zu schreiben.

Ob man Objekte mit einem Objektliteral initialisiert oder als leeres Objekt und anschließend die Eigenschaften einzeln setzt, ist eine Frage des Geschmacks. Persönlich finde ich JSON ein wenig schöner, weil **auf einen Blick gut sichtbar** ist, von wo bis wo im Code ein Objekt initialisiert wird: den eingerückten Block zwischen geschweiften Klammern erkennt man sofort.

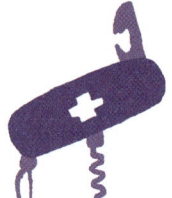

[Einfache Aufgabe]
Schreibe die Übung mit dem Katzenformular so um, dass die Katze mit einem Objektliteral initialisiert wird.

Kein Problem, das hat keine Minute gedauert.

Lösung:
```
var schroedingersKatze = {
    name: "Kleiner Stinker",
    besitzer: "Schroedinger",
    alter: 4,
    gewicht: 4.5,
    rasse: "Straßenmischung"
}
```

Und jetzt mit Methoden

Egal, wie ein Objekt initialisiert wird, es ist bisher nur halb fertig. Klar, es hat schon viele tolle Eigenschaften, aber **es fehlt noch an Methoden**. Das Objekt soll mehr können, als nur Daten zu speichern.

[Notiz]
Es ist nicht unbedingt notwendig, dass ein Objekt Methoden und Eigenschaften hat. Ein Objekt, das nur Eigenschaften hat (oder nur Methoden, aber dieser Fall ist seltener), ist trotzdem ein vollwertiges Objekt.

Um einem Objekt nachträglich Methoden hinzuzufügen, brauchst du nur eine anonyme Funktion zu erzeugen und einer Objekteigenschaft zuzuweisen.

Eine Methode nachträglich hinzufügen

```
var schroedingersKatze = {};
schroedingersKatze.name = "Kleiner Stinker";
schroedingersKatze.aergereSchroedinger = function(){*1
    for (var i = 0; i < 100; i++){
        alert("Miau!");
    }
}
```

Aber auch Methoden kannst du im Initializer sofort angeben:

*1 Hier wird die Methode erschaffen und der Eigenschaft **aergereSchroedinger** zugewiesen. Sie kann anschließend als **schroedingersKatze.aergereSchroedinger()** aufgerufen werden. Und dann wird Schrödinger sich ärgern.

```
var schroedingersKatze = {
    name: "Kleiner Stinker";
    aergereSchroedinger: function(){*1
        for (var i = 0; i < 100; i++){
            alert("Miau!");
        }
    }
}
```

Objekte und JSON **561**

Wie du eine Methode dann aufrufst, hast du in den vorigen Kapiteln ja schon öfter mal gesehen: **schroedingersKatze.aergereSchroedinger()** zum Beispiel. Der Punkt wird gebraucht, um auf die Eigenschaft von **schroedingersKatze** zuzugreifen, und die Klammern, um eine Funktion aufzurufen. Genau das tust du hier nämlich: Du rufst eine Funktion auf, die in einer Objekteigenschaft gespeichert ist.

Noch viel toller wäre es natürlich, wenn die Methode auch etwas mit den Eigenschaften ihres Objekts anfangen könnte. Aber da gibt es noch ein **kleines Hindernis**.

[Einfache Aufgabe]
Probiere aus, was passiert: Erzeuge wieder die Katze als Objekt, als einzige Eigenschaft braucht sie einen Namen. Dann füge eine Methode **begruesse** hinzu, die in einem **alert** ausgibt: „Miau, ich bin", gefolgt von ihrem Namen.

Nichts leichter als das!

```
var schroedingersKatze = {
    name: "Kleiner Stinker",
    begruesse: function(){
        alert("Miau, ich bin " +name);
    }
}
schroedingersKatze.begruesse();
```

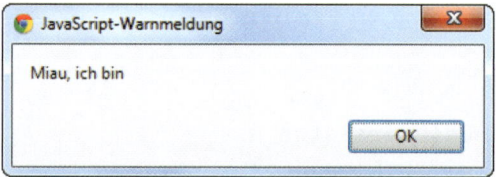

Die Katze möchte anonym bleiben.

Wenn das der Dialog ist, den du auch zu sehen bekommst, dann hast du keinen Fehler gemacht, es fehlt nur noch ein Gewürz in unserer Objektsuppe.

Das Schlüsselwort this und Function Binding

Warum kennt die Katze ihren Namen nicht? Das Problem ist der Scope: Variablen sind in JavaScript alle entweder global und überall verfügbar oder lokal innerhalb einer Funktion. Das gilt auch mit Objekten weiterhin. Wenn ein Objekt also diese Methode hat:

```javascript
function begruesse(){
    alert("Miau, ich bin " + name);
}
```

Dann sucht JavaScript bei der Ausführung zuerst nach einer lokalen Variablen mit dem Namen **name**. Die existiert nicht. Danach sucht es nach der globalen Variable **name**, die könnte es zwar irgendwo geben, aber es wäre mit Sicherheit die falsche Variable. Was also tun?

Um auf die Eigenschaft eines Objekts zuzugreifen, musst du das Objekt explizit nennen.

Doch nicht so, oder?

[*1] **schroedingersKatze** ist eine globale Variable, auf die können wir zugreifen. Es funktioniert so, aber ...

```javascript
var schroedingersKatze = {
    name: "Kleiner Stinker",
    begruesse: function(){
        alert("Miau, ich bin " + schroedingersKatze.name[*1]);
    }
}
```

XXXXX

nein, nein, nein, nein, **NEIN!**

Diese Art, auf Eigenschaften des eigenen Objekts zuzugreifen, wäre so ungefähr das Schlimmste, was man tun könnte. Das Objekt würde nur funktionieren, solange es in einer globalen Variable mit dem Namen **schroedingersKatze** gespeichert wäre. Das geht natürlich gar nicht. Du könntest ja nicht einmal ein zweites Objekt von diesem Typ anlegen.

Um auf die Eigenschaften eines Objekts zuzugreifen, musst du das Objekt ja benennen. Aber beim Namen nennen darfst du es nicht. Ich helf dir raus aus dem Dilemma: Das umgebende Objekt darfst du immer **this** nennen.

Bitte schön, gern geschehen.

this ist eine Variable, die überall verfügbar ist und immer auf das lokale Objekt verweist, oder zumindest fast immer, dazu gleich mehr. Immer, wenn man auf eine Eigenschaft des umgebenden Objekts zugreifen möchte, oder auch, wenn man eine Methode am umgebenden Objekt aufrufen möchte, tut man das durch **this**.

[*1] Jetzt muss der Variablenname nicht mehr bekannt sein, durch **this** bekommen wir immer das richtige Objekt. Und zwar auch dann noch, wenn es mehrere Katzen gibt.

```
var schroedingersKatze = {
    name: "Kleiner Stinker",
    begruesse: function(){
        alert("Miau, ich bin " + this.name[*1]);
    }
}
```

564 Kapitel VIERZEHN

So funktioniert jetzt innerhalb vom Objekt alles, was man möchte.
Und solange es dein eigener Code ist, der die Objektmethoden aufruft, bekommst du auch keine Probleme damit. Aber leider ist dann doch nicht alles so einfach, wie wir es gerne hätten. Manchmal ist `this` nämlich auch nicht das lokale Objekt. Dieses Problem tritt gerne dann auf, wenn Objektmethoden als **Eventhandler** registriert werden. Wenn alles in praktische, wiederverwendbare Objekte verpackt wird, dann liegt es ja nahe, dass auch Eventhandler zu einem Objekt gehören sollen: Es ändert zum Beispiel jemand im Formular den Namen der Katze im Beispiel, und diese Änderung soll auch direkt ins JavaScript-Objekt gespeichert werden. Nichts leichter als das, könnte man meinen.

So so, könnte man das meinen?
Ich meine das nicht, bitte erklärs mir.

Also gut. Du würdest einen **Eventhandler für das Blur-Event** schreiben. Der wird, wie du dich erinnerst, genau dann aktiv, wenn das Eingabefeld den Fokus verliert. Also dann, wenn jemand mit der Eingabe fertig ist. Wenn zum Beispiel jemand das Feld **name** ändert, dann wird der Blur-Handler angestoßen. In der Handler-Funktion erfährst du dann aus **event.target.name** den Namen des Feldes und aus **event.target.value** den Inhalt.

Dann benutze ich den **Array-artigen Zugriff** und greife auf die Objekteigenschaft **name** zu – die heißt ja absichtlich genau so, wie das HTML-Eingabefeld.

Die update-Funktion definiere ich als Methode der Katze:

```
function init(){
    document.getElementById("name").addEventListener("blur",
    schroedingersKatze.update); *1
    …
}
var schroedingersKatze = {
…
    update: function(event){
        this[event.target.name] = event.target.value; *2
    }
…
}
```

*1 Die **update**-Methode von **schroedingersKatze** wird als **blur**-Handler registriert.

*2 Sie benutzt den Namen des Feldes, um die Objekteigenschaft des gleichen Namens neu zu setzen.

Sieht einfach und praktisch aus.

Objekte und JSON

Wäre es auch, aber leider funktioniert es so nicht. Beim Aufruf von Eventhandlern, auch wenn diese zu einer Funktion gehören, enthält **this** nämlich immer das **window**-Objekt. Frag mich nicht, warum, es ist einfach so. Um dieses Problem zu umgehen, bieten moderne Browser die **bind**-Funktion an: Mit der kannst du selbst festlegen, was für einen Methodenaufruf in **this** drinstecken soll.

> [Achtung]
> „Moderne Browser" heißt in diesem Zusammenhang: Internet Explorer erst ab Version 9. Die anderen gängigen Browser bieten das schon länger. Es gibt aber Lösungen für ältere IEs, https://developer.mozilla.org/en-US/docs/JavaScript/Reference/Global_Objects/Function/bind hat eine sehr gute.

Damit muss nur noch das Registrieren des Eventhandlers angepasst werden.

Vorher

```
feld.addEventListener("blur", schroedingersKatze.update);  X
```

Nachher

```
feld.addEventListener("blur", schroedingersKatze.update.bind*1(schroedingersKatze*2);
```

*1 Die **bind**-Methode ist an jeder Funktion verfügbar. Funktionen haben Funktionen. Abgefahren, oder?

*2 Als Parameter erwartet **bind** das Objekt, das in der ursprünglichen Funktion als **this** verfügbar sein soll.

[Hintergrundinfo]
Auf technischer Ebene erstellt **bind** eine komplett neue Funktion mit dem Code der Originalfunktion.

Man kann mit **bind** auch einige Schweinereien anstellen, aber auf die stößt du selbst noch früh genug.

566   Kapitel VIERZEHN

Was steckt drin? for ... in

Objekte erzeugen? Check. Werte lesen und schreiben? Check. Methoden hinzufügen und aufrufen? Check. Aber all das setzt noch voraus, dass du die Namen der Eigenschaften und Methoden kennst, die das Objekt besitzt. Aber was, wenn es mal nicht so ist?

Warum sollte ich nicht wissen, was in meinen Objekten steckt?

Zum Beispiel, weil du ein Objekt als Map verwendest. **Maps**, auch bekannt als **assoziative Arrays**, sind Datenstrukturen, die die meisten anderen Programmiersprachen mitbringen. Sie **sind eng verwandt mit Arrays**, aber wo ein Array nur Zahlen einen Wert zuordnet, kann ein assoziatives Array auch beliebige andere Objekte als sogenannte Schlüssel verwenden. In vielen Fällen ist das nützlicher.

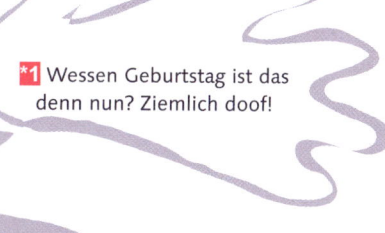

*1 Wessen Geburtstag ist das denn nun? Ziemlich doof!

```
geburtstage[0] = "17.4.";    *1
geburtstage[1] = "29.11.";   *1
...
```

```
geburtstage["Freundin"*2] = "17.4.";
geburtstage["Mama"*2] = "29.11.";
```

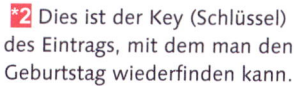

*2 Dies ist der Key (Schlüssel) des Eintrags, mit dem man den Geburtstag wiederfinden kann.

Viel besser, oder?

Objekte und JSON

Wenn du jetzt eine Funktion schreiben möchtest, die deinen Geburtstagskalender ausdruckt, dann weißt du ja eben gerade nicht, welche Geburtstage drin sind. Also weißt du beim Schreiben der Funktion nicht, was in deinem Objekt steckt, aber du brauchst trotzdem eine Möglichkeit, alle Eigenschaften des Objekts – die Geburtstage im Objekt **geburtstag** – zu finden.

[Notiz]
Die Geburtstage als String zu speichern, ist nicht ideal; JavaScript hat mit **Date** einen Datentyp extra für Datumswerte. Aber das Beispiel soll ja einfach bleiben.

Aber ... was du da als assoziatives Array schreibst, das sieht genau aus wie ein Zugriff auf Objekteigenschaften.

Gut beobachtet, Schrödinger. Und deshalb hat JavaScript auch keinen eigenen Datentyp für Maps, denn Objekte können schon alles, was du brauchst.

[Einfache Aufgabe]
Eine Geburtstagsliste klingt doch sehr praktisch, erstelle eine neue Seite mit einem Eingabefeld „Name" und einem Eingabefeld „Geburtstag". Außerdem soll es einen Knopf geben, der bei Klick den Namen und Geburtstag in eine Map einträgt.

Das ist ja alles schon ein alter Hut, vor allem da eine Map nichts anderes ist als ein Objekt.

Richtig, da ist noch nichts Neues. Deswegen glaube ich auch, dass du das ohne Probleme hinbekommst.

So sieht das JavaScript aus, das die Arbeit macht:

*1 Die Geburtstagsliste ist nichts anderes, als ein leeres Objekt.

*2 Die beiden Eingabefelder werden geholt.

*3 Und dann wird der Geburtstag in der Liste gespeichert.

```
var liste = {};*1
function hinzufuegen(){
    var name = document.getElementById("name");*2
    var datum = document.getElementById("geburtstag");*2
    liste[name.value] = datum.value;*3
    date.value = "";
    name.value = "";
}
```

Soweit sehr gut, Schrödinger, aber jetzt kommt der schwierige Teil: Wie gibt man alle Geburtstage aus? Dafür gibt es ein weiteres Schleifenkonstrukt: **for ... in**

*1 Dies ist das Objekt, dessen Werte wir untersuchen wollen.

```
for (var eintrag*2 in geburtstagsliste*1){
    ...
}
```

*2 Diese Variable nimmt nacheinander alle **Eigenschaftsnamen** des Objekts an. Auf den dazugehörigen Wert kannst du dann mit [ ] zugreifen.

[Achtung]

Es ist verlockend, die **for-in**-Schleife auch für Arrays zu benutzen. Das solltest du im Allgemeinen aber lassen, denn **for ... in** findet nicht nur die Einträge des Arrays, sondern auch Eigenschaften wie **length**. Das ist eher nicht das, was du haben möchtest.

Objekte und JSON

[Schwierige Aufgabe]
Jetzt füge der Geburtstagsliste einen Knopf hinzu, der alle gespeicherten Geburtstage in einer Liste ausgibt.

Da ist die neue Herausforderung, die dir gefehlt hat. Nicht unglaublich schwierig, aber neu und unbekannt. Und so kann es zum Beispiel aussehen:

```javascript
function ausgeben(){
    var ul = document.getElementById("ausgabe");
    for (var name in geburtstagsliste){*1
        var li = document.createElement("li");
        li.appendChild(document.createTextNode(name*2 + " - " +
        geburtstagsliste[name]*3));
        ul.appendChild(li);
    }
}
```

*1 Hier läuft die Schleife. **geburtstagsliste** ist mein Objekt, in dem alle Geburtstage gespeichert sind.

*3 Und mit eckigen Klammern und dem Key kommt man auch an den Wert.

*2 Die Variable **name** enthält den Key des aktuellen Eintrags.

Verdammt, bei all dem JavaScript hab ich total vergessen, dass meine Freundin ja auch morgen Geburtstag hat!

Jetzt aber schnell!

Übungen mit Objekten

Da hattest du ja gerade noch mal Glück, dass du dich an den Geburtstag erinnert hast. Während der Kuchen im Ofen ist, zeig mir doch mal, an was du dich noch alles erinnerst.

[Einfache Aufgabe]
Nachdem der folgende Code ausgeführt wurde, welche Werte stehen in den Eigenschaften von **meinObjekt**?

```
var meinObjekt = {zahlen: [47, 11], name: "Schrödinger"};*1
meinObjekt.eigenschaft = "eine eigenschaft";*2
meinObjekt["zahlen"] = 0;*3
meinObjekt[meinObjekt.name] = "JavaScript Profi";*4
```

*1 Die ersten beiden Eigenschaften, **zahlen** und **name**, kommen aus dem Object Initializer.

*2 Hier wird eine weitere Eigenschaft namens **eigenschaft** hinzugefügt.

*3 Es gibt zwar schon eine Eigenschaft **zahlen**, aber deren Wert wird gnadenlos überschrieben.

*4 Und zuletzt wird eine Eigenschaft namens **Schrödinger** hinzugefügt, nämlich der aktuelle Inhalt von **meinObjekt.name**.

Am Ende enthält **meinObjekt** also folgende Werte:

- **zahlen** = 0
- **name** = „Schrödinger"
- **eigenschaft** = „eine eigenschaft"
- **Schrödinger** = „JavaScript Profi"

Objekte und JSON **571**

[Schwierige Aufgabe]

Noch mal zurück zum Formularbeispiel: Die Funktion, die Objekteigenschaften in die Eingabefelder überträgt, sollte selbst auch Teil des Objekts sein. Das Objekt soll die Fähigkeit haben, seine Werte in das Formular zu schreiben. Verschiebe die Methode in das Objekt, natürlich so, dass sie auch funktioniert.

Der einzige Trick war hier, die **bind**-Funktion zu benutzen, um die Methode **fuelleFormular** mit dem richtigen **this** aufzurufen.

*1 Die Funktion **fuelleFormular** ist nun Teil des Objekts.

*2 Auf die Eigenschaftswerte wird jetzt mit **this** zugegriffen.

*3 Beim Registrieren des Eventhandlers muss die Funktion gebunden werden, damit **this** den richtigen Wert hat.

```
var schroedingersKatze = {
    ...
    fuelleFormular: function(){  *1
        var felder = document.getElementsByTagName("input");
        for (var i = 0; i < felder.length; i++) {
            felder[i].value = this *2 [felder[i].name];
        }
    }
}
window.addEventListener("load", schroedingersKatze.fuelleFormular.
        bind(schroedingersKatze) *3 );
```

Alles nur einfache Wiederholungen, da hab ich nebenbei sogar den Zuckerguss für den Kuchen machen können.

Konstruktoren und Prototypen

Objekte sind jetzt schon ziemlich cool, aber der echte riesigantische Vorteil kommt erst noch: unsere eigenen Objekttypen. Die Objekte, die wir bisher erzeugt haben, waren Einzelstücke, und wenn es neben Schrödingers Katze noch eine weitere Katze geben sollte, dann müssten wir alles noch mal schreiben. Besonders ärgerlich ist das natürlich bei Methoden: Alle Katzen miauen gleich, warum müssen wir die Methode **miau()** für jede Katze neu schreiben?

Um endlich zu beweisen, dass Entwickler nicht alle schreibfaules Pack sind?

Klar, träum ruhig weiter. Wir sind ein schreibfaules Pack, und deswegen muss man die Methode auch nicht immer wieder schreiben. Stattdessen definieren wir einfach unseren eigenen Typ **Katze**, und dann können alle Katzen miauen. Dafür sind zwei Schritte nötig: Wir brauchen einen Konstruktor und einen Prototyp.

Der Konstruktor ist eine einfache Funktion:

```
function Katze(name, rasse, besitzer) *1 {
    this.name = name; *2
    this.rasse = rasse; *2
    this.besitzer = besitzer; *2
}
var schroedingersKatze = new *3 Katze("Kleiner Stinker", "Straßenmischung",
"Schrödinger");
```

*1 Der Konstruktor, eine Funktion wie jede andere. Eine verbreitete Konvention ist, Konstruktoren mit einem Großbuchstaben beginnen zu lassen, um sie von anderen Funktionen zu unterscheiden.

*2 Innerhalb des Konstruktors ist **this** schon richtig gesetzt und zeigt auf das Objekt, das gerade konstruiert wird.

*3 Der Konstruktor muss mit dem **new**-Operator aufgerufen werden. Er sorgt dafür, dass ein neues Objekt erzeugt wird, dass die Konstruktorfunktion dann initialisiert.

[Achtung]
Der Konstruktor wird **nicht** innerhalb eines Objekts definiert, sondern als komplett eigenständige Funktion.

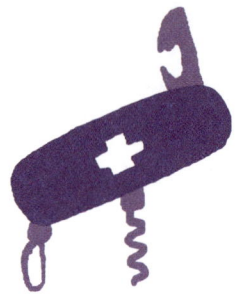

[Einfache Aufgabe]
Erstelle eine neue Seite, und füge im JavaScript den Konstruktor für die `Katze` hinzu, wie oben gezeigt. Benutze den Konstruktor, um fünf Katzen zu erzeugen.

So lassen sich fünf Katzen schon mal mit etwas weniger Schreibarbeit erzeugen als vorher mit einem Objektliteral für jede einzelne. Aber miauen kann von denen noch keine, so richtig nach Fortschritt klingt das nicht. Aber das mit dem Konstruktor erzeugte Objekt hat noch etwas, das die Objekte vorher nicht hatten. Einen eigenen **Prototyp**. Prototypen sind ziemlich genau das, was sie auch in der realen Welt sind: Vorlagen, nach denen dann das echte Produkt in Serie produziert werden kann. So hat der `Katze`-Prototyp zum Beispiel noch keinen Namen und keine Rasse, denn das sind Eigenschaften, die bei jeder Katze individuell anders sind. Aber wenn der `Katze`-Prototyp miauen kann, dann können dadurch sofort alle Katzen miauen. Und das Allerbeste: **Prototypen sind Objekte wie jedes andere auch**, und auch genauso leicht zu erzeugen.

Die prototypische Katze

[Notiz]
Wenn wir bisher von „einem Objekt vom Typ x" gesprochen haben, dann bedeutet das korrekt und vollständig „ein Objekt, das x als einen seiner Prototypen hat".

*1 Dies ist eine Referenz auf die Konstruktorfunktion – streng genommen setzen wir also die **prototype**-Eigenschaft der Funktion.

*2 prototype ist eine Eigenschaft wie jede andere auch, aber diese Eigenschaft hat sehr, sehr weitreichende Auswirkungen.

```
Katze*1.prototype*2 = {
    miau*3: function(){
        alert("'Miau' sagt " + this.name*4);
    }
}
```

*3 Hier lernt die Katze das Miauen. Diese Funktion aus dem Katzenprototyp wird später in jeder Katze verfügbar sein.

*4 Dieser Zugriff auf die Eigenschaft ist interessanter, als er aussieht. Hier passiert echte Magie.

[Einfache Aufgabe]
Übernimm den Katzenprototyp in deine Beispielseite von vorher und lasse alle Katzen miauen.

*1 Hier wird eine neue Katze erzeugt.

```
var schroedingersKatze = new Katze("Kleiner Stinker", "Straßenmischung",
"Schrödinger");*1
schroedingersKatze.miau();*2
```

*2 Und hier miaut sie.

Mal davon abgesehen, dass mir das Miauen tierisch auf den Keks geht, ist das schon ziemlich cool. Aber was ist so magisch an dem Zugriff auf this.name? Haben wir doch vorher auch schon gemacht.

Schon, aber denk mal darüber nach, welche Objekte es gibt und wo die Methoden und Eigenschaften jeweils zu finden sind. Es gibt den Katzen-Prototyp, der die Methode **miau()** hat. Der **Prototyp hat aber keinen Namen**, die Eigenschaft **name** wird erst an den individuellen Katzen gesetzt. Trotzdem kannst du in der **miau**-Methode auf die Eigenschaft zugreifen, und es wird der Name der **richtigen** Katze gefunden. **Das macht Prototypen so mächtig**, Methoden aus dem Prototyp verhalten sich so, als würden sie direkt zum richtigen Objekt gehören. **Und das ist erst der Anfang.**

Jetzt kommt der ultimativ großartigste Punkt der Objektorientierung.

Objekte und JSON

Vererbung – und niemand muss dafür sterben

[Hintergrundinfo]
Jede objektorientierte Sprache hat ein Vererbungskonzept, aber die prototypische Vererbung in JavaScript verhält sich anders als die klassenbasierte Vererbung der meisten anderen Sprachen. Auch wenn du schon andere OO-Sprachen kennst, solltest du diesen Abschnitt also nicht überspringen.

Gerade hast du gesehen, dass ein Prototyp ein sehr mächtiges Werkzeug ist. Jetzt gehen wir noch einen Schritt weiter, denn **da geht noch mehr**. In JavaScript hat jedes Objekt einen Prototyp. Wenn du nicht explizit einen Prototyp setzt, dann ist der Prototyp vom Typ `Object`. Wir haben aber auch gesehen, dass Prototypen Objekte sind wie jedes andere. Das bedeutet aber, zusammengenommen, **dass auch Prototypen Prototypen haben**.

[Zettel]
Um ganz genau zu sein, hat nicht jedes Objekt einen Prototyp. `Object` selbst hat keinen Prototyp mehr, denn irgendwo muss die Kette ja enden.

Jedes Objekt hat also, zumindest potenziell, eine ganze Kette von Prototypen. Und das hat sehr mächtige Folgen, denn plötzlich kann die Katze mehr sein, als nur eine Katze.

*1 Die Konstruktorfunktion für ein ganz allgemeines **Tier**. Es gibt hier noch keine Tierart, nicht weil wir sie noch nicht kennen, sondern weil es ein abstraktes **Tier** ist.

*2 Unser prototypisches **Tier** hat keine ausgeprägte Sammlung von Fähigkeiten, es kann nur genau eins: sich bewegen.

*3 Als Nächstes gibt es eine weitere Konstruktorfunktion, diese ist speziell für Haustiere.

*4 Und genau das ist jetzt der Punkt, an dem dir die Kinnlade herunterfallen darf. Der Prototyp von **Haustier** ist ein **Tier**. Du kannst diese Zeile lesen als „**alle Haustiere sind auch Tiere**".

```
function Tier(name){ *1
    this.name = name;
}
Tier.prototype = { *2
    bewege: function(){
        alert(this.name +" rennt!");
    }
}
function Haustier(name){ *3
    this.name = name;
}
Haustier.prototype = new Tier(); *4
Haustier.prototype.bettle = function(){ *5
    alert("Gib " + this.name + " Futter! Los! Los! Los!");
}
function Katze(name){ *6
    this.name = name;
}
Katze.prototype = new Haustier(); *7
Katze.prototype.miau = function(){ *8
    alert("'Miau' sagt " + this.name);
}
```

*5 Aber ein Haustier kann mehr als andere Tiere. Alle Haustiere können betteln. Wir können dem Prototyp von Haustier eine **bettle()**-Methode hinzufügen, und schon können alle Haustiere betteln, andere Tiere aber nicht.

*6 Kommen wir zurück zur guten alten Katze. Sie hat ein paar Eigenschaften verloren, aber nur wegen der Übersichtlichkeit.

*7 Die Katze erbt von Haustier. Aber Haustier selbst erbt von Tier. Also **sind alle Katzen, in dieser Reihenfolge, Katzen, Haustiere und Tiere**.

*8 Und die Katze hat das Miauen nicht verlernt.

[Begriffsdefinition]
Fachlich korrekt sagt man „Haustier **erbt von** Tier" oder „Haustier **erweitert** Tier".

So haben wir eine Menge JavaScript geschrieben, um auszudrücken, dass Katzen Tiere sind. Aber was haben wir am Ende davon?

Das haben wir davon!

Alle diese Methodenaufrufe sind **völlig korrekt**,

```
schroedingersKatze.miau();
schroedingersKatze.bettle();
schroedingersKatze.bewege();
```

denn:

Die Katze ist nicht einfach nur „auch ein Tier", **sie hat auch die Fähigkeiten eines Tieres und die eines Haustieres.** Die Katze kann, dank Vererbung, nicht nur miauen, sondern auch betteln und sich bewegen.

[Zettel]
Und noch ein riesiges Plus: Wenn du jetzt mit Hunden, Kaninchen und Hamstern anfangen willst, dann können die auch alle **Haustier** als Prototyp verwenden.

Toll, das macht ja alles so viel besser. Jetzt nervt das Vieh noch mehr.

Wie funktioniert das? Was genau tut JavaScript, damit die Katze das alles kann? Auch das ist mal wieder viel einfacher, als du denkst. Wenn du zum Beispiel **schroedingersKatze.bewege()** aufrufst, dann sucht JavaScript zuerst im Objekt **schroedingersKatze**, ob es diese Methode dort gibt. Gibt es sie nicht, dann wird im Prototyp gesucht, also zuerst in **Katze**. Da aber auch **Katze** selbst die Methode **bewege()** nicht kennt, geht es dann weiter zum Prototyp von **Katze**, also **Haustier**, und schließlich zu **Tier**, wo die Methode endlich gefunden wird.

[Achtung]
Gäbe es die Methode auch in **Tier** nicht, dann würde in **Object** gesucht, und erst **danach würde ein Fehler geworfen**, dass die Methode nicht existiert.

Und wenn es schon vorher eine Methode mit dem Namen **bewege()** *gegeben hätte?*

Dann wäre die aufgerufen worden. Das ist ein weiteres mächtiges Werkzeug der Objektorientierung: **Geerbtes Verhalten kann geändert werden.**

Objekte und JSON

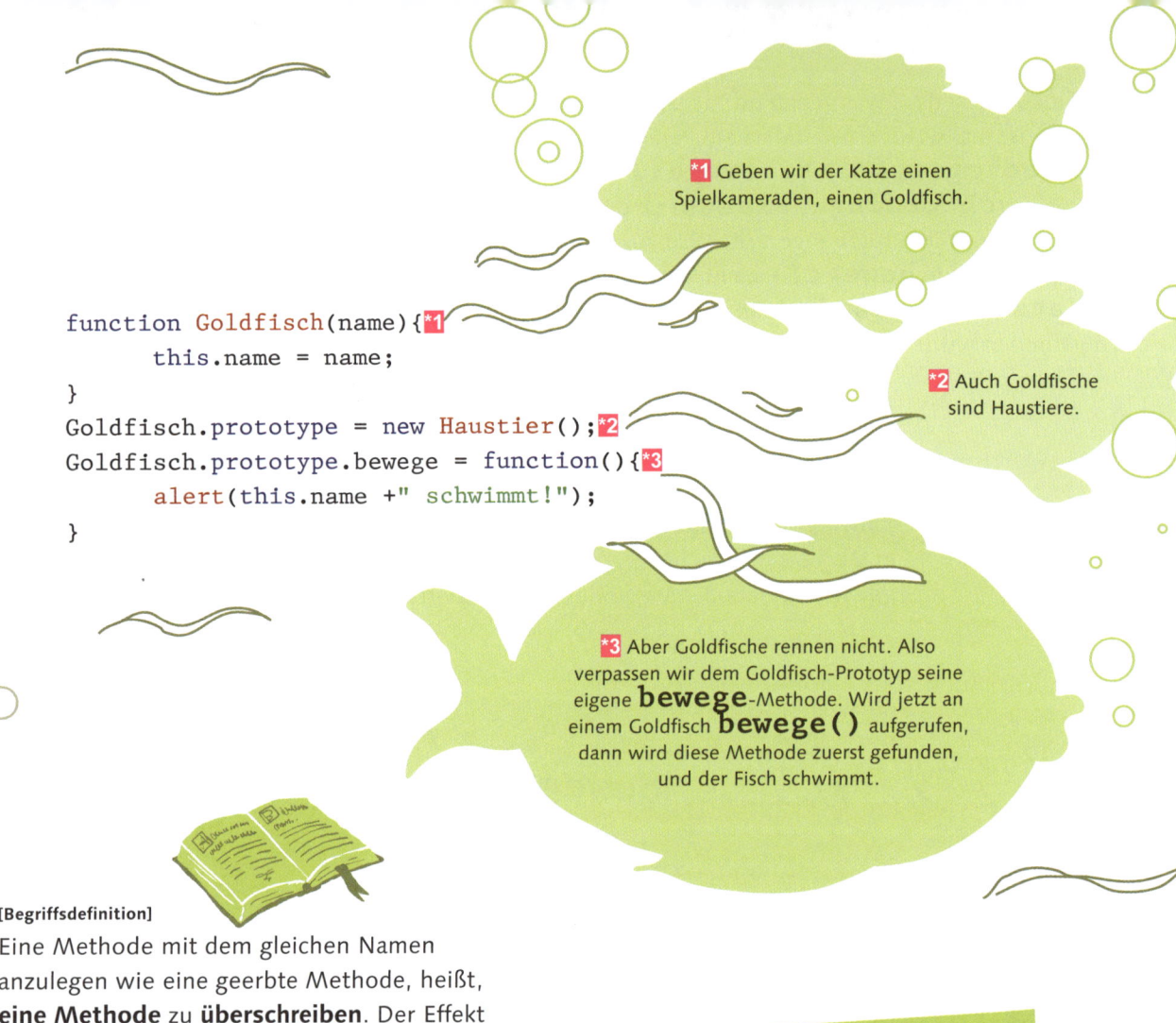

```
function Goldfisch(name){     *1
    this.name = name;
}
Goldfisch.prototype = new Haustier();     *2
Goldfisch.prototype.bewege = function(){     *3
    alert(this.name +" schwimmt!");
}
```

*1 Geben wir der Katze einen Spielkameraden, einen Goldfisch.

*2 Auch Goldfische sind Haustiere.

*3 Aber Goldfische rennen nicht. Also verpassen wir dem Goldfisch-Prototyp seine eigene **bewege**-Methode. Wird jetzt an einem Goldfisch **bewege()** aufgerufen, dann wird diese Methode zuerst gefunden, und der Fisch schwimmt.

[Begriffsdefinition]
Eine Methode mit dem gleichen Namen anzulegen wie eine geerbte Methode, heißt, **eine Methode** zu **überschreiben**. Der Effekt ist, als würdest du die alte Methode mit Tipp-Ex übermalen und neu schreiben: Nur noch die neue Methode ist sichtbar.

[Zettel]
Dieselbe Vorgehensweise wird auch bei Eigenschaften angewendet, auch diese können also überschrieben werden.

Mit Vererbung lassen sich selbst sehr komplexe Sachverhalte übersichtlich umsetzen. Wie man Objekte und Vererbungen am besten zusammenstellt – der Angeber mit Fachchinesisch spricht von Modellierung –, darüber gibt es mal wieder ganze Bücher, aber du hast jetzt zumindest ein solides Grundwissen.

Zum Abschluss hab ich noch ein wichtiges Detail zur Verwendung von Objekten: Meistens ist für dich nur wichtig, **ob ein Objekt die Methoden unterstützt**, die du benutzen möchtest. Auch wenn diese Methoden nicht am Objekt selbst, sondern an seinem Prototyp definiert sind, funktioniert die Prüfung mit `if (objekt.methodenname){…}`. Aber manchmal musst du doch wissen, ob ein Objekt **einen bestimmten Prototyp in seiner Ahnenkette hat**. Für diese Fälle gibt es den Operator `instanceof`, der genau das prüft.

[Achtung]

Wenn du mit `if (objekt.methodenname){…}` prüfst, ob ein Objekt eine Methode kennt, dann darfst du auf keinen Fall `objekt.methodenname()` schreiben. Dann würde die Methode aufgerufen. Aber daran hast du dich bestimmt auch selbst erinnert.

*1 **katze** ist eine **Katze**.

*2 **katze** ist auch ein **Haustier**.

```
var katze = new Katze("Kleiner Stinker");
var fisch = new Goldfisch("Goldie");
if (katze instanceof Katze){…}    //true *1
if (katze instanceof Haustier){…} //true *2
if (fisch instanceof Haustier){…} //true *3
if (fisch instanceof Katze){…}    //false *4
```

*3 Auch **fisch** ist ein **Haustier**.

*4 Aber **fisch** ist keine **Katze**.

Übungen zu Prototypen und Vererbung

Und jetzt ist es mal wieder Zeit, zu sehen, was du dir gemerkt hast, ... und Zeit, Kaffee zu holen, natürlich. Also, bis gleich.

[Einfache Aufgabe]
Wenn das folgende Codebeispiel ausgeführt wird, was steht am Ende in der Dialogbox? Zeichne den Ablauf, durch welche Methoden und Eigenschaften das Programm läuft, mit einem Bleistift ein.

```
function A(){}
A.prototype = {
    ausgabe: function(){
        alert(this.rechne());
    },
    zahl1: 5,
    zahl2: 7
}
function B(){}
B.prototype = new A();
B.prototype.rechne = function(){
    return this.zahl1 + this.zahl2;
}
function C(){}
C.prototype = new A();
C.prototype.rechne = function(){
    return this.zahl1 - this.zahl2;
}
function D(){}
D.prototype = new B();
D.prototype.zahl1 = 13;
var meinObjekt = new D();
meinObjekt.zahl2 = 4;
meinObjekt.ausgabe();
```

Kein großes Problem, oder? Du musst nur daran denken, für jede Methode und jede Eigenschaft, die gesucht wird, unten bei „deinem" Objekt anzufangen und erst dann die Prototypenkette nach oben zu laufen. Zuallererst kannst du **C** komplett vergessen. Wir arbeiten mit einem Objekt vom Typ **D**, und dessen Prototypenkette lautet **D** ⇨ **B** ⇨ **A**, **C** steht nur daneben.

An einem Objekt vom Typ **D** wird die Methode **ausgabe()** aufgerufen. Das Objekt **meinObjekt** selbst kennt sie nicht, der Prototyp **D** kennt sie nicht, dessen Prototyp **B** kennt sie nicht, erst dessen Prototyp **A** hat diese Methode.

Die Methode **ausgabe** ruft die Methode **rechne()** auf. Die Suche beginnt wieder ganz unten, aber das Objekt selbst kennt diese Methode nicht, **D** kennt sie nicht, aber **B** kennt sie und setzt sie um als eine Addition der Eigenschaften **zahl1** und **zahl2**.

Beim Ausführen von **rechne** wird also als Nächstes **zahl1** gesucht. **meinObjekt** kennt sie nicht, aber schon sein Prototyp **D** kennt diese Eigenschaft mit dem Wert 13.

zahl2 ist sogar noch schneller gefunden, das Objekt selbst definiert sie als 4.

Die Addition der beiden Werte wird ausgeführt und das Ergebnis, 17, schließlich ausgegeben.

[Zettel]
Wenn du den Ablauf richtig verfolgt hast, solltest du zum Ergebnis 17 kommen. Wenn bei dir etwas anderes herauskommt, dann prüfe deine Lösung noch mal.

[Einfache Aufgabe]
Welcher Aufruf von **holDenHinkelstein** im folgenden Listing funktioniert, welcher verursacht einen Fehler? Nimm nur für diese Aufgabe an, das Programm liefe nach einem Fehler weiter.

```
function Hund(){}
var idefix = new Hund();
var pluto = new Hund();
idefix.holDenHinkelstein = function(){…}
idefix.holDenHinkelstein();//1
pluto.holDenHinkelstein(); //2
Hund.prototype.holDenHinkelstein = idefix.holDenHinkelstein;
idefix.holDenHinkelstein(); //3
pluto.holDenHinkelstein(); //4
```

Auch nicht besonders schwierig, oder? Aufruf 1 funktioniert natürlich, wir haben `idefix` ja gerade in der Zeile vorher beigebracht, den Hinkelstein zu holen. Aufruf 2 funktioniert nicht, denn wir haben die Methode nur bei `idefix` hinzugefügt, nicht beim Prototyp von `Hund`. `idefix` ist zu diesem Zeitpunkt der einzige Hund, der mit Hinkelsteinen umgehen kann.

Die Aufrufe 3 und 4 funktionieren beide, denn in der Zeile vorher wird die Methode `holDenHinkelstein` von `idefix` zum `Hund`-Prototyp kopiert. Selbst Hunde, die vorher erzeugt wurden, lernen so den Trick.

[Zettel]
In der folgenden Aufgabe siehst du auch sehr gut, dass eine Vererbungshierarchie typischerweise wie eine Pyramide aussieht: Es gibt einen Prototyp für alles an der Spitze, mit jeder Ebene kommen dann mehr Typen dazu. Die Pyramide wird nach unten hin breiter. Und hier kommt wirklich mal eine perfekte Pyramide dabei heraus.

[Schwierige Aufgabe]
Setze die folgenden Dinge mit JavaScript in eine Vererbungsbeziehung: Kaffee, Lebensmittel, Speise, Sandwich, Getränk, Kuchen.

Mal wieder eine Aufgabe, bei der ich merke, wie hungrig ich bin.

```
function Lebensmittel(){...} *1

function Speise(){...}
Speise.prototype = new Lebensmittel(); *2

function Getraenk(){...}
Getraenk.prototype = new Lebensmittel(); *2

function Kaffee(){...}
Kaffee.prototype = new Getraenk(); *3

function Sandwich(){...}
Sandwich.prototype = new Speise(); *4

function Kuchen(){...}
Kuchen.prototype = new Speise(); *4
```

*4 **Sandwich** und **Kuchen** sind beides **Speisen**.

*3 **Kaffee** ist ein **Getraenk**.

*2 **Speise** und **Getraenk** erben direkt von Lebensmittel.

*1 Alle genannten Dinge sind Lebensmittel, also steht **Lebensmittel** an der Spitze der Kette. Da **Lebensmittel** selbst von nichts erbt und auch keine Methoden implementiert, muss der Prototyp nicht angegeben werden, er ist dann einfach leer.

[Zettel]
Oft ist es wirklich nicht schwieriger, eine Vererbungshierarchie zu konstruieren. Man muss nur nachdenken, was zu welchem Oberbegriff gehört.

[Belohnung/Lösung]
Du hast es geschafft, du kannst jetzt Objektorientierung. Ich verspreche, es wird ab jetzt nur noch leichter. Jetzt hast du dir **new Kaffee()** und **new Sandwich()** wirklich verdient.
Und ist es nicht langsam Zeit, den Kuchen für deine Freundin aus dem Ofen zu holen?

—FÜNFZEHN—
Halt, hiergeblieben! Cookies, Web-Storage und File-API

Cookies, WebStorage und File-API

Das Web hat kein Gedächtnis. Egal, was man auf einer Seite tut, wenn der Server es nicht speichert, ist es beim nächsten Neuladen weg. Und man will ja nicht alles einem Server anvertrauen. Aber auch hier ist Schrödinger nicht der erste, der auf dieses Problem stößt, und es gibt einige Möglichkeiten, Daten doch bis zum nächsten Besuch zu retten. Und seit Neuestem kann Schrödinger sogar seinen Einkaufszettel von der Festplatte in seine Website laden. Und das ist auch gut so, denn seine Freundin hat Großes vor.

Der Griff in die Keksdose

Ich wollte uns für das große Familienfest am Wochenende einen Einkaufszettel schreiben, mit der tollen Webanwendung, die du für mich gemacht hast. Und dann stürzt der Browser ab, und das Zutatenabtippen einer Stunde ist weg. Was soll ich tun, Schrödinger?

Tja, Schrödinger, da bist du an eines der ältesten Probleme des Webs geraten. Was nicht an einen Server geschickt wird, **ist im Normalfall futsch**. Du könntest natürlich für den Einkaufszettel deiner Freundin eine Datenbank aufsetzen, PHP lernen und den ganzen Einkaufszettel auf dem Server speichern. Aber damit bist du erst mal ein paar Tage beschäftigt. Und es widerspricht ja auch meiner Aussage, man könne heute alles in JavaScript machen. Kann man nämlich. **Aber bevor ich dir zeige, wie, machen wir einen kleinen Ausflug ins finstere Webmittelalter.**

Na wenns denn sein muss.

Am Anfang war der Cookie.

Vor gar nicht so langer Zeit waren Cookies die einzige Möglichkeit, Daten auf der Clientseite, also auf dem Computer des Benutzers, zu speichern.

[Begriffsdefinition]
Ein **Cookie** ist ein Paar von Strings: ein Name (Key) und ein Wert (Value) mit einigen, wenigen weiteren Attributen. Mehr zu denen unten. Cookies sind kleine Datenpakete, die mit jedem Request vom Browser zum Server geschickt werden.

[Hintergrundinfo]
Wie jemand ursprünglich auf die Idee kam, kleine Datenpäckchen als Cookies (Kekse) zu bezeichnen, ist nicht überliefert. Der Speicherort für Cookies wird als Cookie Jar (Keksdose) bezeichnet. Ehrlich.

[Funktioniert in]
Cookies funktionieren in allen Browsern.

Cookies, WebStorage und File-API **589**

Cookies sind nicht an sich ein Überbleibsel aus dem finsteren Webmittelalter, sie erfüllen auch heute noch **wichtige Aufgaben**. Der eigentliche Zweck von Cookies ist es, kleine Datenmengen zwischen Browser und Server auszutauschen. Cookies werden mit jedem HTTP-Request an den Server geschickt. Im Detail funktioniert das so:

- Der Server schickt mit seiner Antwort auf einen Request die Aufforderung, einen Cookie zu speichern.
- Der Browser denkt sich: „Na gut, tut ja nicht weh", und speichert den Cookie.
- Von da an schickt der Browser bei jedem neuen Request diesen Cookie mit. Der Server braucht ihn vielleicht gar nicht immer, aber das kann der Browser ja nicht wissen: Er schickt alles mit, was von diesem Server stammt.

So weit hat JavaScript noch gar nichts damit zu tun, das machen Browser und Server unter sich aus. Und so weit ist da auch gar nichts Schlimmes dabei. Warum es aber mit JavaScript dann so finster und mittelalterlich ist, zeige ich dir später in der Werkstatt. Und danach zeige ich dir, was du stattdessen benutzen kannst. Aber weil Cookies, ganz ohne JavaScript, wichtige Einsatzgebiete haben, solltest du über sie Bescheid wissen, obwohl sie als Lösung für das Problem deiner Freundin **out** sind.

[Hintergrundinfo]
Meistens wird ein Cookie gesetzt, weil der Server einen `Set-Cookie`-HTTP-Header geschickt hat. Bei jedem Request werden alle Cookies, die der Server sehen darf, im Header `Cookie` mitgeschickt.

Cookies ganz korrekt

Am häufigsten werden Cookies zum Session-Management eingesetzt. Du erinnerst dich, dass HTTP eigentlich ein zustandsloses Protokoll ist, also jeder Request so ausgeführt wird, als sei es der erste an den Server. **Session-Cookies** werden benutzt, um das zu umgehen. Sie enthalten eine zufällige Zeichenfolge, anhand derer der Server protokolliert, was du bei den vorherigen Requests getan hast. So findet zum Beispiel jeder Onlineshop deinen Einkaufswagen wieder. Und wenn eine Webseite dich mit deinem Namen begrüßt, dann war der mit Sicherheit auch in einem Cookie gespeichert. Du kannst einen Session-Cookie mit einer Kundennummer vergleichen: Wenn du im Callcenter anrufst, gibst du sie als Erstes an, und plötzlich weiß die Stimme am Telefon alles über dich.

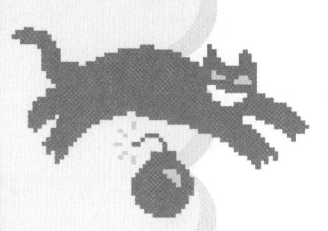

[Achtung]
Cookies haben leider nicht nur gute Seiten. Sogenannte **Tracking Cookies** werden von der **Werbeindustrie** benutzt, um zu verfolgen, welche Webseiten du besuchst, und daraus ein Persönlichkeitsprofil zu erstellen. Und viele Angriffe, die deinen Account auf einer Webseite kapern wollen, beruhen darauf, dass deine Cookies **gestohlen** werden.

So eine Schweinerei!

Und genau wie deine Kundennummer willst du auch bei einem Cookie nicht, dass ihn jeder kennt. Einige zusätzliche Attribute sorgen deshalb für Sicherheit, allen voran `Domain` und `Path`. Sie schränken ein, an welche Server ein Cookie mitgeschickt wird. Webseiten können Cookies **nur für ihre eigene Domäne** setzen, egal, ob per JavaScript oder HTTP-Header: Die Seite www.schroedingersseite.de kann in das `Domain`-Attribut nur www.schroedingersseite.de schreiben, alles andere wird vom Browser abgewiesen. Und nur Cookies mit diesem `Domain`-Attribut werden bei jedem Request an www.schroedingersseite.de geschickt. Das `Path`-Attribut schränkt weiter ein, an welche Seiten auf dem Server der Cookie gesendet wird: Es muss zum URL-Pfad passen, damit der Cookie mitgeschickt wird.

[Hintergrundinfo]
Cookies können für alle Subdomains einer Domäne gelten: Ein Cookie für die Domäne .schroedingersseite.de kann von www.schroedingersseite.de, von einkaufszettel.schroedingersseite.de oder von jeder anderen Subdomain gelesen werden. Weiter nach oben geht das aber nicht, kein Browser lässt dich einen Cookie für .de setzen.

Und es gibt noch weitere Einschränkungen, was mit einem Cookie passieren darf. Ist das Attribut `Secure` gesetzt, dann wird er nur bei verschlüsselten Verbindungen (HTTPS) weitergegeben, mit dem Attribut `HttpOnly` kann ein Cookie von JavaScript nicht gelesen werden. Das ist für uns zwar blöd, da aber Cookie-Diebstahl häufig durch bösartiges JavaScript erfolgt, ist dieses Attribut sehr wichtig. Und viel zu viele Webseiten vergessen es.

[Hintergrundinfo]

Auch JavaScript darf nur Cookies der eigenen Domäne sehen, aber bei überraschend vielen Webseiten kann man durch sogenannte Skript-Injection ein bösartiges JavaScript einschmuggeln, das vom Browser so behandelt wird, als käme es von der Domäne dieser Seite. Dieses Skript kann alle Cookies von der Domäne lesen, die nicht als **HttpOnly** markiert sind. Und wenn dazu zum Beispiel der Session-Cookie gehört, dann kann jetzt jemand in deinem Namen bei eBay oder sonst irgendwo einkaufen und mit deinem Geld diese total süße winkende Katze zu dir nach Hause schicken. Auch wenn du sie gar nicht wolltest. Deshalb sollten alle Cookies, die JavaScript nicht unbedingt kennen muss, **HttpOnly** sein.

Cookies geklaut? Katze gekauft.

Als Letztes haben Cookies noch ein Verfallsdatum: Ist das Datum im **Expires**-Attribut erreicht, wird der Cookie gelöscht. **Max-Age** hat die gleiche Funktion, aber anstelle eines Datums wird die Zeit, für die der Cookie frisch bleibt, in Sekunden angegeben.

Denn wer mag schon alte Kekse?

[Achtung]

Außerdem hat jeder einzelne Cookie ein Größenlimit von ca. 4 kB.

Cookies selbst gebacken

[Achtung]
Die WebKit-Browser lassen bei Seiten, **die über das File-Protokoll geladen wurden**, keine Cookies zu. Benutze für die Übungen in diesem Abschnitt bitte Firefox oder Internet Explorer.

Das ganze Gerede über Cookies macht für dich natürlich nur Sinn, wenn du von JavaScript aus etwas mit ihnen anfangen kannst. Die gute Nachricht: Das kannst du. Die schlechte Nachricht: Wie man von JavaScript aus mit Cookies arbeitet, ist **capenga**.

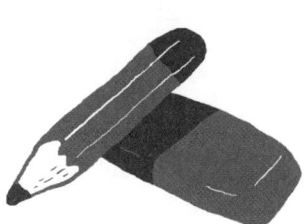

[Notiz]
Capenga (gesprochen ka-pen-ga) ist ein Wort aus dem Brasilianischen und bezeichnet etwas, das zwar funktioniert, aber nicht besonders gut oder auf eine sehr hässliche Art. Ein Stuhl mit einem fehlenden Bein ist capenga, ebenso wie ein Auto, das zwar fährt, aber ab und zu ausgeht und dann angeschoben werden muss. Es ist mein erklärtes Ziel, dieses nützliche Wort im Deutschen zu etablieren.

Warum ich das Cookie-Handling von JavaScript so schlecht finde, erfährst du am besten am eigenen Leib. Grundsätzlich gibt es eine Eigenschaft, **document.cookie**, die für alle Welt wie ein String aussieht. In diese Eigenschaft kannst du einen Cookie schreiben, aber du musst ihn schon selbst richtig formatieren: **Der Name des Cookies, gefolgt von einem Gleichheitszeichen, gefolgt vom Wert.**

Jetzt wird gebacken

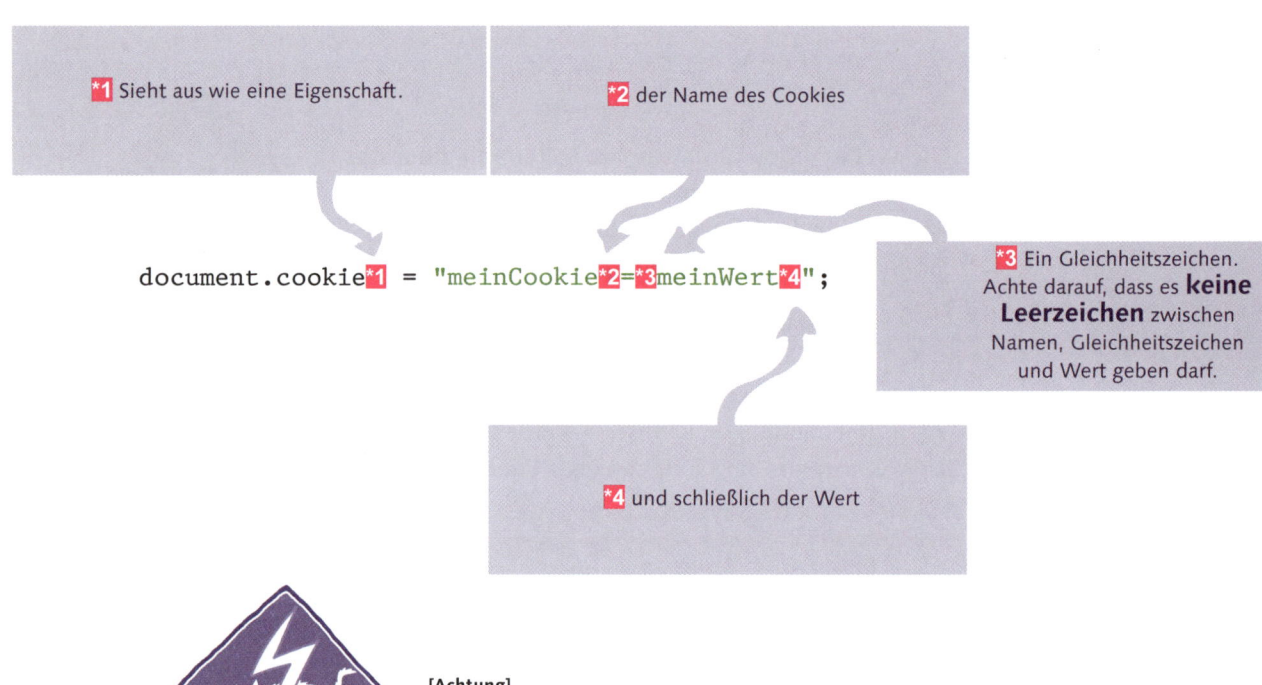

[Achtung]
Weder Name noch Wert des Cookies dürfen Komma, Semikolon oder Leerzeichen enthalten. Zusätzlich darf im Namen kein Gleichheitszeichen vorkommen.

Bei all meinem Geheule über Cookies und JavaScript gibt es manchmal gute Gründe, sie zu setzen, nämlich immer dann, wenn sie auch an den Server übertragen werden sollen. Dafür sind Cookies ja auch da. Eine sehr gute Anwendung dafür zeig ich dir im Kapitel zu Responsive Design, da wird die Bildschirmgröße in einen Cookie geschrieben.

[Einfache Aufgabe]
Schreibe eine Seite mit zwei Eingabefeldern, eines für den Namen, eines für den Wert. Auf Knopfdruck soll aus diesen beiden Werten ein Cookie werden, der gespeichert wird. Danach soll der aktuelle Wert von `document.cookie` angezeigt werden. Lege einen Cookie an.

Cookies für JavaScript

*1 Namen und Wert aus den Eingabefeldern auslesen. Nicht stehen bleiben, es gibt nichts Neues zu sehen.

```javascript
function setzeCookieAusFormular(){
    var name = document.getElementById("name").value;*1
    var wert = document.getElementById("wert").value;*1
    var name = nameFeld.value;
    var wert = wertFeld.value;
    setzeCookie(name, wert);
    nameFeld.value = "";
    wertFeld.value = "";
    zeigeCookies();*4
}
function pruefeCookieName(name){
    //Schade, dass wir noch keine regulären Ausdrücke können. Naja, es geht auch so.
    if (name.indexOf(",") > -1 || name.indexOf(";") > -1 || name.indexOf(" ") > ↩
    -1 || name.indexOf("=") > -1){
        alert("Ungültiger Name");
        return false;
    }
    return true;
}*2
function pruefeCookieWert(wert){
    if (wert.indexOf(",") > -1 || wert.indexOf(";") > -1 || wert.indexOf(" ") > -1){
        alert("Ungültiger Wert");
        return false;
    }
    return true;
}*2
function setzeCookie(name, wert){
    /*Wenn Name und Wert gültig sind, schreibe den Cookie*/
    if (pruefeCookieName(name) && pruefeCookieWert(wert))*2{
        document.cookie = name + "=" + wert;*3
    }
}
function zeigeCookies(){
    leereAusgabe();
    var cookies = document.cookie.split(";");*4
```

*2 Als kleine Fleißarbeit prüfen wir die Eingaben: Wenn eines der verbotenen Zeichen vorkommt, erscheint eine Fehlermeldung. Nur wenn beide Funktionen **true** zurückgeben, wird der Cookie in **setzeCookie** wirklich gesetzt.

*3 Der ganze Aufwand nur für diese eine Zeile: Der Cookie wird zusammengebaut und in **document.cookie** gespeichert.

*4 Für die Ausgabe musst du die Cookies tatsächlich selbst auseinanderpflücken. Capenga.

```
    var ausgabe = document.getElementById("ausgabe");
    for (var i = 0; i < cookies.length; i++){
        var li = document.createElement("li");
        li.appendChild(document.createTextNode(cookies[i]));
        ausgabe.appendChild(li);
    }
}
function init(){
    document.getElementById("speichern").addEventListener("click", ↩
    setzeCookieAusFormular);
    zeigeCookies();
}
window.addEventListener("load", init);
```

[Einfache Aufgabe]
Falls du es nicht schon getan hast, benutze jetzt die Seite, um einen zweiten und dritten Cookie zu speichern.

Guck mal, wie das aussieht.

Alle Cookies

- meinerstercookie=eincookie; dascookie=wert; ppkcookie1=testcookie

Was Schrödinger sieht.

Ja, das sieht ziemlich doof aus. Aber das ist nicht dein Fehler, du hast alles richtig gemacht. Da siehst du mein Problem mit **document.cookie**. Es tut so, als sei es ein ganz normaler String. Aber in Wirklichkeit macht es im Hintergrund nur Blödsinn und fügt alle Cookies zu einem String zusammen. Wenn du also einen einzelnen Cookie wieder auslesen möchtest, dann darfst du **diese Monstrosität selbst mit Stringmethoden zerpflücken**.

[Notiz]

Okay, du musst es nicht selbst machen, es gibt fertige Bibliotheken dafür, zum Beispiel jquery-cookie (https://github.com/carhartl/jquery-cookie). Aber auch wenn jemand anderes die Drecksarbeit schon erledigt hat, dann ist `document.cookie` trotzdem eine Zumutung.

Und die ganze Katastrophe ist sogar noch schlimmer. Du kannst zwar auch noch die anderen Eigenschaften eines Cookies setzen, zum Beispiel das Verfallsdatum:

> [*1] So muss das Verfallsdatum angegeben werden, und zwar genau so, inklusive Kommas und Leerzeichen. Wenn du von diesem Datumsformat abweichst, ignoriert der Browser entweder das Verfallsdatum oder nimmt den Cookie nicht an.

```
document.cookie="meinCookie=meinWert; expires=Tue, 24 Dec 2013 23:59:00 UTC*1"
```

Aber wenn du glaubst, das könntest du mit JavaScript auch wieder auslesen, dann hab ich schlechte Neuigkeiten für dich.

[Einfache Aufgabe]

Ändere deine Seite so ab, dass allen Cookies ein Verfallsdatum hinzugefügt wird. Es muss ein Datum in der Zukunft sein. Dann teste erneut, und füge einen Cookie hinzu.

Ich glaube, das funktioniert nicht. Sieht genau aus wie vorher.

Das ist leider schon richtig so. Du siehst oben auch schon den richtigen Code, den du einfügen musst. Aber die weiteren Attribute stehen in `document.cookie` einfach nicht drin, **an die kommst du von JavaScript aus nie wieder dran**. Um prüfen zu können, ob dein Cookie mit allen Attributen korrekt ist, musst du **die entsprechende Funktion deines Browsers verwenden**.

Cookies, WebStorage und File-API **597**

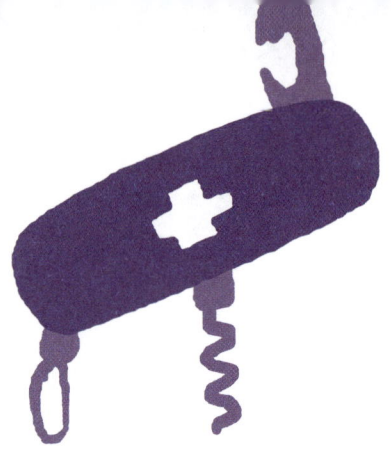

[Einfache Aufgabe]
Prüfe, ob das Verfallsdatum des letzten Cookies gesetzt wurde. In Firefox findest du die Cookies unter „Einstellungen" • „Einstellungen" • „Datenschutz" • „einzelne Cookies löschen" und im Ordner, der dem Domänenanteil der URL entspricht, also zum Beispiel `127.0.0.1` oder `localhost`. Falls du die Seite als Datei geöffnet hast (über „Datei öffnen" oder mit dem File-Protokoll) und nicht per HTTP, dann ist es der Ordner ohne Namen. Im Internet Explorer gehst du zu „Internetoptionen" • „Allgemein" • „Browserverlauf" • „Einstellungen" • „Dateien anzeigen". In diesem Verzeichnis musst du bloß noch deine Datei finden, am einfachsten indem du zur „Detailansicht" wechselst und nach Änderungsdatum sortierst.

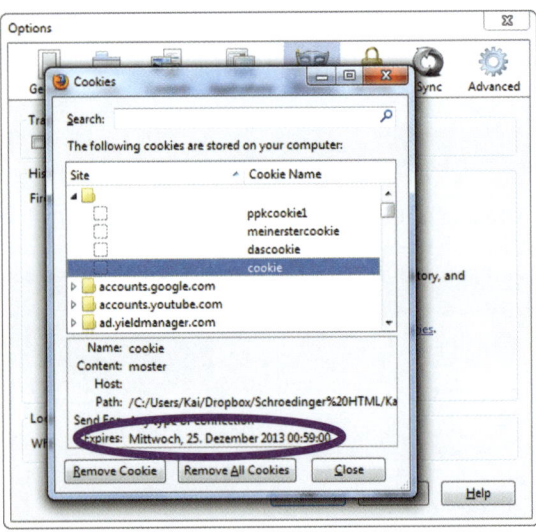

Cookie-Ansicht in Firefox

Cookie-Ansicht im Internet Explorer

[Einfache Aufgabe]
Wenn du die Seite bisher als Datei geöffnet hast, dann öffne sie jetzt durch den XAMPP-Server und umgekehrt. Vergewissere dich, dass Cookies vom einen nicht im anderen sichtbar sind.

Und da siehst du jetzt auch noch, dass Cookies sauber nach Domäne getrennt werden. Die Zugriffe mit dem File-Protokoll und der Zugriff per http://localhost... stellen für den Browser zwei verschiedene Domänen dar, die gegenseitig ihre Cookies nicht sehen dürfen. Soviel zu Cookies. Die haben zwar das Problem deiner Freundin nicht gelöst, aber wichtig zu kennen sind sie trotzdem. Tun wir jetzt etwas Nützlicheres.

[Notiz]
Eine letzte Schweinerei noch: Weißt du, wie man Cookies per JavaScript löscht? Man setzt einen neuen Cookie mit demselben Namen und einem Verfallsdatum in der Vergangenheit. Und das ist kein böser Hack, das ist der offizielle Weg, einen Cookie zu löschen. Ich sag ja: capenga.

Daten, so weit das Auge reicht – Web Storage

Jetzt sollten wir endlich das Problem deiner Freundin lösen, sie ist bestimmt schon sauer, weil wir uns stattdessen erst mit Cookies beschäftigt haben. Es gibt nämlich seit HTML5 eine viel bessere Lösung für das **Speichern von Daten am Client**. Je nachdem, wem man zuhört, heißt sie Local Storage, HTML5 Storage oder, so heißt der entsprechende Standard, **Web Storage**. Und bei Web Storage sind endlich mal alle Browser mit dabei.

[Funktioniert in]
Web Storage funktioniert in allen Browsern.

[Notiz]
Nur für Korinthenkacker: Web Storage ist von HTML5 als eigenständiger Standard abgetrennt worden. Das hat aber in der Praxis keine Auswirkung.

[Notiz]
Local Storage funktioniert auch gut mit einer weiteren Neuerung zusammen: Offline-Anwendungen im Browser. Die können ihre Daten dort speichern, während du keine Internetverbindung hast, und wenn du wieder online bist, schicken sie alles zum Server.

Und so einfach geht's

*1 Das globale `localeStorage`-Objekt ermöglicht den Zugriff auf Web Storage.

*2 Auch Web Storage arbeitet mit Name-Wert-Paaren. Die Methode **setItem** nimmt einen Namen und einen Wert an und legt dieses Paar im Web Storage ab.

```
localStorage*1.setItem("Zucker", "2kg");*2
localStorage*1["Eier"] = 12;*3
alert("Kaufe Eier: " + localStorage*1.getItem("Eier"));*4
alert("Kaufe Zucker: " + localStorage*1["Zucker"]);*3
```

*3 Für Name-Wert-Paare gibt es auch eine andere Art des Zugriffs, die du schon kennst: mit eckigen Klammern. Du kannst Web Storage genau wie ein x-beliebiges Objekt behandeln und so lesen und schreiben.

*4 Lesen geht auch durch die **getItem**-Methode, die als Parameter nur den Namen des Eintrags erwartet.

[Notiz]
Für Bonuspunkte prüft deine Anwendung als Erstes, ob Web Storage überhaupt zur Verfügung steht. `if (window.localStorage) {…}` erfüllt grob den Zweck, aber es gibt auch das sehr komfortable Modernizr-Skript (http://modernizr.com/), das darauf spezialisiert ist, An- oder Abwesenheit von Features im Browser zu testen.

[Achtung]
Auch wenn du etwas anderes ins Web Storage reinsteckst, gespeichert werden immer Strings. Wenn du eine Zahl haben möchtest, dann musst du selbst wieder mit `parseInt()` konvertieren.

So funktioniert das schon mal. Den Namen der Zutat als Key zu verwenden, ist vielleicht noch nicht der Weisheit letzter Schluss, aber irgendwo muss man ja anfangen. Es fehlt aber noch eine Möglichkeit, alle Einträge aufzuzählen. Auch daran ist gedacht, aber es ist mal wieder ein bisschen anders als bei Arrays oder Objekten.

Iterieren über Web Storage

***1 length** hält keine Geheimnisse mehr, genau wie bei Arrays steht drin, wie viele Einträge es gibt.

```
for (var i = 0; i < localStorage.length*1; i++){
    var name = localStorage.key(i);*2
    var wert = localeStorage[name];*3
}
```

*2 Die **key**-Methode gibt den Key des n-ten Key-Value-Paares zurück. Im Gegensatz zum Array kann es keine Lücken geben, **null**-Werte kommen nur vor, wenn der Parameter **length** überschreitet.

*3 Mit dem Key kann dann, auf die gewohnte Weise, der dazugehörige Value geholt werden.

[Notiz]

Genau wie Cookies sind auch Einträge im Web Storage nur für die Domäne sichtbar, die sie erzeugt hat.

[Einfache Aufgabe]

Lesen, Schreiben, Iterieren, das ist alles, was du brauchst, um den Einkaufszettel fertigzustellen. Für den Moment verwende als Namen die Einträge auf deiner Liste und als Werte die Mengen. Der gesamte Einkaufszettel soll immer sichtbar sein, du musst also nach jedem Eintrag die Anzeige aktualisieren.

Die interessanten Methoden:

[Notiz]
Wie immer kannst du natürlich auch diese komplette Lösung in den Downloads finden.

*1 Name und Menge des Eintrags werden aus den Eingabefeldern ausgelesen, ...

```
...
function fuegeEintragAusFormularHinzu(){
    var mengeFeld = document.getElementById("menge"); *1
    var nameFeld = document.getElementById("name"); *1
    fuegeEintragHinzu(name, menge);
    mengeFeld.value = '';
    nameFeld.value = '';
    schreibeListe(); *3
}
function fuegeEintragHinzu(name, menge){
    localStorage[name] = menge; *2
}
function schreibeListe(event){
    leereAusgabe(); *4
    var ausgabe = document.getElementById("ausgabe");
    for (var i = 0; i < localStorage.length; i++){ *5
        var key = localStorage.key(i);
        var li = document.createElement("li");
        li.appendChild(document.createTextNode(localStorage[key] + " " + key));
        ausgabe.appendChild(li);
    }
}
...
```

*2 ... und es wird ein neuer Eintrag im Web Storage erzeugt. Der Wert des Eingabefeldes **name** ist der Name des Eintrags. Dir ist wahrscheinlich sofort aufgefallen, dass man nicht zweimal Zucker auf die Liste setzen kann, weil der zweite Eintrag den ersten überschreibt. Darum kümmern wir uns gleich.

*3 Nach dem Speichern im Web Storage wird die ganze Liste wieder ausgegeben.

*4 Die Methode **leereAusgabe** ist nicht abgedruckt, aber sie tut nichts weiter, als mit DOM-Methoden das Ausgabeelement zu leeren.

*5 Wie aus dem Bilderbuch, oder vielleicht eher aus dem Beispiel oben, wird über die Einträge des Web Storages iteriert.

So langsam werden diese Beispiele richtig nützlich, ich fühle mich wie ein echter Programmierer.

Ja, ziemlich cool, oder?

Und immer noch mit sehr wenig Code, weniger als 50 Zeilen JavaScript. Jetzt stört aber noch, dass man nicht mehrmals Zucker auf die Liste setzen kann. Mit Key-Value-Paaren ist das etwas schwierig, die Keys müssen leider eindeutig sein. Aber eigentlich braucht man die für den Einkaufszettel auch nicht; ein Array mit Einträgen wie „12 Eier" und „1 kg Zucker" würde reichen. Wenn es doch bloß möglich wäre, Arrays oder andere Objekte im Web Storage abzulegen.

Warte mal, da war doch was. Man könnte doch irgendwie aus Objekten Strings machen.

Sehr gute Idee! Du hast Recht, mit **JSON.stringify** wird aus jedem beliebigen Objekt ein String, mit **JSON.parse** macht man aus dem String wieder ein Objekt.

Also können doch beliebige Objekte ins Web Storage

```
var einArray = [1, 2, 3, 4, 5];
localStorage["meinArray"] = JSON.stringify(einArray); *1
einArray = JSON.parse(localStorage["meinArray"]); *2
```

*1 Ein ganzes Array ins Web Storage schreiben? Kein Problem!

*2 Und es wieder auszulesen und in ein Objekt umzuwandeln, ist auch nicht schwer.

[Schwierige Aufgabe]
Ändere den Einkaufszettel so ab, dass jeder Eintrag nur noch ein einzelner String ist. Speichere alle Einträge in einem Array, und packe dieses als JSON-String ins Web Storage. Es soll auch weiterhin immer die aktuelle Einkaufsliste angezeigt werden.

Da kannst du mir aber nicht erzählen, das sei einfacher als ein Einkaufszettel auf Papier. Dann wollen wir doch mal sehen.

Das Beispiel am Stück – und mit Objekt!

Bevor du es erklärst, lass mich das mal selbst verstehen.

*1 Oho! Eine Konstruktorfunktion und ein Prototyp. Der Herr möchte es objektorientiert. Aber warum die drei Parameter am Konstruktor, die ändern sich doch gar nicht? Noch nicht, aber einer der Vorteile von Objektorientierung ist ja Wiederverwendbarkeit. Die drei Parameter sind das Eingabeelement, das Ausgabeelement und der Key im Web Storage, wenn du die alle drei änderst, kannst du mehrere Einkaufszettel auf eine Seite packen. Eine für den Supermarkt, eine für den Metzger und so weiter.

```javascript
function Einkaufszettel(eingabeId, ausgabeId, key){*1
    this.eingabeFeld = document.getElementById(eingabeId);
    this.ausgabeFeld = document.getElementById(ausgabeId);
    this.key = key;
    if (localStorage[this.key]){
        this.inhalt = JSON.parse(localStorage[this.key]);*2
    } else {
        this.inhalt = [];*2
    }
    this.schreibeListe();
};
Einkaufszettel.prototype = {*1
    hinzufuegen: function(){*3
```

*2 Okay, wenn es unter dem Key schon einen Einkaufszettel gibt, dann liest du den und machst ein Objekt daraus, wenn nicht, dann benutzt du ein leeres Array.

*3 In dieser Funktion wird ein Eintrag hinzugefügt.

```
            var eingabe = this.eingabeFeld.value;
            this.inhalt.push(eingabe);  *4
            localStorage[this.key] = JSON.stringify(this.inhalt);  *5
            this.eingabeFeld.value = '';
            this.schreibeEintrag(eingabe);  *6
        },
        schreibeListe: function(){  *7
            this.leereAusgabe();
            for (var i = 0; i < this.inhalt.length; i++){
                this.schreibeEintrag(this.inhalt[i]);
            }
        },
        schreibeEintrag: function(text){  *8
            var li = document.createElement("li");
            li.appendChild(document.createTextNode(text));
            this.ausgabeFeld.appendChild(li);
        }
    }
    function init(){  *9
        if (window.localStorage){
            var zettel = new Einkaufszettel("eintrag", "ausgabe", "einkaufszettel");
            document.getElementById("speichern").addEventListener("click", zettel.
            hinzufuegen.bind(zettel)  *10 );
        } else {
            alert("Web Storage nicht gefunden!");  *11
        }
    }
    window.addEventListener("load", init);
```

*4 Du schreibst ihn in das Array im Einkaufszettel-Objekt, ...

*5 ... und sofort danach schreibst du das ganze Array wieder ins Web Storage. Muss das wirklich nach jedem Hinzufügen sein? Ja, das muss es. Man könnte zwar auch einmal am Ende alles in einen **unload**-Handler schreiben, wenn deine Freundin den Browser schließt. Aber das Problem war ja, eine Sicherheit einzubauen, für den Fall dass der Browser abstürzt, und dafür gibt es keinen Eventhandler.

*6 Und zum Schluss schreibst du es noch in die Liste auf der Seite.

*7 Mit der Funktion wird am Anfang einmal die ganze Liste ausgegeben.

*8 Diese schreibt nur einen Eintrag. Da hast du wohl eine eigene Funktion draus gemacht, weil das von zwei Stellen aufgerufen wird. Genau, nämlich einmal, wo die ganze Liste geschrieben wird, und einmal, wo ein Eintrag hinzugefügt wird.

*9 Hier wird das Objekt erzeugt und mit der Seite verbunden. Hätte die init-Methode nicht auch Teil des Einkaufszettel-Objekts sein können? Ja, hätte sie wohl. Jetzt, wo du es sagst, denke ich, das wäre sogar besser gewesen.

*10 Oh, das Function Binding. Das hätte ich jetzt glatt vergessen.

*11 Und eine Fehlermeldung, falls Web Storage gar nicht da ist.

Sieht aus, als bräuchtest du meine Erklärung gar nicht mehr. Du hast das Programm voll durchschaut. Nur der Vollständigkeit halber: Du kannst Einträge aus dem Web Storage auch wieder löschen. Die Methode **removeItem** löscht einen einzelnen Eintrag, **clear** löscht alles, worauf deine Seite Zugriff hat. Und damit sollten die Probleme deiner Freundin gelöst sein. Auch wenn der Browser abstürzt, bleibt ihr Einkaufszettel jetzt erhalten.

Schrödinger, mein Held!

Mehr zu Local Storage – Events und Limits

Das war ein gutes Stück Arbeit, aber du hast es mal wieder souverän gemeistert. Web Storage ist um einiges cooler als Cookies, oder? Aber auch Web Storage **lässt dich nicht einfach alles machen**, was du möchtest. Es gibt ein Limit, wie viele Daten du dort ablegen kannst. Bei Chrome und Safari sind das ca. 2,5 Millionen Zeichen, bei Firefox und Internet Explorer ca. 5 Millionen.

[Hintergrundinfo]
Alle Einträge im Web Storage werden in UTF-16-Kodierung gespeichert, das heißt, es sind 2 Byte pro Zeichen. Es stehen je nach Browser also 5 oder 10 MB zur Verfügung.

[Zettel]
Die Größeneinschränkung ist auch gut so, du möchtest ja nicht, dass eine bösartige Webseite deine Festplatte zumüllt. Ich bin mir sicher, dass es bald eine Möglichkeit geben wird, den Benutzer um mehr Platz zu bitten.

Das könnte ein Problem werden, wenn meine Freundin fürs nächste große Familienfest einkauft ...

Bei der Speicherdauer gibt es aber eine **unglücklichere Einschränkung** mit Web Storage. Daten dort haben zwar kein Verfallsdatum wie Cookies, aber sie können **versehentlich gelöscht werden**. Alle aktuellen Browserversionen löschen die Web-Storage-Daten, wenn der Benutzer alle Cookies löscht. Das ist ungünstig, vor allem dann, wenn wichtige Daten nur dort gespeichert waren. Das Risiko ist nicht so groß, wie es sich anhört; nur ein Bruchteil der Benutzer kennt überhaupt die Funktion „Cookies löschen", und wenn dabei wirklich mal der Einkaufszettel verloren geht, dann ist das kein Beinbruch. Man sollte aber nicht das einzige Exemplar seiner Steuererklärung dort ablegen.

[Achtung]
Ein weiterer, wichtiger Grund, seine Steuererklärung oder Ähnliches nicht im Web Storage abzulegen ist, dass die Daten dort nicht verschlüsselt werden. Eine andere Webseite kann zwar nicht auf sie zugreifen, aber ein Virus im System kann alles im Klartext lesen.

Von Sandbox zu Sandbox

Trotz dieser Einschränkungen ist Web Storage ein sehr nützliches Werkzeug. Und es kann noch etwas, das sonst nichts in JavaScript kann: **zwischen mehreren Fenstern und Tabs kommunizieren**. Das ist in JavaScript eigentlich unmöglich, jede Webseite läuft in ihrer eigenen Sandbox und kann nicht mit anderen kommunizieren, selbst wenn die von derselben Domäne stammen.

[Begriffsdefinition]
Eine Sandbox ist eine abgeriegelte Programmumgebung. Programme, die in einer Sandbox laufen, haben keinen Zugriff auf Dinge außerhalb oder in einer anderen Sandbox. Jedes Fenster und jeder Tab haben eine eigene Sandbox.

Web Storage stellt hier die große **Ausnahme** dar: Jede Änderung der Daten führt dazu, dass in allen anderen Tabs, die auf dasselbe Web Storage zugreifen und die also von derselben Domäne geladen wurden, ein `storage`-Event geworfen wird. Das Event wird am `window`-Objekt verarbeitet und enthält den geänderten Key (Eigenschaft `key`), den alten Wert (`oldValue`) und den neuen Wert (`newValue`). Werden jetzt in einem Tab Einträge im Web Storage geändert, kannst du in den anderen Tabs auf dieses Event reagieren und die aktualisierten Daten anzeigen. Das ist die erste zuverlässige Methode, zwischen mehreren Tabs zu kommunizieren. Du solltest in diesem Eventhandler aber nur deine Anzeige aktualisieren und unbedingt darauf achten, dass du nicht selbst wieder ins Web Storage schreibst: Denn dann würden Events zwischen den Tabs hin und her geworfen, bis in alle Ewigkeit.

[Achtung]
Das `storage`-Event ist rein informativ. Wenn du es empfängst, sind die Daten bereits geändert, und du kannst das nicht verhindern.

[Achtung]
Laut Spezifikation wird das Event **nur** in anderen Tabs ausgelöst, nicht in dem Tab, der die Änderung vorgenommen hat.

*1 Das **storage**-Event tritt immer an **window** auf.

*2 Es heißt **storage** ...

```
window*1.addEventListener("storage"*2, function(event){
    alert("Eintrag "+ event.key*3 + " geändert von " + event.oldValue*3 + " in " ⏎
    + event.newValue*3);
});
```

*3 ... und hat diese drei interessanten Eigenschaften.

Als letzten interessanten Punkt gibt es neben **localStorage** noch einen weiteren Speicherbereich im Web Storage. Dieser Bereich heißt **sessionStorage**, hat die gleichen Einschränkungen wie **localStorage** und wird auch auf die gleiche Weise benutzt. Du fragst dich jetzt sicher, wozu es dann gut ist.

In der Tat.

Der Unterschied ist, dass **sessionStorage** noch eingeschränkter ist. Erstens wird es nicht zwischen mehreren Tabs geteilt, sondern jeder Tab hat seine eigene Instanz, zweitens wird es bei Beenden des Browsers geleert. Es eignet sich dadurch gut als Cache für Daten, die du nicht ständig vom Server neu laden möchtest, die aber auch nicht dauerhaft im Browser gespeichert werden sollen. Außerdem kann es Daten **über ein versehentliches Neuladen der Seite hinweg** retten, solange der Browser nicht geschlossen wurde.

[Hintergrundinfo]
Mit der Spezifikation IndexedDB gibt es auch die Möglichkeit, im Browser eine echte Datenbank zu benutzen. Die ist zwar mächtiger als Web Storage und kann zum Beispiel Objekte ohne den Umweg über JSON speichern, ist aber auch um einiges anspruchsvoller in der Benutzung.

Die große Datenhalde

[Einfache Aufgabe]

Kreuze an, was auf Cookies, `localStorage` und `sessionStorage` zutrifft.

	Cookies	localStorage	sessionStorage
1. Gespeicherte Daten haben nur eine begrenzte Lebensdauer.	☐	☐	☐
2. Daten werden mit jedem Request zum Server geschickt.	☐	☐	☐
3. Daten sind verschlüsselt und sicher.	☐	☐	☐
4. Daten sind in anderen Tabs und Fenstern derselben Domäne sichtbar.	☐	☐	☐
5. Daten können von JavaScript aus gelesen und geschrieben werden.	☐	☐	☐
6. Daten Sind für alle Webseiten sichtbar.	☐	☐	☐
7. Für jeden einzelnen Eintrag gilt eine Größenbeschränkung.	☐	☐	☐
8. Kann beliebige Objekte speichern.	☐	☐	☐

(Lösungen, auf dem Kopf stehend:)

1. Cookies und `sessionStorage` hält, bis der Benutzer die Daten löscht.
2. nur Cookies
3. keine davon
4. `localStorage` und Cookies. Bei Cookies wurde es nicht explizit erwähnt, aber der Browser gruppiert sie nur nach Domäne.
5. alle, mit der Ausnahme von Cookies, die das Attribut `HttpOnly` haben
6. Keine davon, alle sind auf eine Domäne beschränkt.
7. Cookies. Bei `localStorage` und `sessionStorage` gibt es nur ein Limit der Gesamtgröße.
8. Keine davon, es können nur Strings gespeichert werden.

Ihr Jungs habt mein Familienfest gerettet. Dafür hab ich euch auch einen Kuchen gebacken

Heute das Dateisystem, morgen die Welt

Aber zumindest **lesen** kann JavaScript heute noch viel mehr als nur die 5 MB im Web Storage: das ganze Dateisystem des Clientrechners. Lange Zeit war, aus sehr guten Sicherheitsgründen, der Zugriff von JavaScript auf das Dateisystem **komplett tabu**. Aber jetzt gibt es die File-API. JavaScript-Anwendungen können damit **lesend** auf das Dateisystem zugreifen. Schreiben ist aber nach wie vor unmöglich, den größeren Einkaufszettel kannst du also vergessen.

[Funktioniert in]
Die **File-API** funktioniert im Internet Explorer ab der Version 10, in Firefox und Chrome sowie in Safari ab der Version 6.

Hat der Benutzer eine oder mehrere Dateien ausgewählt, dann stehen diese zunächst als `File`-Objekt zur Verfügung. Durch dieses Objekt stehen nur sehr wenige Informationen zur Verfügung: der Name der Datei, die Größe, das letzte Änderungsdatum und der Mime-Type.

[Zettel]
Auch lesend kann man aber nicht einfach auf alle Dateien zugreifen, da stünden dem Datendiebstahl ja Tür und Tor offen. Der Benutzer muss Dateien, die JavaScript lesen darf, **aktiv auswählen**, zum Beispiel in einem Eingabefeld vom Typ `file`.

[Achtung]
Du bekommst den Dateinamen zu sehen, aber niemals den Pfad. Diese Information würde schon zu viel über das System außerhalb der Sandbox preisgeben.

Was du schon immer über eine Datei wusstest

*1 Ein Eingabefeld vom Typ `file` ist eine Möglichkeit, wie du Dateien zur Bearbeitung in JavaScript auswählen kannst. Das `multiple`-Attribut legt fest, dass mehrere Dateien gleichzeitig gewählt werden können.

*2 Es wird auf das `change`-Event des Eingabefeldes gehört, der Eventhandler wird also jedes Mal aktiv, wenn sich der Wert ändert.

```html
<input name="dateien" id="dateien" type="file" multiple/> *1
<script>
    function init(){
        document.getElementById("dateien").addEventListener("change", ↩
        waehleDateien); *2
    }
    function waehleDateien(event){
        var dateien = event.target.files; *3
        for (var i = 0; i < dateien.length; i++){
            schreibeDateiInfo(dateien[i]);
        }
    }
    function schreibeDateiInfo(datei){
        var tr = document.createElement("tr");
        tr.appendChild(erzeugeSpalte(datei.name *4));
        tr.appendChild(erzeugeSpalte(datei.type *4));
        tr.appendChild(erzeugeSpalte(datei.lastModifiedDate *4. ↩
        toLocaleDateString() *5));
        tr.appendChild(erzeugeSpalte(datei.size *4));
        document.getElementById("ausgabe").appendChild(tr);
    }
    function erzeugeSpalte(text){
        var spalte = document.createElement("td");
        spalte.appendChild(document.createTextNode(text));
        return spalte;
    }
    window.addEventListener("load", init);
</script>
```

*3 Die spezielle `files`-Eigenschaft des Dateieingabefeldes gibt dir Zugriff auf die ausgewählten Dateien. Es steckt ein Objekt vom Typ `FileList` drin, aber was sich verhält wie ein Array, wird auch behandelt wie ein Array.

*4 Die Eigenschaften der einzelnen `File`-Objekte.

*5 `lastModifiedDate` ist vom Typ `Date` und hat die Methode `toLocaleDateString`, um eine schicke Ausgabe im lokalen Datumsformat zu erzeugen.

612 Kapitel FÜNFZEHN

*Okay, nicht schlecht.
Aber ich hätte gerne auch den Inhalt er Datei.*

[Begriffsdefinition]
Was ist ein Mime-Type?
Der **Mime-Type** ist eine Beschreibung, welche Art von Inhalt eine Datei enthält, ähnlich der Dateiendung. Ein Mime-Type besteht aus zwei Angaben, dem Type und dem Subtype, getrennt durch einen /. Der Typ gibt allgemein die Art des Inhalts an, zum Beispiel `text`, `image`, `audio` oder `video`. Der Subtype definiert näher, in welchem Format die Daten vorliegen. Beim Typ Text gibt es unter anderem `text/plain` für einfache Textdateien und `text/html` für die Dateien, mit denen du dich seit einigen hundert Seiten beschäftigst. Bei Bildern gibt es `image/jpeg`, `image/png` und viele mehr, bei Audiodateien zum Beispiel `audio/mp3` und so weiter. Möchte man von „irgendeiner Art Bild" sprechen, wird das als `image/*` dargestellt. Dateien, die zu einer bestimmten Anwendung gehören, werden meistens als Subtype von `application` einsortiert, so wie `application/msword` für Microsoft-Word-Dateien. Dateien mit unbekanntem Typ werden meistens als `application/octet-stream` erkannt, das klingt genauer als `ahnung/keine`, bedeutet aber das Gleiche.
Eine ausführliche Liste findest du hier: http://www.iana.org/assignments/media-types.

Dateien lesen – der FileReader

Und du sollst ihn haben, sonst wäre das doch alles sinnlos. Um den **Dateiinhalt** zu lesen, gibt es einen weiteren Objekttyp, den **FileReader**. Der kann nicht nur Dateien lesen, der **kann Dateien auf verschiedene Arten lesen**: als Text, als Binärdatei oder als Data-URL.

[Begriffsdefinition]
Data-URLs sind ein kleines, aber nützliches Feature von HTML5. Es handelt sich um URLs mit dem `data:`-Protokoll, die nicht angeben, wo eine Ressource gespeichert ist, sondern die Ressource direkt enthalten. Dazu wird der Dateiinhalt in Base64 kodiert, eine Kodierung, die Binärdaten in eine Reihe von druckbaren Zeichen umsetzt.

[Korinthenkackeralarm]
Das L von URL ist dann natürlich falsch. Es ist kein Locator mehr, der sagt, wo die Ressource zu finden ist, sondern die Ressource ist direkt enthalten. Das ist in etwa so, als würdest du eine Schatzkarte nicht als Karte benutzen, sondern sie auf dem Boden ausbreiten und beim X **auf der Karte** graben. Und dann auch tatsächlich den Schatz finden!

```
data:image/jpeg;base64,/9j/4AAQSkZJRgABAQEBLAEsAAD//gATQ3JlYXRlZCB3aXRoIEdJTVD/2wBDAAMCAgMCAgMDAwMEAwMEAwMEBQgFBQQEBQoHBwYIDAoMDAsKCwsNDhIQD(
```
So ähnlich sieht eine Data-URL aus, nur länger.

Aus einer Datei zu lesen, ist aber trotzdem nicht ganz so einfach, wie eine Methode aufzurufen und den Inhalt zurückzubekommen. Keine Sorge, es ist fast so einfach. Das Problem ist, dass **es schon mal etwas länger dauern kann, Dateien zu lesen**. JavaScript kann aber nicht mehrere Dinge gleichzeitig tun. Würde man also warten, bis die Datei vollständig gelesen ist, dann ginge in der Zwischenzeit nichts anderes.

[Hintergrundinfo]
Genauer ausgedrückt: JavaScript ist von Grund auf **single-threaded**. In einem Programm können niemals zwei Dinge gleichzeitig passieren. Egal, was das Programm tut, es arbeiten niemals mehrere Teile parallel.

Um das zu vermeiden, sind alle Operationen des `FileReader`s **asynchron**: Die Methode kehrt sofort und ohne Ergebnis zurück. Im Hintergrund liest der Browser die gewünschte Datei, und zwar **außerhalb von JavaScript**, so dass der Rest der Seite nicht blockiert wird. Wenn er fertig ist, schickt er ein Event, das du, wie gewohnt, behandeln kannst.

Außerhalb von JavaScript? Wo denn dann?

Irgendwo im Code des Browsers. Die Browseranwendung ist ja viel größer als nur dein kleiner JavaScript-Sandkasten, und irgendwo da wird die Datei gelesen, bevor du damit spielen darfst.

Dateien lesen, ohne zu warten

*1 Ein neuer **FileReader** wird einfach so erzeugt, er muss noch nicht wissen, welche Datei er später mal lesen soll. Wenn du ordentlich sein möchtest, dann prüfst du vorher wieder mit Modernizr, ob es **FileReader** überhaupt gibt.

*2 Das wichtigste Event ist **load**, es wird gefeuert, wenn die Datei vollständig geladen ist.

```
var leser = new FileReader();*1
leser.addEventListener("load", function(event){*2
    var inhalt = event.target.result;*3
});
leser.readAsDataURL(datei);*4
```

*3 Alle Events des **FileReader**s haben den **FileReader** selbst als **target**. Und der hat, wenn er fertig ist, den Dateiinhalt in der Eigenschaft **result**.

*4 readAsDataURL ist die Leseoperation, die eine Data-URL liest. Egal, welche Leseoperation du benutzt, es ist wichtig, sie erst aufzurufen, nachdem **alle Eventlistener** registriert sind. Es kann sonst vorkommen, dass die Operation beendet ist, bevor dein Listener registriert wurde, und dann bekommst du das Event nicht mehr.

[Achtung]
Das Ergebnis steht immer in der Eigenschaft **result**, aber je nachdem, welche der **load**-Methoden aufgerufen wurde, har der Inhalt der Eigenschaft ein anderes Format: Data-URL, Text, Binärstring …

Um eine Datei als Text zu lesen, rufst du die Methode **readAsText** auf, ansonsten bleibt alles gleich. Binärdaten kannst du mit **readAsBinaryString** oder **readAsArrayBuffer** lesen, aber der Umgang mit Binärdaten ist ein fortgeschrittenes Thema und wird in diesem Buch nicht behandelt. Du sollst nur wissen, dass es möglich ist und du mit JavaScript selbst aufwendige Anwendungen, wie zum Beispiel Videoschnitt, ausführen kannst.

Nicht schlecht.

Der FileReader hat ein detailliertes Eventmodell

`loadstart`	Dieses Event wird gefeuert, wenn das Laden beginnt.
`progress`	Während des Ladens tritt immer wieder dieses Event auf und berichtet den Fortschritt.
`abort`	Wird das Laden mit der `abort`-Methode abgebrochen, kommt dieses Event.
`load`	Das kennst du schon, wird gefeuert, wenn alles geladen ist.
`error`	Falls mal ein Fehler auftritt, kommt dieses Event.
`loadend`	Ein zusammengefasstes Alles-vorbei-Event. Kommt sowohl nach `load` als auch nach `error`.

[Hintergrundinfo]
Das **progress**-Event enthält in den Eigenschaften **total** und **loaded** die Gesamtgröße der Datei und wie viel davon schon geladen wurde, jeweils in Bytes. Um das in Prozent umzurechnen, brauchst du nur die einfache Formel **((event.loaded * 100) / event.total)**. Aber nur, wenn **lengthComputable == true** ist, sonst hat der Browser keine Ahnung, wie viel zu laden ist.

*Ist das loadstart-Event nicht sehr überflüssig?
Ich weiß doch, wann ich anfange.*

Schon, aber die neueren JavaScript-APIs sind alle sehr **gesprächig** und kommunizieren ihre Statusänderungen per Event nach außen. Du musst nicht auf diese Events reagieren, wenn du nicht möchtest. Aber du hast so zumindest die Möglichkeit, ganz genau anzuzeigen, was gerade passiert. Die Philosophie dahinter ist, dir den Standardfall so einfach wie möglich zu machen, aber dir trotzdem viel Kontrolle zu geben, wenn du sie brauchst.

Okay, das leuchtet mir ein.

Dazu kommt, dass du ohne das Event **nicht wirklich weißt, wann das Laden anfängt**. Du weißt, wann du die **read***-Methode aufgerufen hast. Da aber alles asynchron ist, kann es sein, dass einige Sekunden vergehen, bevor das Laden wirklich anfängt, zum Beispiel weil der Browser mit anderen Aufgaben ausgelastet ist und dein Dateiladen hintanstellt.

Dateien in der Praxis

Es wird Zeit, dass du selbst auch mal ein paar Dateien öffnest. Keine Sorge, nichts Kompliziertes.

[Einfache Aufgabe]
Lege eine Seite an, auf der du eine Bilddatei auswählen kannst. Diese Datei soll dann als Data-URL geladen und in einem `<img>`-Tag angezeigt werden.

Nicht weiter schwiesig, hast du ja gerade erst erklärt.

Das hat Schrödinger programmiert:

*1 Es gibt nur etwas zu tun, wenn eine Datei ausgewählt wurde.

*2 Den Eventlistener füge ich zuerst hinzu, genau wie du es sagst.

```javascript
function waehleDatei(event){
    if (event.target.files[0]){*1
        var leser = new FileReader();
        leser.addEventListener("load", bildGeladen);*2
        leser.readAsDataURL(event.target.files[0]);*3
    }
}
function bildGeladen(event){
    var img = document.createElement("img");
    img.setAttribute("alt", "Geladenes Bild");
    img.setAttribute("src", event.target.result);*4
    document.getElementById("ausgabe").appendChild(img);
}
…
<input name="datei" id="datei" type="file" accept="image/*"/*5>
```

*3 Dann lade ich das Bild als Data-URL.

*4 Und da du ja behauptest, eine Data-URL würde genauso funktionieren wie jede andere URL, setze ich die einfach als **src** an einem Bild. Sollte ja funktionieren.

*5 Das hab ich in der Dokumentation gefunden: Wenn ich **accept** am File-Input setze, dann kann man nur diesen Mime-Type auswählen. Clever, oder?

Vorbildlich, da hab ich gar nichts zu meckern.
Aber ein bisschen gibt es noch zu tun: Im Moment nehmen wir einfach an, dass schon alles funktionieren wird. Aber das muss ja nicht immer so sein, **es könnte auch mal was schiefgehen.**

[Code bearbeiten]
Füge einen Eventhandler für das **error**-Event hinzu. Wenn ein Fehler auftritt, soll eine Alert-Box mit einer Fehlermeldung erscheinen.

[Notiz]
Die Fehlerevents von **FileReader** sind leider schwer zu testen, ein Fehler lässt sich kaum provozieren. Du wirst dich darauf verlassen müssen, dass der Eventhandler schon richtig aufgerufen wird.

Doof, aber zum Glück ist da ja nichts Schwieriges zu programmieren. Kann ich auch sehen, warum ein Fehler kam?

Zumindest grob, ja. Im **FileReader** (nicht im Event!) gibt es die Eigenschaft **error**, und der **error** hat wiederum einen **name**. Für Dateioperationen gibt es einige Fehler, die theoretisch auftreten können.

[Achtung]
Ältere Browserversionen könnten statt **name** nur einen numerischen Fehlercode in der Eigenschaft **code** haben.

`NotFoundError`	Datei konnte nicht gefunden werden. Da man sie vorher im Browser ausgewählt hat, kann das nur heißen, dass sie in der Zwischenzeit verschwunden ist.
`NotReadableError`	Die Datei ist zwar da, kann aber nicht gelesen werden, zum Beispiel weil du keine Berechtigung hast.
`EncodingError`	Die Datei kann nicht in eine Data-URL umgesetzt werden, meistens weil sie zu groß ist. Wie groß? Bei IE 10 bis zu 4 GB, bei anderen Browsern keine Ahnung.
`SecurityError`	Der Browser hält die Datei aus irgendwelchen Gründen für unsicher, oder es wurden zu viele Dateien in zu kurzer Zeit geöffnet.

[Notiz]

Bei manchen Fehlerarten (zu große Dateien) feuert Chrome auch mal gar kein Fehlerevent, sondern der Browsertab stürzt ab. Firefox bringt dafür mitten im Laden einen **NotFoundError**, wenn die Datei zu groß ist. Na ja, nobody is perfect =/.

Zu große Dateien in Chrome laden

Ignoriert man diese Mängel einzelner Browser,
dann ist der Code zum Laden von Dateien sehr einfach:

*1 Zusätzlich zu vorher wird noch ein Listener für das **error**-Event registriert.

*2 Je nach Fehler wird eine andere Meldung ausgewählt …

```
function waehleDatei(event){
…
    leser.addEventListener("error", zeigeLadefehler); *1
    leser.readAsDataURL(event.target.files[0]);
}
function zeigeLadefehler(event){
    var meldung;
    switch (event.target.error.name) *2 {
        case "NotFoundError": meldung = "Datei nicht gefunden."; break;
        case "EncodingError": meldung = "Datei ist zu lang, um sie als Data-URL
        zu lesen."; break;
        case "SecurityError":
        case "NotReadableError": meldung = "Darf Datei nicht lesen."; break;
        default: meldung = "Keine Ahnung, aber etwas geht schief";
    }
    alert("Konnte Datei nicht laden. Fehler: " + meldung); *3
}
```

*3 … und in einer Alert-Box angezeigt.

*Na, jetzt warte aber mal!
Was sind denn diese* **switch** *und* **case** *da in der Mitte?*

Oh ja, das kennst du ja noch gar nicht.
Ich erklär's dir sofort.

SCHNIPPS

622 Kapitel FÜNFZEHN

Das switch-Statement

`switch` ist im Grunde genommen eine spezielle Art von `if-else`, bei dem alle Entscheidungen vom Wert derselben Variablen abhängen, hier zum Beispiel vom Namen des Fehlers. Für die verschiedenen Werte gibst du dann jeweils einen `case`-Block an, dessen Inhalt dann ausgeführt werden soll. Außerdem kannst du einen `default`-Block angeben, dessen Inhalt ausgeführt wird, wenn kein `case` passt.

[Achtung]
Es gibt einen ganz wichtigen Unterschied zwischen `switch` und `if-else`: Bei `if-else` ist sichergestellt, dass nur ein Zweig des Ganzen ausgeführt wird. **Bei switch bist du dafür selbst verantwortlich!** Dafür brauchst du das Schlüsselwort `break` am Ende jedes `case`-Blocks. Fehlt es, dann geht dein Programm im Inhalt des nächsten `case`-Blocks weiter.

Ich zeig es dir am Beispiel, dann verstehst du es sofort:

*1 So wird `switch` eingeleitet. Es soll auf die verschiedenen Werte von `event.target.error.name` reagiert werden.

*2 So reagierst du auf einen Wert. Wenn in `event.target.error.name` der Wert `"NotFoundError"` steht, dann wird der Code nach dem Doppelpunkt ausgeführt. Das funktioniert nicht nur mit Strings, sondern auch mit Zahlen und anderen Objekten.

```
switch (event.target.error.name) *1 {
    case "NotFoundError": *2 meldung = "Datei nicht gefunden."; break; *3
    case "EncodingError": meldung = "Datei ist zu lang, um sie als Data-URL zu
    lesen."; break;
    case "SecurityError": *4
    case "NotReadableError": meldung = "Darf Datei nicht lesen."; break; *5
    default: meldung = "Keine Ahnung, was kaputt ist"; *6
}
```

*3 Das `break` am Ende jedes `case`-Blocks ist wichtig. Würde es fehlen, dann würde auch der Code von `case "EncodingError"` ausgeführt, und die Fehlermeldung in `message` würde mit dem Wert „Datei ist zu lang, um sie als Data-URL zu lesen" wieder überschrieben.

*4 Hier ist so ein Fall mit fehlendem `break`. Bei SecurityError und NotReadableError will ich, mit voller Absicht, dass dieselbe Fehlermeldung ausgegeben wird. Deshalb setze ich die Fehlermeldung nur einmal, bei NotReadableError, und lasse den Fall SecurityError dorthin weiterlaufen.

*5 An diesem `break` enden dann sowohl der Fall SecurityError als auch NotReadableError.

*6 Momentan sollte es nur diese vier möglichen Fehler geben. Aber wer weiß, was die Zukunft bringt, es könnten ja neue dazukommen. In dem Fall wird dann diese Meldung ausgegeben.

Na gut, das war ja nicht so schwer. Aber ich hoffe, du hast mir keine weiteren Sprachkonstrukte verheimlicht. Sonst gibt's nämlich keinen Kaffee mehr für dich!

Damit ist die Fehlerbehandlung drin, auch wenn wir immer hoffen, dass schon alles funktioniert. Aber in dem Fall gibt es auch noch etwas zu tun.

[Schwierige Aufgabe]
Jetzt soll auch noch angezeigt werden, wie es mit dem Laden vorangeht. Richte einen Statusbereich auf der Seite ein, und schreibe dort eine Meldung, wenn das Laden beginnt, eine Meldung mit Prozentangabe bei jeder Fortschrittsmeldung und eine Meldung, wenn alles vorbei ist, egal, ob Fehler oder nicht.

[Notiz]
Es kann sein, dass du nur ein einziges **progress**-Event bekommst, weil die Datei einfach zu klein ist. Wenn du es genau wissen möchtest, kannst du größere Dateien ausprobieren, irgendwann kommt das Event mehrmals.

Das ist jetzt auch nur noch mehr vom selben. Keine große Sache.

Mehr Events, sonst alles beim Alten

*1 Auf drei neue Events wird gelauscht, um die Aufgabe zu erfüllen.

*2 Das einzige, bei dem du ein wenig nachdenken musst: Zuerst den Prozentwert ausrechnen, danach mit **toFixed** die vielen hässlichen Nachkommastellen abschneiden.

```javascript
function waehleDatei(event){
…
    leser.addEventListener("progress", fortschrittAnzeigen);//*1
    leser.addEventListener("loadend", ladenBeendet);//*1
    leser.addEventListener("loadstart", ladenGestartet);//*1
    leser.readAsDataURL(event.target.files[0]);
}
function fortschrittAnzeigen(event){
    var anzeige = document.getElementById("fortschritt");
    anzeige.appendChild(document.createTextNode(((event.loaded * 100) / ↩
    event.total).toFixed(0) + "% geladen."));//*2
    anzeige.appendChild(document.createElement("br"));
}
function ladenGestartet(){//*3
    var anzeige = document.getElementById("fortschritt");
    anzeige.appendChild(document.createTextNode("Laden gestartet"));
    anzeige.appendChild(document.createElement("br"));
}
function ladenBeendet(){
    if (event.target.error/*4){
        anzeige.appendChild(document.createTextNode(" Laden mit Fehler ↩
        abgeschlossen"));
    } else {
        anzeige.appendChild(document.createTextNode(" Laden abgeschlossen"));
    }
}
```

*3 Bei **loadstart** gibt es nichts Interessantes, es wird nur eine Meldung ausgegeben.

*4 In **loadend** kannst du noch prüfen, ob ein Fehler aufgetreten ist, oder nicht. Wenn ja, dann ist die **error**-Eigenschaft des **FileReader**s gesetzt.

Cookies, WebStorage und File-API **625**

Coole Sache, **jetzt kann meine Freundin von jedem Kuchen einzeln die Zutaten aufschreiben und dann Fotos hinzufügen. Da wird sie Spaß haben, das Familienfest vorzubereiten.**

Beim Backen wirst du ihr doch trotzdem noch helfen, oder? Dich mit JavaScript vor der richtigen Arbeit zu drücken, das geht ja mal gar nicht. Aber vorher gehen wir die File-API noch mal durch.

Dateien und Bäckereien

Und weißt du, was zu Kuchen passt? Kaffee! Die neuen JavaScript-APIs sind wohl so spannend, dass ich selbst das vergesse. Jetzt wird es aber Zeit, ich lass dir auch eine schöne Übung da.

[Einfache Aufgabe]
Wenn du den **FileReader** benutzt, kann zwischendurch so einiges passieren. Ordne die Pfeile und Wörter so an, dass die den Ablauf einer Leseoperation darstellen. Schneide sie lieber nicht aus, sondern nimm einen Stift zur Hand, und zeichne.

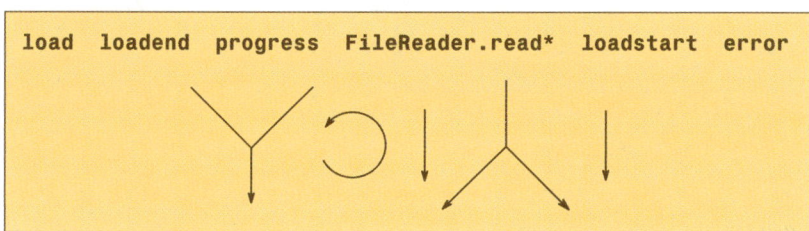

Chaos beim Lesen

Nicht spicken! Schau dir die Lösung erst an, wenn du fertig bist.

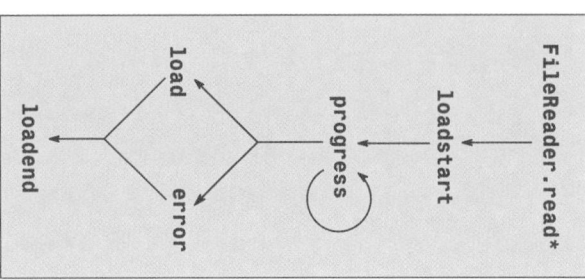

So ist es richtig sortiert.

Das ist zwar alles nur Wiederholung, aber wenn du mit Dateien arbeitest, ist das Eventmodell schon ziemlich wichtig.

Lösung

Während der Kerl noch Kaffee holt, möchte ich noch was für meine Freundin tun. Das ist meine ganz eigene Idee.

[Schwierige Aufgabe]
FileReader kann Dateien mit **readAsText** auch als Text lesen.

Das ist gut, denn meine Freundin hat jede Menge Rezepte in Textdateien: In der ersten Zeile steht immer der Name, danach in jeder Zeile eine Zutat oder ein Schritt der Zubereitung. Wenn ich die einlesen und Zeile für Zeile in eine HTML-Liste packen könnte, dann müsste sie nur noch Fotos hinzufügen und könnte das auf ihrer eigenen Website veröffentlichen. Der Programmierer wächst an seinen Aufgaben, los geht's!

Da bin ich ja grade noch rechtzeitig gekommen, um dir zwei wichtige Tipps zu geben. Wenn du mit **`readAsText`** lädst, kannst du als zweiten Parameter ein **Encoding** angeben, zum Beispiel „UTF-8". Dann klappt's auch mit den Umlauten.

Und um die einzelnen Zeilen zu bekommen, kannst du auf dem eingelesenen String **`split("\n")`** aufrufen: **`"\n"`** stellt einen Zeilenumbruch dar, und **`split`** macht damit aus dem String ein Array von Strings, bei jedem Zeilenumbruch fängt ein neuer String an. Und jetzt lass dich von mir nicht stören, ich finde deine selbst gewählte Aufgabe ziemlich cool.

```
Käsekuchen
1kg Quark
6 Eier
150g Mehl
1 Tasse Zucker
1 EL geriebene Zitronenschale
2 TL Backpulver
Quark mit Eiern, Mehl, Zucker und Zitronenschale mischen
In Küchenmaschine gut mixen
Backpulver hinzufügen
Weitermixen
Runde Kuchenform einfetten
Teig in Form bei 175 Grad ca. eine Stunde backen
```

Ein Beispielrezept, so sieht das Dateiformat aus.

Und Schrödinger programmiert:

```javascript
function waehleDatei(event){
    if (event.target.files[0]){
        var leser = new FileReader();
        leser.addEventListener("load", rezeptGeladen);
        leser.addEventListener("error", zeigeLadefehler);
        leser.readAsText(event.target.files[0], "UTF-8");  *1
    }
}
function zeigeLadefehler(event){  *2
    alert("Konnte Datei nicht laden!");
}
function rezeptGeladen(event){
    var body = document.getElementsByTagName("body")[0];
    var zeilen = event.target.result.split("\n");  *3
    var title = document.createElement("h1");
    title.appendChild(document.createTextNode(zeilen[0]));
    body.appendChild(title);  *4
    var ausgabe = document.createElement("ul");
    body.appendChild(ausgabe);  *5
    for (var i = 1; i < zeilen.length; i++){  *6
        var li = document.createElement("li");
        li.appendChild(document.createTextNode(zeilen[i]));
        ausgabe.appendChild(li);  *7
    }
}
function init(){
    document.getElementById("datei").addEventListener("change", waehleDatei);
}
window.addEventListener("load", init);
```

*1 Eine Datei auszuwählen, funktioniert genau wie vorher. Es werden ein **error**- und ein **load**-Handler registriert, danach wird geladen. Der Unterschied: Geladen wird jetzt mit **readAsText**, und dank des Encoding-Parameters funktioniert auch der Kä̈sekuchen.

*2 Fehleranzeige – laaaaangweilig!

*3 Die **result**-Eigenschaft von **FileReader** enthält jetzt den Textinhalt der Datei. Mit **split("\n")** wird sofort an den Zeilenumbrüchen getrennt, danach steht jede Zeile in einem eigenen Arrayelement.

*4 Der Name des Rezepts wird als **<h1>** direkt an den Seiten-**<body>** angehängt.

*5 Darunter wird eine unnummerierte Liste erzeugt.

*6 Der Herr Schrödinger war hier ganz clever und hat die Schleife bei 1 loslaufen lassen. Element 0 war ja der Titel, der muss nicht noch mal hinzugefügt werden.

*7 Jede weitere Zeile wird als Listenelement hinzugefügt.

Danke für den Hinweis.
Ich hatte schon mit **indexOf** und 'ner **while**-Schleife angefangen, das war kompliziertes.

[Zettel]
Das war der neue, interessante Teil. Ich hab das aber auch noch zu Ende programmiert, liegt bei den Downloads als **Die_Rezeptseite.html**.

Ich bin beeindruckt, Schrödinger. Das ist schon eine **echte, kleine JavaScript-Anwendung**, saubere Leistung! Und deine Freundin ist bestimmt auch begeistert, dass sie ihre Rezepte jetzt so einfach der Welt zeigen kann.

← TORTEN-GRAFIK

Dateiauswahl – wir können auch anders

*Damit wäre fast alles gut.
Wenn nur nicht die Dateifelder immer
noch so hässlich wären.*

Dateien auswählen

Durchsuchen...

Dateiauswahlfelder – sie sind nicht schöner geworden seit Kapitel 6.

Gut, dass du das Thema noch mal aufbringst. Jetzt, wo du ein wenig JavaScript kennst, sollten wir darüber noch mal sprechen. Du erinnerst dich bestimmt noch an die Lösung aus Kapitel 6. Da wurde, ganz ohne JavaScript, nur mit HTML und CSS, ein unsichtbarer Dateiauswahldialog über die gestylten Elemente gelegt, so dass man zwar die gestylten Elemente sieht, aber mit dem unsichtbaren Dateifeld interagiert.

*Ich erinnere mich dunkel,
das war eine fiese Fummelei,
bis das wirklich sauber übereinanderlag.*

[Hintergrundinfo]
Auch wenn die Lösung mit JavaScript einfacher und flexibler ist, ist die CSS-Lösung deswegen nicht sinnlos. Es kommt immer noch vor, dass JavaScript deaktiviert ist oder nicht zur Verfügung steht. Wenn deine Seite sowieso JavaScript benötigt, kannst du diesen Fall ignorieren. Aber wenn du auch sonst kein JavaScript brauchst, solltest du die CSS-Lösung in Betracht ziehen, um niemanden grundlos auszusperren.

Kapitel FÜNFZEHN

Gegen die Fummelei – die einfache JavaScript-Lösung

*1 Das Eingabefeld wird mit der CSS-Eigenschaft `display: none;` versteckt.

*2 Dieser Knopf soll die Dateiauswahl öffnen. Es muss nicht unbedingt ein `<button>` sein, das Skript funktioniert mit jedem Element, dass ein `click`-Event feuern kann, und das ist jedes sichtbare HTML-Element. Diese Lösung ist wirklich flexibel.

```html
<input name="datei" id="datei" type="file" style="display: none;"/>  *1
<button type="button" id="dateiknopf">Wähle eine Datei</button>  *2
<script>
    function init(){
        document.getElementById("dateiknopf").addEventListener("click",
        function(){document.getElementById("datei").click() *3 ;});  *4
    }
    window.addEventListener("load", init);
</script>
…
```

*3 Die `click`-Methode ist neu, aber du kannst dir vorstellen, was sie tut. Sie simuliert einen Klick auf das Element, genau als hätte der Benutzer es angeklickt

*4 Das ist der ganze Trick: beim Klick auf den Knopf wird ein Klick auf das Dateifeld simuliert, dadurch geht der Dateiauswahldialog auf.

[Zettel]
Das war die Eigenschaft, bei der der Browser keinen Platz für das Element lässt. Es ist also nicht nur unsichtbar, es ist weg.

Und fertig, endlich ist Dateiauswahl schön. Du kannst sogar noch den Namen der ausgewählten Datei anzeigen, indem du einen **change**-Listener am Dateifeld registrierst und den Namen ausliest, wie früher im Kapitel gesehen.

Und wir können auch noch anders — noch mal Dateiauswahl

Es gibt noch eine weitere Möglichkeit, Dateien auszuwählen, und die kommt ganz ohne Eingabefeld aus: Dateiauswahl per Drag & Drop. Das war lange Zeit undenkbar: Dateien vom Desktop oder aus einem Verzeichnis in den Browser zu ziehen und mit JavaScript zu bearbeiten. Jetzt ist es gar nicht mehr schwierig.

[Notiz]
Leider haben wir keinen Platz, um ausführlich über die Drag-&-Drop-API von HTML5 zu sprechen. Mit allen Events und Sonderfällen ist die etwas unübersichtlich und auch nur begrenzt schön. Eine besonders tolle Sache damit wollte ich dir aber dennoch nicht vorenthalten: die Dateiauswahl per Drag & Drop.

[Funktioniert in]
File-Auswahl per Drag & Drop funktioniert im Internet Explorer ab der Version 10, in Firefox, Chrome und Safari, nicht aber in Safari für Windows.

Drag & Drop kennst du natürlich von so ungefähr **jeder Anwendung mit grafischer Oberfläche**, vom Dateimanager deines Betriebssystems bis hin zu World of Warcraft: Du hebst an einer Stelle etwas mit einem Mausklick auf und lässt es anderswo wieder fallen. Das ist Drag & Drop. Das Aufheben interessiert uns hier nicht, die Datei kommt von außerhalb des Browsers und hat mit JavaScript nichts zu tun. Im Browser wird nur fallengelassen, sprich „gedroppt", und dazu brauchst du als Erstes ein Zielgebiet, das **Drop-Target**.

[Code bearbeiten]
Fang mit der Rezeptseite an oder mit einer Kopie davon. Entferne das Dateifeld, und ersetze es durch ein **`<div>`** mit dem Text „Rezepte hier abwerfen". Setze für das **`<div>`** eine Breite, Höhe und einen Rahmen, so dass gut erkennbar ist, wo das Drop-Target liegt. Du darfst es auch gerne mit mehr CSS verschönern.

REZEPTE HIER ABWERFEN

Target-Drop

Schrödingers Drop-Target

Damit ist das Markup schon fertig, jetzt fehlt nur noch ein wenig JavaScript. Und vielleicht eine CSS-Klasse. Es gibt zwei Situationen, die du behandeln musst. Zuerst wird die Datei **über das Drop Target gezogen**, in dem Moment solltest du immer ein Feedback geben, dass sie dort auch abgeworfen werden kann. Und dann wird die Datei **fallengelassen**, und du musst sie verarbeiten.

[Einfache Aufgabe]
Registriere am Drop-Target Eventlistener für die Events **dragenter** und **dragleave**. Füge dem Zielelement im **dragenter**-Listener eine Style-Klasse hinzu, die einen dicken, roten Rahmen hinzufügt. Im **dragleave**-Listener entfernst du den Rahmen wieder.

Dafür gibt es ja zum Glück die **classList**-*Eigenschaft. Aber kann ich nicht auch* **:hover** *benutzen?*

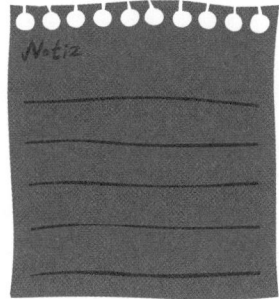

[Notiz]
Du hast natürlich an den Namen der Events sofort erkannt, dass **dragenter** gefeuert wird, wenn du etwas über das Element ziehst, und **dragleave**, wenn du das Element damit wieder verlässt. Ein drittes Event, **dragover**, wird gefeuert, wenn du den Mauszeiger über dem Element bewegst. Alles sehr ähnlich wie die Maus-Events.

Die Pseudoklasse **:hover** hilft dir hier nicht weiter, sie wird auch angewendet, wenn du einfach so mit dem Mauszeiger über das Element fährst, ohne eine Datei abzuwerfen. Es soll zwar auch irgendwann **:active-drop-target** geben, das dann genau auf den Fall hier passt, aber momentan wird es noch nicht unterstützt.

Deswegen musst du heute noch das tun:

*1 Die **init**-Funktion wird als **load**-Handler benutzt.

*2 Für beide Events wird ein Listener registriert.

```javascript
function init(){ //*1
    var einwurf = document.getElementById('dateieinwurf');
    einwurf.addEventListener('dragenter', dragenter); //*2
    einwurf.addEventListener('dragleave', dragleave); //*2
}
function dragenter(event){
    event.target.classList.add("bereit-zum-abwurf"); //*3
}
function dragleave(event){
    event.target.classList.remove("bereit-zum-abwurf"); //*3
}
```

*3 In der Listener-Funktion wird die Style-Klasse hinzugefügt und wieder entfernt.

Bevor du die Datei jetzt abwerfen kannst, musst du dich aber noch mit einer **Ärgerlichkeit** von Drag & Drop in HTML5 herumärgern: Du musst einen weiteren Eventlistener registrieren, **nur um sein Event dann zu stoppen**:

[Code bearbeiten]
Füge einen weiteren Eventhandler für das Event **dragover** hinzu. In diesem Handler musst du das Event mit **stopPropagation()** und **preventDefault()** davon abhalten, weitere Aktionen auszulösen.

Etwa so

```javascript
function dragover(event) {
    event.stopPropagation(); //*1
    event.preventDefault(); //*1
    event.dataTransfer.dropEffect = 'copy'; //*2
}
```

*1 Das Event soll nichts weiter auslösen, weder in JavaScript noch im Browser.

*2 Diese Eigenschaft zu setzen, verändert den Cursor, so dass er anzeigt, was mit der Datei passieren wird. Andere gültige Werte sind **move** und **link**, aber in Firefox funktioniert das alles noch nicht.

Aber warum das Ganze???
Warum muss ich ein Event fangen, nur um es abzubrechen?

Das bleibt das ewige Geheimnis des W3C. Oder vielleicht auch von Microsoft, denn der Internet Explorer hat dieses Eventmodell schon früher benutzt, die HTML5-Spezifikation beruht darauf. Egal, es ist jedenfalls so, dass Drag & Drop **nur funktioniert, wenn das dragover-Event abgebrochen wird**. Tust du das nicht, dann wird auch kein **drop**-Event gefeuert. Und wo wir schon davon sprechen:

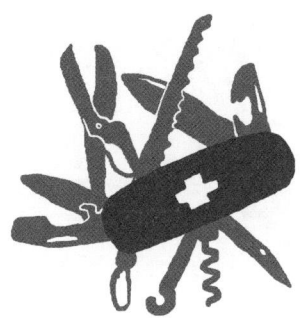

[Schwierige Aufgabe]
Füge jetzt einen Handler für das **drop**-Event hinzu. Als Erstes musst du auch dort das Event stoppen. In der Eigenschaft `dataTransfer.files` des Event-Objekts findest du die abgeworfenen Dateien, mit denen kannst du genauso weiterarbeiten, wie mit den Dateien aus dem **change**-Event des Dateifeldes. Sorge dafür, dass gedroppte Rezeptdateien gelesen und dargestellt werden wie vorher.

[Notiz]
Wenn du das **drop**-Event nicht stoppst, wird der Browser sein eigenes Drop-Verhalten ausführen: die Datei in diesem Tab öffnen.

Das ist jetzt nicht mehr weiter schwierig, ich hab ja alles schon mal gemacht.

Schrödinger hat's gelöst

*1 Als Erstes stoppe ich das Event.

*2 Und dann hole ich die Dateien heraus. Es sollte immer noch nur eine sein, also les ich auch nur die erste.

```
function waehleDatei(event){
    event.stopPropagation();  *1
    event.preventDefault();   *1
    if (event.dataTransfer.files[0]){  *2
        var leser = new FileReader();  *3
        leser.addEventListener("load", rezeptGeladen);  *3
        leser.addEventListener("error", zeigeLadefehler);  *3
        leser.readAsText(event.dataTransfer.files[0], "UTF-8");  *3
    }
}
```

*3 Und alles andere ist genau wie vorher.

Dieses Drag & Drop ist gar nicht so schwer.

[Belohnung]

Doch, eigentlich schon. Vor ein paar Kapiteln hättest du noch die Hände über dem Kopf zusammengeschlagen, du hast nur inzwischen viel gelernt. Wie wär's mit einem Kaffee? Ich lade dich ein. Oder auch zu einem Tee, ich bin bereit, zu experimentieren.

—SECHZEHN—

Multimedia

Alles kann ein Radio sein, oder ein Fernseher, oder sogar eine Leinwand

Immer, wenn Schrödinger glaubt, er hätte jetzt endlich alle Ideen von Bossingen umgesetzt, kommt der mit etwas Neuem. Die jährliche Stapelmeisterschaft bei Stapelfix hat eine lange Tradition: Turniere werden ausgetragen im Hochstapeln, Schnellstapeln, Kartonfalten und anderen Disziplinen, die es gerade so nicht zu den Olympischen Spielen geschafft haben. Und alles wird sowieso gefilmt, warum also soll nicht auch die Kundschaft etwas Spaß daran haben? Ab ins Web damit, Schrödinger!

Bild und Ton im Browser

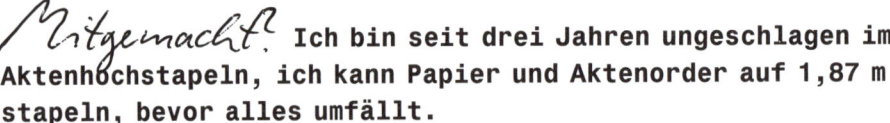

Echt jetzt? Eine Begrüßungsansprache für die Website? Von Bossingen persönlich? Du willst mich veralbern, oder? Der Mann hat ja ein Ego wie ein Flugzeugträger. Aber das andere klingt spaßig, ich würde gerne sehen, wie eure Staplerfahrer mit Kisten durch die Hallen rasen und stapeln. Hast du auch mitgemacht?

Mitgemacht? **Ich bin seit drei Jahren ungeschlagen im Aktenhochstapeln, ich kann Papier und Aktenorder auf 1,87 m stapeln, bevor alles umfällt.**

Die aufregende Welt des Bürosports. Im Vergleich **dazu** wird es gar nicht schwer werden, die Videos auf die Firmen-Website zu bringen. Und die Chefansprache ist dann genauso einfach, denn Audio und Video in HTML einzubinden, funktioniert fast gleich.

Und zwar im einfachsten Fall so:

*1 Das `<video>`-Tag bindet bewegte Bilder in eine Webseite ein.

*2 `<audio>` spielt Ton ab.

```
<video src="stapeln2013/videos/flaschenstapeln.mp4" *3 controls *4></video> *1
<audio src="esspriichtderboss.ogg" *3 controls *4></audio> *2
```

*3 Beide kennen das **src**-Attribut, um die Mediendatei zum Abspielen zu finden. Mal wieder eine ganz einfache URL.

*4 Das Boolesche Attribut controls (in der Langschreibweise **controls="controls"**) gibt an, dass der Browser die üblichen Bedienelemente für einen Mediaplayer anzeigen soll: Play-/Pause-Knöpfe, Lautstärkeregler, Fortschrittsleiste. Fehlt das Attribut, gibt es auch keine Bedienelemente, `<video>` zeigt nur sein Bild, `<audio>` wird komplett unsichtbar.

[Funktioniert in]
<audio> und <video> funktionieren im Internet Explorer ab der Version 9, in Firefox, Chrome und Safari.

[Hintergrundinfo]
Auch falls keine Bedienelemente dazu angezeigt werden, sind die Audio- und Video-Tags nicht sinnlos: Man kann das Abspielen auch per JavaScript kontrollieren, dazu mehr im nächsten Abschnitt.

Ein Audioplayer mit Controls in Chrome

[Zettel]
Wer jetzt versucht hat, auf den Play-Knopf im Bild zu tippen, der sollte öfter mal sein Tablet weglegen.

[Begriffsdefinition]
Ein **Codec** ist, in diesem Kontext, ein Programm das Audio- und Videodaten in ein bestimmtes Dateiformat **co**diert und sie zum Abspielen wieder **dec**odiert. Um zum Beispiel MP3-Dateien abspielen zu können, benötigt dein Computer ein MP3-Codec, dass die Daten wieder in „rohe" Audiodaten umwandeln kann, die an die Audioausgänge geschickt werden können.

Und so einfach könnte es sein, gäbe es nicht den **Fluch der <audio>- und <video>-Tags: Codecs**. Die Medienwiedergabe war vielleicht das lauteste Schlachtfeld bei der Definition von HTML5, und es sah lange so aus, als würde jeder Browser andere Codecs verwenden. Firefox und Chrome (bzw. deren Hersteller, die Mozilla Foundation und Google) kämpfen für den Einsatz freier Codecs ohne Lizenzgebühren und Patente. Microsoft und Apple hätten

Multimedia **641**

lieber ihre eigenen lizenzpflichtigen Codecs im Standard gesehen, um damit vor allem der Open-Source-Konkurrenz das Leben schwer zu machen. Zum Glück für uns hat sich die Situation aber noch etwas gebessert, und du musst nur zwei Codecs für Audio und Video unterstützen, um alle Browser zu erreichen: Chrome und Firefox (und Opera) verwenden das offene und kostenlos nutzbare WebM, Safari und Internet Explorer benutzen MP4, das von einem regelrechten Dschungel von Patenten umgeben ist und deshalb für den Open-Source-Browser Firefox nicht in Frage kommt.

[Achtung]
Selbst dieser positive Ausgang heißt für uns Webentwickler leider, dass wir immer zwei Dateien bereitstellen müssen, zum Beispiel: `.webm` und `.mp3` für Audio und `.webm` und `.mp4` für Video.

[Ablage]
Sämtliche Browser unterstützen auch weitere Codecs für Audio und Video, aber MPEG-4 und WebM sind die kleinste Auswahl, die alle glücklich macht.

Na super, weil die Hersteller sich nicht einigen konnten, müssen wir uns wieder damit rumärgern? Wie soll ich das überhaupt machen, man kann doch nur eine URL angeben?

Auch daran ist gedacht. Du kannst mehrere URLs angeben. Der Browser liest sie der Reihe nach ein und verwendet die erste, deren Mime-Type er darstellen kann. Den Mime-Type zu jeder URL musst du angeben.

Du verwendest dazu statt des **src-Attributs** ein oder mehrere **<source>-Tags**. Die haben selbst ein **src**-Attribut für die URL und ein Attribut **type** für den Mime-Type. Und auch an **die älteren Herrschaften unter den Browsern** ist gedacht: Die Tags **<video>** und **<audio>** erlauben beliebiges HTML in ihrem Innern, ignorieren es aber. In Browsern wie dem Internet Explorer 8, die das Tag nicht verstehen, kannst du so immerhin eine Nachricht dazu auf den Bildschirm bringen oder versuchen, die Inhalte mit anderen Mitteln anzuzeigen, zum Beispiel mittels Flash.

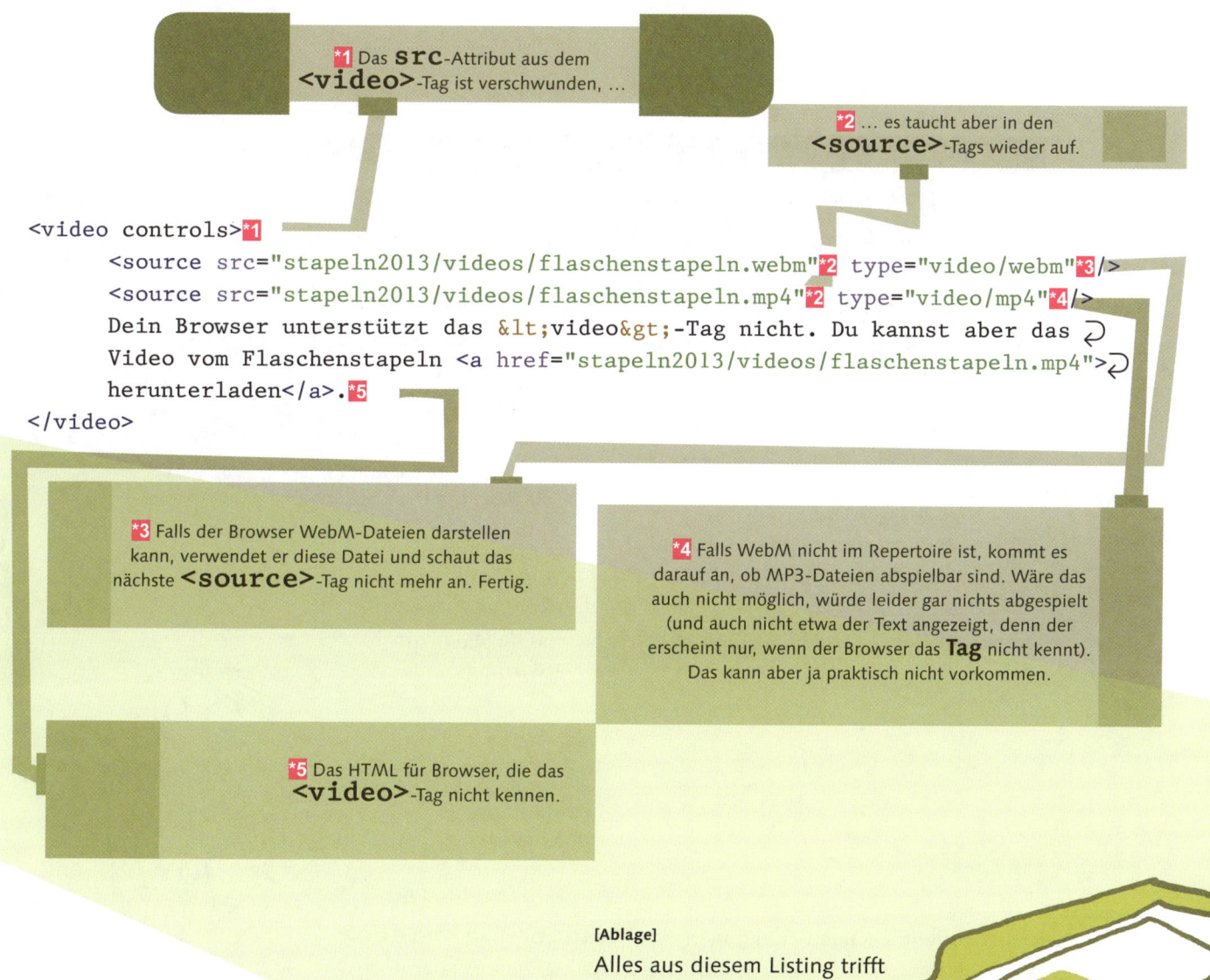

<audio> und <video> unterstützen noch genau ein weiteres Tag:
Das **<track>-Tag** dient dazu, Untertitel einzubinden oder auch andere Texte, die zu bestimmten Zeiten im Video erscheinen sollen, also Kommentare, Szenentitel und so weiter. Diese Texte werden in einem Textformat abgelegt. Das ist natürlich ein riesiger Schritt für die **Barrierefreiheit**, hat aber auch noch weitere Vorteile. Zum Beispiel kann der Text in einer solchen Untertiteldatei von Suchmaschinen erfasst werden, und das gesprochene Wort im Video wird durchsuchbar. Ziemlich cool, oder? Wie genau du <track> einsetzen kannst, findest du zum Beispiel hier: http://www.html5rocks.com/en/tutorials/track/basics/.

Die MIME-Types

[Funktioniert in]

	Format	Mime-Type	Browser
Audio	WebM Audio (.webm)	audio/webm	Chrome, Firefox
	MPEG-4 (.mp3)	audio/mpeg	Internet Explorer 9+, Safari
Video	WebM Video (.webm)	video/webm	Chrome, Firefox
	MPEG-4 (.mp4)	video/mp4	Internet Explorer 9+, Safari

[Hintergrundinfo]
Warum haben MPEG-4-Audiodateien die Dateiendung .mp3? Weil das Audiocodec formal richtig „MPEG-1/MPEG-2 Audio Layer III" heißt, die drei kommt von Layer III. MP4-Dateien bekommen ihren Namen dagegen von der vier in „MPEG-4 Part 14". Hurra, Verwirrung!

Die Details

Damit hast du die grundlegenden Funktionen von <audio> und <video> auch schon durchblickt. Ich sage ja, kein Problem. Trotzdem gibt es aber noch mehr zu den Tags zu wissen, denn beide unterstützen …

… einen ganzen Stall voller Attribute.

Attribut	Bedeutung	Mögliche Werte	Gibt's in `<audio>`	Gibt's in `<video>`
`autoplay`	Soll automatisch abgespielt werden?	Boolesches Attribut: Ein beliebiger Wert heißt: automatisch abspielen; um nicht automatisch loszulegen, das Attribut weglassen	x	x
`controls`	Wie oben schon gesehen: Kontrollknöpfe anzeigen oder nicht?	Boolesches Attribut: setzen für Kontrollknöpfe oder weglassen für keine Kontrollknöpfe	x	x
`loop`	Soll in Endlosschleife gespielt werden (der Benutzer kann natürlich unterbrechen)?	Boolesches Attribut: weglassen, um nur einmal abzuspielen	x	x
`muted`	lautlos, Ton abgeschaltet	Boolesches Attribut: setzen, um lautlos zu stellen, weglassen für normale Lautstärke	x	x
`preload`	Soll das Video automatisch geladen werden, bevor der Benutzer auf „Play" drückt? Dieses Attribut ist nur ein Hinweis an den Browser, er darf aber machen, was er will.	`none` – nichts vorladen, auch nicht die Metadaten `metadata` – Metadaten laden. Dazu gehört zum Beispiel die Länge der Audio-/Videoressource. `auto` – ein freundlicher Hinweis an den Browser, die Audio-/Videoressource doch vielleicht bitte schon mal zu laden	x	x
`height`	die Höhe des `<video>`-Elements in Pixeln (besser per CSS setzen)	Pixelzahl		x
`width`	die Breite des `<video>`-Elements in Pixeln (besser per CSS setzen)	Pixelzahl		x
`poster`	Das Posterbild, ein Bild, das angezeigt wird, bis der Benutzer das Video abspielt. Ist `poster` nicht angegeben, wird der erste Frame des Videos gezeigt.	URL einer Bilddatei		x

Du erinnerst dich natürlich an Boolesche Attribute? Das sind die, die keinen Wert haben müssen, sondern schon dadurch wirken, dass du sie hinschreibst.

[Achtung]

Ein `<audio>` oder `<video>` mit `loop` und `autoplay`, aber ohne `controls` ist einer der schnellsten Wege, um Leute zu vertreiben. Oder magst du Webseiten, die dir ungefragt Musik vordudeln? Überhaupt: Sofern du nicht das nächste YouTube schreibst, **Finger weg von autoplay**.

Multimedia **645**

Die Fernbedienung für alles – <audio> und <video> mit JavaScript

Genug Theorie, abgesehen von dem Zoo an Attributen und der Codec-Verwirrung gibt es nicht viel dazu zu sagen. Es wird Zeit, dass du die Theorie praktisch anwendest. Wir zwei probieren jetzt die Audioeinbindung zusammen aus; Video funktioniert wirklich auf die gleiche Weise.

[Notiz]
Wenn die Nachfrage nach Schrödinger-Videos groß genug ist, dann gibt es vielleicht mal eine Kickstarter-Kampagne dazu: Lernvideos mit Schrödinger.

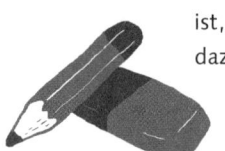

[Einfache Aufgabe]
Bereite eine neue HTML-Seite für die Stapelmeisterschaft vor. Binde das **<audio>**-Tag ein, um den Kommentar zu einem der hochspannenden und einfallsreichen Events abzuspielen. Für den Anfang lass den Browser die Knöpfe anzeigen, zu JavaScript kommen wir gleich.

Laaaaaaangweilig! Das hast du doch schon oben gezeigt.

Mit Standardknöpfen

```
<audio controls*1>
    <source src="stapeln2013/audio/aktenhochstapeln.webm" type="audio/webm"/>*2
    <source src="stapeln2013/audio/aktenhochstapeln.mp3" type="audio/mpeg"/>*2
    Dein Browser unterstützt das &lt;audio&gt;-Tag nicht. <em>Installier dir
    gefälligst einen neuen!</em>
</audio>
```

*1 Das **<audio>**-Tag mit gesetztem **controls**-Attribut. Soll sich doch der Browser darum kümmern.

*2 Eine **<source>**-Angabe ist für WebM, eine für MP3, genau wie vorhin bei **<video>**.

Also gut, wenn es dir so zu langweilig ist, mach ich es interessanter:

Jetzt machst du deine eigenen Knöpfe, samt JavaScript.

Denn natürlich ist es nicht völlig sinnlos, dass man die Kontrollelemente von **<audio>** und **<video>** auch weglassen kann: Sie können trotzdem gesteuert werden, und zwar durch JavaScript. Im einfachsten Fall rufst du am Player-Element **play()** zum Abspielen und **pause()** zum Anhalten auf.

[Code bearbeiten]
Der einfachste Fall reicht für den Anfang auch. Entferne das **controls**-Attribut aus dem **<audio>**-Tag. Dann erstelle eigene Play- und Pause-Knöpfe auf der Seite, die ihre Aufgabe durch JavaScript erfüllen.

Schon besser, aber auch nicht schwerer als Akten auf 1,87 m stapeln. Ziemlich einfach, meine ich damit.

> ***1 play()** aufrufen, wenn jemand auf Play drückt, ...

```
function init(){
    var knopfPlay = document.getElementById("play-knopf");
    var knopfPause = document.getElementById("pause-knopf");
    var radio = document.getElementById("mein-radio");
    knopfPlay.addEventListener("click", function(){
        radio.play();  *1
    });
    knopfPause.addEventListener("click", function(){
        radio.pause();  *2
    });
}
window.addEventListener("load", init);
```

> ***2** ... und **pause()**, wenn jemand auf Pause drückt – nichts leichter als das.

Mit eigenen Controls – das JavaScript

pause() und play()

Das sind auch schon die zwei wichtigsten Methoden, die an einem Mediaelement zur Verfügung stehen. Alle anderen Funktionen, die sonst die Kontrollelemente übernehmen würden, werden durch Eigenschaften abgebildet.

Eigenschaft	Beschreibung	Zugriff
duration	Die Länge der Medienressource in Sekunden. Kann NaN oder Infinity enthalten, wenn die Länge unbekannt oder unbegrenzt ist, zum Beispiel bei Live-Übertragungen.	nur Lesen
currentTime	die aktuelle Abspielposition in Sekunden	Lesen und Schreiben
volume	die Lautstärke als Zahlenwert zwischen 0 (stumm) und 1 (volle Lautstärke)	Lesen und Schreiben
muted	Stummgeschaltet? true für ja, false für nein	Lesen und Schreiben
playbackRate	Eine besonders lustige Eigenschaft, die die Abspielgeschwindigkeit als Multiplikator setzt: 1 ist normal schnell, 2 doppelt so schnell, 0.5 halb so schnell.	Lesen und Schreiben

[Notiz]
Es gibt noch viele weitere Eigenschaften, aber diese kurze Übersicht zeigt die wichtigsten.

[Einfache Aufgabe]
Jetzt kannst du auch noch die restlichen Kontrollelemente nachbilden. Ein Schieberegler für Lautstärke und Seeking (Abspielposition einstellen) ist zwar schwierig umzusetzen, aber du kannst zwei Knöpfe hinzufügen, die die Lautstärke in 10 %-Schritten regulieren, und zwei Knöpfe, die 30 Sekunden vorwärts bzw. rückwärts springen.

Ein Audioplayer, komplett selbst gemacht

Endlich, ein wenig Herausforderung!

Mehr Knöpfe!

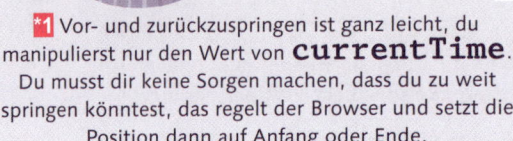

*1 Vor- und zurückzuspringen ist ganz leicht, du manipulierst nur den Wert von `currentTime`. Du musst dir keine Sorgen machen, dass du zu weit springen könntest, das regelt der Browser und setzt die Position dann auf Anfang oder Ende.

*2 Und die Lautstärke funktioniert genauso.

```
function spule(player, sekunden){
      player.currentTime += sekunden; *1
}
function regleLautstaerke(player, delta){
      player.volume += delta; *2
}
function init(){
      document.getElementById("zurueck-knopf").addEventListener("click", function(){
            spule(document.getElementById("mein-radio"), -30); *3
      });
      document.getElementById("play-knopf").addEventListener("click", function(){
            document.getElementById("mein-radio").play();
      });
      document.getElementById("pause-knopf").addEventListener("click", function(){
            document.getElementById("mein-radio").pause();
      });
      document.getElementById("vor-knopf").addEventListener("click", function(){
            spule(document.getElementById("mein-radio"), 30); *3
      });
      document.getElementById("leiser-knopf").addEventListener("click", function(){
            regleLautstaerke(document.getElementById("mein-radio"), -0.1); *3
      });
      document.getElementById("lauter-knopf").addEventListener("click", function(){
            regleLautstaerke(document.getElementById("mein-radio"), 0.1);
      }); *3
}
```

*3 Vor- und zurückgespult wird in Schritten von 30 Sekunden, die Lautstärke geht in Schritten von 10 % hoch und runter. Aber das Spulen und Regeln der Lautstärke ist in Funktionen gekapselt, du könntest also auch andere Werte übergeben.

[Erledigt!]
Jetzt, wo du die Kommentare zur Stapelmeisterschaft abspielen kannst, mit und ohne JavaScript, hast du erst mal etwas entspannteres Audio verdient: Komm, leg was aus der Plattensammlung auf.

Was alles gehen und schiefgehen kann

Du kannst jetzt also Bild und Ton mit und ohne JavaScript abspielen. Du kannst Musik und Videos abspielen, meistens reicht das. Und solange du, wie in den Beispielen, etwas von deiner eigenen Festplatte abspielst, kann auch kaum etwas schiefgehen. In der Realität werden die Daten aber durch ein **Netzwerk** übertragen, und unterwegs kann alles Mögliche schiefgehen. Die Daten für dein Video können verloren gehen, oder der Server kann einfach weg sein. Oder, das ist das häufigste Problem, die Übertragung ist schlicht zu langsam, und **der Browser muss auf Daten warten**, bevor es weitergeht.

Was machst du also, wenn unterwegs etwas schiefgeht?

Wie du es von einem gut erzogenen JavaScript-Objekt erwartest, teilt dir ein `MediaElement` durch Events mit, wenn etwas schiefgeht. Wenn die Verbindung zum Server komplett abbricht oder wenn ein Video nicht decodiert werden kann, wird ein `error`-Event gefeuert. Nach einem `error` wird die Situation nicht mehr von alleine besser; du kannst versuchen, die Ressource neu zu laden, aber auch das hat keine Erfolgsgarantie. Der häufigere Fall, dass der Browser keine Daten hat, um den nächsten Frame darzustellen, wird durch das Event `waiting` signalisiert. Sind wieder Daten verfügbar, wird ein `canplay`-Event gefeuert. Noch schöner ist das `canplaythrough`-Event, es sagt aus, dass nicht nur weitere Daten verfügbar sind, sondern dass das Abspielen **wahrscheinlich** auch ohne weitere Unterbrechungen bis zum Ende läuft.

Wie schön, dass der Browser da so sicher ist.

[Begriffsdefinition]
Ein **Frame** ist, im Kontext von Audio- und Videodaten, nicht leicht in Worte zu fassen. Du weißt, dass dein Fernseher 24 Bilder pro Sekunde anzeigt, damit du ein bewegtes Bild wahrnimmst? Wenn du einen Frame als ein solches Einzelbild verstehst, dann ist das nicht zu 100 % richtig, aber nahe dran.

[Achtung]

Es gibt keine Garantie, dass ein **canplaythrough**-Event jemals gefeuert wird. Der Browser kann entscheiden, keine weiteren Daten herunterzuladen, bevor er nicht etwas abgespielt hat. Das ist sinnvoll, um Speicher zu sparen. Dann kann es aber dazu kommen, dass er später mit Sicherheit noch einmal warten und puffern muss. In dem Fall kommt **canplaythrough** nie.

[Zettel]

Dass bei Audio oder Video zwischendurch die Daten ausgehen, kennst du bestimmt von YouTube: Wenn der rote Balken den hellgrauen Balken einholt, dann ist der Puffer leer, und du musst warten.

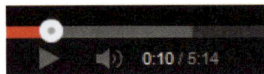

Abgespielt (rot), gepuffert (hellgrau), noch nicht geladen (dunkelgrau)

Aber nicht alle Events von **<audio>** und **<video>** bedeuten, dass etwas kaputt ist. Ganz im Gegenteil halten dich die Medienelemente **über jede Kleinigkeit**, die passiert, **auf dem Laufenden**.

`Das ist nur ein Teil der möglichen Events:`

Event	Bedeutung
`loadedmetadata`	Die Metadaten sind geladen. Das bedeutet vor allem, dass die Länge des Tracks jetzt bekannt ist.
`loadeddata`	Es stehen erstmals Daten zur Verfügung, um an der aktuellen Stelle abzuspielen.
`seeking`	Der Benutzer hat angefangen, zu suchen, also den Positionsschieber zu bewegen.
`seeked`	Das Suchen ist beendet, die neue Position ist bekannt.
`ended`	Der Track ist zu Ende.
`timeupdate`	Die Abspielposition (`currentTime`) hat sich geändert.
`play`	Das Abspielen hat begonnen, entweder auf Knopfdruck, durch die `play`-Methode oder weil `autoplay` gesetzt ist.
`pause`	Das Abspielen wird pausiert, auf Knopfdruck oder durch die `pause`-Methode.

[Zettel]
Das `timeupdate`-Event hat eine der interessanteren Beschreibungen im HTML5-Standard: Es wird gefeuert, wenn sich `currentTime` geändert hat, und zwar „entweder im Zuge des normalen Abspielens oder auf eine besonders interessante Art und Weise". Was ist denn bitte besonders interessant?

Damit hast du jetzt schon extrem viel Kontrolle über das Abspielen von Audio und Video. Ich sage es noch mal: **Verwende diese Kontrolle nicht ohne Grund!** Ein einfaches `<audio>` oder `<video>` mit `controls` ist fast immer genug, du solltest ein eigenes Interface für den Player nur entwickeln, wenn du unbedingt musst.

Was war und was kommt mit Multimedia

Das ist ja zum Glück wirklich einfach. Ich hatte mir das viel schlimmer vorgestellt.

Es war auch mal schlimmer, vor HTML5. Du musst immer daran denken, dass du im goldenen Zeitalter des Webs lebst, in dem endlich alles so funktioniert, wie wir es schon immer wollten. Zumindest fast. Gerade bei Multimedia war das nicht immer so, vor HTML5 gab es dafür einfach keine Unterstützung im Browser, und man musste sich mit **Plug-ins** herumärgern.

[Begriffsdefinition]
Plug-ins sind Programme, die in den Webbrowser integriert werden, um Dinge zu tun, die mit HTML und JavaScript nicht möglich sind. Bis HTML5 gehörte dazu das Abspielen von Audio- und Videodateien.

Das wahrscheinlich bekannteste und verbreitetste Plug-in überhaupt ist Adobe Flash, und trotz aller Anstrengungen mit HTML5 kommt man immer noch nicht drumherum, Flash installiert zu haben. Viele Websites haben noch nicht auf HTML5-Media-Tags umgestellt. Und auch als Webentwickler muss man sich immer noch mit dem Thema beschäftigen, da in freier Wildbahn noch viele alte Browser existieren, die **<audio>** und **<video>** nicht kennen. Denen kannst du mit Flash eine **Alternative** anbieten.

*1 Die **<source>**-Tags bleiben genau wie vorher. Browser, die sie verstehen, sollen sie auch benutzen.

```
<video controls>
    <source src="stapeln2013/videos/flaschenstapeln.webm" type="video/webm"/>*1
    <source src="stapeln2013/videos/flaschenstapeln.mp4" type="video/mp4"/>*1
    <embed src="stapeln2013/videos/flaschenstapeln.swf" type="application/
    x-shockwave-flash" width="1024" height="768"></embed>*2
</video>
```

*2 Flash wird mit dem **<embed>**-Tag eingebunden. Erinnere dich, nur wenn der Browser **<video>** nicht kennt, wird das enthaltene HTML angezeigt. Genau in dem Fall wird also versucht, den Flashplayer zu starten und die SWF-Datei abzuspielen.

[Hintergrundinfo]

Es war vor HTML5 umstritten, ob Flash (und andere Plug-ins) mit dem **<embed>**-Tag oder dem **<object>**-Tag eingebunden werden sollen. **<object>** entsprach dem Standard, aber **<embed>** war einfacher zu benutzen und funktionierte auch überall. Mit HTML5 ist **<embed>** ganz offiziell das Tag, um Plug-ins einzubinden. Das Beispiel zeigt also eine Lösung, die in HTML5 korrekt ist und in älteren Browsern zuverlässig funktioniert.

Aber Flash ist nicht das einzige bekannte Plug-in, es gibt viele, viele weitere, die jeweils ihre eigene Nische haben. Java ist ein weiteres verbreitetes Plug-in, es bettet einen bestimmten Typ Java-Anwendungen, sogenannte Applets, im Browser ein – und hat, du erinnerst dich, mit JavaScript rein gar nichts zu tun. Ganz allgemein werden Plug-ins aber immer weniger notwendig sein, da sich mehr und mehr Dinge mit JavaScript umsetzen lassen.

[Achtung]
Als Benutzer eines Webbrowsers solltest du nur Plug-ins installieren, die du auch benötigst: Jedes Plug-in erhöht das Risiko, eine Sicherheitslücke zu öffnen, durch die Viren und andere Schädlinge auf deinen Computer gelangen können.

Genug von der Vergangenheit, wie sieht es mit der Zukunft von Multimedia im Web aus? Mit `<audio>` und `<video>` ist vielleicht die Grenze von dem erreicht, was ich dir gerade erklären kann, aber nicht von dem, was möglich ist. Es gibt zum Beispiel die **WebAudio**-API, die zwar schwieriger zu benutzen ist, die aber eine **feine Kontrolle** über abgespielte Audioressourcen ermöglicht: mehrere Sounds gleichzeitig abspielen, mehrere Kanäle abmischen, Filter anwenden und mehr. Damit kannst du ein komplettes Mischpult in JavaScript realisieren oder die API für Profisound in Browserspielen benutzen. Und auch **Aufnehmen aus dem Browser** wird möglich, die Methode `navigator.getUserMedia` öffnet den Weg zu Kamera und Mikrofon – wenn der Benutzer es erlaubt, anders wär schlecht. Das alles, und noch viel mehr funktioniert. Es ist nicht zu viel versprochen, dass bald **alles** im Browser geht.

[Zettel]
Eine einfache, aber eindrucksvolle Demo, was WebAudio kann, bietet zum Beispiel ToneCraft: http://labs.dinahmoe.com/ToneCraft/ (nur Chrome).

Schrödingers Terassenradio

Nach so viel schwerer Arbeit, um die Stapelmeisterschaft ins Web zu bringen, haben wir eine Pause auf der Terrasse verdient, oder? In der Sonne sitzen, Eiskaffee trinken …

Da ist es wieder mit dem Kaffee. Ich hatte mir schon Sorgen gemacht.

Ich kann doch nicht die ganze Zeit nur Kaffee trinken, da werde ich ja nur noch als Klischee wahrgenommen. Aber was hier fehlt, ist Musik. Hast du nicht was auf deinem Notebook?

Nicht wirklich. **Ich hab zwar meine ganzen CDs jetzt auch auf den Computer kopiert, aber nur im Arbeitszimmer. Das alte Ding hier hat so wenig Platz, da hab ich nie dabei, was ich hören will.**

Aber das ist doch ein Problem, dass du jetzt lösen kannst. Auf deinem Computer im Arbeitszimmer läuft sowieso ein Webserver, du kannst Audio im Browser abspielen – da geht doch was!

[Zettel]
Leider kannst du deine Musiksammlung auf dem Server allein mit HTML und JavaScript nicht durchsuchen, da muss noch etwas auf dem Server laufen, PHP, Java oder so. Aber es geht ja ums Abspielen, und das geht auch so. Falls du keine passenden Musikdateien hast, benutze die Kommentare der Stapelolympiade.

[Einfache Aufgabe]
Such dir einen Ordner aus deiner Musiksammlung aus. Erstelle eine **unnummerierte Liste** mit allen Titeln aus diesem Ordner – der Teil ist leider Handarbeit. Wenn du auf einen Listeneintrag klickst, soll dieser Titel anfangen, zu spielen. Da du deine Musiksammlung eher nicht in mehreren Dateiformaten vorliegen hast, musst du in einem Browser testen, der das Format versteht.

Endlich mal wieder was richtig Nützliches. **Als Nächstes lern ich dann PHP, damit ich die Verzeichnisse automatisch auflisten kann. Klasse Idee.**

Ich hab die Liste schon mal mit meiner Musiksammlung vorbereitet.

*1 Ein `<audio>`-Tag ganz ohne Quellangabe. Du weißt ja noch nicht, was du spielen möchtest.

```
<h1>The White Stripes</h1>
<h2>Elephant</h2>
<audio controls id="mein-radio">
    Dein Browser kennt das &lt;audio&gt;-Tag nicht.
</audio>*1
<ul id="songs">
    <li><a href="The%20White%20Stripes/Elephant/01%20-%20Seven%20Nation%20Army.mp3">
    Seven Nation Army</a></li>*2
    <li><a href="The%20White%20Stripes/Elephant/02%20-%20Black%20Math.mp3">
    Black Math</a></li>*2
    <li>...</li>
</ul>
```

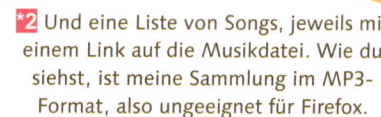

*2 Und eine Liste von Songs, jeweils mit einem Link auf die Musikdatei. Wie du siehst, ist meine Sammlung im MP3-Format, also ungeeignet für Firefox.

Multimedia

Und jetzt ein kurzes JavaScript dazu, um die Songs aus der Liste abzuspielen:

*1 Hier gibt es überhaupt nichts Neues zu sehen, es werden nur an jedem Link in der Liste Eventhandler registriert.

*2 Wenn du auf einen Link klickst, soll der Song im `<audio>` gespielt, nicht dem Link gefolgt werden. Also: **Defaultaktion verhindern**.

```javascript
window.addEventListener("load", init);
function init(){
    var links = document.getElementById("songs").getElementsByTagName("a");
    for (var i = 0; i < links.length; i++){
        links[i].addEventListener("click", spieleLied);  //*1
    }
}
function spieleLied(event){
    event.preventDefault();  //*2
    var player = document.getElementById("mein-radio");
    player.src = event.target.href;  //*3
    player.play();  //*4
}
```

*3 Das **src**-Attribut des Audioplayers wird auf das Linkziel gesetzt …

*4 … und die Musik abgespielt. Fertig.

Picasso, Monet, Schrödinger – zeichnen auf dem <canvas>

Schrödinger,
    gute Arbeit mit Audio und Video STOP
Medaillenspiegel sieht dagegen langweilig aus STOP
hätte gerne Grafik wie im Fernsehen statt nur Tabelle STOP

Ist der Mann denn wahnsinnig? **Soll ich jetzt nebenbei auch noch Grafiker werden und nach jeder Disziplin ein neues Bild online stellen?**

Das kannst du natürlich tun, wenn du Lust dazu hast. Klingt aber langweilig. Würdest du nicht viel lieber wissen, wie du die **Grafik direkt per JavaScript aus den Tabellendaten erzeugen** kannst? Dann müsstest du nur noch die Daten in der Tabelle aktualisieren, und die Grafik wird automatisch erzeugt.

Blöde Frage, das wäre natürlich viel cooler. Aber das klingt jetzt mal echt kompliziert.

Hm, na ja, ich kann jetzt nicht behaupten, es wäre trivial. Etwas komplexer als `<audio>` und `<video>` ist es schon. Aber nach allem, was du in JavaScript schon gemeistert hast, wird dich auch dies nicht vor unlösbare Probleme stellen. Und es ist mit Sicherheit interessanter, als alle halbe Stunde ein neues Bild hochzuladen.

Okay, ich beiß an. Zeig mir, wie es geht.

Ich wusste, das würdest du dir nicht entgehen lassen. Dann mal los. Das Tag, das du brauchst, heißt `<canvas>`, und im HTML ist es noch genauso einfach wie `<video>`.

Multimedia **659**

[Funktioniert in]
`<canvas>` funktioniert im Internet Explorer ab der Version 9, in Firefox, Chrome und Safari.

*1 Das `<canvas>`-Tag ist, wie die Übersetzung des Namens andeutet, eine leere Leinwand, eine weiße Fläche, auf die du mit JavaScript zeichnen kannst.

*2 Die Attribute **height** und **width** sind bei `<canvas>` notwendig, Größenangaben im Stylesheet funktionieren nicht.

```
<canvas height="200"*2 width="500"*2>
    Dein Browser unterstützt &lt;canvas&gt;*4 nicht, bitte besorg dir endlich
    einen neuen.*3
</canvas>*1
```

*3 Wie bei `<audio>` und `<video>` wird der Inhalt von `<canvas>` nur angezeigt, wenn der Browser das Tag noch nicht kennt.

*4 An `&lt;` und `&gt;` erinnerst du dich natürlich. Du musst Character Entities verwenden, weil der Browser `<canvas> anzeigen` soll, anstatt das ganze `<canvas>` als Tag zu interpretieren.

[Notiz]
Auf den ersten Blick erscheint es böse, dass die Größe eines `<canvas>` nicht per CSS zu setzen ist. Es ist aber dennoch sinnvoll, denn die Größe der Leinwand ist nicht nur eine Eigenschaft der Präsentation, sondern hat funktionale Bedeutung: Beim Zeichnen mit JavaScript wird mit Koordinaten gearbeitet, die Größe des Elements zu kennen, ist dabei wichtig.

[Einfache Aufgabe]
Erstelle jetzt eine neue Seite mit einem `<canvas>`, wie im Beispiel gezeigt.

Und da hört das HTML auch schon auf, mehr gibt es nicht. Ohne JavaScript ist so eine Leinwand absolut sinnfrei.

Das JavaScript für die Grundausstattung

```
function zeichne(){
    var canvas = document.getElementById("grafik");
    var context = canvas.getContext("2d");  [*1]
    …
}
```

[*1] Das `<canvas>`-Element selbst hilft dir noch nicht weiter. Um zeichnen zu können, brauchst du den Grafikkontext. Den bekommst du durch die Methode `getContext` mit dem Parameter `"2d"`.

[Notiz]
Es gibt außer `"2d"` nur einen weiteren standardisierten Wert für diesen Parameter: `"webgl"`. Der WebGL-Kontext bringt 3D-Grafik mit Hardwarebeschleunigung in den Browser – 3D-Spiele in JavaScript, selbst das geht. 3D-Grafik geht aber ein wenig über den Umfang dieses Buches hinaus.

Damit hast du die Staffelei aufgebaut und eine Leinwand gespannt, es kann jetzt ans Zeichnen gehen. Der Medaillenspiegel lässt sich am besten als Balkendiagramm darstellen, und dazu brauchst du vor allem eins: Rechtecke! Rechtecke sind zum Glück sehr einfach auf die Leinwand zu bringen, es gibt nur wenige Methoden und Eigenschaften, die du dazu brauchst.

Die ersten `<canvas>`-Eigenschaften und Methoden	
`strokeRect(x, y, hoehe, breite)`	Zeichnet die Umrisse eines Rechtecks, ausgehend von den Koordinaten x und y, mit der angegebenen Höhe und Breite.
`fillRect(x, y, hoehe, breite)`	Füllt eine Rechteckfläche, aber zeichnet keine Umrisse. Um ein gefülltes Rechteck mit Rahmen zu bekommen, brauchst du beide Methoden.
`strokeStyle`	Diese Eigenschaft setzt die Farbe (oder das farbähnliche Dingsda, dazu mehr im Abschnitt „Farbähnliche Dingsdas") für Linien, bei Rechtecken also für die Umrisse. Die Farbe kannst du hier als String in jedem Format übergeben, das in CSS funktionieren würde: Farbnamen, RGB-Werte in hexadezimaler oder Funktionsschreibweise mit `rgb()` oder `rgba()`. *Mit „farbähnliches Dingsda" hast du den Fachbegriff des Tages erfunden. Ich bin gespannt, was da noch kommt.*
`lineWidth`	die Liniendicke in Pixeln
`fillStyle`	Die Füllfarbe (oder auch wieder ein Dingsda), funktioniert genau wie `strokeStyle`.

Ein Beispiel macht alles klar – das erste Rechteck

*1 Die Linienfarbe ist schwarz.

*2 Und Linien sind 1 Pixel dick.

```
context.lineStyle = "#000000";  *1
context.lineWidth = 1;  *2
context.fillStyle = "#FFD700";  *3
context.fillRect(0, 0, 30, 60);  *4
context.strokeRect(0, 0, 30, 60);  *5
```

*3 Die Füllfarbe ist Gold, das passt schon mal in den Medaillenspiegel.

*4 Dann wird ein Rechteck zuerst mit Gold gefüllt …

*5 … und anschließend mit Schwarz umrandet.

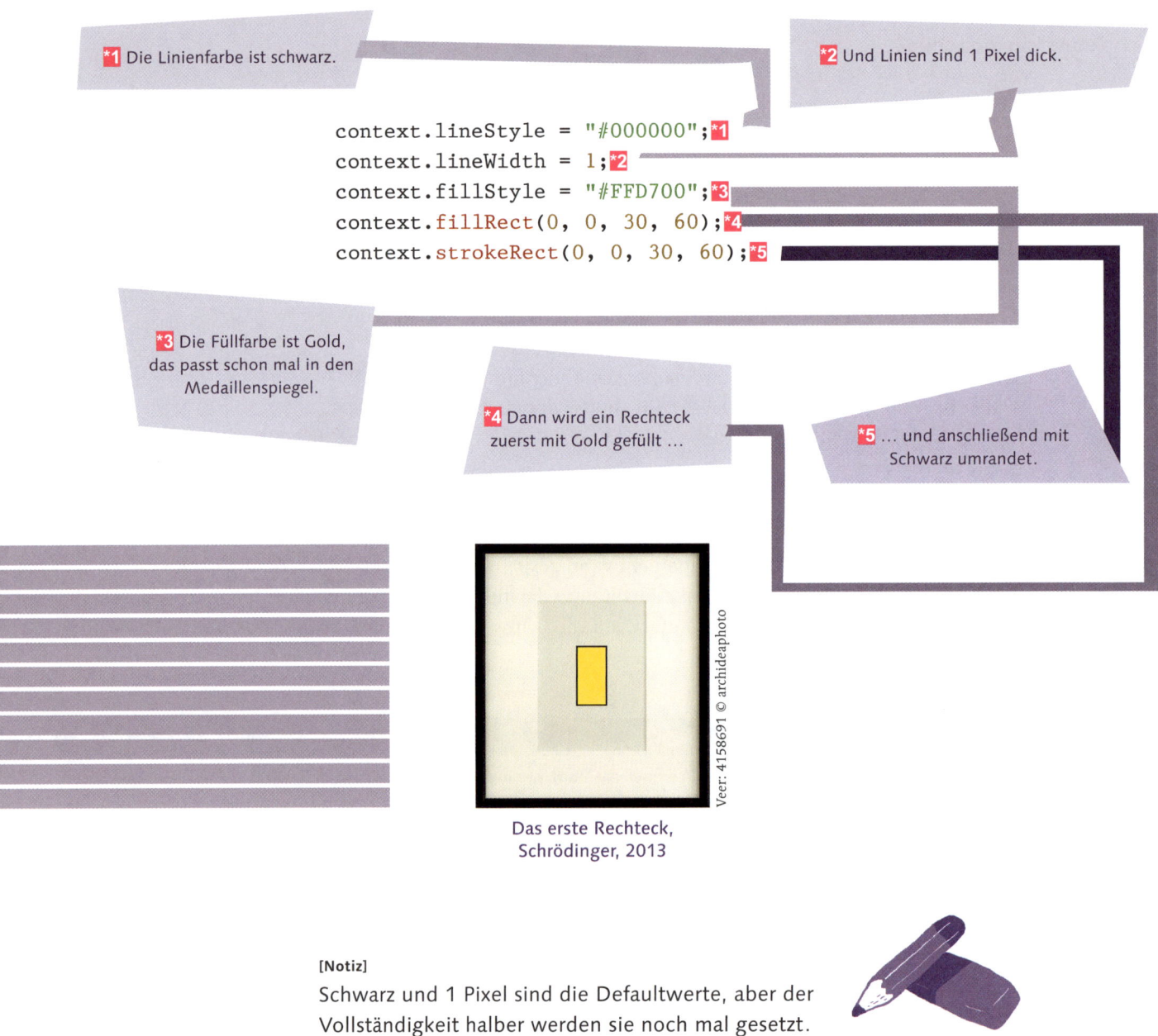

Das erste Rechteck, Schrödinger, 2013

[Notiz]
Schwarz und 1 Pixel sind die Defaultwerte, aber der Vollständigkeit halber werden sie noch mal gesetzt.

Bei allem, was du auf dem **<canvas>** tust, solltest du im Hinterkopf behalten, dass das Koordinatensystem oben links anfängt und **positive x-Koordinaten nach unten gehen**. Das ist genau das Gegenteil von dem, was du im Mathematikunterricht mal gelernt hast.

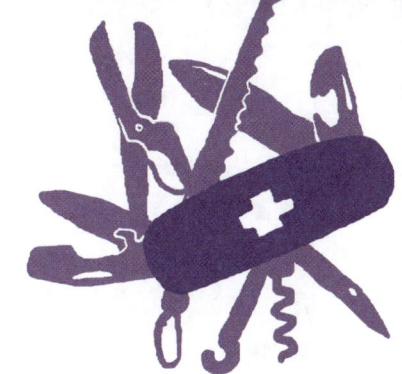

[Schwierige Aufgabe]

Damit kannst du schon einen ersten Entwurf des Medaillenspiegels bauen. Zeichne drei Balken nebeneinander, jeweils 30 Pixel breit, ohne Zwischenraum, den ersten in Gold, den zweiten in Silber (**#C0C0C0**) und den dritten in Bronze (**#AF773B**). Für jede Medaille soll der Balken 20 Pixel hoch sein, und die Beispielabteilung hat 3 x Gold, 1 x Silber und 2 x Bronze geholt.

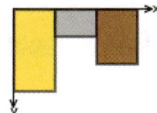

So soll es für den Anfang aussehen:
Die Balken sollen auf dem Kopf stehen,
das macht die Koordinaten einfacher.

Bist du denn des Wahnsinns?
Das ist ja megakompliziert!
Da muss ich jetzt auch mal Kaffee holen!

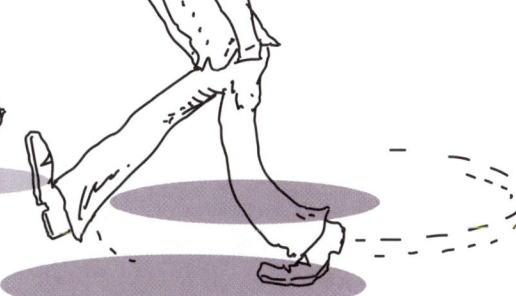

Kaffee ist eine gute Idee. Aber so kompliziert, wie es sich anhört, ist es gar nicht. Die Aufgabe ist, um ganz ehrlich zu sein, länger als das JavaScript.

Multimedia **663**

Schau her, ich zeig's dir:

*1 Den Zeichenkontext zu bekommen, ist keine sportliche Höchstleistung, Element suchen, Kontext holen, fertig.

*2 Weil alle Balken ähnlich sind, wird das eigentliche Zeichnen in eine Funktion ausgelagert. Bloß keine Zeile zu viel schreiben!

Fauler Sack.

Auch, ja, geb ich zu. Aber das ist natürlich nicht der einzige Grund. Das in eine Funktion auszulagern, macht den Code auch viel lesbarer, und du kannst die Funktion leicht überall wiederverwenden. Ich schiebe zwar Faulheit vor, aber sie führt auch oft zu besserem Stil im Code.

```javascript
function zeichne(){
    var canvas = document.getElementById("grafik");
    var context = canvas.getContext("2d");         *1
    zeichneBalken(context,  0, 3, "#FFD700");      *2
    zeichneBalken(context, 30, 1, "#C0C0C0");      *2
    zeichneBalken(context, 60, 2, "#AF773B");      *2
}
function zeichneBalken(context, startX, medaillen, farbe){  *3
    context.fillStyle = farbe;                                *4
    context.fillRect(startX, 0, 30, medaillen * 20);          *5
    context.strokeRect(startX, 0, 30, medaillen * 20);        *5
}
```

*4 Das Rechteck soll in der übergebenen Farbe gefüllt werden, für Linienfarbe und -dicke verlasse ich mich auf die Defaultwerte.

*3 Die Funktion **zeichneBalken** enthält den interessanten Teil. Als Parameter übergebe ich:
- den Kontext, nur um ihn nicht noch mal holen zu müssen
- die x-Koordinate, an der der Balken anfangen soll. Die y-Koordinate bleibt gleich.
- die Anzahl der Medaillen, aus der die Höhe berechnet wird
- die Farbe des Balkens

*5 Der Balken wird gefüllt und umrandet. Er geht von der übergebenen x-Koordinate und vom oberen Rand 30 Pixel nach links und für jede Medaille 20 Pixel nach unten.

[Achtung]
Es ist wichtig, `fillRect` vor `strokeRect` aufzurufen. Erst ausmalen, dann Umrisse zeichnen, genau das Gegenteil von dem, was du immer gelernt hast. Vertauschst du die beiden, dann überdeckt die Füllung den Rand.

[Notiz]
Ein Balkendiagramm zu Fuß zu erstellen, ist zwar eine gute Übung, aber **im echten Leben würdest du eine Bibliothek dafür einbinden**, zum Beispiel jqPlot (http://www.jqplot.com/) oder Flot (http://www.flotcharts.org/).

> Cool, das war viel einfaches, als ich dachte. Kannst du dich jetzt etwas beeilen mit dem Rest? Ich muss zum Staplerballett!

Ich weiß nicht, was mich mehr erschüttert, dass du Stapler fahren darfst, dass du Ballett machst, oder dass es Staplerballett gibt. Was zum Henker, Schrödinger? **Aber du hast es auch fast geschafft, der Rest ist ein Spaziergang**. Als Erstes musst du das ganze Ding mal richtigherum drehen. Du könntest zwar alle Balken so umrechnen, dass sie am unteren Rand anfangen, aber es gibt eine einfachere und faulere Methode: Lass die Zeichnung, wie sie ist, und wende eine **Transformation** an.

Transformationen – die Leinwand drehen und strecken

Wenn du an CSS-Transformationen zurückdenkst, dann werden dir die Transformationen auf dem **<canvas>** sofort bekannt vorkommen. Die Schreibweise ist zwar etwas anders, aber die Effekte sind die gleichen.

[Achtung]
Es wäre ja zu schön, wenn alles gleich wäre, deshalb gibt es einen fiesen Unterschied: Der Rotationswinkel wird nicht wie bei CSS in Grad angegeben, sondern im Bogenmaß. Das ist das, bei dem alles in Vielfachen von Pi angegeben wird. Eine ganze Drehung sind 2 Pi, eine halbe Drehung Pi, 90° im Uhrzeigersinn 1/2 Pi, 90° gegen den Uhrzeigersinn 3/2 Pi. Und weil du Pi nicht jedes Mal selbst hinschreiben möchtest, gibt es in JavaScript dafür die Konstante `Math.PI`.

Transformationsfunktionen	
`translate(x, y)`	Verschiebt den Koordinatenursprung um x Pixel nach links und um y Pixel nach unten. Am Anfang ist er in der linken, oberen Ecke des Canvas.
`rotate(winkel)`	Dreht das Koordinatensystem um den angegebenen Winkel im Uhrzeigersinn. Dabei wird immer um den Koordinatenursprung gedreht.
`scale(x, y)`	Vergrößert oder verkleinert horizontal und vertikal um Faktor x und y. Du kannst das Koordinatensystem damit strecken oder stauchen.

[Achtung]
Genau wie bei CSS-Transformationen ist auch hier die Reihenfolge wichtig, in der du die Transformationen anwendest. Die Erklärung, warum, kannst du in Kapitel 8 noch einmal nachschlagen.

Die muss ich dir erklären, Schrödinger: Diese drei Operationen verrücken das Koordinatensystem, drehen es oder stauchen bzw. strecken es. **Ja, das Koordinatensystem, nicht die Figuren!** Das heißt, du kannst eine Figur, die du gerade gezeichnet hast, nicht nach rechts verschieben. Stattdessen musst du den Koordinatenursprung nach rechts verschieben und erst dann deine Figur zeichnen.

Dass sich die Transformationen auf das Koordinatensystem beziehen, bedeutet auch, dass alles, was du zeichnest, mit den gesetzten Transformationen auf die Leinwand kommt. Das ist gar nicht so praktisch, wenn du eine einzige Figur um 90° drehen wolltest, denn wenn du nur dafür dein Koordinatensystem gut durchgemixt hast, dann möchtest du es nicht Schritt für Schritt wieder in den Urzustand bringen.

Um genau das nicht zu müssen, kannst du nach einer solchen Aktion alles wieder in den Ausgangszustand versetzen – oder in einen anderen Zustand, den du dir vorher gemerkt hast. Mit `save()` legst du dir dazu diesen Zustand **vor** der Aktion beiseite, um ihn **danach** mit `restore()` wiederherstellen zu können.

`save()`	Speichert den aktuellen Zustand des Canvas. Dazu gehören Transformationen, aber auch Farbe, Liniendicke und so weiter, nicht aber der Inhalt.
`restore()`	Stellt den zuletzt mit `save()` gespeicherten Zustand wieder her. Rufst du danach noch mal `restore()` auf, wird der Zustand davor wiederhergestellt und so weiter.

Bei den Transformationen fehlt zwar ganz auffällig eine Funktion zum Spiegeln, die du für das Diagramm brauchst. Aber die kannst du dir auch schnell selbst zusammenschummeln: Zuerst skalierst du in die Richtung, in die du spiegeln möchtest, mit -1. Dadurch wird alles auf den Kopf gestellt. Dummerweise werden danach aber positive Koordinaten oberhalb der Achse angezeigt – oder links davon, wenn du in die andere Richtung spiegelst. Deswegen musst du danach noch ein `translate` um die Höhe (oder Breite) des Canvas anwenden. Erst dann ist alles so, wie du es möchtest.

Werkzeug zur Hand, das Diagramm wird transformiert

[Code bearbeiten]
Füge den folgenden Code in dein Beispiel ein.

*1 Wenn du mit Transformationen arbeitest, dann ist es eine gute Idee, den Zustand vorher zu speichern und nachher wiederherzustellen. Wenn sich nämlich eine andere Funktion das **context**-Objekt holt, dann sind auch dort die Transformationen noch eingestellt. Und was diese Funktion zeichnet, könnte dann sehr unerwartet aussehen. Deshalb gilt hier wie beim Malen mit Farbe und Pinsel: Räum auf, wenn du fertig bist.

```
var canvas = document.getElementById("grafik");
var context = canvas.getContext("2d");
context.save();                 //*1
context.scale(1, -1);           //*2
context.translate(0, -200);     //*3
//Hier wird zeichneBalken aufgerufen
context.restore();              //*1
```

*2 Das ist der Trick beim Spiegeln: Horizontal passiert nichts, um Faktor eins zu skalieren ist genau wie nicht zu skalieren, denn Skalieren ist nichts anderes als eine Multiplikation der Koordinaten. Genau deshalb wird mit -1 für die vertikale Skalierung auch alles **auf den Kopf gestellt**, alle positiven Koordinaten werden zu negativen.

*3 Durch die Spiegelung steht jetzt aber alles oberhalb der y-Achse und damit außerhalb des **\<canvas\>**. Also muss jetzt alles nach unten verschoben werden, damit die x-Achse am unteren Rand des Canvas liegt. 200 ist übrigens die Höhe meines **\<canvas\>**, wenn deins höher oder niedriger ist, dann musst du diese Zahl anpassen.

Aber ist -200 nicht eine Verschiebung nach oben?

Gut aufgepasst, Schrödinger. Das ist richtig, aber die Skalierung ist schon aktiv, das ganze Koordinatensystem ist schon gespiegelt. Also ist -200 jetzt nach unten.

Transformation Schritt für Schritt:

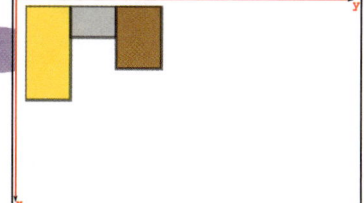
Ganz ohne Transformation

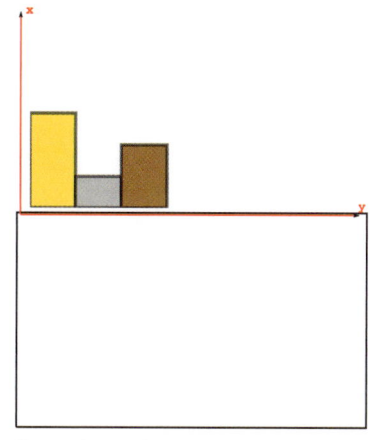
Nur mit scale(1, -1)

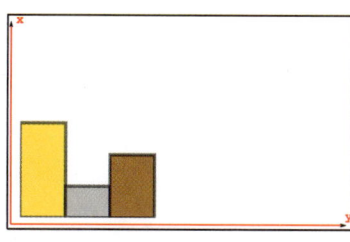
Mit scale(1, -1) und translate(0, -200)

Und da hast du deine Balkengrafik, sie sieht gut aus und war ganz einfach zu erstellen.

Na ja, einfach. Davon hast du wohl eine etwas andere Auffassung als ich ...

Und jetzt mit Tabellen-Daten

Wenn du alle Balken in JavaScript von Hand programmierst, hast du zwar nicht viel gewonnen, aber mit DOM-Methoden und einer Schleife kannst du **den Medaillenspiegel aus einer Tabelle lesen** und daraus das Diagramm erstellen.

[Schwierige Aufgabe]
Erweitere deinen Code so, dass er die Anzahl an Gold-, Silber- und Bronzemedaillen aus einer HTML-Tabelle liest und für jede Abteilung die drei Balken zeichnet.

	Lager	Produktion	Büro	Geschäftsführung
Gold	3	2	4	1
Silber	1	5	2	1
Bronze	2	5	4	0

So sieht die Tabelle aus.

Multimedia

Eine komplette Lösung findest du in den Downloads, aber ich habe hier **die Highlights** für dich.

So werden die Daten aus der Tabelle gelesen:

*1 Hier werden die DOM-Elemente zusammengesucht, aus denen danach die Daten gelesen werden.

```
function liesTabelle(){
    var tabelle = document.getElementById("medaillenspiegel");
    var abteilungen = tabelle.getElementsByTagName("thead")[0].
    getElementsByTagName("th");
    var zeilen = tabelle.getElementsByTagName("tbody")[0].
    getElementsByTagName("tr");
    var gold = zeilen[0].getElementsByTagName("td");
    var silber = zeilen[1].getElementsByTagName("td");
    var bronze = zeilen[2].getElementsByTagName("td");*1
    var ergebnis = [];
    for (var i = 0; i < abteilungen.length; i++){*2
        ergebnis[i] = {
            abteilung: abteilungen[i].innerHTML,
            gold: parseInt(gold[i].innerHTML),
            silber: parseInt(silber[i].innerHTML),
            bronze: parseInt(bronze[i].innerHTML)
        }*3
    }
    return ergebnis;
}
```

*2 Diese Schleife iteriert über die Tabellenspalten.

*3 Für jede Tabellen**spalte** wird ein Objekt erzeugt. Technisch gäbe es auch andere Möglichkeiten, die Daten zu transportieren, aber inhaltlich ist es so am besten: Für jede Abteilung gibt es ein Objekt, in dem Name und Medaillenspiegel stehen. Klingt logisch, oder?

Und so werden sie gemalt:

*1 Da kommen die Daten rein, die die andere Funktion gelesen hat.

*2 Vor den Transformationen wird gespeichert, hinterher zurückgesetzt.

```
function zeichne(){
    var canvas = document.getElementById("grafik");
    var context = canvas.getContext("2d");
    var daten = liesTabelle();*1
    context.save();*2
    context.scale(1, -1);*3
    context.translate(0, -200);*3
    for (var i = 0; i < daten.length; i++){
        zeichneBalken(ctx, i * 100, daten[i].gold, "#FFD700", "#CFA700");*4
        zeichneBalken(ctx, i * 100 + 30, daten[i].silber, "#C0C0C0", "#909090");*4
        zeichneBalken(ctx, i * 100 + 60, daten[i].bronze, "#AF773B", "#7F470B");*4
    }
    context.restore();*2
}
```

*3 Hier werden die Transformationen angewendet.

*4 Und dann werden für jede Abteilung drei Balken gezeichnet.

Und jetzt auf zum Staplerballett, Schrödinger. Du willst doch nicht deinen Auftritt verpassen. Und vor allem will ich **deinen Auftritt nicht verpassen**, das wird bestimmt zum Schreien komisch.

Koordinatenballett

Stapler sind nicht die einzigen, die Ballett tanzen können. Natürlich nicht, Ballett-tänzer, nur echt mit drei t, können das auch. Oder Koordinatensysteme. Und da muss man schon mal ein wenig nachdenken, wie man jetzt gerade zeichnet.

[Einfache Aufgabe]
Welche Rechtecke zeichnet dieses Listing? Nimm einen Bleistift, und zeichne sie ein.

```
context.save();
context.strokeRect(3, 3, 2, 2); //Rechteck 1
context.scale(0.5, 2);
context.strokeRect(4, 2, 4, 2); //Rechteck 2
context.save();
context.translate(2, 2);
context.strokeRect(4, 1, 4, 1); //Rechteck 3
context.restore(); // zurück in den Zwischenzustand
context.strokeRect(12, 2, 2, 2); //Rechteck 4;
context.restore(); // und wieder alles auf Anfang
context.rotate(Math.PI);*1
context.strokeRect(1, 1, 5, 5); //Rechteck 5;
```

*1 Das entspricht einer Drehung um 180° um den Ursprung, wo auch immer der gerade ist.

Wenn ich mir bloß merken könnte, in welcher **Reihenfolge** die Parameter stehen. Aber eine Eselsbrücke für x, y, Höhe, Breite ist nicht einfach mit den Anfangsbuchstaben. Ich glaube, ich nenne meinen nächsten **WoW-Charakter Xyhb**, vielleicht hilft das.

Wenn du fertig bist, darfst du ein paar Seiten vorblättern und dir die Lösung ansehen.

Kunst und Text

Da bist du ja schon wieder. Kein Erfolg beim Staplerballett? Vielleicht ist das nicht die richtige Disziplin für dich als Büroarbeiter. Ich bin jetzt jedenfalls wieder mit Kaffee ausgestattet, wir können das Diagramm noch etwas aufwerten: Balken für alle Abteilungen im Bild zu haben, ist schon gut, aber noch besser wäre es, wenn man auch wüsste, zu welcher Abteilung sie gehören. Wir sollten die Balken beschriften. Text auf ein `<canvas>` zu schreiben, ist ganz einfach, die Methode `fillText("Text", x, y)` macht das schon. Dazu gehören noch drei wichtige Eigenschaften:

- Die Eigenschaft `font` ist für dich nichts Neues mehr, sie funktioniert genauso wie die `font`-Eigenschaft in CSS. Du setzt einen Stringwert wie für die Kurzschreibweise in CSS; für die einzelnen Eigenschaften wie `font-size`, `font-family` und so weiter gibt es keine Entsprechung. Also zum Beispiel `context.font = "bold 16px sans-serif"`. Du kannst sogar relative Größenangaben in `em` oder Prozent verwenden, diese werden auf Basis der Schriftgröße des Canvas berechnet.

- `textAlign` gibt an, wie der Text an den angegebenen Koordinaten ausgerichtet wird. `context.textAlign = "left"` bedeutet, dass das linke Ende des Textes an diesen Koordinaten steht, `right` tut dasselbe rechts und `center` … na ja, rate mal.

- Die letzte Eigenschaft, `textBaseline`, hat die gleiche Funktion für die vertikale Ausrichtung: Sie gibt an, welche Fluchtlinie des Textes auf Höhe der Koordinate liegt. Die möglichen Werte entnimmst du am besten dem Bild, das sagt hier wirklich mehr als tausend Worte.

Die sechs Werte für `textBaseline`

[Notiz]
Alle diese Eigenschaften werden wie Transformationen, Farben und so weiter mit **save** gespeichert und mit **restore** wiederhergestellt.

Wenn ich also will, dass die Koordinaten genau die Mitte des Textes angeben, was muss ich dann tun?

Nur das:

*1 Von links nach rechts wird zentriert, ...

```
context.textAlign = "center"; *1
context.textBaseline = "middle"; *2
context.fillText(text, x, y); *3
```

*2 ... von oben nach unten ebenfalls.

*3 Und dann wird der Text ausgegeben.

Genau in den Mittelpunkt

Multimedia **675**

[Schwierige Aufgabe]
Beschrifte die Säulen mit den Namen der Abteilungen.
Es soll in etwa so aussehen wie im Bild.

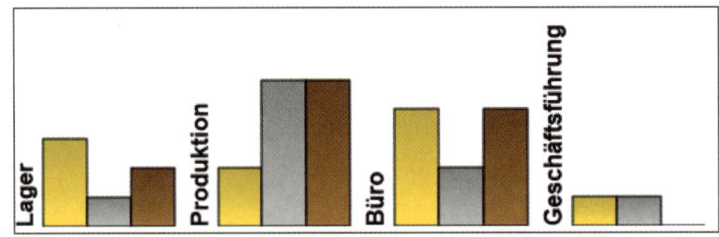

Balkendiagramm mit Beschriftung

[Achtung]
Als Erstes solltest du die Transformation, mit der die Balken gezeichnet werden, zurücksetzen. Durch `scale(1, -1)` wäre die Schrift sonst **spiegelverkehrt**.

Oha, das ist mal wieder knackig. **Dann lass mich doch mal überlegen. Als Erstes muss ich die Balken nach rechts schieben, damit überhaupt Platz für den Text da ist, und dann rotieren ... Grübel, grübel, denk, denk.**

Dann muss ich als Erstes die alte Transformation mit restore wegwerfen und eine neue setzen: Die x-Achse wieder nach unten zu schieben, aber dann um 90° gegen den Uhrzeigersinn zu rotieren, müsste passen. Und dann stell ich den Text so ein, dass ich die Koordinaten für „links oben" angebe, dann fangen alle Namen unten bündig an, ohne dass ich viel rechnen muss. Und dann nur noch schreiben ...

Eine Tasse Kaffee später...

***1** Die neue Funktion hat auch wieder eine Klammer aus `save()` und `restore()`, um am Ende alles sauber zu hinterlassen.

***2** Die Transformation ist der schwierige Teil des Ganzen, wie kommt der Text an die richtige Stelle? Er soll zunächst mal von der Unterkante her anfangen, deshalb `translate(0, 200)`. Um dann in die richtige Richtung zu schreiben, gehört alles noch um 90° gegen den Uhrzeigersinn gedreht, das geht mit `rotate(-0.5 * Math.PI)`. Ab jetzt gilt: Vorsicht, **dein gesamtes Koordinatensystem ist gedreht**, das wird gleich wichtig.

```
function beschrifte(context, daten){
    context.save();                                   //*1
    context.translate(0, 200);                        //*2
    context.rotate(-0.5 * Math.PI);                   //*2
    context.textBaseline = "top";                     //*3
    context.textAlign = "left";                       //*3
    context.font = "bold 16px sans-serif";            //*4
    context.fillStyle = "black";
    for (var i = 0; i < daten.length; i++){
        context.fillText(daten[i].abteilung, 0, i * 120);  //*5
    }
    context.restore();                                //*1
}
```

***3** Die Koordinaten bei `fillText` sollen die linke, obere Ecke des Textes angeben, so passt der Text am einfachsten ins Bild.

***4** Fett, 16 Pixel, ohne Serifen. Alle Koordinaten werden in Pixeln angegeben. Damit der Text dazu passt, setze ich auch die Schriftgröße in Pixeln und nicht relativ.

***5** Hier wird endlich der Text geschrieben. Jetzt ist es wichtig, die Rotation im Hinterkopf zu behalten: Den Parametern zufolge stehen die Namen der Abteilungen am linken Rand und werden nach unten verschoben. Aber mit der Transformation stehen sie am unteren Rand und werden nach rechts verschoben!

[Achtung]
Damit alles so passt, wie gezeigt, musste ich auch etwas mehr Platz zwischen den Balkengruppen lassen.

Das musste ich mir auf einem Schmierzettel aufzeichnen, bevor ich es hinbekommen habe.
Aber ich hab es hinbekommen!

[Belohnung]
Und das ganz ohne Hilfe, Schrödinger, ich bin stolz auf dich. Du entwickelst dich zu einem echten Künstler am Canvas, und dafür hab ich hier etwas für dich: den goldenen Pinsel! Der passt gut auf den Platz auf deinem Schreibtisch, wo der Staplerballettpokal fehlt.

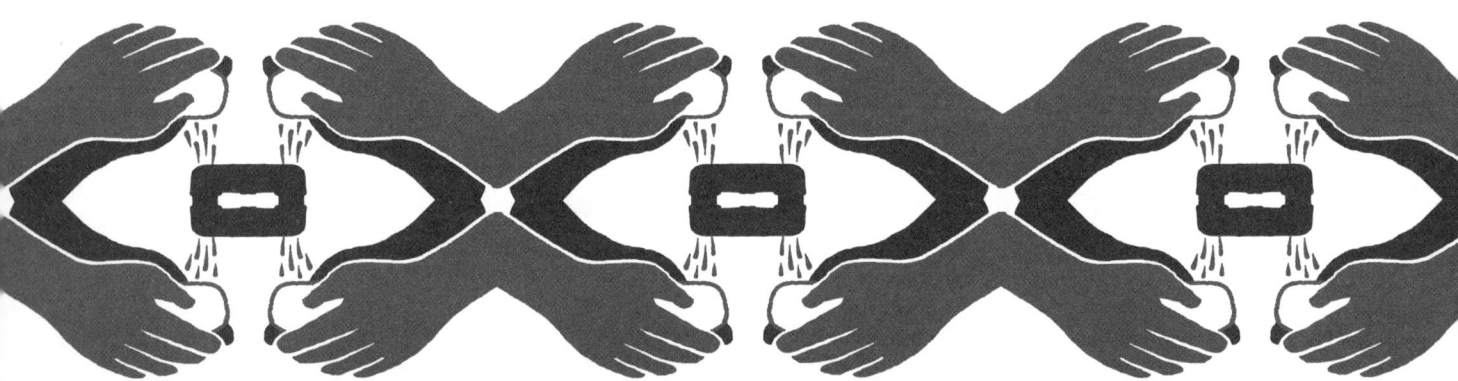

Lösung zur letzten Übung

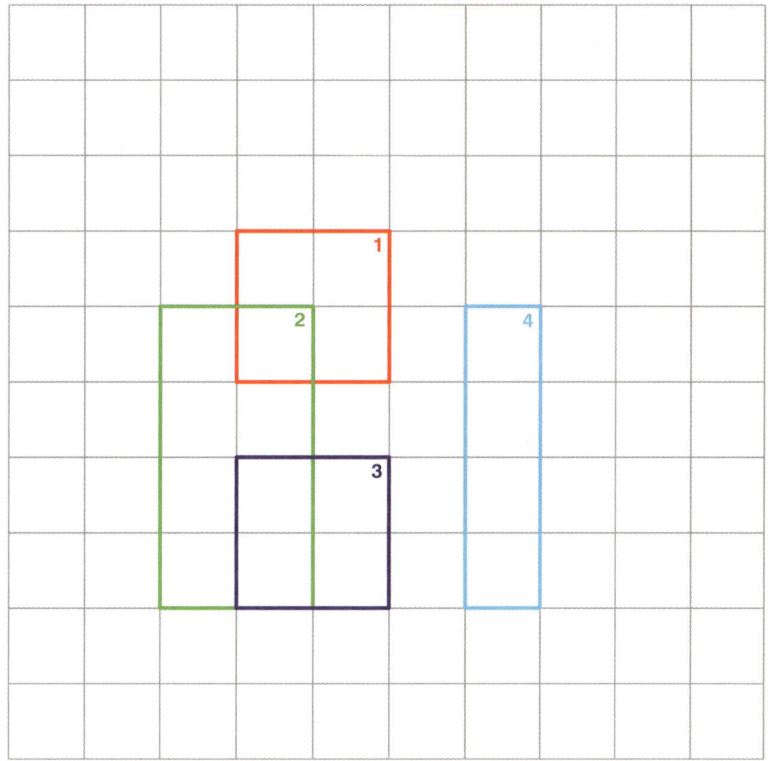

Die Rechtecke

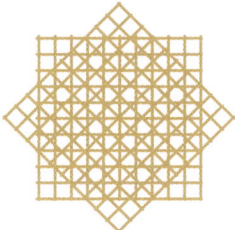

Hey, du betuppst doch! Nummer 5 fehlt!

Nein, die fehlt nicht, du kannst sie nur nicht sehen. Bei Nummer 5 ist die Drehung um 180° aktiv, und das Rechteck wird links und oberhalb des Ursprungs gezeichnet und damit **außerhalb des Bildes**.

Auf dem rechten Pfad

Rechtecke sind eine tolle Sache, oder? Aber manchmal möchte man doch gerne **etwas anderes** zeichnen. Kreise, Dreiecke, Linien, Siebzehnecke, irgendetwas, das nicht genau vier rechte Winkel hat. In der **`<canvas>`**-API ist alles, was kein Rechteck ist, ein Pfad.

[Begriffsdefinition]
Ein **Pfad** ist eine Abfolge von Geraden und Kurven, die eine nach der anderen durch Methodenaufrufe eingegeben werden. Sind Start und Ende eines Pfades identisch, ist der Pfad **geschlossen**, sonst **offen**. Beide Arten von Pfaden können **gezeichnet** werden, aber nur geschlossene Pfade können **gefüllt** werden.

Mit Pfaden arbeitet es sich etwas anders als mit Rechtecken. Es gibt nicht genau einen Methodenaufruf und fertig. Der Pfad gehört vielmehr zum Zustand der Leinwand: Es gibt genau einen Pfad, und die Methoden, um Pfadelemente hinzuzufügen, verlängern diesen. So wie Pfade grundsätzlich funktionieren, geht es auch gar nicht anders: Du schiebst mit Methodenaufrufen einen virtuellen Stift über das ebenso virtuelle Papier. **`moveTo`** bewegt den Stift, ohne zu zeichnen, **`lineTo`** zeichnet eine Linie von dem Punkt, an dem sich der Stift gerade befindet, zu den angegebenen Koordinaten. Aber es gibt eben nur den einen Stift, und deshalb musst du auch einen Pfad zu Ende zeichnen, bevor du einen neuen anfangen kannst. Wenn du mehrere, unabhängige Pfade zeichnen willst, dann musst du zuerst mit einem fertig werden und dann explizit mit einem neuen anfangen.

*1 Ein neuer Pfad fängt an. Wenn es vorher noch keine Pfadelemente gab, tut diese Methode nichts, aber sie schadet auch nicht.

*2 Die aktuelle Pfadposition wird zu diesen Koordinaten verschoben, ohne dabei eine Linie zu zeichnen. In einem neuen Pfad muss die erste Operation ein **moveTo()** sein, selbst wenn es **moveTo(0, 0)** ist.

Der erste Pfad

```
context.beginPath();     *1
context.moveTo(75, 25);  *2
context.lineTo(125, 100);*3
context.lineTo(25, 100); *3
context.closePath();     *4
context.fill();          *5
context.stroke();        *6
```

*3 Es wird eine Linie mit der aktuellen Pfadposition als Startpunkt und den angegebenen Koordinaten als Endpunkt gezeichnet. Anschließend ist der Endpunkt die neue Pfadposition.

*4 Es wird eine gerade Linie von der aktuellen Position zum Startpunkt des Pfades gezeichnet. Der Startpunkt ist der Punkt, zu dem das letzte **moveTo()** gesprungen ist.

*5 Bisher ist auf der Zeichenfläche noch nichts zu sehen, der Pfad wird vorbereitet, aber noch nicht gezeichnet. Mit **fill()** wird der Pfad gefüllt, genau wie **fillRect()** ein Rechteck füllt, mit den Einstellungen aus **fillStyle**.

*6 Mit diesem Aufruf wird der gesamte Pfad gezeichnet, mit den Einstellungen aus **strokeStyle** und **lineWidth**. Auch hier gilt wieder: erst ausmalen, dann Umrisse zeichnen.

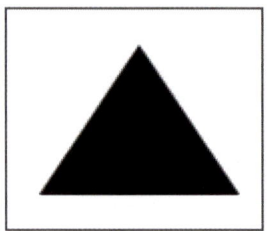

Das Ergebnis des ersten Pfades

[Achtung]
Ein Pfad muss also nicht an einem Stück zusammenhängen, man kann auch mitten im Pfad mit **moveTo** springen. Wird der Pfad nur mit **stroke** gezeichnet, muss man sich auch keine weiteren Gedanken machen. Will man ihn aber ausmalen, dann muss jeder Teilpfad für sich geschlossen sein, am einfachsten, indem du vor jedem **moveTo** auch **closePath** aufrufst.

Das ist schon mal ein Fortschritt gegenüber Rechtecken, aber Geraden sind immer noch sehr eingeschränkt. Was Rundes wäre doch noch toll. Auch dafür gibt es Möglichkeiten, und zwar gleich mehrere. Am einfachsten ist es, mit **arc()** einen Kreisbogen zu zeichnen. Und selbst dafür muss man schon ein wenig nachdenken, denn die **arc**-Methode nimmt bis zu fünf Parameter entgegen.

*1 Die ersten beiden Parameter geben den Mittelpunkt des Kreises an.

*2 Danach folgt der Kreisradius.

```
context.arc(20*1, 20*1, 10*2, 0*3, Math.PI*3, false*4);
```

*3 Und jetzt wird es kompliziert: Parameter drei und vier legen fest, welcher Teil des Kreises gezeichnet werden soll, und zwar als zwei Winkel zur x-Achse in rad. Das heißt: 0 ist ein Punkt genau rechts vom Mittelpunkt, **Math.PI** entspricht einem Winkel von 180° und liegt damit genau rechts vom Mittelpunkt. Der Beispielcode zeichnet demnach einen Halbkreis.

*4 Der letzte Parameter gibt an, ob der Bogen zwischen den angegebenen Winkeln im Uhrzeigersinn (**true**) oder gegen den Uhrzeigersinn (**false**) gezeichnet werden soll.

Das ist echt etwas undurchsichtig, ich glaube, ich bleibe bei Geraden.

Genau das hab ich mir auch gedacht. Und es wird noch schlimmer, du kannst auch noch **Bezierkurven** zeichnen, mit den Methoden `bezierCurveTo` und `quadraticCurveTo`. Die sind dir vielleicht schon mal im Zeichenprogramm deiner Wahl untergekommen. Bezierkurven sind Kurven, die neben einem Start- und einem Endpunkt auch noch Stützpunkte haben, durch die du festlegst, wie und wo die Kurve gekrümmt ist. Ganz ehrlich, im Grafikprogramm krieg ich das noch gerade durch Ausprobieren hin, aber Koordinaten dafür aus dem Kopf festlegen? Keine Chance!

[Zettel]
Wenn du unbedingt Pfade mit Bezierkurven angeben musst, dann gibt es nützliche Tools, die dir die Arbeit erleichtern. Unter http://www.victoriakirst.com/beziertool/ kannst du zum Beispiel Kurven anlegen und den JavaScript-Code dafür erzeugen lassen. Es gibt wirklich keinen Grund, das von Hand zu machen.

Überhaupt ist Arbeiten mit Pfaden nicht unbedingt schön. Zuerst muss man die Figur, die man zeichnen möchte, in Linien und Bögen zerlegen und dann sämtliche Koordinaten dafür ausrechnen und das Ding Stück für Stück zeichnen. Das ist schon schlimm genug, aber dann ist das **noch nicht mal objektorientiert**. Es gibt kein Pfadobjekt, das man manipulieren könnte. Man kann nicht nachträglich etwas verschieben, die einzige Möglichkeit ist, den Pfad neu zu zeichnen. Das macht echt keinen Spaß. Zum Glück gibt es – genau aus den genannten Gründen – schon viele Bibliotheken, die objektorientiertes Zeichnen ermöglichen. Wenn du wirklich das Beste aus dem `<canvas>` holen willst, dann schau dir oCanvas (http://ocanvas.org/) und EaselJS (www.createjs.com/#!/EaselJS) an, beide sind sehr mächtig, einfach zu bedienen und decken auch schon fortgeschrittene Themen wie **Animationen** und **Eventhandling** am `<canvas>` ab.

Das find ich toll. Wenn die den schwierigen Teil schon gemacht haben, dann macht mir das das Leben leichter. Und ich hab mehr Zeit, fürs Flaschenstapeln zu trainieren.

Bild im Bild

Nach Rechtecken, Texten und Pfaden hab ich noch eine weitere Sache, die du auf die Leinwand pinseln kannst: ganze Bilder. Du könntest das Maskottchen der Stapelmeisterschaft natürlich aus Pfaden zusammensetzen, aber Spaß hättest du dabei keinen, und der JavaScript-Code wäre am Ende größer als ein PNG. Viel einfacher ist es doch, Kistie **als Bild zu laden**.

Kistie, das Maskottchen der Stapelolympiade

So malst du ein Bild auf das <canvas>

*1 das Bild

```
context.drawImage(kistieBild*1, x*2, y*2);
```

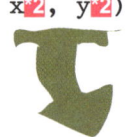

*2 Der Ort. Die Koordinaten geben die linke, obere Ecke des Bildes an.

Wie komme ich denn an so ein Bild dran? Und welchen Typ hat es?

Du kommst mal wieder sofort zur Sache. Aber zumindest ist die Antwort diesmal nicht schwierig.
Da gibt es viele Möglichkeiten:

- **Aus einem <img>-Element**: Am einfachsten hast du es, wenn das Bild schon als `<img>` auf der Seite vorkommt, dann kannst du dir das Element mit den üblichen DOM-Methoden wie `getElementById` holen und als Parameter an `drawImage` übergeben. Das Gleiche funktioniert auch mit `<canvas>`-Elementen und sogar mit `<video>`, in beiden Fällen wird das gerade angezeigte Bild auf dein `<canvas>` übernommen.

[Achtung]
Hier kannst du potenziell Probleme mit der **Cross Origin Policy** bekommen: Aus Sicherheitsgründen hält der Browser alle Ressourcen, die **von einer anderen Domäne** geladen werden, für gefährlich und schränkt ein, was JavaScript mit ihnen tun darf. Das gilt für Bilder, Videos und auch für `<canvas>`-Elemente, auf die ein JavaScript von einer anderen Domäne gemalt hat. Bilder, die aus einer solchen Quelle stammen, kannst du zwar auf das `<canvas>` malen, aber es wird dadurch verdorben (**tainted**). Das bedeutet, dass du die Bilddaten nicht mehr mit `toBlob()`, `toDataUrl()` oder `getImageData()` von der Leinwand in eine Skriptvariable lesen kannst.

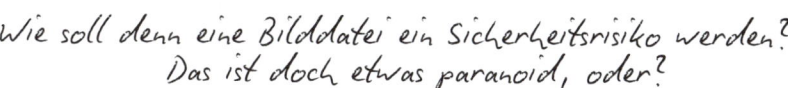

Nein, leider nicht. Wenn du dir mal durchliest, wie komplex manche Angriffe auf Webbrowser sind, da sind manipulierte Bilder noch gar nichts.

- **Per JavaScript**: Du kannst ein Bild aber auch komplett in JavaScript laden. Dazu erzeugst du ein neues `Image`-Objekt und setzt dessen `src`-Eigenschaft auf die URL des Bildes. Es gibt dann allerdings eine Kleinigkeit, auf die du achten musst: Du musst auf das `load`-Event des Images warten. Wenn du ein Element auf der Seite als Quelle verwendest, dann ist das Bild auf jeden Fall vorhanden, wenn das `load`-Event der Seite gefeuert wird. Lädst du das Bild selbst im JavaScript, dann musst du **noch einmal auf dessen load-Event warten**.

Multimedia **685**

*1 Ein neues **Image**-Objekt – nichts leichter als das.

*2 Wenn das Bild komplett geladen ist, wird es sofort auf die Leinwand gebracht. Im **load**-Event steckt das Bild als **target** drin.

```
function zeichneKistie(context){
    var bild = new Image(); *1
    img.addEventListener("load", function(event){
        context.drawImage(event.target, 400, 0);
    }); *2
    bild.src = "kistie.png"; *3
}
```

*3 Erst nachdem der Eventhandler registriert ist, wird die **src**-Eigenschaft gesetzt, das hast du so ähnlich schon bei Dateien gesehen. Das Setzen von **src** löst das Laden aus, und wenn das zu schnell geht und du deinen Eventhandler erst danach registrierst, dann könntest du das Event schon verpasst haben.

Neben dieser einfachen Variante von **drawImage** gibt es noch zwei weitere, mit mehr Parametern. Die eine nimmt zusätzlich zum Bild und den Koordinaten eine Höhe und Breite, auf die das Bild gestaucht/gestreckt werden soll: **drawImage(bild, x, y, hoehe, breite)**. Soweit kein Problem. Die dritte Variante schneidet einen Teil des Quellbildes aus und bringt nur diesen Ausschnitt auf das **<canvas>**:

[Zettel]

Allen Varianten von **drawImage** ist es egal, ob du ein Image-Objekt oder ein **<img>**-Element übergibst oder auch **<canvas>** oder **<video>**. Hier funktioniert endlich mal alles mit allem.

*1 Das Bild. Noch ist alles unverändert.

*2 die Koordinaten der linken, oberen Ecke des Ausschnitts im Quellbild

*3 Höhe und Breite des Ausschnitts

```
drawImage(bild*1, quellX*2, quellY*2, quellHoehe*3, quellBreite*3, zielX*4, zielY*4,
zielHoehe*5, zielBreite*5);
```

*4 die Koordinaten, an denen der Ausschnitt auf das <canvas> soll

*5 Zielhöhe und -breite, falls der Ausschnitt zusätzlich gestreckt oder gestaucht werden soll

[Achtung]
Bei dieser letzten Variante sind der zweite und dritte **Parameter nicht die Zielkoordinaten**. Das vergisst man leicht, wenn man die anderen Varianten im Kopf hat.

[Zettel]
Die letzte **drawImage**-Variante ist sehr nützlich, wenn du mit einem **Spritesheet** arbeitest. Das ist ein großes Bild, in dem viele kleine Bilder zusammengefasst werden, um sie dann in Ausschnitten zu verwenden. Spritesheets sind eine nützliche Technik, um das Laden einer Seite zu beschleunigen, denn eine große Datei lädt per HTTP schneller als mehrere kleine.

Multimedia **687**

Farbähnliche Dingsdas

Damit hast du die großen Themen im Canvas auch hinter dir und verstanden. Es gibt aber noch ein Thema, das ich zwar angerissen, aber noch nicht zu Ende erklärt habe: die farbähnlichen Dingsdas, mit denen man ein Rechteck oder einen geschlossenen Pfad füllen kann. Es gibt zwei Arten von Dingsdas, die du anstelle einer Farbe verwenden kannst: Farbverläufe und Muster.

Farbverläufe kenn ich noch von CSS-Hintergründen. Funktionieren die diesmal wenigstens in allen Browsern? Das war da nämlich ziemlich nervig.

Keine Sorge, diesmal funktioniert es überall, wo auch **<canvas>** funktioniert. Und es geht sogar noch einfacher als in CSS, da du nicht die gesamte Definition in eine Anweisung packen musst.

[Funktioniert in]
Farbverläufe in <canvas> funktionieren in allen Browsern.

Und zwar so:

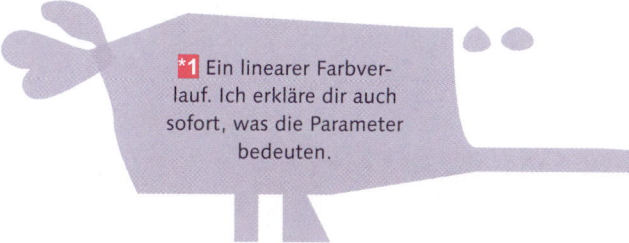

*1 Ein linearer Farbverlauf. Ich erkläre dir auch sofort, was die Parameter bedeuten.

```
var verlauf = context.createLinearGradient(0, 0, 300, 0); *1
verlauf.addColorStop(0, "black"); *2
verlauf.addColorStop(1, "red"); *2
context.fillStyle = verlauf; *3
```

*2 Zunächst ist der Farbverlauf noch leer. Bevor du ihn benutzen kannst, musst du die Farbe für mindestens zwei Punkte setzen. Der erste Parameter von **addColorStop** ist eine Zahl zwischen 0 und 1, 0 bedeutet „am Anfang des Verlaufs", 1 „am Ende", und andere Werte liegen dazwischen. Der zweite Parameter ist eine Farbe. Zwischen den definierten Punkten wird die Farbe interpoliert, so dass ein flüssiger Farbverlauf daraus wird.

*3 Wenn der Farbverlauf fertig ist, kannst du ihn als **fillStyle** setzen, genau wie eine Farbe.

Linearer Farbverlauf

addColorStop(0, "yellow");

addColorStop(0.5, "blue");

addColorStop(1, "red");

Die Parameter von `createLinearGradient(x1, y1, x2, y2)` sind natürlich Koordinaten, aber was bedeuten sie? Die Koordinaten geben zwei Punkte an, zwischen denen der Farbverlauf liegt. Diese Punkte liegen im globalen Koordinatensystem der Zeichenfläche, nicht relativ zur gefüllten Fläche.

Was? Wie bitte?

Okay, klingt kompliziert, ist aber einfach. Wenn dein Farbverlauf von (0, 0) bis (300, 0) geht und du ein Rechteck füllst von (150, 0) bis (300, 10), dann siehst du nur die hintere Hälfte des Farbverlaufs. Das Rechteck fängt zwar erst bei 150 Pixeln an, der Farbverlauf aber bei 0, deshalb ist nur der hintere Teil zu sehen.

Ach soooo!

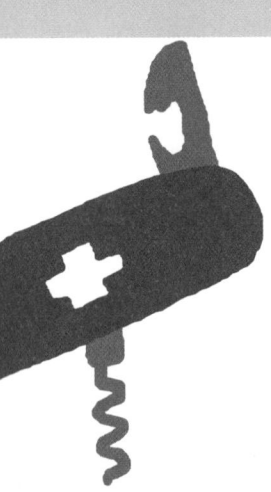

[Einfache Aufgabe]
Damit kannst du das Balkendiagramm noch ordentlich aufwerten: Anstelle von einfarbigen Balken kann jeder Balken mit einem Verlauf eingefärbt werden, von der ursprünglichen Farbe zu einem dunkleren Ton der Farbe. Los geht's.

[Notiz]
Du erinnerst dich natürlich, wie du zu einem dunkleren Farbton kommst: Du reduzierst die R-, G- und B-Werte jeweils um denselben Betrag.

So sieht danach die zeichneBalken-Funktion aus

*1 Der Verlauf geht von unten nach oben, denn beim Aufruf von **zeichneBalken** ist die Spiegelung noch aktiv. Für jeden Balken ist der Verlauf genauso hoch wie der Balken, so hört jeder Balken mit der gleichen Farbe auf, auch wenn sie unterschiedlich hoch sind.

```
function zeichneBalken(context, startX, medaillen, farbe1*2, farbe2*2){
    var gradient = context.createLinearGradient(0, 0, 0, medaillen * 20);*1
    gradient.addColorStop(0, farbe1);*2
    gradient.addColorStop(1, farbe2);*2
    context.fillStyle = gradient;
    context.fillRect(startX, 0, 30, medaillen * 20);
    context.strokeRect(startX, 0, 30, medaillen * 20);
}
```

*2 Statt einer Farbe werden nun zwei als Parameter übergeben und der Farbverlauf zwischen diesen beiden Farben erzeugt. Alles Weitere bleibt gleich.

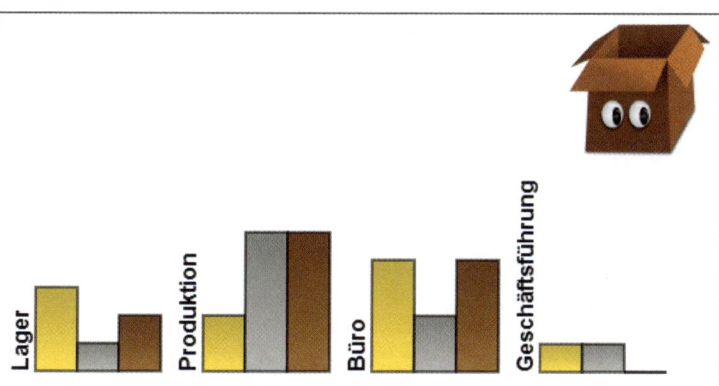

Das fertige Diagramm, mit Farbverlauf und Kistie

[Notiz]
Es gibt außer dem linearen Farbverlauf auch noch kreisförmige (radiale) Farbverläufe, die mit **createRadialGradient** erzeugt werden.

Multimedia **691**

Aber Farbverläufe sind nicht die einzigen Dingsdas, es gibt noch eine Sorte: Muster (Pattern) sind einfacher zu durchschauen als Farbverläufe: Es wird ein Bild benutzt, um die Fläche zu füllen. Das Bild kann dabei aus den gleichen Quellen stammen, mit denen auch schon **drawImage** im vorigen Abschnitt umgehen konnte. Daraus wird dann ein Muster erstellt, das als Style verwendet werden kann.

*1 So wird aus dem Bild ein Muster. Der zweite Parameter besagt, dass das Muster in beide Richtungen wiederholt werden soll. Es gibt andere mögliche Werte, die das Bild nicht **(no-repeat)** oder nur in eine Richtung **(repeat-x, repeat-y)** wiederholen, aber seltener gebraucht werden.

```
var bild = document.getElementById("bild");
var muster = context.createPattern(bild, "repeat"); *1
context.fillStyle = muster; *2
```

*2 Auch ein Muster kann als **fillStyle** gesetzt werden, und es wird alles damit gefüllt. Ganz easy.

Das sind für den Moment aber auch genug Details zu **<canvas>**, du sollst dir das ja alles auch noch merken können. Du kannst mal zeigen, was du schon alles vergessen hast, ich gehe inzwischen mal Kaffee suchen.

Kaffee kannst du leider vergessen, mein Liebes.
Du hast unseren gesamten Bürovorrat weggetrunken, wäre Kaffeetrinken eine Disziplin in der Stapelmeisterschaft, bekämst du einen Extrapreis. Tee ist noch da, aber lass uns auch was übrig!

Übungen mit interessanter Überschrift

Na gut, dann eben heute mal Tee. Und da der ja ein paar Minuten ziehen muss, kannst du in der Zwischenzeit Spaß mit dem Bleistift haben.

[Einfache Aufgabe]
Führe den JavaScript-Code „von Hand" aus, und zeichne den Pfad ins Raster. Was zeichnet er?

```javascript
function zeichne(){
    var canvas = document.getElementById("grafik");
    var context = canvas.getContext("2d");
    context.beginPath();
    context.moveTo(20, 20);
    context.lineTo(20, 100);
    context.lineTo(80, 100);
    context.lineTo(80, 20);
    context.closePath();
    context.moveTo(80, 40);
    context.arc(80, 60, 20, -0.5 * Math.PI, 0.5 * Math.PI);   *1
    context.stroke();
    context.font = "bold 20px sans-serif";
    context.textAlign = "center";
    context.textBaseline = "middle";
    context.fillText("TEE", 50, 40);
}
```

*1 Wie war das noch gleich? Die ersten zwei Parameter sind Koordinaten des Mittelpunktes, dann kommt der Radius und dann von welchem Winkel bis zu welchem Winkel gezeichnet werden soll. 0 ist genau rechts vom Mittelpunkt, `Math.PI` genau links davon. Also sind diese beiden ...

Die Lösung zur Pfadaufgabe

Du spinnst doch. Erst erzählst du mir, dass Pfade doof sind, und dann lässt du mich welche zeichnen.

Doof sind sie, zu der Meinung stehe ich. Aber trotzdem baut alles, was du mit Zeichenbibliotheken machen kannst, auf Pfaden auf. Die Grundlagen zu kennen, schadet also nicht. Die nächste Aufgabe ist aber schon praxisrelevanter. Und du darfst Code schreiben.

[Einfache Aufgabe]
Die Grafik des Medaillenspiegels soll noch einen Hintergrund bekommen, der von oben nach unten von Weiß zu einem hellen Grau (#DDDDDD, zum Beispiel) und dann wieder zu Weiß wird. Die dunkelste Stelle soll unterhalb der Mitte liegen.

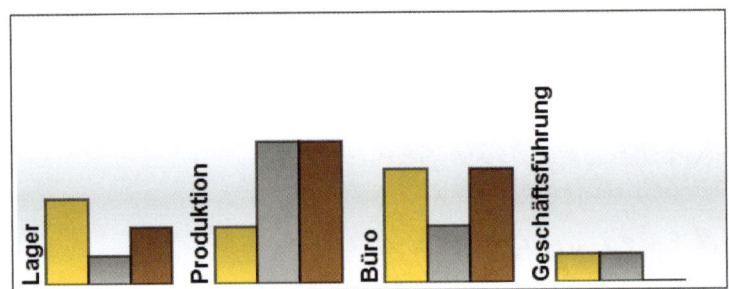

Medaillenspiegel mit einem tollen Hintergrund

Hintergrund setzen? Ich such mal in der API ...

**Vergiss es, gibt's nicht. Ich sage dir einen Trick.
Ach was, da kommst du selbst drauf. Die Funktion kennst du schon.**

Und dann muss das Ganze vor den anderen Zeichenbefehlen aufgerufen werden, nicht hinterher. Das ist mir erst nach dem ersten Versuch aufgefallen.

*9) ... und ein Rechteck über die gesamte Fläche gezeichnet, genau wie wir oben gesagt haben.

*5) Jetzt wird das Ganze als Füllfarbenlingsda gesetzt ...

*4) ... und ganz am Ende wieder weiß.

*3) Dann unterhalb der Mitte soll es grau werden ...

*2) Von oben bis etwas über der Mitte soll alles noch weiß sein.

*1) Als Erstes wird ein Farbverlauf erzeugt, gerade von oben nach unten, und so hoch wie das Canvas.

```
function zeichneHintergrund(context) {
    var verlauf = context.createLinearGradient(0, 0, 0, 200);  *1
    verlauf.addColorStop(0, "white");  *2
    verlauf.addColorStop(0.4, "white");  *2
    verlauf.addColorStop(0.7, "#DDDDDD");  *3
    verlauf.addColorStop(1, "white");  *4
    context.fillStyle = verlauf;  *5
    context.fillRect(0, 0, 500, 200);  *6
}
```

Ich wusste, du kommst drauf.

Ich kam ein Rechteck „füllen", das so groß ist wie die ganze Leinwand.

Multimedia **695**

[Einfache Aufgabe]
Und noch was Einfaches zum Schluss: Wie heißen die **<canvas>**-Eigenschaften, mit denen du die folgenden Einstellungen machst?

- Liniendicke
- Schriftart
- Schriftgröße
- Füllmuster
- Linienfarbe
- Textfarbe

- **lineWidth**
- **font**
- ebenfalls **font**
- **fillStyle**
- **strokeStyle**
- und wieder **fillStyle**

Du wirst echt weich ohne Kaffee, oder? Das war extrem einfach.

Ja, okay, es war ziemlich einfach. Aber den Pfad und den Farbverlauf hast du auch mit links hinbekommen, und die waren nicht ganz ohne. Video- und Audioinhalte hattest du ja schon gemeistert, und am **<canvas>** bist du auch ein echter HTML-Van Gogh geworden – aber bitte schneid dir nicht die Ohren ab!

Leinwand für Fortgeschrittene

Aber auch mit allem, was du jetzt über `<canvas>` gelernt hast, haben wir nur an der Oberfläche der Möglichkeiten gekratzt. In JavaScript Bilder zu erzeugen, ist ziemlich cool, aber nur mit Pfaden und Rechtecken kann man ja noch nicht so viel machen. Die Möglichkeiten gehen noch viel weiter, du kannst in JavaScript alles umsetzen, was auch mit PhotoShop oder GIMP geht.

Echt alles?
GIMP hat doch sogar eine eigene Skriptsprache!

Na, JavaScript doch irgendwie auch, oder? Der Trick dazu ist, mit **getImageData** und **putImageData** die Pixelwerte aus dem Bild zu lesen und wieder zurückzuschreiben. Du musst dann zwar wissen, wie du die Pixel zu manipulieren hast, um etwas zu erreichen, aber dieser Teil der Arbeit ist, ganz unabhängig von der Programmiersprache, nicht leicht: Über Algorithmen zur Bildbearbeitung gibt es …

… ganze Bücher, ich weiß.

> **[Zettel]**
> HTML5Rocks hat eine gute Einführung, wie man in JavaScript Filter auf ein Bild anwenden kann und es zum Beispiel in Graustufen umwandelt oder es schärft oder verwischt: http://www.html5rocks.com/en/tutorials/canvas/imagefilters/.

Aber um Flash zu verdrängen, fehlt immer noch eine wichtige Zutat: Die Bilder müssen sich bewegen! Auch das geht ganz einfach, du brauchst dazu bloß mit **setInterval** eine Funktion zu registrieren, die regelmäßig einen neuen Frame deiner Animation zeichnet. Dazu noch Maus- oder Tastatur-Eventhandler, und schon steht Spielen in reinem JavaScript nichts mehr im Weg, und die stehen Spielen in Plug-ins in nichts nach, nicht in der Performance und auch nicht in ihren technischen Möglichkeiten.

> [Zettel]
> Die Mozilla Foundation hat eine große Sammlung an Demos, was ein Canvas alles kann (https://developer.mozilla.org/en-US/demos/tag/tech:canvas). Überhaupt sind die Mozilla-Demoseiten eine tolle Ressource, denn du kannst dir nicht nur anschauen, was geht, sondern auch von allen Beispielen den Code herunterladen und sehen, **wie** es geht.

Aber ... ist JavaScript nicht zu langsam, um mehr als Pong oder Tetris umzusetzen?

Das glauben leider immer noch sehr viele. Und, um ganz fair zu sein, es ist auch noch nicht lange her, da war es wahr. Aber es hat sich viel geändert seitdem. Ich gebe dir mal ein Beispiel, wie schnell JavaScript grade in diesem Bereich inzwischen ist: Du kannst Videos in einem `<video>`-Element abspielen, **in Echtzeit** Bild für Bild manipulieren und die veränderten Bilder auf einem `<canvas>` ausgeben. Auch hier wieder ein Beispiel von Mozilla: http://developer.mozilla.org/en-US/docs/HTML/Manipulating_video_using_canvas. In diesem Beispiel wird das Green-Screen-Verfahren in JavaScript umgesetzt. Das ist die Technik, bei der jemand vor einem einfarbigen Hintergrund steht und die Hintergrundfarbe dann durch ein Bild ersetzt wird. So wird zum Beispiel der Wettermann im Fernsehen vor die Wetterkarte gestellt. Und in JavaScript geht das, ohne zu ruckeln, während das Video spielt.

> [Zettel]
> Auch der HTML-Doktor gibt zu dem Thema eine gute Einführung: http://html5doctor.com/video-canvas-magic/.

Wow. Okay, das ist echt nicht mehr langsam. **Ich dachte ja zuerst immer, du versprichst zu viel, was JavaScript angeblich kann. Aber jetzt bin ich mehr und mehr beeindruckt. Das kann ja wirklich so viel, wie du sagst.**

—SIEBZEHN—
Schrödinger will's wissen

Ajax

AJAX (Asynchronous JavaScript and XML) ist momentan die Königsdisziplin im Web. Mit AJAX wird das traditionelle Request-Response-Modell aufgebrochen, zumindest aus Sicht des Benutzers. Endlich kann jeder mit dem Server reden, ohne die ganze Seite abschicken zu müssen. Möglich macht's der XMLHttpRequest, wahrscheinlich der wichtigste Schritt in der Entwicklung des Webs von reiner Inhaltsanzeige zur Anwendungsplattform.

Was ist Ajax?

Am Anfang des Webs waren Request und Response. Der Browser schickte den Request zum Server, der Server antwortete mit einer Response, und der Browser zeigte den Inhalt der Response als neue Seite an. Und alle waren glücklich. Solange das World Wide Web nur aus Inhalten bestand, die dem Benutzer angezeigt werden sollten, mit einem gelegentlichen Formular dazwischen, war dieses Modell ausreichend. Man klickte einen Link, wartete ein wenig, und die neue Seite war da.

Oh cool, Geschichtenzeit!

Aber das Web wurde **interaktiver**, es gab immer mehr Anwendungen, für die es unpraktisch war, die ganze Seite neu zu laden. Du kennst es bestimmt aus Onlineshops, dass du zuerst dein Land auswählst, und dann wird eine Liste der Bundesländer zur Auswahl angeboten. Das geht zwar noch mit Neuladen der Seite, aber es ist **nicht praktisch**. In etwa so, als wäre die spanische Flotte in der neuen Welt angekommen, und weil sie nicht wussten, was sie jetzt genau tun sollten, hätten die Spanier alles wieder eingepackt, wären zurück über den Atlantik gefahren, hätten den König gefragt, wie es weitergehen soll, wären mit der Antwort wieder zurück nach Amerika gefahren und hätten dort weitergemacht, als sei das so normal. Oder noch schlimmer, sie hätten dort von vorne angefangen. Es ist auch im Web immer noch keine Seltenheit, dass du ein Formular ein zweites Mal ausfüllen musst, weil die ganze Seite neu geladen wurde.

Und schon bei ganz einfachen Dingen wird dieses Vorgehen komplett unmöglich, zum Beispiel bei den Suchvorschlägen bei Google. Müsste dafür die Seite neu geladen werden, wäre das nicht nur nutzlos, sondern unbenutzbar. Würde die Seite nach jedem Tastendruck neu geladen, würdest du nach 10 Sekunden wahnsinnig. Und alle Möglichkeiten schon in der Seite mitzuliefern, geht auch nicht, es gibt Milliarden möglicher Vorschläge.

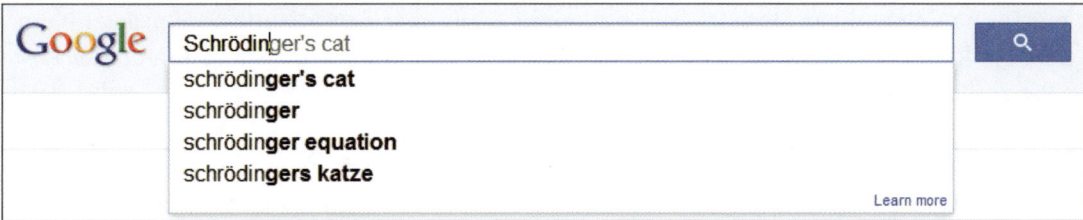

Suchvorschläge

Es musste ein **neues Konzept** her, um diese Art von Anwendung im Browser zu realisieren. Gleichzeitig musste aber das strikte Request-Response-Modell beibehalten werden, auf dem die gesamte, bestehende Webinfrastruktur aufbaut. Ein schwieriges Problem, das aber schon relativ früh gelöst wurde. Microsoft war der Motor dieser Innovation: Schon Internet Explorer 5 (1999) enthielt mit **XMLHTTP** den ersten Entwurf einer Lösung. Das Prinzip war ganz einfach: Es gab nun ein JavaScript-Objekt, das Requests versenden konnte, dann auf die Antwort wartete und die darin enthaltenen Informationen verarbeitete, zum Beispiel indem es den Seiteninhalt per DOM-Manipulation aktualisierte. Die Seite änderte sich zwar, aber sie wurde nicht komplett neu geladen. Dadurch ergaben sich gleich einige Vorteile:

- **Eingaben**, die der Benutzer in der Zwischenzeit gemacht hatte, **gingen nicht mehr verloren.**
- Die übertragene Datenmenge und dadurch die **Ladezeit** wurden **drastisch reduziert**. Es war nicht mehr notwendig, die ganze Seite mit allen Layoutelementen neu zu übertragen, lediglich die benötigten neuen Daten wurden übermittelt.
- Das Request-Response-Modell wurde dadurch **komplett vor dem Benutzer versteckt**. Das Arbeiten in einer Webanwendung ist seitdem vom Arbeiten mit einer Desktopanwendung kaum noch zu unterscheiden.

[Hintergrundinfo]
Diese neue Technologie wurde entwickelt für und erstmals angewendet in Outlook Web Access, einem browserbasierten Mailclient.

[Hintergrundinfo]
Streng genommen war XMLHTTP kein JavaScript-Objekt, sondern eine ActiveX-Komponente, eine Microsoft-eigene Art von Plug-in.

Es musste nun nicht mehr für jede Frage das große Schiff über den Atlantik segeln: Jetzt konnte man ein **kleineres, schnelleres Boot** mit der Frage zum König schicken, während der Rest der Expedition mit der Arbeit weitermachte.

Weil **XMLHTTP** eine tolle Idee war, aber nur im Internet Explorer funktionierte, reagierte die Mozilla Foundation darauf mit der Entwicklung ihrer eigenen Alternative: dem **XMLHttpRequest**. Der wurde von den anderen Browserherstellern schnell aufgegriffen und funktionierte bald in allen Browsern – außer dem Internet Explorer. Es folgte eine Zeit, in der man ständig prüfen musste, welches Objekt der Browser denn nun unterstützt. Man kennt diese Schmerzen als Webentwickler ja. Aber nachdem 2006 das W3C den **XMLHttpRequest** zum Standard erhob, hat auch der Internet Explorer ihn umgesetzt.

Und so war Ajax geboren, **das** Paradigma für Anwendungen im Web. Obwohl die Abkürzung Ajax erst seit 2005 benutzt wird, werden alle Verwendungen von **XMLHTTP** und **XMLHttpRequest** heute unter dem Begriff zusammengefasst.

[Funktioniert in]
XMLHttpRequest funktioniert in Firefox, Chrome und Safari, sowie im Internet Explorer ab der Version 7.

[Begriffsdefinition]
Ajax steht für **A**synchronous **J**avaScript **a**nd **X**ML. Asynchron, weil die Webseite weiter benutzt werden kann, während im Hintergrund Daten geladen werden. JavaScript, weil ... ich denke, der Teil ist klar. Und XML, weil das zu Anfang das bevorzugte Datenformat war.

[Begriffsdefinition]
XML ist eine Markup-Sprache, sehr ähnlich wie HTML. In XML gibt es keine vorgegebene Menge an Tags, man kann vollkommen beliebige Tag-Namen benutzen. Es ist ein verbreitetes Format für strukturierte Daten, weil es sowohl für Menschen als auch für Computer gut lesbar ist.

Das x in Ajax wird allgemein bei allen asynchronen Serverzugriffen benutzt, auch wenn kein XML vorkommt. Welche Art von Daten der Server liefert, ist vollkommen beliebig. Das häufigste Format neben XML ist **JSON**, da es sich sehr einfach wieder in ein JavaScript-Objekt umwandeln lässt. Arbeiten mit XML ist etwas umständlicher, aber eine gute Bibliothek hilft auch da weiter, zum Beispiel http://api.jquery.com/jQuery.parseXML/.

[Zettel]
Die parallele Abkürzung für Asynchronous JavaScript and JSON, Ajaj, konnte sich nicht durchsetzen. Wahrscheinlich, weil sie **dämlich** klingt.

[Begriffsdefinition]
Wenn reine Daten in XML, JSON oder einem beliebigen anderen Format transportiert werden, um sie dann in JavaScript zu verarbeiten, spricht man von **datenorientiertem** Ajax. Das ist der häufigere Fall, aber es gibt auch noch **fragmentorientiertes** Ajax, dabei werden vom Server HTML-Fragmente zurückgeliefert, die nicht mehr bearbeitet werden müssen, sondern einfach durch `innerHTML` an einer bestimmten Stelle im Dokument eingehängt werden.

Datenorientiertes Ajax würde bedeuten, dass der König von Spanien Anweisungen schickt, welche Gebäude in der neuen Kolonie wie zu errichten sind. Bei fragmentorientiertem Ajax würde er **das fertige Gebäude** per Schiff schicken.

[Zettel]
Alle gängigen Browser unterstützen zumindest den **XMLHttpRequest** Level 1, neuere Browser aber auch den weitaus mächtigeren **XMLHttpRequest** Level 2. Die GET-Requests, die ich dir zuerst zeige, funktionieren in beiden. Danach zeige ich dir auch, wie du mit Level 2 POST-Requests und noch einiges andere machst.

Hallo Server, bitte kommen

Wie tut man aber jetzt Ajax?

Das möchte ich auch gern wissen, es klingt nämlich ziemlich cool.

Mit dem, was du jetzt schon alles weißt, ist das gar keine Herausforderung mehr, es sind die gleichen drei Schritte, die du schon kennst:

1. ein Request-Objekt erzeugen
2. Eventlistener registrieren
3. mit einem Methodenaufruf den Request abschicken, okay, mit zwei Methodenaufrufen diesmal

Ein Request-Objekt erzeugen

```
var ajaxRequest = new XMLHttpRequest();
```
*1

*1 Einfacher könnte es nicht sein.

Eventlistener registrieren

```
ajaxRequest.addEventListener("load", ajaxGeladen);
ajaxRequest.addEventListener("error", ajaxFehler);
```
*1 *2

*1 Wie es schon immer ging mit den Eventlistenern: zuerst der Name des Events, dann die Methode. **load** wird aufgerufen, wenn der Request erfolgreich war, …

*2 … und **error**, wenn ein Fehler auftrat. Das war nicht anders zu erwarten.

Es gibt noch mehr Events	
`loadstart`	Der Ladevorgang beginnt.
`progress`	Es gab Fortschritt beim Laden der Antwort. Das übergebene Event hat drei wichtige Eigenschaften. **lengthComputable** Wenn die Gesamtlänge des Downloads bekannt ist, steht hier true drin, sonst false. **loaded** Wie viele Bytes der Antwort wurden schon geladen? **total** Wie groß ist die Antwort insgesamt? Wenn lengthComputable == false, dann steht hier 0.
`abort`	Der Request wurde durch die `abort`-Methode abgebrochen.
`timeout`	Der Request dauert zu lange. Wenn du einen Timeout möchtest, musst du ihn erst selbst setzen (in der Eigenschaft `timeout` von `XMLHttpRequest`), sonst wird niemals unterbrochen.
`loadend`	Laden ist beendet, erfolgreich oder mit Fehler.

Und los geht's

```
ajaxRequest.open*1("get"*2, "/ajaxURL"*3);
ajaxRequest.send();*4
```

*1 Die **open**-Methode legt fest, was per Ajax aufgerufen werden soll.

*2 Die Request-Methode, genau wie damals bei den Formularen, ist entweder **get** oder **post**. Zumindest für den Moment.

Da kommt er wieder mit diesen vagen Andeutungen. Bevor das Kapitel rum ist, will ich wissen, was es da noch gibt!

Wirst du, keine Sorge. Beim XMLHttpRequest 2 klär ich dich auf.

*3 Die URL, gegen***A** die der Request ausgeführt werden soll. Sie kann zwar relativ oder absolut sein, aber muss erst mal immer **zu dem Server gehen, von dem dein JavaScript geladen wurde**. Das liegt an der Same Origin Policy, die ich dir gleich auch noch erkläre.

*4 send führt den Request dann aus. Für GET-Requests ist **send()** ohne Parameter da, für POSTs zeige ich dir gleich ein paar andere Varianten.

*A „Gegen die der Request ausgeführt wird": Diese merkwürdige Ausdrucksweise ist unter Entwicklern üblich und heißt einfach nur, dass der Request an eben diese URL gerichtet wird.

[Zettel]
Es gibt noch weitere Parameter an **open**, aber die sind optional, und du wirst sie nicht oft brauchen.

Jetzt werden deine Eventhandler aufgerufen, hoffentlich der **load**-Handler, und du bekommst dein Ergebnis: Es steht in der **responseText**-Eigenschaft des Requests. Reinen Text kannst du sofort weiterverwenden, JSON musst du vorher noch **selbst parsen**.

```
function ajaxGeladen(event){
    var ergebnis = JSON.parse(event.target.responseText);
}
```

[Hintergrundinfo]
In der Eigenschaft **responseXML** steht die Antwort auch als bereits geparstes XML drin, aber mit XML arbeiten ist in JavaScript aufwendiger, weil man es zunächst mal parsen muss und danach mit DOM-Methoden darauf zugreift. Ja, auch XML ist ein Document und hat ein Object Model. Es geht also, aber aus JSON werden sofort JavaScript-Objekte mit Eigenschaften, das ist viel einfacher. Und deswegen ist JSON heute verbreiteter.

Hol dir die Antwort

Sooo, entschuldige den langen Theorieteil, aber Ajax ist im Moment die **Königsdisziplin** in JavaScript, da muss ein wenig Einführung schon sein. Und weil es die Königsdisziplin ist, sollst du jetzt auch mit dem König sprechen, genau wie damals die Spanier.

[Achtung]
Alle Übungen und Beispielseiten aus diesem Kapitel musst du über den XAMPP-Server aufrufen, damit sie funktionieren. Das liegt an der Same Origin Policy, die grob besagt, dass JavaScript nicht mit fremden Servern sprechen darf. Gleich kommt mehr dazu.

[Einfache Aufgabe]
Zuerst bereitest du die königliche Nachrichtenseite vor: Es soll einen Bereich geben, in den die königlichen Nachrichten ausgegeben werden, und darunter einen Knopf, der seine Majestät um neue Befehle bittet.

Das war noch nichts Neues, zwei HTML-Tags anlegen kannst du schon seit Kapitel 1. Und weil du genau weißt, was als Nächstes kommt, hast du ihnen bestimmt auch eine ID gegeben.

[Einfache Aufgabe]
Füge einen Eventhandler für den Knopf hinzu. Bei Klick soll ein Ajax-Request an die URL /ajax/derkoenig.php losgeschickt werden. Denke an die drei Schritte dafür:
    1. Request-Objekt erzeugen
    2. Eventhandler registrieren
    3. Request abschicken

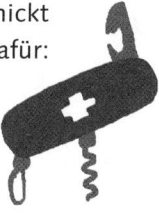

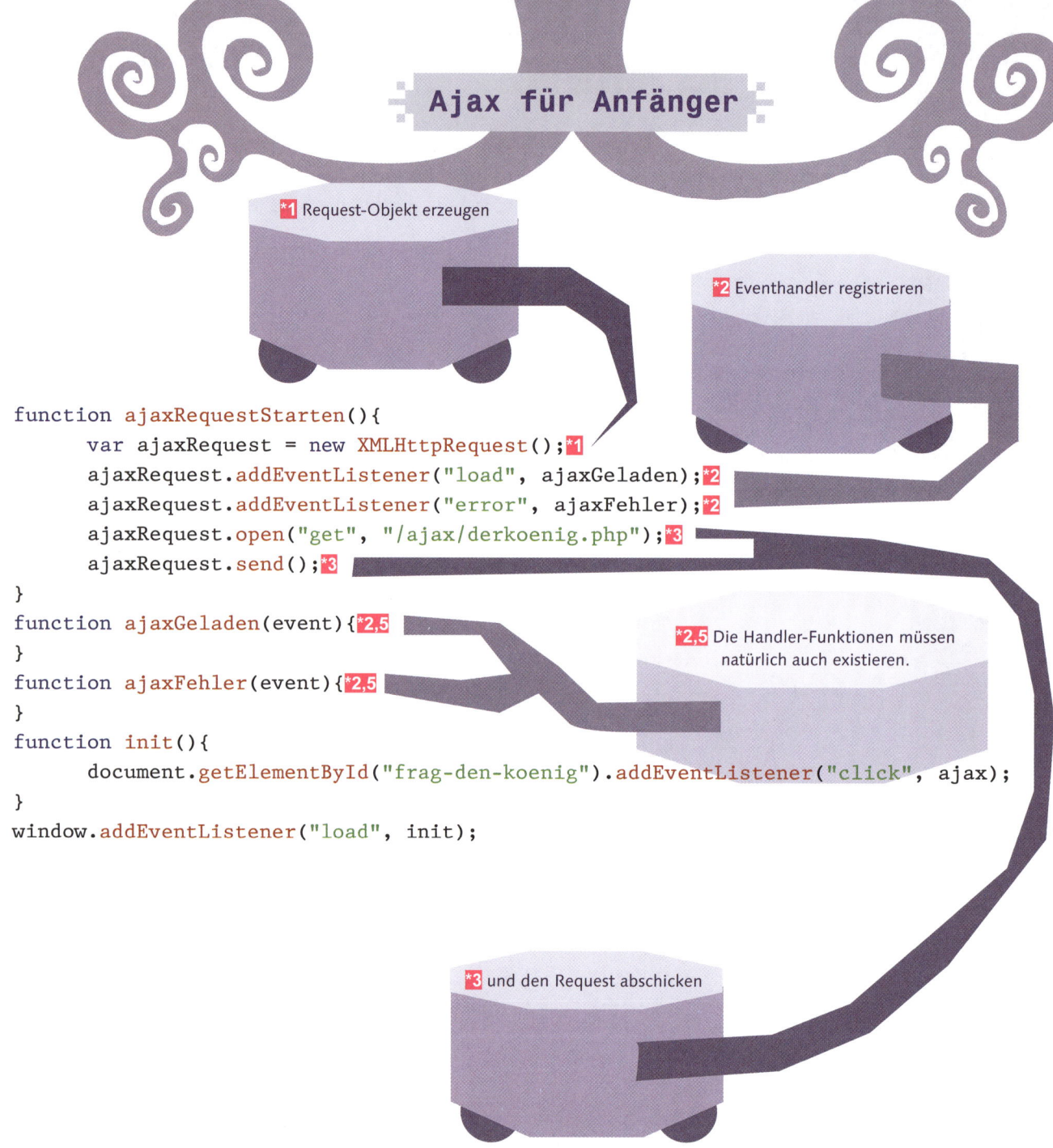

Doch, es ist wirklich so einfach. **Deswegen macht es auch fast jeder, Ajax ist Beliebt, mit großem B.** Du bist ja schon mit allem Neuen fertig, der kleine Rest besteht jetzt nur noch aus **alten Hüten**.

[Code bearbeiten]
Schreibe jetzt noch die Handler-Funktionen zu Ende. Wenn alles funktioniert, dann kommt vom König reiner Text zurück, den du ohne weitere Bearbeitung an das Ausgabe-`<div>` anhängen kannst. Im Fehlerfall soll ein Dialog anzeigen, dass etwas schiefgegangen ist.

Hier gibt es nichts Neues mehr

*1 Diesmal kommt einfach nur Text zurück, du musst kein JSON parsen oder Ähnliches, einfach als String benutzen und fertig.

```
function ajaxGeladen(event){
    var absatz = document.createElement("p");
    absatz.appendChild(document.createTextNode("Der König befiehlt: " +
    event.target.responseText*1));
    document.getElementById("der-koenig-spricht").appendChild(absatz);
}*2
function ajaxFehler(event){
    alert(event.target.statusText);
}*3
```

*2 Ansonsten brauchst du nur die guten, alten DOM-Methoden.

*3 Und wenn es doch mal schiefläuft, mach einfach einen Dialog auf. Die Eigenschaft **status-Text** am **XMLHttpRequest** enthält die Statusmeldung des Servers: wenn alles klappt, so etwas wie OK, aber bei einem Fehler auch schon mal eine sinnvolle Meldung, was das Problem ist.

Die königliche POST ist da

Dem König im entfernten Spanien Fragen zu stellen, ist schon mal ein riesiger, informationstechnischer Fortschritt. Aber zu der Frage können noch eine ganze Reihe Informationen gehören. Man fragt doch nicht, ob man flussaufwärts oder flussabwärts weiter erobern soll, ohne die Landkarte, die man schon kennt, mitzuschicken.

Klingelt da ein Glöckchen bei dir?
   Request,
      zusätzliche Informationen,
         mitschicken ... Schrödinger?!?

Zusätzliche Informationen? Wie denn? Wozu denn? ... Ach so, klar, ich kann URL-Parameter anhängen. Und POST verschicken ging ja auch noch. Und das geht auch mit Ajax?

Ja, das geht. Und zwar beides.

GET und URL-Parameter

Du kannst sie einfach an die aufgerufene URL anhängen:

```
ajaxRequest.open("get", "/ajax/derkoenig.php?situation=die%20pest%20wuetet");
```

> [Zettel]
> %20 steht in URL-Parametern für ein Leerzeichen.

Und schon weiß der König, was Sache ist. Mein PHP-König ist zwar nicht der Hellste und ignoriert die Situation, aber sie wird mit deiner Nachricht mitgeschickt.

Du erinnerst dich aber bestimmt, dass ein GET-Request mit Parametern nicht für alle Arten von Aufrufen das Richtige ist. Wie war das noch gleich, wann war GET in Ordnung, und wann sollte es POST sein?

Oje, da haben wir bei den Formularen drüber gesprochen, oder? Wie war denn das? GET war in Ordnung, wenn man den Request beliebig oft wiederholen konnte, ohne Nebenwirkungen, richtig? Also zum Beispiel zum Suchen oder so.

Ja, sehr gut erinnert. Wenn ein Request wiederholbar ist, darfst du mit GET anfragen. Falls das Nebenwirkungen hätte, zum Beispiel, dass du plötzlich fünf Pizzas bekommst statt einer, dann sollst du POST benutzen. Aber bei POST gibt es keine URL-Parameter, **die Daten werden im Request-Body übertragen** – du erinnerst dich? Um das mit Ajax hinzubekommen, brauchst du noch ein neues Objekt, in das du die Formulardaten einpacken kannst, die dann verschickt werden sollen, einen Umschlag für deine Nachricht an den König.

Auch POST ist **einfacher**, als es sich anhört

*1 Hier ändert sich nix.

*2 Als Methode musst du jetzt **post** angeben, irgendwie logisch.

```
var ajaxRequest = new XMLHttpRequest();*1
ajaxRequest.addEventListener("load", ajaxGeladen);*1
ajaxRequest.addEventListener("error", ajaxFehler);*1
ajaxRequest.open("post", "/ajax/postIstDa");*2
var daten = new FormData();*3
daten.append("eingabe", "Diesen Text will ich verschicken");*4
ajaxRequest.send(daten);*5
```

*5 Beim Aufruf von **send** übergibst du dann das **FormData**-Objekt, und alles Weitere geht von selbst.

*3 **FormData** ist einer der Objekttypen, mit dem du Daten per Ajax übermitteln kannst. Es gibt noch weitere Möglichkeiten, zum Beispiel zum Übertragen von Binärdaten, aber meistens wirst du **FormData** verwenden.

*4 Mit der **append**-Methode fügst du **FormData** ein Feld hinzu. Der Name **FormData** verrät schon, dass das alles irgendwie mit Formularen zusammenhängt, und genauso ist es auch: Durch diesen **append**-Aufruf sieht der Request so aus, als würde ein Formular abgeschickt, dass ein Eingabefeld namens **eingabe** mit diesem Wert hat.

[Achtung]
POST-Requests zu verschicken, wie ich es dir hier gezeigt habe, funktioniert **erst in XMLHttpRequest Level 2**, kurz XHR 2, und damit nur in neueren Browsern. Vorher konntest du zwar auch POST-Requests verschicken, aber du musstest selbst den Request-Body zusammenbauen. Das macht ungefähr so viel Spaß wie Mückenstiche im Zahnfleisch. Wenn du ältere Browser unterstützen willst, dann benutzt du am besten eine Bibliothek, die dir diese Arbeit abnimmt, zum Beispiel http://jquery.malsup.com/form/. Was Level 2 sonst noch Neues kann, zeig ich dir gleich.

[Funktioniert in]
XMLHttpRequest Level 2 funktioniert im Internet Explorer ab der Version 10, in Firefox und Chrome, sowie in Safari ab der Version 5.

[Zettel]
Für den Server ist kein Unterschied erkennbar zwischen einem Ajax-POST und einem abgeschickten Formular. Das ist einer der Vorteile von Ajax: Der Server muss gar nicht wissen, dass es das gibt.

Wenn ich schon ein Formular für die Eingabe habe, **muss ich dann alle Eingabefelder einzeln ins FormData übertragen? Das klingt fast so umständlich wie meine Steuererklärung.**

Quatsch, das ist doch **viel zu viel Arbeit** für uns faules Volk. Du kannst dem Konstruktor von **FormData** ein `<form>`-Element übergeben, dann geht das automatisch. Und noch besser: Beides lässt sich kombinieren.

```
var formular = document.getElementById("mein-formular"); *1
var daten = new FormData(formular); *2
daten.append("neues-feld", "Schau mal, Mama! Ohne Eingabefeld!"); *3
```

*1 Zunächst wird das Formular gefunden ...

*2 ... und dann daraus **FormData** erstellt. Alle Felder des Formulars sind jetzt schon drin.

*3 Und du kannst noch weitere Felder hinzufügen, die im Formular nicht vorkommen.

Wie Majestät wünschen

Jetzt kommst du endlich an den Punkt, auf den du seit Anfang des Buches gewartet hast. Nein, nicht der nächste Kaffee, sondern **dein erstes Spiel**. Du musst mir nichts vormachen, fast alle Programmierer haben damit angefangen, weil sie Spiele entwickeln wollten. **Das ist keine Schande.**

Und wie viele haben es geschafft?

Nicht so viele, aber das ist kein Grund, es nicht zu versuchen. Und bei diesem Spiel geht es auch gleich um dein Leben: Der König will Steuern von deiner Kolonie in der neuen Welt, aber wie viel, das verrät er nicht. Bezahlst du zu wenig, ist er beleidigt, zahlst du viel, hält er dich für unfähig, weil deine Kolonie verarmt. Und du hast nur sieben Versuche, ihm einen akzeptablen Betrag anzubieten.

[Zettel]
Ja, okay, das Spiel ist ein ganz einfaches Zahlenraten, bei dem du nach jedem Tipp erfährst, ob er zu hoch oder zu niedrig war. Aber mit einer kleinen Hintergrundgeschichte macht es doch viel mehr Spaß.

Die PHP-Seite /ajax/steuern.php akzeptiert zwei Parameter. `tipp` ist eine Zahl zwischen 1 und 100, die du dem König als Abgabe anbietest. `neuerVersuch`, egal, mit welchem Wert, startet ein neues Spiel. Dass dich zu viele Fehlversuche den Kopf kosten können, ist wohl **der Gipfel der Nichtwiederholbarkeit**, du solltest POST benutzen. Auf jeden gültigen Request reagiert der Server mit einer JSON-Antwort in diesem Format.

```
{
"nachricht": "Endlich jemand mit Verstand! Das ist genau richtig!", *1
"nochEinTipp": false, *2
"zahl": 57, *3
"versuche": 3 *4
}
```

*1 die Antwort des Königs auf dein Angebot

*2 Darfst du weitermachen oder nicht? Solange hier **true** steht, darfst du weiterraten, hast du richtig geraten oder alle Versuche verbraucht, steht hier **false**.

*3 die Zahl, die du zuletzt getippt hast

*4 deine verbleibenden Versuche, bevor der König die Geduld verliert

[Schwierige Aufgabe]

Probiere, ob du das Spiel umsetzen kannst. Der Spieler soll einen Tipp eingeben. Dieser wird per Ajax an den Server gesendet, der mit einem JSON-Objekt so lange darauf antwortet, bis der Spieler richtig rät oder der König ihn hinrichten lässt. Falls du nicht weiterkommst, keine Sorge, wir sprechen Schritt für Schritt darüber. Aber denk zumindest darüber nach, wie du es machen könntest.

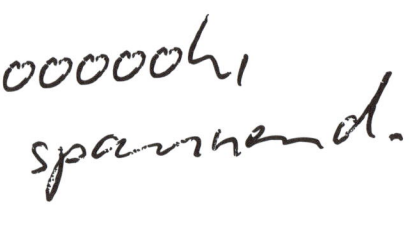

Ooooooh, spannend.

Eine kleine Starthilfe:

Es hilft oft schon, zu wissen, was in welcher Reihenfolge zu tun ist:

1. Du brauchst ein Eingabefeld und einen Knopf im HTML.
2. Der Tipp des Spielers muss als POST-Request an den Server geschickt werden.
3. Die Antwort des Servers musst du mit **JSON.parse** in ein Objekt parsen. Das hast du bei Web Storage schon mal gemacht, falls du eine kleine Erinnerungshilfe brauchst.
4. Die Nachricht des Königs gibst du aus, damit der Spieler weiß, in welche Richtung er daneben liegt.
5. Wenn das Spiel zu Ende ist – auf die eine oder andere Art, zeigst du dem Spieler eine Nachricht an und startest ein neues Spiel.

Isjagutsjagutsjaguuut, jetzt hör auf zu helfen, ich will es erst selbst probieren.

Dann lies erst weiter, wenn du Hilfe brauchst oder fertig bist.

So, wie schaut's aus? Du hast bestimmt eine Lösung hinbekommen, oder? Ich hab trotzdem noch mal alles im Detail da, damit du vergleichen kannst.

```
<p>Wir verlangen Steuern, Bube! Zahl nicht zu wenig und beleidige uns. Aber zahl
auch nicht zu viel, das ruiniert die Kolonie</p>
<div id="der-koenig-spricht"></div> *1
<input type="number" min="1" max="100" id="dukaten"> Dukaten *2
<button id="zahle" type="button">Euer Majestät, wir zahlen</button> *3
```

*1 Hier kommen des Königs Antworten rein.

*2 Ein **number**-Feld ist hier genau richtig. Und wenn es noch nicht unterstützt wird, kommt stattdessen halt ein Textfeld, das funktioniert auch.

*3 Mit diesem Knopf gibst du deinen Tipp ab.

*Soweit sieht meins genauso aus. Nur ohne das **number**-Feld, die Dinger hatte ich total vergessen.*

Der nächste Teil war bestimmt auch noch einfach, oder? Wie du einen POST-Request abschickst, hast du ja grade vorher gesehen, das musst du nur noch übernehmen und an den Knopf binden:

*1 **parseInt** ist nicht notwendig, um die Zahl an den Server zu schicken, übertragen wird sowieso alles als Text. Aber so kannst du den Wert schon prüfen, bevor du ihn an den Server schickst. Der sollte zwar auch noch mal alles prüfen, was ihm geschickt wird, aber den Umweg kannst du dir auch sparen, wenn du schon sehen kannst, dass es falsch ist.

*2 Der König wird überhaupt nur gefragt, wenn du eine gültige Zahl eingegeben hast, ansonsten kommt schon vorher eine Fehlermeldung. Die Funktion **sprich** gibt den übergebenen Text in das **der-koenig-spricht** aus.

```
function ajax(){
    var tipp = parseInt(document.getElementById("dukaten").value); *1
    if (tipp && tipp > 0 && tipp <= 100){ *2
        var ajaxRequest = new XMLHttpRequest(); *3
        ajaxRequest.addEventListener("load", ajaxGeladen); *3
        ajaxRequest.addEventListener("error", ajaxFehler); *3
        ajaxRequest.open("post", "/ajax/steuern.php"); *3
        var daten = new FormData(); *4
        daten.append("tipp", tipp); *4
        ajaxRequest.send(daten); *3
    } else {
        sprich("Das ist keine gültige Zahl, Bursche"); *2
    }
}
```

*3 Die drei bekannten Schritte für Ajax: **XMLHttpRequest** erzeugen, Eventhandler registrieren, abschicken.

*4 Und das ist der neue Teil für den POST-Request: ein **FormData**-Objekt erzeugen und befüllen. Du könntest auch ein Formular auf die Seite setzen und **FormData** daraus erzeugen. Ich habe mich für diesen Weg entschieden, weil ich die Zahl sowieso schon zur Validierung in eine Variable gelesen hatte.

Auch der Teil war einfach, war ja nur von oben abzuschreiben.

Danach bleibt nur noch übrig, die Eventhandler zu implementieren. Über den **error**-Handler musst du dir gar keine Sorgen machen, bei einem Fehler machst du einen **alert** auf und fertig.

Der Handler für den Erfolgsfall ist interessanter:

```
function ajaxGeladen(event){
    var antwort = JSON.parse(event.target.responseText);*1
    var text = "";*2
    text += antwort.zahl;*2
    text += ": ";*2
    text += antwort.nachricht;*2
    text += " Du hast noch ";*2
    text += antwort.versuche;*2
    text += " Versuch(e)";*2
    sprich(text);*3
}
```

*1 Das ist der echt spannende Teil an der ganzen Übung, und selbst der ist für dich nicht neu, wie oben schon gesagt.

*2 Die königliche Antwort zu einem zusammenhängenden Satz zusammenzubauen, macht den längsten Teil des Codes aus. Lustig, oder? Wenn du die Antwort zu JSON geparst hast, bekommst du ein Objekt wie jedes andere und kannst auf die Eigenschaften zugreifen.

*3 Wenn der Text zusammengesteckt ist, wird er wieder mit der **sprich**-Funktion ausgegeben.

Cool, cool, cool, ich bin immer noch ganz nah dran an deiner Lösung, ich glaub, ich hab alles richtig gemacht.

Dann schau dir noch den letzten Punkt an: Ein neues Spiel beginnt

```
function ajaxGeladen(event){
    …
    if (!antwort.nochEinTipp){ *1
        alert(antwort.nachricht + " Versuch es noch mal");
        neuesSpiel();
    }
}
function neuesSpiel(){
    var ajaxRequest = new XMLHttpRequest(); *2
    ajaxRequest.open("post", "/ajax/steuern.php");
    var daten = new FormData();
    daten.append("neuerVersuch", "true"); *3
    ajaxRequest.send(daten);
    document.getElementById("der-koenig-spricht").innerHTML = ""; *4
}
```

*1 Am Ende der **ajaxGeladen**-Funktion wird geprüft, ob du noch einen Tipp abgeben darfst. Wenn nicht, dann muss ein neues Spiel anfangen.

*2 Um ein neues Spiel anzufangen, machst du noch einen Ajax-Request.

*3 Diesmal muss das Feld **neuerVersuch** drin sein, der König denkt sich dann einen neuen Steuersatz aus.

Warum schreibst du das **true** in Anführungszeichen? Soll das wirklich ein String sein und kein Wahrheitswert?

Ja, das ist hier okay, übertragen wird schließlich sowieso alles als String. Du könntest aber auch ein echtes **true** hinschreiben, das würde in einen String umgewandelt.

*4 Damit es auch wirklich ein neues Spiel ist, werden noch die alten Nachrichten des Königs weggeworfen, und schon kann es wieder losgehen.

Ooooooh ja! Ich bin ja sowas von stolz auf mich. Es ist zwar nicht Zeile für Zeile so wie bei dir, aber im Großen schon. Und funktionieren tut es auch.

Und ich bin auch stolz auf dich. Du hast **eine komplette Ajax-Anwendung** allein umgesetzt. Es ist zwar nur eine kleine, aber von hier an werden die Dinger nur noch größer, nicht schwieriger.

[Belohnung/Lösung]
Der König ist auch stolz auf dich und verleiht dir den Titel eines Grafen von San Ajax. Du steigst auf in der (neuen) Welt.

XmlHttpRequest Level 2 – jetzt mit Nutzlast

Und das war für lange Zeit alles, was Ajax konnte und können musste: GET und POST – auch wenn POST damals schwieriger war als du es gerade gesehen hast, es ging. Aber die Zeit schreitet voran und wir Webentwickler wollen immer mehr. Und um uns mehr zu geben, hat uns das W3C den XMLHttpRequest Level 2, abgekürzt XHR2, geschenkt mit tollen neuen Sachen drin.

Und was kann der jetzt?

Der kann zunächst mal ein paar ganz praktische Sachen. Zum Beispiel Binärdaten herunterladen. Dir ist ja bestimmt aufgefallen, dass selbst die Eigenschaft, die du ausliest, **responseText** heißt. Was aber, wenn du **Bilder per Ajax laden willst**? Mit dem einfachen, alten **XMLHttpRequest** lautete die Antwort einfach: „Geht nicht."

[Hintergrundinfo]
Es ging doch, aber das war ein ganz, ganz hässlicher Trick. Sei froh, dass du den nicht mehr brauchst.

Heute lädt man Binärdaten mit AJAX ganz ohne Tricks

1 Du setzt als Erstes den **responseType, so weiß der Browser, dass du keinen Text, sondern einen Blob erwartest.*

```
var ajaxRequest = new XMLHttpRequest();
ajaxRequest.open('GET', 'bild.png');
ajaxRequest.responseType = 'blob'; *1
ajaxRequest.onload = function(e) {
    if (e.status == 200) *2 {
        var blob = e.response; *3
        …
    }
};
ajaxRequest.send();
```

*2 Bevor du mit der Antwort etwas tust, überprüfst du, ob dein Request überhaupt geklappt hat. Du erinnerst dich an den HTTP-Status? 200 heißt, dass alles okay ist.

3 In der **response-Eigenschaft steht dann ein Objekt in deinem gewünschten Format, zum Beispiel ein **Blob**.*

Ein Blob …?! Wir wollten doch Bilder?

Ajax **719**

[Begriffsdefinition]
Blob ist die Abkürzung für **Binary Large Object**, also „ein Klumpen Binärdaten".

In einem BLOB kann so ziemlich alles stehen, was sich in Bits und Bytes darstellen lässt: Videos, Word-Dokumente, der Boardingpass von deiner Online-Flugbuchung oder eben Bilder, die natürlich auch.

Es gibt neben `blob` auch noch andere Werte für den `responseType`:	
`blob`	lädt Binärdaten
`document`	macht aus der Antwort sofort ein Document-Objekt
`json`	parst die Antwort sofort in ein JavaScript-Objekt
`text`	Mit diesem `responseType` kommt dein Ergebnis als String zurück. Ganz so, als hättest du den `responseType` gar nicht gesetzt.
`arraybuffer`	Das ist für fortgeschrittenen Umgang mit Binärdaten.

Und was mach ich mit so einem Blob, außer Rahmspinat?

Du kannst dir zu einem Blob eine URL erzeugen lassen und sie dann überall benutzen, wo auch eine andere URL passen würde: Bilder, Audio und das alles. Dazu rufst du nur **`window.URL.createObjectURL(blob);`** auf.

```
ajaxRequest.onload = function(e) {
    var blob = this.response;
    var bild = document.createElement('img');
    bild.addEventListener("load", function(e) {
        window.URL.revokeObjectURL(e.target.src); *2
    });
    bild.src = window.URL.createObjectURL(blob); *1
    document.getElementById("galerie").appendChild(bild);
};
```

*1 Hier wird aus dem Blob eine URL, mit der du ein Bild anzeigen kannst. Zum Beispiel.

*2 Wenn du mit der URL fertig bist, solltest du sie wieder wegräumen, sonst verbraucht sie nur unnötig Speicher. Die Methode **`revokeObjectURL`** tut genau das, und im **`load`**-Handler deines Bild-Elements ist der perfekte Ort dafür.

Noch besser ist, dass du jetzt per Ajax auch **Dateien hochladen** kannst. Das ging vorher gar nicht, und man musste fiese Umwege benutzen, zum Beispiel ein Formular in einem `<iframe>` abschicken oder so. Aber nie wieder! Wenn dein Formular ein Eingabefeld vom Typ `file` enthält, dann wird es mitgeschickt, wenn du aus dem Formular ein `FormData` erzeugst. Und wenn du eine Datei mit der **File-API** geladen hast, dann kannst du sie auch mit `append` anhängen. So einfach geht's, schon kannst du dem König auch Fracht mitschicken.

Und eine letzte Neuerung ist noch erwähnenswert: Mit XMLHttpRequest Level 2 kannst du auch die **anderen Request-Typen** abschicken, die es neben GET und POST noch gibt. Ich hatte dir ja versprochen, die noch zu erklären. Es gibt in HTTP einige davon und auch schon lange, aber für Ajax waren sie vorher nicht machbar. Interessant sind dabei vor allem PUT- und DELETE-Requests: PUT legt eine Ressource mit der URL überhaupt erst an, DELETE löscht eine Ressource.

[Begriffsdefinition]
Eine **Ressource** ist alles, was über eine URL gefunden werden kann, deshalb **Resource Locator**. Das kann eine Datei sein, aber zum Beispiel auch ein Eintrag in einer Datenbank, wenn ein Programm auf dem Server mit diesem Eintrag auf eine URL antwortet.

Eine Ressource anlegen heißt dabei, dass sie anschließend auch von dieser URL mit GET geladen werden kann – mit diesem Kriterium kannst du einfach unterscheiden, welcher Request PUT und welcher POST sein sollte. Aber man braucht diese Methoden viel, viel seltener als GET und POST.

Der Rest ist wieder Geschichte – History-API

Dieses Ajax ist schon irgendwie ziemlich cool. **Aber eins stört mich immer: Die Browser-History ist dabei total für die Katz. Ich klick 'ne Viertelstunde auf der Seite hin und her, dann drück ich im Browser einmal „Zurück" und bin wieder bei Google. Nervig!**

Ja, das stimmt, das geht mir auch total gegen den Strich. Sogar bei den Beispielen aus diesem Kapitel siehst du das schon: Egal, wie oft du den König nach neuen Befehlen fragst, sobald du einmal auf „Zurück" klickst, bist du von der Seite ganz verschwunden. Du springst zurück in eine Zeit, in der die Flotte noch gar nicht losgefahren ist. Beim Zahlenraten genauso, aber da ist es, finde ich, okay: zurückspringen wäre ja schummeln.

Bei allen unseren Beispielen ist es natürlich nicht kritisch, mit einem Klick von der Seite zurückzuspringen, du verlierst als Anwender keine Arbeit dadurch, die Seite zu verlassen. Aber stell dir vor, du hast in deinem Blog einen langen Text geschrieben und bist dabei ein wenig mit Ajax hin und her gesprungen, zum Beispiel, um Bilder auszuwählen. Plötzlich **klickst du versehentlich auf den Zurück-Knopf des Browsers** statt auf den deiner Blogseite und stehst wieder auf der Seite, die du vorher besucht hast, und alle deine Änderungen sind futsch. Nicht so schön, oder?

Das würde mich ja richtig anfressen. Ich glaube, dann ginge ich ins Bett, anstatt noch mal zu schreiben.

Genau so habe ich auch reagiert. Nicht, dass mir so etwas jemals passiert wäre. Aber auch dagegen kann man heute vorsorgen. War es früher noch so, dass die History des Browsers nur aus Einträgen bestand, **bei denen sich die URL geändert hat**, entweder durch Klick auf einen Link oder Eingabe einer URL, kannst du heute als Entwickler selbst Einträge machen.

[Funktioniert in]
Die **History-API** funktioniert im Internet Explorer ab der Version 10, in Firefox und in Chrome.

Damit deine eigenen History-Einträge funktionieren, musst du zwei Schritte realisieren. Zuerst musst du natürlich einen Eintrag erzeugen, das geht durch das `window.history`-Objekt.

Der König befiehlt, jetzt mit Geschichte:

*1 Jetzt musst du dir merken, was der König alles gesagt hat.

*2 Die Funktion wird gegenüber der alten Version angepasst, so dass jetzt zu jedem Befehl des Königs auch ein Eintrag in der Browser-History gespeichert wird.

*3 Jede königliche Order wird in einem Array gespeichert.

```
var vergangenheit = []; *1
function ajaxGeladen(event){ *2
    var text = "Der König befiehlt: " + event.target.responseText;
    sprich(text);
    vergangenheit.push(text); *3
    document.title = "Der König sprach (" + vergangenheit.length + ")"; *4
    window.history.pushState(vergangenheit, "Der König sprach (" + vergangenheit.length + ")"); *5
}
```

*4 Wenn du einen Eintrag in der History erzeugst, kannst du diesem zwar einen Titel geben, der wird aber von allen aktuellen Browserversionen **ignoriert**. Stattdessen ist dort der Seitentitel zu sehen. Wenn also nicht alle deine Einträge denselben Titel haben sollen, dann musst du den Seitentitel ändern.

*5 Hier wird endlich der History-Eintrag erzeugt. Der erste Parameter ist ein JavaScript-Objekt, das den aktuellen Zustand deiner Seite enthält. Aus diesem Objekt musst du den Zustand wiederherstellen können. Der zweite Parameter ist der Titel des Eintrags, der wie gesagt im Moment ignoriert wird. Als Drittes kannst du eine URL angeben, die in der Adressleiste des Browsers angezeigt wird.

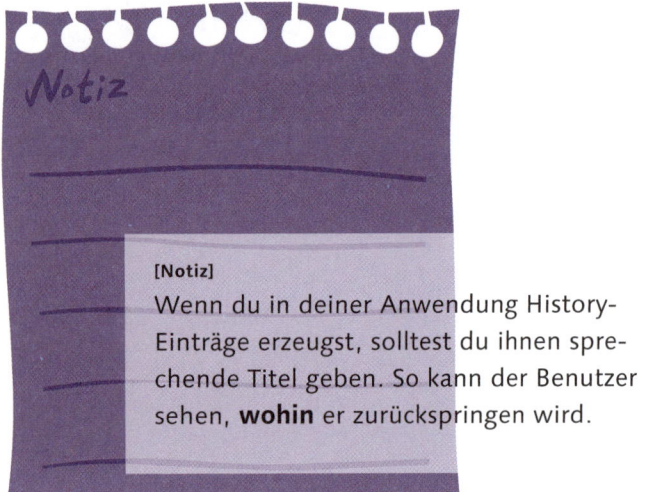

[Notiz]
Wenn du in deiner Anwendung History-Einträge erzeugst, solltest du ihnen sprechende Titel geben. So kann der Benutzer sehen, **wohin** er zurückspringen wird.

Warum du den Titel deiner History-Einträge ändern solltest.

[Notiz]
Du kannst mit `window.history.back()` und `window.history.forward()` auch in der Geschichte vorwärts- und rückwärtsspringen, aber in den meisten Fällen ist das dem Benutzer gegenüber extrem unhöflich: Er weiß schon selbst, wann er vorwärts und wann rückwärts will.

Das ist schon mal die halbe Miete oder zumindest die halbe königliche Steuer. Die alten Zustände werden als History-Einträge gespeichert. Aber bisher funktioniert das Navigieren noch nicht, die alten Zustände werden nicht korrekt wiederhergestellt, wenn jemand den Zurück-Knopf drückt. Als Nächstes musst du deshalb noch etwas JavaScript schreiben, das aus deinen gespeicherten Objekten auch den Seitenzustand wieder hervorzaubert, der dazugehört. Dazu bekommst du jedes Mal, wenn der Benutzer in der Geschichte herumspringt, ein Event.

*1 Das Event beim Springen in der History heißt **popstate** und wird am **window**-Objekt gefeuert.

*2 Je nach Browser bleibt das DOM **komplett unverändert**, auch wenn du zurückspringst. Also wird im Ausgabeelement erst mal **reiner Tisch** gemacht, bevor die alten Nachrichten wieder reingeschrieben werden.

```
function init(){
    …
    window.addEventListener("popstate", popState);*1
}
function popState(event){
    document.getElementById("der-koenig-spricht").innerHTML = "";*2
    if (event.state){*3
        vergangenheit = event.state;*4
        document.title = "Der König sprach (" + vergangenheit.length + ")";*5
        for (var i = 0; i < event.state.length; i++){
            sprich(event.state[i]);*6
        }
    }
}
```

*4 Die Variable **vergangenheit** wird wieder auf den Wert gesetzt, den sie hatte, als der Eintrag erzeugt wurde.

*3 Die **state**-Eigenschaft des Events enthält das Objekt, das du an **pushState** übergeben hast. Wenn du aber ganz an den Anfang zurückspringst, wo der Benutzer gerade auf die Seite gekommen ist, dann gibt es keinen **state**, deshalb immer vorher prüfen.

*5 Der Titel der Seite wird zurückgesetzt. Da im JavaScript-Objekt alle alten Befehle des Königs stehen, kannst du aus der Länge den Seitentitel machen, in dem ja steht, wie oft der König schon gesprochen hat.

*6 Und schließlich werden die alten Nachrichten des Königs wieder ausgegeben.

Der König sprach (5)

Der Seitentitel aus den Tiefen der Geschichte

Die Sache mit dem Fragment

Okay, ich glaube ich verstehe das alles. Und ich sehe auch ein, warum es sinnvoll ist. Aber warum sollte ich dem History-Eintrag eine URL übergeben? Die ändert sich doch gar nicht, wenn ich ajaxe.

Das ist richtig, die URL bleibt im Prinzip immer gleich. Aber das berührt ein weiteres Problem, das Ajax-Anwendungen haben: **Man kann keine ordentlichen Lesezeichen setzen**. Ein Lesezeichen enthält die URL und den Titel, aber das bringt dich bei Ajax-Seiten ja nur auf die Startseite. **Um Lesezeichen trotz Ajax ordentlich verwenden zu können, müsste sich die URL verändern und den Seitenzustand widerspiegeln.** Dass das bei den Beispielen aus diesem Kapitel nicht passiert, ist nun wirklich nicht schlimm, du musst den dritten Befehl des Königs nicht bookmarken können. Aber bei größeren Anwendungen ist das ein Problem. Durch Ajax ist es beliebt geworden, dass Webanwendungen überhaupt nur noch eine Seite haben. Die lädt dann etwas JavaScript und baut das HTML, das du zu sehen bekommst, dynamisch auf.

Das hab ich schon gesehen, ja. Meine webbasierte E-Mail funktioniert so.

Das ist auch ein gutes Beispiel. Wenn du in deiner Webmail bist und ein Lesezeichen setzt, dann führt das wahrscheinlich zur Startseite der Webmail. Du kannst kein Lesezeichen auf deinen Posteingang setzen und ein anderes auf deine gesendeten Nachrichten, weil für alles nur eine URL da ist.

[Zettel]
Es sei denn, dass deine Webmail diese Technik schon einsetzt, dann kannst du Lesezeichen setzen, wie du möchtest.

[Begriffsdefinition]
Einen Bereich einer Anwendung, egal, ob per Ajax geladen oder als eigene Seite, nennt man auch eine **Ansicht** oder auf Fachenglisch **View**. Im Beispiel deiner Webmail ist der Posteingang eine Ansicht, der Postausgang eine Ansicht, der E-Mail-Inhalt ist eine Ansicht und so weiter.

Das hat natürlich niemandem so richtig gut gefallen, keine Lesezeichen auf eine bestimmte Ansicht einer Anwendung setzen zu können und auch keine Links zu einer bestimmten Stelle in der Webanwendung verschicken zu können. Das ist bei Webmail nicht interessant, aber andere Sachen willst du auch mal mit deiner Freundin teilen können. Um genau das auch für Ajax-Anwendungen wieder hinzukriegen, gibt es eine einfache, pragmatische Lösung: Man benutzt das **Fragment**, den Teil der URL, den du auch als Sprungmarke kennengelernt hast.

Boah, ist das lange her. Was war das noch gleich?

Das ist der Teil hinter der Raute: http://webmail.stapelfix.de/schroedinger#posteingang. Ich hatte es damals Sprungmarke genannt, weil in einem traditionellen HTML-Dokument der Browser zu der Stelle springt, die mit dieser Marke bezeichnet ist. Aber ganz offiziell identifiziert dieser Teil der URL ein Fragment des Inhalts, der durch die restliche URL gefunden wird. In einer klassischen Webseite ist ein Fragment zum Beispiel ein Absatz, der durch diese Sprungmarke direkt angesprungen wird. In einer Ajax-Anwendung ist ein Fragment eine Ansicht. „Posteingang" ist zum Beispiel ein Fragment des Inhalts „Webmail", also soll man ihn auch durch eine Fragmentangabe direkt erreichen können. Du kannst bei deinen History-Einträgen als dritten Parameter ein Fragment übergeben, und sie werden dadurch lesezeichenbar.

[Hintergrundinfo]
Im Englischen wird das Adjektiv **bookmarkable** für eine Ansicht benutzt, auf die du ein Lesezeichen setzen kannst. Die deutsche Übersetzung klingt eher albern.

```
window.history.pushState(statusObjekt, "Titel", "#posteingang"*1);
```

***1** Ist der dritte Parameter eine relative URL, wird er nach den üblichen Regeln in eine absolute URL umgewandelt. Du kannst also problemlos nur das Fragment angeben, der Browser hängt den Rest der URL schon wieder davor.

Wird deine Seite geladen, musst du dann noch entscheiden, was der Benutzer denn nun sehen soll: Posteingang, gesendete Nachrichten, Papierkorb …

Auch kein Problem

***1** In `document.location.hash` findest du den Fragmentteil der URL, es gibt **keinen Grund, da selbst mit Stringmethoden dranzugehen**.

```
function ladeSeite(){
    var fragment = document.location.hash; *1
    if (!fragment || fragment == "#posteingang"){ *2
        geheZuPosteingang(); *4
    } else if (fragment == "#papierkorb"){ *3
        geheZuPapierkorb(); *4
    } else …
}
window.addEventListener("load", ladeSeite); *5
```

***2** Posteingang ist die Startseite der Stapelfix-Webmail; wenn kein Fragment angegeben ist, landest du auch dort.

***5** Dieser Code wird als **load**-Handler der Seite ausgeführt, so kannst du sofort die richtige Ansicht laden.

***3** Du könntest aber auch zum Papierkorb kommen oder auch ganz woanders hin.

***4** Diese Methoden sorgen dafür, dass die entsprechende Ansicht angezeigt wird: Sie bauen das HTML auf, führen Ajax-Requests zum Server aus, um die Daten zu laden, erzeugen daraus noch mehr HTML und tun, was sonst noch für die Ansicht nötig ist.

[Achtung]
Der Wert von **document.location.hash** beginnt mit dem Rautezeichen: **#posteingang**.

Da brauch ich aber mal eine Empfehlung, wie ich das benutze? Sollte ich dann jeden Zustand meiner Anwendung bookmarkable machen? Macht es überhaupt Sinn, History-Einträge ohne diesen Teil zu machen?

Jeden Zustand wäre wohl übertrieben, da gibt es **zu viele Möglichkeiten**. Du musst dir überlegen, was sinnvoll ist. Nimm zum Beispiel weiter die Webmail: Was ich dir oben gezeigt habe, ist eine Möglichkeit, mit Fragmenten zu arbeiten. Die großen Blöcke der Anwendung, Posteingang, Papierkorb und so weiter werden mit einem Fragment versehen. Wenn jemand in seinem Posteingang eine E-Mail öffnet, dann könntest du einen History-Eintrag ohne Fragment erzeugen: Die Anwender können dann zwischen ihren E-Mails vorwärts- und rückwärtsspringen, aber kein Lesezeichen auf eine bestimmte E-Mail setzen. Das wäre **ein guter Mittelweg**.

Ich darf aber nicht mit Fremden sprechen – die Same Origin Policy

Bevor du in die Welt ziehst, um Ajax zu nutzen, gibt es **eine kleine Warnung**, die du hören solltest. Eigentlich keine ganz so kleine, denn sie schränkt schon stark ein, was du mit Ajax erreichen kannst. Die Warnung lautet:

> JavaScript darf nicht mit Fremden reden.

*Aha?
Und was heißt das genau?*

Das heißt, dass JavaScript nur zu dem Server eine Verbindung aufbauen darf, **von dem es selbst geladen wurde**. Du kannst aus einem JavaScript, das von deinem lokalen Server geladen wurde, keine Daten von stapelfix.de laden. Oder aus einem JavaScript, das von stapelfix.de stammt, auf Facebook zugreifen. Dieses Verhalten wird durch die **Same Origin Policy** diktiert und ist ein wichtiger Bestandteil des Sicherheitskonzepts von JavaScript. Same Origin, **mit gleicher Herkunft**, bedeutet konkret, dass du nur auf URLs zugreifen kannst mit

- demselben Protokoll,
- demselben Hostname
- und demselben Port.

Sobald nur einer dieser Werte abweicht, kannst du nicht von JavaScript aus auf diese Quelle zugreifen. Und nicht nur JavaScript ist davon betroffen, im vorigen Kapitel hast du zum Beispiel gesehen, dass ein `<canvas>` nicht ohne Einschränkungen Bilder von einer anderen Quelle anzeigen kann. Auch das ist Teil der Same Origin Policy.

JavaScript nur nach Hause telefonieren.

[Hintergrundinfo]

Die Same Origin Policy schützt hauptsächlich vor einer einfachen Art des Angriffs, bei der ein bösartiges Skript authentifizierte Sessions in deinem Browser ausnutzt. Ein Beispiel: Ein Skript von sehrsehrboese.de möchte per **XMLHttpRequest** auf Facebook zugreifen. Du bist bei Facebook angemeldet, und da der Request an Facebook geht, schickt dein Browser ganz hilfsbereit deine Session-Cookies mit. Das Skript kann zum Beispiel in deinem Namen Nachrichten senden, was du bestimmt eher nicht möchtest. Dank der Same Origin Policy kann das Skript aber nicht auf Facebook zugreifen, und du bist vor ihm sicher. Es gibt zwar (leider sehr viele) andere Arten von Angriffen, die nicht so leicht zu unterbinden sind, aber die Same Origin Policy ist ein wichtiger Baustein der Sicherheit.

[Achtung]

Mit Quelle ist in diesem Zusammenhang immer die Quelle gemeint, aus der das Skript geladen wurde, nicht die Quelle der Seite, auf der es eingebettet ist. Wenn du auf http://www.schroedinger.de mit einem `<script>`-Tag ein Skript von http://www.facebook.de einbindest, dann kann das so geladene Skript auf http://www.facebook.de zugreifen, aber **nicht** auf www.schroedinger.de. So wird zum Beispiel der Like-Knopf auf einer Seite eingebettet.

Bei aller Sicherheit ist die Same Origin Policy aber auch **ein Hindernis für legitime JavaScript-Anwendungen**. Dein JavaScript kann zum Beispiel nicht den Wetterbericht von einer fremden Domäne laden oder Börsenkurse oder Schlagzeilen oder, oder, oder, oder. Es wird dich also kaum überraschen, dass es Wege gibt, doch auf andere Domänen zuzugreifen. Die wirst du zwar für das, was ich noch mit dir vorhabe, nicht brauchen, aber ich will sie dir trotzdem nicht vorenthalten. Du bist allerdings mit beiden Methoden darauf angewiesen, dass sich dein Skript und der Server, mit dem du reden möchtest, **über die Art der Kommunikation einig sind**.

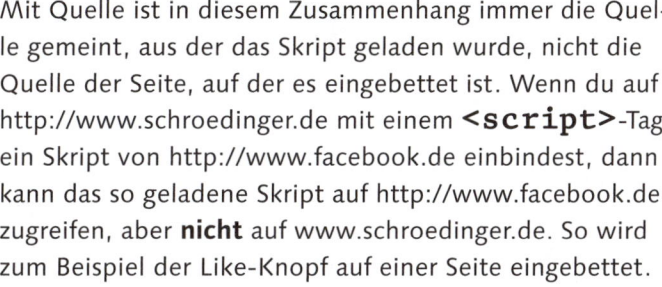

Der „alte" Weg heißt JSONP und ist, sagen wir mal, nicht zu 100 % koscher. Bei JSONP erzeugt dein Skript mit DOM-Methoden ein neues `<script>`-Tag, dessen `src`-Attribut auf die fremde Domäne zeigt. Das so geladene Skript enthält die Daten, die du eigentlich haben möchtest, normalerweise als JSON-String, daher auch der Name. Aber es enthält nicht nur die Daten, sondern auch einen Funktionsaufruf mit dem JSON-codierten Objekt als Parameter. Die Same Origin Policy verhindert gerade nicht, dass eine Skriptdatei von einer anderen Domäne geladen wird, das ist vollkommen in Ordnung. Und sie verhindert auch nicht, dass dieses Skript eine Funktion aufruft, die aus einer anderen Quelle stammt als das aufrufende Skript. Auch das ist in Ordnung. Dein Skript muss nur noch eine Funktion mit dem richtigen Namen implementieren, um die Daten entgegenzunehmen. Natürlich setzt das voraus, dass der Server, mit dem du sprechen möchtest, JSONP anbietet. Wenn der Server nicht gerade auch von dir programmiert wurde, ist das eher nicht der Fall. Außerdem bringt JSONP **ganz eigene Sicherheitsprobleme** mit sich.

Das ist dein JavaScript

```
function ladeWetter(){
    var scriptElement = document.createElement("script");
    scriptElement.src = "http://www.so-ne-wetterseite.de/vorhersage.js?ort=Bonn";*1
    document.getElementsByTagName("body")[0].appendChild(scriptElement);
}
function wetterCallback(data){
    var temperatur = document.createTextNode(data.temperatur);
    document.getElementById("temperatur-anzeige").appendChild(temperatur);*3
}
```

Und dies ist das Skript, das von www.so-ne-wetterseite.de geladen wird

lädt

```
wetterCallback ({ort: "Bonn", temperatur: "27°",
regenwahrscheinlichkeit: "105%"});*2
```

ruft auf

*1 Die URL, um das Skript zu laden, enthält schon Angaben zu den Daten, die du laden möchtest: den **ort**-Parameter. Der wird deshalb bereits hier gebraucht, weil …

*2 … das geladene Skript schon die Daten enthält, die du haben möchtest. Die Same Origin Policy würde ihm zwar erlauben, einen Ajax-Request zu seinem eigenen Server zu machen, aber wenn du schon vorher weißt, welche Daten du möchtest, ist das gar nicht notwendig. Warum solltest du zwei Requests machen, wenn einer doch reicht. Die im Skript enthaltenen Daten …

*3 … werden an die von dir definierte Callback-Funktion übergeben. Die kann damit dann tun, was sie möchte, anzeigen, weiterverarbeiten oder sonst etwas.

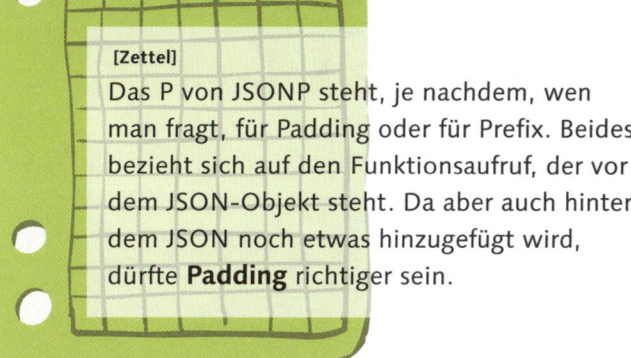

[Zettel]
Das P von JSONP steht, je nachdem, wen man fragt, für Padding oder für Prefix. Beides bezieht sich auf den Funktionsaufruf, der vor dem JSON-Objekt steht. Da aber auch hinter dem JSON noch etwas hinzugefügt wird, dürfte **Padding** richtiger sein.

Die **neue, hippe und auch sicherere Alternative** zu JSONP heißt CORS: **Cross Origin Resource Sharing**. Bei CORS verständigen sich Browser und Server über zusätzliche HTTP-Header darüber, ob der Zugriff erlaubt werden soll. Auch CORS muss aber vom Server unterstützt werden. Außerdem sind nur neue Browser mit CORS ausgestattet, Ajax-Zugriffe auf fremde Domänen bleiben deshalb auch weiterhin schwierig. Wenn CORS von beiden Seiten unterstützt wird, erlaubt es aber eine komplette Ausnahme von der Same Origin Policy: Dein JavaScript darf mit einer fremden Domäne sprechen, als sei es seine eigene, solange nur die Header stimmen.

[Funktioniert in]
CORS funktioniert im Internet Explorer ab der Version 10, in Chrome und Firefox, sowie im Safari ab der Version 4.

[Zettel]
Wenn der Server CORS unterstützt, musst du dich aber um nichts kümmern. Browser, die CORS unterstützen, schicken automatisch die richtigen Header und werten aus, ob der Server auch richtig geantwortet hat.

Ja wo verbinden sie denn hin?

Weißt du eigentlich, wie lange ich schon keinen Kaffee mehr hatte? Ich hol mir mal lieber noch einen, bevor mir die Augen zufallen. Aber ich lasse dir etwas zum Nachdenken da, viel Spaß!

[Einfache Aufgabe]
Kreuze an, welche dieser Zugriffe von der Same Origin Policy erlaubt werden, ohne dass CORS benötigt wird.

	Aktuelle Seite	URL für einen Ajax-Request	
1	http://www.stapelfix.de/index.html	http://www.stapelfix.de/suche.html	☐
2	http://www.stapelfix.de/index.html	http://www.stapelfix.de/produkte/stapelkleber.html	☐
3	http://www.stapelfix.de/index.html	/kontakt.html	☐
4	http://www.stapelfix.de	http://shop.stapelfix.de	☐
5	https://www.stapelfix.de	http://www.stapelfix.de/suche.html	☐
6	http://localhost:8080	http://localhost/index.html	☐

Das war mal wieder einfach, oder? Das hättest du auch ganz ohne Kaffee lösen können. Das ist auch gut so, du hast nämlich keinen mehr.

WAS!? Schon wieder? **Ich hab vorgestern ein Pfund gekauft. Das ist doch nicht mehr normal, was du wegsäufst. Dein Verbrauch ist noch schlimmer als der bei meinem Auto!**

Ist ja gut, ist ja gut. Ich bringe nächstes Mal welchen mit.

Hier ist aber erst mal die Lösung:

1. Kein Problem, du fragst ja nur eine andere Seite an.
2. Diese Seite liegt zwar in einem anderen Verzeichnis, aber auch das ist vollkommen in Ordnung.
3. Die relative URL macht auch keinen Unterschied, sie zeigt auch auf eine Seite in der gleichen Domäne. Das geht.
4. **Unterschiedliche Subdomain, das geht nicht.** Du kannst von www.stapelflix.de nicht auf http://**shop**.stapelflix.de zugreifen.
5. Auch das ist nicht drin, von **https** aus kannst du kein Ajax zu **http** machen. Andersherum geht's auch nicht.
6. Und hier steht der **Port** im Weg. Auch unterschiedliche Ports werden als unterschiedliche Quellen angesehen.

Jenseits von AJAX – Web Sockets

Selbst Ajax ist schon wieder nicht mehr das Neueste vom Neuen, inzwischen gibt es auch noch **Web Sockets**. Damit geht es auch auf technischer Ebene weg vom Request-Response-Modell: Eine Web Socket ist eine Verbindung zum Server, durch die Daten **jederzeit in beide Richtungen** fließen können und die so lange bestehen bleibt, wie du und der Server es möchten. Hatten die Spanier vorher mit Ajax ein kleines, schnelles Schiff, mit dem sie zurück nach Spanien segeln und Befehle vom König holen konnten, dann haben sie mit Web Sockets ein Funkgerät an Bord. Niemand muss mehr zurückfahren. Noch toller: Über Web Sockets kann der Server auch Daten schicken, nach denen ihn keiner gefragt hat. Wenn der König in Spanien plötzlich Avocados möchte, dann muss er nicht warten, bis das nächste Schiff mit einer Anfrage ankommt und ihm hinterherrufen „Und schickt mir Avocadoooos!", er kann die Initiative ergreifen und Befehle in die neue Welt funken.

[Funktioniert in]
Web Sockets funktionieren in Firefox, Chrome, im Internet Explorer ab der Version 10 und in Safari ab der Version 6.

Das klingt doch einfach nur besser. Daten können jederzeit fließen, ich bin dafür.

Es gibt dadurch in der Tat ein paar coole Möglichkeiten, aber freu dich nicht zu früh, auch Web Sockets lösen nicht alle deine Probleme.

Was ist toll an den Dingern?

☞ Mit Web Sockets werden **weniger Daten übertragen**, dadurch wird die Verbindung **schneller**. Bei einem traditionellen HTTP-Request werden jedes Mal Header mitgeschickt und Cookies, da kommen eine Menge Zeichen zusammen, die sich ständig wiederholen. Das ist für deine Webmail nicht schlimm, aber wenn du das nächste World of Warcraft im Browser entwickeln willst, dann ist diese Menge an überflüssigen Daten echt hinderlich, denn sie müssen übertragen werden, und das kostet Zeit, in der Held Schrödinger der Katzenschreck sterben könnte. Mit Web Sockets ist dieses ganze Drumherum nicht nötig, weil du nicht jedes Mal eine neue Verbindung öffnest, sondern über **eine** Verbindung langfristig mit dem Server kommunizierst.

☛ Der Server kann unaufgefordert neue Daten schicken. Request-Response-Kommunikation muss immer vom Browser angestoßen werden, das ist blöd, wenn der Server plötzlich neue Daten hat, die er dir unbedingt geben möchte, zum Beispiel eine neue Nachricht im Facebook-Chat. Das musste bisher recht umständlich und unschön durch Polling gelöst werden, in eine Web Socket kann der Server einfach schreiben und fertig.

> **[Begriffsdefinition]**
> Beim sogenannten **Polling** macht der Browser regelmäßig Requests, um die neuesten Neuigkeiten vom Server zu erhalten. Es gibt einfaches Polling, bei dem der Browser regelmäßig einen Request macht, den der Server entweder mit neuen Daten oder mit „Keine neuen Daten" beantwortet. Es gibt auch noch das Long Polling, bei dem der Server nicht mit „Keine neuen Daten" antwortet, sondern so lange gar nichts sagt, bis es neue Daten gibt. Beides sind keine besonders eleganten Lösungen und verursachen unnötige Netzwerklast, aber sie funktionieren. Du musst dich nur im JavaScript darum kümmern, nach der Antwort (oder auch einem Fehler) sofort eine neue Anfrage zu starten, damit du auch die nächsten Neuigkeiten erhältst.

Warum dann nicht überall?

☛ Eines der Hauptargumente gegen Web Sockets ist momentan noch, dass sie **nicht überall funktionieren**. Selbst wenn dein Browser sie schon unterstützt und der Server auch damit umgehen kann, dann gibt es Firewalls und Proxy Server, die eine Web-Socket-Verbindung nicht durchlassen, weil es eben keine einfache HTTP-Verbindung ist, sondern ein eigenes Netzwerkprotokoll. Im Gegensatz dazu beruht Ajax auf gutem, altem HTTP und hat damit keine Probleme.

☛ Web Sockets müssen vom Server unterstützt werden. Das war zwar auch schon bei Ajax so, aber da musste der Server nur im richtigen Format auf einen Request antworten, zum Beispiel in JSON. Bei Web Sockets ist es wesentlich schwieriger, auf der Serverseite damit umzugehen, und es gibt auch noch nicht Tausende von Bibliotheken wie für HTTP, die dem Serverentwickler die Arbeit abnehmen.

Du solltest dir bei Web Sockets deshalb immer überlegen, ob sie es wert sind. Sie sind zwar, zugegeben, ein tolles Feature, ich find sie total cool, aber sie haben eben auch Nachteile. Wenn du keinen der genannten Vorteile brauchst, dann hast du auch keinen Grund, dir die Probleme aufzuhalsen, mach lieber mit Ajax weiter. Wenn du dich aber für Web Sockets entschieden hast, dann ist es auf der JavaScript-Seite recht einfach, mit ihnen umzugehen.

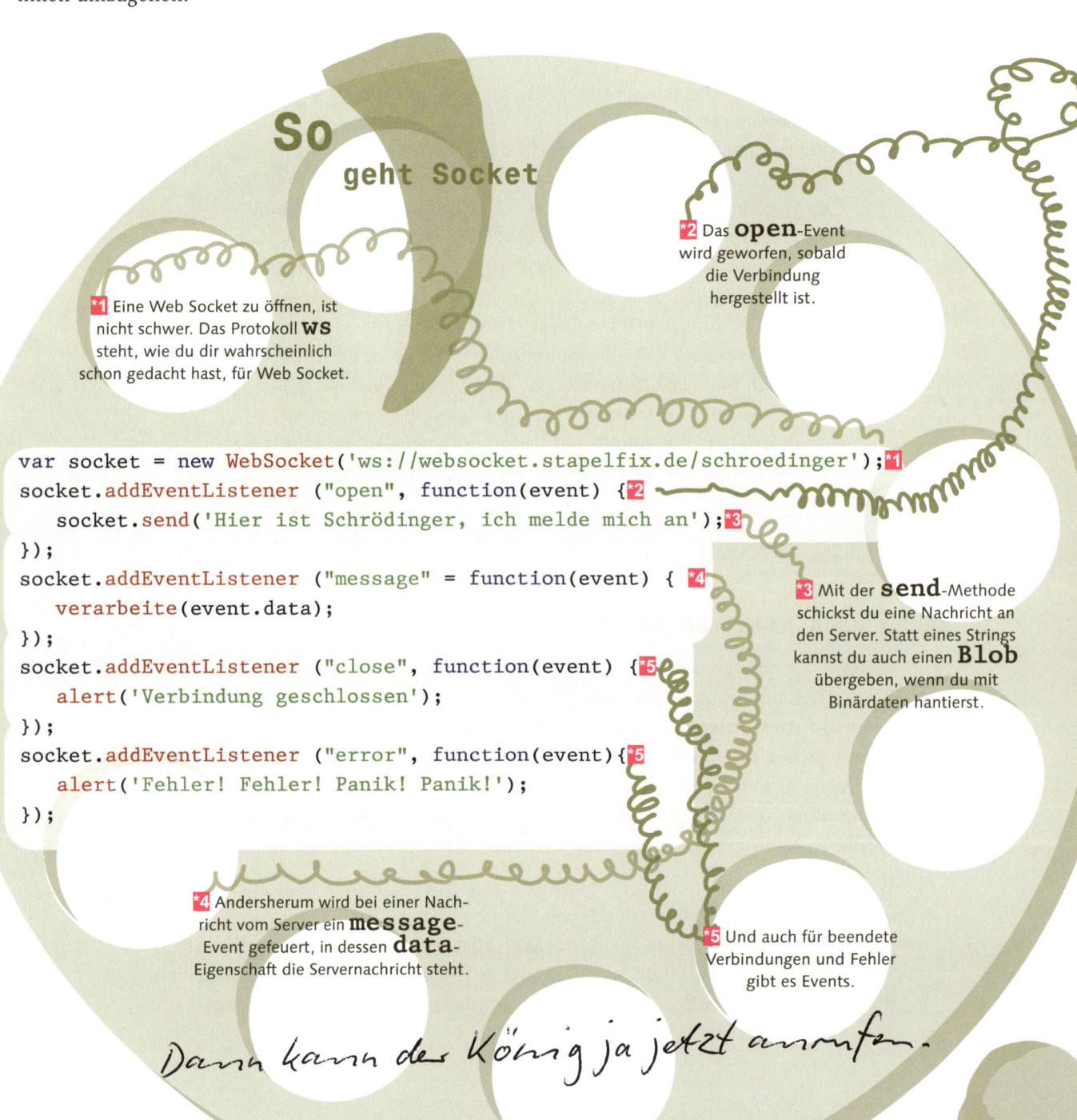

—ACHTZEHN—
Jedem das Seine

Responsive Webdesign und Mobile Devices

Schrödinger geht endgültig im Gerätedschungel unter. Auf dem Computer im Büro, dem Notebook zu Hause, mit dem iPad auf der Terrasse, dem Android-Telefon im Bus und sogar mit dem MP3-Player lassen sich Webseiten anschauen. Überall sehen sie anders aus, und fast keine funktioniert auf allen Geräten. Es ist zum Haareraufen. Und Herr Bossingen hat jetzt auch noch ein neues Windows 8-Tablet …

Und dann ist da noch die Sache mit dem Touch auf allem, das nicht am Schreibtisch steht, und sogar bei einigen Sachen, die dort stehen.

Was ist Responsive Design, und wozu ist es gut?

Sag mal, ich habe mir grade mal die Stapelfix-Website auf meinem **Handy** angeschaut. Das sieht ja **gruselig** aus, alles ist viel zu groß, ich muss überall hin und her scrollen, manche Sachen sehe ich gar nicht.

Boah, hör bloß auf. **Bossingen liegt mir auch schon seit Tagen in den Ohren.** Jetzt hat er mit seinem Tablet das erste Mal ein Gerät, das nicht dampfbetrieben ist, und schon geht das Meckern los.

Ja, das kenn ich. Aber Bossingen hängt wirklich hinterher mit der Technik, oder? Inzwischen hat doch jeder zweite Grundschüler ein Web-fähiges Handy.

[Zettel]
Laut einer Studie **benutzten 2012 mehr als zwei Drittel der Webuser** das WWW von einem Mobilgerät aus. Man geht davon aus, dass diese Zahl nur noch wachsen wird. Da muss man sich schon mal Gedanken machen, wie man die nicht aussperrt.

Studie von Accenture: http://www.accenture.com/Microsites/cmtinnovation/Documents/Accenture-Ireland-Mobile-Web-Watch-2012.pdf

Und wie hilft es mir weiter, das zu wissen? Was ich brauche, ist ein Tipp, warum meine Seiten nicht funktionieren. Ich hab doch alles, so gut ich kann, richtig gemacht. Meine Seiten sind valide, Designinformationen stehen im CSS, … und trotzdem sieht alles mies aus.

Tja, die gute Nachricht ist dann schon mal, dass du **bisher wirklich alles richtig gemacht hast**. Valides HTML und Design nur in CSS, das sind wichtige **Voraussetzungen**, um deine Site auch auf dem Handy, auf dem Tablet, auf der Armbanduhr und demnächst wohl auch in der Brille darzustellen. Es fehlt nur noch ein weiterer Schritt, dann wird alles gut. Dieser Schritt heißt **Responsive Design**.

[Begriffsdefinition]
Responsive Design, übersetzt so etwas wie reagierendes oder reaktionsfähiges Design, ist ein Paradigma des Webdesigns, bei dem sich die Seite an die Größe der Anzeige anpasst. Sie **reagiert** auf ihre Umgebung, indem sie Elemente dynamisch vergrößert und verkleinert, Elemente auf einem schmalen Handybildschirm untereinander darstellt, die sonst nebeneinanderständen, oder sogar unwichtigere Elemente ganz ausblendet, wenn auf einem kleinen Bildschirm Platz gespart werden muss.

Responsive Design hat sich aus zwei Gründen gegenüber älteren Methoden, Webseiten auf kleine Bildschirme zu bringen, durchgesetzt. Man hat weiterhin **nur eine HTML-Datei** und keine angepasste Variante, und eine ordentlich umgesetzte reaktionsfähige Seite **sieht auf jedem Bildschirm gut aus** – da es bei Handys und Tablets Dutzende verschiedene Auflösungen gibt, ein wichtiger Punkt. Vor Responsive Design, als mobiles Web noch ganz neu war ...

Aaah, da kommt sie wieder, die Geschichtsstunde.

Was? Na wenn du's nicht hören willst, dann lass ich's eben.

Nein, nein! Erzähl weiter.
Ich stell mir dich nur immer vor mit einer Pfeife im Mund im Ohrensessel vor dem Kamin, wenn du den Geschichtsteil erzählst.

Also, ganz **am Anfang, als das mobile Web noch neu war**, hatten die meisten Handys weder die Power noch die Bildschirmauflösung, um klassisches HTML mit CSS-Styling darzustellen. Damals gab es die Markup-Sprache **WML** (Wireless Markup Language) und das dazugehörige Protokoll **WAP** (Wireless Application Protocol), um Webseiten für Leute zu schreiben, die auch am Strand, in der Cocktailbar, auf der Autobahn oder im Kino surfen wollen. Einige erinnern sich vielleicht noch, wie sie sonntags mit der Pferdekutsche über das Kopfsteinpflaster ihrer kleinen Stadt gefahren sind, während die meisten Menschen auf dem Feld gearbeitet haben … ungefähr so lange her fühlt es sich jedenfalls an, seit WML und WAP wichtig waren. WML-Dateien waren nur wenige Kilobyte klein und dadurch schnell zu übertragen. Da sie nur wenige Layoutmöglichkeiten hatten, konnte auch ein Handy sie gut darstellen. Dafür musste man auch eine komplett neue Sprache lernen. Das macht heute niemand mehr.

Als dann mehr und mehr Mobilgeräte HTML-fähig wurden, war der nächste Trend, **eine Mobilversion der gesamten Website anzulegen**. Bei der guten Variante war diese Version unter einer eigenen URL zu erreichen, typischerweise http://mobile.stapelfix.de. Die böse Variante ließ dir gar nicht die Wahl, welche Version du sehen wolltest: Der Server wertete den `User-Agent`-Header des Requests aus und gab dir für unterwegs nur die Mobilseite, egal, welche URL du angesteuert hast. Das war besonders lustig, wenn die Information, die du gesucht hast, auf der Mobilseite nicht verfügbar war. Die Mobilversion hat auch heute noch gelegentliche Vorteile, vor allem kann die Seite klein gehalten werden, so dass sie schneller lädt. Der Nachteil ist aber, dass **jede deiner HTML-Seiten dann auch in beiden Versionen, also doppelt, zur Verfügung stehen muss**. Wenn du ein Content-Management-System benutzt, ist das machbar, aber bei handgeschriebenem HTML, ohne PHP oder andere serverseitige Werkzeuge, macht das echt keinen Spaß.

Und so kommst du dann zu Responsive Design: eine Seite nur einmal schreiben, und sie funktioniert dann überall. Klingt himmlisch, oder? Das richtig Tolle daran ist: Es klingt nicht nur toll, es funktioniert auch. Und sogar mal überall. Alles, was du dazu brauchst, ist ein kleines neues Feature namens **CSS3 Media Queries**, das es ermöglicht, deine Website genau auf jedes Ausgabegerät anzupassen.

Jedem seine Styles – Media Types in CSS2

Media Queries sind kein Hexenwerk, es handelt sich um eine Sammlung spezieller Anweisungen, die CSS-Regeln auf bestimmten Geräten aktivieren oder deaktivieren. Im einfachsten Fall hat das noch gar nicht so richtig mit Responsive Design zu tun, es wird nicht auf die Größe (oder Farbe oder Sonstiges) der Ausgabe reagiert, sondern nur auf die Art des Ausgabegeräts. Eine solche Anweisung lautet nur z. B. `screen` oder `print` für die Aktivierung von Regeln, die nur auf dem Bildschirm oder nur für den Drucker gelten. Auf diesem einfachen Niveau war das sogar schon in CSS2.1 möglich.

[Begriffsdefinition]
Du musst an dieser Stelle vier Begriffe auseinanderhalten. **Media Type** ist eines der Schlüsselwörter, die ein Ausgabegerät beschreiben, zum Beispiel `screen`. Media Queries sind die CSS3-Erweiterung zu Media Types: Eine **Media Query** kann nur aus einem Media Type bestehen, aber sie kann auch **Media Features** enthalten, die ich dir gleich zeigen werde. Eine **Media-Regel** (oder **@media-Regel**) ist ein CSS-Konstrukt, das „normale" CSS-Regeln mit einem Media Type oder einer Media Query versieht, für die sie gelten sollen.

[Hintergrundinfo]
Es gibt weitere Media Types, wie zum Beispiel `braille`, `projection` oder `speech`. Diese sind aber nur schlecht unterstützt und benötigen teils spezielle CSS-Eigenschaften, zum Beispiel aus dem CSS-Sprachmodul (http://www.w3.org/TR/css3-speech/). Der Media Type `all` trifft auf alle Ausgabegeräte zu.

[Funktioniert in]
Media Queries funktionieren im Internet Explorer ab der Version 9, in Firefox, Chrome, Safari, Safari für iOS, Android-Browsern, Opera Mobile, Chrome for Android, Firefox for Android und Blackberry-Browsern.

[Zettel]
Das sind alle verbreiteten mobilen Browser, du kannst dich auf Media Queries verlassen.

Responsive Webdesign und Mobile Devices **743**

Es gibt **zwei Arten**, Media Queries zu verwenden:

1. Im HTML:

*1 Dieser Stylesheet wird immer geladen. Soweit nichts Neues.

```
<link rel="stylesheet" href="style.css"/>*1
<link rel="stylesheet" media="print"*2 href="druck.css"/>
```

*2 Im **media**-Attribut gibst du, Wunder über Wunder, eine Media Query an, die eben auch nur aus einem Media Type bestehen kann. Dieser Stylesheet kommt nur zum Einsatz, wenn die Seite gedruckt wird. Ansonsten wird er nicht einmal geladen.

[Achtung]
Die Reihenfolge, in der du die Stylesheets angibst, ist wichtig. Durch eine Media Query ändert sich die Priorität der CSS-Regeln nicht. Würdest du also zuerst den Druck-Stylesheet laden, könnte der allgemeine Stylesheet dessen Regeln überschreiben. So wie im Beispiel überschreibt der Druck-Stylesheet die allgemeinen Regeln, das ist meistens eher, was du möchtest.

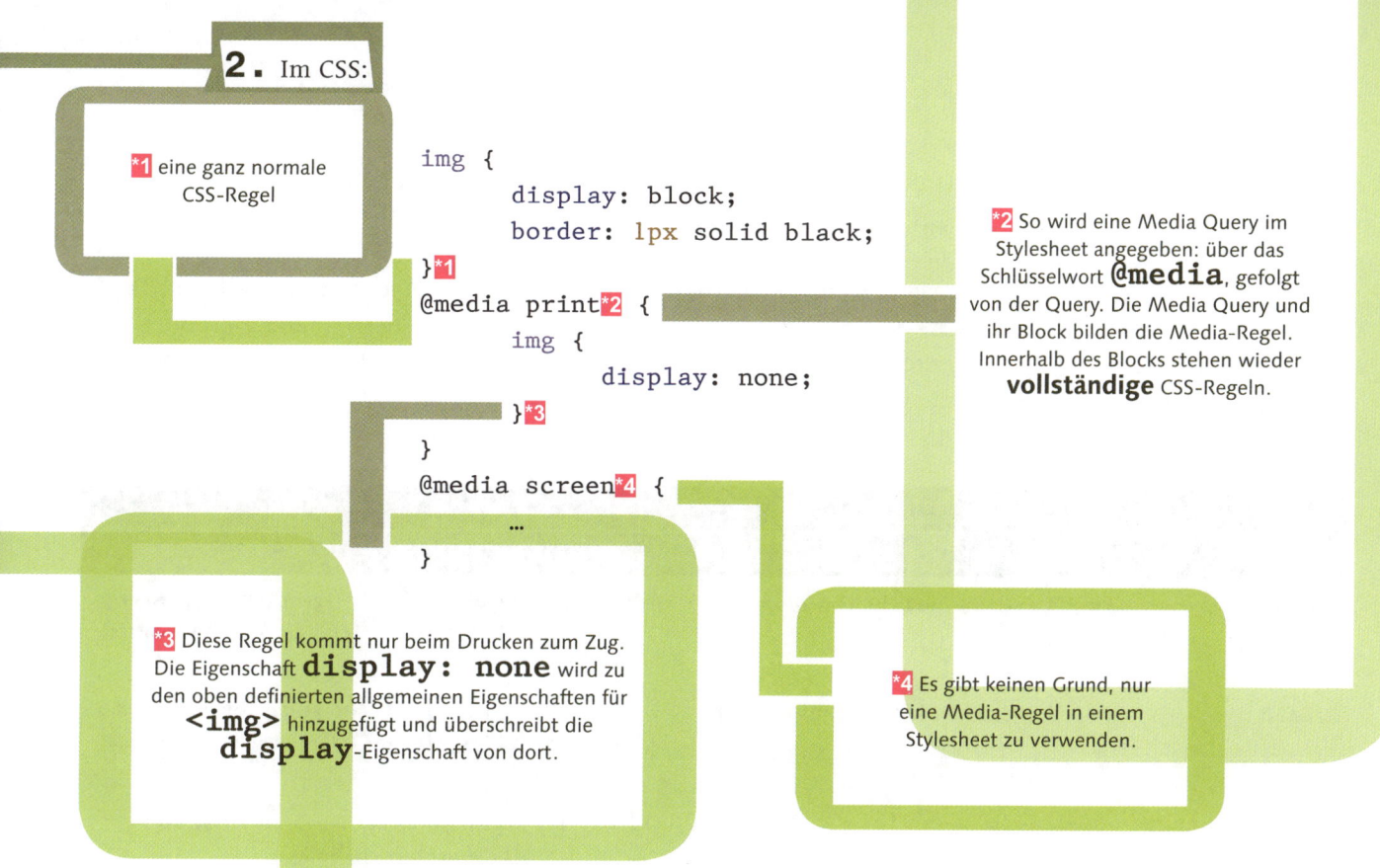

2. Im CSS:

*1 eine ganz normale CSS-Regel

```
img {
    display: block;
    border: 1px solid black;
}
```
*1
```
@media print
```
*2 {
```
    img {
        display: none;
    }
```
*3
```
}
@media screen
```
*4 {
```
    ...
}
```

*2 So wird eine Media Query im Stylesheet angegeben: über das Schlüsselwort **@media**, gefolgt von der Query. Die Media Query und ihr Block bilden die Media-Regel. Innerhalb des Blocks stehen wieder **vollständige** CSS-Regeln.

*3 Diese Regel kommt nur beim Drucken zum Zug. Die Eigenschaft **display: none** wird zu den oben definierten allgemeinen Eigenschaften für **<img>** hinzugefügt und überschreibt die **display**-Eigenschaft von dort.

*4 Es gibt keinen Grund, nur eine Media-Regel in einem Stylesheet zu verwenden.

Bilder beim Drucken auszublenden, ist eine häufige Anwendung für **print**. Auch andere Elemente werden beim Drucken gerne ausgeblendet, wenn sie auf Papier sowieso sinnlos sind: Navigationsbereiche sind gute Kandidaten hierfür. Aber auch Hintergrundbilder zu entfernen oder Links als normalen Text erscheinen zu lassen, sind häufige Anwendungen, die das Drucken schneller und das Lesen auf Papier angenehmer machen.

[Achtung]

Wie schon im vorigen Beispiel ist auch hier die Reihenfolge entscheidend. Die Regel **display: none** ist **nicht spezifischer**, weil sie in einem **@media**-Block steht, sie überschreibt **display:block** nur deshalb, weil sie im Stylesheet **weiter unten** steht.

[Zettel]

Welche Variante du für deine Media-Regeln wählst, ist reine Geschmackssache. Wenn du sowieso schon mehrere Stylesheets hast oder deine Media-Regeln sehr umfangreich sind, bietet sich ein eigener Stylesheet an. Gibt es nur wenige abweichende Regeln, dann schreibst du sie eher in den allgemeinen Stylesheet.

Media Features – CSS3 schafft neue Möglichkeiten

Stylesheets, die nur für den Drucker gelten oder nur für den Bildschirm, sind schon ganz chic, aber sie tun noch nichts in Richtung Responsive Design. Dafür gibt es weitere Eigenschaften, die in einer Media Query auftauchen können, mit denen du viel genauer auf dein Ausgabegerät reagieren kannst, als nur nach Drucker oder Bildschirm zu fragen. Die meisten dieser sogenannten **Media Features** können mit den Präfixen `min-` und `max-` verwendet werden, wenn Regeln ab einem bestimmten Wert oder bis zu einem bestimmten Wert gelten sollen. Das ist selbstverständlich sinnvoller als CSS-Regeln, die nur gelten, wenn die Anzeigefläche genau 640 Pixel breit ist …

Media Features		
Eigenschaft	Beispiel	Beschreibung
`height`	`@media (max-height: 400px){…}`	Die enthaltenen Style-Regeln gelten nur, wenn der **Anzeigebereich** für die Seite die richtige **Höhe** hat.
`width`	`@media (min-width: 200px){…}`	Die enthaltenen Style-Regeln gelten nur, wenn der **Anzeigebereich** für die Seite die richtige **Breite** hat.
`device-height`	`@media (min-device-height: 800px){…}`	Die Regeln gelten nur, wenn das **Ausgabegerät** die richtige **Höhe** hat.
`device-width`	`@media (min-device-width: 200px){…}`	Die Regeln gelten nur, wenn das **Ausgabegerät** die richtige **Breite** hat.
`color`	`@media (color)`	nur für Geräte mit **Farbanzeige**
`monochrome`	`@media (monochrome)`	nur für Geräte mit **Schwarzweißanzeige**
`orientation`	`@media (orientation: landscape)` oder `@media (orientation: portrait)`	Trifft zu, wenn die Ausgabe im **Querformat** (landscape) oder **Hochformat** (portrait) erfolgt.

Und damit kann es auch losgehen: `Handy, wir kommen!`

Ich hoffe, das wird gut, noch sehe ich nämlich nicht, wie das helfen soll.

Stapelfix Responsive

Als Übungsobjekt nehmen wir diesmal die Stapelfix-Website, über die hat sich Bossingen schließlich laut genug beschwert. Schau dir zuerst mal das Problem an, dass sie im Moment hat.

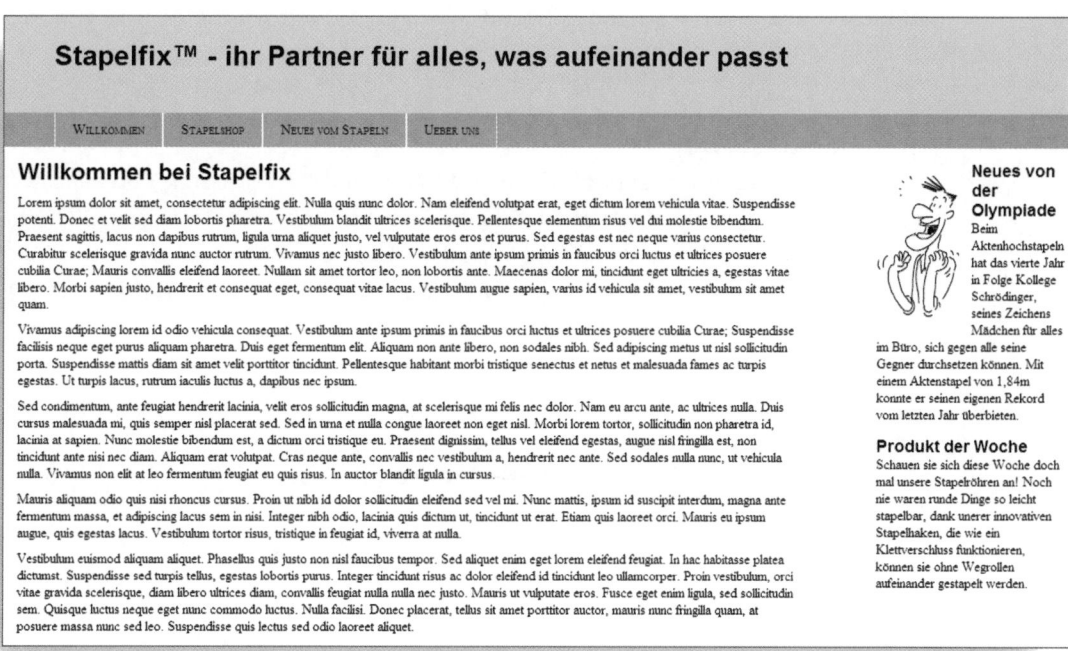

So sieht es noch gut aus.

Wenn die Anzeige zu schmal wird, sieht es nicht mehr gut aus: Die Navigation wird ganz hässlich umbrochen, weil nicht mehr alles in eine Zeile passt. Und die Sidebar ist so schmal auch nicht schön.

Responsive Webdesign und Mobile Devices **747**

Los, wir starten die **Operation Responsive**: Damit die Site auch auf kleinen Bildschirmen gut aussieht, gibt es etwas mehr zu tun, als nur die Größe von Elemente anzupassen. Dynamische Größen kennst du schließlich schon seit einiger Zeit, die kann ich dir jetzt schlecht noch mal als neu verkaufen. Die Seite responsive zu machen, da gehört auch dazu, weniger wichtige Elemente auszublenden, ähnlich wie die Bilder im Druck-Stylesheet. Und vor allem gehört dazu, den Seitenfluss anzupassen: Dinge, die auf dem großen Bildschirm nebeneinanderpassen, müssen auf einem Handy zum Beispiel untereinanderstehen, damit man noch etwas erkennen kann. Pass auf, ich zeig dir, was ich meine und wie es geht.

[Einfache Aufgabe]
Du musst dich nicht auf die abgedruckten Bilder verlassen, und Handy oder Tablet brauchst du auch keins, um die Probleme nachzuvollziehen: Öffne die originale Stapelfix-Website (Beispiel_18_1.html) aus den Downloads, und ziehe das Browserfenster schmaler und breiter, um zu sehen, wie schlimm es wird.

Ja ... und damit meine ich nein. Das geht mal gar nicht.

Eben, das sehe ich auch so. Aber bevor du jetzt loscoden kannst, solltest du dir den CSS-Code der Stapelfix-Site einmal genau anschauen: Die Site benutzt Floating Layout. Du erinnerst dich an Kapitel 7 und daran, was die **float**-Eigenschaft genau tut?

Float ... warte mal ... das schiebt ein Element links oder rechts an den Rand und lässt den Text drumherum fließen.

So ist es, gut aufgepasst. Es gibt ein Detail, das für Floating Layouts wichtig ist: Wenn mehrere aufeinanderfolgende Elemente den gleichen Wert für die Eigenschaft **float** haben, dann werden sie nebeneinander dargestellt. Floating Layouts nutzen das aus, um ganz einfach mehrere Spalten darzustellen: Drei Elemente mit **float: left** und **width: 30%**, und schon hast du drei gleichbreite Spalten.

Die Stapelfix-Site, noch ganz ohne Responsive:
es gibt zwei Spalten in einem Floating Layout

```
#inhalt{ *1
    width: 74%;
    padding: 1em 4% 1em 2%;
    float: left;
}
#sidebar { *2
    float: right;
    width: 20%;
}
#fuss { *3
    width: 100%;
    text-align: center;
    clear: both;
    background-color: lightgray;
}
```

*1 Der Inhaltsbereich **#inhalt** steht an der linken Seite und ist insgesamt 80 % breit. Denk daran, dass du für die Gesamtbreite **width**, **margin** und **padding** addieren musst. **margin** gibt es keine, bleiben der Inhaltsbereich, Padding rechts und Padding links: 74 % + 4 % + 2 % = 80 %.

*2 **#sidebar** ist die rechte Spalte, neben dem Hauptinhalt. Sie nimmt die restlichen 20 % ein.

*3 Der Fußbereich soll natürlich unter den Inhaltsspalten stehen. Du erinnerst dich bestimmt an die **clear**-Eigenschaft: Sie sorgt dafür, dass ihr Element nie neben floatenden Elementen steht, sondern garantiert darunter.

Das ist natürlich nicht der gesamte Stylesheet, sondern nur die drei Regeln, die das Floating Layout definieren.

[Achtung]

Hier ist es besonders wichtig, dass du alle **Breitenangaben in Prozent** machst: So ist sichergestellt, dass sich die Seite auch zwischen den Stufen, die du gleich mit Media Queries definierst, an die Bildschirmgröße anpasst.

[Notiz]
Floating Layout ist nicht besser oder schlechter als absolutes Layout. Mit beiden Methoden kannst du alle deine Layoutwünsche umsetzen, auch für Responsive Design.

Wie das Floating Layout funktioniert, verstehst du ohne Probleme, oder? Jetzt wird es Zeit, die Seite responsive zu machen. Wie oben schon gesagt, gibt es **zwei Probleme zu lösen: Die Sidebar wird zu schmal, und die Navigation wird umbrochen**. Beide Probleme löst du ganz einfach, indem du Dinge untereinander packst statt nebeneinander. Da aber nicht beides bei derselben Fensterbreite hässlich wird, kommt auch die Lösung in zwei Schritten daher.

Schritt 1: Zuerst wird die Sidebar umpositioniert

[Schwierige Aufgabe]
Angefangen mit `stapelfix1.css` aus den Downloads füge dem Stylesheet eine Media Query hinzu, die aktiv wird, wenn die Anzeige schmaler als 850 Pixel ist. Dann sollen `#inhalt` und `#sidebar` untereinanderstehen und jeweils die volle Anzeigebreite einnehmen.

[Notiz]
Dass die Elemente untereinanderstehen, ist natürlich das ganz normale Verhalten, wenn sie nicht floaten. Die Breite musst du dann nur noch setzen.

Bei der Media Query gibt es hier noch eine Kleinigkeit, die ich oben verschwiegen habe: Du kannst mehrere Bedingungen mit **and** verknüpfen, so dass die zugehörigen CSS-Regeln nur angewandt werden, wenn alle Bedingungen zutreffen. Das brauchst du hier nicht unbedingt, um die Aufgabe zu lösen, aber es ist für Responsive Design immer besser, die Formulierung `@media screen and (max-width: 850px)` zu verwenden. Du möchtest schließlich nicht, dass diese Regeln auch beim Drucken angewendet werden.

[Notiz]
In der Theorie gibt es auch noch `@media handheld`, aber dieser Media Type wird faktisch nicht mehr benutzt, alle Smart Phones und Tablets benutzen die `screen`-Regeln.

Hier ist der fertige Code

```
@media screen and (max-width: 850px){*1
    #inhalt {
        float: none;*2
        width: 100%;*3
    }

    #sidebar {
        float: none;*2
        width: 100%;*3
    }
}
```

*1 Wie im Text schon beschrieben, ist hier die Media Query für **screen** und 850 Pixel maximale Breite.

*2 Die beiden `<div>`s sollen untereinanderstehen, also ist Schluss mit `float`.

*3 Und die ganze Anzeige füllen, sollen sie auch noch.

Und so sieht es dann aus

Schon nicht schlecht, oder?

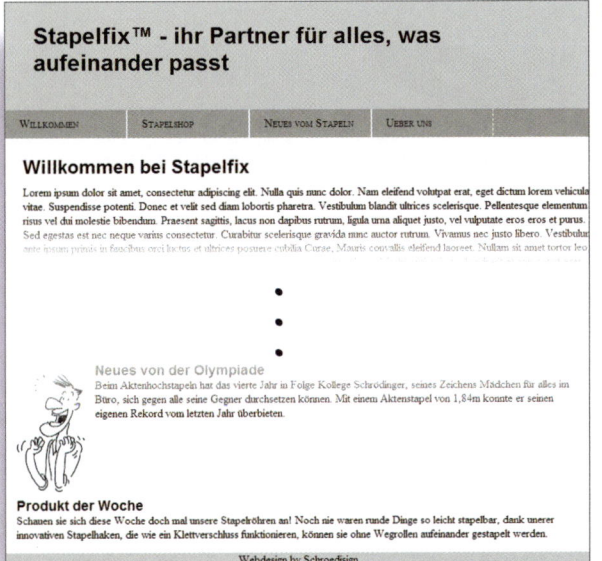

Damit ist Schritt 1 von Operation Responsive abgeschlossen.

Schritt 2: Jetzt mit handytauglicher Navigation

Die Sidebar kommt schon an die richtige Stelle. Aber spätestens auf dem Handy hast du immer noch das Problem, dass Navigation und Links plötzlich nicht mehr schön aufgereiht sind, sondern umbrochen werden und im sauberen, weißen Inhaltsbereich landen. Das solltest du also als Nächstes beheben.
Aber vorher brauchst du eine kleine Prise Kopfrechnen.

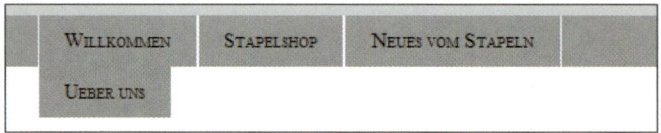

Das geht doch mal wirklich gar nicht.

So sieht das CSS für die Navigation aus, zumindest die relevanten Eigenschaften:

```css
#navigation{
    width: 100%;
    height: 40px;
}

#navigation li{
    float: left;
    display: block;
    padding: 10px 20px;
    border-color: white;
    border-width: 0 1px 0 1px;
    border-style: solid;
    width: 130px;
}

#navigation a{
    display: block;
    height: 100%;
}
```

[Einfache Aufgabe]
Wie breit muss die Anzeige mindestens sein, damit die Navigation so passt?

Jetzt geht diese Rechnerei wieder los. Na dann mal schauen ... 688!

Ja ja, erst beschweren und dann sofort das richtige Ergebnis ausspucken. Schritt für Schritt kommt das so zustande: Jeder Listeneintrag ist 130 Pixel breit, plus 2 * 20 Pixel Padding, plus 2 * 1 Pixel Rahmen, macht 172 Pixel. Davon vier Stück, insgesamt 688 Pixel. **Gut gerechnet, Schrödinger.**

[Einfache Aufgabe]
Das musst du jetzt nur noch umsetzen: Füge einen weiteren CSS-Block mit Media Query hinzu, der die Navigation untereinanderschreibt, wenn die Anzeige zu schmal wird.

[Achtung]
Vergiss nicht, die Höhe von `#navigation` zu überschreiben, sonst bleibt es bei den 40 Pixeln, und nichts passt zusammen.

CSS-Code, Variante 3

*1 Lass den Browser die Höhe von `#navigation` berechnen. Du könntest zwar die Höhe ausrechnen, aber warum sollst du dir die Mühe machen, wenn der Browser es auch kann.

```css
@media screen and (max-width: 688px){
    #navigation {
        height: auto;*1
    }
    #navigation li{
        float: none;*2
        width: 100%;*3
        border-width: 0;*4
    }
}
```

*2 So stehen die Navigationseinträge wieder untereinander statt nebeneinander.

*3 Die ganze Breite können sie auch einnehmen.

*4 Und einen weißen Rahmen links und rechts brauchen sie auch nicht mehr.

Alles gestapelt bei Stapelfix

Jetzt ist Stapelfix.de auch obenherum schön

[Notiz]
Für komplexere Beispiele zu Responsive Design ist http://bradfrost.github.io/this-is-responsive/patterns.html eine sehr gute Ressource. Oder du greifst gleich auf eines der vielen, guten CSS-Frameworks zurück, die diese Arbeit schon für dich erledigt haben: YAML (http://www.yaml.de), Unsemantic (http://unsemantic.com/) oder Kube (http://imperavi.com/kube/grid/), um nur einige zu nennen.

Und damit funktioniert Stapelfix jetzt auf allen gängigen Display-Größen; Bossingen kann die Website auf jedem Gerät anschauen, das er hat, und es sieht immer ordentlich aus. Die Website ist natürlich ein eher einfaches Beispiel, aber mit CSS und Media Queries lassen sich auch komplexe Seiten schrittweise an kleine Bildschirme anpassen.

Einen letzten Punkt hab ich noch, der mit Responsive Design nicht direkt zu tun hat, aber noch gut zum Thema passt: Druck-Styles. Für die musst du auch nichts anderes tun, als für die verschiedenen Bildgrößen, einfach eine Media Query und ein paar CSS-Regeln setzen. Für die Druck-Styles ist es aber außerdem wichtig, zu überlegen, **welche Elemente du weglassen kannst**, denn gedruckt wird normalerweise für den Hauptinhalt. Bei der Stapelfix-Site fällt diese Entscheidung nicht schwer:

- `#kopf` muss vorhanden sein, man soll ja sehen, dass es die Stapelfix-Seite ist.
- `#navigation` kannst du dafür weglassen. Was soll schon jemand damit tun? Draufklicken?
- `#inhalt` sollte besser auch da sein, sonst wird jemand sehr unglücklich damit werden.
- `#sidebar` ist die schwierigste Entscheidung. Drucken oder nicht? Ich würde eher sagen nein, diese Inhalte haben mit dem Hauptinhalt nichts zu tun.
- `#footer` soll dafür wieder drauf, denn hier steht, wer die Seite gemacht hat. Das soll nun wirklich jeder sehen.

[Einfache Aufgabe]
Füge im Stylesheet noch einen Druckbereich hinzu, der `#navigation` und `#sidebar` komplett verschwinden lässt. Erinnere dich dafür an die `display`-Eigenschaft.

Das ist dann auch
die letzte Erweiterung in diesem Abschnitt

*1 Bei den Druck-Styles kommt es nur auf das Medium an, nicht auf andere Parameter.

*2 Die beiden unerwünschten Bereiche werden komplett ausgeblendet. Erinnere dich, `display: none` lässt ein Element komplett verschwinden und reserviert auch keinen Platz dafür.

```css
@media print { *1
    #navigation, #sidebar { *2
        display: none;
    }
}
```

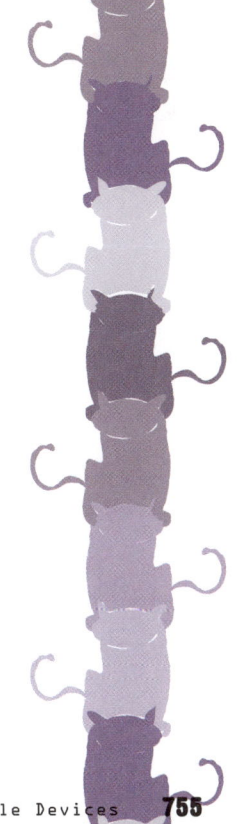

Stapelfix™ - ihr Partner für alles, was aufeinander passt

Willkommen bei Stapelfix

Lorem ipsum dolor sit amet, consectetur adipiscing elit. Nulla quis nunc dolor. Nam eleifend volutpat erat, eget dictum lorem vehicula vitae. Suspendisse potenti. Donec et velit sed diam lobortis pharetra. Vestibulum blandit ultrices scelerisque. Pellentesque elementum risus vel dui molestie bibendum. Praesent sagittis, lacus non dapibus rutrum, ligula urna aliquet justo, vel vulputate eros eros et purus. Sed egestas est nec neque varius consectetur. Curabitur scelerisque gravida nunc auctor rutrum. Vivamus nec justo libero. Vestibulum ante ipsum primis in faucibus orci luctus et ultrices posuere cubilia Curae; Mauris convallis eleifend laoreet. Nullam sit amet tortor leo, non lobortis ante. Maecenas dolor mi, tincidunt eget ultricies a, egestas vitae libero. Morbi sapien justo, hendrerit et consequat eget, consequat vitae lacus. Vestibulum augue sapien, varius id vehicula sit amet, vestibulum sit amet quam.

Stapelfix, wie gedruckt.

All die vielen Bildschirme!

So, ich geh mir jetzt mal 'nen Tee machen, während du …

Was, Tee? Du? Wer bist du, und was hast du mit dem Original gemacht?

Was denn? Ich hab mich inzwischen echt daran gewöhnt, der ist auch lecker. Und hat genauso viel Koffein wie Kaffee, oder sogar mehr. Außerdem muss er 2 bis 3 Minuten ziehen, das heißt, dass du **mehr Zeit für die Übungen** hast. Also los!

[Einfache Aufgabe]
Welche Media Query trifft auf welches Gerät zu?

a) **Telefon: 320 × 480 px**

b) **Telefon quer gehalten: 960 × 640 px**

c) **Computerbildschirm: 1 600 × 900 px
   mit Browserfenster: 800 × 500 px**

d) **Tablet quer gehalten: 2 048 × 1 539 px**

1. `@media screen`
2. `@media screen and (max-width: 800px)`
3. `@media screen and (orientation: portrait)`
4. `@media screen and (min-device-width: 900px)`
5. `@media screen and (min-width: 900px)`
6. `@media print and (min-width: 30cm)`
7. `@media screen and (max-device-height: 1400px)`

1. Das trifft natürlich auf alle zu, alle Geräte hier haben einen Bildschirm.

2. a) und c), die anderen sind zu breit. Bedenke bei c), dass sich **max-width** auf die Breite des Fensters bezieht, nicht die des Bildschirms. b) scheidet aus, weil das Telefon quer gehalten wird und dann breiter ist als 800 Pixel.

3. Nur a), alle anderen sind Querformat, also **orientation: landscape**.

4. b), c) und d). Hier geht es jetzt mit **min-** um die Mindestbreite, nicht mehr um die Höchstbreite. Außerdem wird die Breite des Geräts abgefragt, deswegen ist auch das Fenster in c) dabei.

5. b) und d). c) ist draußen, weil jetzt wieder die Fensterbreite ausgewertet wird.

6. Diese Media Query trifft auf keines der Geräte zu, weil keine Drucker dabei sind. Die Abfrage auf Mindestbreite mit **@media print** funktioniert aber, wie gezeigt, du kannst zum Beispiel Elemente anzeigen oder verstecken, je nachdem, ob auf A3 oder A4 gedruckt wird.

7. a), b) und c), nur das Tablet ist selbst im Querformat noch zu hoch.

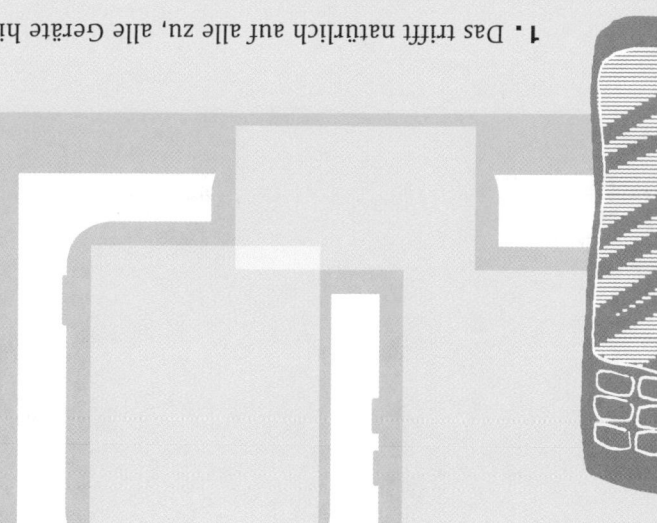

Das Kreuz mit den Bildern

Nur weil sich dein Layout jetzt an die Größe der Anzeige anpasst und die einzelnen Bereiche an die vorgesehene Stelle springen, bist du aber **noch nicht fertig mit Responsive Design**. Das häufigste Problem, das dir begegnen wird, sind Bilder: Mal sind sie zu groß oder zu klein, mal sieht wieder alles nicht gut aus, und zwar sowohl die Hintergründe als auch die **<img>**s.

Und was mach ich da? Ich kann Bossingen schon wieder hören, das will der alles besser haben.

Was machst du dann wohl? **Besser machst du es natürlich**. Es ist auch mal wieder gar nicht schwer, man muss nur wissen, wie es geht. Und vielleicht noch ein wenig Handarbeit investieren, da kommst du leider nicht drumherum, wenn es ohne serverseitigen Code funktionieren soll.

Zuerst machen wir mal Hintergrundbilder, das ist der einfachste Teil

```
body {*1
    background-image: url(hintergrund.png);
    background-size: cover;*2
}
```

*1 Im Beispiel geht es mal um den Body, aber es funktioniert auch für jedes andere Element.

*2 So einfach ist es, eine Eigenschaft und fertig. Das Hintergrundbild wird auf die kleinstmögliche Größe skaliert, die das Element komplett abdeckt.

758   Kapitel ACHTZEHN

[Zettel]
Das Seitenverhältnis des Bildes wird beibehalten; wenn es in die eine Richtung passt, kann es deshalb in die andere Richtung **abgeschnitten** werden.
Ein anderer Wert, **background-size: contain**, skaliert das Bild so, dass es in eine Richtung genau bis an die Ränder reicht und in die andere Richtung Platz bleibt.

[Funktioniert in]
background-size: cover/contain
funktioniert im Internet Explorer ab der Version 9, in Firefox, Chrome und Safari.

background-size:cover füllt das Element aus und beschneidet dafür eventuell das Bild.

Mit **background-size: contain** ist das ganze Bild zu sehen, es bleiben Ränder stehen.

Dann mache ich das Bild so groß wie möglich, oder? Wenn der Browser es vergrößert, sieht es mies aus, also muss es groß genug sein, dass er nur verkleinern muss.

Ja, genau! Und nein, auf keinen Fall!

Wie jetzt? Beides geht ja wohl kaum.

Responsive Webdesign und Mobile Devices

Du hast Recht, dass Vergrößern nie eine gute Bildqualität liefert. Aber du willst nicht wirklich jedem armen Handynutzer dein **Full-HD-Bild** zumuten, nur um ein **briefmarkengroßes Element zu füllen**, oder? Mit zwei solchen Bildern hat der ja schon fast sein Downloadlimit für den Monat erreicht. Da kommt jetzt die angekündigte Handarbeit ins Spiel: für einen guten Kompromiss zwischen Bildqualität und Ladezeit brauchst du mehrere Größen desselben Bildes. Mit der Bildbearbeitung deiner Wahl ist das gar kein Problem, Photoshop, GIMP und die meisten anderen skalieren ein Bild mit wenigen Mausklicks. Microsoft Paint reicht hier allerdings nicht mehr aus, zumindest in meiner Version suche ich die Funktion vergeblich.

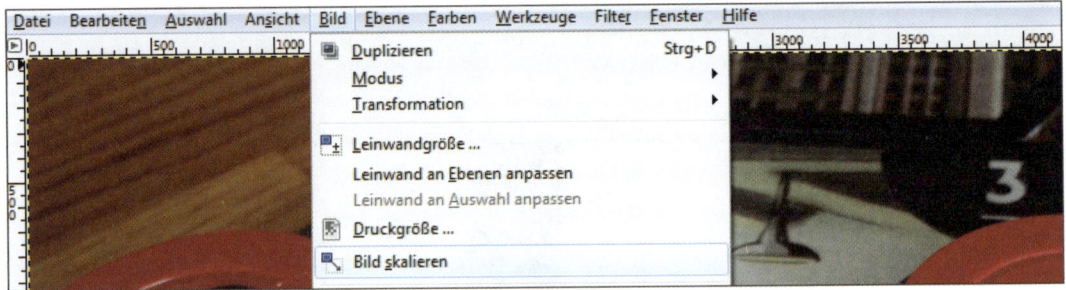

Bild skalieren in GIMP

Blöde Arbeit, aber na gut.
Mindestens in GIMP kann ich das ja irgendwie als Skript machen.
Aber welche Größen soll ich nehmen?

Das ist mal wieder eine von diesen Fragen, auf die es keine wirklich richtige Antwort gibt. Zunächst mal brauchst du bei Bildern, die sowieso schon sehr klein sind, gar nichts zu tun. Ob du das 16 x 16 Pixel große Quietscheentchen-Icon für den Entenzuchtverein deines Vaters auf 8 x 8 Pixel runterskalierst oder nicht, macht in der Dateigröße kaum einen Unterschied.

> **[Zettel]**
> Wenn du wirklich nett zu den Mobilsurfern sein willst, solltest du dir aber überlegen, **ob du diese kleinen Bilder überhaupt brauchst**. Gut aussehen werden sie auf einem Handybildschirm bestimmt nicht mehr, und Quietscheentchen als Listenzeichen sind zwar lustig, aber nicht notwendig. Deshalb besser:

```
@media screen and (max-device-width: 480px*1){
    li {
        list-style-image: none;
    }
}
```

*1 Oder welche Größe du auch immer auswählst. Wenn du sowieso schon einen Block für kleine Bildschirme hast, dann gehört diese Regel da mit rein.

Bei größeren Bildern solltest du mindestens zwei Varianten haben: eine in Originalgröße für den Bildschirm am Schreibtisch und eine kleinere Größe für Mobilgeräte, maximal halb so groß wie das Original. Aber du betreibst ja sowieso schon Responsive Design, also hast du in deinem Stylesheet schon Media Queries für verschiedene Größen. Erzeuge für jede Größe, bei der sich das Seitenlayout ändert, ein passendes Bild. Wenn deine Media Queries zum Beispiel lauten **@media screen and (max-device-width: 850px)** und **@media screen and (max-device-width: 688px)**, so wie auf der Stapelfix-Seite, dann brauchst du drei Bilder: eins in voller Größe, eins in der Größe, wie es für 850 Pixel Bildschirmbreite gebraucht wird, und eins für 688 Pixel Bildschirmbreite. Was dazwischenliegt, kann der Browser dann skalieren.

[Achtung]
Wenn du Hintergrundbilder austauschst, solltest du deine Media Queries immer mit ***-device-width** schreiben, nicht mit ***-width**. Benutzt du zum Beispiel **max-width** und dein Leser vergrößert oder verkleinert sein Browserfenster, dann kann es sein, dass plötzlich Bilder nachgeladen werden müssen. Dass sich die Bildschirmbreite ändert, passiert dagegen eher selten.

Da ist also etwas Zahlenfuchserei gefragt, bis alles zusammenpasst. Das würde meinen alten Mathelehrer freuen.

Sture Bilder

Aber das ist ja alles nur für Hintergründe, was mache ich bei `<img>`-Tags?

Da wird alles ein wenig schwieriger. Nicht unlösbar, aber schwieriger. Zunächst ist das Problem, dass Bilder eher stur sind und auf ihrer Größe beharren, auch wenn ihr Container vielleicht kleiner ist. Das führt zu eher hässlichen Ergebnissen wie diesem:

iStockphoto: 17198371 © Aleksandar Nakic

Der schwarze Rahmen gehört zum Container um das Bild und ist offensichtlich zu klein.

Sture Bilder sind nicht erst bei Responsive Design ein Problem. Wenn du immer brav mit relativen Größen gearbeitet hast, dann konnte es auch vorher schon passieren, dass das Bild plötzlich **größer war als ein umgebendes Element.**
Da ist zum Glück noch sehr einfach Abhilfe zu schaffen:

```css
img {
    width: inherit;
    max-width: 100%;
}
```

*1 Kein Bild darf größer werden als sein Elternelement. Durch die Eigenschaft **max-width** wird das Bild nur verkleinert, wenn nötig. Steht mehr Platz zur Verfügung, wird es nicht automatisch vergrößert. Der Browser sorgt dafür, dass das Bild proportional verkleinert wird, nicht nur in eine Richtung.

*2 Diese Eigenschaft sollte eigentlich gar nicht nötig sein. In den meisten Browsern ändert sie auch nichts, aber sie sorgt dafür, dass das Ganze auch im Internet Explorer 8 funktioniert. In älteren Internet Explorern hast du leider auch damit kein Glück.

[Achtung]
Damit dieser CSS-Trick funktioniert, dürfen die Attribute **width** und **height** des **<img>**-Tags **nicht** gesetzt sein.

Damit ist aber noch nicht das Dateigrößenproblem gelöst: Du lädst wieder viel zu große Bilder aufs Handy und skalierst sie dann runter. Das macht wieder keinen Handynutzer glücklich. Leider gibt es aber im HTML (noch) keine Media Queries, um die richtige Größe auszuwählen.

Was soll denn dieses „noch"? Ist da was im Kommen?

Im Kommen würde ich es noch nicht nennen. Es gibt einen Entwurf beim W3C für ein neues **<picture>**-Tag, das es erlauben würde, verschiedene URLs für verschiedene Größen anzugeben. Aber das wird bisher noch von keinem Browser unterstützt.

[Funktioniert in]
<picture> funktioniert bislang nirgendwo.

So könnte es irgendwann mal aussehen

*1 Das neue `<picture>`-Tag, wenn es denn umgesetzt wird, wird responsiver sein als `<img>`. In `<picture>` verschachtelt sind mehrere `<source>`-Tags.

*2 Das `media`-Attribut bekommt eine Media Query, genau wie du sie im Stylesheet schreiben würdest.

*3 `src` enthält die URL, die geladen werden soll, wenn die Media Query zutrifft.

```
<picture>*1
    <source media="screen and (max-device-width: 850px)"*2 src="mittel.jpg"*3>
    <source media="screen and (min-device-width: 688px)" src="klein.jpg">
    <source src="gross.jpg">*4
    <img src="small.jpg" alt="">*5
</picture>
```

*4 Der Browser prüft von oben nach unten, welche `<source>` passt. Als Letztes gibt es deshalb einen Standardwert, der benutzt wird, wenn nichts anderes passt.

*5 Genau wie `<audio>` und `<video>` kann auch `<picture>` Fallback-Inhalt enthalten, der nur dann zum Zug kommt, wenn der Browser `<picture>` nicht kennt.

[Hintergrundinfo]
Wenn du nicht auf das `<picture>`-Tag warten möchtest, dann gibt es heute schon eine JavaScript-Lösung, die die gleiche Funktionalität mit `<div>`-Tags und JavaScript liefert (https://github.com/scottjehl/picturefill).

Wenn du aber auf deine `<img>`-Tags bestehst, dann kommst du um ein wenig eigenes JavaScript nicht herum.

Größer ... größer ... größer ... zu groß!

Ein wenig eigenes JavaScript, aber dafür funktioniert es mit stinknormalen `<img>`-Tags. Klingt doch gut, oder? Im HTML sieht alles zunächst ganz normal aus, überhaupt nichts Besonderes:

```
<img src="sushi.jpg">
```
[*1]

[*1] Die Attribute `width` und `height` fehlen wieder. Zum einen, damit die Lösung auch zusammen mit `max-width: 100%` funktioniert, zum anderen weil im JavaScript sonst neue Werte gefunden werden müssten, wenn das Bild ersetzt wird.

Bei diesem Ansatz ist wichtig, **dass das angegebene Bild das kleinste aus der Sammlung ist**. Du möchtest schließlich nicht, dass deine Leser auf dem Handy zuerst das Riesenbild laden, nur um es dann durch das kleinere zu ersetzen, das sie auch noch laden müssen. Das Leben erleichterst du dir mit einer einfachen Namenskonvention: Das kleinste Bild hat den einfachen Namen, die größeren Bilder bekommen ein Suffix, das ihre Größe kennzeichnet. Das Suffix kann entweder so etwas wie `-medium` und `—big` sein, oder es kann zu deinen Media Queries passen und `-688px` und `-850px` lauten.

- Klein: `sushi.jpg`
- Mittel: `sushi-med.jpg` oder `sushi-688px.jpg`
- Groß: `sushi-big.jpg` oder `sushi-850px.jpg`

Du kannst dir wahrscheinlich schon denken, wie es jetzt weitergeht: Mit DOM-Methoden werden alle Bilder gefunden und ihr `src`-Attribut verändert, um das Bild in der richtigen Größe zu laden.

*Und wie finde ich die richtige Größe?
Media Queries hab ich ja nicht.*

Für die richtige Größe gibt es eine Handvoll von JavaScript-Eigenschaften, die du brauchst. Das sind zum einen **window.innerWidth** und **window.innerHeight**, die die Größe des Anzeigebereichs (in Pixeln) enthalten. Sie entsprechen ***-width** bzw. ***-height** in einer Media Query. Zum anderen gibt es **screen.height** und **screen.width** für die Größe des Bildschirms, analog zu ***-device-width** und ***-device-height**.

[Achtung]
screen.width und **screen.height** funktionieren **nicht zuverlässig**, wenn **mehrere Bildschirme** angeschlossen sind. Greif lieber auf die **window**-Eigenschaften zurück.

[Einfache Aufgabe]
Der Einfachheit halber machen wir das nur mit einem Bild, aber die Idee funktioniert auch für beliebig viele Bilder. Lade auf einer neuen Seite das Bild **sushi.jpg**. Definiere einen **load**-Handler für die Seite, der zunächst nur anhand der Breite des Viewports das richtige Suffix auswählt: keins für 382 Pixel oder weniger, **-med** bis 763 Pixel und **-big** für mehr. Die Zahlen passen einfach zum Sushi-Bild.

Das ist ja noch der einfache Teil.

```
function passeBilderAn(){
    var suffix = waehleSuffix();
}
function waehleSuffix(){
    if (window.innerWidth < 382) {
        return "";
    } else if (window.innerWidth < 763) {
        return "-med";
    } else {
        return "-big";
    }
}
window.addEventListener("load", passeBilderAn);
```

Einen wirklich schwierigen Teil gibt es dabei auch gar nicht, es kommen nur noch Dinge, die du schon kennst: DOM-Methoden und String-Operationen.

[Schwierige Aufgabe]
Nachdem das richtige Suffix ausgewählt ist, laufe in einer Schleife über alle Bilder auf der Seite. Ich weiß, dass es gerade nur eins gibt, aber die Funktion soll allgemein verwendbar sein. Dann lies die URL aus dem `src`-Attribut jedes Bildes, füge mit String-Operationen das vorher ausgewählte Suffix vor der Dateiendung ein, und schreibe diesen neuen Wert wieder nach `src`.

Du hast Recht, schwierig klingt das wirklich nicht.

*1 Alle Bilder, nichts leichter als das.

*2 Dann die gute, alte `for`-Schleife …

*3 Hier lese ich die alte URL aus.

```
function passeBilderAn(){
    var suffix = waehleSuffix();
    var bilder = document.getElementsByTagName("img"); *1
    for (var i = 0; i < bilder.length; i++){ *2
        var bild = bilder[i];
        var url = bild.src; *3
        var anfangDateiendung = url.lastIndexOf("."); *4
        url = url.substring(0, anfangDateiendung ) + suffix + url.
            substring(anfangDateiendung ); *4
        bild.src = url; *5
    }
}
window.addEventListener("load", passeBilderAn);
```

*4 Über den Teil musste ich etwas nachdenken, aber ist doch richtig, oder? Ich suche, wo der letzte Punkt steht, das muss ja der vor der Dateiendung sein. Dann nehme ich den Teil vor diesem Punkt, hänge das Suffix dran und dann den Teil vom Punkt bis zum Ende.

*5 Und dann setze ich das Ganze wieder ins `src`-Attribut. Fertig.

[Belohnung]
Sehr gut gemacht, Schrödinger, ich hab die letzten 700 Seiten oder so also nicht an dich verschwendet. Dafür bring ich dir auch Kaffee mit.

So so, also doch wieder Kaffee. Alte Süchte sind schwer loszuwerden, was?

[Einfache Aufgabe]
In der Zwischenzeit kannst du dein Skript ja mal ausprobieren: Zieh dein Browserfenster schmal, und lade die Seite neu. Hast du alles richtig gemacht, dann solltest du ein kleineres Bild bekommen, wenn das Fenster schmal genug wird.

Sparsamer laden mit data-Attributen

Jetzt ist mir beim Kaffeeholen doch glatt noch ein Problem eingefallen: Auf größeren Bildschirmen werden jetzt zu viele Daten geladen, die laden zuerst das kleine Bild und dann noch mal das in der richtigen Größe. Dagegen lässt sich auch noch was tun, zum Beispiel indem du das Bild zunächst gar nicht lädst und dann nur einmal die URL schreibst.

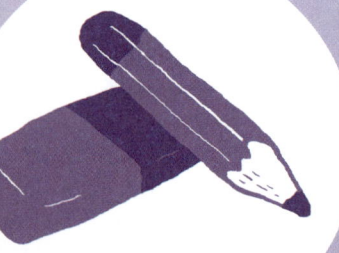

[Notiz]
Das Bild zunächst gar nicht zu laden, klingt einfacher, als es dann wirklich ist. Du kannst das `src`-Attribut nicht einfach weglassen, denn dann ist dein Dokument nicht mehr valide. Das Gleiche gilt für ein leeres `src`. Das ganze `<img>` wegzulassen und stattdessen ein `<div>` als Platzhalter zu verwenden, geht zwar, aber dann musst du mehr Code schreiben. Der beste Weg, der in allen Browsern funktioniert, valide ist und keine überflüssigen Daten übermittelt, lautet, `<img src="about:blank" alt="">` zu verwenden. `about:blank` wird von jedem Browser verstanden als komplett leere Seite.

Aber das ist noch nicht alles: Irgendwo muss die URL des Bildes ja trotzdem stehen. Dafür ist **eine weitere Neuerung** von HTML5 enorm praktisch: `data`-Attribute. Wie du dich erinnerst, gibt es für jedes HTML-Tag eine definierte Liste von Attributen, die es haben darf. Benutzt du andere Attribute, ist dein HTML nicht valide. `data`-Attribute lassen dich trotzdem eigene Attribute an beliebigen Elementen hinzufügen. Jedes Attribut, dessen Name mit `data-` beginnt, ist überall valide.

[Einfache Aufgabe]
Auch das JavaScript muss natürlich angepasst werden. Ändere die Funktion `passeBilderAn` so, dass die Original-URL aus `data-src` gelesen wird. Die angepasste URL muss aber weiterhin nach `src` geschrieben werden. Für die `data`-Attribute gibt es übrigens keine Kurzschreibweise, um sie auszulesen, du brauchst dazu die `getAttribute`-Methode.

[Code bearbeiten]
Jetzt kannst du verhindern, dass zuerst ein falsches Bild geladen wird. Ändere das `<img>`-Tag so ab, dass im `src`-Attribut `about:blank` steht und im Attribut `data-src` die echte Bild-URL.

Deine Aufgaben werden auch immer einfacher. Fällt dir nichts Schwieriges mehr ein?

```
function passeBilderAn(){
    …
    for (var i = 0; i < bilder.length; i++){
        var bild = bilder[i];
        var url = bild.getAttribute("data-src");*1
        var erweiterungspunkt = url.lastIndexOf(".");
        url = url.substring(0, erweiterungspunkt) + suffix + url.
            substring(erweiterungspunkt);
        bild.src = url;
    }
}
```

*1 Nur diese eine Zeile ändert sich, ansonsten bleibt alles gleich.

Aber damit habe ich **doch jetzt ein ganz anderes Problem, oder? Ohne JavaScript ist man jetzt komplett raus und sieht gar nichts, weil man keine ordentliche `src` bekommt.**

Das ist der große Nachteil dieser Lösung, ohne JavaScript geht nichts. Aber einen Tod musst du hier sterben, entweder du sperrst Leser ohne JavaScript aus, oder du lädst ein überflüssiges Bild. Einen anderen Ausweg gibt es nicht.

Oder doch?

Clientseitig nicht. Aber serverseitig doch. Das Bild kann durch ein Skript ausgesucht werden, das auf dem Server läuft. Oder das Skript am Server kann sogar ein neues Bild erzeugen, nur für dich. Dann kann der Server direkt diejenige Bildvariante schicken, die zum Client passt, zumindest, wenn dein Server eine Skript- oder Programmiersprache beherrscht. Dann ist das Aussuchen für ihn einfach. Wenn er denn weiß, was für einen Client er gerade bedient. Ganz grob weiß er das schon aus der HTTP-Anfrage: Es gibt den Header **User-Agent**, der Informationen darüber enthält, welchen Browser und welches Betriebssystem du benutzt. Um genauere Informationen musst du dich schon selbst kümmern, und da findest du endlich einen wirklich guten Einsatz für Cookies, die von JavaScript aus gesetzt werden: Du schreibst die Bildschirmgröße, die du aus dem **window**-Objekt ausliest, in einen Cookie. Dein Server muss dann so konfiguriert werden, dass sämtliche Anfragen für Bilder auf ein Skript umgeleitet werden. Dieses Skript kann dann den Cookie auswerten und das Bild in der richtigen Größe auswählen oder es sogar bei Bedarf selbst verkleinern. Und weil die benötigte Größe jetzt in einem Cookie steht, musst du keine URLs mehr ändern.

Das ist natürlich schon sehr cool, dass die URLs gleich bleiben können.

CooooooRL!

[Notiz]
Und wenn mal jemand kein JavaScript hat, dann gibt es immer noch den **User-Agent**-Header: Wenn der nach Handy aussieht, dann kommt eben auch nur das kleine Bild.

Und wenn du das nicht selbst entwickeln willst, dann hast du Glück, denn es gibt mal wieder eine fertige Bibliothek, die dir die Arbeit abnimmt: Adaptive Images (http://adaptive-images.com/). Du brauchst einen PHP-fähigen Server, in dem du einige neue Dateien ablegst, und auf deinen Seiten muss ein neues JavaScript eingebunden werden. Aber das war es dann auch schon, der Rest ist fertig. **Ziemlich cool, oder?**

[Achtung]
Da ein Cookie verwendet wird, funktioniert Adaptive Images nur mit **Bildern von deinem eigenen Server**. Aber wenn du Bilder von einem fremden Server einbindest, sind auch die anderen Methoden schwierig umzusetzen, du müsstest ja dort die anderen Bilder speichern.

Damit gehen mir aber jetzt auch die Methoden aus, wie du Bilder in ein Responsive Design einbetten kannst, ohne viele überflüssige Daten zu übermitteln. Du musst abwägen, welche Methode für dich am besten passt, aber eine sollte immer gehen.

[Notiz]
Die Methode, per JavaScript URLs anzupassen, funktioniert übrigens nicht nur für Bilder. Auch Videos, Applets, Flash-Objekte und so weiter können damit in verschiedenen Größen geladen werden.
Der Ansatz mit Cookies funktioniert für Video und so weiter aber nur, wenn kleinere Varianten schon bereitliegen. Ein Video kleiner zu rechnen, dauert länger, als irgendein Leser warten will, bei Flash und Plug-ins geht es gar nicht automatisch.

Was kann so ein Mobildings sonst noch?

Das Kapitel klang bisher eher nach „doofe Mobildinger, machen uns nur mehr Arbeit". Von der Designseite her gesehen, ist es auch ein wenig so, eine Seite auf jedem Bildschirm gut aussehen zu lassen, ist mehr Arbeit, als einfach eine Mindestgröße von 1.024 x 786 Pixeln zu fordern.

Aber es ist die Mühe wert, weil eben immer mehr mobil gesurft wird.

Und ich will nicht verheimlichen, dass es auch **einige echt coole Dinge gibt, die nur auf Mobil Devices funktionieren**.

[Hintergrundinfo]
Auch das ist inzwischen schon nicht mehr zu 100 % richtig. Es gibt inzwischen auch Bildschirme für den Schreibtisch, die auf Berührung reagieren. Und auch Notebooks mit GPS sind nicht so selten. Aber es geht im Folgenden um Dinge, die vorwiegend auf Handys und Tablets funktionieren.

Fingergetatsche

Das Offensichtlichste an jedem Tablet und Handy ist wohl, dass weder Maus noch Tastatur dran sind. Okay, an manchen schon, aber meistens eher nicht. Brauchen sie auch nicht, die Dinger haben einen **Touchscreen**. Dazu zunächst eine gute Nachricht: Du musst dafür **kein spezielles JavaScript** schreiben, wenn du nicht möchtest. Das Fingergetatsche wird auch in Mausevents übersetzt: Wenn es schon einen `click`-Handler gibt, dann reagiert der auch, wenn jemand das Element anfingert. Dasselbe gilt auch für einfache Bewegungen, die werden zu `mousedown`-, `mousemove`- und `mouseup`-Events.

Warum gibt es dann noch spezielle Touchevents? Ich will doch nicht für Nix noch eine Eventliste auswendig lernen.

Super, Schrödinger. Du gibst mir einfach immer die richtigen Vorlagen. Für den Entenzuchtverein brauchst du dich mit diesen Events auch gar nicht zu beschäftigen, das funktioniert schon alles. Aber vielleicht möchtest du ja, dass deine Website so funktioniert, wie eine echte App. Zum Beispiel könnte man im Stapelfix-Katalog durch Wischen umblättern, während man ohne Touchscreen die Links „vorige Seite" und „nächste Seite" benutzt. Das würdest du mit Touchevents machen.

[Zettel]
Rein technisch ließe sich dieser Fall auch noch mit Mausevents umsetzen, aber da wird Wischen als **Bedienmetapher** eher nicht benutzt.

Und wenn mehr Finger dazukommen, dann geht es mit Mausevents gar nicht mehr. Vergrößern und verkleinern, indem du zwei Finger auf dem Bildschirm zusammenschiebst oder auseinanderziehst (**Pinch-to-Zoom**), das geht mit Mausevents nicht. Wenn du das unterstützen möchtest, dann ist Touch angesagt.

[Funktioniert in]
Touchevents funktionieren in Firefox, Chrome, Safari für iOS, Android-Browsern und Blackberry-Browsern.

Die Touchevents entsprechen weitestgehend den Mausevents	
`touchstart`	Entspricht `mousedown`.
`touchend`	Entspricht `mouseup`.
`touchcancel`	Das gibt es bei der Maus nicht: Ein Touch kann unterbrochen werden, zum Beispiel weil der Finger aus dem Viewport heraustatscht.
`touchenter`	Entspricht `mouseenter`. Genau wie `mouseenter` bubbelt `touchenter` nicht.
`touchleave`	Entspricht `mouseleave`. Genau wie `mouseleave` bubbelt `touchleave` nicht.
`touchmove`	Enspricht `mousemove`.

[Achtung]
Das Defaultverhalten von Touchevents ist, das entsprechende Mausevent auszulösen. Willst du sichergehen, dass nur entweder das jeweilige Touch- **oder das** Mausevent verarbeitet werden, musst du an Touchevents `preventDefault` aufrufen.

Aber bei den Namen hört die Ähnlichkeit auch auf, **Touchevents sind etwas komplizierter als ihre gemausten Gegenstücke**. Der Hauptgrund dafür heißt **Multitouch**: Es gibt nicht genau einen Punkt, auf dem der Mauszeiger steht, sondern einen Berührungspunkt für jeden Finger auf dem Bildschirm, also bis zu zehn. Oder sogar bis zu zwanzig, wenn du es mit einem wirklich enthusiastischen und beweglichen Benutzer zu tun hast.

Ja, was denn? So arbeite ich immer!

[Hintergrundinfo]
Die meisten Devices lassen zum Glück keine 20 Berührungspunkte zu, sondern nur zwei oder drei. Kommen danach mehr dazu, wird für den jeweils ältesten `touchcancel` gefeuert.

Mit mehreren Tatschpunkten umzugehen, ist gar nicht so einfach. Das fängt schon damit an, dass es mehrere gibt. Statt schöner, einfacher Koordinaten gibt es jetzt ein oder mehrere **Touch**-Objekte in der Eigenschaft **touches** des Events.

Touch-Eigenschaften	
`identifier`	Eine eindeutige ID, die gleich bleibt, solange diese Berührung andauert. Damit lässt sich die Bewegung jedes Berührungspunktes verfolgen, ohne durcheinanderzukommen.
`screenX, screenY`	die Koordinaten der Berührung in Bildschirmkoordinaten
`clientX, clientY`	die Koordinaten der Berührung in Viewport-Koordinaten
`pageX, pageY`	Die Koordinaten der Berührung in Seitenkoordinaten: **Diese Koordinaten ändern sich, wenn auf der Seite gescrollt wird**. `clientX` und `clientY` bleiben gleich.
`radiusX, radiusY, rotationAngle`	Eine Berührung mit dem Finger ist, im Gegensatz zum Mauszeiger, kein exakter Punkt auf dem Bildschirm. So feine Finger hat keiner. Auf manchen Geräten enthalten diese drei Eigenschaften Angaben über eine Ellipse, die ungefähr die Tatschfläche des Wurstfingers wiedergibt.
`force`	Auf druckempfindlichen Geräten ein Wert zwischen 0.0 und 1.0, der angibt, wie fest die Berührung ist. Bei den meisten Geräten steht aber immer 1 drin, weil sie keinen Druck registrieren.
`target`	Das `target` des Touches ist etwas anders, als du es von Events gewohnt bist. In dieser Eigenschaft findet sich immer das Element, an dem die Berührung begonnen hat, auch wenn sie sich inzwischen wegbewegt hat.

Und damit kannst du beliebig viele Berührungen verfolgen und darauf reagieren. Wenn du wolltest, könntest du auch Gesten wie Wischen oder Pinch-to-Zoom erkennen, indem du die Bewegung der einzelnen Punkte verfolgst. Das ist aber wieder so ein Ding, in das du viel, viel Arbeit investieren musst, wenn du es selbst entwickeln möchtest. Und außerdem so ein Ding, das andere schon entwickelt haben, also warum solltest du dir die Arbeit noch mal machen? hammer.js (http://eightmedia.github.io/hammer.js/) kann es doch schon. Damit kannst du auf Wischen, Tippen, Rotieren und mehr reagieren, fast als wären es Events. Viel cooler, oder?

*1 Leider sieht der Code nicht ganz so aus wie ein herkömmlicher Eventhandler, aber es ist trotzdem einfach verständlich, oder?

```
var element = document.getElementsByTagName('body')[0];
Hammer(element).on("swiperight", geheZurNaechstenSeite); *1
Hammer(element).on("swipeleft", geheZurVorherigenSeite); *1
```

Hammer.js? Warum hammer.js?
Ein Hammer ist doch nichts, womit ich mein Tablet berühren … och nöööö, oder? MC Hammer? Wegen Can't Touch This?

Wo zum Teufel bin ich?

Ein weiteres tolles Feature, das du auf fast jedem Mobilgerät findest: Geolocation. Wenn du unbedingt wissen musst, wo auf der Welt ein Leser deiner Website gerade ist, dann ist Geolocation deine Lösung, denn mit einer einfachen und kleinen JavaScript-API kannst du das herausfinden.

[Funktioniert in]
Geolocation funktioniert im Internet Explorer ab der Version 9, in Firefox, Chrome, Safari ab der Version 5, Safari für iOS, Android-Browsern und Blackberry–Browsern.

[Zettel]
Geolocation benötigt nicht zwingend GPS. Das Global Positioning System ist zwar die genaueste Technologie, um deinen Aufenthaltsort herauszubekommen, aber nicht die einzige.

Methoden zur Geolocation		
Methode	Genauigkeit	Bemerkungen
GPS	~10 m, funktioniert nur draußen.	Die tollste Geolocation-Methode überhaupt. Mit Satelliten, die **nur dafür** ins All geschossen wurden. Aber es braucht spezielle Hardware und lange, um deine Position zu bestimmen.
Geo IP	Stadtgenau, aber manchmal falsch	Anhand deiner öffentlichen IP-Adresse kannst du auf jeden Fall herausfinden, in welchem Land du bist. Meistens auch, in welcher Stadt du bist, aber wie gut das funktioniert, hängt unter anderem von deinem Provider ab.
WLAN	~20 m, funktioniert nicht in freier Natur.	Diese Methode erkennt anhand der verfügbaren WLAN-Netze, wo du bist. Die Daten dafür werden unter anderem gesammelt, indem GPS-Abfragen auf Handys mit den gerade sichtbaren WLANs verglichen werden, aber auch Googles Street-View-Kameraautos haben Netzwerk-IDs gesammelt. In der Stadt fast so genau wie GPS, auf dem Land lässt es aber stark nach.
GSM	~1.000 m	Ein Handy – oder ein Tablet oder Notebook, das sich ins Handynetz verbinden kann – kann durch seine GSM-Zelle, also quasi durch den Funkmast, mit dem es verbunden ist, seine Position bestimmen.

Und so kommst du dran an die Koordinaten:

Die Methode, um deine aktuelle Position zu finden, hat einen wenig überraschenden Namen: **getCurrentPosition**. Das ist eine Methode des Objekts **navigator.geolocation**, das genau dann definiert ist, wenn dein Browser Geolocation unterstützt.

> **[Achtung]**
> Dass `navigator.geolocation` definiert ist, heißt nicht automatisch, dass Geolocation auch funktioniert, sondern nur, dass dein Browser die Fähigkeit dazu hat. Wenn du an deinem Desktoprechner am Schreibtisch sitzt, hat der wahrscheinlich kein GPS, kein GSM, und WLAN ist auch nicht garantiert. Und wenn das Netzwerkkabel nicht eingesteckt ist, dann ist auch per Geo IP nichts zu machen, und du wirst nicht rausfinden, wo du bist. Aber wenn du an deinem Schreibtisch sitzt, solltest du das auch schon wissen.

Sie erwartet als Parameter eine Funktion, die mit dem Ergebnis „wo zum Henker bin ich" aufgerufen wird, sobald der Browser das herausgefunden hat. Ich hatte dir ja damals bei Funktionen gesagt, dass in JavaScript von dieser Möglichkeit immer wieder mal Gebrauch gemacht wird.

*Ach ja, das war eine ... wie hieß das noch gleich?
Eine Callback-Funktion.*

Sehr gut, Schrödinger. Mit so einer hast du es hier wieder zu tun: Wenn das Ergebnis da ist, dann wird deine Callback-Funktion aufgerufen. Stell dir vor, du stehst mit deiner Freundin mitten in einer fremden Stadt, in Tokyo oder so. Sie drückt dir einen Stadtplan in die Hand und sagt: „Finde mal raus, wo wir überhaupt sind, **und dann** zeig es mir auf der Karte." Du nimmst den Stadtplan und **suchst eine Weile vor dich hin**, weil Tokyo groß ist und der Plan auf Japanisch. Deine Freundin **geht inzwischen ins nächste Schuhgeschäft**, das auch groß und japanisch ist. **Wenn du euren Standort endlich gefunden hast, dann** gehst du zu ihr und **führst die Callback-Funktion aus**, die sie dir mitgegeben hat: Du zeigst ihr auf der Karte, wo ihr seid.

*Warum so kompliziert?
Warum kein Rückgabewert?*

Weil der Aufruf einige Zeit dauern kann, und würdest du auf einen Rückgabewert warten, liefe in der Zeit auch kein anderes JavaScript. **Du erwartest ja von deiner Freundin auch nicht, dass sie die ganze Zeit neben dir stehen bleibt, während du mit dem japanischen Faltplan kämpfst**.

Und was du mit einem einfachen Fingerzeig erledigen kannst, ist in JavaScript natürlich etwas technischer: Dein Callback bekommt ein Objekt, das deine Position und die Zeit enthält, zu der sie ermittelt wurde. Die „aktuelle Position" ist ein Objekt vom Typ ..., das ... und ... enthält: Wann war ich wo? Wo bin ich, und wie spät ist es? Was will man mehr zur Orientierung?

Jajajajaja.
Gib mir lieber ein Beispiel,
dann versteh ich das schon.

Wie du wünschst.

[Notiz]
Das Beispiel funktioniert, aber so würde noch kein GPS verwendet, sondern immer eine der anderen Methoden. Ich sag dir auch gleich, warum.

*1 Du kannst dich nicht darauf verlassen, dass Geolocation verfügbar ist, deshalb immer vorher prüfen.

```
if (navigator.geolocation){  *1
    navigator.geolocation.getCurrentPosition(function(position){ *2
        var breite = position.coords.latitude; *3
        var laenge = position.coords.longitude; *3
        ...
    });
}
```

*2 Die Methode `getCurrentPosition` an `navigator.geolocation` erwartet als Parameter eine Methode, die mit der gefundenen Position als Parameter aufgerufen wird, sobald sie bekannt ist.

*3 Das Parameterobjekt für die Callback-Methode enthält einen Zeitstempel (Attribut `timestamp`), wann die Koordinaten ermittelt wurden, und ein `Coordinates`-Objekt (`coords`).

Das Coordinates-Objekt	
`latitude`	Breitengrad in Grad: 0 am Äquator, -90 bzw. 90 an Nord- und Südpol
`longitude`	Längengrad in Grad: 0 auf dem Nullmeridian (durch Greenwich, England) bis 180 östlich und -180 westlich
`altitude`	Manche Geräte (und Positionierungsverfahren) können auch die Höhe ermitteln. Dieses Feld enthält eine Meterangabe oder `null`.
`accuracy`	maximale Abweichung von `longitude` und `latitude` in Metern
`altitudeAccuracy`	maximale Abweichung der Höhe
`speed`	aktuelle Bewegungsgeschwindigkeit in m/s, falls das Gerät diese ermittelt, sonst `null`
`heading`	Aktuelle Bewegungsrichtung, falls das Gerät sie ermittelt. Kann `null` sein, falls diese Information nicht verfügbar ist, oder NaN, wenn das Gerät stillsteht.

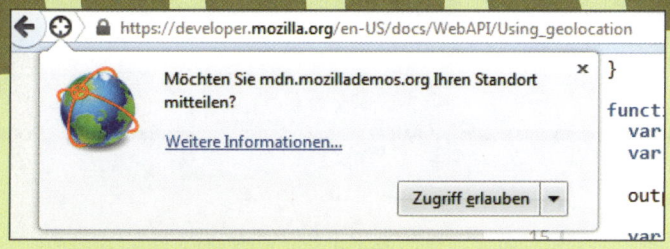

Die Position des Benutzers kannst du nicht ohne Erlaubnis ermitteln:
So fragt zum Beispiel Firefox.

Und damit weißt du, wo du bist. Ein kleiner Fallstrick ist nur, dass GPS als Methode nicht verwendet wird, wenn du es nicht ganz ausdrücklich forderst. Ich hatte dich ja oben schon gewarnt. Das liegt daran, dass GPS im schlimmsten Fall 1 Minute oder länger brauchen kann, um deine aktuelle Position zu berechnen, die anderen Wege sind viel schneller. Aber wenn du eine genaue Position brauchst, dann geht das auch:

High Accuracy

```
navigator.geolocation.getCurrentPosition(zeigePosition*1, ↵
    zeigeGeoFehler*2, {enableHighAccuracy: true}*3);
```

*1 Am ersten Parameter ändert sich nichts, diese Methode wird aufgerufen, wenn die Koordinaten gar sind.

*2 Der zweite Parameter ist eine Methode, die im Fehlerfall aufgerufen wird. Selbst wenn dich Fehler gar nicht interessieren, musst du diese Methode jetzt angeben, denn der interessante Teil steht im dritten Parameter.

*3 Ein Objekt, hier praktisch in JSON angegeben, das Feineinstellungen zum Aufruf enthält. Mit **enableHighAccuracy: true** bittest du freundlich darum, die Koordinaten so genau wie möglich zu ermitteln, also am besten mit GPS.

[Achtung]
Wenn du **enableHighAccuracy** setzt, aber keine genaue Methode wie GPS zur Verfügung steht, verursacht das keinen Fehler. Es wird die genaueste Position geliefert, die verfügbar ist.

[Zettel]
Konfigurationsobjekte sind ein beliebtes Muster, um Feineinstellungen als Parameter zu übergeben: Anstatt Dutzende von Parametern zu definieren, erwartet die Methode ein Objekt mit benannten Einstellungen. Viele JavaScript-Bibliotheken verhalten sich auch so.

Zu guter Letzt kannst du auch die Position des Benutzers dauerhaft im Auge behalten. Dazu musst du nicht immer wieder **getCurrentPosition** aufrufen, sondern kannst **watchPosition** verwenden. Die Methode funktioniert gleich, aber kann dein Callback immer wieder aufrufen, wenn sich die Position ändert:

```
var watchId*2 = navigator.geolocation.watchPosition*1(function(position) {
    var breite = position.coords.latitude;
    var laenge = position.coords.longitude;
    …
});
navigator.geolocation.clearWatch(watchId);*3
```

*1 watchPosition möchte dieselben Parameter wie **getCurrentPosition**.

*2 Aber **watchPosition** hat einen Rückgabewert, eine ID für den Beobachter. Diese brauchst du, um …

*3 … irgendwann mit dem Beobachten wieder aufzuhören. Dazu rufst du **clearWatch** mit dieser ID auf, ansonsten beobachtest du weiter, bis der Benutzer deine Seite verlässt. Vor allem mit GPS frisst das die Handybatterie sehr schnell leer.

Und noch mehr.

Und auch das ist noch nicht alles, es gibt noch weitere APIs, die auf Mobilgeräten zur Verfügung stehen, und es werden bestimmt weitere folgen. Zum Beispiel gibt es:

- Device Orientation: In welche Richtung wird das Gerät gerade gehalten? Du bekommst Winkel für alle drei Raumachsen im **deviceorientation**-Event. Auf iOS ab Version 5 bekommst du sogar noch die Kompassrichtung mit.

- Device Motion: Das **devicemotion**-Event wird geworfen, wenn sich das Gerät bewegt.

[Funktioniert in]
deviceorientation und **devicemotion** funktionieren in Chrome, Safari für iOS, in Android-Browsern ab der Version 3 und in Blackberry-Browsern ab der Version 10.

- Telefonieren: Du kannst zwar aus Sicherheitsgründen keine Anrufe annehmen, aber einen Anruf auszulösen, ist so einfach, dass es nicht mal JavaScript braucht. Das **tel**-Protokoll macht's möglich: `<a href="tel:0228-1">Ruf mich an!</a>`.

Und es gibt bestimmt heute schon viel mehr als nur das, und ständig kommen neue APIs dazu. Die Zukunft des Webs liegt im Handy, zumindest behaupten das viele Leute, die wissen sollten, wovon sie reden. Du kannst also davon ausgehen, dass alles Neue, was ins Handy kommt, auch in JavaScript zur Verfügung gestellt wird. Die Zukunft wird spannend! Ich hoffe, mein Handy kann bald auch Kaffee kochen …

Schrödinger unterwegs

Viel Gerede, wenig Sinn, was bringt dir mein ganzes Geschwätz über mobile APIs, wenn wir dann nichts damit tun? Zwei Schwierigkeiten:

☛ Du kommst von deinem Handy nicht unbedingt an die Seiten auf deinem XAMPP dran. Wenn du dein Handy oder Tablet in dein WLAN einhängen kannst, dann geht es wahrscheinlich. Aber selbst das ist nicht garantiert, es kann sein, dass deine Firewall es nicht durchlässt. Leider gibt es da so viele Möglichkeiten, was schiefgehen kann und was umzukonfigurieren ist, dass ich dir nicht weiterhelfen kann, wenn es nicht funktioniert. Die gute Nachricht ist aber, dass zumindest der Anfang der Aufgabe auch auf deinem Computer funktionieren wird.

☛ Du musst zumindest einen Teil des JavaScripts, das ich dir jetzt zeigen werde, einfach glauben. Genauso wie ich es auch einfach glaube. Es sei denn, du hast in Mathe einiges mehr drauf als ich, dann ist es dir wahrscheinlich sofort klar. Das ist immer das Blöde an Geolocation: Um damit wirklich tolle Dinge zu tun, muss man sich in sphärischer Geometrie auskennen, was ich leider nicht tue. Deswegen glaub mir einfach, dass diese Methode die Entfernung zwischen zwei Punkten berechnet.

*1 Die Funktion berechnet die Entfernung zwischen zwei Objekten, die die Eigenschaften **longitude** und **latitude** haben. Das können **Coordinates** sein, müssen es aber nicht.

```
function berechneEntfernung(punkt1, punkt2){ *1
    function konvertiereNachRad(zahl){
        return zahl * Math.PI / 180;
    } *2
    var erdradius = 6371; // km
    var deltaBreite = konvertiereNachRad(punkt2.latitude - punkt1.latitude);
    var deltaLaenge = konvertiereNachRad(punkt2.longitude - punkt1.longitude);
    var laenge1 = konvertiereNachRad(punkt1.longitude);
    var laenge2 = konvertiereNachRad(punkt2.longitude);
    var a = Math.sin(deltaBreite/2) * Math.sin(deltaBreite/2) +
            Math.sin(deltaLaenge/2) * Math.sin(deltaLaenge/2) *
            Math.cos(laenge1) * Math.cos(laenge2);
    var c = 2 * Math.atan2(Math.sqrt(a), Math.sqrt(1-a));
    var entfernung = erdradius * c;
    return entfernung;
}
```

*2 Schau mal, ich hab noch etwas gefunden, dass ich dir noch nicht gezeigt hatte: Du kannst Funktionen innerhalb von anderen Funktionen definieren. Die innere Funktion ist nur innerhalb der äußeren Funktion sichtbar, nirgendwo sonst. Für kleine Hilfsfunktionen wie diese, die nirgendwo sonst gebraucht werden, ist das ganz praktisch.

So, ich hab es schon gesagt, es geht um Entfernungsberechnung. Wo du den einen Punkt dafür herbekommst, kannst du inzwischen bestimmt erraten. Der andere sollte eigentlich das Stapelfix-Hauptquartier sein, aber Bossingen möchte den Standort gern geheim halten, aus Angst vor Industriespionage. Deswegen nehmen wir das zweitbeste Beispiel: das Galileo-Press-Hauptquartier. Die Koordinaten dafür stehen in diesem Objekt:

```
var galileo = {
    name: "Galileo Press",
    latitude: 50.717565, *1
    longitude: 7.154092 *1
};
```

*1 Dass diese beiden Eigenschaften dieselben Namen tragen wie in einem **Coordinates**-Objekt, ist kein Zufall.

Aus den Koordinaten und der Entfernungsberechnung wird jetzt ganz schnell eine kleine Webseite, die dir immer genau anzeigt, wie weit von Galileo du entfernt bist. Du kannst natürlich auch deine Heimatkoordinaten dort eintragen, dann zeigt die Seite immer die Entfernung nach Hause an.

[Schwierige Aufgabe]
Mit den Bausteinen von oben kannst du eine Webseite bauen, die berechnet und anzeigt, wie weit von Galileo (oder von zu Hause) du gerade entfernt bist. Na dann los!

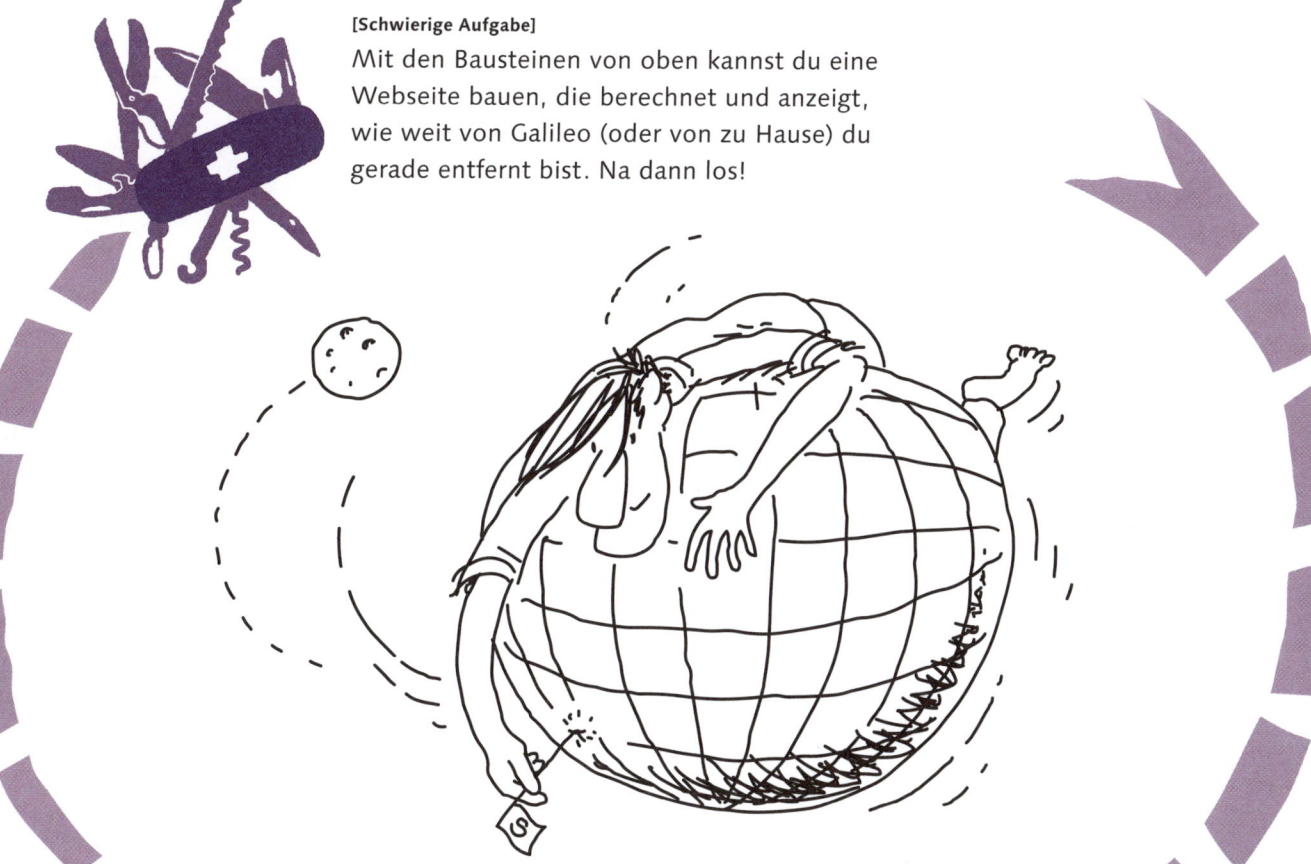

Alles Schwierige ist ja schon da, es muss nur noch etwas Draht dazwischen.

*1 Bevor es losgeht, wird geprüft, ob Geolocation überhaupt geht. Wenn nicht, dann kommt eine Fehlermeldung.

*2 Jetzt findet das Skript heraus, wo du bist. Wenn möglich sogar mit GPS.

```javascript
window.addEventListener("load", init);
function init(){
    if (navigator.geolocation){ *1
        document.getElementById("nachricht").innerHTML = "Berechnung läuft";
        navigator.geolocation.getCurrentPosition(zeigeEntfernung, zeigeFehler,
        {enableHighAccuracy: true}); *2
    } else {
        document.getElementById("nachricht").innerHTML = "Geolocation nicht
        unterstützt.";
    }
}
function zeigeEntfernung(position){
    var punktIndex = 0;
    var entfernung = berechneEntfernung(position.coords, galileo); *3
    document.getElementById("entfernung").innerHTML = entfernung.toFixed(2) +
    " km"; *4
    document.getElementById("nachricht").innerHTML = "Entfernung zu: " +
    galileo.name; *4
}
function zeigeFehler(){
    document.getElementById("nachricht").innerHTML = "Konnte Koordinaten nicht
    ermitteln"
}
```

*3 Die Funktion von vorher wird benutzt, um die Entfernung zu berechnen.

*4 Zum Schluss werden die Entfernung und der Name des Zielortes ausgegeben. Tada!

Entfernung zu: Galileo Press

6.55 km

Ich bin nah dran ...

Der Verfolger

Der nächste Teil funktioniert nun leider nicht mehr auf allen Clients. Tablets und Handys haben eine recht gute Chance, Notebooks könnten auch funktionieren, aber wenn du deinen Desktoprechner nicht durch die Gegend schleppen möchtest, dann ist für den hier Endstation.

Ich kann mir denken, was jetzt kommt.

[Einfache Aufgabe]
Und du hast richtig gedacht. Füge der Seite zwei Knöpfe hinzu: Wird der eine gedrückt, dann soll die Seite anfangen, deine Position zu beobachten, und die Entfernung aktualisieren, wenn du dich bewegst. Der andere Knopf soll das wieder abschalten.

Ich hatte Recht. Und bin schon fertig, bevor du die Aufgabe zu Ende gestellt hast.

Responsive Webdesign und Mobile Devices

*1 Damit ich das später wieder abschalten kann, muss ich mir diese komische ID merken.

*2 Wenn ich den Verfolger anstoße, merke ich mir die ID.

*3 Aber wenn ich schon eine ID gespeichert habe, dann tue ich gar nichts. Es läuft ja schon.

```
var verfolgerId;*1
function verfolgeMich(){
    if (navigator.geolocation && !verfolgerId*3){
        verfolgerId = navigator.geolocation.watchPosition(zeigeEntfernung,
        zeigeFehler, {enableHighAccuracy: true});*2
    }
}
function hoerAufZuFolgen(){
    if (verfolgerId){*5
        navigator.geolocation.clearWatch(verfolgerId);*4
        verfolgerId = null;
    }
}
function init(){
    document.getElementById("verfolge-mich").addEventListener("click",
    verfolgeMich);
    document.getElementById("hoer-auf").addEventListener("click",
    hoerAufZuFolgen);
// und noch der Code, der vorher schon hier stand
}
```

*4 Genau wie du es mir gezeigt hast, schalte ich die Verfolgung wieder ab.

*5 Aber wenn keine ID gesetzt ist, dann muss ich ja gar nichts tun.

Ich bin beeindruckt, es funktioniert, und sauber programmiert ist es auch. Die Prüfung, dass man es nicht zweimal starten kann? Sehr gut. Du musst auch vor Mobilgeräten keine Angst mehr haben.

Weißt du, was das heißt?

Nein. Was?

[Belohnung]
Das heißt, wir können zum Kaffeetrinken rausgehen. Komm, ich lad dich ein.

—NEUNZEHN—

Was geht noch?

Der Blick nach vorn — was geht noch?

Jetzt hat sich Schrödinger wochenlang mit Webentwicklung beschäftigt und doch gerade mal an der Oberfläche gekratzt. Es gibt noch vieles mehr übers Web zu wissen, und dann kommen auch noch all die Dinge dazu, die auf der Serverseite möglich sind. Aber er weiß jetzt schon mehr als die meisten anderen und hat viel Grundwissen, um sich umzuschauen, was er als Nächstes tun will.

Ich gratuliere, Schrödinger, du hast es geschafft:

Du bist jetzt ein echter Webprofi, dem vom einfachsten HTML-Tag bis zum komplexen JavaScript nichts mehr Angst macht. Du bist bereit. Du kannst jetzt 1a-Webseiten machen, bunt, in Farbe und mit Benutzerinteraktion.

Was? Nein! Ich fühl mich aber nicht bereit! Ich weiß doch gar nichts!

Jetzt untertreib aber mal nicht so. Du hast im Laufe dieses Buches schon eine Menge geleistet. Von HTML über CSS bis JavaScript hast du ja nicht nur einfach gelesen, was ich dir vorgekaut habe, du hast das ja auch **alles selbst gemacht**. Und wahrscheinlich noch mehr nebenbei. Ich kenne dich doch, du hast auch neben dem Buch her schon experimentiert.

Ja, schon. Aber trotzdem, ich fühle mich überhaupt nicht bereit.

Ich weiß, was du meinst. Du musst noch den Schritt machen von „ich weiß, wie es geht" zu „**ich kann daraus etwas Großes, Cooles zusammensetzen**". Mach dir keine Sorgen, das geht jedem so. Mir ging es genauso. Du brauchst nur **Übung**, das ist alles. Mach dir eine Homepage, die richtig cool aussieht. Schreib ein Memory-Spiel in JavaScript. Auch wenn es nie jemand zu sehen bekommt, du lernst dadurch.

[Zettel]
Und vielleicht bekommt es doch jemand zu sehen, und du wirst berühmt. Mach ein Memory-Spiel, das Fotos von der Facebook-Seite des Benutzers lädt. Oder von seinem Flickr. Diese einfachen Ideen sind manchmal überraschend erfolgreich.

Und wenn du gerade keine Idee hast, was du selbst entwickeln möchtest, dann schau dir an, was andere machen. Im Web ist alles offen, wenn du irgendwo einen besonders tollen Effekt siehst, dann **schau dir an, wie es gemacht wird**. Oder geh nach besonders coolen Dingen suchen, es gibt viele Seiten, auf denen Profis ihr Können demonstrieren:

- CSS Zen Garden (http://www.csszengarden.com) ist eine der besten Seiten, um sich anzuschauen, was CSS alles leisten kann. Es gibt eine fertige HTML-Seite, die immer gleich bleibt, und viele, viele Stylesheets von Designern aus aller Welt, die das Aussehen der Seite komplett verändern. Du erkennst die Seite nicht wieder, glaub mir. Und das Beste: Du kannst selbst ein Design erstellen und der Welt zeigen. Cool, oder?

- Das Mozilla Developer Derby (https://developer.mozilla.org/en/demos/devderby) ist klasse, wenn du mehr als nur CSS sehen möchtest. Die Mozilla Foundation hält monatlich Wettbewerbe zu einem Thema ab, oft zu einer bestimmten JavaScript-API, aber auch andere, bei denen das kreativste Projekt und die beste Umsetzung zum Thema prämiert werden. Auch hier kannst du einiges lernen oder selbst teilnehmen und zeigen, was du kannst.

Und wie gesagt: Jede andere Webseite ist ebenfalls eine Möglichkeit, zu lernen. Außer sie benutzt Flash oder Java-Applets, dann bist du ausgesperrt.

CSS Bibliotheken und Frameworks

Und wenn du dann deine ersten eigenen Webseiten erstellt hast, dann kommst du ziemlich schnell an den Punkt, **an dem du nicht mehr jedes Layout „zu Fuß" erstellen möchtest**.

Quatsch! Das ist doch total cool, wenn es am Ende so aussieht, wie ich es möchte. Warum sollte ich das nicht mehr machen wollen?

Die ersten zehn Mal ist es auf jeden Fall cool. Die nächsten zehn Mal wird es dann schon etwas nervig, wieder bei null anzufangen. Und wenn du erst mal zwanzig Webseiten gebaut hast, das kannst du mir glauben, **wirst du keine Lust mehr haben**, Kopfbereich, Fußbereich und drei Spalten selbst zu definieren. Und schon mal gar nicht so, dass es in allen Browsern funktioniert und überall gleich gut aussieht. Ich spreche da aus Erfahrung, du bist nur die ersten Male Stolz, das selbst geschafft zu haben.

So wie du das erzählst, klingt es ja wirklich grausam. Warum bringst du mir dann erst alles bei und sagst mir hinterher, dass es Mist ist?

Warte mal, ich hab nie gesagt, dass alles **Mist** ist. Ich hab nur gesagt, dass du das Layout deiner Seite nicht immer **zu Fuß** machen willst. Es ist zwar wichtig, zu wissen, wie das geht, aber wenn du das erst mal weißt, kannst und solltest du **deinen Werkzeugkasten erweitern** und auf mächtigere Werkzeuge umsteigen. Und das heißt nicht, einen größeren Hammer zu kaufen, sondern, für Weblayout, ein CSS-Framework einzusetzen.

[Begriffsdefinition]

Ein **Framework** ist nicht nur in CSS, sondern in der Softwareentwicklung allgemein ein wiederverwendbarer Rahmen für deine Arbeit. Dadurch unterscheidet es sich von anderen Arten von Softwarebibliotheken: Ein Framework stellt den großen Rahmen zur Verfügung, in den du deine Arbeit einbettest. Bei anderen Bibliotheken – ich zeige dir gleich einige in JavaScript – baust du den großen Rahmen, und du rufst die Bibliotheken auf, um bestimmte Aufgaben zu erledigen.

Bei CSS-Frameworks ist das Wort Rahmen sogar ziemlich wörtlich zu nehmen. Sie stellen dir grundlegende Layoutelemente zur Verfügung, die du dann nur noch verwenden musst, um deine Seite so zusammenzusetzen, wie du möchtest. Ein CSS-Framework tut also das Gleiche, was auch Stapelfix tut: Es gibt dir einen Katalog mit stapelbaren Boxen, und aufstapeln musst du sie dann selbst. Das funktioniert bei allen Frameworks gleich: Du lädst einen fertigen Stylesheet und verwendest die Klassen in deinem HTML.

Und dann sieht es zum Beispiel so aus

Eine Demo-Seite von YAML

Um die Seite so hinzubekommen wie im Bild, musstest du keine einzige Zeile CSS schreiben, das Framework YAML liefert das alles schon. Du verwendest nur YAMLs Style-Klassen und bist fertig. Die Namen dieser Klassen musst du zwar zuerst wieder lernen, aber so viele gibt es gar nicht; mit einer halben Stunde Lesen auf http://www.yaml.de/docs/index.html hast du alle gesehen.

[Hintergrundinfo]
YAML steht für Yet Another Multicolumn Layout.
Entwickler stehen auf alberne Abkürzungen.

*1 So einfach kommt ein zwei- oder dreispaltiges Layout zusammen: Das Elternelement erhält **ym-column**, die Spalten jeweils **ym-col1** bis **ym-col3**, und fertig ist es. Optional kannst du auch noch Breiten angeben, aber es sieht auch so schon gut aus.

```
<div id="main">

    <div class="ym-column*1 linearize-level-1*2">

        <div class="ym-col1*1">

            <div class="ym-cbox">

                <section class="box info*3">

                    <h2>Main Content</h2>
```

*2 Und Responsive Design kommt auch schon rein: diese Klasse sorgt dafür, dass die Blöcke umbrochen werden und dann untereinanderstehen. Im Hintergrund sind da natürlich **Media Queries** am Werk.

*3 Diese beiden Klassen zusammen ergeben sofort die schicke Box des Main Content, ohne Scheuern, ohne Bücken, ohne eigene Klassen.

Wenn du das alles selbst machen wolltest, wärst du schon wieder einen Tag mit CSS unterwegs, bis wirklich alles funktioniert. CSS-Frameworks lohnen sich, du kannst dich auf die interessanten Dinge konzentrieren und machst nicht immer wieder die gleiche Stapelei.

YAML ist im deutschsprachigen Raum das beliebteste Framework, aber es ist bei Weitem nicht das einzige. Ich finde zum Beispiel auch Unsemantic (http://unsemantic.com/) noch ganz toll. Das kann einige Sachen, die YAML nicht kann, dafür kann YAML einige andere Sachen, die beiden tun sich am Ende nicht viel. Wie so oft, wenn man Frameworks auswählt, ist es Geschmackssache.

Aber die Klassennamen finde ich bei Unsemantic einleuchtender!

```
<div class="grid-container">

  <div class="grid-25[*1]">

    Eine Spalte mit 25% Breite.

  </div>

  <div class="grid-50[*1]">

    Eine mit 50%.

  </div>

  <div class="grid-25[*1]">

    Und wieder 25%.

  </div>

</div>
```

[*1] Da kann man sich einfach merken, was die Klasse tut: Die Zahl steht immer für die Breite in Prozent.

[Hintergrundinfo]
Unsemantic ist der Nachfolger des ebenfalls sehr beliebten 960 Grid System, bringt im Gegensatz zu diesem aber schon **alles in Responsive Design** mit.

JavaScript-Bibliotheken und neue APIs

Und was für CSS gut ist, kann für JavaScript nicht schlecht sein. Stimmt. Es ist sogar noch viel besser, denn bei JavaScript gibt es vieles, über das man ganz ernsthaft nachdenken müsste, wollte man es selbst machen: Tab-Reiter auf deiner Website zum Beispiel oder Animation im Canvas und vieles, vieles mehr. Da sind die Tausende von spezialisierten Bibliotheken, die man im Internet finden kann, eine echte Hilfe. Aber **auch für ganz alltägliche Arbeiten macht dir eine gute JavaScript-Bibliothek das Leben leichter**.

Mein persönlicher Favorit unter diesen allgemeinen Bibliotheken ist **jQuery**, die eierlegende Wollmilchsau einer Bibliothek. Von DOM-Manipulation über Event Handling bis Ajax ist zu jedem Thema was drin.

> Und warum ist das dann so viel tolles?
> Das sind doch alles Sachen,
> die JavaScript schon macht.

Klar, wirklich neue Sachen sind das nicht. Aber es macht vieles einfacher und spart Unmengen an Schreibarbeit. Stell dir zum Beispiel vor, du willst **nach jeder Überschrift einen Link einfügen, der zurück zum Seitenanfang springt**. Natürlich geht das mit JavaScript ohne Hilfsbibliothek, **aber geht es auch mit so wenig Code?**

```
$("h1, h2, h3, h4, h5, h6")*1.after*2("<a href=\"#top\">Zurück nach oben</a>");
```

*1 Die **$**-Funktion findet HTML-Elemente nach CSS-Selektor. Ein einzelnes Zeichen als Name ist schon mal viel kürzer als `document.getElementById` und dessen Genossen.

*2 Hier kommt das richtig Tolle: An dem Rückgabewert von **$**, einer jQuery-eigenen Alternative zu `NodeList`, gibt es Funktionen, die alle gefundenen Elemente gleichzeitig manipulieren. `after` fügt frisches HTML nach jedem der gefundenen Elemente ein.

[Zettel]

Versuch doch mal, nur zum Spaß, wie viele Zeilen JavaScript du brauchst, um das ohne jQuery zu lösen. Und wie viele Versuche du brauchst, bevor es fehlerfrei funktioniert.

Ganz ehrlich, den Code hättest du auch ohne Anmerkungen sofort verstanden, oder? So schön einfach und lesbar, wenn man sich an das $ gewöhnt hat. Und das gilt nicht nur für DOM-Manipulation, ähnlich schnell und lesbar bekommst du auch andere Sachen hin. Und noch schöner wird es mit jQuery UI, da hast du ganze Interface-Komponenten, die du sofort verwenden kannst, Komponenten, die sonst richtig fies und aufwendig zu programmieren wären, wie zum Beispiel **Tab-Reiter**.

Tabs für Stapelfix

Der Code dazu ist **direkt lächerlich**

```
$("#tabs").tabs();
```

*Wie jetzt? Du verschaukelst mich doch!
Kurz glaub ich dir ja, aber so kurz?*

Nein, ich verschaukele dich nicht, es ist wirklich so kurz. Die ganze Wahrheit ist zwar, dass dein HTML die Struktur haben muss, die jQuery erwartet, aber das ist nichts Ausgefallenes, nur eine Liste von Links und einige `<div>`s. Natürlich ist jQuery nicht die einzige Bibliothek, die dich mit JavaScript rundum glücklicher machen will. Du bekommst ebenso tolle Ergebnisse zum Beispiel auch mit Dojo (http://dojotoolkit.org/) hin. Der einzige Grund, warum ich dir jQuery zeige, ist, dass ich mich damit besser auskenne. Aber wenn du sowieso etwas Neues lernst, dann ist die Entscheidung auch hier wieder **eine Frage des Geschmacks**, mehr nicht.

*Oder ob ich einen guten Kumpel habe,
der sich auskennt ...*

Aber es gibt auch noch andere Ansätze

Wenn du eine vollkommen andere Art sehen möchtest, mit JavaScript zu arbeiten, dann gibt es auch da viele Ansätze. Gerade im Moment ist **angular.js** (http://angularjs.org/) ein solcher, der sehr beliebt ist. angular.js möchte dir komplett ersparen, JavaScript zu schreiben, wenn es nicht unbedingt nötig ist. Viele Dinge lassen sich mit angular einfach dadurch erledigen, dass du spezielle Attribute an deinen Tags setzt. Das sieht dann so aus, wie dieses Beispiel von der angular.js-Website zeigt.

> **[Zettel]**
> angular.js ist wieder mehr Framework als Bibliothek: Wenn du es einbindest, dann übernimmt es die Kontrolle und ruft bei Bedarf deinen Code auf. Und ja, du schreibst natürlich noch eigenen JavaScript-Code: Das Framework nimmt dir zwar viel langweilige Arbeit ab, aber es kann nicht alles, und wenn es über die Standardfälle hinausgeht, dann bringst du angular.js mit eigenen JavaScript-Methoden neue Tricks bei.

```html
<!doctype html>

<html ng-app>*2                              *1 angular.js einbinden

  <head>

    <script src="https://ajax.googleapis.com/ajax/libs/angularjs/1.0.7/angular.min.js"></script>*1

  </head>

  <body>

    <div>

      <label>Name:</label>

      <input type="text" ng-model="yourName"*3 placeholder="Enter a name here">

      <hr>

      <h1>Hello {{yourName}}*4!</h1>

    </div>

  </body>
</html>
```

*1 angular.js einbinden

*2 Mit diesem Attribut teilst du dem Framework mit, dass es aktiv werden und auf der ganzen Seite seine Arbeit machen soll.

*3 Der Wert dieses Eingabefeldes soll im angular.js-Datenmodell in der Eigenschaft **yourName** gespeichert werden. Das ist deshalb toll, weil …

*4 … der Wert dieser Eigenschaft hier wieder ausgegeben wird. Und sobald du ins Eingabefeld schreibst, ändert sich hier die Anzeige, ganz ohne eigenes JavaScript.

Und das ist nur ein ganz kleiner Einblick in die Welt der JavaScript-Helferlein. Allein von den Allround-Talenten gibt es noch einige mehr, von den Spezialisten mal gar nicht zu reden. Einige hab ich dir ja in den letzten Kapiteln schon vorgestellt, und ganz ehrlich: **Es gibt kaum ein Problem, das nicht schon jemand gelöst hat.** Wenn du also mal irgendwo nicht weiter weißt, dann such im Internet, ob es schon eine Lösung gibt.

Ich bin zwar sicher, du kannst auch alles selbst lösen, aber mit einer Bibliothek kannst du sehr viel Zeit sparen. Ich wollte früher auch alles selbst machen, und meine Ideen sind deshalb immer nur Ideen geblieben. Es ist keine Schande, sich Hilfe von Fremden zu holen.

Programmieren geht nicht nur im Browser

Und was ist mit dem Zeug auf der anderen Seite? Auf dem Server? Wenn ich Daten aus einem Formular annehmen möchte oder Ajax machen? Komm ich da mit dem weiter, was ich schon kann?

Es hilft dir auf jeden Fall. Die meisten Programmiersprachen sind im Groben sehr ähnlich. Wenn du erst mal eine kennst, dann ist die nächste viel einfacher zu lernen. Aber welche Sprache du lernen sollst, das ist wieder eine von diesen Fragen, auf die es keine eindeutige Antwort gibt. **Und egal, was ich dir empfehle, jemand anders wird mir den Kopf abreißen, weil seine Sprache besser ist. So sind sie, die Programmierer.**

PHP

Den direktesten Nutzen hättest du bestimmt, wenn du PHP lernst. Die Sprache hat zwar den Ruf, hässlichen und unstrukturierten Code hervorzubringen, aber das kannst du in jeder Sprache. Wenn du ordentlichen Code schreiben willst, dann hindert dich auch PHP nicht daran. Außerdem hat PHP **zwei riesige Vorteile** für dich als frischgebackenen Webentwickler:

☞ PHP ist so gemacht, dass du es in HTML einfach untermischen kannst: einfach PHP-Code mitten in dein HTML-Dokument schreiben, die Datei nach `.php` umbenennen und in einen PHP-fähigen Server werfen, fertig.

> [Zettel]
> ... in einen Server, wie zum Beispiel den XAMPP, den du seit Anfang des Buches benutzt. Wenn du da eine Datei mit der Endung `.php` ablegst, kannst du darin sofort PHP-Code verwenden.

☞ PHP ist bei wirklich jedem Webhoster preiswert zu haben. Das gibt es so für keine andere Sprache. Entweder du bezahlst richtig viel Geld, damit auch andere Sprachen unterstützt werden, oder du mietest einen ganzen Server und musst die benötigten Programme selbst installieren – beides keine sehr attraktiven Ideen. Um das zu umgehen, benutzt man gerne PHP, auch wenn man eigentlich eine andere Sprache bevorzugt.

Und schwierig ist PHP auch nicht. Das ist die PHP-Seite des **Einschleimers Xtreme**, aus dem Formularkapitel:

*1 Das sieht doch erst mal alles nach HTML aus, oder?

*2 Alles, was zwischen `<?php` und `?>` steht, wird vom PHP-Interpreter verarbeitet. Dieser Teil des Dokuments kommt nie beim Browser an, denn der könnte damit ja gar nichts anfangen.

```
<!DOCTYPE html>*1
<html>
    <head>
        <title>Hello!</title>
    </head>
    <body>
        <p>
            <?php if (array_key_exists("name", $_REQUEST)){
            $male = (!array_key_exists("gender", $_REQUEST) ||
            $_REQUEST["gender"] == "m");?>*2
            Hallo, <em><?php echo $_REQUEST["name"]*3;?></em>, du
            <?php if (array_key_exists("extraschleim", $_REQUEST) &&
            $_REQUEST["extraschleim"] == "an") {?>
                absolut unglaublich hervorstechend einzigartig
            <?php } ?>
            <?php if (array_key_exists("zusatz", $_REQUEST))
            foreach($_REQUEST['zusatz'] as $zusatz) {
                echo " " . $zusatz . ($male ? "er" : "e") . ", ";
            } ?>
            <?php if ($male){?>*4
                genialer Webentwickler!
            <?php } else {?>
                geniale Webentwicklerin!
            <?php }?>
            <?php } else { ?>
            Nun verrat mir doch deinen Namen =(
            <?php }?>
        </p>
    </body>
</html>
```

*3 Alle Variablennamen in PHP müssen mit dem **$**-Zeichen beginnen. Die spezielle Variable **$_REQUEST** enthält alle Werte, die du im Browser per Formular abgeschickt hast. So einfach kommst du an diese Daten und kannst damit arbeiten.

*4 Hier siehst du sehr schön, wie PHP und HTML zusammenspielen. Das **if-else**-Konstrukt ist in PHP, aber **es wirkt auch auf das HTML dazwischen**: Nur der Inhalt des **if**-Blocks **oder** des **else**-Blocks wird an den Browser geschickt.

Jetzt verstehe ich, warum du sagst, die zweite Sprache sei viel einfacher. Ich erkenne da sofort das if-else, foreach ist irgendeine Art von Schleife. Details müsste ich noch lernen, aber vieles bleibt gleich.

Genau das meinte ich. So gerne sich Entwickler streiten, welche Sprache denn nun schöner ist, die Unterschiede sind nicht groß.

Aber vielleicht willst du ja auch gar keine neue Sprache lernen?

node.js

Du kannst doch schon **JavaScript**, was willst du mit noch einer Sprache? Die Frage ist nicht ganz unberechtigt, denn JavaScript gibt es **nicht mehr nur im Browser**. Mit node.js (http://nodejs.org/) kannst du dein JavaScript-Wissen auch auf dem Server gebrauchen. Natürlich gibt es trotzdem einiges Neues zu lernen, aber die Grundlagen der Sprache sind die, die du kennst.

[Zettel]
JavaScript geht jetzt sogar auf dem Desktop, wenn du das möchtest. Mit **appjs** (http://appjs.org/) und node.js kannst du Desktop-Anwendungen in HTML5, CSS3 und JavaScript entwickeln.

So schnell kannst du in node.js auf einen http-Request antworten:

[*1] Die **require**-Funktion lädt ein **Modul**. Module gibt es bei JavaScript im Browser nicht, sie fassen Funktionalitäten zusammen, die du in dein Programm importieren kannst, in etwa wie Bibliotheken. Das Modul **http** enthält Funktionen, um einen HTTP-Server oder HTTP-Client zu bauen.

```
var http = require('http'); *1

http.createServer *2 (function (request, response) {

  response.writeHead(200, {'Content-Type': 'text/plain'});

  response.end('Hallo, Schrödinger!\n'); *3

}).listen(8080, '127.0.0.1') *4;
```

[*2] Die **createServer**-Funktion ist alles, was du brauchst, um einen eigenen HTTP-Server in node.js zu starten. Was der Server tun soll, wenn er einen Request erhält, übergibst du ganz einfach als Funktion – das ist, ganz ehrlich, in vielen anderen Sprachen weniger praktisch.

[*3] Dieser Server schickt den Text „Hallo, Schrödinger!" als Antwort auf jede Anfrage. Das **\n** ist ein Zeilenumbruch.

[*4] Du musst nur noch **listen** am so erzeugten Server aufrufen, und schon wartet er auf eingehende Anfragen.

Das ist ja total cool. Warum macht das nicht jeder, schönes kann doch Code gar nicht werden!

Na ja, zum einen ist da das Problem, dass du deinen Server selbst betreiben musst, weil kein Hoster das so fertig anbietet – zumindest keiner, den du bezahlen möchtest, da geht es schon in den teuren Profibereich. Und zum anderen sagt jeder Programmierer über seine Sprache, dass sie die beste, schönste und schnellste ist. **Ja, ich auch, ich gebe es zu. JavaScript forever!**

Wenn du tiefer in die Programmierung einsteigen möchtest, dann musst du dir früher oder später deine Sprache aussuchen. Oder deine Sprachen, sich nur auf eine zu beschränken, ist auf Dauer langweilig.

Reine Handarbeit macht auch nicht glücklich

Und noch ein wichtiger Tipp zum Schluss: Überleg dir genau, **wann Handarbeit die beste Lösung ist**. Du bist frischgebackener Webentwickler, und natürlich willst du webentwickeln. Aber alles mit HTML selbst zu machen, ist aufwendig, für vieles gibt es schon Lösungen:

- Du willst immer wieder mal Neuigkeiten aus deinem Leben schreiben? Philosophieren? Die Abenteuer deines WoW-Charakters veröffentlichen? Klar könntest du das alles in HTML von Hand schreiben, jedes Mal wieder eine neue Seite anlegen, die alten Seiten anpassen, damit die neue auch verlinkt wird. Aber, ganz ehrlich: Das ist eine elende Arbeit, und nach zwei Wochen hast du keine Lust mehr, dein kleines **Blog** upzudaten. Es gibt schon so viele Blogsysteme in allen erdenklichen Sprachen, benutze lieber eins von denen. Wordpress (http://wordpress.org/, PHP) ist eines der bekanntesten, aber auch Drupal (https://drupal.org/, PHP) hat viele Fans. Und es gibt viel zu viele, um alle Alternativen aufzuzählen.

- Diskutieren mit deiner World-of-Warcraft-Gilde? Bossstrategien besprechen, Termine abstimmen, neue Spieler interviewen? Klingt, als bräuchtest du ein **Forum**! phpBB (https://www.phpbb.com/, PHP) ist sehr verbreitet, MyBB (http://www.mybb.com/, PHP) und viele andere aber auch.

- Du willst bei Stapelfix endlich ein wenig Ordnung ins Büro bringen und aufschreiben, wie bestimmte Dinge am besten zu handhaben sind? Aber jeder soll es bearbeiten können, schließlich weißt du ja auch nicht alles. Ein **Wiki** löst das sofort. MediaWiki (http://www.mediawiki.org/, PHP) ist hier weit vorne, damit läuft unter anderem die Wikipedia. Es gibt aber wieder viele Alternativen.

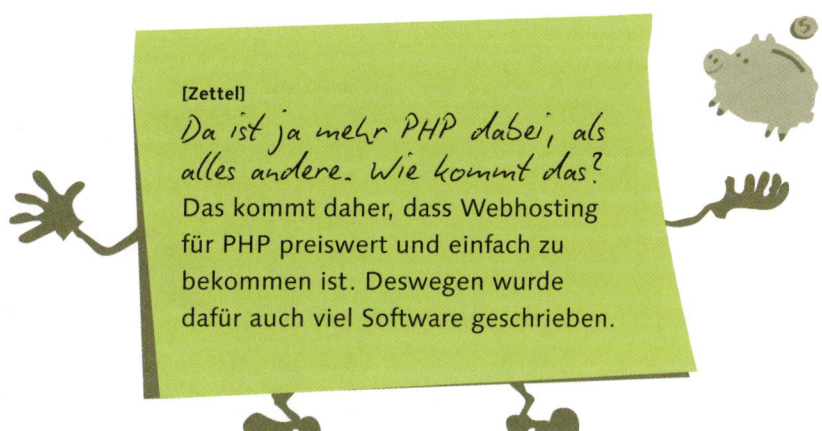

[Zettel]
Da ist ja mehr PHP dabei, als alles andere. Wie kommt das?
Das kommt daher, dass Webhosting für PHP preiswert und einfach zu bekommen ist. Deswegen wurde dafür auch viel Software geschrieben.

Ich will dir damit nicht den Spaß am Entwickeln verderben, ganz im Gegenteil: Wenn du dich nicht mit Problemen beschäftigen musst, die schon hundertmal gelöst wurden, dann kannst du dich auf interessantere Dinge konzentrieren.

Und das Beste am Einsatz eines fertigen Blogs, Forums, Wikis oder sonst etwas: Dein Wissen als Webentwickler ist nicht nutzlos. Bei all diesen Systemen kannst du mit CSS und HTML das Aussehen anpassen, wie du möchtest. Oder sogar mit JavaScript tolle Funktionen hinzufügen. Auch wenn du eine fertige Software einsetzt, kann deine Website trotzdem genau so aussehen, wie du es möchtest.

Aber das Wichtigste

Das Allerwichtigste überhaupt: **Du sollst Spaß an dem haben, was du tust**. Webdesign und Webentwicklung sind zwar für manche Menschen einfach nur Jobs, für die sie bezahlt werden, aber es sind auch **Kunstformen**, kreative Beschäftigungsfelder. Also sei kreativ. Wenn du eine tolle Idee hast, dann setz dich dran, und setz sie um. Es gibt zwar auch in der Entwicklung Dinge, die einfach nicht gehen, aber die sind selten. Denk nicht zuerst darüber nach, ob das, was du machen möchtest, überhaupt möglich ist. **Versuch es einfach**. So werden tolle, neue Designs gemacht. Webseiten, die etwas Tolles, Neues mit JavaScript machen, woran vorher noch niemand gedacht hat. Die Möglichkeiten, die du im Web hast, wachsen fast täglich. Immer mehr Dinge gehen im Browser, und es gibt **unendlich viele Möglichkeiten**, mit diesen neuen Technologien einmalige, neue Ideen umzusetzen, Menschen auf neue Arten zusammenzubringen, Gedanken auf neue Arten auszutauschen. Du hast alle Werkzeuge, die du dazu brauchst. Wenn du eine Idee hast, dann benutze diese Werkzeuge, und schaffe etwas Neues, Großartiges!

—ANHANG A—
Zeichencodes

Zeichencodes

Ich wollte es dir ja gerne ersparen, aber bei den Codes, die in Tastaturevents verwendet werden, tun sich noch mal Abgründe auf. Leider kommst du um diese Abgründe aber nicht herum. Solange hier nicht alle Browser auf einen modernen Stand gekommen sind, musst du dich damit quälen. Das Problem ist, dass für **keypress** andere Codes gelten als für **keyup** und **keydown**.

Bei **keypress** ist es noch halbwegs freundlich, da werden ASCII-Werte verwendet, die du aus Tabelle 1 entnehmen kannst. Für die anderen beiden Events gelten leider andere Codes, die sich an den Tasten auf der Tastatur orientieren und nicht an Zeichen. Die findest du in Tabelle 2.

> [Zettel]
> Es gibt (natürlich) auch Werkzeuge im Web, die dir den Code einer gedrückten Taste verraten, zum Beispiel hier: http://www.quirksmode.org/js/keys.html.

Tabelle 1: ASCII – Codes für keypress

Code	Zeichen	Code	Zeichen	Code	Zeichen
32	Leerzeichen	64	@	96	`
33	!	65	A	97	a
34	"	66	B	98	b
35	#	67	C	99	c
36	$	68	D	100	d
37	%	69	E	101	e
38	&	70	F	102	f
39	'	71	G	103	g
40	(	72	H	104	h
41	)	73	I	105	i
42	*	74	J	106	j
43	+	75	K	107	k
44	,	76	L	108	l
45	-	77	M	109	m
46	.	78	N	110	n
47	/	79	O	111	o
48	0	80	P	112	p
49	1	81	Q	113	q
50	2	82	R	114	r
51	3	83	S	115	s
52	4	84	T	116	t
53	5	85	U	117	u
54	6	86	V	118	v
55	7	87	W	119	w
56	8	88	X	120	x
57	9	89	Y	121	y
58	:	90	Z	122	z
59	;	91	[	123	{
60	<	92	\	124		
61	=	93	]	125	}
62	>	94	^	126	~
63	?	95	_		

Tabelle 2: Tastencodes für keyup und keydown

8	Backspace	51	3	81	Q
9	Tab	52	4	82	R
13	Enter	53	5	83	S
16	Shift	54	6	84	T
17	Strg	55	7	85	U
18	Alt	56	8	86	V
19	Pause	57	9	87	W
20	Caps Lock	65	A	88	X
27	Esc	66	B	89	Y
32	Leertaste	67	C	90	Z
33	Bild auf	68	D	112	F1
34	Bild ab	69	E	113	F2
35	Ende	70	F	114	F3
36	Pos1	71	G	115	F4
37	Pfeil nach links	72	H	116	F5
38	Pfeil nach oben	73	I	117	F6
39	Pfeil nach rechts	74	J	118	F7
40	Pfeil nach unten	75	K	119	F8
45	Einfg	76	L	120	F9
46	Entf	77	M	121	F10
48	0	78	N	122	F11
49	1	79	O	123	F12
50	2	80	P		

ANHANG B
Reguläre Ausdrücke

Muster für Zeichenketten

Einen erstaunlich großen Teil deiner Zeit verbringst du in der Webentwicklung, oder auch in anderen Zweigen der Softwareentwicklung, damit, Strings zu vergleichen oder in Strings nach etwas Bestimmtem zu suchen. Du musst sicherstellen, dass niemand Blödsinn in dein schönes Formular eingibt. Oder du musst in einem langen Text nach Telefonnummern suchen. Oder vielleicht willst du auch mal wissen, ob in einem Text der Name Stapelfix vorkommt, aber das könnte auch in der Schreibweise Stapel-Fix oder Stapel Fix sein.

> *Ja, seit Bossingen diese beiden Firmen auf den Cayman Islands gegründet hat, kommen ständig Leute mit den Namen durcheinander.*

Das sind Probleme, die du zwar mit JavaScript auch jetzt schon lösen kannst, du kennst ja Strings mit all ihren Methoden, aber schön wird der Code dafür nicht. Und viel schreiben musst du auch noch. Und weil wir Entwickler nun mal so ein schreibfaules Volk sind, gibt es für diese Art Problem die regulären Ausdrücke.

[Begriffsdefinition]
Reguläre Ausdrücke (engl. **Regular Expressions**, gerne auch abgekürzt zu RegExp oder Regex) sind eine Beschreibungssprache für Zeichenketten. Mit einer einfachen Syntax kannst du ein Muster vorgeben, dem eine Zeichenkette entsprechen soll, und dann ganz leicht prüfen, ob ein String zu diesem Muster passt oder ob ein passender Teilstring vorkommt.

Ich zeig es dir zuerst mal an einem ganz einfachen Beispiel mit der Formularvalidierung. In HTML5 gibt es schon einige neue Typen von Eingabefeldern, für Zahlen, Daten, Farben und so manches mehr. Aber alles erwischst du damit noch lange nicht. Selbst Bossingen konnte die Browserhersteller nicht überreden, ein `<input type="stapelfix-artikelnummer">` zu implementieren. Um die zu validieren, musst du mal wieder ran.

[Zettel]
Wo es geht, solltest du die HTML5-Feldtypen auch nutzen. Nur, weil du reguläre Ausdrücke verstehst, musst du nicht das Telefonnummernfeld neu erfinden.

Stapelfix-Artikelnummern – eigentlich ganz einfach

Die ersten drei Buchstaben bleiben immer gleich. STA für Stapelfix.

Die nächsten drei Buchstaben enthalten die Produktkategorie:

KIS für Kisten

FAS für Fässer und Eimer

ROL für die großartigen, innovativen Stapelrollen

SON für sonstige Stapelgüter

STAKIS4711

Die letzten vier Stellen sind immer eine vierstellige Zahl, die das genaue Produkt identifiziert.

Da die Browserhersteller alle so unkooperativ sind, musst du die Validierung für eine Artikelnummer eben selbst machen, und genau das geht mit Regex ganz einfach: Du gibst nur den regulären Ausdruck im **pattern**-Attribut des Eingabefeldes ein, und der Browser prüft, ob die Eingabe dazu passt. Am einfachsten regulären Ausdruck ist noch nicht mal was Besonderes dran, du gibst einfach eine Zeichenkette ein, mit der Zeichen für Zeichen verglichen wird.

```
<input type="text" name="artikelnummer" pattern="STAKIS4711"*1>
```

*1 Mit diesem Pattern wird nur genau die Eingabe STAKIS4711 akzeptiert, alles andere ist invalid.

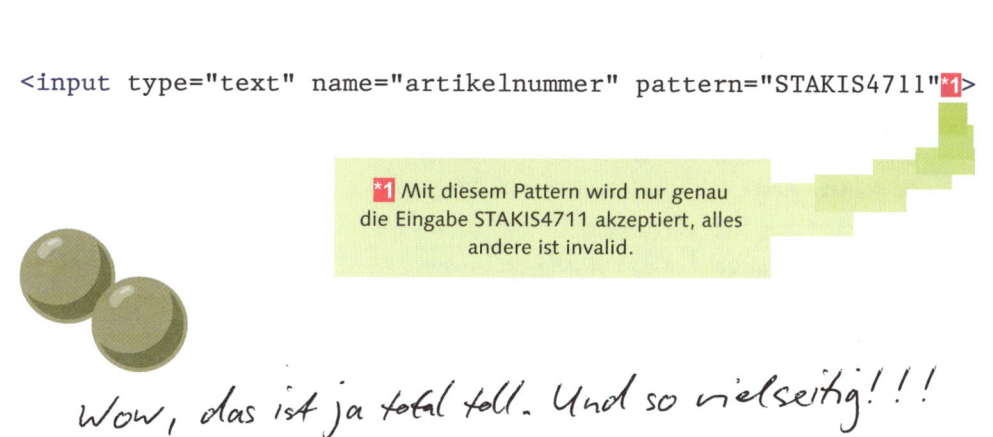

Wow, das ist ja total toll. Und so vielseitig!!!

Zügle deinen Sarkasmus, bitte. Der gute Teil kommt ja jetzt. Denn in regulären Ausdrücken gibt es Elemente, die eben nicht nur auf genau ein Zeichen passen. Das einfachste ist der gute, alte, harmlose Punkt. Ein Punkt in einem regulären Ausdruck bedeutet, dass an dieser Stelle ein beliebiges Zeichen stehen darf. Und schon wird deine Validierung um einiges nützlicher.

```
<input type="text" name="artikelnummer" pattern="STA......."*1>
```

*1 Jetzt werden Eingaben akzeptiert, die die richtige Länge haben und mit STA anfangen. Was genau nach STA steht, ist aber noch egal, so lange es genau sieben Zeichen sind. STAFAS0815 oder STACUPCAKE, beides geht.

Die sieben Punkte funktionieren zwar, aber so richtig schön sind sie noch nicht. Zum einen musst du genau wissen, wie viele Zeichen denn kommen sollen; das ist für die Artikelnummer okay, aber allgemein nicht immer. Zum anderen sieht man bei so vielen Punkten nicht sofort, was gemeint ist: Um zu wissen, wie viele Zeichen folgen dürfen, musst du nachzählen. Das geht besser, denn in regulären Ausdrücken kannst du angeben, wie oft ein Zeichen wiederholt werden muss.

Wiederholungen in regulären Ausdrücken	
?	Das vorangehende Zeichen darf einmal vorkommen oder auch nicht. Die Regex `Katze?` passt auf Katze oder Katz, aber nicht auf Katzee, denn zwei e sind nicht erlaubt. Das funktioniert auch mit dem Punkt zusammen: `Kat.?e` passt auf Kate, Katze, Katse, Kat5e usw.
+	Das vorangehende Zeichen muss mindestens einmal vorkommen, aber es darf auch mehrmals vorhanden sein. Zusammen mit einem Punkt heißt das, dass mehrere beliebige Zeichen vorkommen dürfen, es muss nicht mehrmals das gleiche sein. `K.+kse` passt auf Kekse, Keeeeeeeeekse oder Keeeeeaaaaaaakse, aber nicht auf Kkse.
*	Das vorangehende Zeichen darf beliebig oft vorkommen, im Gegensatz zum + auch null Mal.
{n}	Das Zeichen muss genau n-mal vorkommen.
{n, m}	Das Zeichen muss mindestens n-mal, aber höchstens m-mal vorkommen.

Damit wird das Pattern zumindest lesbarer:

*1 Gegenüber den sieben Punkten ist es so besser zu erkennen, aber es tut genau das Gleiche.

```
<input type="text" name="artikelnummer" pattern="STA.{7}"*1>
```

Lesbar ist schön, aber noch schöner wäre es, wenn das Ganze auch wirklich nur gültige Artikelnummern zuließe. Auch da kommen wir jetzt hin. Der Punkt ist ziemlich grob, er lässt beliebige Zeichen zu. Du kannst aber auch viel feiner vorgehen, und zwar mit **Zeichenklassen**. Die definierst du, indem du zwischen eckigen Klammern die Zeichen angibst, die vorkommen dürfen. Entweder du zählst sie auf: **[0123456789]** oder du gibst einen Bereich an: **[0-9]**. Du kannst sogar mehrere Bereiche in einer Klasse angeben: **[a-zA-Z]**. Und das funktioniert natürlich auch mit den Wiederholungen zusammen: **[0-9]*** passt auf beliebig lange Ziffernfolgen. Damit kriegen wir die nächste Verbesserung hin.

```
<input type="text" name="artikelnummer" pattern="STA[A-Z]{3}[0-9]{4}"*1>
```

*1 STA, gefolgt von drei Großbuchstaben, gefolgt von vier Ziffern. Schon ziemlich nahe dran.

[Zettel]
Es gibt auch einige vordefinierte Klassen, um dir die Arbeit zu erleichtern. Die wichtigsten sind **\d** für Ziffern **\w** für Buchstaben plus den Unterstrich und **\s** für Whitespaces, also Leerzeichen, Tabs und Zeilenumbrüche.

Und damit ist es fast geschafft, das einzige Problem ist noch, dass ungültige Produktkategorien zugelassen werden. Das lässt sich mit Klassen nicht so gut lösen, aber eine Oder-Verknüpfung wäre klasse. Und rate mal? Es gibt eine!

*1 Das Pipe-Zeichen | funktioniert als Oder. Die Klammern sind notwendig, damit der erste Teil nicht auch noch STA mitnimmt.

```
<input type="text" name="artikelnummer" pattern="STA(KIS|FAS|ROL|SON)\d{4}"*1>
```

Jetzt werden wirklich nur noch gültige Artikelnummern akzeptiert. Das einzige, was noch schiefgehen kann, ist, dass es den Artikel nicht gibt. Aber das findest du nur heraus, indem du den Server fragst.

Reguläre Ausdrücke **811**

Reguläre Ausdrücke in JavaScript

Und alles, was ich dir gerade über reguläre Ausdrücke gesagt habe, kannst du auch in JavaScript verwenden. Dort gibt es sogar eine spezielle Syntax, um sie im Code anzugeben:

*1 Ein regulärer Ausdruck wird in JavaScript zwischen Slashes `/` angegeben. Der Interpreter erzeugt daraus ein Objekt vom Typ **RegExp**.

```
"STAROL0190".test*2(/STA(KIS|FAS|ROL|SON)\d{4}/*1);
```

*2 Die Stringmethode `test` ist eine Funktion, die mit regulären Ausdrücken arbeitet. Sie prüft, ob der String oder ein Teil des Strings zur Regex passt, und gibt entsprechend `true` oder `false` zurück.

[Achtung]

Die `test`-Methode verhält sich etwas anders als die Formularprüfung mit dem `pattern`-Attribut. Dort ist ein Wert nur gültig, wenn der gesamte String passt. `test` gibt aber auch dann `true` zurück, wenn ein Teilstring passt. Damit sich auch `test` so verhält wie `pattern` bei Formularen, musst du den regulären Ausdruck um zwei Zeichen erweitern: `^` passt auf den Anfang des Strings, `$` auf das Ende. Insgesamt kannst du also `/^STA(KIS|FAS|ROL|SON)\d{4}$/` schreiben, und schon prüft `test`, ob der ganze String passt.

Reguläre Ausdrücke in JavaScript können aber noch etwas, dass sie in der Formvalidierung nicht konnten: Du kannst hinter dem zweiten Slash noch ein oder mehrere **Flags** angeben, das sind Schalter, die das Verhalten des Ausdrucks beeinflussen. Mit Flags kann dein Ausdruck zum Beispiel so aussehen: `/STA(KIS|FAS|ROL|SON)\d{4}/gi`. Das sind auch die beiden wichtigsten Flags, die ich dir unbedingt zeigen wollte. `i` steht für case-**i**nsensitive, bedeutet also, dass Groß- und Kleinschreibung ignoriert wird. Ohne das `i`-Flag passt ein A im Ausdruck auch nur auf A im String, mit `i` passt es auf A und a. Das `g` bedeutet **g**lobal und führt dazu, dass nicht nach dem ersten Treffer mit der Suche aufgehört wird, sondern alle passenden Teilstrings gefunden werden.

Aber dann bringt mir g doch bei der test-Methode gar nichts, oder?

Doch, selbst bei **test** hat das **g**-Flag einen Effekt: Wenn du **test** mehrmals mit demselben **RegExp**-Objekt aufrufst, und dieses global ist, dann prüft jeder Aufruf nach dem ersten, ob es nach diesem Treffer noch weitere gibt. Würdest du mit dem Ausdruck für Artikelnummern an den String „STAKIS1111, STAROL0815 und STASON4711" geben, dann würde **test true**, **true**, **true** und dann erst **false** zurückgeben.

[Achtung]
Das funktioniert nur, wenn du wirklich dasselbe **RegExp**-Objekt benutzt.

*1 Hier funktioniert noch alles, wie gewollt.

```
text.test(/STA(KIS|FAS|ROL|SON)\d{4}/g);*1

text.test(/STA(KIS|FAS|ROL|SON)\d{4}/g);*2    X
```

*2 Dies ist ein **neues RegExp-Objekt**, deshalb findet es **wieder die erste Artikelnummer**. Das siehst du bei **test** natürlich nicht, aber ich zeige dir gleich noch andere Methoden.

```
var ausdruck = /STA(KIS|FAS|ROL|SON)\d{4}/g;

text.test(ausdruck);

text.test(ausdruck*1);
```

*1 Jetzt wird zweimal dasselbe Objekt verwendet.

Mit **test** ist das nur begrenzt nützlich, aber es gibt noch weitere Methoden, die mit regulären Ausdrücken arbeiten, und einige besonders nützliche will ich dir noch zeigen. An Stringobjekten sind das diese drei:

- ☞ Mit **search** findest du nicht nur heraus, ob ein Teilstring zu deinem Ausdruck passt, sondern auch den Index, an dem er anfängt.
- ☞ Die **split**-Methode macht aus einem String ein Array von Strings, indem sie an allen Stellen, die zum regulären Ausdruck passen, einen neuen String anfängt. Klingt kompliziert, ist aber ganz einfach: **"Dies ist ein Test".split(/\s/)** ergibt das Array **["Dies", "ist", "ein", "Test"]**, weil der String an allen Whitespaces in Teilstrings zerlegt wird.
- ☞ **replace** findet nicht nur alle Stellen, die zu deinem regulären Ausdruck passen, sondern ersetzt sie mit einem anderen String.

Reguläre Ausdrücke

Aber auch das **RegExp**-Objekt selbst hat noch eine Methode, die sehr vielseitig einsetzbar ist:

- **exec** findet die erste Stelle, die zum Ausdruck passt, und gibt den Teilstring, der gepasst hat, auch noch zurück. Und zwar als erstes Element eines Ergebnis-Arrays. Dieses Array kann noch weitere Elemente enthalten, wenn dein Ausdruck Klammern enthält: Die Teilstrings, die auf den Inhalt einer Klammer gepasst haben, stehen an den weiteren Stellen des Arrays. Mit dem Ausdruck für Artikelnummern würde zum Beispiel KIS, ROL, FAS oder SON dort stehen.

Das zeig ich dir am Beschwerdeformular von Stapelfix

Stapelfix BeschwerdeFeedback-Formular

Bitte geben sie hier ihr Feedback ein

Mein Problem ist STAKIS1111 sowie STAROL4711 und STASON0815

Feedback an Stapelfix

Du meinst das Feedback-Formular. Bossingen will nicht, dass wir es Beschwerden nennen, das ist Kundenfeedback.

Ja, okay. Ich gebe auch immer nur Feedback über den Internet Explorer an Microsoft. Ist aber auch egal, wie es heißt. Eure Kunden geben da Feedback über eure Produkte ab, indem sie Text in eine `<textarea>` schreiben. Aber es wäre doch praktisch, an der Stelle schon die Artikelnummern zu finden, die sie in den Text schreiben. Dann könntest du nämlich als Nächstes mit der Artikelnummer einen Ajax-Request an den Stapelfix-Katalog stellen und anzeigen, welches Produkt das überhaupt ist. So würden sich die Kunden seltener über das komplett falsche Produkt beschweren, ich meine natürlich Feedback dazu geben.

So oft kommt das aber gar nicht vor. Und meistens schreiben sie sowieso den Produktnamen rein, nicht die Artikelnummer

Jetzt red' mir doch nicht mein Beispiel kaputt! Ich will dir doch nur zeigen, wie du in JavaScript mit einem regulären Ausdruck Text durchsuchen kannst. Nehmen wir also mal an, jemand würde Artikelnummern in diesen Text schreiben, und du wolltest sie finden – alle.

Dann wäre das mit regulären Ausdrücken gar kein Problem

```javascript
function findeArtikelnummern(text){

    var ausdruck = /STA(KIS|FAS|ROL|SON)\d{4}/g;  *1

    var ergebnis = [];

    var fundstueck = ausdruck.exec(text);  *2

    while (fundstueck && fundstueck.length)  *3 {

        ergebnis.push(fundstueck[0]);  *4

        fundstueck = ausdruck.exec(text);  *5

    }

    return ergebnis;

}

function schreibeArtikelnummern(artikelnummern){

    if (artikelnummern) {

        document.getElementById("betroffene-artikel").innerHTML =
        artikelnummern.join(", ");
```

*1 Ein **RegExp**-Objekt mit dem **global**-Flag wird erzeugt.

*2 Schon vor der Schleife wird der erste Treffer gefunden.

*3 Die Schleife läuft so lange, wie es einen Treffer gab. Wenn du das **g**-Flag vergisst oder in jedem Durchlauf ein neues **RegExp**-Objekt erzeugst, dann führt das hier zur Endlosschleife.

*4 **exec** gibt zwar ein Array zurück, aber dich interessiert nur das erste Element. Das wird in dein Ergebnis-Array gespeichert.

*5 Und dann wird mit einem neuen Aufruf von **exec** weitergesucht. Der nächste Schleifendurchlauf wird prüfen, ob es noch ein Ergebnis gab. Die Schleife läuft so lange weiter, bis kein Ergebnis mehr gefunden wird.

```
        } else {

            document.getElementById("betroffene-artikel").innerHTML = "";

        }

    }*6

    function tasteGedrueckt(event){

        schreibeArtikelnummern(findeArtikelnummern(event.target.value));

    }

    function init(){

        document.getElementById("feedback").addEventListener("keyup", tasteGedrueckt);

    }

    window.addEventListener("load", init);
```

*6 Es gibt zwar noch kein Ajax, das die Informationen zum Artikel lädt, aber das kannst du ja schon selbst implementieren. Um zu zeigen, dass der reguläre Ausdruck alles findet, gebe ich die Artikelnummern einfach aus.

Stapelfix BeschwerdeFeedback-Formular

Bitte geben sie hier ihr Feedback ein

Mein Problem ist STAKIS1111 sowie STAROL4711 und STASON0815|

Betroffene Artikel: STAKIS1111, STAROL4711, STASON0815

Und so sieht es aus.

Auch wenn das Beispiel für deinen Alltag nicht so nützlich war, wie ich dachte, siehst du, dass reguläre Ausdrücke ein mächtiges Werkzeug sind. Stell dir mal vor, du müsstest die Artikelnummern mit herkömmlichen Stringmethoden finden. Da schreibst du eine Menge Code, bis das fertig ist.

Die wichtigsten Elemente von regulären Ausdrücken, kurz zusammengefasst

Element	Beschreibung
.	Der Punkt passt auf ein beliebiges Zeichen.
*	Das vorangehende Element (ein einzelnes Zeichen, eine geklammerte Zeichenfolge oder eine Klasse) darf beliebig oft vorkommen, auch kein Mal.
+	Das vorangehende Element muss mindestens einmal vorkommen, es darf aber auch öfter.
?	Das vorangehende Element darf nicht oder genau einmal vorkommen, aber keinesfalls öfter.
{n}	Das vorangehende Element muss genau n-mal vorkommen.
{n, m}	Das vorangehende Element muss mindestens n-mal aber höchstens m-Mal vorkommen.
^	Passt auf den Anfang der Eingabe.
$	Passt auf das Ende der Eingabe.
|	Oder-Verknüpfung, entweder der Ausdruck links oder der Ausdruck rechts muss passen.
(x)	Die einfachen Klammern heißen Capturing Brackets, weil sie ihren Inhalt nicht nur gruppieren, sondern sich ihn auch merken. Du kannst später im selben regulären Ausdruck auf den Inhalt der Klammern zugreifen, indem du \1 für die ersten Klammern angibst, \2 für die zweiten und so weiter. So kannst du prüfen, ob ein Teilstring weiter hinten wiederholt wird. Ein Beispiel macht das klar: /(.{4}).+\1/i sieht aus als sei dein Computer abgestürzt, bedeutet aber: genau vier Zeichen, gefolgt von einem oder mehreren Zeichen, gefolgt von den vier Zeichen vom Anfang, und das Ganze soll Groß-/Kleinschreibung ignorieren. Dieser Ausdruck passt zum Beispiel auf „Lauf, Katze, lauf", oder auf „Renn, Katze, renn", aber nicht auf „Renn, Katze, lauf", denn die ersten vier Zeichen werden am Ende nicht wiederholt. Diese Klammern sind auch der Grund, warum exec ein Array zurückgibt: An erster Stelle steht der gesamte passende String, an zweiter Stelle der Teil des Treffers, der auf den Inhalt der ersten Klammer im regulären Ausdruck passt, an dritter Stelle desgleichen für die zweite Klammer und so weiter. Bei den Artikelnummern stünde an zweiter Stelle immer KIS, ROL, FAS oder SON, denn der Klammerinhalt passt genau auf diese vier Zeichenfolgen.

Element	Beschreibung
(?:x)	Die Klammern mit ?: am Anfang gruppieren ihren Inhalt, speichern ihn aber nicht. Du kannst nicht weiter hinten im Ausdruck darauf zugreifen, und auch exec bekommt ihn nicht zu sehen. Die wären also für die Artikelnummern auch gut gewesen: /STA(?:KIS|FAS|ROL|SON)\d{4}/ passt auf die gleichen Strings wie der andere Ausdruck, merkt sich aber nicht, was denn auf den Ausdruck in Klammern gepasst hat.
[abc], [a-z], [a-zA-Z0-9]	Zeichenklassen passen auf ein Zeichen, dass in der Klasse enthalten ist. [abc] passt auf a, b oder c, aber nicht auf x. Du kannst auch Bereiche angeben, [a-z] passt auf alle Kleinbuchstaben.
[^abc], [^a-z], [^a-zA-Z0-9]	So werden Klassen negiert: [^abc] passt auf jedes beliebige Zeichen, außer a, b und c.

Und deswegen glauben die meisten normalen Menschen, dass Programmcode aus unlesbaren Sonderzeichen besteht!

Index

Symbole

[ ] → Array
37
&#x 56
@font-face 160
@import 319
@keyframes 351
@media 743
!DOCTYPE → Doctype
.htm 29
.html 29
3D (CSS) 370

A

a (Tag) 36
  href 36
  name 37
  target 43
Absendeknopf → button 217
Absolute Positionierung → position 278
Abstand → margin 263
Ajax 700
  Lesezeichen 726
alert 383
Animation 51, 350
animation-delay 357
animation-direction 356
animation-duration 354
animation-iteration-count 354
animation-name 354
animation-play-state 357
animation-timing-function 358
arguments 460
Array 447
  join() 451
  length 450
  pop() 450
  push() 450
  reverse() 451
  shift() 450
  sort() 472
  unshift() 450
Artefakt (Bild) 51
article (Tag) 299

aside (Tag) 299
Attribut 35
  Wert 36
Attribut-Selektor 249
audio (Tag) 640

B

background-attachment 120
background-color 96
  transparent 118
background-image 118
background-position 120
background-repeat 120
background-size 758
base (Tag) 52
Bild 47
  Höhe und Breite 48
Bildergalerie 320
Bildformat 50
bind 566
Blob 719
Blockelement 258
  zentrieren 272
blockquote (Tag) 288
Blocksatz → text-align 167
body (Tag) 31
border 197, 263
border-collapse 200
border-color 199
border-image-repeat 336
border-image-slice 335
border-image-source 335
border-radius 331
border-style 199
border-width 199
bottom 278
Box-Model 260
Boxschatten 347
box-shadow 347
br (Tag) 172
Breite → width 261
Browser 24, 27
button (Tag) 217

C

canvas (Tag) 659
caption (Tag) 191
caption-side 195
case → switch 623
Character Encoding 54, 213
Character Entity 56
Checkbox 226
clear 290
Codec 641
col (Tag) 190
colgroup (Tag) 191
color → Farben 96
const 392
Content Area 261
Cookie 588
CORS 733
CSS 93
cursive 159

D

data-Attribute 769
datalist (Tag) 234
Dateiauswahl
   per Drag & Drop 634
   schön mit JavaScript 632
   schön ohne JavaScript 255
Datei
   Informationen 612
   lesen 613
Dateiendung 29
Dateiupload 254
dd (Tag) 181
Definitionlist → dl 181
dfn (Tag) 181
disabled (Pseudoklasse) 248
display 300
   block 300
   inline 300
   none 301
div (Tag) 260
dl (Tag) 181
DNS 63
Doctype 33

document
   cookie 593
   createCommentNode 540
   createElement 540
   createTextNode 540
   getElementById 404
   getElementsByClassName 518
   getElementsByTagName 518
Document Object Model → DOM 514
DOM 514
Domain Name System → DNS 63
Drag & Drop 634
Druck-Stylesheet 754
dt (Tag) 181
Durchgestrichen → text-decoration 166
Durchsichtigkeit → opacity 116

E

Editor 28
Eingabefeld → input 214
Einrückung 29
Element 518
   addEventListener 484
   attachEvent 486
   classList 523
   className 522
   getElementsByClassName 518
   getElementsByTagName 518
   removeChild 536
   style 543
   textContent 546
em (Einheit) 142
em (Tag) 168
embed (Tag) 654
Elemente erzeugen 536
enabled (Pseudoklasse) 248
Entity
   benannte 57
Event 482
   blur 508
   click 489
   dblclick 493
   focus 508
   key 505
   keycode 506

keydown 505
keypress 505
keyup 505
load 488
mousedown 493
mouseenter 503
mouseleave 503
mousemove 492
mouseout 492
mouseover 492
mouseup 493
preventDefault() 504
resize 508
srcElement 495
scroll 508
stopPropagation() 502
storage 608
target 495
Event Bubbling 502
Eventhandler 401, 482
Event Propagation 502
Exception 466

F

falsy 430
fantasy 159
Farben 96, 112, 116
Fehler → Exception 466
Feste Positionierung → position 286
Fett gedruckt → font-weight 164
fieldset (Tag) 237
File-API 611
FileReader 613
  Events 616
float 287
Fließkommazahlen 397
Floating Layout 748
focus (Pseudoklasse) 248
Font 56, 158
font-family 158
font-size 140
font-style 145
font-variant 165
font-weight 164

footer (Tag) 299
for ... in 567
form (Tag) 212
  accept-encoding 213
  action 213
  method 213, 223
  novalidate 244
Formular → form 212
Formularevent
  blur 508
  focus 508
for-Schleife 455
function 400, 436
Funktion → function 400, 436
Funktionsparameter → Parameter 440
Funktionsreferenz 471

G

Geschichte des WWW 81
Gestensteuerung 775
get 223
GIF 51
Globale Variable → Scope 441

H

h1, h2, h3, h4, h5, h6 (Tags) 34
Hash 37
head (Tag) 33, 52
header (Tag) 299
height 48, 261
Hexadezimal 54
Hintergrundbild → background-image 118
Hintergrundfarbe → background-color 96
History → window:history 722
Höhe → height 261
hover (Pseudoklasse) 128
hsl 115
html (Tag) 33
HTML 24
  Dialekte 90
HTTP 69
Hypertext 31, 35
Hypertext Transfer Protocol → HTTP 69

I

id 37
if... else... 418
iframe (Tag) 306
img (Tag) 47
  alt (Attribut) 48
  src 48
inherit 135
Inline-Element 258
Inline Styles 94
input (Tag) 214
  Bild 219
  Checkbox 226
  datalist 234
  Datum 243
  disabled 248
  email 243
  Farbe 243
  hidden 239
  maxlength 221
  pattern 243
  placeholder 220
  Radiobutton 226
  readonly 248
  required 243
  Textfeld 214
  url 243
  value 221
  Zahl 243
Integer 397
invalid (Pseudoklasse) 247
italic → font-style 145

J

JavaScript 24, 379
JPEG 51
JSON 559
JSONP 731

K

Keyframe-Animation 350
Kinder 148
Kindselektor 151

Kompression (Bild) 51
Konstante 392
Konstruktor 573
kursiv → font-style 145

L

label (Tag) 218
  for 218
left 278
legend (Tag) 237
li (Tag) 174
Lightbox 326
link (Tag) 98
Link 35
  absoluter 42
  relativer 41
Linksbündig → text-align 167
list-style-image 179
list-style-type 178
Listen 171
localStorage → Web Storage 599
Lokale Variable → Scope 441

M

margin 263
Markup 31
Markupsprache 31
Mausevent 492
  buttons 493
  Koordinaten 492
Media Queries 743
meta (Tag) 53
Metadaten 53
Mime-Type 613
monospace 159
MP3 644
MP4 644
Multimedia 639

N

Nachfahren 148
Neuer Tab 44
Neues Fenster 44

Node 532
  appendChild 537
  firstChild 534
  getAttribute 542
  insertBefore 539
  lastChild 534
  nextSibling 534
  nodeName 533
  nodeType 533
  nodeValue 533
  previousSibling 534
  setAttribute 542
NodeList 519, 529
noscript (Tag) 383
nth-child (Pseudoklasse) 200
Number 397
  toFixed 399

O

Object Initializer 559
object (Tag) 654
Objekt 550
  Eigenschaften 556
  Methoden 561
Objektliteral → Object Initializer 559
Objekttypen erzeugen 573
ol (Tag) 174
opacity 116
optional (Pseudoklasse) 246
overflow 274
  auto 274
  hidden 274
  scroll 274
  visible 274

P

p (Tag) 31, 33
padding 263
Parameter 440
parseFloat 413
parseInt 413
Pass by reference 461
perspective 371
Pfad 680
picture (Tag) 763

Plug-in 653
PNG 51
position 283
  absolute 283
  fixed 286
  relative 285
  static 285
Positionierung → position 285
post 223
Prototyp → prototype 574
prototype 574
Pseudoklasse 127
pt (Einheit) 141
px (Einheit) 141

R

Radiobutton 226
Rahmen → border 197
Rahmenbild → border-image 334
Raute → Hash 37
read-only (Pseudoklasse) 248
read-write (Pseudoklasse) 248
Rechnen 388
Rechtsbündig → text-align 167
Relative Positionierung → position 285
Requesttypen 223
required (Pseudoklasse) 246
Resizeevent 508
Responsive Design 740
  für Hintergründe 758
  für Bilder 762
return 440
rgba → Farben 116
RGB → Farben 112
Rotieren → transform:rotate 364
Runde Ecken → border-radius 330

S

Same Origin Policy 729
sans-serif 159
Scheren → transform:skew 364
Schleife
  for 455
  while 530
Schriftart → font-family 158

Schriftgröße → font-size 140
Scope 441
script (Tag) 383
Scrollevent 508
section (Tag) 299
Sectioning Content Elements 299
select (Tag) 230
   multiple 234
   optgroup 233
   option 231
   size 234
Select-Box → select 230
Selektor
   Nachfahren 145
   nach ID 102
   nach Klasse 104
   nach Tag 100
serif 159
sessionStorage → Web Storage 609
Skalieren → transform:scale 364
small-caps → font-variant 165
source (Tag) 642
span (Tag) 94
Sprungmarke 37
Sprungziel 38
Stacking Context 304
Statische Positionierung → position 285
String 407
   charAt 408
   indexOf 409
   lastIndexOf 409
   length 408
style (Attribut) 94
style (Tag) 98
Stylesheet → CSS 93
Submit Button → button 217
switch 623

T

Tabelle → table 187
Tabellenkopf (Tag) 191
Tabellenspalte → col 190
Tabellenzeile (Tag) 188
Tabellenzelle (Tag) 188
table (Tag) 187

Tag 31
   leeres 35
   öffnendes 31
   schließendes 31
   verschachteln 32
Tastaturevent
   keydown 505
   keypress 505
   keyup 505
tbody (Tag) 188
td (Tag) 188
   colspan 204
   rowspan 204
text-align 167
textarea (Tag) 240
text-decoration 166
Texteditor 28
Textschatten 341
text-shadow 341
text-transform 165
tfoot (Tag) 191
th (Tag) 191
thead (Tag) 191
this 563
throw → Exception 466
toFixed 399
Touch-Steuerung 772
tr (Tag) 188
transform 364
   rotate 366
   rotateX 370
   rotateY 370
   rotateZ 370
   scale 366
   skew 366
   translate 366
   translateZ 370
transform-origin 368
transition-delay 361
Transformation (CSS) 364
Transformation (Canvas) 666
Transitions 359
transition-timing-function 361
Transparenz (Bild) 51
Truthy 430
try ... catch → Exception 466

U

Überschrift 34
   Ebene 34
ul (Tag) 174
Umfließen → float 287
undefined 390
Unicode 54
Uniform Resource Locator → URL 65
Unterstrichen → text-decoration 166
Unterverzeichnis 41
URL 65
   absolute 42
   Fragment 67
   Port 68
   Protokoll 65
   Query String 67
   relative 52
UTF-8 → Unicode 55

V

valid (Pseudoklasse) 247
var 389
Variable 389
   globale 441
   lokale 441
Vererbung 576
Vergleichsoperatoren 420
Verschieben → transform:translate 364
Versteckte Felder 239
Verzeichnis 40
Verzweigung
   if...else 418
   switch 623
video (Tag) 640
visited (Pseudoklasse) 127
Void-Element 48

W

WAP 742
Webbrowser → Browser 24, 27
Webfonts → @font-face 160
WebM 644

Webserver 73
   für Linux 76
   für MacOS 78
   unter Windows 74
Web Sockets 736
Web Storage 599
   Größenlimit 607
while 530
width 48, 261
window
   addEventListener 488
   event 490
   history 722
   innerHeight 508
   innerWidth 508
   pageXOffset 508
   pageYOffset 508
   setTimeout 509
   URL 720
WML 742
Wohlgeformt 32
WYSIWIG 28

X

XMLHTTP 701
XMLHttpRequest 702
   Datei-Upload 721
   Events 704
   Level 2 712
   open 705
   send 705

Z

z-index 303
Zeichenkette → String 407
Zeitgesteuerte Ereignisse → window:setTimeout 509
Zentriert → text-align 167

■ Grundlagen, Praxisbeispiele, Referenz

■ Responsive Webdesign, Flexbox, SASS u.v.m.

■ Inkl. CSS-Layouts, YAML, mobiles Webdesign

Kai Laborenz

CSS

Das umfassende Handbuch

Das vollständige Wissen zu CSS und Co. in einem Band! Einsteiger erhalten eine fundierte Einführung, professionelle Webentwickler einen Überblick über alle CSS-Technologien und Praxislösungen für CSS-Layouts sowie Tipps, um aus dem täglichen Webeinerlei herauszukommen. Inkl. HTML5, CSS3, Mobiles und Responsive Webdesign u.v.m.

791 S., 2. Auflage 2013, mit DVD und Referenzkarte, 39,90 Euro
ISBN 978-3-8362-2313-3
www.galileocomputing.de/3348

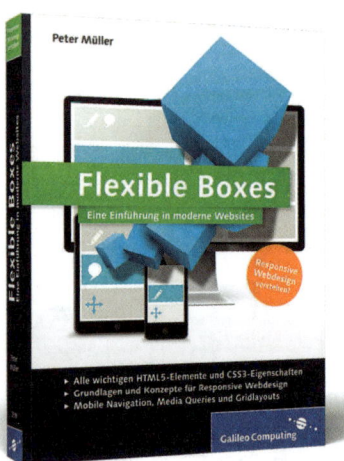

350 S., 24,90 Euro
ISBN 978-3-8362-2519-9
www.galileocomputing.de/3415

Peter Müller

Flexible Boxes
Eine Einführung in moderne Websites

Wie entwickelt man heute moderne Websites? Peter Müller zeigt Ihnen in seiner Einführung von Grund auf, was Sie für die Ausgabe von flexiblen Webseiten für die verschiedensten Endgeräte beachten müssen. Egal, ob es sich dabei um HTML5, CSS3, Adaptive oder Responsive Webdesign, Mobile First oder Grid-Frameworks handelt.

435 S., mit DVD, 24,90 Euro
ISBN 978-3-8362-2776-6,
November 2013
www.galileocomputing.de/3545

Peter Müller

Einstieg in CSS
Webseiten gestalten mit HTML und CSS

Peter Müller erklärt Ihnen hervorragend, was Sie bei der modernen Webgestaltung mit HTML und CSS wissen müssen: Von den grundlegenden Prinzipien bis hin zu den neuesten Entwicklungen. Immer kompetent, klar und verständlich. Anschauliche Beispiele können Sie leicht auf eigene Projekte anwenden. Inkl. HTML5 und CSS3.

Leseprobe im Web!

- Flexible Webseiten erstellen für Smartphone, Tablet & Co.

- Komplettes Beispielmaterial mit HTML- und CSS-Quellcode

- Alle Videos auch lauffähig auf iPad und iPhone

Jonas Hellwig

Responsive Webdesign
Das umfassende Praxis-Training

Das Praxis-Training für den neuen Webdesign-Standard! Der Webexperte Jonas Hellwig zeigt Ihnen, wie Sie Ihre Webseiten mit HTML, CSS und PHP für alle Geräte und Auflösungen aufbereiten. Mit diesem Training sind Sie am Puls der Zeit und lernen, wie Sie Responsive Webdesign richtig einsetzen. Machen Sie mit bei zahlreichen Praxisworkshops und entwickeln Sie flexible, attraktive Designkonzepte, mit denen Sie die Besucher auf Ihren Seiten halten – egal ob auf dem iPad, einem Android-Smartphone oder am Windows-PC.

DVD, Windows, Mac und Linux, 8:30 Stunden Spielzeit, 39,90 Euro
ISBN 978-3-8362-2312-6
www.galileocomputing.de/3347

Galileo Press

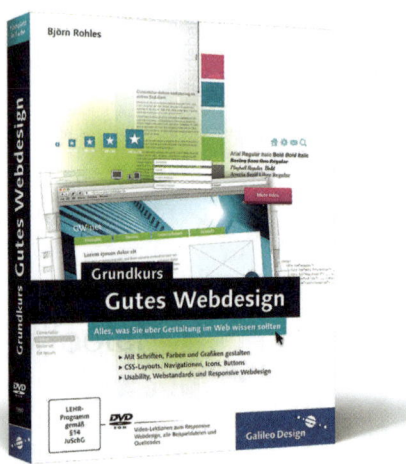

424 S., 2013, komplett in Farbe,
mit DVD, 24,90 Euro
ISBN 978-3-8362-1992-1
www.galileodesign.de/3236

Björn Rohles

Grundkurs Gutes Webdesign

Alles, was Sie über Gestaltung im Web wissen sollten

So entstehen moderne und attraktive Websites! In diesem Buch erlernen Sie die Gestaltungsgrundlagen für gutes Webdesign – vom Layout über Farben und Schrift bis hin zu Grafiken, Bildern und Icons. So wird aus einer einfachen Website ein echter Hingucker. Inkl. HTML5, CSS3 und Responsive Webdesign.

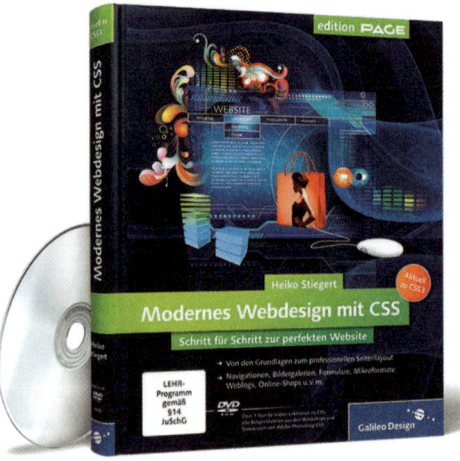

444 S., 2011, komplett in Farbe,
mit DVD, 39,90 Euro
ISBN 978-3-8362-1666-1
www.galileodesign.de/2455

Heiko Stiegert

Modernes Webdesign mit CSS

Schritt für Schritt zur perfekten Website

In ausführlichen Praxisworkshops zeigt Ihnen Heiko Stiegert, wie Sie moderne und professionelle Webdesigns standardkonform mit CSS realisieren. Attraktive Beispiele demonstrieren sowohl die Gestaltung einzelner Seitenelemente als auch das Layout ganzer Websites.

Versandkostenfrei bestellen: www.galileodesign.de

- Von der ersten Idee bis zur fertigen Website
- Prinzipien und Grundlagen guten Designs
- Kreativ mit Webstandards, HTML5 und CSS3

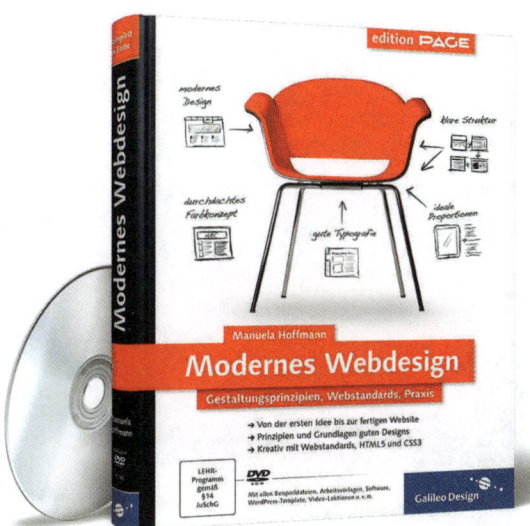

Manuela Hoffmann

Modernes Webdesign

Gestaltungsprinzipien, Webstandards, Praxis

Die Grafikerin und Webdesignerin Manuela Hoffmann (pixelgraphix.de) führt Sie von der Idee über erste Entwürfe bis hin zur technischen Umsetzung: ein Wegweiser für modernes Webdesign, der gleichzeitig Praxis, Anleitung und Inspiration liefert. Inkl. DVD mit Beispielmaterial, Software, WordPress-Template u.v.m.

422 S., 2013, komplett in Farbe, mit DVD, 39,90 Euro
ISBN 978-3-8362-1796-5
www.galileodesign.de/2907

Galileo Press

- Grundlagen, Funktionsweisen und strategische Planung

- Onpage- und Offpage-Optimierung für Google und Co.

- Erfolgsmessung, Web Analytics und Controlling

Sebastian Erlhofer

Suchmaschinen-Optimierung

Das umfassende Handbuch

Das umfassende Handbuch von Sebastian Erlhofer zur Suchmaschinen-Optimierung bietet Grundlagenwissen zur Arbeitsweise von Google & Co. und zeigt in einem umfangreichen Praxisteil, wie Ihr Internetauftritt optimiert werden kann.

734 S., 6. Auflage 2013, 39,90 Euro
ISBN 978-3-8362-1898-6
www.galileocomputing.de/3077

»Das Handbuch zur Suchmaschinen-Optimierung von Sebastian Erlhofer gilt in Fachkreisen zu Recht als das deutschsprachige Standardwerk.«
webselling

Sommer 2013

Galileo Computing

Neuheiten & Bestseller

- Webentwicklung, Webdesign, Online-Marketing, Social Media
- Programmierung, App-Entwicklung, Datenbanken
- Administration, Virtualisierung, Netzwerke, Server

Über 40 Neuheiten

Galileo Computing
Wissen, wie's geht.

Herzlich willkommen!

Liebe Leserin, lieber Leser,

unsere Autoren und Lektoren sind Experten, die wissen, was Sie interessiert. Gemeinsam entwickeln wir Bücher, mit denen Sie schnell lernen, sich umfassend informieren – und auch Spaß dabei haben.

Auch in diesem Katalog warten wieder spannende Neuerscheinungen und bewährte Standardwerke auf Sie. Egal, ob Sie IT-Profi sind, ein Buch für Studium und Ausbildung suchen oder Sie es privat für Ihr Hobby einsetzen: Sie werden sicher in unserem Programm fündig.

Besonders aber möchte ich Sie auf unsere jüngsten Erweiterungen im Programm hinweisen: Kennen Sie bereits unseren Schrödinger? Mit ihm lernen Sie besonders leicht mit Abwechslung und Spaß. Oder unsere neuen Bücher zur App-Programmierung? Vielleicht eher Social Media und Online-Marketing? Auch hier gibt es viele neue Bücher. Es lohnt sich, einen Blick in unser aktuelles Programm zu werfen.

Stephan Mattescheck
Senior Editor Galileo Computing

Inhalt

Android, Objective-C, iOS	3
Social Media, PR, Content-Marketing	4
SEO, WordPress, Contao, E-Commerce	5
jQuery, JavaScript, HTML5 und CSS3	6
CSS, Python	7
PHP & MySQL, SQL, Websockets	8
Schrödinger programmiert	9
Video-Trainings	10
Visual Studio, WPF, Windows Store Apps	12
Visual Studio, WPF, IT-Handbuch	13
C/C++	14
Java 7, Excel	15
Microsoft Windows, SQL Server, Office 365	16
SharePoint, Project, VMware, Citrix	17
Linux-Server, Ubuntu, LPIC	18
Netzwerke, MySQL, Oracle, Linux	19

Begleiten Sie uns!
- www.facebook.com/GalileoPressVerlag
- www.twitter.com/Galileo_Press
- gplus.to/GalileoPress

Schnell und sicher einkaufen:
www.GalileoComputing.de

Ihre Webvorteile auf einen Blick
- Schneller Bestellvorgang
- Sicherer Webshop
- Versandkostenfreie Lieferung [D, A]
- Lieferung innerhalb von 1–2 Werktagen
- Bezahlung per Rechnung [D, CH], Bankeinzug [D] oder Kreditkarte

Ihre Bestellmöglichkeiten
- www.GalileoComputing.de
- Fax: +49.228.42150.77
- service@galileo-press.de

Oder natürlich in der Fachabteilung jeder gut sortierten Buchhandlung

Android, Objective-C, iOS

446 S., 2. Auflage
2012, mit DVD
34,90 €

Buchtipp!

Thomas Künneth
Android 4
Apps entwickeln mit dem Android SDK

Sie möchten Apps für Android Tablets und Smartphones entwickeln? Java-Kenntnisse vorausgesetzt, wird Ihnen das durch die verständlichen Erklärungen und zahlreichen Praxisbeispiele schnell gelingen. Ob GUIs, Datenbanken, Kamera, Multimedia, Kontakte oder GPS – hier erfahren Sie alles, was Sie wissen müssen!

ISBN 978-3-8362-1948-8
www.galileocomputing.de/3167

395 S., 2. Auflage
2012, mit DVD
24,90 €

Uwe Post
Android-Apps entwickeln
Für Programmiereinsteiger geeignet

Android-Apps programmieren ohne Vorkenntnisse! Hier lernen Sie auf einfache und unterhaltsame Weise, wie Sie Apps für Android entwickeln. Schritt für Schritt programmieren Sie ein eigenes Spiel, das sich sehen lassen kann. Die benötigte Software finden Sie auf der DVD, sodass Sie sofort loslegen können!

ISBN 978-3-8362-1947-1
www.galileocomputing.de/3158

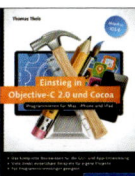

502 S., 2013, mit DVD, 29,90 €

Thomas Theis
Einstieg in Objective-C 2.0 und Cocoa
Programmieren für Mac, iPhone und iPad

Wer ansprechende GUI-Anwendungen und gute Apps für die Mac-Welt entwickeln will, benötigt grundlegende Kenntnisse der Programmiersprache und der Entwicklungsumgebung. Dieses Buch bietet Ihnen das notwendige Basiswissen, damit Sie sofort durchstarten können.

ISBN 978-3-8362-1933-4
www.galileocomputing.de/3141

Neu

380 S., 2013, mit DVD, 24,90 €

Klaus M. Rodewig, Jörg Brunsmann
iPhone- und iPad-Apps entwickeln
Ideal für Programmiereinsteiger geeignet

Unsere Autoren zeigen Ihnen, wie Sie Schritt für Schritt Ihre eigene App erstellen und diese im App Store veröffentlichen. Dabei werden alle wichtigen Grundlagen mit viel Hintergrundwissen beschrieben. Praktische und direkt nachvollziehbare Beispiele helfen Ihnen beim Verständnis.

ISBN 978-3-8362-1942-6
www.galileocomputing.de/3154

Neu

1012 S., 2013, mit DVD, 39,90 €
ISBN 978-3-8362-1915-0
www.galileocomputing.de/3097

Klaus M. Rodewig, Clemens Wagner
Apps programmieren für iPhone und iPad
Das umfassende Handbuch

▸ Grundlagen der Anwendungsentwicklung mit dem SDK 6
▸ Apps entwickeln, testen, absichern und veröffentlichen
▸ Inkl. Xcode, Debugging, Versionierung, zahlreiche Praxisbeispiele, Sicherheit

Unsere Autoren zeigen Ihnen, wie Sie schnell zur eigenen App kommen. Dabei werden alle wichtigen Themen in der gebotenen Tiefe mit viel Hintergrundwissen beschrieben. Praktische und direkt nachvollziehbare Beispiele helfen beim Verständnis. Auch die Programmierung kommt in diesem Buch nicht zu kurz. Grundkenntnisse sollten jedoch vorhanden sein. Eine kurze Einführung in Objective-C und Cocoa vermittelt Ihnen alles, was Sie wissen müssen. Inkl. Schnittstellen zum Datenaustausch, Events, Alerts, Datenverwaltung mit Core Data, Sicherheit und die verschiedenen Möglichkeiten der Netzwerkprogrammierung. Aktuell zu iOS 6.

Social Media, PR, Content-Marketing

Neu

480 S., in Farbe, 2013, 29,90 €
ISBN 978-3-8362-2006-4
www.galileocomputing.de/3251

Miriam Löffler

Think Content!

Grundlagen und Strategien für erfolgreiches Content-Marketing

▸ Texte, Podcasts, Videos, Gewinnspiele, Spiele, Umfragen und interaktive Anwendungen
▸ Best Practices für Launch- und Relaunch-Projekte, Blogs
▸ Einsatz von Social Media, Einbindung in SEO-Maßnahmen, Texten fürs Web

Content ist der zentrale Erfolgsfaktor im Web! Lernen Sie, wie Sie erfolgreiche Content-Strategien für Ihr Online-Unternehmen entwickeln, Content-Strategien für Webseiten erfolgreich planen und umsetzen, und erhalten Sie Ideen und Anregungen für effizientes Content-Marketing und spannende Umsetzungen – mit Lösungen für B2B und B2C. Unser Buch wird Ihnen helfen, qualitativ hochwertige Webtexte zu erstellen, und Sie erfahren zudem, was ein guter Webtexter leisten muss und wie Sie den wirtschaftlichen Wert guter Texte erkennen können.

538 S., in Farbe
2. Auflage 2012
29,90 €

Buchtipp!

Anne Grabs, Karim-Patrick Bannour
Follow me!
Erfolgreiches Social Media Marketing mit Facebook, Twitter und Co.

Folgen Sie der Erfolgsstrategie: Was ist Social Media? Welche Schritte müssen in welcher Reihenfolge erfolgen? Welche Gefahren drohen und wie können Sie diese minimieren? Inkl. Strategien zum Empfehlungsmarketing, Crowdsourcing, Social Commerce, Google+, Rechtstipps u.v.m.

Follow me! ist aktuell als Einsteiger-Handbuch für Social Media absolut empfehlenswert.
Nico Lumma

ISBN 978-3-8362-1862-7
www.galileocomputing.de/3028

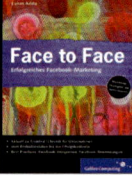

433 S., in Farbe
2012, 29,90 €

Buchtipp!

Lukas Adda
Face to Face
Erfolgreiches Facebook-Marketing

Face to Face bietet einen umfassenden Überblick zum Einsatz von Facebook als Marketing-Instrument. Inkl. Definition von Zielen, Strategien und zahlreichen Best Practices. Lukas Adda gibt Ihnen erprobte Strategien und kreative Denkanstöße für erfolgreiche Social-Media-Kampagnen auf Facebook an die Hand.

Ein Buch, das sich jeder Social-Media-Berater in Griffweite ins Bücherregal stellen sollte.
TheAngryTeddy.com

ISBN 978-3-8362-1842-9
www.galileocomputing.de/2992

Neu

460 S., in Farbe
29,90 €

Rebecca Belvederesi-Kochs
Erfolgreiche PR im Social Web
Das praktische Handbuch

Facebook, Twitter und Co. sind fester Bestandteil moderner Pressearbeit. Nutzen Sie die Möglichkeiten der sozialen Medien. Unsere Autorin gibt Ihnen einen umfassenden Überblick über PR im Social Web und erklärt Ihnen Social-Media-Kampagnen von der Idee bis zur Realisierung. Für Unternehmen, Verbände und NGOs.

ISBN 978-3-8362-2011-8, April 2013
www.galileocomputing.de/3260

Neu

420 S., in Farbe
2013, 29,90 €

Stefanie Aßmann, Stephan Röbbeln
Social Media für Unternehmen
Das Praxisbuch für
kleine Unternehmen

Viele KMUs haben einen großen Bedarf an Social-Media-Strategien und -Konzepten. Unser Buch gibt Ihnen einen Einblick in alle relevanten Arbeitsschritte für eine erfolgreiche Social-Media-Teilnahme.
Konkrete Themenfelder zeigen Möglichkeiten der Umsetzung und bieten hilfreiche Anleitungen und Best Practices.

ISBN 978-3-8362-1977-8, April 2013
www.galileocomputing.de/3211

SEO, WordPress, Contao, E-Commerce

866 S., 2. Auflage
2012, mit DVD
34,90 €

Buchtipp!

Esther Düweke, Stefan Rabsch
Erfolgreiche Websites
SEO, SEM, Online-Marketing, Usability

Alles, was Sie für Ihren erfolgreichen Webauftritt benötigen.
Zahlreiche Praxisbeispiele zeigen Ihnen anschaulich den Weg zu einer besseren Webpräsenz. Inkl. SEO, SEM, Online-Marketing, Affiliate-Programme, Google AdWords, Web Analytics, Social Media-, E-Mail-, Newsletter- und Video-Marketing, Mobile Marketing u.v.m.

ISBN 978-3-8362-1871-9
www.galileocomputing.de/3041

Neu

734 S., 6. Auflage
2013, 39,90 €

Buchtipp!

Sebastian Erlhofer
Suchmaschinen-Optimierung
Das umfassende Handbuch

Das bewährte Standardwerk von Sebastian Erlhofer in aktueller Auflage: alles zu den Grundlagen, mit Erklärungen zu den Funktionsweisen von Suchmaschinen und praktischen Tipps zur Ranking-Optimierung. Eine in vielen Auflagen bewährte Mischung aus Theorie und Praxis – aktuell zu den neuen Google-Algorithmen und SEO-Trends.

ISBN 978-3-8362-1898-6
www.galileocomputing.de/3077

707 S., 2. Auflage
2012, mit CD
29,90 €

Alexander Hetzel
WordPress 3
Das umfassende Handbuch

Das Buch zeigt Ihnen den richtigen Umgang mit WordPress. Angefangen bei der Installation bis hin zur Anpassung und Konfiguration Ihrer Website oder Ihres Blogs. Dazu zählt auch die Darstellung der komplexen Entwicklung von eigenen Design-Vorlagen und Erweiterungen. Inkl. Einbindung von Social-Media-Diensten und SEO.

Das Buch kann man als Standardwerk für Einsteiger, Blogger sowie Entwickler und Redakteure bezeichnen.
CHIP

ISBN 978-3-8362-1943-3
www.galileocomputing.de/3152

Neu

661 S., 3. Auflage
2013, 34,90 €

Peter Müller
Websites erstellen mit Contao 3

Peter Müller stellt mit vielen Praxisbeispielen Installation, Konfiguration und Administration von Contao vor. Sein unnachahmlicher Stil verspricht schnellen Lernerfolg und Unterhaltung auf jeder Seite. Noch nie hat das Erlernen eines CMS so viel Spaß gemacht. Inkl. Responsive Webdesign.

Wer einen guten und vor allem verständlichen Einstieg sucht, kommt um dieses Buch nicht herum.
XHTML Forum

ISBN 978-3-8362-2010-1
www.galileocomputing.de/3258

Neu

800 S., 2. Auflage
49,90 €

Björn Teßmann, Astrid Zanier
xt:Commerce 4
Das Praxishandbuch

Angefangen von der professionellen Installation und Konfiguration bis hin zu Spezialthemen finden Sie in diesem Buch alles, was Sie bei der täglichen Arbeit mit xt:Commerce 4 benötigen: Erweiterung mit Modulen, Template-Entwicklung, Warenwirtschaft und Finanzbuchhaltung. Inkl. 180-Tage-Lizenz von xt:Commerce.

ISBN 978-3-8362-1845-0, August 2013
www.galileocomputing.de/2997

Neu

621 S., 2. Auflage
2013, mit DVD
34,90 €

Alexander Steireif,
Rouven Alexander Rieker
Magento
Das umfassende Handbuch

Alles, was Sie für Ihren Webshop benötigen: angefangen von der Installation und dem Aufbau eines ersten Produktkatalogs bis hin zur Integration von Versanddienstleistern und Zahlungsanbietern. Kein Shop ohne Werbung: Sie erfahren, wie Sie Newsletter verschicken, Rabatte vergeben und Sonderaktionen planen u.v.m.

ISBN 978-3-8362-1774-3
www.galileocomputing.de/2880

jQuery, JavaScript, HTML5 und CSS3

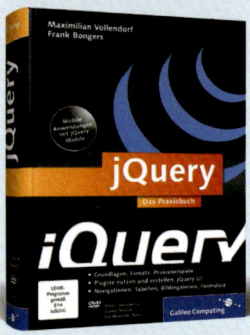

730 S., 2. Auflage 2011,
mit DVD, 34,90 €

ISBN 978-3-8362-1810-8
www.galileocomputing.de/2930

Frank Bongers, Maximilian Vollendorf
jQuery
Das Praxisbuch

- Grundlagen, Einsatz, Praxisbeispiele
- Plug-ins nutzen und erstellen, jQuery UI
- Navigationen, Tabellen, Bildergalerien, Formular, Effekte und Animationen

Mit jQuery kann man zaubern. Auch JavaScript-Muffel kommen mit dem Framework schnell zu Ergebnissen, die sich sehen lassen können. Dieses Buch zeigt Ihnen, wie Sie die Funktionen von jQuery effektiv auf Ihren Webseiten einsetzen können. Inkl. Entwicklung mobiler Anwendungen mit jQuery Mobile

Buchtipp!

Maximilian Vollendorf und Frank Bongers haben eine umfangreiche Einführung verfasst. Das Buch geht auf jQuery Mobile ein und beinhaltet ein Kapitel zu Unit-Tests. iX

Für den Einsteiger (als Starthilfe) und für den jQuery-Profi (als Nachschlagewerk) gleichermaßen. der webdesigner

600 S., mit DVD
39,90 €

Christian Wenz
JavaScript
Das umfassende Handbuch

Ein umfassender Einstieg in JavaScript und viele praktische Beispiele, die den Einsatz auf modernen Webtechnologien beschreiben, das zeichnet dieses Handbuch aus! So lernen Sie JavaScript von Grund auf. Ihr sicherer Begleiter von den ersten Schritten bis hin zu aktuellen Trends, HTML5, CSS3, jQuery und neuen Entwicklungen.

ISBN 978-3-8362-1979-2, Mai 2013
www.galileocomputing.de/3209

552 S., 2012, mit DVD, 39,90 €

Buchtipp!

Michael Kamleitner
Facebook-Programmierung
Entwicklung von Social Apps und Websites

Als Selbstlernbuch für den Facebook-Entwickler bestens aufbereitet. Von der Authentifikation und Autorisierung über Graph API, JavaScript SDK, FQL zu Social Plugins, Open Graph und Facebook Credits: Alle Aspekte werden gut strukturiert dargestellt. Der Autor setzt PHP- und JavaScript-Know-how voraus und erliegt nicht der Versuchung 'vom Dummy zum Profi'.
Website Boosting

ISBN 978-3-8362-1843-6
www.galileocomputing.de/2991

422 S., in Farbe
3. Auflage 2013, mit DVD, 39,90 €

Manuela Hoffmann
Modernes Webdesign
Gestaltungsprinzipien, Webstandards, Praxis

Die Grafikerin und Webdesignerin Manuela Hoffmann (pixelgraphix.de) führt Sie von der Idee über erste Entwürfe bis hin zur technischen Umsetzung: ein Wegweiser für modernes Webdesign, der gleichzeitig Praxis, Anleitung und Inspiration liefert. Neu in der 3. Auflage des erfolgreichen Praxisbuchs: HTML5 und CSS3 im Überblick, neue Beispiele und Arbeitsvorlagen u. v. m.

ISBN 978-3-8362-1796-5
www.galileocomputing.de/2907

480 S., 2. Auflage mit DVD, 29,90 €

Buchtipp!

Florian Franke, Johannes Ippen
Apps mit HTML5 und CSS3
für iPad, iPhone und Android

Entdecken Sie die Möglichkeiten von HTML5 und CSS3 für die Entwicklung von modernen Apps. Sie erstellen erste Apps, gestalten Zeitschriften und Bücher für iPad und Co. und nutzen alle Möglichkeiten der mobilen Geräte. Inkl. Ausbau zu nativen Programmen und Einsatz von JavaScript-Frameworks.

ISBN 978-3-8362-2237-2, Juni 2013
www.galileocomputing.de/3330

CSS, Python

454 S., 3. Auflage
2012, mit DVD
44,90 €

Ingo Chao, Corina Rudel
Fortgeschrittene CSS-Techniken
Inkl. Debugging und Performance-Optimierung

In drei umfangreichen und reich illustrierten Teilen zeigen Ihnen die beiden Autoren die Vielfalt der CSS-Prinzipien, stellen den Umgang mit Inkonsistenzen in modernen Browsern dar und vermitteln professionelle Debugging-Techniken.

Aktuell und umfassend! t3n

ISBN 978-3-8362-1695-1
www.galileocomputing.de/2511

444 S., 2011, mit DVD, 39,90 €

Heiko Stiegert
Modernes Webdesign mit CSS
Schritt für Schritt zur perfekten Website

In ausführlichen Praxisworkshops zeigt Ihnen Heiko Stiegert, wie Sie moderne und professionelle Webdesigns standardkonform mit CSS realisieren. Attraktive Beispiele demonstrieren dazu sowohl die Gestaltung einzelner Seitenelemente als auch das Layout ganzer Websites. Zahlreiche Profi-Tipps und -Tricks zu CSS3 lassen garantiert keine Fragen offen.

ISBN 978-3-8362-1666-1
www.galileocomputing.de/2455

442 S., 3. Auflage
2011, mit CD
24,90 €

Thomas Theis
Einstieg in Python
Ideal für Programmieranfänger geeignet

Python lernen leicht gemacht! Schritt für Schritt entwickeln Sie ein eigenes Spiel.

Anfänger und Umsteiger profitieren von dem pädagogischen Kniff des Autors [...], anhand eines Spiels durch die Übungen zu führen: Einfacher Code wird mit der Zeit komplexer und wandert am Ende sogar auf eine Webseite. Linux Magazin

ISBN 978-3-8362-1738-5
www.galileocomputing.de/2640

985 S., 3. Auflage
2012, mit CD
39,90 €

Johannes Ernesti, Peter Kaiser
Python 3
Das umfassende Handbuch

Für Einsteiger und fortgeschrittene Python-Programmierer die erste Wahl! Sprache, Standardbibliothek und Profi-Themen werden ausführlich beschrieben. Darüber hinaus wird auf die wesentlichen Unterschiede zwischen Python 3 und früheren Versionen eingegangen. Praktische Hilfestellung erhalten Sie für die Migration Ihrer bestehenden Projekte.

ISBN 978-3-8362-1925-9
www.galileocomputing.de/3123

860 S., 2. Auflage, mit DVD und Referenzkarte, 39,90 €

ISBN 978-3-8362-2313-3, Juni 2013
www.galileocomputing.de/3348

Kai Laborenz
CSS

- Grundlagen, Praxisbeispiele, Referenz
- Modernes Webdesign mit CSS
- Inkl. CSS-Layouts, YAML, SASS, mobiles Webdesign

Das Buch für den Webentwickler in der neuen Auflage. Hier findet sich das vollständige Wissen zu CSS und Co. in einem Band. Einsteiger erhalten eine fundierte Einführung, professionelle Webentwickler einen Überblick über alle CSS-Technologien und Praxislösungen für CSS-Layouts sowie Tipps, um aus dem täglichen Webeinerlei herauszukommen. Zahlreiche aktuelle Themen wie HTML5 und CSS3, CSS-Transitions, objektorientiertes CSS, JavaScript-Fallbacks, Responsive Webdesign mit CSS sowie viele Praxisbeipiele machen das Buch zu einem unentbehrlichen Werk für die tägliche Arbeit. Die beste Referenz, die man sich wünschen kann.

PHP & MySQL, SQL, Websockets

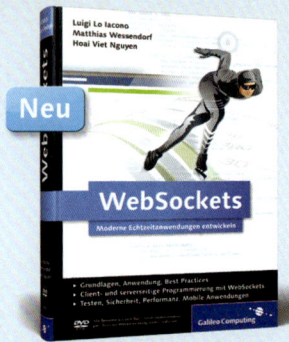

Luigi Lo Iacono, Matthias Wessendorf, Hoai Viet Nguyen

WebSockets

Moderne HTML5-Echtzeitanwendungen entwickeln

- Grundlagen, Anwendung, Best Practices
- Client- und serverseitige Programmierung mit WebSockets
- Testen, Sicherheit, Performanz, Skalierbarkeit, mobile Anwendungen

Websockets sind eine der wichtigsten HTML5-Kerntechnologien, die endlich skalierbare und performante Echtzeitverbindungen möglich machen. Mit diesem Buch erhalten Sie einen fundierten Überblick über die zugrunde liegenden Standards und ihre Implemtierung auf Client- und Serverseite in verschiedenen Programmiersprachen. Vier ausführliche Beispiele aus den wichtigsten Anwendungsfällen bieten professionelles Anschauungsmaterial, das sich direkt in der Praxis umsetzten lässt. Inkl. Testen und Sicherheit von Anwendungen.

320 S., mit DVD, 29,90 €
ISBN 978-3-8362-2005-7, Mai 2013
www.galileocomputing.de/3252

1085 S., 4. Auflage
2012, mit CD
39,90 €

Stefan Reimers, Gunnar Thies

PHP 5.4 und MySQL 5.5
Das umfassende Handbuch

Das Buch für ambitionierte Einsteiger und fortgeschrittene Entwickler, die umfangreiches Grundwissen in der Datenbankentwicklung und Programmierung mit PHP erhalten möchten. Die Autoren bieten Ihnen eine praxisorientierte Einführung in Techniken, Arbeitsweisen und Werkzeuge für Ihre Website mit PHP und MySQL.

Das Buch stellt ein exzellentes Nachschlagewerk dar.
PHP Magazin

ISBN 978-3-8362-1876-4
www.galileocomputing.de/3045

880 S., 4. Auflage
2012, mit DVD
39,90 €

Carsten Möhrke

Besser PHP programmieren
Handbuch professioneller PHP-Techniken

Besser PHP programmieren bietet Know-how und Grundlagen zur Theorie des Programmierens und Lösungsansätze aus der Praxis. Darunter finden sich viele grundsätzliche Informationen zum Umgang mit PHP.

Für fortgeschrittene und professionelle PHP-Programmierer ist das Buch ein zuverlässiger und praxisnaher Begleiter.
grafiker.de

ISBN 978-3-8362-1741-5
www.galileocomputing.de/2831

594 S., 8. Auflage
2012, mit CD
19,90 €

Thomas Theis

Einstieg in PHP 5.4 und MySQL 5.5
Für Programmieranfänger geeignet

Schritt für Schritt werden Sie mit allen Themen der Webprogrammierung vertraut gemacht, sodass Sie Ihre eigenen Websites, Foren und Blogs mühelos selbst entwickeln können.

Theis' Werk sollte sich jeder PHP-Einsteiger gönnen. [...] Wer das Buch komplett durchgearbeitet hat, kann sich eines soliden PHP-Grundlagenwissens gewiss sein. PHP Magazin

ISBN 978-3-8362-1877-1
www.galileocomputing.de/3049

418 S., mit CD
19,90 €

Michael Laube

Einstieg in SQL
Verstehen, einsetzen, nachschlagen

Wenn Sie SQL für Beruf oder Ausbildung erlernen wollen, dann liegen Sie mit diesem Buch goldrichtig! Ausgehend vom SQL-Standard vermittelt es Ihnen leicht nachvollziehbar, wie Sie Daten z. B. in MySQL, Microsoft SQL Server oder PostgreSQL organisieren, auswerten und verwalten. Inkl. Beispieldatenbank und Übungsaufgaben.

ISBN 978-3-8362-1966-2, Mai 2013
www.galileocomputing.de/3190

Schrödinger programmiert...

Das etwas andere Fachbuch

Dieter Bär

Schrödinger programmiert C++
Das etwas andere Fachbuch

windows.developer Buchtipp!

- Finde heraus, wie Du objektorientiert programmieren kannst
- Bewege Dich sicher in Deiner C++-Bibliothek
- Willkommen in der wilden C++-Welt
- Und alles auf dem neuesten C++11-Standard

688 S., 2012, komplett in Farbe, 49,90 €
ISBN 978-3-8362-1756-9
www.galileocomputing.de/2853

Schrödinger ist unser Mann fürs Programmieren. Er kann schon was, aber noch nicht C++. Darum gibt es hier die volle Packung. Die nötige Theorie, viele Hinweise und Tipps, Unmengen von gutem, aber auch schlechtem Code, der verbessert und repariert werden will. Und mittendrin ist Schrödinger, und natürlich du! Inkl. Neuerungen von C++11.

Kai Günster

Schrödinger lernt HTML5, CSS3 und JavaScript
Das etwas andere Fachbuch

720 S., komplett in Farbe, 39,90 €
ISBN 978-3-8362-2020-0, Juli 2013
www.galileocomputing.de/3277

Roland Schwaiger

Schrödinger programmiert ABAP
Das etwas andere Fachbuch

680 S., 2013, komplett in Farbe, 49,90 €
ISBN 978-3-8362-1858-0
www.galileocomputing.de/3024

Philip Ackermann

Schrödinger programmiert Java
Das etwas andere Fachbuch

680 S., komplett in Farbe, 39,90 €
ISBN 978-3-8362-1740-8, Oktober 2013
www.galileocomputing.de/2565

Matthias Geirhos

Schrödinger lernt Entwurfsmuster
Das etwas andere Fachbuch

700 S., komplett in Farbe, 49,90 €
ISBN 978-3-8362-1940-2, Oktober 2013
www.galileocomputing.de/3148

www.Schroedinger-programmiert.de

Video-Trainings

✓ **Einfach lernen durch Zuschauen**
✓ **Erfahrene Trainer zeigen Ihnen anschaulich, wie's geht**
✓ **Komfortable Navigation und Suche**

Lernen Sie unsere Video-Trainings näher kennen: Zahlreiche Videos stehen auf unserer Website frei zur Verfügung!

Webentwicklung

Responsive Webdesign
Das umfassende Praxis-Training
8 Stunden Spielzeit, 39,90 €
ISBN 978-3-8362-2312-6
www.galileocomputing.de/3347

Suchmaschinen-Optimierung
Schritt für Schritt zum optimalen Ranking
7 Stunden Spielzeit, 39,90 €
ISBN 978-3-8362-1981-5
www.galileocomputing.de/3213

WordPress 3
Das umfassende Training
10 Stunden Spielzeit, 39,90 €
ISBN 978-3-8362-2289-1, April 2013
www.galileocomputing.de/3337

Joomla! 3
Das umfassende Training
9 Stunden Spielzeit, 39,90 €
ISBN 978-3-8362-2025-5
www.galileocomputing.de/3282

HTML5 und CSS3
Die neuen Webstandards im praktischen Einsatz
9 Stunden Spielzeit, 39,90 €
ISBN 978-3-8362-1831-3
www.galileocomputing.de/2976

PHP 5.4 und MySQL 5.5
Das Training für Einsteiger
12 Stunden Spielzeit, 39,90 €
ISBN 978-3-8362-1868-9
www.galileocomputing.de/3038

Ausgewählte Videos aus unseren Trainings – ungekürzt.

App-Entwicklung

Android-Apps entwickeln
Das Training für Einsteiger
8 Stunden Spielzeit, 39,90 €
ISBN 978-3-8362-1998-3
www.galileocomputing.de/3242

Apps entwickeln für iPhone und iPad
Das umfassende Training
8 Stunden Spielzeit, 39,90 €
ISBN 978-3-8362-2003-3
www.galileocomputing.de/3249

Apps entwickeln für Windows 8
Mit C# und XAML
10 Stunden Spielzeit, 39,90 €
ISBN 978-3-8362-2371-3, April 2013
www.galileocomputing.de/3361

Apps entwickeln mit HTML5 und CSS3
Für iPhone, iPad und Android
9 Stunden Spielzeit, 39,90 €
ISBN 978-3-8362-1982-2
www.galileocomputing.de/3215

Programmierung & Administration

Java 7
Das umfassende Training
18 Stunden Spielzeit, 39,90 €
ISBN 978-3-8362-1919-8
www.galileocomputing.de/3104

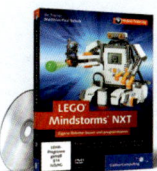

LEGO® Mindstorms® NXT
Eigene Roboter bauen und programmieren
10 Stunden Spielzeit, 39,90 €
ISBN 978-3-8362-1958-7
www.galileocomputing.de/3180

Spielend programmieren lernen
Mit C# und AntMe!
7 Stunden Spielzeit, 29,90 €
ISBN 978-3-8362-1764-4
www.galileocomputing.de/2867

Visual Basic 2012
Das umfassende Training
13 Stunden Spielzeit, 39,90 €
ISBN 978-3-8362-1988-4
www.galileocomputing.de/3233

VMware vSphere 5
Das umfassende Training
13 Stunden Spielzeit, 69,90 €
ISBN 978-3-8362-1856-6
www.galileocomputing.de/3019

SharePoint Server 2010
Das Training für Administratoren und Berater
10 Stunden Spielzeit, 59,90 €
ISBN 978-3-8362-1869-6
www.galileocomputing.de/3039

www.galileo-videotrainings.de

Visual Studio, WPF, Windows Store Apps

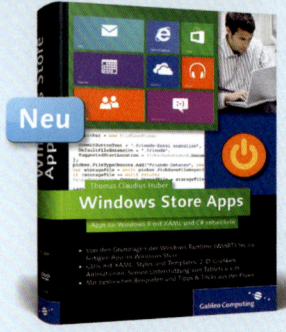

Thomas Claudius Huber

Windows Store Apps mit XAML und C#

Professionelle Apps für Windows 8 entwickeln

- Von den Grundlagen der neuen Windows Runtime (WinRT) bis zur Veröffentlichung der App im Windows Store
- GUI-Gestaltung mit XAML, Einsatz von Styles und Templates, 2D-Grafiken, Animationen, Sensor-Unterstützung von Tablets u. v. m.
- Mit zahlreichen Beispielen und Tipps und Tricks aus der Praxis

750 S., mit CD, 49,90 €
ISBN 978-3-8362-1968-6, Mai 2013
www.galileocomputing.de/3196

Machen Sie Ihre Idee zur App! Als Programmierer mit Erfahrung in C# und .NET lernen Sie in diesem Buch alles, was Sie zur Entwicklung von Windows Store Apps auf Basis der neuen Windows Runtime und zur Veröffentlichung im Windows Store wissen müssen. Alle Grundlagen wie z. B. die Funktionsweise der WinRT, XAML oder Controls sowie fortgeschrittene Techniken wie Styles, Templates, Data-Binding oder Steuerung von Hardware und Sensoren werden leicht verständlich illustriert.

Matthias Geirhos

Professionell entwickeln mit Visual C# 2012

Das Praxisbuch

1142 S., 2. Auflage
2013, mit CD
49,90 €

Sie beherrschen C#, möchten aber gerne noch effizienter entwickeln? In diesem Buch finden Sie eine Vielzahl an Dos und Don'ts, mit denen Sie alle Phasen Ihres Projekts sicher meistern: OOA und OOD, GUIs, TPL und Multithreading, Code Smells, WCF, ADO.NET, Workflow Foundation, Unit Tests, Softwarepflege, Deployment u. v. m.

ISBN 978-3-8362-1954-9
www.galileocomputing.de/3175

Matthias Geirhos

Professionell entwickeln mit Visual Basic 2012

Das Praxisbuch

950 S., 2013, mit CD, 49,90 €

Unser Visual Basic-Handbuch für professionelle VB-Projekte! Hier lernen Sie, effizienter zu entwickeln. Sie finden eine Vielzahl an Dos und Don'ts, mit denen Sie Ihr Projekt sicher meistern: GUIs, Multithreading, Code Smells, WCF, ADO.NET, Workflow Foundation, Unit Tests, Softwarepflege, Deployment u. v. m.

ISBN 978-3-8362-1955-6
www.galileocomputing.de/3176

Andreas Kühnel

Visual C# 2012

Das umfassende Handbuch

1402 S., 6. Auflage
2013, mit DVD
49,90 €

In diesem Buch finden Sie geballtes C#-Wissen: von den Sprachgrundlagen und der Objektorientierung über Klassendesign, LINQ und Multithreading bis zur GUI-Entwicklung mit WPF und der Datenbankanbindung mit ADO.NET. Typische Praxisbeispiele helfen Ihnen jeweils bei der Umsetzung.

ISBN 978-3-8362-1997-6
www.galileocomputing.de/3243

Thomas Claudius Huber

Windows Presentation Foundation 4.5

Das umfassende Handbuch

1244 S., 3. Auflage
2013, mit DVD
und Referenzkarte
49,90 €

Geballtes Wissen zum Grafik-Framework von .NET! Ob Grundlagen, XAML, GUI-Entwicklung, Datenbindung, Animationen, Multimedia oder Migration – hier finden Sie auf jede Frage eine Antwort! Grundkenntnisse in C# vorausgesetzt, ist dieses Buch sowohl zum Einstieg als auch als Nachschlagewerk optimal geeignet.

ISBN 978-3-8362-1956-3
www.galileocomputing.de/3179

Visual Studio, WPF, IT-Handbuch

Thomas Theis
Einstieg in Visual Basic 2012
Ideal für Programmiereinsteiger geeignet

579 S., 3. Auflage
2013, mit DVD
24,90 €

Sie möchten Visual Basic lernen? Dieses Buch führt Sie schnell und sicher zum Ziel. Angefangen bei den Grundlagen über die objektorientierte Programmierung bis hin zu Datenbank- und Internetanwendungen werden alle wichtigen Themen an anschaulichen Beispielen gut verständlich erläutert. Inkl. Windows Store Apps.

ISBN 978-3-8362-1959-4
www.galileocomputing.de/3188

Thomas Theis
Einstieg in Visual C# 2012
Ideal für Programmiereinsteiger geeignet

581 S., 2. Auflage
2013, mit DVD
24,90 €

dotnetpro
Buchtipp!

Visual C# lernen ohne Vorkenntnisse: von den Sprachgrundlagen und der objektorientierten Programmierung bis zu Datenbank- und Internetanwendungen. So werden Ihnen Ihre ersten Programme sicher gelingen! Inkl. Windows Store Apps.

Das Buch eignet sich hervorragend zum Selbststudium.
dotnetpro, Ausgabe 01/2013

ISBN 978-3-8362-1960-0
www.galileocomputing.de/3189

Thomas Theis
Einstieg in WPF 4.5
Grundlagen und Praxis

525 S., 2. Auflage
2013, mit DVD
29,90 €

Der praktische Schnelleinstieg für alle, die WPF kennenlernen und schnell produktiv einsetzen möchten. Sie erfahren, wie Sie GUIs entwickeln, Grafiken und Animationen erstellen, Multimediadateien einbinden, mit Dokumenten arbeiten u. v. m. Inkl. Umstieg von Windows Forms und Einführung in Windows Store Apps.

ISBN 978-3-8362-1967-9
www.galileocomputing.de/3214

Bernhard Wurm
Programmieren lernen!
Schritt für Schritt zum ersten Programm

392 S., 2. Auflage
2013, mit DVD
24,90 €

Sie wünschen sich einen leichten Einstieg in die Programmierung? Sie wollen kleine Programme schreiben und das Erfolgserlebnis haben, dass alles fehlerfrei läuft? Hier lernen Sie, wie ein Programm wirklich funktioniert. Ganz nebenbei lernen Sie die Syntax der Sprache C# kennen. So macht Programmieren Spaß!

ISBN 978-3-8362-1990-7
www.galileocomputing.de/3232

1172 S., 5. Auflage 2011, 34,90 €
ISBN 978-3-8362-1744-6
www.galileocomputing.de/2839

Sascha Kersken
IT-Handbuch für Fachinformatiker
Der Ausbildungsbegleiter

CHIP
Buchtipp!

▸ EDV-Grundlagen, Programmierung, Mediengestaltung
▸ Praxisorientiertes Lehr- und Nachschlagewerk
▸ Für Fachinformatiker der Bereiche Anwendungsentwicklung und Systemintegration

Das Buch vermittelt alle Grundlagen der Informationstechnik, wie sie Fachinformatiker in ihrer Ausbildung benötigen: Computerhardware, Betriebssysteme, Netzwerktechnik, -protokolle und -anwendungen sowie Grundlagen der Programmierung, Datenbanken und Multimedia.

Die Herausforderung, das gesamte IT-Grundwissen in dieses Buch zu packen, ist dem Autor sehr gut gelungen: so ausführlich wie möglich, so kompakt wie nötig. Jedem Einsteiger in die IT-Welt sollte das Buch als Begleiter dienen. CHIP

C / C++

Torsten T. Will
C++11 programmieren
60 Techniken für guten C++11-Code

▸ Das Kompendium der Neuerungen in C++11
▸ Neues in Sprachkern und Standardbibliothek
▸ Von auto bis Zufall, von Movesemantik bis Multithreading

Dieses Buch ist eine praktische Anleitung für den Einsatz von C++11. Es behandelt die Neuerungen gerade so, dass immer ein Aspekt im Fokus steht, wie etwa die neuen Sprachmechanismen, Container, Pointer oder Algorithmen oder auch Neuerungen in der Standardbibliothek.

Das Buch eignet sich für Entwickler, die sich besonders für die Neuerungen interessieren, aber keine vollständige Einführung in die Thematik benötigen. Mit vielen Detailinformationen und Beispielcode, leicht nachvollziehbar und praxisorientiert.
windows.developer

windows.developer
Buchtipp!

414 S., 2012, 29,90 €
ISBN 978-3-8362-1732-5
www.galileocomputing.de/2824

1247 S., 2. Auflage
2009, mit CD
39,90 €

Jürgen Wolf
C++ von A bis Z
Das umfassende Handbuch

Dieses Buch ist als Lehr- und Nachschlagewerk angelegt: Es bietet einen sehr ausführlichen Einstieg in die Sprache C++ und die Objektorientierung. Darüber hinaus enthält es umfangreiche Kapitel zu professionellen Themen. Das ausgewogene didaktische Konzept und die herausragende fachliche Qualität machen es zu einem unentbehrlichen Begleiter in Studium und Beruf.

ISBN 978-3-8362-1429-2
www.galileocomputing.de/2156

413 S., 2011
9,90 €

Jürgen Wolf
Grundkurs C++

Das gesamte Grundwissen zu C++ im praktischen Taschenbuchformat – zum Lernen und Nachschlagen. Vom ersten einfachen Programm bis zu komplexen Anwendungen. Übungen in drei Schwierigkeitsgraden helfen Ihnen bei der Lernkontrolle.

Wer schnell und komprimiert die Grundlagen von C++ lernen will, ohne durch Nebensächliches oder unterhaltende Elemente abgelenkt zu werden, liegt mit diesem Buch richtig. PC-WELT

ISBN 978-3-8362-1547-3
www.galileocomputing.de/2313

Weitere Titel für Entwickler finden Sie auf »**www.GalileoComputing.de/Programmierung**«

1190 S., 3. Auflage
2009, mit CD und Referenzkarte
39,90 €

Jürgen Wolf
C von A bis Z
Das umfassende Handbuch

Dieses Buch bietet Programmiereinsteigern und Studenten einen umfassenden Einstieg in C. Auch für fortgeschrittene C-Programmierer ist das Buch eine ausgezeichnete Fundgrube. Detailliert und immer praxisnah – auch dieses Werk von Jürgen Wolf erfüllt höchste Ansprüche von Entwicklern.

ISBN 978-3-8362-1411-7
www.galileocomputing.de/2132

406 S., 2010
9,90 €

Jürgen Wolf
Grundkurs C

Kompaktes C-Wissen im praktischen Taschenbuch-Format. Alle Sprachgrundlagen werden kurz und übersichtlich dargestellt; Übersichtstabellen und eine Funktionsreferenz machen das Buch zum praktischen Begleiter. Übungsaufgaben in drei Schwierigkeitsstufen helfen bei der Lernkontrolle.

ISBN 978-3-8362-1546-6
www.galileocomputing.de/2312

Java 7, Excel

Christian Ullenboom

Java ist auch eine Insel
Das umfassende Handbuch

- Einführung, Praxis, Referenz, aktuell zu Java 7
- Von Klassen und Objekten zu Datenstrukturen und Algorithmen
- Java verstehen und anwenden

Die Insel ist erste Wahl, wenn es um aktuelles und praktisches Java-Wissen geht. Besonders Java-Einsteiger, Studenten und Umsteiger profitieren von diesem umfassenden Handbuch. Neben der Behandlung der Sprachgrundlagen von Java gibt es kompakte Einführungen in Spezialthemen.

So erfahren Sie einiges über Threads, Swing, Netzwerkprogrammierung, NetBeans, RMI, XML und Java, Servlets und Java Server Pages. Dieses Buch gehört in das Regal eines jeden Java-Programmierers! Dieses Standardwerk ist bereits in 10. Auflage erschienen und aktuell zu Java 7.

1308 S., 10. Auflage 2012, mit DVD, 49,90 €
ISBN 978-3-8362-1802-3
www.galileocomputing.de/2672

512 S., 2012, mit DVD, 19,90 €

Hans-Peter Habelitz
Programmieren lernen mit Java
Keine Vorkenntnisse erforderlich

Dieser Programmierkurs ist genau das Richtige für Einsteiger mit geringen oder gar keinen Vorkenntnissen. Sie lernen in überschaubaren Lerneinheiten das Programmieren mit der populären Sprache Java. Alle wichtigen Programmierthemen werden behandelt, sodass Sie schnell eigene kleine Java-Programme schreiben werden.

ISBN 978-3-8362-1788-0
www.galileocomputing.de/2894

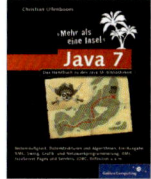

1433 S., 2012
49,90 €

Christian Ullenboom
Java 7 – Mehr als eine Insel
Das Handbuch zu den Java SE-Bibliotheken

Die Profi-Insel bietet umfassendes Praxiswissen zu den Bibliotheken und Technologien von Java in einem Band. Swing, XML, RMI und Webservices, JSP, Servlets, Applets, JDBC, Reflection und Annotationen, Logging und Monitoring – hier ist alles drin, was für die Arbeit an Java-Projekten wichtig ist.

ISBN 978-3-8362-1507-7
www.galileocomputing.de/2253

Profiwissen zu Excel

958 S., 2011, mit DVD, 39,90 €

Stephan Nelles
Excel 2010 im Controlling
Das umfassende Handbuch

Praxislösungen für Controller: Von Diagrammen, Datenimport und Pivot-Tabellen über Unternehmensplanung und alle wichtigen Kennzahlen bis hin zu OLAP-Cubes und VBA finden Sie hier alle relevanten Themen. Anschauliche Beispiele stellen dabei sicher, dass Ihnen die Umsetzung in Ihren eigenen Projekten sicher gelingt!

ISBN 978-3-8362-1531-2
www.galileocomputing.de/2289

448 S., 3. Auflage 2013, mit CD
19,90 €

Thomas Theis
Einstieg in VBA mit Excel
Für Microsoft Excel 2002 bis 2013

Sie möchten eigene Funktionen für Excel entwickeln? In diesem Buch erfahren Sie, wie es geht. Die Grundlagen der VBA-Programmierung werden Ihnen dabei leicht verständlich und anhand typischer Anwendungsbeispiele vermittelt, sodass Sie schnell Ihre ersten Makros schreiben werden!

ISBN 978-3-8362-2026-2
www.galileocomputing.de/3283

Microsoft Windows, SQL Server, Office 365

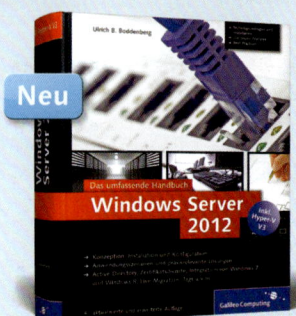

Neu

1420 S., 4. Auflage 2013, 59,90 €
ISBN 978-3-8362-2013-2, April 2013
www.galileocomputing.de/3259

Ulrich B. Boddenberg

Windows Server 2012
Das umfassende Handbuch

- Konzeption, Installation und Konfiguration
- Anwendungsszenarien und praxisrelevante Lösungen
- Inkl. Active Directory, Hyper-V v3, Zertifikatsdienste, Integration von Windows 7 und Windows 8, Live Migration, ReFS, Tags u. v. m.

Ein Muss für jeden Administrator: das Handbuch vom branchenweit anerkannten Experten! Ob Hyper-V v3, Active Directory, Remotedesktopdienste, IIS, SharePoint Services, Hochverfügbarkeit oder Sicherheit: Neben diesen konkreten Technologien geht es auch um Grundlagen wie Netzwerkprotokolle, Kerberos-Authentifizierung oder die eingesetzte Hardware. Mit diesem hundertprozentig lösungsorientierten Buch erledigen Sie alle Aufgaben rund um Windows Server sicher und schnell!

Consulting und Seminare mit Ulrich B. Boddenberg: www.boddenberg.de

---

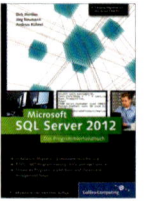

1294 S., 5. Auflage 2012, 59,90 €

dotnetpro Buchtipp!

Dirk Mertins, Jörg Neumann, Andreas Kühnel

SQL Server 2012
Das Programmierhandbuch

Das Programmierhandbuch vermittelt alle wichtigen Themen, die der SQL- und .NET-Entwickler für die Arbeit mit SQL Server wissen muss. Den Ausführungen der Autoren lässt sich leicht folgen, und die gewählten Codebeispiele sind gut nachzuvollziehen. In der Gesamtnote hat das Buch ein Sehr gut verdient.
dotnetpro, Ausgabe 12/2012

ISBN 978-3-8362-1944-0
www.galileocomputing.de/3153

Neu

722 S., 2. Auflage 2013, 29,90 €

Daniel Caesar, Michael R. Friebel

Schnelleinstieg SQL Server 2012
Für Administratoren und Entwickler

Ob Sie Microsoft SQL Server 2012 administrieren oder sichere Anwendungen dafür entwickeln wollen: Mit diesem Einstieg beherrschen Sie schnell zentrale Themen wie Serversicherheit, Hochverfügbarkeit und Skalierbarkeit oder wichtige Grundlagen in T-SQL, Powershell und Scripting. Inkl. zahlreicher Workshops und Praxishilfen.

ISBN 978-3-8362-1938-9
www.galileocomputing.de/3142

Neu

710 S., 2. Auflage 2013, 49,90 €

Ulrich B. Boddenberg

Windows 8 für Administratoren
Das umfassende Handbuch

Mit diesem Buch haben Sie Windows 8 im Unternehmen voll im Griff! Ulrich B. Boddenberg liefert Ihnen die technischen Grundlagen und Informationen zu allen zentralen Themen wie Deployment, Sicherheit, Management mit Gruppenrichtlinien, Anbindung mobiler Clients oder den Umgang mit SCCM. Kurz: Das Lösungsbuch für Admins!

ISBN 978-3-8362-2012-5
www.galileocomputing.de/3261

Neu

900 S., 2. Auflage 2013, 49,90 €

Buchtipp!

Markus Widl

Office 365
Das umfassende Handbuch

Wenn Sie Exchange, SharePoint, Lync, Project Server oder Dynamics CRM ganz oder teilweise in die Cloud migrieren oder direkt in Office 365 einrichten wollen, dann ist dieses Buch Ihr fundierter Begleiter! Mit allem, was Sie zur Einrichtung und Verwaltung der Dienste wissen müssen, »On Premises« und in der Cloud! Aktuell zu den Business- und Enterprise-Editionen, inkl. zahlreicher Praxisanleitungen.

Eine zentrale Informationsquelle für den Einsatz von Office 365.
IT-Administrator

ISBN 978-3-8362-2277-8, Juni 2013
www.galileocomputing.de/3336

SharePoint, Project, VMware, Citrix

1350 S., 4. Auflage
mit CD 59,90 €

Ulrich B. Boddenberg
SharePoint Server 2013 und SharePoint Foundation
Das umfassende Handbuch

Ihr zuverlässiger Begleiter, wenn Sie sich als Administrator, Entwickler oder Berater mit der Umsetzung von SharePoint beschäftigen. Es bietet einen Einstieg sowohl in die Installation und Konfiguration als auch in die Entwicklung eigener Erweiterungen inkl. der neuen SharePoint-Apps. Hier finden Sie alles – vom Praktiker für Praktiker!

ISBN 978-3-8362-2309-6, Juli 2013
www.galileocomputing.de/3344

650 S., 39,90 €

Nicole Enders
SharePoint 2013 für Anwender
Das Praxisbuch

Dieses Buch zeigt Ihnen, wie Sie effizient mit SharePoint arbeiten. Sie lernen alle nötigen Grundlagen und gelangen Schritt für Schritt zur fertigen Lösung. So erstellen Sie ganz einfach z. B. eine Wissensdatenbank, Ihre Vorlagen- oder Mitarbeiterverwaltung oder eine Plattform zur Prozessüberwachung und -optimierung.

ISBN 978-3-8362-2276-1, Juni 2013
www.galileocomputing.de/3335

> Weitere Titel zu SharePoint finden Sie auf »www.GalileoComputing.de/Netzwerke«

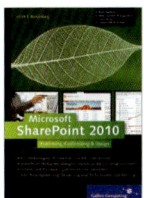

510 S., 2012
49,90 €

Ulrich B. Boddenberg
Microsoft SharePoint 2010
Publishing, Customizing und Design

Mit diesem Buch setzen Webdesigner, Admins und Entwickler SharePoint als Web-Content-Management-System optimal ein. Von der optischen Gestaltung über das Informationsmanagement bis hin zu Performance und Skalierbarkeit: So richten Sie Ihr System für alle wichtigen Szenarien ein und publizieren Inhalte professionell.

ISBN 978-3-8362-1417-9
www.galileocomputing.de/2131

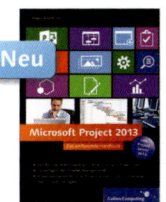

850 S., 2. Auflage
49,90 €

Jürgen Rosenstock
Microsoft Project 2013
Das umfassende Handbuch

Ein branchenübergreifend gültiges Szenario hilft Ihnen, nahezu alle Funktionen von Project Server und Project technisch sowie prozess- und methodenbezogen zu verstehen. Von der ersten strategischen Überlegung zur Einführung über die technische Implementierung bis zur umfassenden Anwendung aller Komponenten.

ISBN 978-3-8362-2024-8, Juni 2013
www.galileocomputing.de/3281

1180 S., 2. Auflage
2012, 89,90 €

Buchtipp!

Zimmer, Wöhrmann, Schäfer, Baumgart, Kügow, Alder, Brunner
VMware vSphere 5
Das umfassende Handbuch

Wenn Sie Ihre IT-Infrastruktur mit vSphere 5 effizienter auslasten, einfacher administrieren und so Kosten sparen wollen, dann ist dieses Buch Ihr unverzichtbarer Begleiter! Sie profitieren von umfassendem Expertenwissen z. B. zum Umgang mit vCenter, zu Ausfallsicherheit, Planung oder Einrichtung von Storage u. v. m.

> Das Buch ist als Gesamtwerk eine wahre Fundgrube an Wissen.
> IT-Administrator

ISBN 978-3-8362-1847-4
www.galileocomputing.de/3000

608 S., 4. Auflage
2011, 59,90 €

Nico Lüdemann
Citrix XenApp 6 und XenDesktop 5
Das Praxishandbuch für Administratoren

Dieses Buch bietet eine detaillierte Anleitung für die optimale Konfiguration und die Administration von Citrix XenApp 6 und Citrix XenDesktop 5. Verwaltungsstruktur, Installation, Konfiguration und das Zusammenspiel der beiden Produkte werden ausführlich erläutert. Mit Kapiteln zum Troubleshooting und Best Practices.

ISBN 978-3-8362-1667-8
www.galileocomputing.de/2465

Linux-Server, Ubuntu, LPIC

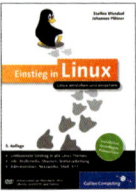

Deimeke, Kania, Kühnast, Semmelroggen, van Soest

Linux-Server
Das Administrationshandbuch

- Linux-Server distributionsunabhängig einrichten und administrieren
- Backup, Sicherheit, Samba, LDAP, Webserver, Mailserver, Datenbanken
- Inklusive sofort einsetzbarer Praxislösungen

IT-Administrator Buchtipp!

948 S., 2. Auflage 2012, 49,90 €
ISBN 978-3-8362-1879-5
www.galileocomputing.de/3051

Der »Kofler« war jahrelang das Synonym für die beste deutsche Publikation zum Thema Linux. Doch im Kofler blieben einige Fragen, die insbesondere im professionellen Bereich relevant sind, offen. Das Autorenteam hat sich zur Aufgabe gestellt, den Administratoren eine neue Bibel zu schenken.

Der Lektor schreibt: »Es geht nichts über ein Buch, in dem man zuverlässige Informationen darüber erhält, wie eine benötigte Lösung in die bestehende Infrastruktur optimal implementiert, konfiguriert und sicher administriert wird.« Mit einem Nicken bleibt dem nichts hinzuzufügen. IT-Administrator

---

Steffen Wendzel, Johannes Plötner

Einstieg in Linux
Linux verstehen und einsetzen

421 S., 5. Auflage 2012, mit DVD
24,90 €

Dieses Buch ist für Linux-Einsteiger, die etwas wissen wollen über die Bedienung gängiger Anwendersoftware unter Linux (wie freie Office-Suiten, LaTeX, KDE u. v. m.), aber auch keine Angst haben vor Administration, Shell oder Netzwerkkonfiguration. Sie bekommen praktisches Wissen, um sicher mit Linux zu arbeiten.

ISBN 978-3-8362-1939-6
www.galileocomputing.de/3146

Neu

Charly Kühnast, Daniel van Soest

Praxisbuch Ubuntu Server
Schritt für Schritt zum eigenen Home- oder Firmenserver

620 S., mit DVD
39,90 €

Ob Sie einen Homeserver oder einen Server im Unternehmen aufsetzen möchten: Mit Ubuntu Server 12.04 LTS und diesem Buch kein Problem! Neben allen wichtigen Grundlagen zur Administration bietet es Ihnen zahlreiche Praxistipps zur Einrichtung benötigter Dienste und behandelt wichtige Themen wie Sicherheit und Backup leicht verständlich.

ISBN 978-3-8362-1957-0, Juni 2013
www.galileocomputing.de/3178

Harald Maaßen

LPIC-1 und LPIC-2
Sicher zur erfolgreichen Linux-Zertifizierung

So gehen Sie optimal vorbereitet in die Prüfung: Harald Maaßen erklärt alle Lernziele des LPI und gibt Tipps zu häufigen Stolperfallen. Prüfungsähnliche Testfragen mit kommentierten Antworten zeigen Ihnen, wie das Wissen abgefragt wird.

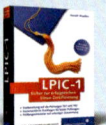

LPIC-1
545 S., 3. Auflage 2012, mit DVD, 34,90 €
ISBN 978-3-8362-1780-4
www.galileocomputing.de/2653

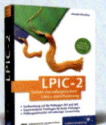

LPIC-2
552 S., 2012, mit DVD, 39,90 €
ISBN 978-3-8362-1781-1
www.galileocomputing.de/2886

Marcus Fischer

Ubuntu GNU/Linux 12.04 LTS
Das umfassende Handbuch,
aktuell zu Ubuntu »Precise Pangolin«

1023 S., 7. Auflage 2012, mit DVD
39,90 €

Kompetent und leicht verständlich vermittelt Ihnen das Handbuch Version 12.04 LTS »Precise Pangolin«. Von der Installation und Konfiguration über Paketverwaltung und Shell bis hin zu Kernelkompilierung, Virtualisierung und Serverbetrieb: alle wichtigen Themen sind optimal aufbereitet. Mit über 300 Praxistipps.

ISBN 978-3-8362-1945-7
www.galileocomputing.de/3151

Netzwerke, MySQL, Oracle, Linux

390 S., 2013
24,90 €

Neu

Harald Zisler
Computer-Netzwerke
Grundlagen, Funktionsweise, Anwendung

Computer-Netzwerke sind überall. Als beruflicher Anwender, Student oder Auszubildender benötigen Sie Grundlagenwissen der modernen Netzwerk-Technik. Zusammen mit vielen Praxistipps erfahren Sie alles über das OSI-Modell, VLANs, IPv6, VPN und Funknetze und Netzzugangsszenarien wie DSL, Glasfaser und Serverhosting von A bis Z.

ISBN 978-3-8362-2007-1
www.galileocomputing.de/3253

704 S., 6. Auflage
2013, mit DVD
29,90 €

Neu

Martin Linten, Axel Schemberg, Kai Surendorf
PC-Netzwerke
Das umfassende Handbuch

Bewährt, praxisnah und randvoll mit wertvollen Informationen – dabei erhalten Sie nicht nur umfassende Grundlagen der Vernetzung, sondern auch Praxis-Anleitungen, mit denen Sie Ihre Computer zu Hause oder im Büro professionell vernetzen. Aktuell auch zu Windows 8 und OS X Mountain Lion, inkl. Virtualisierung, Cloud Computing, iPV6.

ISBN 978-3-8362-1899-3
www.galileocomputing.de/3075

750 S., 2011, mit DVD, 49,90 €

web designer **Buchtipp!**

Stefan Pröll, Eva Zangerle, Wolfgang Gassler
MySQL
Das Handbuch für Administratoren

Wie Sie als Administrator MySQL installieren, konfigurieren und in der Praxis verwalten, erfahren Sie hier. Von Performance- und Abfrageoptimierung über Zusatz-Tools bis hin zu Sicherheit. Inkl. Befehlsreferenz und großer Beispieldatenbank.

Mit knapp 700 Seiten kann das Fachbuch als das Kompendium für MySQL betrachtet werden. Der Webdesigner

ISBN 978-3-8362-1715-6
www.galileocomputing.de/2533

877 S., 2013
59,90 €

Neu

Jürgen Sieben
Oracle SQL
Das umfassende Handbuch

Wenn Sie sich professionell mit Oracle beschäftigen, sind umfassende Kenntnisse des entsprechenden SQL-Dialekts unverzichtbar. Jürgen Sieben schließt mit seinem neuen Buch hier eine wichtige Lücke: Er zeigt Ihnen, wie Oracle und SQL zusammenspielen und welche Strategien Sie nutzen können, um Daten in der Datenbank zu speichern, zu analysieren oder auch zu löschen.

ISBN 978-3-8362-1875-7
www.galileocomputing.de/3046

1282 S., 5. Auflage 2012, mit 2 DVDs, 49,90 €

ISBN 978-3-8362-1822-1
www.galileocomputing.de/2963

Johannes Plötner, Steffen Wendzel
Linux
Das umfassende Handbuch

easyLINUX!

- Grundlagen, Praxis, Kommandoreferenz
- Linux als Workstation: Multimedia, Office, GNOME, KDE, X11
- Kernel, Shell, Netzwerk- und Systemadministration, Sicherheit, Programmierung

Dieses umfassende Handbuch bietet Ihnen nahezu vollständiges Linux-Wissen. Es erklärt, wie man Linux als leistungsstarke Workstation nutzen kann und widmet sich ausführlich professionelleren Themen wie Administration des Systems, Shell, Netzwerkkonfiguration und Sicherheit. Das Buch ist praxisnah geschrieben, verständlich und gründlich in der Behandlung aller Themen. Sowohl Einsteiger als auch Profis werden von diesem Handbuch profitieren.

Hochkarätige Lektüre! Das Buch beschäftigt sich umfassend mit allen Aspekten von Linux.
EasyLinux

Aktuelle Buchtipps

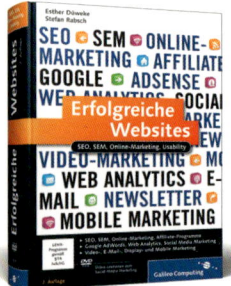 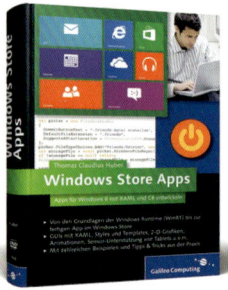 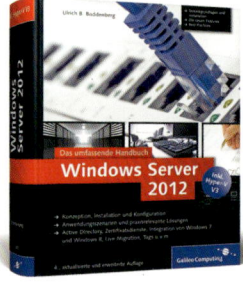

Erfolgreiche Websites
auf Seite 5

Windows Store Apps mit XAML und C#
auf Seite 12

Windows Server 2012
auf Seite 16

Erhältlich in jeder gut sortierten Buchhandlung. Fragen Sie danach!

Immer gut informiert

✓ Ausführliche Leseproben

✓ Kostenlose Videos aus unseren Video-Trainings

✓ Bequem, sicher und schnell einkaufen

✓ Begleiten Sie uns auf Facebook, Google+, Twitter oder YouTube

✓ Abonnieren Sie unseren monatlichen Newsletter

www.GalileoComputing.de

Galileo Press GmbH · Rheinwerkallee 4 · 53227 Bonn · info@galileo-press.de